U0920609

SHANGHAI EDUCATIONAL YEARBOOK

2012
上海教育年鉴

SHANGHAI MUNICIPAL EDUCATION COMMISSION

上海市教育委员会 编

Shanghai People's
Publishing House

上海人民出版社

中共上海市委副书记、市长韩正到东华大学调研

中共上海市委副书记殷一璀参观中职学生技能获奖作品展

中国著名血液病学专家、中国工程院院士、上海交通大学医学院附属瑞金医院教授王振义获 2010 年度国家最高科学技术奖

上海市副市长沈晓明为中国国际青少年活动中心（上海）揭牌

中共上海市教育卫生工作委员会书记李宣海在闸北区学校调研

上海市教育委员会主任薛明扬为出征全国中学生运动会的上海代表团授旗

上海高校党政负责干部会议

上海市基础教育工作会议

钱学森图书馆开馆

十位教师获“上海市教书育人楷模”荣誉称号

纪念中国共产党成立 90 周年“中华诵 · 颂歌献给党”晚会(上海篇)

上海市教育委员会、江苏省教育厅和浙江省教育厅举行签约仪式

上海地方本科院校“十二五”内涵建设工程推进会

上海高校毕业生就业工作推进会

上海市教育系统安全工作大会暨安全责任签约仪式

中小学生学业质量绿色指标启动大会

上海市老年教育工作会议

2011 年上海市语言文字工作委员会全体委员会议

大学生自主创业工作经验交流会暨全球创业周峰会

上海纽约大学奠基仪式

上海松江大学园区合作办学十周年研讨会

上海教师赴云南支教

上海市“星光计划”第四届中等职业学校职业技能大赛开幕式

落实进城务工人员随迁子女接受义务教育政策

党在我心中——第十三届读书节演讲赛

上海学生交响乐团专场音乐会

深入开展阳光体育运动

参加全国中学生运动会的上海代表团载誉归来

积极参加校外教育活动

在种植园里体验收获的乐趣

受邀参加夏令营的俄罗斯中小学生在沪参观

中国文化进校园活动

《2012 上海教育年鉴》编委会

目　录

特　载

法律　法规　规章　文件

各级各类教育

区县教育

高 等 学 校

目　录

教育科研与考试、评估机构

教育电视、报刊与教育集团

大　事　记

教　育　统　计

Contents

Special Articles

Laws, Regulations and Documents

Various Educations at Different Level

Education in Districts and Counties

High Schools

Educational TV, Press and Education Group

Chronicles

Educational Statistic

CONTENTS

特　　载

在庆祝清华大学建校100周年大会上的讲话

（2011年4月24日）

中共中央总书记、国家主席、中央军委主席　**胡锦涛**

老师们，同学们，同志们，朋友们：

4月的北京，春风送暖。在这个美好的时节，我们在这里隆重集会，庆祝清华大学建校100周年。首先，我代表党中央、国务院，向清华大学全体师生员工和广大校友，表示衷心的祝贺！向参加庆祝活动的海内外嘉宾，表示热烈的欢迎！向全国高等学校的师生员工和广大教育工作者，致以诚挚的问候！

100年前，在中华民族内忧外患、风雨飘摇的历史背景下，清华大学的前身清华学堂建立了。那个时代，外国列强的侵略欺凌，封建统治的腐败黑暗，使我们的祖国和人民蒙受了水深火热的苦难。中国人民和大批仁人志士在苦难中觉醒、在压迫下奋起，决心改变民族积贫积弱的命运和人民苦不聊生的状况。也就是在这一年，中国爆发了震惊世界的辛亥革命，为中国进步打开了闸门，推动全民族更加自觉地走上了振兴中华的奋斗历程。

90年前，在中国人民改变民族命运如火如荼的斗争中，中国共产党应运而生。90年来，中国共产党团结带领全国各族人民前仆后继、顽强拼搏，经过长期浴血奋战和艰苦奋斗，建立了新中国，进行了社会主义革命和建设，实行了改革开放，成功开辟了中国特色社会主义道路，为中华民族伟大复兴打开了前所未有的光明前景。

建校以来，广大清华师生始终与民族共命运、与时代同步伐，形成了优良文化传统和光荣革命传统，在中国人民为实现中华民族伟大复兴而奋斗的史册上写下了自己的隽永篇章。

建校伊始，清华秉持科学救国理想，倡导“中西融会、古今贯通、文理渗透”，一批学界泰斗在清华园里潜心治学、精育良才，形成了名师荟萃、鸿儒辉映的盛况，很快发展成为我国最好的大学之一，填补了我国现代科技的诸多空白。抗日战争期间，清华同北大、南开一道，在极其艰苦的条件下，共创了西南联大的办学成就。梁启超、冯友兰、陈岱孙、费孝通、钱钟书、吴晗、曹禺、季羡林等一大批我国人文社会科学学术大师，叶企孙、茅以升、竺可桢、华罗庚、钱三强、钱学森、邓稼先、钱伟长等一大批我国自然科学学科和工程技术领域奠基人和开拓者，还有获得诺贝尔物理学奖的杨振宁、李政道，都是清华人中的佼佼者。广大清华师生始终满怀强烈的爱国情怀，积极投身“五四”运动，坚定走在“一二九”运动等爱国民主运动前列，奋勇参加民族救亡和人民解放斗争，涌现出闻一多、朱自清等一大批革命先烈和民主志士，为新中国的诞生作出了重要贡献。

新中国成立以后，广大清华师生满怀豪情投身祖国教育、科研、建设事业，全面贯彻党的教育方针，实行教学科研生产三结合，坚持又红又专、全面发展的育人理念，重视因材施教、实践锻炼、能力培养，努力建设高水平的社会主义大学。清华大学创办了原子能、无线电等一批国家急需的新技术专业，积极参与“两弹一星”等重大工程，完成国徽、人民英雄纪念碑、密云水库等重要设计，成为我国培养高层次人才和发展先进科学技术的重要基地。我和很多同龄人在这一时期进入清华大学学习，清华园里蓬勃昂扬的青春理想、严谨勤奋的治学氛围、艰苦朴素的优良作风、生动活泼的文化生活深深熏陶了我们。当时，蒋南翔校长富有创造性的教育思想，刘仙洲、梁思成、马约翰、张光斗等大家名师执教讲坛、垂范学子的风采，令我们受益匪浅、终生难忘。

改革开放以来，广大清华师生牢记科教兴国、人才强国的使命，主动适应社会需求，深入进行教育改革，加快建设综合性、研究型、开放式的一流大学，清华大学办学总体实力大为增强，人才培养质量、学术研究水平、社会服务能力不断提高。清华大学坚持以人才培养为根本任务，强化厚基础、重实践、求创新的育人特色，大力培养高素质、高层次、多样化、创新型的人才，广大毕业生踊跃到国家重点行业和基层施展才干。清华大学紧紧围绕改革开放和社会主义现代化建设的战略需要开展科研，取得高温气冷堆等一大批先进科技成果和优秀人文社会科学成果，社会影响和国际声誉不断提升，在创建世界一流大学的征程上迈出重大步伐、取得显著成绩。

水木清华，钟灵毓秀。在一个世纪的发展历程中，清华秉承"爱国奉献、追求卓越"的传统，恪守"自强不息、厚德载物"的校训，弘扬"行胜于言"的校风，培养了17万名优秀人才，涌现出一大批学术大师、兴业英才、治国栋梁。在国家表彰的23位"两弹一星"勋章获得者中有14位是清华校友，460位清华校友当选中国科学院院士和中国工程院院士。100年来，一代又一代清华人在革命、建设、改革中顽强拼搏、真诚奉献，为祖国、为人民、为民族建立了突出功绩。

清华百年历史又一次表明，坚持解放思想、实事求是、与时俱进，坚持以实现国家富强、民族振兴、人类进步为己任，坚持正确办学方向，坚持以人为本，遵循高等教育规律，全面实施素质教育，不断推进改革创新，我们的大学就能获得事业发展的强大动力，就能源源不断培养出德才兼备的优秀人才。

老师们、同学们、同志们、朋友们！

当今世界正处在大发展大变革大调整时期。世界多极化、经济全球化深入发展，世界经济格局发生新变化，综合国力竞争和各种力量较量更趋激烈，世界范围内生产力、生产方式、生活方式、经济社会发展格局正在发生深刻变革。特别是创新成为经济社会发展的主要驱动力，知识创新成为国家竞争力的核心要素。在这种大背景下，各国为掌握国际竞争主动，纷纷把深度开发人力资源、实现创新驱动发展作为战略选择。

对我国来说，当前和今后一个时期是全面建设小康社会的关键时期，是深化改革开放、加快转变经济发展方式的攻坚时期。综合判断国际国内形势，我国发展仍处于可以大有作为的重要战略机遇期，既面临难得的历史机遇，也面对诸多可以预见和难以预见的风险挑战。我们既要充分认识我国发展取得的举世瞩目的伟大成就，也要清醒地看到，我国仍处于并将长期处于社会主义初级阶段的基本国情没有变，我国仍是世界上最大的发展中国家，全面建成小康社会、基本实现现代化依然任重道远。我们决不能骄傲自满、固步自封，必须谦虚谨慎、埋头苦干，更加奋发有为地推进改革开放和社会主义现代化建设，继续在中国特色社会主义道路上向着中华民族伟大复兴的光辉目标奋勇前进。

推动经济社会又好又快发展，实现中华民族伟大复兴，科技是关键，人才是核心，教育是基础。我们必须深入实施科教兴国战略和人才强国战略，全面贯彻落实国家中长期教育改革和发展规划纲要，加快从教育大国向教育强国迈进。高等教育作为科技第一生产力和人才第一资源的重要结合点，在国家发展中具有十分重要的地位和作用。新中国成立60多年特别是改革开放30多年来，我国建成了世界上规模最大的高等教育体系，培养了数以亿计的高层次专门人才和高技能人才，取得了一批具有世界先进水平的科研成果。同时，从总体上看，我国高等教育还不完全适应经济社会发展和人民群众接受良好教育的要求，同国际先进水平相比还有明显差距。不断提高质量，是高等教育的生命线，必须始终贯穿高等学校人才培养、科学研究、社会服务、文化传承创新各项工作之中。我们必须适应实现经济社会又好又快发展、促进人的全面发展、推动社会和谐进步的要求，坚持走内涵式发展道路，借鉴国际先进理念和经验，全面提高高等教育质量，不断为社会主义现代化建设提供强有力的人才保证和智力支撑。

——全面提高高等教育质量，必须大力提升人才培养水平。高等教育的根本任务是人才培养。要坚持把促进学生健康成长作为学校一切工作的出发点和落脚点，全面贯彻党的教育方针，坚持育人为本、德育为先、能力为重、全面发展，着力增强学生服务国家服务人民的社会责任感、勇于探索的创新精神、善于解决问题的实践能力，努力培养德智体美全面发展的社会主义建设者和接班人。要注重更新教育观念，把促进人的全面发展和适应社会需要作为衡量人才培养水平的根本标准，树立多样化人才观念和人人成才观念，树立终身学习和系统培养观念，造就信念执著、品德优良、知识丰富、本领过硬的高素质人才。要注重培养拔尖创新人才，积极营造鼓励独立思考、自由探索、勇于创新的良好环境，使学生创新智慧竞相迸发，努力为培养造就更多新知识的创造者、新技术的发明者、新学科的创建者作出积极贡献。

——全面提高高等教育质量，必须大力增强科学研究能力。高等学校特别是研究型大学，既是高层次创新人才培养的重要基地，又是基础研究和高技术领域创新成果的重要源泉。要积极适应经济社会发展重大需求，开展国家急需的战略性研究、探索科学技术尖端领域的前瞻性研究、涉及国计民生重大问题的公益性研究。要积极提升原始创新、集成创新和引进消化吸收再创新能力，瞄准国际前沿，加强基础研究，推动学科融合，培育新兴学科，建设重大创新平台和创新团队，以高水平科学研究支撑高质量高等教育。要积极推动协同创新，通过体制机制创新和政策项目引导，鼓励高校同科研机构、企业开展深度合作，建立协同创新的战略联盟，促进资源共享，联合开展重大科研项目攻关，在关键领域取得实质性成果，努力为建设创新型国家作出积极贡献。

——全面提高高等教育质量，必须大力服务经济社会发展。要紧紧围绕科学发展这个主题、加快转变经济发展方式这条主线，不断增强服务经济社会发展能力。要自觉参与推动战略性新兴产业加快发展，促进产学研紧密融合，加快科技成果转化和产业化步伐，着力推动“中国制造”向“中国创造”转变。要自觉参与推动区域协调发展，积极参与推进西部大开发、振兴东北地区等老工业基地、促进中部地区崛起、支持东部地区率先发展的进程，以服务和贡献开辟自身发展新空间。要自觉参与推动学习型社会建设，适应全民学习、终身学习的时代需要，加快发展继续教育，广泛开展科学普及，为社会提供形式多样的教育服务，深入开展政策研究，积极发挥思想库和智囊团作用，努力为党和国家科学决策、民主决策作出积极贡献。

——全面提高高等教育质量，必须大力推进文化传承创新。高等教育是优秀文化传承的重要载体和思想文化创新的重要源泉。要积极发挥文化育人作用，加强社会主义核心价值体系建设，掌握前人积累的文化成果，扬弃旧义，创立新知，并传播到社会、延续至后代，不断培育崇尚科学、追求真理的思想观念，推动社会主义先进文化建设。要积极开展对外文化交流，增进对国外文化科技发展趋势和最新成果的了解，展示当代中国高等教育风采，增强我国文化软实力和中华文化国际影响力，努力为推动人类文明进步作出积极贡献。

总之，我国高等学校要把提高质量作为教育改革发展最核心最紧迫的任务，完善中国特色现代大学制度，加强领导班子建设，创新教育教学方法，强化实践教学环节，形成人才培养新优势，努力出名师、育英才、创一流。各级政府要加大财政投入，引导更多社会资源支持教育，形成优先发展教育的良好社会环境，让所有受教育者学有所教、学有所成、学有所用。

建设若干所世界一流大学和一批高水平大学，是我们建设人才强国和创新型国家的重大战略举措。要以重点学科建设为基础，以体制机制改革为重点，以创新能力提高为突破，加大支持力度，健全长效机制，鼓励重点建设高校成为知识创新的策源地、深化教育改革的试验田、扩大开放的桥头堡。清华大学作为国家重点支持的大学，要坚持“中国特色，世界一流”的发展道路，改革创新，奋勇争先，在加快建设世界一流大学的进程中取得新的更大的成就。

老师们、同学们、同志们、朋友们！

青年是民族的希望、国家的未来，青年学生是国家的宝贵人才资源。党和人民对包括广大青年学生在内的全国青年寄予厚望。在这里，我想给清华大学的同学们和全国青年学生提 3 点希望。

第一，希望同学们把文化知识学习和思想品德修养紧密结合起来。青年人朝气蓬勃，善于接受新事物，正处于学习的黄金时期，应该珍惜美好青春年华，以只争朝夕的精神，刻苦学习科学文化知识，认真学习中华优秀文化和人类文明成果，夯实理论功底，提高专业素养，努力用人类创造的一切文明成果丰富自己。同时，要积极加强自身思想品德修养，认真学习中国特色社会主义理论体系，牢固树立正确的世界观、人生观、价值观，胸怀远大理想，陶冶高尚情操，培育科学精神，立为国奉献之志，立为民服务之志，牢牢把握人生正确航向，把个人成长成才融入祖国和人民的伟大事业之中，以实际行动创造无愧于人民、无愧于时代的业绩，谱写壮丽的青春乐章。

第二，希望同学们把创新思维和社会实践紧密结合起来。科学理论、创新思维来自于实践，又服务于实践。同学们要做到勤于学习、善于思考、勇于探索、敏于创新，激发求知欲和好奇心，在打好知识根基的前提下，提高创新思维能力，不断认识和掌握真理。同时，要坚持理论联系实际，积极投身社会实践，在基层一线砥砺品质，在同人民群众的密切联系中锤炼作风，在实践中发现新知、运用真知，在解决实际问题的过程中增长才干，不断提高实践能力、创新创业能力，切实掌握建设国家、服务人民的过硬本领，为走上社会、成就事业打下坚实基础。

第三，希望同学们把全面发展和个性发展紧密结合起来。全面发展和个性发展相辅相成。同学们要坚持德才兼备、全面发展的基本要求，在发展个人兴趣专长和开发优势潜能的过程中，在正确处理个人、集体、社会关系的基础上保持个性、彰显本色，实现思想成长、学业进步、身心健康有机结合，在德智体美相互促进、有机融合中实现全面发展，努力成为可堪大用、能负重任的栋梁之材。

教育大计，教师为本。广大教师和教育工作者是推动教育事业科学发展的生力军。广大高校教师要切实肩负起立德树人、教书育人的光荣职责，关爱学生，严谨笃学，淡泊名利，自尊自律，加强师德建设，弘扬优良教风，提高业务水平，以高尚师德、人格魅力、学识风范教育感染学生，做学生健康成长的指导者和引路人。要把加强教师队伍建设作为教育事业发展最重要的基础工作来抓，充分信任、紧紧依靠广大教师，提升教师素质，提高教师地位，改善教师待遇，关心教师健康，形成更加浓厚的尊师重教社会风尚，使教师成为最受社会尊重的职业，努力造就一支师德高尚、业务精湛、结构合理、充满活力的高素质专业化教师队伍。

老师们、同学们、同志们、朋友们！

海阔凭鱼跃，天高任鸟飞。全面建设小康社会，建设社会主义现代化国家，实现中华民族伟大复兴，为我国广大有志青年提供了创造精彩人生的广阔舞台。生长在我们这样一个伟大时代，我国青年一代应该大有作为，也必将大有作为。让我们紧紧携起手来，志存高远，脚踏实地，共同为我们伟大祖国、伟大民族更加美好的明天奋斗、奋斗、再奋斗！

一定要把农村教育办得更好

（2011年8月28日）

中共中央政治局常委、国务院总理　**温家宝**

在新学期和第27个教师节即将来临之际，我提前向各位教师致以节日祝贺，向长期从事农村教育的广大老师们表示崇高敬意。这里，我就农村教育发展问题讲几点意见。

一、深刻认识办好农村教育的重要意义

农村是社会的基础，改造社会必须从改造农村着手，而改造广大农村，必须从发展农村教育入手。任何一个国家要实现现代化，农村教育都具有基础性、全局性的重要作用。农村人口众多，他们受教育的程度决定着一个国家教育的整体水平。要提高一个国家的教育水平，必须先从农民抓起。如果不懂得这一点，就不懂得农民的教育学，也就不可能树立农民的教育观。无论是美国的"教育平权运动"，还是印度的"民众科学运动"，以及南美、非洲、东南亚一些国家推行的"平民教育运动"，都是为了在广大农村和社区普及文化、卫生、科学知识，保障社会底层民众平等接受教育的权利。上世纪70年代韩国开展"新村运动"，首要任务也是教育农民，即加强农民的启蒙教育与文化技术教育。发达国家早已普及了义务教育，但仍然十分重视在农村进行扫盲和普及教育。美国至今还认为，乡村教育对美国未来的繁荣至关重要，要加大力度促进美国乡村教育发展。

中国有13亿多人口，超过半数生活在农村，一半以上的学龄儿童在农村。农村教育是农村的希望。农村教育发展了，农民素质提高了，就会形成巨大的人力资源优势；相反，如果农村教育跟不上，众多的人口就会成为发展的巨大压力。今天广大农村的亿万在校生，正是明天国家建设的主力军。如果不把农村教育办好，不努力提高农村人口的文化素质，要实现经济社会协调发展、城乡之间协调发展，改变"一条腿长、一条腿短"的问题，就是一句空话。从这个意义上说，农村教育直接关系全面建设小康社会和现代化目标的实现。

我国农村教育源远流长，历来就有"耕读传家"的传统。中华文明起源于农耕社会，中华文化的根脉在农村，教育是传承文化的主要途径。历史上许多私塾、书院曾盛极一时，但都不是在大城市，而是在山野乡村。那里不但是教育子弟、培养人才的学校，而且是一个地区的文化中心，甚至是学术中心，其薪火相传、生生不息，成为中国人的精神家园。人们常说："自古寒门出俊才。"中国历史上的许多伟大人物都是出自农村的寒家子弟，靠勤学苦读奋斗成才。中国农村的每一个家庭都懂得，物质上的贫穷只是暂时的，只要孩子有文化、有知识，就能改变人生和命运，生活就会有奔头。

近代以来，我国许多有识之士都认识到农村教育对启迪民智必不可少。民主革命先行者孙中山先生说："吾国虽自号文物之邦，男子教育，不及十分之六，女子教育，不及十分之三，其中有志无力者，颇不乏人。其故在何？国家教育不能普及也。"著名教育家陶行知先生亲自创办了南京晓庄师范学校，他指出："乡村教育是立国之大本"，"人民贫，非教育莫与富之；人民愚，非教育莫与智之"。上世纪二三十年代，晏阳初、陶行知、梁漱溟等一批教育界人士在河北、江苏、四川等地发起乡村教育运动，倡导"教育救国"。晏阳初先生提出"除文盲，作新民"，在河北推出"定县模式"，在四川建立乡村建设学院。这些教育先辈为我国农村教育事业躬身实践、终身投入、无私奉献的精神，值得我们学习。

新中国成立以来，党和政府大力发展各级各类教育事业，农村教育面貌焕然一新。建国初期的全国扫盲运动，堪称世界教育史上的奇迹。1949年全国文盲数量占总人口的80%以上，农村文盲率更是高达95%。经过几次大规模扫盲，至1964年，先后有一亿多人摘掉了文盲的帽子。到本世纪初，国家实施西部地区"两基"攻坚计划，我国终于基本扫除青壮年文盲。2003年以来，中央提出加强社会建设的战略方针，大大加快了科技、教育等社会事业发展步伐。国务院从政策上、投入上和制度建设上，着力促进农村教育改革和发展，实现了义务教育全部免费，义务教育经费保障机制日益完善，学龄儿童入学率达到99%以上，基本杜绝农村新生文盲。特别是《国家中长期教育改革和发展规划纲要》实施以来，各级政府把教育事业摆在更加优先发展的位置，包括农村教育在内的整个教育事业呈现出蓬勃发展的新局面。同时我们也清醒地认识到，我国农村教育发展基础还比较薄弱，广大农村学前教育发展严重滞后，部分义务教育学校还未达标，学校之间、城乡之间、区域之间发展不均衡，高中阶段教育结构有待优化，质量有待提高，农村劳动年龄人口受教育程度总体还很低，青壮年文盲仍然存在，农村教育依然是我国教育的“短板”，农村教育改革和发展任重道远。

“求木之长，必固其根；欲流之远，必浚其源。”我们必须认识到农村教育发展是关系国家经济发展和社会进步的重大问题；必须高度重视农村教育发展中面临的新情况、新问题，采取切实可行的措施认真加以解决；必须增强加快发展农村教育的责任感和使命感，抢抓机遇，克服困难，一定要把农村教育办得更好。

二、推进农村各类教育协调发展

我国农村教育发展的最大问题依然是总量问题，也就是教育资源供给不足，特别是优质教育资源不足，与城市形成很大反差。要在巩固已有成果的基础上，促进农村各级各类教育协调健康发展。

第一，深入推进农村义务教育发展。当前，我国农村义务教育已经站在新的历史起点上，初步解决了农村孩子“有学上”的问题，但也面临一些新情况、新问题，比较突出的是留守儿童和农民工随迁子女教育问题，以及学校撤并引起的少量孩子辍学问题等。这是我国工业化、城镇化进程加快和农村富余劳动力向外转移的阶段性产物，也是今后一个较长时期我们面对的突出问题，必须引起高度重视。

一是农村留守儿童教育问题。农村留守儿童数量超过2000万人，他们的最大问题是亲情缺失。各地搞的“寄宿制”、“代管家长制”、“亲情沟通平台”等都是有效措施。但目前以政府为主导的关爱服务体系尚不健全，各地工作开展也不平衡；留守儿童对老人“逆向监护”、留守女童更需特殊关注等新问题不断产生。今后的工作重点，是要以政府为主导，加大对农村留守儿童的关爱和服务工作力度。农村寄宿制学校要配齐、配好生活和心理教师以及必要的管理人员，满足农村留守儿童的需要。鼓励开展“代理家长”、“爱心妈妈”、“托管中心”等关爱活动。加强留守儿童心理健康教育，丰富农村留守儿童的课外、校外生活。总之，要努力为留守儿童的健康成长创造良好环境。

二是农民工随迁子女教育问题。为了解决农民工随迁子女就学难的问题，国家出台了一系列政策，明确提出了以输入地政府管理为主、以全日制公办中小学为主，即“两为主”的政策，并要求在收费、受资助等方面与当地学生一视同仁，保障他们平等接受义务教育的权利。近两年，中央财政每年投入50亿元左右专项经费，用于补充接受农民工随迁子女的学校公用经费和改善办学条件等。但应该看到，保障农民工随迁子女“上好学”的任务依然十分艰巨，社会各界对此高度关注。下一步工作重点，是对农民工随迁子女义务教育做到“两为主”加“全覆盖”。要逐步健全农民工随迁子女义务教育公共财政保障机制，由输入地政府负责。规范、扶持以接收农民工随迁子女为主的民办学校。抓紧研究制订农民工随迁子女接受义务教育后在输入地参加升学考试的办法。加强对农民工随迁子女心理、文化、习俗等方面的引导和教育，使他们更好地融入输入地的学习和生活中。

三是办好寄宿制学校和村教学点。我们抓寄宿制学校已经有些年头，从实践看效果很好，有利于集中使用教育资源，也有利于保证教学质量。这项工作既要常抓不懈，又要因地制宜。总的看，投入要逐步加大，规模要适当扩大，水平要尽快提高。关于村教学点的问题，也要有正确的认识，我们的目标是要让每一个孩子都有学上。如果因为学校撤并、上学路途遥远而使孩子们辍学，那与我们的政策方针是背道而驰的。世界各国都有一些规模很小的学校，有的甚至只有几个学生。如果广大农村群众和农村孩子确有需求，有的村教学点还是要坚持办，而且要办好。这件事在山区、边远地区、牧区尤为重要。

第二，继续大力发展农村普通高中教育和中等职业教育。当前，我国农村普通高中教育与城市相比差距明显，面临着许多困难和问题：不少农村高中办学条件不足，教学资源比较匮乏，大班额、超大班额现象还比较普遍，实验设备、图书资料、信息化设施等明显赶不上城市；办学经费紧张，“吃饭靠财政、运转靠收费、建设靠举债”的现象还普遍存在，尚未建立起完善的经费投入机制；办学模式趋同，应试教育倾向比较严重，“千校一面”和片面追求升学率的问题突出，学生的负担和学习压力大。必须大力加强农村普通高中教育。一要支持农村地区，特别是“普九”较晚的中西部农村地区、民族地区进一步扩大普通高中办学规模，提高普及水平，满足初中毕业生接受高中教育的需求。同时，全面改善农村普通高中学校办学条件，使其全面达到国家规定的基本办学条件标准，缩小与城市学校的差距。二要完善以财政投入为主、其他渠道筹措经费为辅的投入机制，制定普通高中学校生均经费基本标准和生均财政拨款基本标准，逐步提高财政预算拨款占农村普通高中教育经费的比例。要将普通高中学校债务纳入地方政府性债务范围，统筹研究解决。三要推动农村普通高中教育多样化、特色化发展，改变以往过于注重升学的倾向，提高课程的多样性和选择性，满足不同潜质学生的发展需要。

职业教育是面向人人、面向就业的教育。学一门技能、增加就业能力对许多农村孩子来说，既是迫切要求，也是现实选择，大力发展农村职业教育就显得尤为重要。当前，农村职业教育办学条件薄弱、资源不足，农村职业教育和涉农专业教师数量严重短缺，国家中等职业学校资助和免学费政策有待完善，许多民族地区学生和家庭困难学生接受中等职业教育仍有困难。这方面要做好五件事：一是尽快将中等职业教育免学费范围扩大到所有农村学生，鼓励和引导更多的初中毕业生接受中等及以上职业教育。二是建设好一批农村职业学校和涉农专业。国家将利用国债资金，支持各地根据需要改扩建符合标准的农村职业学校。三是健全现代职业教育体系，使职业教育办学规模、专业设置、课程体系、评价考核与经济社会发展相适应。四是大力推广"工学结合"、"校企合作"办学模式，加大政策扶持力度，吸引更多的毕业生投身现代农业和新农村建设。五是加大农村职业教育和涉农专业新教师培养力度，采取多种有效措施，吸引和保证更多的优秀毕业生到农村职业学校和涉农专业任教。

第三，加快发展农村学前教育。学龄前阶段是人生最重要的启蒙时期。国际经验表明：公平的学前教育机会意味着人生起点的公平，有利于消除贫困、减少社会差距、促进社会公平。因此，大力发展学前教育特别是农村学前教育，为每个儿童提供良好的人生开端，是关乎教育公平、社会稳定和民生改善的重大工程，也是影响未来国民素质和综合国力的重大问题。但目前我国农村学前教育资源严重短缺，财政投入不足，办园条件较差，师资队伍不健全，农村地区"入园难"比城市更加突出。农村学前教育是我国整个教育发展的最薄弱环节。不久前，国务院下发了《关于当前发展学前教育的若干意见》，明确了支持学前教育发展的相关政策，启动实施农村学前教育推进工程。国家将设立学前教育发展专项资金，"十二五"期间中央财政将大规模增加资金投入，并带动地方加大投入，大力发展农村学前教育。关键要坚持公益性和普惠性原则，财政增加投入、家庭合理分担，加快构建一个广覆盖、保基本、有质量的农村学前教育公共服务体系，建设一支符合农村学前教育事业发展需要的幼儿教师队伍，使广大农村儿童，特别是留守儿童有机会接受良好的学前教育，健康快乐地成长。

三、着力提高农村教育质量

提高教育质量是各级各类教育普遍面临的重大课题，也是个难题。农村教育的质量不仅直接决定着我国基础教育的整体质量，也是实现全民教育公平的重要方面。当前，农村教育事业改革与发展总体滞后，教育质量整体不高。主要表现在：教育观念相对落后，以素质教育为目标的课程改革推进困难；教育资源配置总体上短缺，难以支撑课程教学改革的需求，国家规定的课程难以全面落实；教学改革滞后，教师的教学观念和教学方式比较陈旧，应试教育倾向很严重。这些都影响了学生全面发展和综合素质的提升，影响了学生的创新精神和实践能力的培养。农村教育质量的提高尤为迫切。

提高农村教育质量，既要靠改善办学条件，又要靠推进教育教学改革。相比而言，教育教学改革任务更加艰巨。我们现有人才培养模式、办学模式和学校制度等由来已久，有其复杂的主客观原因，改变起来绝非易事，也没有现成的路子可走。但要想提高教育质量，不改革肯定是不行的。我提出三个问题与大家探讨：一是大力推进学校课程教学改革。这方面，无论是在城市学校还是农村学校，都大有文章可做。怎么改？要树立"全面发展"、"人人成才"和"多样化人才"的教育理念，坚持育人为本的根本要求，坚持德育为先、能力为重、全面发展的基本方向，做到因材施教、有教无类，尊重并鼓励学生的个性发展和特长培养，也就是要搞"素质教育"而不是"应试教育"，要搞"全民教育"而不是"精英教育"。在激烈的升学竞争的背景下，当务之急是在全社会树立多样化人才观。社会需要各种各样的人才，人人都应成为有用之才。要创新教学方法，注重启发式教育，把学、思、知、行结合起来，引导学生学会做人，学会学习，学会做事。二是改革教育评价制度和考试制度。教育评价制度和考试制度的影响力无处不在，它像"指挥棒"一样引导着教育的发展方向。要想有效推进素质教育，必须建立一套与素质教育相适应的教育评价制度和考试制度。三是倡导教育家办学。中小学校的校长，是办学的"领头羊"。过去像张伯苓等都是教育家当中小学校长。现在，一些人把"校长"当作

“官”来当，讲究级别待遇，这种倾向必须改变。只有把中小学校长们都培养成为真正的教育家，我们的教育事业才大有希望。

四、加大农村教育投入

投入问题是制约当前农村教育发展的关键问题。今后一个时期，国家要继续加大社会事业投入，重点向农村社会事业倾斜，而农村教育更是重中之重。在农村教育投入方面，需要处理好三个问题：一是较大幅度增加投入总量。要按照《国家中长期教育改革和发展规划纲要》提出的要求，到 2012 年实现国家财政性教育经费支出占国内生产总值比例达到 4%的目标，保证有更多的资金支持教育发展。同时，要优化投入结构，重点向农村教育、职业教育、学前教育、特殊教育等薄弱环节倾斜。要逐步缩小城乡办学条件差距，逐步缩小城乡之间义务教育学生人均经费的差距，逐步缩小城乡教师收入待遇的差距。要继续完善国家助学制度。对于家庭困难的孩子，要通过多种途径进行帮扶，不让一名儿童因贫困而失学。国家将安排资金，在中西部贫困地区为农村中小学生提供营养补助，让孩子们吃饱吃好。有条件的地方，要把校车制度建立起来，配备最好的车辆和最好的司机，实施最好的管理，为孩子们建起安全的“绿色通道”。二是完善投入机制，优化资源配置，提高投入绩效。办教育尤其是办农村教育，既要舍得花钱，又要想办法把钱花好。不把投入机制问题解决好，再多的钱也是不够的。近些年来，我们搞了不少教育方面的工程，效果是明显的，但也出现了一些重复建设、资源浪费的问题。有的地方漂亮的中小学新校舍刚建成，但生源却没有了或不够了。完善教育投入体制，大的方向是中央政府要逐步减少各类专项性教育转移支付，增加一般性教育转移支付，给地方政府特别是基层政府支配教育经费更大的自主权。当然，教育投入仍然放在教育的大盘子里，而不能挪作他用。对现有的一些专项资金要加以整合，统筹使用，提高资金利用效率。三是加强城乡统筹。要充分考虑城市化快速发展和农民工子女进城就读等新形势、新变化，优化教育资源配置和学校布局，提高资源利用效率。学校的布局和班级规模要根据各地经济发展、城镇化进程和地域分布等因素，因地制宜，实事求是，合理设置，不搞“一刀切”。既不能出现农村孩子每天跑十几里地上学的情况，也要防止县城、中心镇学校“生满为患”，出现上百人的“大班”。总之，城乡之间的教育资源要整合，学校布局要调整，逐步缩小城乡学校在资源配置上的差异，促进城乡教育资源合理流动。尤其是在义务教育阶段，要积极推进城乡一体化和均衡发展。

五、创新农村教育管理体制

农村教育要有大的发展，首先要解决体制性、机制性的深层次问题。要以转变政府职能和简政放权为重点，深化教育管理体制改革，提高公共教育服务水平。一是进一步完善农村义务教育“以县为主”的管理体制。应该看到，农村义务教育从过去的“分级办学、分级管理”转向“在国务院领导下，由地方政府负责、分级管理、以县为主”的管理体制，这是一个重大进步。但由于各地经济发展不平衡，一些地方县财政比较困难，预算内教育经费不能及时拨付到位，造成农村学校正常运转困难。对于完善教育管理体制，《国家中长期教育改革和发展规划纲要》指出了一个重要方向，就是加强省级政府教育统筹。对于义务教育达不到省级统一标准的财政困难县，省级财政要负责资金补助和统筹平衡。中央财政对中西部欠发达地区给予适当支持。有条件的地方，可以先行一步，加快探索建立“以省为主”的农村义务教育管理新体制。二是切实增加学校办学活力。要逐步改变教育行政部门管理学校的单一方式，综合运用立法、政策指导、规划、拨款、信息服务等措施，减少不必要的直接干预．三是改进教育编制管理。教育编制管理是保证教育质量、合理配置教师资源的基本管理制度。现在，一些地方农村小学反映教师缺乏，一些文体类、科学类、信息技术类课程往往因为没有教师而开不了，这些问题其实就是编制管理问题。长期以来，教育编制是按照“生师比”来确定的，在当前一些地方农村生源下降较快、成班率较低的背景下，编制管理也要解放思想、实事求是、改革创新，按照“总量控制、统筹城乡、结构调整、有增有减”的原则，探索更加科学合理的编制管理办法，可以将“生师比”与“班师比”结合起来统筹安排。总之，编制管理要保证农村学校正常的教学活动，不能因缺教师而使教学内容出现偷工减料的情况。四是支持农村民办教育发展。这不仅可以增加农村教育资源供给，减轻政府压力，也有利于引入竞争机制，促进办学质量提高。目前我国农村民办教育发展尤为滞后，存在一些体制性障碍。从世界各国实践来看，办教育不可能是政府大包大揽。像在农村学前教育、高中教育、中等职业教育等领域，民办教育其实是大有可为的，甚至有自身优势。各级政府要为城乡民办教育发展创造一个良好的宽松环境，贯彻执行国家有关法律法规，使民办教育在设立、招生、证书发放、财政补助、办学自主权等方面的权益得到保障，使民办学校与公办学校在法律和政策面前一视同仁，形成公办、民办教育共同发展的新局面。民办教育也应该是教育家办学，真正致力于教育事业，不能以营利为目的。

六、造就高素质的农村教师队伍

教师是教育之本。有好的教师，才会有好的教育。我国有900多万农村教师，他们长期以来工作在艰苦清贫的环境中，恪尽职守，不计名利，默默耕耘，为我国农村教育事业发展做出了不可磨灭的贡献。在一些较为偏僻的乡村，教师不仅是教育事业的支柱，还承担着传播先进文化和科学技术、提高农民劳动技能和创业能力的重要任务。正如陶行知先生所说，学校是乡村的中心，教师是学校和乡村的灵魂，小而言之，全村之兴衰，大而言之，全民族的命运都掌握在小学教员的手里。

党中央、国务院始终高度关注农村教师的成长。近年来，我们以推进教育公平为重点，在加强农村教师队伍建设方面办了几件大事：一是在6所教育部直属师范大学推出了师范生免费教育政策，4年累计招收免费师范生4.6万人，首届1万余名毕业生全部落实到中小学任教，90%以上到中西部中小学任教。二是启动实施了"中小学教师国家级培训计划"，2010年中央财政安排专项资金5.5亿元，培训中小学教师115万人，其中农村教师占95.6%。三是实施鼓励高校毕业生到农村任教的"特岗计划"，2006年以来招聘近30万名特岗教师，赴中西部22个省区3万多所农村学校任教，服务期满特岗教师的留任比例连续两年达到87%。四是在义务教育学校率先实施绩效工资制度。据调查，绩效工资实施后，农村教师工资增长34%，明显高于城镇教师工资增速。五是实施边远艰苦地区农村学校教师周转宿舍建设。2010年以来，中央投入20亿元，建设周转宿舍4万套。通过实施这些重大举措，农村教师队伍状况有了较大改善。

我们也要看到，农村教师队伍建设依然是影响农村教育发展的突出问题，教师的整体素质仍然有待提高，教师的收入和待遇还有待改善，教师管理机制还有待完善。为此，需要进一步研究和完善相关政策措施：一要完善师范生免费教育，进一步明确政策导向，重点为农村学校培养大批骨干教师，支持到农村学校任教免费师范毕业生的专业成长和长远发展。二要加大农村中小学教师培训力度，"国培计划"经费主要用于农村教师培训，特别要加强音乐、体育、美术等紧缺薄弱学科教师的培训。三要健全农村教师正常补充机制，在完善"特岗计划"的同时，采取多种措施，为农村学校补充大批高校毕业生。四要建立教师定期轮岗交流制度，推动县域内义务教育学校教师、校长定期轮岗交流。五要鼓励各地建立健全城镇教师支援农村教育制度，并将其作为职称、职务晋升的重要依据，抓好师范生到农村学校实习支教和农村教师置换脱产培训。六要完善教师准入退出制度，严格按照编制正常补充合格的新教师，在试点基础上逐步推进教师资格考试改革和定期注册制度，健全农村教师正常退出机制，解决既超编又缺人的突出矛盾。七要完善激励机制。国务院很快将作出部署，在全国部分地区开展中小学教师职称改革试点，将中小学教师的最高职称从副高级和中级提高到正高级。这是对广大中小学教师价值的承认，是鼓励更多高学历、高素质人才从事中小学教育的重要举措。

建设一支高素质的农村教师队伍，关键在各级党委和政府。各级政府务必把农村教师队伍建设当作一件紧迫的大事来抓，千方百计改善农村教师的工作、学习和生活条件，让广大农村教师留得住、有发展、受尊重。必须依法保障教师平均工资水平不低于国家公务员的平均工资水平，并逐步提高。要关心农村教师身心健康，落实和完善农村教师的医疗、养老等社会保障制度，加快农村教师周转宿舍建设，有条件的地方可以开发专门面向农村中小学教师的经济适用房。对长期在农村基层和艰苦边远地区工作的教师，要在工资、职称等方面实行必要的倾斜，完善津补贴标准。要大力宣传教育战线的先进事迹，让尊师重教蔚然成风。

农村教育事业发展，归根结底还要依靠广大农村教师的工作热情和奉献精神。乡村教师的工作岗位既平凡又崇高，献身这种事业的人是具有高尚道德情操的人，是有益于社会的人。我希望各位老师一定要珍惜这个太阳底下最光辉的职业。这里我想给大家提几点希望：

第一，要无私奉献。农村教育事业是为农民群众谋利益的善举，不仅神圣而光荣，而且是大有可为的。人民教师应该把塑造人的灵魂、献身教育事业作为自己的终身信仰，作为终生奋斗的事业，干一辈子而不是干一阵子。每一位农村教师都应发扬"捧着一颗心来，不带半根草去"的精神，把自己看成是一盏明灯，心甘情愿将知识的种子播撒在不为人知的角落里，在平凡的岗位上成就一番不平凡的事业。

第二，要满怀爱心。教育是爱的共鸣，是心与心的呼应。"爱为师之魂"，教师只有热爱学生，才能教育好学生。在教育这片沃野上，是老师的爱点燃了前行的灯盏，照亮了学生的心。当好一名农村教师，首先要热爱农村、热爱农民、热爱农村教育事业、热爱农村孩子。要"以爱育爱"，从小培养孩子有一颗纯洁、正直、善良的心，这比灌输具体的知识更重要。每一位教师都应把学生当朋友、当亲人，一切为了学生，关注每一个学生的成长，把博大无私的爱与宽容献给学生。农村教师要特别注意关心、爱护、帮助家庭有困难、学习有困难、身体有疾病的学生，不放弃每一个学生，不让农村的孩子输在人生的起跑线上。

第三，要提高素质。“师者，人之模范也。”教师的一言一行，都是学生学习的模范。教师的素质直接决定了教育的最终效果。特别是在农村地区，孩子们的教育资源相对有限，知识和信息来源不如城里那么丰富多样，教师更是“孩子心中最完美的偶像”，对年轻心灵的影响是任何教科书、任何道德箴言、任何奖励和处罚制度都不能替代的。这就要求各位农村教师坚持终身学习，不断更新自己的知识，从书本中、群众中、生活中吸收一切优良的东西，贡献给祖国的花朵。不仅要注重言教，还要注重身教，做到德艺双馨，为人师表，“既美其道，又慎其行”，以自己的模范品行来教育影响学生的品行，熏陶净化学生的心灵，赢得全社会的尊重。

第四，要教书育人。教师任何时候都不能忘记，自己是人类灵魂的工程师。教师既要教会学生求知，又要教会学生做人。对于农村孩子而言，考上大学、跳出农门往往是自己的梦想和全家的期望，但不应该是教育的唯一目的。教育的目的是要培养德智体美全面发展的人、对社会有用的人。农村教育中尤其应该鼓励学生贴近自然、贴近群众、贴近生活，激励学生热爱家乡、热爱农民、热爱亲人，有志于承担起建设社会主义新农村的重任。

办好农村教育事业是一项民生工程和民心工程，是农村的希望之路和光明之路。我们一定要肩负起这项重大而光荣的历史责任，通过坚持不懈的努力，让农村所有孩子都能够有学上、上好学，都能接受现代文明的洗礼，为中华民族伟大复兴作出新的贡献！

在纪念《中华人民共和国学位条例》实施30周年纪念大会上的讲话

（2011年2月12日）

中共中央政治局委员、国务委员　**刘延东**

同志们：

新春伊始，我们隆重纪念《学位条例》实施30周年。1980年2月12日，第五届全国人大常务委员会第十三次会议通过《中华人民共和国学位条例》，这是新中国颁布的第一部教育法律。今天，全面回顾在"解放思想、实事求是"思想路线指导下我国学位与研究生教育的光辉历程，深刻总结其取得的巨大成就和宝贵经验，对于我们贯彻落实国家中长期教育改革和发展规划纲要、人才发展规划纲要，开创我国学位和研究生教育改革与发展的新局面，具有十分重要的意义。

30年来，我国学位与研究生教育走过了从无到有、从小到大、快速发展的不平凡进程。30年成就的取得离不开党和政府的高度重视、全社会的大力支持，离不开高等学校和科研机构的艰苦努力，特别是数以万计的导师、专家辛勤耕耘、无私奉献，用智慧和汗水铺就了青年学子成长成才的道路。在此，我代表党中央、国务院，向历届学位委员会的老领导、老同志、老专家，向长期以来为我国学位制度发展作出杰出贡献的广大教育工作者和各界人士，致以亲切的问候、崇高的敬意和衷心的感谢！

《学位条例》作为新中国教育和科研领域的第一部法律，是改革开放的重要成果，是新中国教育史上的重要里程碑。新中国成立后，我国曾于上世纪五六十年代先后两次起草《学位条例》草案，但由于种种原因没能通过。"文革"结束后，百废待兴，各级各类人才短缺、断层严重，高层次人才尤其匮乏。1979年，邓小平同志明确提出我国"要建立学位制度"。他深刻指出：实现现代化的关键是发展科学技术，不抓教育不行，不从制度上解决不行，要建立学位制度，创造一切条件来培养、发现和使用人才，一定要造成尊重知识、尊重人才的空气。在邓小平同志等老一辈改革先行者的英明决策和支持下，经过各界人士的通力合作，按照立足国情、体现高标准、有利于调动广大教育和科学工作者积极性的原则，制定《学位条例》，并于1981年1月1日起正式实施。颁布《学位条例》，通过立法的方式构建中国特色现代高等教育制度，充分体现了以邓小平同志为核心的党的第二代中央领导集体对于培养高层次人才和立足国情发展教育的远见卓识，反映了解放思想、改革开放的时代特征和根本要求，标志着新中国学位制度从此诞生，标志着新中国教育开始走上法制化轨道，极大地推动了"尊重知识、尊重人才"社会风气的形成，开启了中国独立培养高层次人才的辉煌征程。

党的十三届四中全会以后，以江泽民同志为核心的党的第三代中央领导集体确立了科教兴国战略，全面实施素质教育，启动了高水平大学和重点学科建设，学位和研究生教育进入了加快发展时期。党的十六大以来，以胡锦涛同志为总书记的党中央在全面建设小康社会的伟大征程中，坚持优先发展教育，深入实施科教兴国、人才强国战略，提出了建设创新型国家和人力资源强国的战略目标，把提高质量作为高等教育的核心任务，学位与研究生教育在增强综合国力和国际竞争力中的战略地位更加凸显。30年来，《学位条例》为学位制度的不断完善和研究生教育事业的持续发展，为培养改革开放和现代化建设所急需的高层次人才提供了坚强的保障，作出了举足轻重、不可替代的重要贡献。

经过30年的努力，我们基本建成了中国特色的学位制度。建立了学科基本齐全、布局相对合理的学位授权体系，形成了以高校为主、多系统培养的格局，中央政府主导、省级统筹、调动单位积极性的三级管理体制不断健全，质量监督和保障体系逐步完善。到2010年，我国博士、硕士、学士授予单位已分别达到347所、697所、700余所，全国在学研究生已达140.5万人，其中博士生24.6万人，共招收各级各类专业学位研究生90多万人，从根本上改变了我国高等教育的层次结构。国家还采取政策倾斜和对口支援等多种举措，有力地扶持了欠发达地区和少数民族地区学位和研究生教育快速发展。

经过30年的努力，我们基本实现了立足国内自主培养高层次人才的战略目标。我国累计培养了33.5万博士、273.2万硕士和1830万学士，分布在各行各业，成为领军人物和骨干力量，我国自主培养的博士在"国家百千万人才工程"中占到70%以上。硕士学位成为一个独立、完整的学位层级，体现了鲜明的中国特色。近年来，除了学术型学位外，还加大了专业学位人才培养力度，初步满足了经济建设和社会发展对大批应用型人才的急迫需求。

经过30年的努力，我国学位与研究生教育体制机制改革不断深化。学位授权审核制度改革迈出较大步伐，研究生培养机制改革稳步推进。学位类型从单一学术型向学术型与专业型并重转变，学位管理从中央高度集中向扩大省级统筹与学位授予单位自主权转变。以提高创新能力为核心实施"研究生创新计划"，建成了一批研究生培养基地。学位制度的建立，带动了学科建设、师资队伍建设和教育教学改革，促进了科学研究与人才培养的紧密结合。国家重点推动了有特色、高水平大学建设，实施了"211工程"、"985工程"、国家重点学科等重大建设项目，学科建设的整体实力、承担国家重大任务和服务区域发展的能力和水平大幅度提升，成为中国高等教育的优良品牌。

经过30年的努力，我国学位与研究生教育的国际影响力逐步增强。学位制度的建立，使我国能够平等地参与国际教育科技的合作与交流，国际交往日益频繁和广泛。我国成为《亚太地区相互承认高等教育学历、文凭和学位的地区公约》缔约国，与包括英、法、德等主要发达国家在内的37个国家和地区签署了学位和学历文凭互认协议。中外合作办学、合作科研、联合培养等机制逐步建立和完善。目前，共有来自190个国家和地区的近8万名大学生在我国高校学习和攻读各级学位，我国112所高校与国外知名高校正在联合培养9300多名博士生。中国高等教育发展的思路和经验产生了广泛的国际影响，引起了普遍关注。

在《学位条例》实施30年来的改革发展实践中，我们取得了巨大成就，也积累了宝贵经验，丰富了对中国特色学位与研究生教育发展的规律性认识：

30年历程启示我们，坚持中国特色学位与研究生教育发展之路是我国学位制度的根本方向。我国建立和完善学位制度，始终以中国特色社会主义理论为指导，全面贯彻落实党的教育方针，实行德智体美全面发展、理论与实践相结合的学位授予标准，重视思想政治教育和品德要求，培养社会主义事业建设者和接班人；始终立足国情，服务经济社会发展大局，主动适应国家现代化建设的需要；始终坚持科教结合，与国家科学技术发展紧密联系，促进人才培养与科学研究、服务社会、文化传承的良性互动；始终坚持全面发展与重点建设相结合，突出培养基地与重点学科建设，切实增强研究生培养的基础能力。

30年历程启示我们，与时俱进、改革创新是学位与研究生教育生机勃勃的动力之源。《学位条例》本身就是解放思想的实践成果，创新求实始终是学位制度发展的鲜明主题。我们坚持通过改革破解发展中的深层次矛盾和问题；坚持以人为本、求真务实，探索高层次人才培养规律，推动制度创新和机制改革，不断改进研究生培养模式；坚持尊重基层首创精神，保护改革创新的积极性，鼓励更多的部门、企业、学校、科研机构和导师、学生参与改革设计与实施，最大程度地凝聚改革共识，分享改革成果。

30年历程启示我们，坚持质量第一观念，积极提升质量水平是学位与研究生教育的核心任务。多年来，我们始终高度重视处理数量与质量的关系，在确保质量的基础上稳步推进数量发展。我们强调理论水平与实践能力全面发展，突出科研创新能力培养，把导师队伍建设摆在突出位置，打造一流导师团队；重视学科建设，改善基础条件，完善质量监督与保障体系，不断形成特色和优势；加强宏观调控，优化区域布局，完善培养类型，实现规模、结构、质量和效益的协调发展。

30年历程启示我们，加强法制建设是学位与研究生教育改革和发展的重要保障。《学位条例》和相关配套规章制度的实施，使学位制度发展有法可依、有章可循，推动了依法行政、依法治教的进程。我们依法开展学位授予和研究生培养工作，促进研究生教育的法制化、规范化、科学化。我们依法保障学术民主，充分发挥学科评议组成员和专家学者的作用。我们依法加强管理，维护了导师、学生和学位授予单位的合法权益。可以说，学位工作的每一次改革、每一点进步，都离不开法制的保障。

30年历程启示我们，虚心学习、开放包容是中国特色学位制度应有的胸怀。我国学位制度没有照搬国外学位制度，而是立足国情，求实创新，自主发展。同时注重学习借鉴国际先进理念和经验，把充分挖掘国内资源和有效利用国外优质资源有机结合，使中国特色学位制度在国际上树立了良好声誉。与教育发达国家相比，我国学位和研究生教育仍处在成长阶段，在发扬传统、兼收并蓄的基础上争创世界一流，是我们必须始终保持的品质与追求。

同志们！

当今世界，经济政治格局深刻变革，每个国家的发展都如逆水行舟，不进则退。世界大国纷纷把科技创新和人才储备作为战略选择，把发展高技术及产业作为带动经济社会发展的突破口，把研究生教育和高层次人才培养作为实现国家战略意图、保持竞争优势的重要抓手，积极谋划、全面部署，抢占发展制高点。当今中国，正处于全面建设小康社会的关键时期，处于深化改革开放、加快转变经济发展方式的攻坚阶段。把现代化建设继续推向前进，根本靠创新，基础在教育，关键在人才。实现经济社会更高水平的发展必须有更多的高层次人才作为支撑，科技进步和自主创新更加依赖大批高端人才，参与全球治理也越来越需要大量具有国际视野的高端人才。学位与研究生教育作为国民教育的顶端，对其他层次的教育有着带动和引领的作用，是高层次创新型人才的主要来源和科学研究潜力的主要标志，是提高综合国力和国际竞争力的有力支撑。

去年，我们国家有三件大事对现代化建设全局将产生深远影响，对学位与研究生教育也将产生深远影响。一是召开了十七届五中全会，作出了当前我国仍处于可以大有作为的重要战略机遇期的重大判断，对“十二五”期间经济社会发展作出全面部署，明确提出以科学发展为主题，以加快转变经济发展方式为主线。二是颁布了国家中长期人才发展规划纲要，召开了全国人才工作会议，提出了未来10年我国人才发展的战略目标、指导方针、总体部署和重大举措。三是颁布了中长期教育规划纲要，召开了新世纪第一次全国教育工作会议，谋划了未来10年教育改革发展的蓝图。纲要对高等教育作出了全面部署，把提高质量作为核心，对推进人才培养模式改革、加快创新人才培养步伐提出了新的思路和更高要求。中央的部署为做好学位与研究生教育工作指明了方向。当前和今后一个时期，贯彻好党的十七届五中全会精神，落实好教育规划纲要和人才规划纲要，是摆在我们面前的重大任务。

同时，还应清醒地认识到，面对新的形势和新的使命，学位与研究生教育和发达国家相比、和经济社会发展阶段性需求相比、和人民群众接受高水平教育的期盼相比，还存在许多不适应的地方。比如：各级学位标准、培养目标定位、学科类型结构还难以很好地满足经济社会发展的多层次多样化需求，与发展方式转变的衔接不够紧密，对高层次创新型人才培养规律把握不深，培养模式、师资队伍、课程建设、考核体系还有待进一步完善，文化培育和学风建设亟待加强，等等。这些问题很大程度上制约着研究生教育质量的提高，直接影响服务经济社会发展的成效。我们必须从战略和全局的高度深刻认识学位与研究生教育的重大意义，切实增强责任感紧迫感和忧患意识，奋发有为，积极进取，更好地担负起造就高层次人才和支撑自主创新的历史重任。

在新的历史时期，学位与研究生教育必须高举中国特色社会主义伟大旗帜，以邓小平理论和“三个代表”重要思想为指导，深入贯彻落实科学发展观，以育人为根本，以质量为核心，以改革为动力，坚持“完善制度、提高质量，科教结合、支撑创新，适应需求、引领未来”的基本思路，更新教育观念，创新培养模式，完善结构类型，统筹区域发展，加快建设中国特色、世界一流、结构优化、布局合理的高质量学位与研究生教育，为建设创新型国家和提升国际竞争力提供有力支撑。

当前和今后一个时期，要重点抓好六个方面的工作：

第一，围绕国家经济社会发展大局，瞄准世界科技前沿和国家战略需求，丰富和完善学位制度。适应世界科技发展的新趋势和中国现代化建设的新要求，攀登世界科技高峰，有力服务于我国经济发展方式转变，是学位与研究生教育改革发展的基本出发点。要确立全面的质量观和多元化培养目标，科学调整各级各类学位标准，优化培养定位、学制要求、评价体系和资源配置。积极发展专业学位教育，根据我国经济社会发展趋势，在国家急需的新能源、新材料、环境、生物、信息、经济、教育、法律、社会工作等领域，加大专业学位设置力度，创新培养模式，加强专业实践环节，促进高层次人才培养与产业、行业、企业、社会紧密结合。改革学位授权审核办法，建立与人才需求紧密结合的动态调控机制，及时调整学科结构、层次结构、类型结构，优先支持与国家重大战略、产业发展、社会工作和改善民生相关的学科。要大力促进哲学社会科学繁荣，推动学科交叉融合。优化区域布局，特别要通过国家扶持、对口支援等多种方式，改善欠发达地区和西部地区的办学条件，促进区域协调发展。为此，我们要加快推进修订《学位条例》、制定《学位法》的进程，创造更加多样化、更加自主发展、更加有利于创新的制度环境。

第二，坚持质量第一，深入推进培养机制与模式改革。提高质量是今后10年高等教育改革发展最核心的任务、最鲜明的特征。要推进导师制度改革，建立以科学研究为主导的导师负责制，在录取、培养、淘汰等方面给予导师更多的自主权并明确相应责任，改善导师队伍的结构，为导师的交流与培养创造更好的条件，建设高水平导师队伍。推动研究生招生制度改革，完善研究生招生计划确定和分配方法，实行更加公平、更加灵活、更有利于综合考查学生素质的选拔办法。创新教育理念，建立适应不同类型学生的培养和考核办法，更加注重学术道德和职业道德养成，更加注重发现问题、解决问题的能力训练，避免片面追求论文发表数量，形成有利于个性化人才成长的环境。建立科学完善的质量保障体系，加强过程管理和质量监控，完善学位授权点定期评估、博士学位论文抽检等制度，坚决撤销不合格的学科授权点，形成符合人才成长规律、富有活力与效率的研究生培养机制，全面提高和保障高层次人才培养质量。

第三，促进科技发展与人才培养有机结合，为提升自主创新和区域发展能力提供有力的支撑。创新型人才不足是制约我国创新能力提升的瓶颈，研究生教育与科技人力资源特别是高端科技人才培养密切相关。要促进高层次人才培养与科技创新紧密互动，鼓励研究生参与高水平创新实践，支持大学与科研院所、企业行业共建培养基地，共享优质资源，开展跨学科、跨单位团队式联合培养，加快知识创新和技术创新，推动政产学研用深度融合。改革科研经费管理制度，调动研究生参与科研活动的积极性，改变重产出和硬件建设、忽略对人才培养支持的状况。结合国家中长期科技规划的实施，发挥重大专项培养人才的独特作用，让更多的研究生在承担国家重大科技项目中得到锻炼成长，让更多的科技成果加快转化为现实生产力。围绕国家区域发展部署，自觉与区域产业发展、民生改善和科技创新目标对接，增强社会服务能力。

第四，注重科学精神和人文素质培养，培育大学文化和优良学风。境界高尚、底蕴深厚的大学文化，是学位与研究生教育健康发展的丰厚土壤。要大力营造鼓励创新、宽容失败的学术氛围，倡导学术民主，鼓励研究生更加自主地探索、更加潜心地研究。大力弘扬脚踏实地、求真求实的学风，引导研究生尊重科学、刻苦求学、严谨治学。大力加强科研诚信和学术道德建设，引导师生培养良好的职业操守，自觉遵守学术规范，坚决杜绝弄虚作假和抄袭剽窃，对学术不诚信实行“零容忍”。大力开展研究生社会责任感教育，丰富社会阅历，培育人文情怀，塑造高尚情操，增强服务国家人民的责任意识。大力推行全员育人的培养模式，调动和发挥研究生自我教育的积极性、主动性，形成全方位育人的良好环境。

第五，推动更加广泛深入的国际交流合作，提升研究生教育的国际化水平。扩大对外开放是提升我国研究生教育水平和国际竞争力的重要途径。要准确把握国际研究生教育的发展趋势，学习借鉴国际先进教育理念和办学经验，积极引进国外优质教育资源。要在更宽领域、更深层次上开展国际合作与交流，支持更多有条件的学校探索对外交流的新途径，支持中外大学间的教师互派、学生互换和学分互认。坚持自主培养与联合培养相互促进，与境外高水平大学建立人才培养与科学研究的合作平台，实现优势互补。我们将进一步加大公派留学生和教师出国学习的力度，也将吸引更多的海外学生到中国攻读学位。

第六，加大投入保障力度，确保研究生教育可持续发展。教育经费占GDP总量4%目标的实现，将为学位与研究生教育提供更有力的经费支持。我们要加快创建世界一流大学和一流学科步伐，继续加大对“211工程”、“985工程”、重点学科、研究生教育创新计划的投入。提高研究生生均培养经费标准，加大政府支持博士研究生教育的力度，扶持人文、基础学科发展，支持农、林、水、地、矿、油、核等艰苦行业的研究生积极参与科学研究。完善研究生奖助学制度，提高研究生生活基本津贴水平，设立资助博士生独立从事科研活动的专项资金，设立研究生国家奖学金。各级政府和培养单位都要更加关心研究生教育，为广大研究生的学习生活创造更好的条件，提供更大的支持。

同志们！

回首30年，我们充满自豪；面对新使命，我们满怀信心。让我们更加紧密地团结在以胡锦涛同志为总书记的党中央周围，解放思想，开拓创新，推动学位与研究生教育事业在新的历史起点上实现科学发展，为建设人力资源强国、实现中华民族伟大复兴作出更大贡献！

全面实施教育规划纲要　加快实现上海教育现代化

（2011 年 12 月 20 日）

中共上海市委副书记、上海市市长　**韩　正**

胡锦涛总书记在全国教育工作会议上指出："教育是国计，也是民生；教育是今天，更是明天。"一直以来，上海始终高度重视发展教育。2008 年，按照中央部署，我们坚持服务国家战略和体现上海特点相结合，与国家同步制定教育规划纲要。全国教育工作会议召开后，我们随之召开上海市教育工作会议，贯彻中央精神，全面落实国家教育规划纲要，坚持把教育摆在优先发展的战略地位，全力推进上海教育改革发展。

上海教育规划纲要确立了"为了每一个学生的终身发展"的核心理念，提出了"到 2020 年，率先实现教育现代化，率先基本建成学习型社会，努力使每一个人的发展潜力得到激发，教育发展和人力资源开发水平迈入世界先进行列"的目标。在全面实施教育规划纲要的过程中，我们注重把握好"五个导向"。一是必须育人为本，做到品德、知识、能力培养三结合，促进学生全面发展、健康成长。二是必须公平普惠，让教育特别是基础教育惠及全市每个家庭、每个人，让优质教育资源更广泛地覆盖、扩散到各类人群。三是必须引领发展，充分发挥教育在经济社会发展中的引领作用。四是必须更加开放，在扩大教育对内对外开放中，实现教育的跨越式发展。五是必须改革创新，为教育改革营造宽松的环境、宽容的氛围，形成全社会支持教育改革创新的良好局面。具体来讲，重点推进了以下工作：

（一）以推进义务教育优质均衡发展为重点，着力促进教育公平。我们坚持远近结合，统筹解决，把以常住人口为基数配置教育资源作为主要抓手，促进城乡义务教育均衡化水平不断提升。一是加大财政教育转移支付力度，重点向经济困难、人口导入的郊区，农村薄弱学校和困难群体倾斜。二是推动优质教育资源向郊区农村辐射，组织中心城区品牌学校赴郊区对口办学，实施郊区农村薄弱学校委托优质学校管理，建立区域优质教育资源共享辐射机制。三是抓住教师资源均衡配置这个关键，建立区域内校长、骨干教师流动及跨校交流等机制，以师资合理配置推动义务教育在各区县实现均衡发展。四是坚持"两个为主"，做好来沪从业人员子女教育工作，2010 年实现义务教育阶段 47 万来沪从业人员子女全部在公办学校或政府委托的民办小学免费就读，其中在公办校就读的比例达到 71%。

（二）以促进人的全面发展为核心，扎实推进素质教育。中小学素质教育是培养创新人才、优秀人才的基础，必须下全力抓好。一是积极推进基础教育课程改革，减少课时总量，降低不科学、过高的课程要求，控制作业量和考试难度，鼓励学校和教师开展启发式、探究式、参与式教学，让学生在兴趣中主动学习。二是大力实施学生健康促进工程，推动各级学校落实"每天校园锻炼一小时"制度，深化体教结合、医教结合工作，让学生在学好功课的同时，拥有健康的体魄。三是推行学业质量绿色指标体系，改变单纯以考试成绩评价学校教育教学质量的现状，把学生的学业水平、学业负担、健康状况、师生关系、家庭背景与学业成绩关系等指标综合起来考量，对义务教育质量开展科学多元的全面评价。

（三）以满足群众不同层次、不同阶段的教育需求为目标，积极构建现代教育体系。在办好基础教育的同时，上海积极构建和完善各级教育体系，使各类人群都有机会接受良好的教育。一是更加注重内涵发展，不断完善高等教育体系。探索高校分类指导办法，按照扶需、扶特、扶强的原则，加快形成"不同的发展目标、不同的建设任务、不同的政策支持、不同的考核要求"工作格局，引导各类高校找准定位、形成特色，使上海既有高水平研究型大学，又有一流的普通本科院校，还有特色鲜明的高职高专。二是围绕培养契合社会需求的技能型人才，不断完善现代职业教育体系。建立中等职业教育与高等职业教育课程、培养模式和学制贯通的"立交桥"，促进中等职业教育与高等职业教育有效衔接，打通技能型人才深造发展渠道。三是着眼于覆盖各类人群，不断完善多层次开放式的终身教育体系。重点是整合各类教育资源，依托远程教育网络，努力打造上海开放大学,为市民提供多样化、多层次的教育。

（四）以扩大教育对外开放为主要载体,努力提升教育国际化水平。推进教育国际化,是上海建设现代化国际大都市的必然要求,是实现上海教育现代化的重要任务。这两年,我们加快了上海教育国际化建设的步伐。一是按照办学理念国际化、师资生源国际化、课程体系国际化、教育合作国际化、评价标准国际化的要求,加快上海高等教育的国际化发展。二是积极创办中外合作高水平大学。目前,经过多方共同努力,上海纽约大学已开工建设。三是扩大学生参与国际交流和赴海外学习、实习的规模与渠道,促进中外学生的文化认识和交流理解。四是扩大高等教育阶段学历教育留学生的规模和比例,优化留学生的层次结构。

（五）以增加教育投入为保障,确保教育规划纲要有效落实。实现教育中长期发展目标,加大教育投入十分重要。我们把教育作为财政支出重点领域予以优先保障,坚决落实“三个增长”。一是扩大财政教育投入总量。2012 年,全市财政教育支出占公共财政支出的比例要提高到 15%,预计达到 626 亿元,比 2010 年增长 64.7%;到 2015 年,财政教育支出预计将达到 690 亿元,比 2010 年增长 82.1%。二是优化投入结构,提升投入效益。加大基础教育转移支付力度,在继续大力支持部属高校的同时,加大对地方高校的投入,促进地方高校加强学科建设、人才培养。同时,充分调动全社会的积极性,扩大社会资源进入教育的途径,多渠道增加教育投入。

实施教育规划纲要,要有一个好的工作机制和工作方法。我们主要抓了三方面工作:一是实施国家战略,深化部市合作,重点推进部市共建国家教育综合改革试验区建设。全力推进 27 个国家教育体制改革试点项目和上海教育规划纲要确定的“十大工程”,敢于先行先试,努力在提高教育质量、创新人才培养等领域加大改革创新力度,为全国教育改革发展探索道路。二是建立市教育体制改革领导小组例会制度,形成推进教育事业发展的合力。成立了市委副书记、分管教育副市长担任双组长、24 个委办局参与的教育体制改革领导小组,每月召开会议,对教育改革发展中的重大和关键问题进行研究部署。目前已召开了 3 次全体会议和 12 次专题会议。三是加快转变政府教育管理职能,更多地用法规、政策、标准、公共财政等手段,引导和支持教育发展。

面向未来,上海的教育面临重大发展机遇。我们将进一步实施好国家和上海的教育规划纲要,努力使上海成为学校活力迸发、名师学者荟萃、思想文化成果和科技创新成果竞相涌现、创新人才辈出的城市。

在上海高校党政负责干部会议上的讲话

（2011年2月19日）

中共上海市委副书记　**殷一璀**

2010年，上海高校充分发挥人才、知识和科研优势，主动参与世博、服务世博、奉献世博，为世博会的成功、精彩、难忘作出了突出贡献。回首上海世博会两年申办、八年筹办、184天举办的历程，从同济大学参与世博会举办可行性论证开始，到世博会申办、世博园区规划设计、世博科技重大创新项目、世博志愿者服务以及世博演出、平安世博、世博党建等每一项重点工作，都凝聚了高校师生的智慧和心血。大学生志愿者更是成为世博园区内外一道亮丽风景线，赢得了海内外游客的交口赞誉，得到了中央领导同志的高度肯定。在世博这个平台上，以“小白菜”、“小蓝莓”为代表的大学生志愿者所展示的风采，给了世界一个精彩回答。总的来说，上海世博会是对高校领导水平和师生能力素质的一次成功检验。

2010年，上海高校在推进改革发展方面也有不少新的进展。通过召开上海教育工作会议，制定《上海市中长期教育改革和发展规划纲要(2010—2020年)》，高等教育改革方向和发展战略进一步明晰；通过实施高校分类指导，优化高校发展定位和专业布局，高校内涵建设深入推进；通过强化产学研结合，启动运行上海高校技术市场，促进科技成果转化，高校服务社会能力进一步增强。在上个月召开的国家科学技术奖励大会上，上海有57个项目和个人获奖，占全国授奖总数的15.9%，覆盖国家科技奖励全部五大奖项，第三次在同一年度囊括我国科技界“五朵金花”。其中，上海高校及附属医院有35项(人)获奖，占全市获奖总数的61.4%，交大附属瑞金医院王振义院士获得最高科学技术奖，成为继吴孟超院士、谷超豪院士之后本市第三位获此殊荣的科学家。另外，高校党建工作也取得进展，大学生思想政治教育实现新的突破，探索建设的“易班——大学生网络互动社区”得到中央领导同志肯定，胡锦涛总书记作出重要批示，要求总结“易班”网上互动社区的经验，有效发挥对大学生思想疏导作用。刘延东同志对上海大学思政课教学模式改革也给予充分肯定。

总之，过去一年里，上海高校围绕中心、服务大局，为世博会成功举办、为“十一五”顺利收官、为经济社会发展都作出了重要贡献，这与在座各高校领导兢兢业业、辛勤付出是分不开的。这里，我代表市委向同志们表示衷心的感谢！

谋划2011年工作，首先要把握“十二五”开局这个特殊背景。党的十七届五中全会绘就了我国“十二五”发展的蓝图，明确未来五年我国仍处于可以大有作为的重要战略机遇期，强调要以科学发展为主题，以加快转变经济发展方式为主线，深化改革开放，保障和改善民生，促进经济平稳较快发展和社会和谐稳定，为全面建成小康社会打下具有决定性意义的基础。上海“十二五”规划也已颁布实施，市委、市政府明确提出要以创新驱动、转型发展为主线，率先走出一条适合特大型城市特点的科学发展新路。

创新驱动、转型发展，是上海在更高起点上推动科学发展的必由之路。但要走出这条道路，任务非常艰巨。在城市定位上，必须从国内经济中心城市向建设全球城市定位转变。未来五年，上海将以提高全球资源配置能力为着力点，全力推进国际经济、金融、贸易和航运中心建设，全方位提高对内对外开放水平，全面提升经济中心城市的国际地位。在发展动力上，必须从依靠投资驱动向依靠创新驱动转变。未来五年，上海将全面推进制度创新、科技创新、管理创新和文化创新，充分激发经济社会发展转型的内在动力和活力，建设充满活力的创新型城市。在产业结构上，必须从工业经济为主向服务经济为主转变。未来五年，上海将加快构建以现代服务业为主、战略性新兴产业引领、先进制造业支撑的新型产业体系，不断提高产业核心竞争力。在城乡布局上，必须从中心城区发展、单中心城市布局向城郊一体化均衡发展、多中心城市功能优化转变。未来五年，上海市区将与市郊新城联合发展，构筑城乡协调、一体化发展的新格局。在社会建设上，必须从政府动员推动为主向政府服务、多方参与、服务均等转变。未来五年,上海将更加注重民生、社会保障、社会服务和社会管理,营造和谐稳定的社会环境,创造安居乐业的人民生活。

要实现这些转变,必须把创新贯穿于上海经济社会发展各环节和全过程,坚持人力资源优先开发和教育优先发展,充分发挥科技第一生产力、人才第一资源的作用。高校是人才汇聚的高地、人才培养的摇篮、知识创新的重镇,推动创新驱动、转型发展,离不开高校的人才和智力支撑。当前和今后一个时期,高校的工作重点就是要全面落实国家、上海中长期教育改革和发展规划纲要,加强内涵建设,大力培养创新人才、提升科研水平、增强服务能力、促进文化传承创新,为上海实现创新驱动、转型发展作贡献。

推进"十二五"发展的关键在党。去年中央颁布了《中国共产党普通高等学校基层组织工作条例》,目的是以党的建设为落实国家中长期教育改革和发展规划纲要提供强有力的政治保证。进一步推动高校改革发展,必须加强党的领导。这次会议把"加强高校党的建设、推进实施规划纲要"作为主题,非常有针对性。下面,我就加强高校党建工作、推动高校"十二五"科学发展谈五点意见。

第一,要牢牢把握办学的正确方向。

加强高校党的领导,核心任务就是要牢牢把握办学的正确方向。具体地说,就是要坚持社会主义办学方向,坚持科学发展的办学方向。我国《高教法》明确规定:"高等教育必须贯彻国家的教育方针,为社会主义现代化建设服务,与生产劳动相结合,使受教育者成为德、智、体等方面全面发展的社会主义事业的建设者和接班人。"坚持社会主义办学方向是有其法理依据的。

一是要把好立德树人的取向。不能简单地把它理解为仅仅做思想政治教育工作。《高教法》第 31 条规定:"高等学校应当以培养人才为中心,开展教学、科学研究和社会服务,保证教育教学质量达到国家规定的标准。"高校党委首先要确保高校做到以培养人才为中心。在两天前召开的基础教育工作座谈会上,于漪老师大声疾呼——基础教育是奠基工程。其实,奠基不只是基础教育的问题,高校也在奠基。培养社会主义事业的建设者和接班人是高校的根本任务,是社会主义办学方向的本质要求。今天的大学生是未来中国的栋梁。我们要在本世纪中叶实现现代化、实现中华民族的伟大复兴,希望就寄托在这一代大学生身上。他们将是各条战线的精英和骨干,代表中国与世界对话、与发达国家竞争。所以,高校的人才培养质量问题事关国家和民族的未来。最近,网上在传《一名大学毕业生的反思》的文章,称自己进入大学时抱着热情和理想,却发现校园里"精神缺乏、游戏成风,学生忙着贴金、老师忙着抢项目,很多老师照本宣科,大学里真正关注教学、关心学生、有上课水平的老师越来越少了,老师忙项目一学期也见不到几次","鲜见同学一起读书、共同讨论人生智慧的场景"。学生的抱怨和批评有所偏颇,但仍应引起我们的深思。

把好立德树人的取向,必须创新思想政治教育的有效方法。要研究如何挖掘重大事件的育人功能。世博志愿者效应给我们很大启发,很多学生把志愿服务的理念带到服务西部中去、带到工作岗位上去,说明我们通过重大事件和活动来开展德育工作,激发大学生的爱国热情和社会责任感,效果是好的。今年是建党 90 周年、辛亥革命 100 周年,其中蕴涵着丰富而深刻的思想政治教育资源,是对大学生进行思想政治教育的生动教材,要以举办重大纪念活动为契机,设计好活动项目,大力开展爱党爱国爱社会主义教育,引导大学生坚定理想信念。要研究如何更有效地开展网络思想政治教育。我们原来把网络都看成是虚拟的,但现在网上与网下、虚拟与现实紧密结合的趋势不可抗拒。要积极跟踪网络发展潮流,主动为大学生提供功能更强大的网上平台,把大学生吸引到主流网站中来。

二是要把好意识形态的导向。《高教法》第 3 条规定:"国家坚持以马克思列宁主义、毛泽东思想、邓小平理论为指导,遵循宪法确定的基本原则,发展社会主义的高等教育事业。"这就要求我们在意识形态导向问题上,一点都不能含糊,必须理直气壮。高校从来就是意识形态斗争的必争之地,各种社会思潮大多以学术为形态、以知识为载体,在高校汇聚和碰撞,并通过高校向社会传播。当前高校意识形态工作同时面临着社会价值观多样化、西方思想文化渗入和敌对势力利用的三重挑战。高校党委要充分认识"意识形态领域的安全是最大的国家安全",做好高校意识形态工作是重大政治任务,也是高校党建工作的重大课题。

把好意识形态的导向,首先是要唱响主旋律,弘扬主流价值;其次要加强研判,把握学校意识形态领域的情况;三是要加强管理。高校既要尊重差异、包容多样,更要坚持不懈地用社会主义核心价值体系引领学生思想。要引导教师特别是哲学社会科学教师和思政课教师走出书斋,深入中国社会现实,体验实践、了解国情、理性研究。要完善意识形态工作制度,坚持学术研究无禁区、课堂传授有纪律、公开宣传有要求;加强舆情研判和应对，加强课堂教学、论坛讲座和校园网管理，绝不给错误思想提供传播渠道。

三是要把好改革发展的方向。高校党的建设要始终坚持发展为第一要义。关于发展问题，我重点讲改革。总的来说，现在高校改革内动力不足，而内动力往往是与学校活力联系在一起的。有高校领导反映，现在大家普遍感到上下都很着急，领导班子特别是“一把手”急着抢资源，职工急着看到学校每年有新气象，但缺乏以冷静的态度和坚韧不拔的毅力来研究破解改革中的难题。也有高校领导反映，相比较经济系统，高教系统的改革意识普遍不强、改革动力层层递减，往往造成改革流于声势、难以落地。

上海教育中长期改革和发展规划纲要确定了十大体制改革项目，我们还承担了国家教育体制改革试点的 27 个项目，其中涉及高等教育改革的有 10 项。改革的目的就是要破除体制机制障碍，解决深层次矛盾，形成有利于高等教育事业科学发展的体制机制。高校要坚持依法自主办学，把学校自主改革与国家和上海的改革衔接对应起来，按照办学规律和现代大学制度的创新趋势，统筹协调、整合资源，积极推进教育教学模式、人事分配制度、科研管理体制改革，完善学校内部治理结构。“十二五”期间，要围绕增强动力、活力来推进改革，不断总结“点”上经验，积极推动“面”上改革。特别要注意“衔接口”的改革，比如高考改革，基础教育领域有不同意见，要继续完善，这个“指挥棒”若不搞好，上海教育很难再上台阶。希望大家积极改革创新，使我们的办学既要搞活，又要自主，还要符合规律。

第二，要坚持和完善党委领导下的校长负责制。

这是高校领导体制问题，不可回避，必须准确把握其实质和内涵，不断完善工作运行机制，提升高校领导班子建设的科学化水平。

一是在认识上一定要坚持、坚定。新中国成立后，我国高校领导体制先后实行过校务委员会制、校长负责制、党委领导下的校务委员会制、党委领导下的校长为首的校务委员会制等多种制度，最后确立了党委领导下的校长负责制。在相当长的历史阶段，根据国情，这个制度就是要坚持、坚定。其实，全球高等教育体制各不相同，比如欧洲的高等教育体制与美国的就不一样，我们没有必要照搬外国模式。任何东西又都有共性的一面，我们可以借鉴国外经验，而不应盲目照搬照抄。我国《高教法》第 39 条规定：“国家举办的高等学校实行中国共产党高等学校基层委员会领导下的校长负责制。”从实际情况看，党委领导下的校长负责制保证了党的教育方针在高校的贯彻，推动了中国特色现代国家教育的构建，为高等教育快速发展、高校持续稳定提供了政治和组织保障。党委领导下的校长负责制是高校必须坚持的管理原则，这既是管理问题，也是体制问题、法理问题和组织问题，是符合当前中国国情的，一定要坚持、坚定，先讲坚持，再讲改善；先讲坚定，再来讨论具体问题。

二是在决策与执行的关系上把握好党委的定位。现在基层党组织主要有两种定位：一是领导核心，一是政治核心。像高校党委就是领导核心，国有企业党组织就是政治核心。领导核心和政治核心的地位不同，领导核心地位就是党委班子集体决策、班子成员分工执行，基本职责是总揽全局、协调各方、统一领导；而政治核心地位基本上是监督，从政治上把握大方向。从管理学理论来看，一个组织必须有一个领导核心，而且只能有一个领导核心。与行政首长负责制最大的不同，党委是学校的领导核心，党委书记是“班长”，不是家长，不管是书记还是校长，就是党委的一个成员；要充分体现民主集中制原则，不管是校长、副书记的意见还是党委委员的意见，都要在党委充分讨论，达成共识。这对党委书记提出了更高的要求，不仅政治上要强，还要懂教育、懂管理，更重要的是要有战略眼光，善于思想领导，善于凝聚力量。校长一般也是党委成员，但校长是学校的法人代表和行政主要负责人，所以党委要支持校长依法独立行使职权。党委不要把校长看成是党委班子以外的人，校长也不要对党委讲“你们”，而要讲“我们”，这样的关系才是正常的关系。

三是要明确内部分工与合作的关系。从某种意义上讲，党委领导下的校长负责制，是集体领导和个人分工负责相结合的领导体制，必须处理好分工与合作的关系。分工主要是指党政分工以及党委和行政系统内部的分工。分工是合作的基础，但分工不是“独管”。个人分管的工作都是全局工作的一部分，需要密切合作、相互配合，这是增进团结、增强领导班子凝聚力和战斗力的保证。集体责任是个人责任的综合，但不是个人责任的简单相加。集体责任由每个集体成员来分担，依靠个人责任来落实。在高校党委领导集体中，每个班子成员都要积极参与集体决策，主动维护领导集体的形象；同时又要按照集体的决定和分工切实履行自己的职责，在个人职权范围内独立负责地处理问题。

四是要落实民主集中制，完善决策和执行的各项制度。关于民主集中制，简而言之就是“集体领导、民主集中、个别酝酿、会议决定”，关键是“个别酝酿、会议决定”。不少同志反映，实践中凡是党委工作比较好的，都是“个别酝酿”较为充分的；凡是“个别酝酿”不充分的，“会议决定”就很容易出毛病。现在高校不搞书记和校长一肩挑，因此最重要的是书记和校长间的“个别酝酿”需要采取各种各样的办法，艺术地处理好“个别酝酿、会议决定”问题。如果“酝酿”中遇到比较尖锐的矛盾，书记作为“班长”和第一责任人，要往校长办公室多跑几次，主动去酝酿。同时，党委要抓大放小，如果充分酝酿、抓大放小，一般来说党委会是能开好的。另外，党委书记和校长要注意提升自身的修养和素质，在考虑各种制度、各项工作时，在“合”上多下工夫，不要在“分”上花心思。很多工作的边界是模糊的，硬要把它分得很清楚，实际效果并不一定理想。

第三，要切实加强基层党组织建设。

最近市委召开动员大会，对全市深入开展创先争优活动进行工作部署，要求围绕实现“十二五”良好开局、围绕服务群众、围绕加强社会建设、围绕增强基层党组织活力开展创先争优。创先争优活动是推进高校基层党组织建设的有力抓手，要认真总结“世博先锋行动”的经验，按照中央和市委的部署，以“创新转型谋发展，服务群众促和谐”为主题，把创先争优活动作为高校基层党建的一项经常性工作，健全创先争优长效机制，推动基层党组织履职尽责创先进，促使广大党员立足岗位争优秀。

一是要落实党建工作责任制。任何工作都要讲责任，基层党建也要讲责任制，使党建工作由虚变实、由软变硬。2006 年中央下发了《关于建立健全地方党委、部门党组（党委）抓基层党建工作责任制的意见》，明确了各级党委抓好党建工作的责任和目标，要求以党建工作督查、巡回检查和随机抽样检查等方式，定期或不定期地对基层党建工作进行督促检查，发现问题及时解决。据此，我们已连续两年到有关区县和委办局检查基层党建责任制的落实情况。高校也要参照这个文件，特别要注意分清党建工作“四个责任”的主体：“集体责任”的主体是高校的党委、总支、支部，“第一责任”的主体是各级党组织的书记，“具体责任”的主体是各级党组织的分管书记和党的工作部门负责人，“配合责任”的主体是行政系统负责人。要把党建工作责任制建立起来，把责任讲清楚，加大检查力度。

二是要完善高校院系党组织发挥作用的体制。这次高校基层党组织工作条例明确规定，通过党政联席会议讨论和决定本单位重要事项，支持本单位行政领导班子和负责人在其职责范围内独立负责地开展工作。“党政联席会议”这一体制在 1996 年版的条例中没有提及，是这次条例修订的主要亮点，我们要操作好、执行好。现在院系规模越来越大，有些二级学院有几千学生，相当于原来一所学校的规模，在高校管理结构中处于承上启下的关键位置。实行党政联席会议决策制度，是民主决策、科学决策的重要保证。这个体制的核心是党组织发挥政治核心作用，院长行政负责，党政联席会议决策。要处理好党政关系，不能把实行党政联席会议制度理解成党政不分或以党代政。有同志提出了党政联席会议应由谁来主持的问题。我认为，可由院长主持，也可由书记主持，还可轮流主持，先不作定论，请大家探索，创造经验。

三是要切实推进党内民主。党内生活越民主，党组织就越有活力，对优秀师生也越具有吸引力和凝聚力。推进基层党内民主尤其要在三个方面下工夫：一要认真落实党员对党组织事务的知情权、参与权、选举权和监督权，保障党员的主体地位和民主权利。二是高校党务公开与党政机关和一般事业单位不同，要认真研究制定党务公开目录，规范公开内容、范围、程序和形式，提高党务公开的质量。三要完善党代会制度和党委定期换届制度，在试点基础上扩大“公推直选”范围，一个院或一个系有一百人左右的党员，是有条件开展“公推直选”的，这也是发展高校民主的重要组成部分。

四是要创新党组织的组织方式和工作方式。现在高校党员工作、学习方式多样，流动性扩大，给党组织工作带来很多新的课题。关键是要抓好两个方面：一是“覆盖”；二是“活力”。这次高校基层党组织工作条例为党组织的设置留下不少探索空间。我们要在以行政体制为主设置党支部的基础上，积极探索在课题组、创新团队、学生社区、学生公寓等师生新的活动载体中开展党的工作的新方式，不能留有空白，力争做到全覆盖。在高校里，不能让一个党员没地方转组织关系、没地方过组织生活。在保持对各类党员群体工作全覆盖的基础上，想方设法增强基层党组织活力，不断增强党的吸引力和凝聚力。

第四，要着力做好新时期高校知识分子工作。

近年来，中央反复强调做好群众工作的重要性，强调我们党的最大政治优势是密切联系群众，党执政后的最大危险是脱离群众，把群众工作摆到一个非常重要的位置。如何做好社会主义市场经济条件下的群众工作，我们对规律的把握还不够、办法还不多。特别是高校群众工作的主体是知识分子，他们有鲜明的思想性、独立性、批判性，做好高校群众工作要求更高、难度更大。

一是要依靠。高校的党政领导本身就是知识分子的一员，要认清与知识分子的关系，把知识分子作为依靠对象。现在，高校行政化带来一个弊端，就是把知识分子变成管理对象，这一状态必须扭转。高校的机关、后勤等部门人员，都要正确处理好与知识分子的关系，真心实意地尊重他们、关心他们、依靠他们。

二是要交流。做知识分子工作，言路畅通非常重要。高校领导要学会对话，如果同知识分子“话不投机半句多”，就很难进行思想交流。最近播出的电视剧《五星红旗迎风飘扬》中不少情节令人深思，其中“东方红一号”卫星研制时正值“文革”，研究单位送来总装的零配件上不是挂着毛主席像章就是印着毛主席语录，不仅影响散热还增加重量，有专家斗胆向周总理汇报，总理说“在我这地方什么话都可以讲”。尽管是在那特殊年代，党和国家领导人与专家依然保持平等交流的关系，现在高校领导与教职员工更要有事多商量，保持言路畅通。

三是要引领。从某种意义上讲，凝聚人心、增进共识、统一思想，在高校比管理更重要。高校知识分子民主参与意识非常强，一定要重视在参与中引领，把更多的知识分子组织起来，引领他们参与学校的各项工作，体现在办学方向、指导思想及重大举措等方方面面。

四是要服务。关心知识分子利益，不能停留在口号上，而要有实实在在的措施和行动。有青年教师反映，现在学校办事机构效率不太高，不够便利，少数行政部门态度不够好，有时让人寒心。各高校要在服务教师上多下工夫，真正关心他们的切身利益，对于教师反映的问题一定要想办法合情合理、创造条件解决。当前尤其要重视青年教师的住房问题。现在市里出台了公租房、经济适用房、廉租房政策，我们要研究与解决教师住房问题的关系，拿出切实解决问题的方案。

第五，要进一步加强党风廉政建设。

现在是高等教育发展的黄金时期，高校经费增多、项目增多、干部增多、管理层次增多，如果风气不好、制度不严，很容易出现党风廉政方面的漏洞。近年来，本市高校虽然涉及领导班子成员的重大案件不多，但党风廉政方面暴露出来的问题不少，反映领导干部作风问题的信访依然较多。从全国来看，高校领导干部腐败案件呈多发高发态势，我们对此必须居安思危，保持高度警觉。

这次高校基层党组织工作条例修订后，将党的纪律检查工作独立成章，并对高校纪检监察工作提出了新的明确的要求，各高校要认真贯彻落实。今年高校党风廉政建设要按照中央和市委部署，以党风廉政建设责任制为抓手，以解决师生员工最关心的党风廉政问题和加强制度建设为重点，扎实推进。特别要抓好三个方面：一要落实党风廉政建设责任制，每一个领导干部要管好亲属、管好分管部门的干部，党委、纪检监察部门和审计部门要加强督促检查，对失职的干部要进行责任追究。二要加强关键领域、关键部门、关键环节的制度建设，尤其是对干部人事、财务管理、基本建设、科研立项、职称评审、学科评估、招生录取等高风险领域和重点环节，要制定严格和细化的管理监督制度，并做好廉政风险的预警防范，最大限度地减少制度性漏洞。三要公开透明，力争做到能透明的都透明、能公开的都公开。高校领导干部要带头示范、以身作则，为党员干部和师生员工树立人格榜样。

总之，各高校党委要始终坚持党要管党、从严治党，不断提高高校党建科学化水平，使高校党建工作走在全市各行业的前列，努力把党的政治优势转化为推动上海高等教育科学发展、和谐发展的新优势。

全面实施学生健康促进工程
切实提高青少年学生身心健康水平
——在上海市学生健康促进大会上的讲话

（2011年7月4日）

上海市副市长　**沈晓明**

同志们：

今天我们在这里召开上海市学生健康促进大会，刚才明扬同志做了一个很好的工作报告，市体育局局长李毓毅等六位同志做了很好的发言，我都赞成。等一会，一瑾副书记将做重要讲话，希望大家能够认真学习领会，抓好贯彻落实。下面我就具体的工作讲三点想法。

一、必须充分认识上海青少年学生身心健康状况面临的严峻形势

身心健康是青少年学生全面发展的基本前提和终身发展的先决条件。青少年学生的身心健康水平，是衡量民族生命力强度、社会文明进步程度以及国家与地区综合实力的重要指标。长期以来，党和国家高度重视青少年学生的身心健康问题。2007年，中共中央、国务院专门印发了《关于加强青少年体育增强青少年体质的意见》，就相关工作作出了具体部署。近年来，根据中央的精神，结合上海经济社会发展和教育工作的实际，我们采取了大量有力举措，切实加强学校体育卫生工作，努力提高青少年学生身心健康水平，取得了显著成绩。但是，我们也必须看到，上海青少年学生身心健康素质的现状是十分严峻的。

一方面，这表现在历次体质监测的数据之中。可以看一组2005年和2010年的对比数据。在2005年第二次国民体质监测中，上海市民的国民体质综合指数位列全国之首，但是，其中青少年的体质综合指数却处于全国中下游。根据2006年底上海市体育局发布的《上海市2005年国民体质监测公报》，在全市国民体质综合指数高居全国榜首的同时，上海青少年的体质状况却令人忧虑。比如说，上海学生视力不良检出率为小学生42.5%、初中生73.9%、高中生81.1%、大学生87.6%，比全国分别高出10.83个、15.43个、5.08个和4.92个百分点；与2000年监测结果比较，反映学生耐力素质的往返跑和800米、1000米跑成绩显著下降，大学生肺活量总体也呈下降趋势。再来看看五年后的情况。2010年，全国学生体质健康调研选择上海部分7—22岁学生共1.6万余人进行测试，结果表明，在生长发育水平继续增长、机能水平有所改善、耐力项目有所提高的同时，与2005年测试结果相比，上海青少年学生身体素质状况无明显改善，健康状况不容乐观。这里，我随便列举几个主要的表现。第一，超重和肥胖均略有上升，肥胖上升0.73个百分点，超重上升4.23个百分点。第二，视力不良检出率仍维持较高水平，较2005年上升5.34个百分点，并呈日益低龄化趋势，如7岁至9岁学生中，男生平均达35.22%，女生达39.25%。第三，低血红蛋白检出率略有上升，较2005年上升1.18个百分点，其中，男生基本持平，女生上升较明显。第四，睡眠时间进一步减少，睡眠时间不足8小时的学生占到受测学生总数的61.44%，高中生更高达93.19%，其中，53.62%的高中生每天睡眠时间甚至只有6—7小时。通过这两个时间段的对比，可以说，我们青少年的身体素质目前在全国几乎处于垫底的位置。一年多以前教育部发布的另一个数据也可以作为佐证。在对2009年考入直属高校学生的体质测试排名中，上海生源学生整体水平在全国排名第19名，优良率全国排名第21名。这一态势怎能不令人担忧。

另一方面，这表现在我们许多老师和家长的教育理念之中。分析当前影响学生体质健康的因素，可以有许许多多，但最根本的原因是应试教育在起主导作用，以升学考试为中心的应试教育在教育内部形成了一种巨大的异化力量。我们的老师、我们的家长多数情况下都自觉或不自觉地抱着这样一种心态，即“只要孩子把学习搞好了，别的什么都不用管”。这种扭曲的价值观必然导致扭曲的教育，扭曲的教育必然扭曲学生的身体与心灵。青少年学生的身心健康水平，在很大程度上确实是决定于我们的教育理念，决定于我们的人才培养模式与目标。不恰当的教育理念，不恰当的人才培养模式与目标，扭曲了学生的身心，最终将影响和制约我们经济社会的发展与民族长远未来。

二、把全面实施学生健康促进工程作为切实提高青少年学生身心健康水平的核心任务

切实提高青少年学生身心健康水平，涉及学校、政府、社会等各个方面，头绪繁多，任务繁重，在工作过程中必须讲求策略、突出重点。在当前阶段，全市要将实施学生健康促进工程作为切实提高青少年学生身心健康水平的核心任务，以之推动青少年学生健康促进各项工作的全面发展。在各项工作推进实施过程中，务必要突出重点，着重围绕体制机制创新、环境与文化建设以及激发青少年学生内生动力等方面，继续深化与青少年学生健康促进工作相关的各项事业综合改革，积极构建“政府全面主导、学校重点推进、社会深度参与”的三位一体工作机制，着力营造全社会关心青少年学生身心健康的良好氛围，努力促进青少年学生养成有利于终身发展和全面发展的良好锻炼习惯和健康文明生活方式。关于这一问题，市委、市政府在《通知》中已经提出了明确的要求。这里，我再强调几个重点。

第一，要将学校体育工作纳入学校教育教学活动的完整体系和全过程。学校教育教学活动的中心任务和根本目标是“育人”，而体育具有强大的育人功能，对于促进青少年学生磨炼坚强意志、培养良好品德、养成健康生活方式、增强集体主义和爱国主义精神具有重大的积极作用。当前，一些学校还不同程度地存在着随意挤占体育课时的情形，严重影响了体育育人功能的发挥。今后，要以坚决贯彻落实“每天校园锻炼一小时”的要求为契机，彻底纠正轻视甚至漠视体育课程、体育工作的做法，切实保证体育课时，进一步完善体育课程体系建设，努力提高体育课程质量。同时，大力开展阳光体育活动，创新学生体育赛事组织模式，积极推进体教结合，把体育作为培养适应现代社会需要的合格人才的重要一环，使广大青少年学生在增长知识的同时，铸就强健体魄，激发体育兴趣，养成终身锻炼习惯和技能，形成健全人格，为其终身发展奠定坚实的基础。这里我强调一下，我们提出中小学生“每天校园锻炼一小时”的要求，其实标准并不高。我看到过一个材料，在现代奥林匹克之父顾拜旦的故乡法国，体育被法律规定为“教育、文化和社会生活的基本要素”，体育课在从小学到大学的各个学段都得到高度的重视，小学有 1/3 的时间用于体育教学，学生每周有 8—9 小时的体育活动，中学生每周为 5 个小时。

第二，要进一步加强和改进学校卫生工作。学校卫生工作肩负监测学生健康状况、对学生进行健康教育、培养学生良好卫生习惯、改善学校卫生环境和教学卫生条件、加强传染病与学生常见病预防和治疗等方面的重要职责，是青少年学生身心健康发展的可靠保证，是学校教育实现育人使命和促进青少年学生健康成长的基础性环节。要重视健康课程在卫生、健康教育方面的基础性作用，坚持健康知识与健康技能传授并重、健康意识培养与健康行为养成统一的原则，努力建设中小学健康教育课程体系。要深化体制机制创新，继续深入拓展“医教结合”内涵，通过教育、卫生系统的通力合作，将学校卫生工作纳入基本公共卫生服务体系，实现两者的有效整合，推动学校卫生工作的专业化有序发展。要深入实施“医生进校园”、“学生常见病干预专家指导委员会”、“一人一档”、“学校信息化公共服务平台”等措施，为学生健康成长提供周到服务。此外，要进一步重视和加强心理健康教育，促进学校体育卫生工作与德育工作的有效衔接，加强对学生的人文关怀，推动生命教育深入开展，努力提高学生心理健康教育的专业化水平，不断增强学生心理健康素质，努力减少不良心理事件和社会适应困难的发生率，促进学生身心全面健康发展。

第三，要努力打造学校体育卫生工作的专业化队伍。高水平的专业化队伍，是学校体育卫生工作全面深入发展的基本保障。要针对当前工作中存在的若干不符合事业发展要求的问题，努力改革完善学校体育卫生教师人事管理制度。特别是要完善体育卫生教师工作量考评办法，妥善调整教师绩效工资分配结构，切实保障体育卫生教师的合理待遇和合法权益。绩效工资总额增长时，优先考虑学校体育卫生教师收入增长的需要。制定体育卫生教师岗位标准，优化师资队伍结构，提高专业化水平。研究制定卫生教师专业技术职务的评定办法，促进卫生师资队伍的稳定健康发展。建立多种形式的体育卫生教师职前、职后培训机制，加强国内外交流，实施体育卫生教师领军人才培养计划，提高本市体育卫生教师的整体素质，形成名师引领、创新合作、结构合理的学校体育卫生人才队伍。

第四，要将全面实施学生健康促进工程作为进一步深入推进素质教育的重要突破口。青少年学生身心健康问题,不是一个孤立的问题,而是一个与教育理念、教育模式、教育体制机制以及人才观等重要问题相联系的复杂问题。因此,必须要在进一步深入推进素质教育的全局中来思考和把握实施学生健康促进工程的重要意义,把这一举措作为全面落实素质教育的重要契机。要通过学生健康工程的实施,推动教育理念、教育体制机制、教育评价体系等方面的变革,使之成为促进课程教学改革深入发展、切实减轻学生过重课业负担、实现学生全面发展等方面的重要推动力量。我注意到工程实施方案提出的设立"快乐活动日"的构想,这是一个很好的创意。按照该构想,中小学校每周将安排一个下午的时间辟为学生参与文体活动、创新活动的集中时间,该下午不安排文化课和回家作业。这一构想,不仅能够确保学生必要的活动时间,提高学校组织学生参与文体活动的有效性,促进形成良好的校园文化氛围,而且能够从制度上保证集体减负。这是一个很好的例子。希望各有关方面在工程实施过程中能够始终保持这样的意识,创造性地开展各项工作,使学生健康促进工程不仅成为切实提高学生身心健康水平的重要途径,而且成为全面落实素质教育的重要契机。美国这方面的成功经验可以供我们借鉴。1980 年,针对青少年体质下降的问题,美国政府专门发布报告——《全国的目标:增进健康,预防疾病》,提出了十年发展目标,即到 1990 年全美要有 60%以上的青少年(10—17 岁)每天参加学校组织的体育课或课外体育活动。由于长期坚持、一以贯之,现在这一比例已达 80%以上。目前,青少年体育活动作为现代生活方式之一,已经渗透到美国家庭的日常生活中,并成功地改变了人们有关青少年培养的价值观念,让青少年拥有健康体魄和坚毅自信性格成为人们的共识。

三、强化责任约束,打造青少年学生健康促进长效机制

我们强调"健康第一"思想、重视青少年学生身心健康问题,早已经不是一两年的事了。但是,为什么现在还普遍存在着学校体育卫生工作"说起来重要、做起来次要、忙起来不要"的状况?除了教育理念、人才培养目标等思想观念问题以及教育体制机制方面的问题外,我认为还有一个十分重要的原因,就是没有建立起一套能够确保青少年学生健康促进各项工作持续深入开展的强有力的约束制度。就拿"每天校园锻炼一小时"来说,为什么落实起来那么困难?就是由于我们没有严格的检查和监督机制,特别是没有针对未达到要求学校的惩处办法。正因为是这样,所以随意挤占体育课时、对内对外两张课表之类的情况才会频频发生。在这次学生健康促进工程的实施过程中,一定要把强化责任约束和相关制度建设摆在突出的位置,努力形成青少年健康促进工作持续深入开展的长效机制。

一是要强化校长的责任。校长是学校体育卫生诸多具体工作的直接领导者,校长的思想认识、重视程度和落实措施,在很大程度上直接决定了学校体育卫生工作的水平,进而影响着全校学生的身心健康水平。因此,要将校长作为学校体育卫生工作的第一责任人。如果学校体育卫生工作发现问题,校长必须首先承担相应责任。教育主管部门要尽快完善相关制度,拿出可以执行的办法,特别是要拿出惩戒的措施。这一点,必须毫不含糊。也许有的校长会抱怨场地、设施等方面的限制,但是,我想,目前我们各所学校的办学条件,无论如何也要比半个世纪前的大境中学的情况要好吧。大境中学是原南市区的一所中学。上个世纪 60 年代,该校操场仅有两个石库门天井大小。但是,学校因地制宜组织学生开展体育锻炼,创造了各种因陋就简的体育锻炼项目,促进学生体质健康,成为全国学校体育的标兵。我们各位校长要发扬大境中学这种"螺蛳壳里做道场"的精神,充分利用一切资源开展学生体育锻炼活动,促进学生体质健康。

二是要强化督导评估制度。要通过完善学校体育卫生督导评估机制,着力落实政府、学校促进学生健康全面发展的基本责任。要开展学校体育卫生专项督导,建立"每天锻炼一小时""每天多睡一小时""三课两操两活动"落实情况的专项督查,发挥社会监督员和舆论的监督作用,实行公开举报和责任追究制度,强化教育行政部门和学校促进学生健康成长基本责任的有效落实。

三是要建立健全学生体质健康监测与公告制度。要严格监测管理,提高监测信度,建立常态化的学生体质监测制度。市、区县教育行政部门要通过政府网站、主流媒体(如解放日报、电台、电视台)等渠道,分别定期公告各区县和学校的学生体质健康监测结果与排名,对学生体质健康水平持续下降的地区和学校提出干预建议。

四是要强化约束激励机制。要将学校体育卫生工作和学生体质健康状况等情况作为评价各级政府和学校教育工作的重要依据。对成绩突出的区县、部门、学校和个人定期进行表彰奖励。对随意挤占体育课、不落实"每天校园锻炼一小时"、青少年学生体质健康水平持续下降的区县和学校,实行评优评先一票否决,并对负有主要责任的区县、部门及学校负责人予以严肃处理。

同志们，青少年学生身心健康在其全面发展与终身发展中具有不可替代的基础性地位，事关千万家庭福祉，事关城市、国家和民族的未来。这次会议，希望能够唤醒全社会对这一问题的强烈意识和责任感，以全面实施学生健康促进工程为核心，努力推动学校体育卫生工作科学发展，为促进青少年学生身心健康创造积极条件和有利环境。让我们站在新的历史起点上，开拓进取、不懈奋斗，为切实提高青少年学生的身心健康水平作出应有的贡献！

着眼教育发展方式转变　全面落实教育规划纲要

中共上海市教育卫生工作委员会书记　**李宣海**

当前和未来一个时期,在国家加快转变经济发展方式,上海努力实现创新驱动、转型发展的宏观大背景下,上海教育承担着促进这场深刻经济变革和城市转型的重大历史责任,同时,上海教育自身在新的起点上要实现新的跨越,转变教育发展方式既是内在要求,也是重要任务。教育的中长期发展蓝图已经绘就,我们要以全面落实《上海市中长期教育改革和发展规划纲要(2010—2020年)》(以下简称《规划纲要》)为核心,着眼教育发展方式转变,坚持创新、公平、开放、改革,深入推进各级各类教育聚焦内涵建设,实现转型发展、科学发展。

坚持创新,关键是坚持思想的引领和理念的创新。上海从来就有引领全国教育发展的传统,尤其是在教育理念上,开全国先河,率先提出"以学生发展为本"等先进理念,并在这些理念的引领下,培育和造就了一批享誉全国的名师、名校长、名学校,奠定了上海教育的领先优势。在新的发展起点上,上海提出了"为了每一个学生的终身发展"的核心理念,得到了中央领导和社会各界的高度肯定和广泛认同。落实《规划纲要》的关键,就是要把这个核心理念融化进每个教育工作者的灵魂里,体现在教育教学的每一个环节,贯穿于促进学生健康成长的每一个阶段,这是我们推进教育创新的核心所在。

关注核心理念是否转化为各级各类学校的办学理念。各级各类学校,特别是书记和校长先进的办学思想是学校科学发展的文化基础。各级各类学校的书记和校长要自觉把核心理念内化为一种文化自觉,转化为办学理念,引领学校的创新发展。要把核心理念贯穿到学校管理和教育教学改革的全过程,体现在办学定位和办学特色的顶层设计,体现在对教师教学质量和学生学业成绩评价等重点和难点领域的改革突破,努力克服理念、行动"两张皮"。

关注如何进一步构建大教育格局,形成教育发展的合力。人才培养是一个长周期的过程,需要做好大中小幼教育的纵向衔接和学校家庭社会的横向沟通。这就要求打破封闭、分割式的教育观念,建构大教育的格局。要遵循人的成长和发展规律,认真研究把握基础教育各年龄段和各学段教育的侧重点和基本要求,开展分层递进的教育活动。要面向经济社会主战场,构建应用型人才培养体系,做好中高职贯通探索,继续探索高职教育与技术型本科及专业学位研究生教育的有效衔接。要争取全社会的理解和支持,主动加强与政府各部门、社会团体、企事业单位和社区、媒体的沟通和协调,形成全社会关心、理解、支持和参与教育的合力。

坚持公平,关键是要为每一个受教育者提供平等的教育机会。维护群众利益,办人民满意的教育,归根到底就是要坚持追求教育公平。

关注每个学生、办好每所学校。教育涉及每个家庭、每个孩子。为每一个孩子提供平等的教育机会,提供平等的教育资源,应该成为教育公共政策的一个基础。处于高位均衡发展阶段的上海基础教育,要通过"办好每一所学校、关注每一个学生",来实现教育优质均衡发展,这是促进教育公平的重要体现。当前上海教育要进一步推进城乡之间、区域内义务教育的均衡发展,促进优质教育资源的共享和辐射,加大对郊区学校的转移支付力度。同时还要保障进城务工子女的义务教育权利,关心一线职工的职业培训,建立健全更加便捷、多样的终身教育体系,保障人民群众的受教育权利。

关注学生的因材施教、个性发展。每一个学生都具有个性特长与缺陷,也都有发展的潜能。教育的使命就是激发每个个体的发展潜能,实现人生的最佳发展。既要让学业和身心遇到困难的学生得到特别的关心和辅导,也要让具有天赋特长的学生获得更好的专门辅导和培养。因材施教、尊重和培养学生的差异化的兴趣和个性特长、实现每一个学生的健康成长,是更高层次上的教育公平。

坚持开放,关键是要确立把扩大教育对外开放作为各级各类教育内涵建设的重要抓手。开放是上海教育发展的一条捷径。只有开放才能开阔眼界、争取资源、提升水平、增强竞争力。

推进教育国际化。2011年是上海国际教育发展建设年。今年上海教育国际化的一个最大亮点，就是建设“上海纽约大学”。但上海教育国际化，主要目的并不仅仅是引进一两所高水平大学，更重要的是通过教育国际化，引进世界先进的教育理念和教育资源，提升我们的学科水平和人才培养水平。我们要鼓励国际化办学，鼓励加强高等教育国际交流与合作，鼓励应用性本科院校和职业学校直接引入国际职业标准进行教学，推进中小学开展国际理解教育；同时，我们要积极发展留学生教育的品牌专业和课程，促进国际学校健康发展，提升上海教育的国际影响力和竞争力。

加强长三角教育合作。长三角、泛珠三角、环渤海是目前中国最活跃的三大经济圈，被认为是领跑中国经济的三架发动机。上海在长三角经济发展中的重要地位，决定了上海教育也必须主动跨前一步、领先开放一步，在探索区域教育联动发展新机制、集聚共享国际先进教育资源等方面发挥重要作用，努力使长三角成为中国乃至亚太地区的教育发展重镇，为区域经济发展提供更强大的支撑。

深化“三区联动”。校区、社区、高科技园区“三区融合、联动发展”，这是教育开放的重要体现，也是教育服务经济社会的重要途径。在上海城镇化建设步伐加快、高校“2＋2＋2＋x”布局已经形成、大学科技园区从8个拓展到13个(其中11个为国家大学科技园)的新的环境和条件下，要更加重视发挥大学科技园区的战略支点作用，把大学的科研成果、文化精神等有形和无形的创新要素，进一步向周边地区辐射，引领、推动周边社区的社会发展和经济产业结构调整。

坚持改革，关键是推进重大改革和发展项目落地。坚持先行先试、深化改革，首先是要勇于改革、主动改革。体现在上海就是落实“27＋10＋10”，即27项上海承担的国家教育综合改革试验项目，《规划纲要》确定的10项改革项目和10项建设项目，每一项都要做到“定目标、定措施、定责任”。其次是要推进改革重心下移，形成改革合力。改革重心下移，有利于增强改革活力，激发基层创造力，从而使得改革永葆生机；有利于将改革理念与改革实践更好地结合在一起，避免从理念中来、到理念中去，导致改革走过场；有利于积累经验、修正不足，从点到面，逐步推进。改革要聚焦重点、有所突破，通过点上突破来带动面上的发展。

聚焦人才培养模式改革。教育的根本任务是培养人。但中小学校重育分轻育人、高校重科研轻教学等现象还是比较普遍地存在着；也就是说，我们的人才培养模式还不适应人的成长规律和创新型城市建设的需求。为此，必须坚持不懈推进人才培养模式改革，要改革对教师的评价方式，引导教师潜心教书，精心育人；要改革课程教学和招生考试制度，提高课堂教学效能，减轻中小学生过重课业负担，鼓励学生的问题意识和创新能力；要优化人才培养结构和培养方式，按照上海产业结构调整要求，积极推进产学结合、校企合作培养应用型人才，增强学生的创新实践能力和就业创业能力。

聚焦人才队伍建设。学校的发展，关键靠人才。要重视加强人才规划。高校要按照学校定位和学科专业布局，做好人才队伍建设的顶层设计和前瞻布局，重点要抓好领军人才队伍，坚持因需设岗、以岗选人，使领军人才与学校的优势学科和前沿学科布局相匹配。要坚持最大限度地激发各类人才的积极性和创造性，尤其要给优秀人才提供重大项目、重点学科和科研基地等更大的事业舞台。要积极推进中小学校长和教师队伍建设，改革教师培养培训和管理方式，营造有利于优秀教育人才和教育家脱颖而出的制度和文化环境。

聚焦政府管理体制改革。要遵循教育规律，理顺政府与学校的关系，强化政府公共服务职能。对高等教育要加强分类管理，通过加强规划引导、优化资源配置、严格监督管理、注重绩效考核等途径建立分类管理体系，实现校校有调整，校校有支持，校校有特色，校校有发展；基础教育要重点完善基本公共教育服务均等化管理体系，科学配置公共资源，强化督政督学、校长和教师队伍建设和规划、政策、制度设计，强化政府职能，激发学校活力，提升对基础教育改革的专业引领能力。

贯彻落实会议精神　做好"十二五"开局工作
开创上海基础教育内涵发展的新局面
——在上海市基础教育工作会议上的讲话

（2011 年 3 月 14 日）

上海市教育委员会主任　**薛明扬**

同志们：

本次会议是在国家和上海市中长期教育改革和发展规划纲要启动之年、"十二五"开局之年召开的重要会议。在上海经济社会"创新驱动、转型发展"战略的引领下，上海基础教育事业改革创新、转型发展的要求十分迫切。今天上午，殷一璀副书记、沈晓明副市长和高洪司长都发表了重要讲话，明确指出了今后几年上海基础教育改革和发展的方向、任务与主要抓手，既振奋人心，也使我们感受到自己肩上沉甸甸的责任和使命。全市教育系统要认真学习、领会领导讲话和会议文件的精神，开拓创新，狠抓落实，切实提升上海基础教育的内涵发展水平。

下面，我就如何贯彻落实会议要求和做好"十二五"开局工作，谈一些想法。

一、深刻领会会议精神，明确转型发展的目标任务

1. 全力推进上海基础教育转型发展。

在历届市委、市政府的领导下，在全市教育系统和社会各界的努力和支持下，上海基础教育的发展一直走在全国前列。因为我们率先进行教育改革，所以率先取得改革的成果，也率先触及改革中的深层次困难和矛盾。当前，上海基础教育正处于重大战略转型的关键时期和攻坚阶段。我们必须直面问题、审时度势、迎接挑战，否则就不能持续发展。

在召开这次全市基础教育工作会议之前，市委、市政府领导主持召开了多个座谈会，听取各方面意见，同时要求市教委对上世纪 90 年代以来，尤其是"十一五"期间基础教育发展的经验进行全面回顾，认真总结。回顾与总结的目的是为了对上海基础教育发展的历史方位和阶段性特征，作出更准确的判断。

殷一璀副书记在讲话中明确指出，上海基础教育的发展，一是在教育价值取向上，要从过度追求现实功利，转向追求教育对人的发展的价值；二是在教育质量评价上，要从过度注重学科知识成绩，转向全面发展的评价；三是在学生培养模式上，要从高度统一的标准化模式，转向注重需求导向的培养；四是在教师专业发展上，要从强调掌握学科知识和教学技能，转向注重专业素养和教育境界；五是在教育管理方式上，要从单纯依靠行政命令，转向更加强调思想和专业引领。这五个方面的要求是对当前上海基础教育发展方向的高度概括，也是本次会议总的指导思想。从根本上说，这五个方面的要求，是把促进学生健康快乐成长作为一切工作的出发点和落脚点。

当前，上海正在全力推进"创新驱动、转型发展"，加快建设现代化国际大都市。我们要按照市委、市政府的要求，奋发有为，脚踏实地，站在更高的层面上锐意进取，不断创新，在基础教育转型发展上展现我们的智慧，继续走在全国前列。

2. 促进公平与追求卓越齐抓并举。

本次会议总结了本市义务教育均衡发展的多项措施。我们要继续坚持并加以推广。根据会议精神，在义务教育均衡发展方面我们要关注以下两点：

一是全面提高基础教育办学质量。最近，媒体报道了一批学校成功办学的经验，引起了较好的社会反响。我们感到，上海应该涌现一大批新的名校，包括那些对困难学生、进城务工人员随迁子女教育卓有成效的学校。它们不是靠学校排名和升学率成名，而是靠办学质量过硬成名。这些学校的教育探索能够体现上海教育的公平性，更能够体现上海基础教育保持领先的总体优势。

二是把均衡发展和体现特色更好地结合起来。殷一璀副书记在讲话中辩证地指出，教育均衡公平并不是扼杀教育的多样、特色，否认教育对象的天赋禀性；追求基本公共教育服务均等化，不是要求每一所学校办学都平均化。这对我们促进均衡发展在认识上提出了新的要求。当前，我们提出为学生提供多样化教育，适应学生多样化发展需求，本身就是教育公平，而且是更高层次上的教育公平。也就是说，我们追求的均衡发展不是消灭差异，让所有的学校达到同一水平，而是用不同的尺子来衡量不同学校的发展，让学校从研究学生出发，更加关注人内心世界的成长与发展，更加关注基础教育对人的终身发展所产生的影响。OECD内的许多国家和地区教育发展的成功经验表明，公平与质量是可以兼顾的。只要我们坚持从学生发展的实际出发，在达到基本标准的基础上，充分考虑学生发展的多样性，做到因材施教，学校的办学特色和多样性也就自然形成，教育公平和特色也就自然协调。

3. 多管齐下回应“减负”呼声。

这次基础教育工作会议的主题是，让每个孩子都健康快乐成长。基础教育是人的发展的奠基工程。奠什么基的问题，是基础教育的根本问题。基础教育既是为每个学生个人终身发展奠基，也是为中华民族的振兴奠基。要实现这个目的，必须进一步深化素质教育。

本次会议直面并回应了“减负”呼声，在《关于减轻过重课业负担，深化中小学素质教育的若干意见（征求意见稿）》中推出了“组合拳”。比如，提出了强化课程整体育人功能，在改进教学过程中特别强调了改进作业的要求，提出了改进评价的设想等。

就作业来说，我们把改进作业作为深化素质教育的一个要点来推进，编制《上海市中小学作业设计与实施指南》。为什么要强调通过“作业”来减负？有效的作业设计和管理，不但能检测教与学的结果，更能帮助学生提高学习效率，减轻课业负担。但是，许多调研表明，布置给学生的作业存在数量大、内容重复多、批改比例低、个别反馈和指导少等弊端，有的作业甚至与教学内容脱节。林林总总，使得作业的功能没有得到充分合理的发挥。因此，我们一方面通过研究和实践，编制作业指南等，引领教师根据教学目标、教学内容和学生学习实际，编制解释性强、类型丰富、科学合理的作业，提高作业的有效性，提升作业品质。另一方面要推广作业备案制，教师布置的作业要在学校教导处备案和校园网公示，这是为了通过群体的帮助和监督，促进教师去研究作业的有效性，精心布置作业，约束不合理的教学行为。作业备案制在有的区试行时，效果是明显的。

再拿评价改革来说。本次基础教育工作会议提出，要推进教育质量综合评价体系。我们不能再将升学率作为评价体系的唯一指标，今年下半年起全市试行义务教育质量综合评价办法，把学生的责任感、幸福感、身心健康、学习负担、学习实践经历、学习兴趣、学业水平等作为考察区县和学校育人质量的基本方面，并把评价结果与学生体质健康一并公告社会。

还有，这次会议再次提出“确保学生每天校园体育锻炼1小时”，这是作为硬性规定提出的。这虽然不是新的要求，但也是对社会增强学生体质呼声的回应。

4. 着力推动学校与家庭、社会互动。

本次基础教育工作会议要求特别强调和重视建立、健全学校、家庭和社区的互动合作机制。这有三个方面的考虑：一是积极呼应家长、社区等方面合理诉求的需要。目前在学校和家庭之间，常常出现互不理解的情况：一方面，校长和老师们觉得自己尽心尽力做了那么多的工作，为什么还是受到家长们的指责和批评，觉得家长不了解、不理解学校。另一方面，有的家长却在抱怨学校不民主，对家长不尊重，有意见没地方反映。出现这种局面，显然表明教育公共服务的提供者和消费者之间的沟通出了问题。二是提高基础教育满意度的需要。今年上海已经明确把教育领域纳入质量工作体系之中，要求开展教育公共服务领域满意度测评工作。在满意度测评模型中，有一个重要指标叫“响应性”。所谓“响应性”，就是机构对于公众需要的响应速度。如果我们的学校及时了解了公众的呼声并且响应得迅速、准确、有效，那么家长和社会对我们教育的满意度就会不断提高。三是从根本上说，这是学生健康成长的需要。学校、家庭和社会对于学生的作用一致起来，形成教育合力，共同创设良好的育人环境，才能保障和促进青少年健康成长和成才。

因此，会议提出要大力推进学校信息公开工作，这也是教育部去年专门发文提出的要求；要用多种形式推进学校与家长、社会的联系沟通。所谓“多种形式”，首先是学校要明确与家长、社区联系的责任人。我们知道，企业有公关部和公关员，为社会提供公共服务的学校也应该有从事公关、协调社会关系的功能与角色。其次是要通过设立热线电话、家长接待室和微博、虚拟社区等传统与现代相结合的举措，建立交流、对话的渠道和机制，学校主动倾听、捕捉和回应家长、社会的意见和需求，寻求家长、社会对学校的理解、支持和帮助。

在信息时代，通过网络获取资讯和发表个人见解已经成为新生代家长的生活方式。一些家长自发组建起博客群，开通时时处处可表达想法的微博，有的博客群就是以同一区域或同一学校的家长为基本对象的。他们通过网络交流育儿体会，分享教育经验，弥补了家庭教育指导的不足。

教育部门和学校都要正视现代社会的这种信息传播方式，在其中不能“缺位”，不能“失语”，要用好这个平台。同时也要借此平台，健全家校联系沟通制度，变被动为主动，传播学校的办学理念、愿景和改革举措，及时把握家长和社区的教育思想动态与利益诉求，引导家长和社会正确看待和处理孩子的教育问题，把“家长参与学校教育”、“家校共同关注孩子成长”作为深化教育改革的一个切入口。许多事情是不会一蹴而就的，我们希望中心城区的学校要带头开通微博，开辟虚拟社区，成熟后逐步推广到所有学校。

二、贯彻落实会议精神，认真处理好四个关系

当前，上海基础教育处在新的历史节点上。2011 年是落实《上海市中长期教育改革和发展规划纲要(2010—2020 年)》的关键一年，又是“十二五”的开局之年，能否全面做好今年的工作，对未来五年至十年上海基础教育的改革和发展影响重大。今年，我们工作的当务之急和重中之重就是“全面落实规划纲要”，要结合年度工作，把国家和上海中长期规划、部市合作任务和国家教育体制改革项目逐一部署和落实到位，开好局，起好步，为上海基础教育的转型发展奠定坚实基础。发展是硬道理，落实是真本事。为此，我们要处理好以下四个关系：

1. 处理好立足当前与谋划长远的关系，找准着力点，狠抓落实。

去年以来，国家和上海中长期教育规划纲要相继出台，市和区县也都制定了“十二五”教育发展规划，这次会议又对上海基础教育未来转型发展提出了方向。我们要在已经明确的中长期目标中找准着力点，按照目标要求付诸实践、见诸行动，一项项落到实处，见到成效。比如，围绕本次会议精神的落实，我们正在应对幼儿入园高峰，各区县已经按国务院文件要求编制完成了学前教育发展三年行动计划，当前必须按照计划逐年、逐个落实新增幼儿园建设项目，推进学前儿童看护点管理工作。再如，各区县要按照会议精神抓紧行动起来，按常住人口为基数，编制和完善中小幼校舍建设规划，并且按照时间节点实施，确保完成新城、大型居住区学校 2011 年度建设任务。对于局部人口高度集聚，目前尚无公建配套学校建设项目规划的地区要抓紧填补资源缺口，也要有落实的抓手。

现在老百姓非常关心的素质教育，是一项着眼长远的工作，需要总体设计、分步推进。当前的紧迫任务就是要把本次会议提出的要求，尽快抓紧落实，比如每天校园体育锻炼 1 小时、加强作业设计和控制作业量的各项措施、试行义务教育综合评价改革等，都要逐一落实。要通过不断的改革积累，真正形成学校实施素质教育的有效模式、途径和方法，促进义务教育学校实现“轻负担，高质量，有特色”的素质教育目标。

2. 处理好实施改革项目与经常性工作的关系，抓住关键点，重点突破。

经常性工作是整个教育系统运转和教育质量保障的基本工作，需要长期、持久、有序地进行下去。但是随着教育发展阶段和重心的变化，经常性工作会面临新的要求，出现发展的瓶颈。我们只有突破瓶颈，才能实现新的更高层次的发展。为了集中力量，攻坚克难，我们把需要突破的瓶颈问题列为教育体制改革试点项目、工程等，试图通过对这些瓶颈问题的重点突破，实现新的发展。为此，我们对已经确立的项目，一定要制订好实施方案和推进政策，一定要明确项目实施的路线图、时间表和任务书，落实责任机制，确保顺利推进。

比如，学前教育突出的瓶颈是政府的公共服务如何覆盖进城务工人员随迁子女适龄人口问题。针对这一难题，闵行区申报了国家教育体制机制改革试点项目，以项目的形式探索建立学前教育公共服务体系。我们希望这一项目的成果能够在体制机制上取得突破，推动学前教育公共服务体系的完善，进而对全市学前教育的改革发展起到促进作用。

再如高中改革和发展问题。高中时期是学生形成价值观、明确人生志向的关键时期，改革和发展的价值深远。但是由于升学考试的压力存在，高中改革非常困难，发展的模式单一，活力不足，迫切要求推出一些针对性改革项目，谋求突破。国家批准了我们的“普通高中多样化发展”和“高中创新素养培育”试点项目，我们希望通过项目的试点，在探索高中育人目标、课程设置、培养机制、教学方法等方面取得突破，推动学校持续、多样发展，带动高中整体改革。

还有师资队伍建设问题。在任何阶段，师资工作都是教育工作的重中之重，都要不断提升教师的专业境界和专业能力。今年国家批准上海的教育改革项目，其中一个就是"完善教师资格制度改革试验"。我们希望以这个项目为抓手，探索提高教师准入要求、实施教师资格定期注册、实现教师资格制度与聘用制度的有效衔接等，深化教师人事制度改革，建立起教师专业发展的长效机制。

3. 处理好持续推进教育发展与及时回应社会呼声的关系，寻求平衡点，谋求双赢。

教育改革具有持久性和渐进性，要持续推进。基础教育关乎千家万户、千万孩子，社会关注度高。对于教育工作，几乎人人关心。对于社会的呼声，教育部门一定不能充耳不闻，要静下心来认真听取，科学地加以分析。对于合理的，要积极、及时地予以回应。对于不合理的，我们也要通过各种方式予以引导和说服，从而把持续推进教育发展和及时回应社会呼声有机结合起来。

比如学生的课业负担问题。减轻学生过重的课业负担，老百姓确实有需求、有呼声，比较多的人认为老师布置的作业太多了。对此，我们要出台一些具体的举措，回应百姓的关注。但是不少家长，在学校减少作业的同时，又会自觉或者不自觉地拉着孩子去补课。如果学校减少了作业量，家庭和社会给学生的负担却增加了，那么学生课业负担就会成为一个常量，减负就没有实效。所以，"负担"不只是增加或者减少作业的问题。学校要尊重规律、改进教学、完善评价，也要呼吁家庭和社会积极配合、形成合力，只有这样才能真正的减负。但是不论怎么说，学校和教师通过课程改革的推进、教学过程的优化、师生关系的和谐，让家长和社会从学生的健康成长中看到实实在在的教育进步，得到实实在在的教育利益，就是对老百姓最好的回应。

4. 处理好行政推动与专业引领的关系，明确聚焦点，激活基层。

基础教育要转型发展，一方面需要教育行政部门继续加强基础教育改革的顶层设计和统筹协调，继续加大行政推动的力度，落实各项工作，学校也必须按行政规定的基本规范和统一要求令行禁止。另一方面，我们也要清楚地认识到在"以人为本"的理念引领下，教育必须从学生出发，从师生互动的教学过程出发去观察和思考。政府所提供的教育资源必须通过学校专业化的劳动，创造性地转化为能让学生切身体会到的教育服务，为此，学校就必须研究学生，寻找适合学生的教育。因此，教育改革既需要自上而下的推动，也需要自下而上的创造。也就是说，方向来自政府，力量源自基层。

近几年来，上海下移管理重心，把区县和学校推到教育改革与发展的最前沿，已经探索了不少新鲜经验。比如，从 2009 年起，市教委每学期推出 4 个区县"深化课程改革，加强素质教育，促进内涵发展"的个性化举措。静安区的 N 项学习经历、长宁区的快乐拓展日、徐汇区的减负增效、杨浦区的创新实践等一大批区域的创新与实践都取得了良好的效果，在社会上产生了积极影响。

今后，在推进教育改革的过程中，市级教育行政部门将更加关注区域层面在改革进程中的重要作用和独立价值，也就是区域的教育领导力。各区县应从本地区的实际情况出发提出关于改革实施的重点方向、侧重面和着力点，把行政推动力和专业推动力结合在一起，使教育改革更适合于区域内的每一所学校。

最后我对教育行政部门的同志提三点要求。基础教育工作千头万绪，市教委机关和各区县的教育行政部门面临的压力非常大，大家都觉得很忙，但有的事情热闹了一阵子，最后不了了之，没有真正落实，没有达到预期效果。因此在这里有必要对各级教育行政部门，首先是市教委自身的工作提一些要求。

一是更新观念，转变工作作风。要学习国家和本市的中长期教育改革与发展规划纲要，深刻把握教育规划纲要提出的新思想、新理念、新部署，深刻理解上海基础教育发展的历史方位和历史责任，不断反思和改进自身工作中存在的问题。机关干部必须要学以致用、善于思考、满腔热忱，才能在繁杂的工作中保持清醒的头脑和良好的心态，才会转变工作作风，不断提高自身的工作水平。

二是要牢固树立群众观点。要始终站稳群众立场，倾听群众呼声，了解群众对基础教育的各种需求，完善各种政策和工作机制。要深入基层学校，了解学校的具体困难，了解家长、学生的真实需求，增强服务意识，主动热情地为基层服务、为群众服务、为师生服务。要尊重和鼓励基层学校自主办学和改革创新，及时发现和总结成功的教育改革经验，挖掘基层的先进典型，进行宣传和推广。

三是要狠抓落实。人民满意的教育是干出来的，不是说出来的。抓而不紧，等于不抓；抓而不实，等于不抓。要围绕群众关心的热点、难点问题，以一抓到底的精神和工作成效取信于民，不断提高教育工作的执行力和公信力，不断增强市民对于基础教育改革发展的信心。上海的基础教育只有通过改革和发展，才能增加老百姓的信心，对于我们的满意度也会提高。

同志们，通过本次会议，今后一段时间内上海基础教育转型发展的方向、目标、任务和重要举措都已经非常明确。全市教育系统一定要在各级政府及相关部门支持下，认真学习、领会会议精神，在新形势下增强转型发展的责任感、使命感和紧迫感，聚精会神，开拓创新，真抓实干，努力开创上海基础教育内涵发展的新局面，为上海城市的“创新驱动、转型发展”作出应有的贡献！

法律　法规

规章　文件

高等学校章程制定暂行办法

（教育部令第 31 号）

《高等学校章程制定暂行办法》已经 2011 年 7 月 12 日教育部第 21 次部长办公会议审议通过，现予发布，自 2012 年 1 月 1 日起施行。

教育部部长　袁贵仁
2011 年 11 月 28 日

高等学校章程制定暂行办法

第一章　总　　则

第一条　为完善中国特色现代大学制度，指导和规范高等学校章程建设，促进高等学校依法治校、科学发展，依据教育法、高等教育法及其他有关规定，制定本办法。

第二条　国家举办的高等学校章程的起草、审议、修订以及核准、备案等，适用本办法。

第三条　章程是高等学校依法自主办学、实施管理和履行公共职能的基本准则。高等学校应当以章程为依据，制定内部管理制度及规范性文件、实施办学和管理活动、开展社会合作。

高等学校应当公开章程，接受举办者、教育主管部门、其他有关机关以及教师、学生、社会公众依据章程实施的监督、评估。

第四条　高等学校制定章程应当以中国特色社会主义理论体系为指导，以宪法、法律法规为依据，坚持社会主义办学方向，遵循高等教育规律，推进高等学校科学发展；应当促进改革创新，围绕人才培养、科学研究、服务社会、推进文化传承创新的任务，依法完善内部法人治理结构，体现和保护学校改革创新的成功经验与制度成果；应当着重完善学校自主管理、自我约束的体制、机制，反映学校的办学特色。

第五条　高等学校的举办者、主管教育行政部门应当按照政校分开、管办分离的原则，以章程明确界定与学校的关系，明确学校的办学方向与发展原则，落实举办者权利义务，保障学校的办学自主权。

第六条　章程用语应当准确、简洁、规范，条文内容应当明确、具体，具有可操作性。

章程根据内容需要，可以分编、章、节、条、款、项、目。

第二章　章 程 内 容

第七条　章程应当按照高等教育法的规定，载明以下内容：

（一）学校的登记名称、简称、英文译名等，学校办学地点、住所地；

（二）学校的机构性质、发展定位，培养目标、办学方向；

（三）经审批机关核定的办学层次、规模；

（四）学校的主要学科门类，以及设置和调整的原则、程序；

（五）学校实施的全日制与非全日制、学历教育与非学历教育、远程教育、中外合作办学等不同教育形式的性质、目的、要求；

（六）学校的领导体制、法定代表人，组织结构、决策机制、民主管理和监督机制，内设机构的组成、职责、管理体制；

（七）学校经费的来源渠道、财产属性、使用原则和管理制度，接受捐赠的规则与办法；

（八）学校的举办者，举办者对学校进行管理或考核的方式、标准等，学校负责人的产生与任命机制，举办者的投入与保障义务；

（九）章程修改的启动、审议程序，以及章程解释权的归属；

（十）学校的分立、合并及终止事由，校徽、校歌等学校标志物、学校与相关社会组织关系等学校认为必要的事项，以及本办法规定的需要在章程中规定的重大事项。

第八条　章程应当按照高等教育法的规定，健全学校办学自主权的行使与监督机制，明确以下事项的基本规则、决策程序与监督机制：

（一）开展教学活动、科学研究、技术开发和社会服务；

（二）设置和调整学科、专业；

（三）制订招生方案，调节系科招生比例，确定选拔学生的条件、标准、办法和程序；

（四）制订学校规划并组织实施；

（五）设置教学、科研及行政职能部门；

（六）确定内部收入分配原则；

（七）招聘、管理和使用人才；

（八）学校财产和经费的使用与管理；

（九）其他学校可以自主决定的重大事项。

第九条　章程应当依照法律及其他有关规定，健全中国共产党高等学校基层委员会领导下的校长负责制的具体实施规则、实施意见，规范学校党委集体领导的议事规则、决策程序，明确支持校长独立负责地行使职权的制度规范。

章程应当明确校长作为学校法定代表人和主要行政负责人，全面负责教学、科学研究和其他管理工作的职权范围；规范校长办公会议或者校务会议的组成、职责、议事规则等内容。

第十条　章程应当根据学校实际与发展需要，科学设计学校的内部治理结构和组织框架，明确学校与内设机构，以及各管理层级、系统之间的职责权限，管理的程序与规则。

章程根据学校实际，可以按照有利于推进教授治学、民主管理，有利于调动基层组织积极性的原则，设置并规范学院（学部、系）、其他内设机构以及教学、科研基层组织的领导体制、管理制度。

第十一条　章程应当明确规定学校学术委员会、学位评定委员会以及其他学术组织的组成原则、负责人产生机制、运行规则与监督机制，保障学术组织在学校的学科建设、专业设置、学术评价、学术发展、教学科研计划方案制定、教师队伍建设等方面充分发挥咨询、审议、决策作用，维护学术活动的独立性。

章程应当明确学校学术评价和学位授予的基本规则和办法；明确尊重和保障教师、学生在教学、研究和学习方面依法享有的学术自由、探索自由，营造宽松的学术环境。

第十二条　章程应当明确规定教职工代表大会、学生代表大会的地位作用、职责权限、组成与负责人产生规则，以及议事程序等，维护师生员工通过教职工代表大会、学生代表大会参与学校相关事项的民主决策、实施监督的权利。

对学校根据发展需要自主设置的各类组织机构，如校务委员会、教授委员会、校友会等，章程中应明确其地位、宗旨以及基本的组织与议事规则。

第十三条　章程应当明确学校开展社会服务、获得社会支持、接受社会监督的原则与办法，健全社会支持和监督学校发展的长效机制。

学校根据发展需要和办学特色，自主设置有政府、行业、企事业单位以及其他社会组织代表参加的学校理事会或者董事会的，应当在章程中明确理事会或者董事会的地位作用、组成和议事规则。

第十四条　章程应当围绕提高质量的核心任务，明确学校保障和提高教育教学质量的原则与制度，规定学校对学科、专业、课程以及教学、科研的水平与质量进行评价、考核的基本规则，建立科学、规范的质量保障体系和评价机制。

第十五条　章程应当体现以人为本的办学理念，健全教师、学生权益的救济机制，突出对教师、学生权益、地位的确认与保护，明确其权利义务；明确学校受理教师、学生申诉的机构与程序。

第三章 章程制定程序

第十六条 高等学校应当按照民主、公开的原则，成立专门起草组织开展章程起草工作。

章程起草组织应当由学校党政领导、学术组织负责人、教师代表、学生代表、相关专家，以及学校举办者或者主管部门的代表组成，可以邀请社会相关方面的代表、社会知名人士、退休教职工代表、校友代表等参加。

第十七条 高等学校起草章程，应当深入研究、分析学校的特色与需求，总结实践经验，广泛听取政府有关部门、学校内部组织、师生员工的意见，充分反映学校举办者、管理者、办学者，以及教职员工、学生的要求与意愿，使章程起草成为学校凝聚共识、促进管理、增进和谐的过程。

第十八条 章程起草过程中，应当在校内公开听取意见；涉及到关系学校发展定位、办学方向、培养目标、管理体制，以及与教职工、学生切身利益相关的重大问题，应当采取多种方式，征求意见、充分论证。

第十九条 起草章程，涉及到与举办者权利关系的内容，高等学校应当与举办者、主管教育行政部门及其他相关部门充分沟通、协商。

第二十条 章程草案应提交教职工代表大会讨论。学校章程起草组织负责人，应当就章程起草情况与主要问题，向教职工代表大会做出说明。

第二十一条 章程草案征求意见结束后，起草组织应当将章程草案及其起草说明，以及征求意见的情况、主要问题的不同意见等，提交校长办公会议审议。

第二十二条 章程草案经校长办公会议讨论通过后，由学校党委会讨论审定。

章程草案经讨论审定后，应当形成章程核准稿和说明，由学校法定代表人签发，报核准机关。

第四章 章程核准与监督

第二十三条 地方政府举办的高等学校的章程由省级教育行政部门核准，其中本科以上高等学校的章程核准后，应当报教育部备案；教育部直属高等学校的章程由教育部核准；其他中央部门所属高校的章程，经主管部门同意，报教育部核准。

第二十四条 章程报送核准应当提交以下材料：

（一）核准申请书；

（二）章程核准稿；

（三）对章程制定程序和主要内容的说明。

第二十五条 核准机关应当指定专门机构依照本办法的要求，对章程核准稿的合法性、适当性、规范性以及制定程序，进行初步审查。审查通过的，提交核准机关组织的章程核准委员会评议。

章程核准委员会由核准机关、有关主管部门推荐代表，高校、社会代表以及相关领域的专家组成。

第二十六条 核准机关应当自收到核准申请 2 个月内完成初步审查。涉及对核准稿条款、文字进行修改的，核准机关应当及时与学校进行沟通，提出修改意见。

有下列情形之一的，核准机关可以提出时限，要求学校修改后，重新申请核准：

（一）违反法律、法规的；

（二）超越高等学校职权的；

（三）章程核准委员会未予通过或者提出重大修改意见的；

（四）违反本办法相关规定的；

（五）核准期间发现学校内部存在重大分歧的；

（六）有其他不宜核准情形的。

第二十七条 经核准机关核准的章程文本为正式文本。高等学校应当以学校名义发布章程的正式文本，并向本校和社会公开。

第二十八条 高等学校应当保持章程的稳定。

高等学校发生分立、合并、终止，或者名称、类别层次、办学宗旨、发展目标、举办与管理体制变化等重大事项的，可以依据章程规定的程序，对章程进行修订。

第二十九条 高等学校章程的修订案，应当依法报原核准机关核准。

章程修订案经核准后，高等学校应当重新发布章程。

第三十条 高等学校应当指定专门机构监督章程的执行情况，依据章程审查学校内部规章制度、规范性文件，受理对违反章程的管理行为、办学活动的举报和投诉。

第三十一条 高等学校的主管教育行政部门对章程中自主确定的不违反法律和国家政策强制性规定的办学形式、管理办法等，应当予以认可；对高等学校履行章程情况应当进行指导、监督；对高等学校不执行章程的情况或者违反章程规定自行实施的管理行为，应当责令限期改正。

第五章 附 则

第三十二条 新设立的高等学校，由学校举办者或者其委托的筹设机构，依法制定章程，并报审批机关批准；其中新设立的国家举办的高等学校，其章程应当具备本办法规定的内容；民办高等学校和中外合作举办的高等学校，依据相关法律法规制定章程，章程内容可参照本办法的规定。

第三十三条 本办法自2012年1月1日起施行。

学校教职工代表大会规定

（教育部令第32号）

《学校教职工代表大会规定》已经2011年11月9日第34次部长办公会议审议通过，并经商中华全国总工会同意，现予发布，自2012年1月1日起施行。

教育部部长 袁贵仁

2011年12月8日

学校教职工代表大会规定

第一章 总 则

第一条 为依法保障教职工参与学校民主管理和监督，完善现代学校制度，促进学校依法治校，依据教育法、教师法、工会法等法律，制定本规定。

第二条 本规定适用于中国境内公办的幼儿园和各级各类学校（以下统称学校）。

民办学校、中外合作办学机构参照本规定执行。

第三条 学校教职工代表大会（以下简称教职工代表大会）是教职工依法参与学校民主管理和监督的基本形式。

学校应当建立和完善教职工代表大会制度。

第四条 教职工代表大会应当高举中国特色社会主义伟大旗帜，以马克思列宁主义、毛泽东思想、邓小平理论和“三个代表”重要思想为指导，深入贯彻落实科学发展观，全面贯彻执行党的基本路线和教育方针，认真参与学校民主管理和监督。

第五条 教职工代表大会和教职工代表大会代表应当遵守国家法律法规，遵守学校规章制度，正确处理国家、学校、集体和教职工的利益关系。

第六条 教职工代表大会在中国共产党学校基层组织的领导下开展工作。教职工代表大会的组织原则是民主集中制。

第二章 职 权

第七条 教职工代表大会的职权是：

（一）听取学校章程草案的制定和修订情况报告，提出修改意见和建议；

（二）听取学校发展规划、教职工队伍建设、教育教学改革、校园建设以及其他重大改革和重大问题解决方案的报告，提出意见和建议；

（三）听取学校年度工作、财务工作、工会工作报告以及其他专项工作报告，提出意见和建议；

（四）讨论通过学校提出的与教职工利益直接相关的福利、校内分配实施方案以及相应的教职工聘任、考核、奖惩办法；

（五）审议学校上一届（次）教职工代表大会提案的办理情况报告；

（六）按照有关工作规定和安排评议学校领导干部；

（七）通过多种方式对学校工作提出意见和建议，监督学校章程、规章制度和决策的落实，提出整改意见和建议；

（八）讨论法律法规规章规定的以及学校与学校工会商定的其他事项。

教职工代表大会的意见和建议，以会议决议的方式做出。

第八条 学校应当建立健全沟通机制，全面听取教职工代表大会提出的意见和建议，并合理吸收采纳；不能吸收采纳的，应当做出说明。

第三章 教职工代表大会代表

第九条 凡与学校签订聘任聘用合同、具有聘任聘用关系的教职工，均可当选为教职工代表大会代表。

教职工代表大会代表占全体教职工的比例，由地方省级教育等部门确定；地方省级教育等部门没有确定的，由学校自主确定。

第十条 教职工代表大会代表以学院、系（所、年级）、室（组）等为单位，由教职工直接选举产生。

教职工代表大会代表可以按照选举单位组成代表团（组），并推选出团（组）长。

第十一条 教职工代表大会代表以教师为主体，教师代表不得低于代表总数的60%，并应当根据学校实际，保证一定比例的青年教师和女教师代表。民族地区的学校和民族学校，少数民族代表应当占有一定比例。

教职工代表大会代表接受选举单位教职工的监督。

第十二条 教职工代表大会代表实行任期制，任期3年或5年，可以连选连任。

选举、更换和撤换教职工代表大会代表的程序，由学校根据相关规定，并结合本校实际予以明确规定。

第十三条 教职工代表大会代表享有以下权利：

（一）在教职工代表大会上享有选举权、被选举权和表决权；

（二）在教职工代表大会上充分发表意见和建议；

（三）提出提案并对提案办理情况进行询问和监督；

（四）就学校工作向学校领导和学校有关机构反映教职工的意见和要求；

（五）因履行职责受到压制、阻挠或者打击报复时，向有关部门提出申诉和控告。

第十四条 教职工代表大会代表应当履行以下义务：

（一）努力学习并认真执行党的路线方针政策、国家的法律法规、党和国家关于教育改革发展的方针政策，不断提高思想政治素质和参与民主管理的能力；

（二）积极参加教职工代表大会的活动，认真宣传、贯彻教职工代表大会决议，完成教职工代表大会交给的任务；

（三）办事公正，为人正派，密切联系教职工群众，如实反映群众的意见和要求；

（四）及时向本部门教职工通报参加教职工代表大会活动和履行职责的情况，接受评议监督；

（五）自觉遵守学校的规章制度和职业道德，提高业务水平，做好本职工作。

第四章 组 织 规 则

第十五条 有教职工80人以上的学校，应当建立教职工代表大会制度；不足80人的学校，建立由全体教职工直接参加的教职工大会制度。

学校根据实际情况，可在其内部单位建立教职工代表大会制度或者教职工大会制度，在该范围内行使相应的职权。

教职工大会制度的性质、领导关系、组织制度、运行规则等，与教职工代表大会制度相同。

第十六条 学校应当遵守教职工代表大会的组织规则，定期召开教职工代表大会，支持教职工代表大会的活动。

第十七条 教职工代表大会每学年至少召开一次。

遇有重大事项，经学校、学校工会或1/3以上教职工代表大会代表提议，可以临时召开教职工代表大会。

第十八条 教职工代表大会每3年或5年为一届。期满应当进行换届选举。

第十九条 教职工代表大会须有2/3以上教职工代表大会代表出席。

教职工代表大会根据需要可以邀请离退休教职工等非教职工代表大会代表，作为特邀或列席代表参加会议。特邀或列席代表在教职工代表大会上不具有选举权、被选举权和表决权。

第二十条 教职工代表大会的议题，应当根据学校的中心工作、教职工的普遍要求，由学校工会提交学校研究确定，并提请教职工代表大会表决通过。

第二十一条 教职工代表大会的选举和表决，须经教职工代表大会代表总数半数以上通过方为有效。

第二十二条 教职工代表大会在教职工代表大会代表中推选人员，组成主席团主持会议。

主席团应当由学校各方面人员组成，其中包括学校、学校工会主要领导，教师代表应占多数。

第二十三条 教职工代表大会可根据实际情况和需要设立若干专门委员会（工作小组），完成教职工代表大会交办的有关任务。专门委员会（工作小组）对教职工代表大会负责。

第二十四条 教职工代表大会根据实际情况和需要，可以在教职工代表大会代表中选举产生执行委员会。执行委员会中，教师代表应占多数。

教职工代表大会闭会期间，遇有急需解决的重要问题，可由执行委员会联系有关专门委员会（工作小组）与学校有关机构协商处理。其结果向下一次教职工代表大会报告。

第五章 工 作 机 构

第二十五条 学校工会为教职工代表大会的工作机构。

第二十六条 学校工会承担以下与教职工代表大会相关的工作职责：

（一）做好教职工代表大会的筹备工作和会务工作，组织选举教职工代表大会代表，征集和整理提案，提出会议议题、方案和主席团建议人选；

（二）教职工代表大会闭会期间，组织传达贯彻教职工代表大会精神，督促检查教职工代表大会决议的落实，组织各代表团（组）及专门委员会（工作小组）的活动，主持召开教职工代表团（组）长、专门委员会（工作小组）负责人联席会议；

（三）组织教职工代表大会代表的培训，接受和处理教职工代表大会代表的建议和申诉；

（四）就学校民主管理工作向学校党组织汇报，与学校沟通；

（五）完成教职工代表大会委托的其他任务。

选举产生执行委员会的学校，其执行委员会根据教职工代表大会的授权，可承担前款有关职责。

第二十七条 学校应当为学校工会承担教职工代表大会工作机构的职责提供必要的工作条件和经费保障。

第六章 附 则

第二十八条 学校可以在其下属单位建立教职工代表大会制度，在该单位范围内实行民主管理和监督。

第二十九条 省、自治区、直辖市人民政府教育行政部门，可以与本地区有关组织联合制定本行政区域内学校教职工代表大会的相关规定。

有关学校根据本规定和所在地区的相关规定，可以制定相应的教职工代表大会或者教职工大会的实施办法。

第三十条 本规定自2012年1月1日起施行。1985年1月28日教育部、原中国教育工会印发的《高等学校教职工代表大会暂行条例》同时废止。

中等体育运动学校管理办法

（国家体育总局　教育部　令第 14 号）

《中等体育运动学校管理办法》已于 2011 年 5 月 5 日经国家体育总局第 10 次局长办公会议审议通过，并经教育部同意，现予以公布，自 2011 年 10 月 1 日起施行。

国家体育总局局长　刘　鹏

教育部部长　袁贵仁

2011 年 8 月 31 日

中等体育运动学校管理办法

第一章　总　　则

第一条　为加强中等体育运动学校的建设和管理，全面贯彻国家体育、教育方针，促进我国体育事业和教育事业发展，依据《中华人民共和国体育法》、《中华人民共和国教育法》、《中华人民共和国职业教育法》等法律法规，制定本办法。

第二条　本办法所称中等体育运动学校是指对青少年学生进行系统体育专项训练和体育职业技术教育的中等职业学校（以下简称运动学校）。

根据体育运动项目的特点和训练需要，运动学校可以招收义务教育阶段的适龄儿童、少年，依法实施九年义务教育。

第三条　运动学校的主要任务是为国家培养德、智、体、美等全面发展的高水平竞技体育后备人才和社会需要的具有体育专项运动技能的中等体育专业人才。

第四条　县级以上体育和教育行政部门在本级人民政府领导下，负责对本行政区域内各类运动学校建设发展工作的统筹协调和检查指导等管理工作。

第五条　运动学校由当地体育、教育行政部门共同管理，以体育行政部门管理为主。体育行政部门负责学校的日常管理，学生训练、参赛，教练员配备和培训等；教育行政部门负责与学生文化教育相关事项的管理，包括教学、教师配备和培训等。

第六条　国家鼓励和支持企业事业组织、社会团体和公民个人举办民办运动学校。

举办运动学校不得以营利为目的。

第二章　设 置 与 审 批

第七条　运动学校的设立，应当具备《中华人民共和国教育法》、《中华人民共和国职业教育法》规定的基本条件并符合《中等体育运动学校设置标准》。

第八条　运动学校的设立、变更、终止，由省级体育行政部门提出意见，同级教育行政部门根据相关法律法规予以审批。

第九条　运动学校自行实施义务教育的，学校建设应当符合国家规定的办学标准，适应教育教学需要，由其主管体育行政部门提出意见后，依法报教育行政部门审批。

第三章 招生、学籍与毕业就业

第十条 运动学校中等职业学历教育学制为三年。可以根据学校人才培养的实际需要，实行学分制等弹性学习制度。

第十一条 运动学校中等职业教育招生纳入国家招生计划，招生工作可以采用学年集中招生与试训相结合的办法。

考生应当参加体育测试、文化课考试和体检，对于体育运动成绩优异的，可以按照有关标准和程序破格录取。

第十二条 运动学校初中、小学部面向社会普通中小学招生，学生被录取后学籍的变动和管理，按照当地中小学学籍管理办法执行。

第十三条 学生按照运动学校课程方案要求，修完规定的课程且成绩合格的，发给相应的学历证书。接受职业技能培训经考核合格的，按照国家规定颁发相应的职业技能培训证书或职业资格证书。专项运动成绩达到运动员技术等级标准的，可申请相应的等级称号。

第十四条 运动学校毕业的学生，按照学校所在地省级招生委员会的招生规定，可在学校所在地报考普通高等学校。

第十五条 运动学校应当加强职业指导工作，为学生提供运动生涯、职业规划和心理方面的咨询服务，做好毕业生就业、创业服务工作，维护毕业生的合法权益。

第四章 德育与教学工作

第十六条 运动学校应当坚持育人为本，把德育工作放在首位，增强德育工作的时代性、吸引力、实效性，重视社会主义核心价值观教育。

第十七条 运动学校应当按照国家关于制定中等职业学校教学计划的规定，制定各专业实施性教学计划，开设德育课、文化基础课和相关专业课，开展运动训练和相关职业技能训练。德育课和文化基础课应当根据中等职业学校的教学大纲实施教学，选用国家规划教材。运动学校可开发具有区域特色的专业课程，编写专业课的校本教材。

第十八条 运动学校根据学生需要可以开设普通高中文化课程。运动学校的初中和小学部课时安排，原则上与普通中小学相同，在保证完成基础教学任务的前提下，可以根据训练的实际需要适当调整教学计划。

前款规定的教育，运动学校应当按照运动员文化教育基础教育阶段的课程方案、课程标准和审查通过的教材等，实施课程，组织教学，并可因地制宜地开发具有区域特色的校本课程和其他教育资源。

第十九条 运动学校应当建立良好的教学环境和正常的教学秩序，建立规范化、制度化的教学和考试制度。学生文化教育每周应不少于24学时，因训练、竞赛耽误课程，应及时安排补课辅导。

第二十条 运动学校应当根据当地经济社会发展和人才需求的实际情况，按照《中等职业学校专业目录》和其他有关规定，设置运动训练、休闲体育服务与管理、体育设施管理与经营等中等体育专业。

第二十一条 运动学校应当积极推行学历证书与职业资格证书制度。运动学校的教学与相关职业资格标准相结合，突出职业技能训练，并可组织学生参加相关职业技能鉴定机构组织的社会体育指导员等体育类的技能鉴定。

第五章 运动训练、竞赛与科研工作

第二十二条 运动学校应当按照全国青少年教学训练大纲进行科学系统的训练。全年不少于280个训练日（含竞赛），每天训练时间控制在3.5小时以内（含早操）。义务教育阶段的学生每天训练时间原则上控制在2.5小时以内（含早操）。

第二十三条 运动学校应当配备必要的运动训练科研设施、设备和专职的科研人员，加强训练监控、训练恢复和医疗保障工作，提高训练质量。

第二十四条 运动学校应当为学生提供与体育运动相适应的营养，定期对学生进行医疗检查，做好伤病防治工作。

运动学校应当加强学生医务监督，禁止使用兴奋剂。

第二十五条　运动学校应当建立健全科学的选材测试、人才培养跟踪、档案管理等制度，认真做好选材和育才工作。

第二十六条　运动学校学生可以代表当地中小学参加各级体育、教育行政部门举办的体育竞赛活动。

学生竞赛代表资格发生争议的，由主管的体育、教育行政部门按照体育竞赛的有关规定执行。

第六章　教师、教练员

第二十七条　运动学校文化课教师应当具备国家规定的教师资格。教育行政部门负责向公办运动学校选派优秀文化课教师。文化课教师的专业技术职务评聘、工资待遇按照国家有关规定执行。

第二十八条　运动学校教练员实行聘任制。聘任的教练员应当符合国家规定的教练员资格和任职条件。

运动学校可以聘请兼职教练员任教。

第二十九条　运动学校文化课教师、教练员应当从学校的实际出发，共同研究和改进文化教育和运动训练工作，努力提高教学和训练质量。

第三十条　运动学校招聘体育工作人员，对取得优异成绩的退役运动员，可以采取直接考核的方式招聘；对其他退役运动员，应在同等条件下优先聘用。

运动学校中使用彩票公益金资助建成的体育设施，须安排一定比例岗位用于聘用退役运动员。

第七章　保 障 条 件

第三十一条　地方各级人民政府应当按照国家规定，加强运动学校建设，将其纳入当地体育和教育发展规划，将训练竞赛经费、文化教育经费纳入同级财政预算，并加大经费投入，不断改善办学条件。

公办运动学校的基建投资，由主管的体育、教育行政部门联合向当地人民政府申报解决。

第三十二条　运动学校学生、教练员的伙食标准每人每日不低于 25 元，运动服装标准每人每年不低于 800 元。各省(区、市)应当根据当地经济发展情况和物价水平，制定不低于上述标准的伙食标准和运动服装标准，并建立相应的动态增长机制。

第三十三条　运动学校应当为学生办理保险。有条件的，可以根据运动项目训练和比赛的特点，办理专门的意外伤害保险。

第八章　安全管理与监督

第三十四条　运动学校应当根据实际情况建立校园安全责任制度，制定安全预防、保险、应急处理和报告等相关制度。

第三十五条　运动学校应当配备必要的安全管理人员，开展学校安全管理工作，保障训练竞赛、教育教学及其他活动中学生、教练员和教师的安全。

第三十六条　县级以上体育、教育行政部门应当定期检查学校文化教育实施情况。对违反《中华人民共和国义务教育法》和有关制度及本办法的行为，应及时予以纠正，并依法对学校及相关责任人给予相应的处理、处罚。

第三十七条　运动学校在训练竞赛、教育教学等活动中发生安全责任事故的，由有关主管部门予以查处，对相关责任人给予处分，构成犯罪的依法追究刑事责任。

第九章　附　　则

第三十八条　体育院校附属竞技体校的管理，参照本办法的规定执行。

第三十九条　省、自治区、直辖市体育和教育行政部门可以依照本办法制定实施细则或相应的规章制度。

第四十条　本办法自 2011 年 10 月 1 日起施行，原国家体委、国家教委 1991 年 7 月 8 日发布的《体育运动学校办校暂行规定》(体群字〔1991〕131 号)同时废止。

少年儿童体育学校管理办法

（国家体育总局　教育部　令第15号）

《少年儿童体育学校管理办法》已于2011年5月5日经国家体育总局第10次局长办公会议审议通过，并经教育部同意，现予以公布，自2011年10月1日起施行。

国家体育总局局长　刘　鹏

教育部部长　袁贵仁

2011年9月2日

少年儿童体育学校管理办法

第一章　总　　则

第一条　为加强少年儿童体育学校的建设和管理，全面贯彻国家体育、教育方针，促进我国体育事业发展，依据《中华人民共和国体育法》、《中华人民共和国教育法》、《中华人民共和国义务教育法》等法律法规，制定本办法。

第二条　本办法所称少年儿童体育学校是指九年义务教育阶段培养少年儿童体育专项运动技能的体育特色学校（含体育中学、单项体育运动学校、少年儿童业余体育学校，以下简称少体校）。

第三条　少体校的主要任务是为国家和社会培养、输送具有良好思想品德、文化素质和体育特长的优秀体育后备人才。

第四条　县级以上体育和教育行政部门在本级人民政府领导下，统筹规划、分工负责、协调管理少体校工作。体育行政部门负责学校的日常管理，学生训练、参赛，教练员配备和培训等；教育行政部门负责与学生文化教育相关事项的管理，包括教学、教师配备和培训等。

第五条　国家鼓励和支持企业事业组织、社会团体和公民个人举办民办少体校。

举办少体校不得以营利为目的。

第二章　设置与审批

第六条　少体校应当从实际出发，采取独立办学或依附普通中小学等形式办学。

第七条　举办少体校的社会组织应当具有法人资格，公民个人应当具有政治权利和完全民事行为能力。少体校应当具有法人资格。

第八条　举办少体校，应当符合国家关于中小学校的相关设置标准，具备与所设置运动项目相适应的训练场馆、器材设施。

少体校独立进行文化教育的，应当具备与办学规模相适应的文化教学设施、设备和师资。依附普通中小学进行文化教育的，应当和所依附的学校签定联合办学协议，明确双方的权利和义务。

第九条　少体校应当根据本地区的体育传统和运动项目布局设置体育项目。

第十条　少体校的设立、变更、终止由县级以上体育行政部门提出意见，同级教育行政部门根据相关法律法规予以审批。

第三章 招生与学籍

第十一条 少体校按学年度面向普通中小学招生。

少体校招生，对拟招收学生进行体检和选材测试。

第十二条 少体校招生后，应当对招收的新生进行试训。经试训不适宜继续进行专项运动训练的学生，仍回原学校。

第十三条 少体校录取的学生学籍的变动和管理，按照当地学籍管理办法执行。

第四章 思想品德与文化教育

第十四条 少体校应当坚持育人为本，把德育工作放在首位，增强德育工作的针对性和实效性，教育教学活动应遵循少年儿童身心发展规律。

第十五条 少体校应当加强学生爱国主义、集体主义、社会主义思想品德教育，开展文明行为养成教育、法制教育、中华体育精神及体育职业道德教育。

第十六条 少体校应当按照国家规定的义务教育阶段的课程方案、课程标准，选用国家审定的教材，实施文化课教学，并可因地制宜地开发具有区域特色的校本课程和其他教育资源。

第十七条 少体校应当保证学生完成九年义务教育课程。学生完成九年义务教育课程经考核合格的，发给相应的中小学毕业证书。

第五章 体育训练与竞赛

第十八条 少体校应当贯彻“选好苗子、着眼未来、打好基础、系统训练、积极提高”的训练原则，做好选材、育才的基础训练工作。

第十九条 少体校应当按照少年儿童以学习为主、训练为辅的原则，合理安排学生的学习和训练时间。

第二十条 少体校应当按照全国青少年教学训练大纲的规定，对学生进行科学系统的训练，每天训练时间原则上控制在2.5小时以内(含早操)。

专项运动成绩达到运动员技术等级标准的，可申请相应的等级称号。

第二十一条 少体校应当坚持利用假期、形式多样、就近比赛的原则，通过竞赛推动少年儿童体育训练的普及和提高。

第二十二条 少体校学生可以代表在训少体校和原输送学校参加各级体育、教育行政部门举办的体育竞赛活动。

学生竞赛代表资格发生争议的，由主管的体育、教育行政部门按照体育竞赛有关规定执行。

第二十三条 少体校应当加强学生医务监督，禁止使用兴奋剂，禁止超负荷训练，禁止体罚。

第六章 教师、教练员

第二十四条 少体校文化课教师应当具备国家规定的教师资格。公办少体校文化课教师由教育行政部门选派。

第二十五条 少体校教练员实行聘任制。聘任的教练员应当符合国家规定的教练员资格和任职条件。

少体校可以聘请兼职教练员任教。

第二十六条 少体校教师、教练员应当相互尊重，团结协作，关心学生的全面成长，共同做好学生的思想教育、文化学习、体育训练和生活管理工作。

第二十七条 少体校招聘体育工作人员的，对取得优异成绩的退役运动员，可以采取直接考核的方式招聘；对其他退役运动员，应在同等条件下优先聘用。

少体校中使用彩票公益金资助建成的体育设施，须安排一定比例岗位用于聘用退役运动员。

第七章 保障条件

第二十八条 地方各级人民政府应当按照国家规定加强少体校建设，将其纳入当地体育和教育发展规划，将训练竞赛经费、文化教育经费纳入同级财政预算，并加大经费投入，不断改善办学条件。

公办少体校的基建投资，由主管的体育、教育行政部门联合向当地人民政府申报解决。

第二十九条 少体校文化课教师应当具备国家规定的教师资格。教育行政部门负责向公办少体校选派优秀文化课教师。文化课教师的专业技术职务评聘、工资待遇按照国家有关规定执行。

第三十条 少体校学生、教练员的伙食标准每人每日不低于 20 元，运动服装标准每人每年不低于 500 元。各省（区、市）应当根据当地经济发展情况和物价水平，制定不低于上述标准的伙食标准和运动服装标准，并建立相应的动态增长机制。

第三十一条 少体校应当为学生办理保险。有条件的，可以根据运动项目训练和比赛的特点，办理专门的意外伤害保险。

第八章 安全管理与监督

第三十二条 少体校应当根据实际情况建立校园安全责任制度，制定安全预防、保险、应急处理和报告等相关制度。

第三十三条 少体校应当配备必要的安全管理人员，开展学校安全管理工作，保障训练竞赛、教育教学及其他活动中学生、教练员和教师的安全。

第三十四条 县级以上体育、教育行政部门应当定期检查少体校文化教育实施情况。对违反《中华人民共和国义务教育法》和有关制度及本办法的行为，应及时予以纠正，并依法对少体校及相关责任人给予相应的处理、处罚。

第三十五条 少体校在训练竞赛、教育教学等活动中发生安全责任事故的，由有关主管部门予以查处，对相关责任人给予处分，造成严重后果的依法追究刑事责任。

第九章 附 则

第三十六条 各省、自治区、直辖市体育和教育行政部门可以依照本办法制定实施细则或相应的规章制度。

第三十七条 本办法自 2011 年 10 月 1 日起施行。国家体育总局、教育部 1999 年 2 月 4 日发布的《少年儿童体育学校管理办法》（体群字〔1999〕17 号）同时废止。

国务院关于进一步加大财政教育投入的意见

（2011 年 6 月 29 日　国发〔2011〕22 号）

各省、自治区、直辖市人民政府，国务院各部委、各直属机构：

《国家中长期教育改革和发展规划纲要（2010—2020 年）》（以下简称《教育规划纲要》）明确提出，到 2012 年实现国家财政性教育经费支出占国内生产总值比例达到 4%的目标（以下简称 4%目标）。为确保按期实现这一目标，促进教育优先发展，现提出如下意见：

一、充分认识加大财政教育投入的重要性和紧迫性

教育投入是支撑国家长远发展的基础性、战略性投资，是发展教育事业的重要物质基础，是公共财政保障的重点。党中央、国务院始终坚持优先发展教育，高度重视增加财政教育投入，先后出台了一系列加大财政教育投入的政策措施。在各地区、各有关部门的共同努力下，我国财政教育投入持续大幅增长。2001—2010 年，公共财政教育投入从约 2700 亿元增加到约 14200 亿元，年均增长 20.2%，高于同期财政收入年均增长幅度；教育支出占财政支出的比重从 14.3%提高到 15.8%，已成为公共财政的第一大支出。财政教育投入的大幅增加，为教育改革发展提供了有力支持。当前，我国城乡免费义务教育全面实现，职业教育快速发展，高等教育进入大众化阶段，办学条件显著改善，教育公平迈出重大步伐。

新形势下继续增加财政教育投入，实现 4%目标，是深入贯彻党的十七大和十七届五中全会精神，推动科学发展、建设人力资源强国的迫切需要；是全面落实《教育规划纲要》，推动教育优先发展的重要保障；是履行公共财政职能，加快财税体制改革，完善基本公共服务体系的一项紧迫任务。地方各级人民政府、各有关部门必须切实贯彻党的教育方针，深入领会加大财政教育投入的重要意义，进一步提高思想认识，增强责任感和紧迫感，采取有力措施，切实保证经济社会发展规划优先安排教育发展，财政资金优先保障教育投入，公共资源优先满足教育和人力资源开发需要。

按期实现 4%目标，资金投入量大，任务十分艰巨。各地区、各有关部门要认真贯彻落实国务院关于拓宽财政性教育经费来源渠道的各项政策措施，进一步调整优化财政支出结构，切实提高公共财政支出中教育支出所占比重。中央财政要充分发挥表率作用，进一步加大对地方特别是中西部地区教育事业发展转移支付力度，同时增加本级教育支出。地方各级人民政府要切实按照《教育规划纲要》要求，根据本地区教育事业发展需要，统筹规划，落实责任，大幅度增加教育投入。

二、落实法定增长要求，切实提高财政教育支出占公共财政支出比重

（一）严格落实教育经费法定增长要求。各级人民政府要严格按照《中华人民共和国教育法》等法律法规的规定，在年初安排公共财政支出预算时，积极采取措施，调整支出结构，努力增加教育经费预算，保证财政教育支出增长幅度明显高于财政经常性收入增长幅度。对预算执行中超收部分，也要按照上述原则优先安排教育拨款，确保全年预算执行结果达到法定增长的要求。

（二）提高财政教育支出占公共财政支出的比重。各级人民政府要进一步优化财政支出结构，压缩一般性支出，新增财力要着力向教育倾斜，优先保障教育支出。各地区要切实做到 2011 年、2012 年财政教育支出占公共财政支出的比重都有明显提高。

（三）提高预算内基建投资用于教育的比重。要把支持教育事业发展作为公共投资的重点。在编制基建投资计划、实施基建投资项目时，充分考虑教育的实际需求，确保用于教育的预算内基建投资明显增加，不断健全促进教育事业发展的长效保障机制。

三、拓宽经费来源渠道，多方筹集财政性教育经费

（一）统一内外资企业和个人教育费附加制度。国务院决定，从 2010 年 12 月 1 日起统一内外资企业和个入城市维护建设税和教育费附加制度，教育费附加统一按增值税、消费税、营业税实际缴纳税额的3%征收。

（二）全面开征地方教育附加。各省（区、市）人民政府应根据《中华人民共和国教育法》的相关规定和《财政部关于统一地方教育附加政策有关问题的通知》（财综〔2010〕98号）的要求，全面开征地方教育附加。地方教育附加统一按增值税、消费税、营业税实际缴纳税额的2%征收。

（三）从土地出让收益中按比例计提教育资金。进一步调整土地出让收益的使用方向。从2011年1月1日起，各地区要从当年以招标、拍卖、挂牌或者协议方式出让国家土地使用权取得的土地出让收入中，按照扣除征地和拆迁补偿、土地开发等支出后余额10%的比例，计提教育资金。具体办法由财政部会同有关部门制定。

各地区要加强收入征管，依法足额征收，不得随意减免。落实上述政策增加的收入，要按规定全部用于支持地方教育事业发展，同时，不得因此而减少其他应由公共财政预算安排的教育经费。

四、合理安排使用财政教育经费，切实提高资金使用效益

在加大财政教育投入的同时，各地区、各有关部门要按照《教育规划纲要》的要求，进一步突出重点、优化结构、加强管理，推动教育改革创新，促进教育公平，全面提高教育质量。

（一）合理安排使用财政教育经费。一是积极支持实施重大项目。坚持顶层设计、总体规划、政策先行、机制创新的基本原则，着力解决教育发展关键领域和薄弱环节的问题。国务院有关部门负责组织实施符合《教育规划纲要》总体目标、关系教育改革发展全局的项目，做好统筹规划和宏观指导工作。地方各级人民政府要按照《教育规划纲要》要求，结合本地实际，因地制宜地实施好相关重大项目。二是着力保障和改善民生。教育经费安排要坚持以人为本，重点解决人民群众关切的教育问题，切实减轻人民群众教育负担，使人民群众能够共享加大财政教育投入和教育改革发展的成果，保障公民依法享有受教育的权利。大力支持基本普及学前教育、义务教育均衡发展、加快普及高中阶段教育、加强职业教育能力建设、提升高等教育质量、健全家庭经济困难学生资助政策体系等重点任务。三是优化教育投入结构，合理配置教育资源。要统筹城乡、区域之间教育协调发展，重点向农村地区、边远地区、贫困地区和民族地区倾斜，加快缩小教育差距，促进基本公共服务均等化。要调整优化各教育阶段的经费投入结构，合理安排日常运转经费与专项经费。

（二）全面推进教育经费的科学化精细化管理。一是要坚持依法理财、科学理财。严格执行国家财政管理的法律法规和财经纪律，建立健全教育经费管理的规章制度。二是要强化预算管理。提高预算编制的科学性、准确性，提高预算执行效率，推进预算公开。三是要明确管理责任。地方各级人民政府要按照教育事权划分，督促有关部门采取有效措施，加强经费使用管理。各级教育行政部门和学校在教育经费使用管理中负有主体责任，要采取有效措施，切实提高经费管理水平。四是要加强财务监督和绩效评价。进一步完善财务监督制度，强化重大项目经费的全过程审计，建立健全教育经费绩效评价制度。五是要加强管理基础工作和基层建设。充分发挥基层相关管理部门的职能作用，着力做好教育基础数据的收集、分析和信息化管理工作，完善教育经费支出标准，健全学校财务会计和资产制度，规范学校经济行为，防范学校财务风险。

五、加强组织领导，确保落实到位

（一）加强组织领导。各省（区、市）人民政府负责统筹落实本地区加大财政教育投入的相关工作。要健全工作机制，明确目标任务，做好动员部署，落实各级责任，加强监督检查。国务院各有关部门要按照职责分工，加强协调配合，共同抓好贯彻落实工作。

（二）加大各省（区、市）对下转移支付力度。要按照财力与事权相匹配的要求，进一步完善省以下财政体制，强化省级财政教育支出的统筹责任，防止支出责任过度下移。省级人民政府要根据财力分布状况和支出责任划分，加大对本行政区域内经济欠发达地区的转移支付力度。

（三）加强监测分析。各地区要加强对落实教育投入法定增长、提高财政教育支出比重、拓宽财政性教育经费来源渠道各项政策的监测分析和监督检查，及时发现和解决政策执行中的相关问题。财政部要会同有关部门制定科学合理的分析评价指标，对各省（区、市）财政教育投入状况作出评价分析，适时将分析结果报告国务院，并作为中央财政安排转移支付的重要依据。

上海市教育委员会关于印发《上海市基础教育改革和发展“十二五”规划》的通知

（沪教委基〔2011〕95号）

各区县教育局，各有关单位：

现将《上海市基础教育改革和发展“十二五”规划》印发给你们，请结合实际认真贯彻执行。

附件：上海市基础教育改革和发展“十二五”规划

上海市教育委员会
2011年12月23日

上海市基础教育改革和发展“十二五”规划

为贯彻落实《国家中长期教育改革和发展规划纲要（2010—2020年）》和《上海市中长期教育改革和发展规划纲要（2010—2020年）》（以下简称《规划纲要》），加快推进上海市基础教育优质均衡发展，进一步促进教育公平，提升教育质量，依据《上海市教育改革和发展“十二五”规划》，特制订本规划。

一、“十一五”时期上海基础教育发展的主要成就

“十一五”时期，在上海市委、市政府的正确领导下，上海基础教育积极贯彻科学发展观，坚持事业发展与改革创新同步推进，着力突破瓶颈，突出内涵发展，注重公平均衡，发展水平处于全国领先地位。

（一）全面发展基础教育事业，不断提高的教育需求得到更好满足

“十一五”时期，上海充分发挥市、区（县）两级政府的办学积极性，全面贯彻党的教育方针，加强对教育资源的规划布局，加大对教育的投入，基础教育事业发展更好地满足了市民的教育需求。

实施“学前教育三年行动计划”，新建、改扩建幼儿园400多所，有效应对了入园高峰。2010学年，本市幼儿园1252所，比2005学年增加217所，增长20.97%；在园幼儿数40.03万人，比2005学年增加12.33万人，增长42.96%；全市3—6周岁适龄幼儿入园率达到98%，95%以上户籍0—3岁婴幼儿的家长和看护人员每年得到4次以上科学育儿指导。

义务教育阶段入学率继续保持在99.9%以上，普及九年制义务教育的各项指标达到或超过国家标准。2010年，本市小学766所，比2005年增加156所，增长24.38%；小学在校生规模为70.16万人，比2005年增加16.66万人，增长31.14%。中学755所，比2005年减少52所，减少6.31%。初中在校生规模为42.55万人，比2005年减少3.65万人。2010年，有47.05万名来沪从业人员随迁子女在上海接受义务教育，比2005年增加约7万人，其中33.6万人在公办学校就读，占总数的71.41%，比2005年提高约27个百分点；其余在政府委托的162所民办小学免费接受义务教育，占28.59%。特殊教育学校29所，比2005学年减少1所；学生数8811人，比2005学年减少1144人，减少12.98%。

高中阶段教育入学率达到98%以上。2010年，全市普通高中生16.89万人，比2005年减少14.07万人，减少45.20%。

（二）坚持教育优先发展战略，基础教育的投入进一步加大

市委、市政府始终坚持把教育摆在优先发展的战略地位，加大教育经费投入，均衡配置教育资源。各级政府根据城市布局结构调整和教育适龄人口变化，及时调整教育资源设点布局，在郊区投资136亿元，完成

639个基础教育基建项目。迅速扩充学前教育资源，建设400多所幼儿园，及时缓解入园高峰压力。基本实现户籍和非户籍学生全部享受免费义务教育。小学生和初中生的生均公用经费拨款标准2006年为520元、720元，2009年提高到1400元、1600元。2010年全市基础教育总支出为283.29亿元，比2005年增加68.17%，年均增长13.6个百分点，其中幼儿园、小学、初中、高中生均总支出分别为13995元、16018元、20956元、25426元，均比2005年翻了将近一番。

（三）完善基础教育公共服务体系，教育公平切实促进

坚持以促进公平为政策的基本取向，努力缩小城乡、区（县）和校际间的办学差距。学前教育阶段基本形成了覆盖全市的早教指导服务网络，扩大了常住人口学前教育及看护服务的覆盖面。义务教育阶段，通过加大市级财政转移支付力度，创新委托管理方式，放大集团办学效益等，促进城乡教育一体化发展，缩小城乡教育差距。通过公办学校扩大接收比例、政府向民办小学购买学位等政策，切实保障外来从业人员随迁子女接受义务教育的权益。进一步完善特殊教育服务体系和家庭经济困难子女资助体系，加大对弱势群体受教育权益的保护力度。在市、区（县）两级优质高中就读的学生超过70%，高中多样化发展局面开始形成。此外，努力提升校园安全水平，建立全市中小幼校车长效管理机制，完善中小幼技术防范设施配置，稳步推进校安工程。

（四）创新教育体制机制，改革活力持续激发

坚持发挥基础教育两级政府、两级管理的体制优势，激发各层面的办学积极性。2008年上海所有区（县）实现义务教育经费统筹，解决了因乡镇、街道财政水平不同而造成区域内教育发展水平差异的问题。通过落实基础教育以区（县）管理为主的政策及推进现代学校制度建设，进一步下移管理重心，调动区（县）和学校的改革主动性、积极性。通过设立“民办教育发展政府专项资金”和制订民办中小学财务管理办法、会计核算办法等，加大对民办教育的扶持力度，规范民办学校的办学行为。

（五）深化课程教学改革，素质教育全面实施

坚持以课程教学改革为核心，全面落实素质教育的要求。在总结一期课改经验的基础上，全面推进二期课改，扎实推进“民族精神教育”和“生命教育”，促进学生全面而有个性的发展。推进中小学课程改革，着力培养校长课程领导力，提升教研队伍业务指导力，强化教师教学执行力，提高教学有效性。通过实施“中小学幼儿园课程领导力三年行动计划”，促进学校课程建设，转变学与教的方式。开展“阳光体育”活动，确保学生体锻时间，提升学生体质健康水平。2009年上海参加“国际学生评估项目”（PISA），阅读、数学、科学素养在参与国家和地区中均名列第一。参加教育部“建立中小学生学业质量分析、反馈与指导系统”项目，99%以上的小学生语文、数学质量达到国家课程标准，95%以上的中学生语文、数学、英语、科学质量达到国家课程标准要求。2010年全国首届课程改革教学研究成果评选，上海一等奖数和获奖总数均列全国第一。

（六）加强教师队伍建设，师资水平整体提升

坚持“一流的教育需要一流的师资队伍”的理念，把教师队伍建设作为重中之重的工作。初步形成以区（县）教师进修学院为主阵地，以华东师范大学和上海师范大学等机构为依托的全市教师教育资源联盟。“校本研修”蓬勃发展，形成了政府有计划培训与学校自主提升的互动局面。自2006年起，上海先后启动两期名师名校长培养工程，建立“双名”基地86个，培养名师后备人选近2000名。全面启动10个郊区（县）的师资培养项目，“十一五”期间郊区（县）初中、高中具有高级职称的教师比例分别达到11.4%和29.4%，比“十五”期间分别提高了5.4和6.7个百分点。2010年，全市中小学（含幼儿园）专任教师中大学本科及以上学历占71.7%，比2005年提高了19.7个百分点。

二、“十二五”时期上海基础教育改革和发展的背景

“十二五”时期是全面贯彻落实《规划纲要》，实现基础教育转型发展的关键时期。随着上海“创新驱动，转型发展”的城市发展战略的推进与实施，城市形态、经济发展模式及人口增长与分布都在发生变化。在上海经济社会转型发展的背景下，上海基础教育正在面临着诸多挑战。

（一）基础教育资源布局与上海城市形态调整的趋势不相匹配

随着上海经济社会的发展，新一轮城市总体规划逐步实施，城市功能、产业结构继续调整，城乡一体化步伐加速，大量人口向郊区导入、向城镇集中。同时，随着产业结构的调整，外来从业人员继续在城乡结合部集聚，总量继续有所增长。伴随城市人口分布的变化，中心城区受教育人口相对减少，而城乡结合部及郊区城

镇受教育人口则急剧增加。由于城郊结合地区街镇原来以户籍人口为基数来配置教育资源,加上前几年部分街镇存在教育资源缺配、漏配问题,因此,在实有受教育人口急剧增加的情况下,教育资源十分紧缺。

(二) 入学高峰到来与教育资源存量之间的矛盾逐步显现

由于本市户籍人口和非本市户籍常住人口出生率明显增加,且外来从业人员数量持续增长,教育适龄人口数量逐步进入高峰期,现有教育资源难以满足不断增加的教育需求。据预测,到 2015 年,仅在沪出生的 3—5 岁适龄入园幼儿将达 54.73 万人,比 2010 年幼儿园在园人数 40.03 万人,增加 14.70 万人。按照 2008 年至 2010 年本市常住人口平均入园率 89.75%计算,未来五年需增加 13.19 万学位。按照 15 个班级(每班 30 人)规模 1 所幼儿园的标准测算,未来五年需要新建幼儿园 430 所左右。同理测算,到 2015 年,按照 30 班(每班 40 人)1 所小学来算,需新建小学 280 所左右;按照 24 班(每班 45 人)1 所初中来算,需新建初中 150 所左右,学校建设的任务十分艰巨。

表一 2005—2010 年上海市出生人口情况(单位:人)

	2005 年	2006 年	2007 年	2008 年	2009 年	2010 年
常住人口	123901	134201	166600	166640	164600	175100
其中:本市户籍人口	82231	80996	100762	96714	92300	100200
占常住人口比例(%)	66.37	60.35	60.48	58.04	56.10	57.20
外来常住人口	41670	53205	65838	69926	72000	74900
占常住人口比例(%)	33.63	39.65	39.52	41.96	43.90	42.80

(三) 基础教育转型发展的要求与传统发展模式之间的矛盾突出

近年来,上海陆续推出了学校标准化建设工程、薄弱学校改造工程、加强初中建设工程、寄宿制高中建设工程、实验性示范性高中建设和学校信息化计划建设等一系列重要举措,学校办学条件得到了很大的改善。但是,在学校硬件水平得到大幅提高的同时,包括办学理念、管理水平、课程教学、师资水平在内的学校内涵建设水平没有得到同步提高。正确的教育观念还不够深入人心、落到实处,学生课业负担过重和重智育轻德育体育、重知识轻能力现象尚未根本改变,校长和教师的专业素质还不完全适应教育改革和转型发展的要求。上海基础教育已经站在了一个新的历史高点,正处于需要进行重大战略突破的关键时期和攻坚阶段。必须以科学的教育价值观和质量观为引领,站在经济全球化和信息技术快速发展的背景下,坚持以学生发展为本,转变育人模式,实行全面教育质量评价,促进每一个孩子健康快乐成长。

(四) 人民群众对教育的高期盼与政府提供教育服务能力之间的矛盾比较明显

随着经济社会和教育自身的发展,人民群众对教育的要求已经从"有书读"转变为"读好书",从仅仅追求学业成绩转变为追求学生全面而有个性的发展,从看重学校办学的硬件设施转变为更加看重学校的内涵建设,从关注入学机会的公平转变到更加关注教育过程的公平,提供优质、多样而公平的基本公共教育服务已经成为政府的职责。但是,一方面,上海基本公共教育服务体系尚待进一步完善,基本公共教育服务提供途径与方式仍相对单一,社会中介组织还需进一步培育;另一方面,政府对社会组织与民办教育机构提供公共教育服务的监管和专业引领还相对缺乏,政府、学校、社会和家庭之间的沟通与互动还有待进一步加强。因此,如何提高政府提供基本公共教育服务的能力,满足人民群众对教育的高期盼,仍是"十二五"时期上海基础教育发展的重大挑战。

三、指导思想、工作思路和发展目标

(一) 指导思想

以邓小平理论、"三个代表"重要思想为指导,落实科学发展观,贯彻党的教育方针,全面实施《规划纲要》,积极践行"为了每一个学生的终身发展"的核心理念,以"促进公平、追求卓越、推动创新、服务发展"为工作方针,推进基础教育优质均衡发展,率先实现基础教育现代化。

(二) 工作思路

树立新型的教育价值观和质量观,更加关注育人,更加强调学生的全面发展。围绕"为了每一个学生的终身发展"的核心理念,把"为了每一个孩子的健康快乐成长"作为学校工作的出发点和落脚点。聚焦课程改革,转变育人模式,实施需求导向的个性化、多样化的人才培养模式。加强教师队伍建设,提升教师职业境界和专业能力,为转型发展提供强有力的智力支持。优化教育管理方式,完善公共治理机制,积极发挥教育行政主管部门的思想引领和专业指导作用,促进基础教育的转型发展。

(三) 发展目标

根据《规划纲要》确定的总体目标和阶段性任务,确定到2015年上海基础教育的发展目标是:基础教育公共服务水平显著提升,政府公共服务体系更加完善,国际化和信息化水平明显提高,基础教育公平、优质、多样、开放的局面基本形成,校园安全防范体系基本建成。

——完成710所左右公建配套中小学幼儿园建设,在公建配套覆盖不到但入学矛盾突出的区域增建150所左右中小学幼儿园,形成与人口分布相协调的学校布局结构。

——学前教育公共服务体系基本形成。98%的3—6岁适龄儿童接受学前教育或看护服务,3岁以下本市户籍儿童每年接受6次以上免费早期教育指导。尊重幼儿身心发展规律,提高保教质量,满足人民群众对学前教育的多元需求,保障儿童身心健康、快乐成长。

——坚持公平优质的价值取向,提高每所学校的办学水平,使每一个学生得到全面而充分的发展。实现区(县)内义务教育基本均衡,城乡基础教育一体化发展局面基本形成。90%以上的外来从业人员随迁子女进入公办学校就读,以招收随迁子女为主民办小学教育质量达到全市的基本水平。

——推动普通高中教育“高质量、多样化、有特色、可选择”发展,开放、优质、多样的局面基本形成,学生成长渠道进一步拓宽,自主发展的空间进一步加大,有创新潜质的学生的培养机制更加健全。

——加大残障学生的关爱与教育,坚持按需施教,加强医教结合,注重学生潜能挖掘,满足每一个特殊学生的学习需要。

四、主要任务

(一) 以常住人口为基数,优化配置教育资源

1. “十二五”时期学前教育事业发展规模。到2015年,在沪出生的3—5岁适龄入园幼儿将达54.73万人,按照2008年至2010年本市常住人口平均入园率89.75%计算,2015年在园规模将达到53.22万人。需要通过新建幼儿园和原有幼儿园挖潜扩招等办法予以解决。郊区其余部分非本市户籍适龄儿童将通过民办三级幼儿园和看护点加以解决。五年中,新建公建配套幼儿园375所左右,在公建配套覆盖不到但入园矛盾突出的区域再增建幼儿园55所左右。

2. “十二五”时期义务教育事业发展规模。到2015年,上海小学阶段适龄儿童将达到93.35万人左右,比2010年增加23万人左右;初中阶段适龄人口将达到61.21万人,比2010年增加18.67万人。“十二五”时期,本市义务教育阶段计划新建学校430所左右。其中,335所为公建配套学校,另外在公建配套覆盖不到但入学矛盾突出的区域增建95所学校。

3. 实施途径与保障措施。健全公建配套制度,确保教育公建配套学校建设与住宅建设同步规划、同步建设、同步交付使用。加大教育公建配套工作的督导和检查力度。明确市区两级政府责任,在郊区新城和大型居住社区规划公建配套学校覆盖不到的城郊结合地区、街镇,一方面充分挖掘现有校舍办学潜力,另一方面增建一定数量的义务教育阶段学校和幼儿园。

(二) 完善学前教育公共服务体系,提升科学育儿水平

1. 完善学前教育公共服务体系。建立外来从业人员随迁子女入园积分制度。完善学前教育公共服务体系,按照规定配置保健老师、保育员和营养员,通过多样化培训机制,确保“十二五”时期新增8000名教师,实现本市常住人口适龄儿童接受学前三年教育和看护服务的全覆盖。

2. 创新办园体制机制,完善非营利民办幼儿园管理制度。鼓励、扶持非营利民办学前教育机构,促进不同体制幼儿园协调发展。

3. 提高保教质量。探索建立由教育、卫生等部门共同参与的幼儿健康水平监测和评估机制,成立市级学前教育研究所。探索建立保健医生进园工作机制。充分发挥早教中心职能,加强对保健教师和家长科学育儿的指导。教师学历层次普遍得到提升,本科学历达到60%,学前教育专业合格率达到100%,形成一支有国际视野、在全国有影响力的名园长、名教师队伍。缩短办园差距,到2015年全市一级幼儿园比例达40%,积极营造全社会以儿童发展为本的家园科学共育氛围。

(三) 推进义务教育城乡一体化,促进优质均衡发展

1. 均衡配置教育资源。进一步完善义务教育区县统筹制度,加大向偏远学校和相对薄弱学校倾斜力度。区县统筹配置教育教学设施设备,促进各学校之间校舍和设施设备配置标准在动态发展中保持基本均等。建立区域内校级干部、骨干教师流动及跨校交流后申报中学高级教师职称等机制,促进义务教育学校教师资源均衡配置。

2. 健全资源共享机制。加大中心城区支援郊区学校发展力度。组织中心城区品牌学校赴郊区新城和大型居住社区办学,努力提升这些地区新建公建配套学校的办学水平。深入推进郊区农村义务教育学校委托管理,健全工作机制,扩大托管效益。深入推进城郊教育合作交流,支持和推进郊区学校内涵发展。健全区域优质教育资源共享辐射机制,通过优质教育资源设立分校、区域内优质资源托管相对薄弱学校、城乡学校结对考核、组建教育集团、教育合作体等多种形式,形成区域优质教育资源共享辐射的良好局面。

3. 推进义务教育学校内涵发展。颁发并实施义务教育学校办学标准,引导义务教育学校规范教育教学行为,扎实推进素质教育。开展新一轮“上海市素质教育实验校”创建,鼓励义务教育学校探索实施素质教育的有效途径和方法,创建一批办学思想先进,学校管理规范,“轻负担、高质量、有特色”的学校。实施“新优质学校”推进行动计划,推动一般生源学校提升办学水平,实现转型发展。

4. 保障外来从业人员随迁子女接受义务教育。各区(县)在推进郊区学校建设的基础上,进一步扩大公办学校招收外来从业人员随迁子女的比例,引导公办学校主动帮助外来从业人员随迁子女融入城市。逐步缩小以招收随迁子女为主民办小学的规模。建立完善以招收随迁子女为主民办小学办学成本跟踪机制,继续加大对随迁子女义务教育的专项经费投入,改善教师待遇,提升教育质量。进一步改善以招收随迁子女为主民办小学的教育设施。加强以招收随迁子女为主民办小学的督导、教研指导、年检和办学绩效评估等。

5. 建立和完善区(县)义务教育均衡发展督导评估机制。建立义务教育均衡发展督导、考核、评估机制,进一步推动区(县)政府依法履行教育公共服务职能。2012 年底前,完成区(县)域义务教育基本均衡督导验收工作。2020 年底前,完成区(县)域义务教育现代化督导验收工作。深入推进义务教育学校发展性督导评估工作。

(四) 加强分类指导,推动高中教育多样化发展

1. “十二五”时期高中事业发展规模。“十二五”时期恰逢本市普通高中生源低谷期,在校生规模将维持在 16 万左右,每年招生约 5.5 万,高中班额数将略有下降。普通高中要利用这一时机,加强内涵建设,不断提高高中教育教学质量,为今后的改革发展积蓄资源空间,打下扎实的基础。

2. 深化创新素养培育工作。继续推进上海市普通高中学生创新素养培育实验项目和探索建立创新拔尖人才培养基地试点项目,总结实验成果,提炼有效经验,进一步推动高中课程设置、培养模式、评价方式等方面的改革。加强高中专题创新实验室建设,并有效向其他周边学校辐射。实施青少年科技创新后备人才培养实践平台工程,联建上海市青少年科学研究院,建设“梦工厂”青少年动手做工作室,创建青少年实践工作站,创设青少年科技活动品牌项目,建设一批科技教育特色窗口示范学校,为具有创新兴趣和创新潜质的学生搭建多样化的创新实践体验平台。

3. 开展特色高中创建工作。继续推进高中教育优质特色多样发展试点项目的实践研究,研究制定高中多样特色发展的指导意见,引导高中学校基于学校办学传统和实际,科学合理地确定办学定位,实现错位发展,办出学校特色。在全市创建若干所特色高中和特色项目学校。

4. 推进培养模式变革。推动普通高中教育和中等职业教育互相渗透,充分利用中等职业学校的实训基地,加强普通高中学生的职业技能训练。加强高中与高校以及科研院所的有效合作,充分利用高校青少年实践工作站等教育资源,拓展学生的学习实践平台,丰富学生的学习和成长经历。鼓励高中学校建立学生发展指导制度,加强对学生心理、学业、生涯规划等的指导。试行区域内高中课程跨校选修制度,促进学校间资源整合与共享。

5. 推进招生评价制度改革。以全市初中统一学业水平考试制度为基础,高中阶段入学实施综合素质评价与统一招生录取相结合的办法。完善初中学校优秀毕业生推荐入学制度,优质普通高中试行“名额分配,

推荐入学”制度，保持将招生计划平均分配给每一所初中的人数比例。探索建立有利于高中特色发展的高中招生制度。完善普通高中学业水平考试制度，进一步推动高校招生制度改革。

（五）实施医教结合，促进特殊教育内涵发展

1. 构建运行机制，积极推进实施医教结合。加强教育与卫生、民政、残联等部门的合作，建立残疾儿童发现、诊断与安置工作管理网络，建设市—区—校三级医教结合工作运行机制。进一步依托盲、聋教育康复指导中心与区县特殊教育康复指导中心，为各类残疾儿童提供教育、康复与保健服务，在教育机构中实现教育与医学等手段的有机结合。

2. 完善医教结合的特殊教育课程体系。研究编制学前特殊教育康复课程和义务教育阶段学科课程指导纲要，开发残疾儿童发展性评估工具，加强教学与康复过程评估，开展以个别化教育为特征的课程改革研究，提高教育与康复的有效性。

3. 提升随班就读教育教学质量。进一步健全管理制度，配备资源教师和资源教室，创设有利于随班就读学生成长的友好环境。探索适合随班就读学生学习的个别化教育方式，提高随班就读教育教学质量。

4. 继续推进特殊教育向学前和高中阶段延伸，建立残疾儿童教育保障机制。在特殊教育全面覆盖义务教育阶段的基础上，积极发展学前和高中阶段特殊教育。科学合理设点布局，满足残疾儿童接受学前特殊教育的需求。采用多种安置方式，为残疾学生提供高中阶段的特殊教育服务。建立残疾儿童教育保障机制，研究和制定从学前到高中阶段残疾儿童免费教育政策，支持残疾学生接受各类教育，提升受教育水平。

（六）完善育人机制，深入推进实施素质教育

1. 坚持立德树人，把德育融入教育教学各个环节。深入实施《上海市学生民族精神教育指导纲要》和《上海市中小学生生命教育指导纲要》，根据不同教育阶段学生的身心特点和思想实际，构建分层递进的德育内容体系，培养学生理想信念、公民素质和健全人格。创新德育实施的途径和方法，增强德育的针对性和实效性。深入挖掘各学科的德育资源，充分发挥课堂主渠道作用。加强德育骨干教师队伍建设，全面提升教师师德和育德能力。促进校内外德育资源的有效整合，完善学校、家庭、社会“三位一体”的合力育人机制。

2. 深化课程与教学改革，促进学生全面发展。建立市级课程发展中心，集聚专家资源，开展课程与教学研究，持续提升课程开发和实施能力。继续着力提升区县和学校的课程领导能力，全面总结“上海市提升中小学(幼儿园)课程领导力三年行动计划”实施以来的课改经验，进一步深化课程教学改革。完善课程方案和课程标准，强化课程在形成学生素养和促进学生身心发展方面的育人功能。建立教材持续完善机制，开展教材编制和评价的基础研究，启动周期性的教材持续完善工作，进一步提升教材品质。加强课程资源、尤其是网络课程资源和社会场馆与基地课程资源的建设，丰富学生学习经历，强化课程的整体育人功能，基本形成课程标准、教材、教学、作业、评价一体化的课程资源体系。制定和实施本市基础教育质量综合评价体系，从单纯注重学科知识成绩转向全面发展的评价，从而更加科学地理解和追求教育质量。加强校本教研，推进网络教研，从建立教学规范、把握基本要求、改革课堂教学三方面入手，提高教学有效性，提升以课程改革为核心的教科研水平。加强实验室建设，改进中小学实验教学。通过建设一批学科特色教研组，培育一批特色教师，探索构建若干个基础教育学科高地。大力推进教育信息化进程，探索数字化学习环境建设和教与学方式的变革，实现学生自主、便捷、高效、个性化的学习。推行“小学快乐活动日”制度，优化学科作业设计和实施，切实减轻中小学生过重的课业负担。深入推进“上海市未成年人科学素质行动——科学教育推广项目”，进一步提高青少年科学素质。

3. 实施健康促进工程，提高学生身心健康水平。挖掘体育育人功能，切实落实“每天校园锻炼一小时”。创新体制机制，组织开展各类学生运动会、体育联赛等活动，促进体教结合工作进一步发展。深化医教结合，逐步将学校卫生工作纳入基本公共卫生服务体系。探索建立“医生进校园”机制，加强对学校卫生工作的指导和监督。完善学校体育卫生基础设施，落实《上海市中小学健康教育实施方案》，加强体育卫生师资队伍建设，探索学校卫生保健教师专业发展模式，建立健康体检制度，建设学生健康档案“一生一档”系统和学校卫生信息化服务平台，完善学生体质监测和公告制度。按照《上海市中小学生学校午餐营养标准指导意见》，建立和完善中小学生营养干预机制，加强肥胖、近视眼等方面的监控防治工作。建设上海市学生心理健康教育发展中心，健全市、区、学校心理健康教育机构，提高学生心理健康教育专业化水平。

4. 加强美育，培养学生良好的审美情趣与艺术修养。实施青少年艺术教育“彩虹行动计划”工程，推进

民族文化传习基地建设，培育一批民族文化教育品牌项目。充分运用社会文化资源，推动艺术教育文教联盟建设。促进上海市学生艺术团队提升建设，形成一批高水平学生艺术团队。加强校园文化环境建设，扶持一批校园文化环境建设示范学校。

5. 不断提高学校安全防范水平，积极为学生健康快乐成长提供保障。修改并实施《上海市中小学校学生伤害事故处理条例》，明确校方责任事故的理赔范围，提高学校责任事故的理赔标准，为学校各项活动开展提供保障。出台《上海市中小学幼儿园安全防范管理基本要求》强制性地方标准，为各类学校规范提高人防、技防、物防水平创造条件。严格校车安全管理，开展义务教育学校消防完善工程，保障学生生命安全。以"智慧城市"建设为契机，探索建立小学、幼儿园门口视频监控与公安联防机制，实施全天候学校及周边治安视频巡逻工程。深入开展安全教育和实训演练，启动东方绿舟学生公共安全实训基地建设，编制出台中小学公共安全行为指南，并纳入课程体系，每年开展中小学师生安全网上知识竞赛和识险避险、自救互救实训演练成果展示活动，促进公共安全真学、真练、真懂、真会目标的实现。

（七）加强教师队伍建设，打造高水平师资队伍

1. 加强教师师德师风建设。以提升德育工作在创新性人才培养中的关键作用和地位为宗旨，进一步完善师德规范，增强教师育德能力，提升教师人文素养，健全教师育人激励机制和师德监督机制，鼓励各级各类学校和谐师生关系，切实引导所有教职员工成为学生成长发展的高素质引路人。建立覆盖中小学各学科、各学段的骨干教师德育实训基地、优秀德育教师工作室和境外研修基地。加强对德育工作者的培训培养工作。健全教师职业行为规范制度，加强对教师职业道德的督导力度，完善师德师风考核评价办法和奖惩制度，实行师德个人问责和领导问责制。设立各种荣誉称号，表彰在教书育人中辛勤耕耘、为人师表、关爱学生、无私奉献的杰出教师。

2. 加强教师培训培养。继续推进"名师工程"，加大重点课程教师和骨干教师出境培训力度。针对郊区新城学前教育师资短缺和结构问题开展专项培训计划，落实市区优质师资支教帮扶对口郊区计划，加强新农村教师专业发展培训。设立特殊教育、民族教育、艺术教育、终身教育等专门类教师研修基地和境外语言、专业培训基地。扩大基础教育特聘教授岗位教席，从基础教育中遴选出一批专业基础扎实、学校管理或教学能力突出的中小学教育工作者到师范大学任教。完善教师发展教研、培训、科研体系。完善市、区教研机构组织网络体系，完善校本研修为主的教师研修共同体体系。以"学分银行"为抓手，以信息化技术为载体，形成校际学分互认的教师网络研修，扩大教师受益面和覆盖面。建立中小学教师专业资格标准和评价体系，将教师个人职业生涯规划纳入中小学校整体事业发展规划。建立教师在职进修和继续学习的奖励机制平台。

3. 进一步深化人事制度改革。完善教师资格考试制度，提高教师资格准入标准。研究试行教师资格定期注册制，建立见习教师规范化培训制度，切实提高新教师尤其是非师范类专业毕业的新教师的教育教学能力。制定统一的中小学教师职务评聘办法，在中小学设立正高级教师职务。完善中小学统一的校长职级标准，建设专业化校长队伍。建立符合中小学特点、促进校长成长和学校发展的激励机制，推动校长有序流动。

（八）创新合作与交流形式，提升基础教育国际交流水平

1. 义务教育阶段积极开展国际理解教育。加强国际理解教育研究，总结适合不同阶段学生的国际理解教育模式和途径，拓展学生的国际视野。鼓励区县扩大国际理解教育试点学校和试点区域。

2. 高中教育阶段适当引进优质国际课程。支持开展国际课程试点的高中借鉴和吸收国外课程先进的课程理念、教学方法、教材设计和评估体系，探索开发中外融合的校本课程，推动高中课程改革，满足学生多样化的教育需求。

3. 加强中小学与国外学校的校际合作。通过多种渠道，拓展中小学与国外中小学的校际合作。充分利用友好城市及其他各类平台，推动上海中小学与国外中小学缔结校际合作关系，开展教师及管理人员互访，交流教育教学和管理的经验，利用假期开展学生互访。

4. 进一步提升中小学国际交流与合作的能力。加强双语教学，发展多语种教育，提升学生的国际语言交流能力。鼓励中小学聘用外籍教师参与外语及学科教学，鼓励中外教师开展联合教研活动。鼓励更多中小学招收外国学生入学，为在本市居住的外国学生提供更多与本地学生一起随班就读的机会。鼓励有条件的高中在校际合作的基础上赴国外举办"孔子课堂"。高中阶段试点中外合作办学，创建中外融合的学校。

（九）构建实用便捷的信息化环境，提高基础教育信息化水平

1. 优化教育信息化环境。在上海教育城域网新一轮建设中，升级改造“校校通”，优化基础教育网络建设，依托“智慧城市”建设和云服务理念，在全市中小学校实现无线网络覆盖，为学习者提供快速、可靠、绿色的信息化环境。

2. 促进优质教育资源共建共享。通过“上海学习网”建设和教育资源库升级改造，推动长三角优质教育资源网的共建共享。配合教育部“金教工程”，建立上海市教育数据交换平台，初步形成“跨区认证”机制和“电子学籍卡”应用机制，促进资源的应用与推广。

3. 推进教育教学手段和模式的创新。建设数字化学习环境，建设一批创新实验室，推进教材数字化和教育资源云平台试验，探索学与教模式的转变。完善农村实验学校和城市示范学校项目，推进农村中小学校信息化应用的绩效评估。注重信息化条件下教育知识产权保护，把未来全市基础教育日常业务架构在信息化公共服务平台上。

4. 提升师生的信息化素养和应用能力。以信息化技能、信息化学习和信息化生存为基础，加强教师信息技术应用培训，引导学生运用信息技术开展学习活动。到2015年，95%以上的教师能熟练掌握运用信息技术开展教育教学，90%以上的学生能运用信息技术进行自主学习、探索研究。

（十）进一步转变政府职能，完善政府公共服务体系

1. 构建基础教育公共服务体系。进一步明晰政府、学校和社会的职责，大力培育社会中介机构，建立以管、办、评分离与互动为特征的教育管理体制；着力深化教育体制改革，强化政府公共教育服务的责任和义务，改革政府治理模式，形成依法行政架构下的基础教育政府公共服务体系。

2. 强化政府责任，完善两级政府管理机制。进一步完善基础教育“两级政府、两级管理”的体制，逐步加大和完善市级政府对义务教育经费投入和教育资源配置的统筹力度。加强市级教育行政部门的思想引领和专业指导，充分发挥区（县）改革创新的主动性与积极性，以国家教育体制改革试点项目为抓手，切实推动建立政府公共服务体系。进一步推进现代学校制度建设，依法保障学校的办学自主权。继续开展本市基础教育满意度监测，并逐步形成机制。

3. 加强教育督导与教育决策、政策执行之间的统筹协调。坚持开展督政和督学，推动区（县）政府落实教育基本服务均等化职能。完善义务教育均衡发展督导和考核，用3年至5年时间完成对区（县）政府义务教育均衡发展的专项督政和对区（县）推进区域教育现代化的综合督政。开展提升中小学、幼儿园课程领导力等专项督学，推动学校依法规范和自主发展。实施督学人员垂直管理及督学委派制度，进一步完善督学资格制度，促进督导工作的专业化发展。

4. 完善政府购买中介机构服务机制。建立健全教育中介服务机构准入、资助、监管和行业自律制度。积极扶持和培育研究型的教育中介机构、认证和评价性的中介机构以及行业协会类的社会组织，逐步把教育咨询、教育质量评估等业务管理工作委托给专业的中介机构。

5. 促进民办中小学（幼儿园）规范办学和健康发展。规范民办中小学（幼儿园）财务会计和资产管理制度，建立以成本核算的收费机制和政府公共财政支持的扶持机制，统一会计制度、经费账户、财务软件、收费软件，建立民办学校财务信息监管平台。在规范民办学校运行的基础上，建立政府向民办中小学（幼儿园）购买学位的工作机制。

6. 积极探索建立学校、家庭、社区互动的合作机制。进一步规范和完善学校信息公开制度，扎实推进学校信息公开工作。推进学校建立与家长、社区联系的责任人制度，通过设立家长委员会、热线电话、微博、虚拟社区、家长接待室等举措，健全联系沟通机制。推进家长、社区参与学校管理。加强宣传工作，引导全社会“从我做起，促进学生健康快乐成长”，形成全社会支持基础教育改革与发展的氛围。

（十一）拓宽经费来源渠道，加大教育经费投入力度

1. 拓宽经费来源渠道。各区（县）要切实落实“三个增长”的法定要求，保证财政资金优先投入教育。从2011年开始，统一内外资企业和个人城市维护建设税和教育费附加制度，教育费附加统一按增值税、消费税、营业税实际缴纳税额的3%征收。从当年以招标、拍卖、挂牌或者协议方式出让国家土地使用权取得的土地出让收入中，按照扣除征地和拆迁补偿、土地开发等支出后余额的10%的比例，计提教育资金。

2. 缩小区域间教育财政经费差距。加强市级财政统筹，研究探索上海市教育公共平台建设专项资金，

加大市级财政对区县义务教育的转移支付力度，继续向远郊地区、经济困难地区和人口导入区倾斜，进一步缩小区域间生均经费差距。

3. 提高资金的使用效益。调整优化基础教育阶段的经费投入结构，合理安排日常运转经费与专项经费。全面推进教育经费科学化精细化管理，提高资金使用效益。进一步完善财务监督制度，加强教育经费绩效监督，强化重大项目经费的全过程审计。加强组织领导，开展监测分析和监督检查，确保各项政策措施落到实处。

4. 建立公用经费标准动态调整机制，完善困难学生资助政策。建立根据社会经济发展情况调整各学段公用生均经费基本标准的动态机制。建立和完善覆盖学前教育到高中阶段的困难学生资助政策体系。

上海市教育委员会关于印发《上海市职业教育“十二五”改革和发展规划》的通知

（沪教委职〔2011〕38 号）

各区县教育局，各有关委、局、控股（集团）公司：

为贯彻落实国家和上海市中长期教育改革和发展规划纲要，形成面向经济、面向市场和面向人人的职业教育，让学生成为适应工作变化的知识型、发展型技能人才，进一步“做精、做特、做强”上海职业教育，按照上海“创新驱动、转型发展”要求，结合上海职业教育发展实际，我委在深入调研的基础上，制定了《上海市职业教育“十二五”改革和发展规划》印发给你们，请你们结合工作实际，认真贯彻执行。

上海市教育委员会
2011 年 12 月 29 日

上海市职业教育“十二五”改革和发展规划

一、发展形势

（一）上海职业教育“十一五”发展成绩

“十一五”期间，上海职业教育积极适应经济社会发展需要，加强基础能力建设，改革技能型人才培养模式，为经济社会发展输送了大量高素质技能型人才。2006 年，上海颁布了《上海市人民政府关于大力发展职业教育的决定》，将大力发展职业教育作为上海经济社会发展的重要基础和教育工作的战略重点，并明确提出“十一五”期间上海职业教育要构建现代职业教育体系，为进一步满足人民群众终身学习和自我发展的需要奠定坚实基础，着力提高职业教育的办学质量和社会服务功能。

经过“十一五”期间的大发展，上海职业教育已形成一定规模，积累起一些经验，职业院校学生的就业创业和继续学习能力显著增强，职业教育服务经济社会发展和改善民生的能力明显提升。首先，初步建立起与市场需求和劳动就业紧密结合、校企合作、职前职后并举、普职渗透、中高职协调发展，结构合理、功能多样的现代职业教育体系，职业教育的优势逐步显现；其次，为适应上海产业结构调整需要，加强职业院校基础能力建设；第三，优化调整了专业布局结构，使其与上海产业发展的方向更加吻合；第四，不断推出教育教学改革举措，人才培养质量明显提高；其五，通过建立中等职业教育帮困助学体系，对农村、海岛家庭学生和涉农专业学生实施免费教育，逐步增强职业教育的吸引力。

1. 职业教育优势逐步显现。职业院校“就业有优势，创业有本领，升学有希望，终身学习有基础”的优势逐步显现。中等职业教育方面，目前共有国家级重点中等职业学校 57 所，其中有 6 所学校成为首批国家中等职业教育发展示范学校建设计划项目学校。2010 年本市中职学校录取新生 5.45 万人，普职录取比为 49∶51，毕业生就业率达到 97.4%。高等职业教育方面，共有 56 所高校举办高等职业教育，其中独立设置的高职高专院校 31 所（17 所为公办高职高专院校），在校生人数为 17 万人，有 7 所独立设置高职高专院校成为国家示范性高职建设院校，其中 4 所已经通过验收。2010 年，全市在 7 所职业院校的 4 个专业启动中高职教育贯通培养模式试点工作，为推动中高职教育协调发展，构建现代职业教育体系，创新技能型人才培养模式作了新的尝试。

2. 基础能力建设明显提升。先后建立现代护理、交通物流等八个行业职业教育集团，以及嘉定、徐汇等五个区域职业教育集团。共吸引了 200 多家企业、近 30 个行业协会和 60 多个科研机构，成员单位累计超过

480家。职业教育集团充分发挥了聚集功能和辐射作用，有效推动了校企之间、区域之间优质职教资源的共享。职业教育开放实训中心建设取得显著成就，共有80个开放实训中心项目通过专家立项评审，基本涵盖教育部所颁布的专业目录，进一步提升了上海职业教育的基础能力水平。

3. 专业布局结构更加合理。在全市78所中职学校积极开展专业布局与结构调整优化工作，专业点由703个调整为621个，逐步建立起专业布局合理、结构优化、特色鲜明、品牌纷呈的专业体系。调整后的专业在一、二、三产中所占比例分别为1.43%，19.89%，78.68%，与上海未来产业布局结构更加吻合。高等职业教育以现代服务业和先进制造业专业为发展重点，共设专业点936个，招生专业236种，其中近一半是非重复专业。

4. 教育教学改革成效显著。通过深化中等职业教育课程教材改革行动计划，初步形成了任务引领型课程为主体的课程体系和开发技术，按照实际工作任务、工作过程和工作情境组织课程，取代了以往的学科课程体系，突出了职业能力的培养。制定并颁布42个专业的教学标准，基本涵盖本市经济发展中量大面广的专业和一些新兴行业中的专业，推动职业教育专业课程与技能型人才工作岗位要求的对接。推出德育工作新举措，逐步完善德育工作体系，提高德育工作实效性，进一步夯实德育工作基础。

5. 职业教育吸引力进一步提高。率先建立中等职业学校学生帮困助学政策体系，对涉农专业、农村和城乡低保及海岛家庭的学生实施免费教育，对城市经济发展急需紧缺专业给予奖励。随着教育教学质量的明显提高，上海中等职业学校毕业生的就业率始终保持在95%以上，高等职业教育就业率连续多年保持在90%左右。职业教育的功能和价值逐渐被社会所认可，为上海经济社会的发展输送大量高素质技能型人才。2010年，开展中等职业学校毕业生就业质量跟踪调查工作，探索建立以就业质量为核心的毕业生就业状况评价体系，进一步提高中等职业学校的就业质量和吸引力。

回顾过去，上海职业教育发展取得了历史性的成就；展望未来，上海职业教育正站在一个新的起点上，必须进一步深化改革，更加注重内涵建设，“做精、做特、做强”，全面提高技能型人才培养的质量。

（二）上海职业教育发展面临的新形势

“十二五”期间，知识竞争和创新驱动仍然是世界经济发展变化的重要特征。面对国际、国内的新形势和人民群众的新需求，上海将紧紧围绕国家的重大战略，着力推进“四个率先”，加快建设“四个中心”，率先转变经济发展方式和调整经济结构，大力发展现代服务业、先进制造业和战略性新兴产业，不断增强城市的综合竞争力和国际竞争力。

一方面，经济社会的持续健康发展，新工艺、新技术、新方法的出现，促进了行业、企业的技术进步，为经济发展的数量增长、质量提高提供了充足空间和动力；另一方面，也为职业教育提供了强大的发展动力和坚实的物质基础，对未来职业教育的改革发展和人才培养质量的提高，提出了新挑战和新要求。因此，上海职业教育必须应对经济社会发展的新需要，落实《上海市中长期教育改革和发展规划纲要（2010—2020年）》提出的“为了每一个学生的终身发展”的核心理念，在做精、做特、做强职业教育，为经济转型和社会进步输送知识型、发展型技能人才的进程中，认真回应经济社会发展的新挑战：

1. 生产技术的大幅革新对职业教育人才培养质量提出了新的要求。不管是加快发展现代服务业、大力发展先进制造业还是抓好高新技术产业化，都需要加快培养和集聚经济社会发展急需的各类创新型人才。最集中的表现之一就是需要大量的高素质技能型人才作支撑，这就要求未来的职业院校学生要成为能适应工作变化的知识型、发展型技能人才，具备终身学习和可持续发展的能力。

2. 经济社会发展的新形势对职业教育体系建设提出了新的挑战。随着产业结构的调整升级，职业岗位所要求的素质、技能、能力和专业知识水平越来越高，迫切需要进一步树立“大职业教育观”，为职业教育的未来发展提供良好的空间和平台。建立开放性的、终身性的、融通性的现代职业教育体系，加强普职渗透、坚持学历教育与职业培训并举、推进中高职教育协调发展，对上海实现创新驱动、转型发展至关重要，也是落实国家和上海中长期教育改革和发展规划纲要精神，建设人力资源强国的迫切要求。

3. 城市发展的国际化、信息化进程给职业教育的发展带来新的机遇。上海要建成社会主义现代化国际大都市，建设“四个中心”，必然要提高教育国际化水平，2010年上海世博会的成功举办，进一步加快了这一进程。职业教育必须进一步加强职业院校的国际合作，积极引进优质国际教育资源和职业资格标准，全面提高技能型人才培养的国际化程度。同时，信息技术的高速发展和教育信息化程度的日益提高，要求职业教育必须进一步促进与现代信息技术的深度结合，全面提高教育、教学、管理、决策和科研的信息化水平。

4. 区域经济的整合与联动给职业教育的发展提出了新的课题。进入“十二五”，长三角地区将开展新一轮的区域资源整合，提高区域国际竞争力，对区域内的技能型人才培养、职业教育资源配置提出了更高要求，也给上海职业教育提出了新的课题。未来，按照中央和教育部统一部署，上海将在原有基础上落实并做好西藏、新疆内地中职班工作，进一步推进中等职业学校开展东部对西部、城市对农村联合招生、对口支援、合作办学，如何更好地促进东西部地区职业教育协调发展是上海职业教育面临的又一重要课题。

5. 实现创新驱动、转型发展对提升职业教育的服务功能提出了新的需求。多年来，上海职业教育培养了千千万万的高素质技能型人才，为上海经济转型和社会发展提供了强大的支撑作用。后世博时代，在上海建设文明城市、生态城市、智慧城市、创新型城市的进程中，职业教育将继续发挥举足轻重的作用，在推动产业升级、提高人力资源整体素质、促进就业和改善民生等方面进一步创造性地发挥作用。

二、发展目标

（一）指导思想

以邓小平理论和“三个代表”重要思想为指导，贯彻落实科学发展观，紧紧围绕国家和上海市中长期教育改革和发展规划纲要，以学生发展为本，为经济社会发展奠定坚实的高素质劳动者和技能型人才基础；积极推进上海职业教育的改革与发展，全面提升职业院校的育人水平，主动服务产业升级，服务就业和再就业，服务城市劳动者素质的提高，满足经济社会和人民群众对高水平职业教育的发展需求。

（二）发展主线

“十二五”期间，上海职业教育将进一步贯彻落实《上海市中长期教育改革和发展规划纲要》，着力于实践“为了每一个学生的终身发展”理念，以提高技能型人才培养质量、主动服务区域经济社会发展、增强吸引力为主线，进一步向着“做精、做特、做强”的方向迈进。重点做到：

使学生能发展：构建现代职业教育体系，搭建学生终身发展的学习平台，使学生不但具有基础知识和技能水平，而且具有人文精神和终身学习的能力，成为能适应工作变化的知识型、发展型技能人才。

使就业有优势：营造有利于职业院校毕业生优先就业的良好环境，推动形成先培训、后上岗的劳动力就业市场，使毕业生就业质量明显提高。

使办学高水平：专业设置与经济社会发展要求更加相匹配，人才培养规格更加符合行业企业要求，更加注重内涵建设，使职业院校办学质量和效益进一步提升。

（三）总体目标

培养学生的终身发展能力，形成面向经济、面向市场和面向人人的职业教育，全面提高学生的综合素养，实现人的全面发展，让学生成为适应工作变化的知识型、发展型技能人才。优化职业院校布局形态、专业形态和办学形态，全面提高本市职业教育的基础能力，以现代服务业和先进制造业专业为发展重点，增强职业教育的社会服务功能和辐射力，提升职业教育服务支援中西部地区的能力。打造一批具有国际影响力的品牌专业和院校，努力形成具有全国领先水平和经济发达地区特征的现代职业教育新局面，使上海职业教育成为引领全国职业教育发展的新典范。

（四）具体目标

1. 总体规模稳步发展。至 2015 年，保持中等职业教育招生规模与普通高中招生规模大体相当。高等职业教育在“十二五”期间将逐步推广自主招生入学，全日制招生学生规模保持在 5.5 万人。职业教育和职业培训规模达到 1∶1。确保 34%的教育费附加足额用于中等职业教育，中等职业学校生均财政性经费不低于普通高中并同步增长，确保职业院校财政性经费在教育财政性经费总额中的比例。

2. 示范骨干院校建设逐步推进。积极支持和鼓励创建以内涵建设为重点的上海市职业教育改革发展示范学校。到 2015 年，有三分之一中等职业学校达到国家中等职业教育改革发展示范学校水平，建设一批上海市中职改革示范校；加强对 4 所国家级示范性高等职业院校的后示范建设，重点建设 3 所国家级骨干高等职业院校和 7 所上海市级高等职业院校。

3. 实训基地能级不断提升。以绩效评估为抓手，完善 80 个职业教育开放实训中心建设，推动开放实训中心能级提升，根据行业企业需要，依托职业院校新建 20 个职业教育开放实训中心。在高等职业院校每年建设 20 个重点实训项目，到 2015 年达到 60 个；并根据上海产业发展需求，重点建设 30 个技能型人才培养培训基地。

4. 专业、课程建设持续深入。实现以信息化带动专业现代化、以国际化带动专业标准化的目标。改革和完善职业院校专业建设，至2015年，示范性院校每个主干专业至少与一家国际或国内的著名企业实行紧密型校企合作办学，3%的专业与国外知名职业院校开展形式多样的联合办学。创建具有示范引领作用的中等职业学校150个精品特色专业和180门精品特色课程；重点扶持有条件的学校按照行业产业的新要求，开发一批新的专业教学标准。高等职业教育专业结构进一步优化，与一二三产业对应的专业结构调整到3∶40∶57左右。继续建设一批高等职业院校示范性重点专业，至2015年达到200个。

5. 师资队伍建设更加优化。进一步加强师德建设，形成教师关爱学生、严谨笃学、自尊自律的师德师风和全员育人的工作格局，培养一批师德高尚、业务精良、乐于奉献的优秀教师。进一步理顺职业教育师资队伍建设的管理体制和运行机制，完善师资培养培训体系，搭建职业教育教师专业化发展平台，有计划、有组织地开展分级分类培训，提升职业院校教师的育德意识、师德水平、教学能力、实践能力和科研能力。进一步优化师资队伍结构，不断完善补充机制，建立职业院校专业教师的资格标准和评价体系，逐步建立并完善技术职务评审制度，完善教师职务评审制度。

6. 现代职教体系建设逐步完善。继续加强与人保部门合作，开展校企合作培养高技能人才；推进和探索中职教育、高职高专教育、应用型本科教育、专业学位硕士研究生教育多种培养模式的有机衔接试点工作；坚持学校教育与职业培训并举，加强普职渗透，加快推动专业教学标准与职业资格证书相融合，逐步探索建立弹性学制和学分银行。完成组建10个行业职业教育集团和区域职业教育集团的组建工作，推动集团化办学和校企深度合作。健全中高职院校之间、学校企业之间实验实训等资源的共享机制，使80%以上的院校与行业企业成为紧密型合作伙伴。以创新高等职业院校校企合作体制机制为核心，探索建立“政府主导、行业引导、校企合作、市场运作”的办学体制和育人机制。

三、主要举措

（一）全面提高德育工作和素质教育水平，大力增强学生终身发展能力

全面提高职业教育德育工作水平。一是要增强职业教育德育工作的有效性和针对性，发挥课程教学在学生德育中的主导作用，把实习、实训场所作为德育工作的重要课堂。深化职业教育的内涵发展，注重学生在获取知识、掌握技能的过程中提升思想道德水平。结合就业指导和服务工作，帮助学生树立正确的职业观，培养职业态度、职业理想和职业精神。加强中职学生心理健康教育，培养学生的自尊、自信、自强和乐群意识。二是要加强德育工作的连贯性和一致性，建立健全工作长效机制，认真贯彻落实《上海市中等职业学校德育工作专项评估指标体系》（沪教委德〔2011〕16号），突破传统的课堂教学模式，把德育课程融入企业和社会，开展实践性德育活动。三是要全方位开展德育工作，加强学校与家庭、社区和企业的合作，整合资源，同创共建，形成校内外贯通的德育工作体系。充分发挥校园网站思想教育功能，营造良好的网络舆论氛围。积极拓宽中等职业学校实训场所的社会服务功能，加大向中小学生开放力度，丰富中小学生职业体验，探索建立相应工作机制。四是促进学生体质健康，培养学生艺术修养，提高学生创新精神与实践能力。

全面提高职业院校学生综合素养。更加注重学生长远发展和社会文明进步的需要。实施职业院校学生素质教育提升计划，使学生的个性特长得到发展，多元潜能得到激发，终身学习意识和可持续发展能力显著增强。进一步完善毕业生就业公告制度，全面推动毕业生就业质量跟踪调查，着力提高学生的可持续发展能力。继续开展上海市“星光计划”中等职业学校职业技能大赛和“璀璨星光”校园文化节、高雅艺术进校园等一系列活动，提高学生的人文素养，培养学生的人文精神，为学生的终身发展奠定良好的基础。

（二）构建现代职业教育体系，逐步完善技能型人才培养结构

完善职业教育人才培养体系。根据上海经济发展方式转变和产业调整升级的需要，以及人民群众对职业教育多元化的诉求，积极探索适应上海经济社会发展需要和特点的高素质技能型人才培养模式，加快推动学历证书和职业资格证书的“双证”融通。联合市人保等部门从已经颁布实施的42个专业标准中选择一批行业优势突出、改革基础良好、学校专业设置中量多面广的专业，开展职业教育学历证书与职业资格证书的双证融通一体化课程认证改革试点。继续加强与人保部门合作，共同推进校企合作高技能型人才培养模式改革。

建立校企合作的专业开发、课程开发运行机制，形成职业院校自主的、以职业教育集团为主要平台、以专

业群为合作单元的制度化的专业调整和发展机制，在职业教育人才培养和教学过程中进一步突出职业要素、行业要素、企业要素、岗位要素。

推动中等、高等职业教育协调发展。选择具有较好基础和专业优势的职业院校，继续开展中高职教育贯通培养模式试点探索，重点推动已经参与试点的中高职院校优化人才培养方案及课程。鼓励行业职业教育集团、同一管理体制内有条件的中高职院校积极探索基于学分互认的中高职课程衔接等更加灵活的模式。根据社会经济发展和专业培养的需要，探索实施五年制一体化办学的专业试点。

推进高等职业教育人才培养模式多样化。充分发挥各层次高校各自比较优势和专业特色，以知识型、发展型、应用型人才为主要培养目标，实现上海更多高层次技能型人才培养规格的系统化。根据上海社会经济发展的实际需要，继续进行二专科一年半制、高中（中职）起点二年制、三年制，专本连续培养（“3＋2”）、应用型本科、专业学位硕士等多层次高技能专门人才培养模式，积极探索人才培养模式的多样化实现途径。

充分发挥职业教育集团的聚集功能和辐射作用。依托职业教育集团，围绕职业教育改革发展的需要，以提高人才培养质量为主线，进一步加强职业院校和行业、企业及区域发展的密切结合。大力推进行业、企业与职业院校共同开发专业标准和课程标准、共建共享实习实训基地、共同培养培训“双师型”教师、共同打造就业平台、共同进行技术研发和服务，进一步推进职业教育的资源集聚和整合，在创新技能型人才培养模式、推进现代职业教育体系建设等方面有新的突破。

（三）优化调整学校和专业布局，深入推进示范性职业院校建设

提升中等职业学校的办学水平。发挥职业教育在“服务经济社会、促进教育公平、创新培养模式”等方面的积极作用。根据“国家中等职业教育改革发展示范学校”建设的要求，继续培育和扶持中等职业学校积极创建国家中等职业教育改革发展示范学校，对进入国家示范院校建设计划的学校，加强过程监控和目标管理，着力打造成具有国际影响力的品牌学校。开展上海市中等职业教育改革发展示范学校建设工作，围绕本市职业教育“做精、做特、做强”的改革发展需要，研究制定市级中等职业教育改革发展示范学校建设方案，推动中等职业学校向特色和品牌方向发展。

全面推进国家示范性高职院校建设。以校企合作体制机制创新为重点，启动上海医疗器械高等专科学校、上海电子信息职业技术学院、上海出版印刷高等专科学校国家骨干高等职业院校建设工程。推进完成已验收的国家示范性高职院校向专业特色鲜明、校企深度融合、具备国际影响的方向发展。发挥国家示范院校优势，吸引海外学生来华学习，力争使上海医药高等专科学校长学制学习留学生人数明显增加、到上海公安高等专科学校培训交流的海外警务人员不断增长。围绕上海支柱产业，启动上海特色高职院校建设工程（市级示范高职建设工程）。全面开展行业（区办）高职院校提升计划。

推进中等职业学校专业布局结构调整优化。逐步建立起专业布局合理、品牌纷呈的专业体系，形成学校之间定位准确、错位竞争、有序发展的专业建设新格局。一是优化布局，引导学校结合自身优势，科学准确定位，形成与上海产业分布形态相一致的专业分布新格局；二是调整结构，科学合理地调整专业设置和专业结构，关注就业水平和质量，实现技能型人才供需基本相当；三是促进改革，整合优质资源，增强质量意识，形成一个专业、多个教学改革建设项目联动的良好局面；四是打造品牌，建成一批精品特色专业，形成多个有示范作用的、高质量的技能型人才培养基地；五是完善机制，形成以政府为主导、学校为主体、行业企业深度参与的专业建设工作机制。

开展高职高专院校重点专业建设计划。逐步优化高职高专院校专业结构，提升高等职业教育对城市发展的支撑能力。完成高等职业教育“085”工程，全面推进校内实训基地建设、师资队伍建设、人才培养模式改革、技术服务（或社会服务）四方面项目建设。连续举行五届“上海高职高专院校重点专业建设教学比武”，推动上海高等职业教育教学质量的提高。

（四）推动专兼结合的“双师制”队伍建设，进一步优化师资培养机制

加强新教师专项培训。着重进行师德素养、职业教育理念、岗位核心技能、教学能力等方面的培训。发挥职业教育集团、职业教育开放实训中心以及高校、行业企业和教科研机构的积极作用，以挂职实习、合作项目和专题培训等形式有计划地培养培训新教师。

探索校企合作培养培训师资模式。采用师资培养培训基地与企业实践基地结对的形式，建立10个左右教师企业实践基地。专业技能课教师每三年到企业生产一线的实践时间不少于半年，公共基础课教师要定

期到企业接受实践教育培训。

加强兼职教师队伍建设。继续实施中等职业学校行业企业特聘兼职教师资助工作，加大资助力度，到2015年，行业企业特聘兼职教师达到600人。实施兼职教师聘任管理和能力提升计划，建立兼职教师聘任管理机制，出台“兼职教师管理实施办法”。鼓励引导学校积极吸引专业急需的行业企业、高新技术产业的优秀人才到学校兼职任教，有效补充和改善中等职业学校专业教师的数量和结构。

推进高等职业教育师资队伍建设。通过国内培训、国外培训及企业顶岗培训三种形式，到2015年，高等职业院校的专业教师普遍得到培训，教学实践能力得到明显提升。继续实施上海高等职业院校师资教学能力提升计划，培育骨干专任教师。结合重点专业建设，建立骨干教师师资档案，选派其中的优秀教师到企业挂职锻炼、赴国外进修。完善高职教师职务聘任制度，建立健全适合高职教育特点的教师考核评价制度；探索高职教师资格、教师培训制度改革；优化高职教师队伍结构。

（五）加强实训基地能级提升，持续提高实训基地运行绩效

推进开放实训中心运行绩效评估。积极发挥职业教育开放实训中心的“公共性、服务性、开放性”功能，充分满足学校教学和实训需要，更好地服务于社会，促进其全面开放和持续发展，推进开放实训中心运行绩效评估工作，探索建立管理体制和运行机制。

优化和调整开放实训中心建设。以服务战略型新兴产业为主，围绕上海加快发展现代服务业、先进制造业和“四个中心”建设的需求，新建20个开放实训中心，进一步满足教学实训和培训的需要。根据运行绩效评估结果，重点支持三分之一的开放实训中心提升能级，打造集学历教育、职业培训、技能鉴定和职业体验功能为一体的开放实训中心品牌。进一步提高开放实训中心的服务能力、运行水平和管理效益。

建设高职院校实训基地。结合各院校主干专业的定位，支持建设一批集教学、培训、职业技能鉴定和技术服务为一体的、资源共享型的职业教育实训基地，同时推动高职高专院校利用这些设施设备进行教学改革、实践性课程的开发、理论与实践一体化教学的课程设计。

（六）推出教育教学改革新举措，全面加快职业教育国际化信息化进程

继续提升中等职业教育教学质量。巩固和扩大一批课程教材改革成果。修订和完善已颁布的42个专业教学标准，继续开发一批专业教学标准，加大“双证”融通。着力推动重点建设的专业深化改革，创新人才培养模式，继续推广“学做一体”、“任务引领”为主体的课程教材改革。支持和引导学校积极创建一批职业教育精品特色专业和课程，进一步发挥中等职业教育课改特色实验学校的示范引领作用。制定并实施主要文化基础学科教学实施方案和分层教学指导方案，推动专业、课程和教材资源建设。丰富网络课程资源，扩大网络课程实施范围，完善网络课程管理机制。建立教学质量监控机制和保障体系。

实施高等职业教育质量工程。按照教育部相关工作的要求，以“教学名师”、“教学团队”、“精品课程”、“优秀教材”的培育建设工作为抓手，提高上海高等职业教育教学质量；鼓励高职高专院校积极参加国家、上海市、专业协会等不同层面的职业技能竞赛，推动高职教育教学改革。完成31所独立设置高等职业院校的人才培养评估工作。以国家示范院校重点专业为重点依托，结合高等教育“085工程”高职重点专业建设，构建共享型专业教学资源库，收录国家及上海市重点支持的专业人才培养方案、课改设计、活页教材、课件等相关资料。

推动职业教育的国际化。鼓励学校将国际行业标准融入相关专业的教学过程，引导学生掌握国际通行的技术规范、服务规范，增强学生的国际交往能力。逐步建立国际互认的专业教学标准，打造有国际影响力的品牌特色专业。增加招收以专业学习为目标的长学制外籍学生数量，增加外教比例，提高出国交流进修的师生比例。

加快职业教育信息化进程。加强上海中等职业学校信息化基础设施建设，构建信息化应用支撑环境，建成高质量的数字化校园。丰富信息化管理手段，完善资源共建共享机制，提升信息化教学应用能力。加大信息化人才队伍建设力度，提高学生信息化应用素养和技能。

四、重点建设项目

（一）职业教育双师素质提升工程

以“突出重点、优化结构、创新机制、完善制度”为原则，以全面提高教师素质为核心，优化师资培养培训体系，形成一支数量充足、结构合理、满足社会经济发展需要、专兼结合的“双师制”师资队伍，为职业教育持

续健康发展提供人力资源保障。

大力推进专、兼职教师培养以及师资培养基地的机制建设。完善师资引进和培训制度，加强和完善学校教学管理团队、“双师制”专业教学团队和行业专家引领的专兼职结合的教学团队建设。

进一步优化中等职业学校师资队伍结构。师资队伍的补充机制不断完善，到2015年，按编制标准配齐教师，教师学历达标率为99%以上，具有硕士学位教师比例逐年提升，专业教师数达到专任教师数的55%，其中“双师型”教师比例达到50%，兼职教师比例达到专业教师总量的30%。

加强高职院校的专业教师培训。高职院校教师学历达标率达到100%，在专业基础课和专业课专任教师队伍中“双师”素质教师比例达到80%以上，来自企业的兼职教师达到40%以上，教学实践能力得到明显提升。

进一步健全师资培养培训体系。建立健全国家级、市级、区县级和校本四级师资培养培训体系，积极开展覆盖主要专业大类和主要文化课程的多渠道、多形式的培养培训，依托相关行业、大中型企业和职业教育集团，共建“双师型”教师企业培训实践基地。

完善名校长和骨干教师的培养机制。提高校长教育教学改革的领导力，提升职业院校校长和教师的国际化水平，基本形成规范科学的学校管理干部和教师培养机制。广泛吸引具有较强理论水平和专业技能水平、对本专业建设具有创新性构想和战略性思维的人才担任专业带头人。造就一批在推进教学改革方面视野宽、理念新、领导力强的校长，形成一批勇于改革创新、在全国有影响力的学校。

（二）职业教育集团内涵建设工程

推进职业教育集团的内涵建设。推进职业院校的资源集聚和整合，提高优质资源的共享水平。拓展职业教育集团服务功能，提升职业教育集团为行业企业、学校和其他社会组织的服务水平。

通过对职业教育集团的管理方式、运行机制、功能拓展、资源配置和辐射空间等方面的优化，进一步发挥职业教育集团在校企合作、资源集聚和社会服务等方面的作用，使职业教育集团的建设成为上海现代职业教育体系构建的重要组成部分。

提高教育部门对职业教育集团的管理水平。改进和完善职业教育集团的投入方式。把政府对职业教育集团的投入与实际成果、绩效结合起来，使投入真正有利于职业教育发展，有利于职业教育集团发展。

建立保障职业教育集团科学、持续发展的机制。重点探索建立推动职业教育集团发展的政策和投入的激励机制，研究制定并颁布职业教育集团运行绩效评估指标体系，不断加强和提高职业教育集团的运行质量和发展效益。

加强长三角区域校企合作和产学研合作。加强与长三角地区各职业院校以及行业企业的联系，共享职业教育的先进经验。以行业内大型企业、主干职业院校为主体，以服务企业和社会为宗旨，以产学研项目合作为主要载体，开展更广服务领域和更高服务水平的产学研合作。

（三）中高职教育衔接发展工程

推动中高职教育协调发展，对接职业资格标准，探索与实施中高职一体化的职业教育课程体系和教学计划，优化高素质技能型人才的培养途径。

继续推进中高职教育贯通培养模式的试点工作。逐步扩大中高职教育贯通培养模式的招生规模，2015年达到当年招生规模的10%左右。研究制定和实施中高职教育贯通培养模式的专业目录和教学标准。鼓励行业职业教育集团、同一管理体制内有条件的中高职院校积极探索基于学分互认的中高职课程衔接等更加灵活的模式。对社会经济发展急需的、高职院校专业设置中未覆盖或特色不明显，中职校中相应专业的办学积累有优势、行业特色突出的专业，按照专业培养的特殊需要，探索实施五年制一体化办学的专业试点。

实现高等职业教育人才培养的多样化途径。重点探索专科层次高职与应用型本科教育的有机衔接。

创新职业教育人才培养模式。推进职业教育与普通教育、成人教育的相互沟通融合，推进学历教育与职业培训的相互促进，推进同层次职业学校的学分互认。

（四）职业教育信息化建设工程

充分发挥现代信息技术的优势，促进现代信息技术与职业教育的深度结合，提高职业教育的信息技术应用水平，以信息化带动职业教育现代化，有效推进上海职业教育信息化建设。

打造国内领先的职业教育资源应用平台。将“上海职教在线”建设成为集职业教育优质资源为一体的综合门户网站。完善“上海市中等职业学校基本情况数据库”建设。加快教育行政部门、学校主管部门及各中职学校的信息交流、协调和共享,全面提高上海中职信息化管理效率。完善上海高职高专院校教学状态监控平台,定期发布上海高等职业教育质量报告。

建立上海职业教育资源中心。建立数字化资源的建设、发布、共享和管理系统,网络学习支持服务系统,以及教学支持服务系统等各项子系统,打造国内领先的教育资源应用平台。鼓励学校开发精品课程和网络课程等教学资源,推动职业教育数字化图书馆的建设。

开展数字化校园建设。完善中等职业学校的基础网络建设,基本实现数字化校园的应用服务,完成校园无线网络的全覆盖,逐步提升数字化校园的应用能力和水平。创建若干个智慧教室和一批创新实验实训中心。建成校园一卡通信息平台,实现秩序化智能管理,提升校园管理信息化水平。

五、保障条件

(一) 经费保障

进一步加大公共财政对职业教育的投入。加快制定中等职业教育免费政策,逐步实行免费中等职业教育。及时调整和完善中等职业学校生均公用经费拨款标准,实施公办高职院校生均公用经费补贴制度。市、区县财政要足额安排职业教育经费,重点支持技能型紧缺人才培养,建立师资培养培训专项经费等。鼓励企事业单位、社会团体和公民个人捐资助学。

(二) 组织队伍保障

加强对全市职业教育工作的指导、统筹和协调。指导区县教育行政部门及其他办学单位加强对职业教育发展规划、资源配置、条件保障、政策措施的统筹管理。

加强师资培养培训工作的领导、规划和统筹。成立上海市中等职业教育师资培养培训工作指导委员会和专家咨询委员会,建立上海市中等职业学校师资培训中心。制订师资队伍建设的发展规划,加强师资队伍培养培训工作的制度建设。开展中等职业学校师资培养培训工作的组织、协调、管理、服务和评价工作。继续实施高等职业教育教师能力提升工程,提高高职高专师资水平。

(三) 政策与制度保障

以国家《教育法》、《职业教育法》和《上海市职业教育条例》等法律法规为依据,进一步完善职业教育各项政策法规,切实做到依法治教。

充分发挥市区(县)两级职业教育工作联席会议制度的作用,加强对职业教育的规划、统筹和领导。按照上海经济社会发展状况以及各行各业对各类技能型人才的需求,规划本市职业教育发展的布局、规模和结构。进一步加强对职业教育的督导评估和质量监控工作。

推动行业企业积极参与职业教育,加强职业院校与行业企业在人才培养、实习实训、师资队伍建设等方面的深度合作。鼓励行业企业开展人才需求预测,参与职业院校的专业建设、教学改革和培训工作,支持职业院校学生实习和教师实践,积极提供实习实训岗位,建立实习实训基地。

上海市教育委员会　上海市老龄工作委员会办公室关于印发《上海市老年教育“十二五”发展规划》的通知

（沪教委终〔2011〕15 号）

各区县教育局、老龄办，各有关单位：

现将《上海市老年教育“十二五”发展规划》印发给你们，请认真贯彻执行。

上海市教育委员会
上海市老龄工作委员会办公室
2011 年 8 月 4 日

上海市老年教育“十二五”发展规划

为贯彻落实全国和上海市教育工作会议精神，根据《国家经济社会发展“十二五”规划纲要》、《国家中长期教育改革和发展规划纲要（2010—2020 年）》、《上海市中长期教育改革和发展规划纲要（2010—2020 年）》等文件中有关“加快发展继续教育，建设全民学习、终身学习的学习型社会”、“重视老年教育”和“大力发展老年教育”的精神，结合上海市老年教育工作实际，制定本规划。

一、发展老年教育的重要性和紧迫性

（一）发展老年教育是满足老年人学习愿望的需要

上海城市老龄化进程居全国之首。截至 2010 年底，上海市户籍 60 岁以上老年人口达 331.02 万，占全市户籍人口的 23.4％，高出全国 10 个百分点。预计到 2015 年老龄化将达到 29％，2030 年达到 40％。随着本市高中阶段教育和高等教育的普及化、期望寿命的延长以及从业人员受教育年限的增加，退出生产工作岗位的老年人的文化结构发生了较大变化。广大老年人期盼就近获得优质教育资源，期盼接受多种形式的老年教育以缩小代际差距、跟上时代步伐的愿望越来越强烈。发展老年教育是满足老年人学习需求的一项紧迫任务。

（二）发展老年教育是社会发展与城市转型的需要

全国“十二五”规划强调，要把保障和改善民生作为加快转变经济发展方式的根本出发点和落脚点，加强和创新社会管理，培育壮大老龄服务事业和产业。上海也提出要把老年教育纳入上海市教育发展规划，使老年教育成为上海城市社会事业发展的新亮点。老年教育的本质在于提高老年人的生命质量和生活质量，提高生活满意度。做好老年教育是促进家庭和睦、社会和谐、社区稳定，巩固执政基础和促进社会长治久安的重要途径，对保障社会稳定、体现社会公平具有重要的意义和作用。

（三）发展老年教育是保障老年人受教育权的需要

尊重每位老年人的受教育权是国际社会共同的价值观和发展趋势，也是中国特色社会主义坚持“以人为本”科学发展观的基本要义。1991 年，联合国大会通过的老人纲领提出保护老年人“独立、参与、照顾、自我实现和尊严”的权利。1999 年我国老年人权益保护法规定：“老年人有继续受教育的权利。国家发展老年教育，鼓励社会办好各类老年学校。各级人民政府对老年教育应当加强领导，统一规划。”

（四）发展老年教育是构建终身教育体系的需要

老年教育是终身教育的重要组成部分，是学习型社会建设的重要组成部分，发展老年教育是推进积极老龄化、健康老龄化的重要举措，是坚持以人为本，提高生命质量，落实《上海市中长期教育改革和发展规划纲要（2010—2020年）》提出的“努力使每个人的发展潜能得到激发，教育发展和人力资源开发水平迈入世界先进行列”的重要举措，是实现老有所学、老有所教、老有所乐、老有所为的重要途径，是推进教育公平正义的重要保障，是完善终身教育体系的重要标志，是一项重要的民生工程。

二、“十一五”期间本市老年教育发展取得的成就

经过“十一五”期间的大力发展，本市老年教育得到了整体推进，为今后的发展奠定了坚实基础。

（一）形成了多形式、多样化的老年教育办学格局

一是设立了各级老年教育机构。目前，本市已有4所市级老年大学，下设36个分校和系统校；21所区县老年大学；216所街道（乡镇）老年学校，实现全覆盖；4090个居村委学习点，占全市所有居村委数的76%；178个养老机构学习点，占全市所有养老机构的29%。

二是拓展了老年社会教育的形式。目前本市老年教育形式多样，有专题讲座、读报、读书、主题座谈等。由上海远程老年大学以网络、电视等多媒体形式提供有关资源，本市每年有近30万学员参与学习。

三是老年教育深入到最基层。老年教育机构深入居村委，据2010年统计，在市级老年教育机构学习的老年人占总数的5.25%，高校、区县和企业占11.87%，街镇及居委会占82.88%，基层老年教育机构学员人数众多已是上海老年教育发展的一大特点。

（二）形成了多条线、多部门共同参与的管理格局

在管理层级上，本市在市级和区县层面都组建了老年教育工作小组，并设立了由教育、老龄办组成的工作小组办公室，负责统筹协调和指导老年教育工作。在办学主体上，老年教育机构的办学主体有区县、高校、企业，也有社会团体和个人。从管理条线上，本市老年大学的管理主体包括民政、教育、老干部、机关工委等部门。

（三）形成了多载体、多渠道的老年教育内涵发展格局

在开展老年教育活动过程中，本市积极加大老年教育内涵建设，开展老年教育理论研究，推进老年教育课程教材建设，认真整理老年教育发展史料，强化老年教育的数据统计，创新老年教育艺术节等活动形式，有关工作目前均处全国前列。此外，明确把发展老年教育列入本市教育中长期改革和发展规划纲要的做法，在全国也是领先的。

三、制约上海老年教育发展的瓶颈问题

上海市老年教育“十一五”期间在规模、体系、制度以及教育活动成果等方面取得了较大成就，但与广大老年人的多种期待、上海老龄化发展进程迫切需求和国际大都市地位的水平相比，仍有较大差距：

（一）社会对老年教育的认识有待进一步提高

全社会对老年教育的重视还不够，投入体制尚未完善。区县街道老年教育投入存在不均衡现象，使部分老年教育机构校舍简陋、设备不足，课程和学习内容尚不丰富，不少单位在认识上仅仅把老年教育看作是唱唱跳跳、搞活动。

（二）老年教育的受众面有待进一步扩大

统计显示，每年以“人次”为单位对老年学校学员数进行统计，仅占全市老年人口总数的12.5%，据此估计，目前全市到老年学校学习的人数约占全市老年人口数的7%。另一方面，广大老年人参与老年教育的人群仍以机关、事业单位和文化教育机构中的退休职工居多，企业退休职工和农村老人的参与度有待进一步提高。

（三）各级老年学校的办学定位有待进一步明确

从学校性质上看，不少老年教育机构的建制和编制不明确；从学校功能上看，不少老年学校尤其是区县层面的老年大学缺乏对基层老年教育机构的有效指导。

（四）教育形式和资源整合有待进一步深化

在办学形式上，虽然教育机构有学校教育与远程教育之分，但都以组班的形式进行，对团队学习和个性化学习的关注度不够。在资源整合上，目前的老年学校基本上以教育部门为主，其他部门参与的比例不高，对公共文化设施的利用也不够。

（五）老年教育的布局结构有待进一步完善

上海市级老年大学集中于中心城区。区级老年大学主要集中在区政府所在区域，市区两级老年教育优

质资源相对集中于中心区域。由于目前老年教育是按行政区划布局，因此在农村地区尤其是地域面积较广的乡镇，老年教育机构布局仍然偏少，无法满足老年人就近、方便接受教育的需求。

四、“十二五”老年教育发展的指导思想、原则与目标

（一）指导思想

以办“让老年人满意的教育”为理念，以提升老年人的幸福指数和身心健康为目的，以完善老年教育的体制和机制为重点，以乡村、街镇老年教育为基础，以市级老年大学为骨干和示范，形成“就近、便捷、快乐”的上海老年教育特色。形成政府主导、社会参与，市、区县、街道、居村委各级老年教育机构定位明确，分布合理的老年人学习服务体系，满足老年人多样化的学习需求，实现老有所学、老有所教、老有所乐、老有所为的目标。

（二）基本原则

统筹性原则。形成由教育主管部门牵头，多方部门协调，全社会积极参与的资源整合与统筹机制，最大限度地调动全社会可利用教育资源发展老年教育事业。

公益性原则。坚持教育公共财政投入为主，引导和鼓励社会资金投入，完善成本分担机制，最大限度地开放社会公共教育资源。

普惠性原则。着眼于老年教育的普及，让不同年龄层次、不同文化程度、不同经济水平的老年人，充分享有老年教育的权利，最大限度满足各类老年群体的受教育需求。

（三）主要目标

形成全方位、多层次、宽领域、广覆盖，方便学习，开放灵活，选择多样的老年教育体系；形成“一方牵头，各方协作”的定位科学、职责明确的管理体制；形成政府主导、社会参与、办学主体多元、办学形式多样、充满活力的办学机制；在全国率先建设一批有特色的老年大学、老年学校和老年教育课程，率先建成覆盖所有村居委的远程老年教育学习网，率先达到城乡老年教育资源的均衡配置，不断满足老年人对教育的需求，使上海参与各类老年教育的人数达到老年人总数的25%以上。

五、发展老年教育的主要项目

（一）实施“个、十、百、千、万”发展计划

“个”，即建设若干个高水平老年大学，使之成为上海老年教育窗口，具有教学、活动、展示、国际交流等功能。

“十”，即建立包括理论研究、政策研究、课程开发、师资培训、信息管理、国际交流等功能的10个中心，共同组成全市老年教育支持服务体系。

“百”，即编写100本老年教育教材，丰富老年学习资源；建立100个示范性老年社会教育基地，拓展老年学习形式。

“千”，即建设3000个居村委老年人标准化学习点，使老年教育更加便利，深入基层老年群众。

“万”，即培育10000个老年人学习团队，改变原有学校课堂教育的单一模式。

（二）实施“东、西、南、北”均衡布局计划

初步形成本市“东、西、南、北”区域性的“上海老年大学分校”均衡布局结构，构建上海老年大学教学体系。支持上海老年大学与区县老年大学开展全面合作，先行在徐汇、浦东新区、普陀和宝山等区老年大学基础上试点开展“上海老年大学分校”建设。市、区县老年大学在课程教材建设、师资培训交流、教学管理协作等方面开展深入合作，实现市、区县共同推进优质老年教育的发展格局。

（三）实施老年教育师资队伍建设计划

建立一支以热心老年教育的教育家和有经验的校长、管理者为核心，专职教师为骨干的专职管理者和教师队伍。精心培育一批老年教学的名师和老年教育专家，使之成为上海老年教育发展水平的标志。

建立一支以各个领域的专家和能工巧匠组成、适应老年人学习需求的老年教育兼职教师队伍，充分发挥老教授协会、市退离休高级专家协会的作用，建立市老年教育兼职教师师资库。

建立一支帮助老年人学习的志愿者队伍，吸引教师、培训者、教育管理人员、大中小学生等参加老年教育志愿者队伍，满足老年人的正规、非正规等多种学习指导的需要。

（四）实施街镇老年学校能力提高计划

开展街镇老年学校的标准化建设，作为四级老年学校的中枢，要大力推进街镇老年学校保障性基础设施

建设，建设一批适合老年学习者需求的教材和课程，充实一批熟悉老年教育规律的师资和管理人员，为街镇老年学习者提供便捷、适宜的终身教育服务。

六、推进老年教育发展的政策措施

将老年教育事业纳入上海社会事业发展总体规划，纳入政府的工作职责，纳入公共财政的列支范围，纳入终身教育体系和学习型社会建设事业。

（一）加强全市性老年教育的宏观管理

在市老龄委的领导下，加强老年教育工作小组建设。由市教委牵头，市民政局、市老龄办、市文广影视局、市体育局、市委老干部局、市文明办、市财政局、市卫生局、市人口计生委、市人力资源和社会保障局、市科委、市司法局、市总工会、团市委、市妇联等委办局领导组成工作小组，每年不定期召开联席会议，对老年教育的重大发展问题进行决策。上海老年教育的行政管理职能归口于上海市教育委员会。进一步加强市老年教育工作小组办公室对全市老年教育规划、协调、统筹与指导的工作职能。

在上海市学习型社会建设与终身教育专家委员会下设立老年教育专业委员会，由高校、研究机构、社会知名人士、长期从事老年教育管理和研究的专家等组成，为本市老年教育的发展提供决策咨询服务。

（二）明确各级各类老年教育组织的功能定位

市级老年大学应增强指导服务功能，即健全示范、辐射、服务、指导、引领功能。以自身办学为主，拓展师资培训、教材开发、教育研究等功能。区县老年教育机构在发挥办学功能的同时，要承担协调、指导全区老年教育的功能。街镇及居村委老年教育机构应集中精力组织、办好基层老年教育。

要继续办好现有高校老年大学。充分发挥高校学科门类齐全、师资力量雄厚、教育资源丰富的优势。开展老年人随堂听课试点，鼓励高校开发老年教育的新课程，培养从事老年教育的高层次管理人员和专业人员，积极推进高校老年大学与所在区（县）老年大学开展多种形式的合作。

（三）整合社会资源和信息技术手段推进老年教育

进一步建设好上海远程老年大学，积极开展村居委的组织收视点工作。开发有特色的老年教育网络课程。力争远程老年教育学员人数在“十二五”末期突破50万人。

开展养教结合工作，推动为老福利服务机构举办老年教育。积极将多种形式的老年教育引入养老机构，提供优质课程的菜单，开展适合、适宜、适度的学习活动，探索养教结合的老年教育工作新形式，力争使全市有条件的养老机构普遍开展老年教育服务。

逐步发挥本市已建立的博物馆、图书馆、纪念馆、展览馆、体育场馆、青少年活动中心、少年宫、科技馆、网络、媒体、电视电台等活动场所和现代传媒为老年教育服务，进一步向老年人开放，使之成为老年人学习场所和学习媒介。

（四）研究并创新老年教育办学和学习模式

加强老年教育研究。开展老年教育的基础理论，特别是应用课题的研究，为政府的科学决策服务，更好指导、推进全市老年教育全面、健康、可持续发展。开展老年教育的教学研究，根据老年人的心理特点，研究老年教育的教学模式、教学方法，更好指导全市各级各类学校教育和教学工作。

积极培育和扶持老年学校中以专业课程为核心组织的各种绘画、摄影、拳操、舞蹈、歌咏、书法、服饰、手工艺等学习团队。积极开展以讲座、读报、读书、乐龄讲坛等非正规学习活动，吸引更多的老年人参与丰富多彩的教育活动，力争到“十二五”末期，参与老年社会教育的人数占老年人总数的60％。

以街道和社区的剧院、图书馆、展览中心、网站等为场所，开展多种形式的老年学习成果展示交流活动。以现代网络技术为载体，打造老年人思想交流、技艺切磋、作品展示的活动平台。

（五）完善老年教育经费投入保障体制

各级人民政府应当将老年教育经费列入本级政府教育经费预算，保证老年教育事业发展经费逐步增长。

老年教育经费主要用于老年教育公共服务，“十二五”期间，积极探索老年教育的经费使用机制。

（六）推进老年教育国际交流与合作进程

鼓励有条件的学校探索并尝试招收国外老年留学生参与学习，结合旅游、养生、语言、健康、休闲、餐饮、传统文化推广等项目，开展多种形式老年留学生教育。增进上海老年教育与国外老年教育机构的合作交流，提高理论研究、教育教学方法等方面的国际竞争力。逐步实现上海市老年教育机构与国外相关教育机构和国际老年教育组织的合作。

（七）建立老年教育促进、督导体制

进一步开展示范性、特色型老年大学和老年学校的评估，发挥优质、特色老年学校的示范、引领作用，提升老年学校的办学水平。

探索建立老年教育的督察机制，建立由老年教育专家组成的、邀请市人大、市政协及有关人员参与的督察组，对全市老年教育规划的落实、管理机构的效率、经费的落实、老年教育的覆盖率、办学质量、成果绩效等进行督察。

中共上海市教育卫生工作委员会 上海市教育委员会关于印发《上海教育人才“十二五”发展规划纲要》的通知

（沪教委人〔2011〕40 号）

各高等学校，各区县教育局，各直属单位，各有关委局、控股（集团）公司：

现将《上海教育人才“十二五”发展规划纲要》印发给你们，请结合实际认真贯彻执行。

中共上海市教育卫生工作委员会
上海市教育委员会
2011 年 7 月 1 日

上海教育人才“十二五”发展规划纲要

进入新世纪第二个十年，肩负建设人才强国、教育强国和创新型国家的战略任务，上海要站在新的历史起点和高度上，谋划上海教育人才的发展规划。为贯彻落实全国、上海人才工作会议和教育工作会议精神，根据《国家中长期人才发展规划纲要（2010—2020 年）》、《上海市中长期人才发展规划纲要（2010—2020 年）》、《国家中长期教育改革和发展规划纲要（2010—2020 年）》、《上海市中长期教育改革和发展规划纲要（2010—2020 年）》、《上海市国民经济和社会发展第十二个五年规划》和“上海教育改革与发展十二五规划”等文件精神，制定本规划纲要。

一、指导思想、发展目标和战略部署

（一）指导思想

以科学发展观为指导，贯彻落实国家、上海人才发展战略及教育中长期改革和发展规划纲要精神，根据建成人才强国、教育强国和创新型国家的战略要求，主动承担起“创新驱动、转型发展”的使命和责任，以人才资源是第一战略资源和“为了所有教育人才的专业发展”为核心理念，以“人才优先、用中选才、创新机制、人人成才”为指导方针，实现所有教育人才的专业发展和上海教育人才队伍的整体发展。使上海教育系统发展成为全国人才队伍的重要培养基地之一，成为上海国际人才高地建设的主力队伍和主要依托力量。

教育人才是教育系统中从事教育管理、学生培养、科学研究和社会服务等教育活动，以专任教师为主体，包括校长、教育家及管理人才、教学骨干人才、高层次领军人才、青年精英人才、思想德育人才和教育服务与科技成果转化人才为主要类型的人群，涵盖基础教育、职业教育、高等教育和终身教育等各级各类教育领域。

（二）总体发展目标

“十二五”期间，上海教育人才队伍建设总体目标是：为更多校长、教育家及管理人才、科学家、大师和名师、领军人才、青年创新团队、高水平德育和教育服务与科技成果转化人才脱颖而出创造环境。建设一支使命高远、品行高尚、能力卓越、结构优化、充满活力、富有创新精神和国际竞争力的教育人才队伍。使上海教育系统成为高水平人才向往和首选的国际人才高地之一。

1. 教育人才规模发展目标。上海教育系统各级普通和成人学校现有教职员工和专任师资队伍规模分别为 26.69 万人和 17.37 万人。“十二五”期间，根据教育与经济、社会及人口结构的协调发展，各级各类教育以“适应需求、稳定增长、优化结构、提高质量”为发展指导方针，以师生比为主要依据确定各自教育人才的规模发展目标。

2. 教育人才结构优化目标。基础教育，主要优化教学骨干人才的区域、校际布局结构和教师男女性别结构。职业教育，主要优化学历达标、生师比和“双师”结构。其中高职教师学历达标率为100%，“双师”素质教师和“双师”(来自企业的兼职教师，下同)结构比例分别达80%和40%；中等职业教育生师比达14∶1；“双师”素质教师和“双师”结构分别达40%和30%。高等教育，在优化学历结构、专业职务结构、年龄结构基础上，重点优化学缘结构、社会来源结构和国际化结构。本市“985”、“211”、市属本科和高职高专院校中具有博士学位教师占专任教师全市平均比例(下同)分别达80%、70%、60%和30%以上；非本校毕业教师分别达60%、70%、80%和90%以上；具有海外实践经历教师分别达40%、30%、20%和10%以上；具研究机构、政府机关、企业实践经历教师分别达20%、25%、30%和35%以上。

3. 高水平领军人才发展目标。一是提高领军人才占专业教师的比例；二是提高领军人才总量在全国的比例；三是形成国家、地方和各级各类学校三级领军人才及其专业、学术团队和梯队体系；四是形成各种高水平人才计划的系统集成。将“千人计划”、“长江学者”、“浦江计划”、“东方学者计划”等各种高水平人才计划加以系统集成，综合配套，为各级各类学校高水平领军人才脱颖而出和可持续发展提供各种机会和渠道。

4. 制度创新和机制改革目标。实现制度创新和机制改革五个方面的突破和重大进展：①以公开招聘、岗位聘任、开放透明为基础的用人制度改革；②以绩效工资制为基础的教师分配制度改革；③以学缘、社会和国际多样化来源为基础的教师流动制度改革；④以非升即转和公平竞争、递进遴选为基础的教师考核、晋升制度改革；⑤以管理、教学、科研、服务等职能分类管理为基础的教师评价制度改革。

(三) 主要发展战略

1. 实施教师优先发展战略

教育人才队伍建设的落脚点是各类教育人才的卓越发展。将教师队伍建设放在其中的优先发展地位，将教师发展方式转变为以内生动力为主的方式，将资源配置重点向教师队伍建设和服务倾斜，注重发挥教师教书育人和探索创新的积极性。促进学校教育由外延发展为主向内涵发展为主的发展方式转变。

2. 实施育人为本、德育为先战略

各级各类学校发展要从教师中心向学生发展为中心转变，由注重硬实力向注重大师、大爱的软实力转变。始终将坚持教师是人类灵魂工程师、学校是人类进步和社会文明精神家园的理念作为发展之魂，要以导师制为抓手，以师生学术共同体为载体，将德育为先、育人为本和教师的师德育德能力落实到人才优先发展的首要地位。

3. 实施制度改革创新战略

制度环境是激励人才脱颖而出的关键因素，必须将制度创新和环境建设作为贯穿新一轮发展的动力和主要突破口。各级各类学校要在“十二五”发展期间，实现主要依靠理想、事业凝聚人向同时依靠制度、环境凝聚人、激励人的转变；实现制度创新和环境建设由被动落后向主动先行的转变。要充分利用好教育部和上海市政府部市合作共建教育综合改革试验区的难得机遇和政策平台，率先形成通过制度创新和环境建设发现人才、培育人才、使用人才、激励人才、发展人才的比较优势、先发优势和引领优势。

4. 实施队伍结构优化战略

上海教育要在“十二五”发展期间实现发展方式转变，关键是实现教育人才队伍结构调整和优化，针对在特定历史条件下形成的师资队伍超稳态、内循环、封闭式运行方式，争取实现教师和学校管理、服务队伍来源结构从学校到学校的单一来源为主向学校和社会多种来源结构转变，在自主发展、自主创新理念指导下，以完善教师和学校管理、服务队伍学缘结构、社会来源结构、国际化结构为重点，率先形成教师和学校管理、服务队伍多元来源、开放流动的综合优势。

5. 实施参与国际竞争战略

教育人才队伍建设要率先探索合作竞争对象由国内转向国际的转变。瞄准国际学术发展前沿和制高点，由引进、追赶为主方式向走出去、超越型方式转变。上海教育人才队伍“十二五”期间参与国际竞争的重点是：主动承担国际人才培养和科技合作项目，主动承担国际专业、行业组织和学术组织领导人职务，主动布局全球范围自主教师培训基地建设，主动在国家、地方发展战略的主要领域、支柱领域和前沿领域组团派出进修、学习团队。

二、教育人才队伍建设的主要任务

（一）提升教育人才创造、创新能力

围绕创新驱动和转型发展，以提高教育人才创新能力为重点，着力优化人才培养开发、评价发现和选拔任用等环境。

优化人才培养开发环境。重视和强调主要通过实践，特别是以重大项目为依托发现人才、锻炼人才和培养人才。主要是加大青年优秀人才的发现、培养、使用和资助力度，委以重任使他们尽快脱颖而出。完善在职人员国（境）内外进修、培训和交流制度，完善在职人员定期培训办法，积极开展校本培训和网络培训。构建稳定、宽松、和谐的人际氛围和用人环境，使教育人才集中精力投入工作业务、实现专业发展。

优化人才评价和发现环境。建立各类教育人才能力素质标准，建立以岗位为基础的人才专业技术职务评定制度，完善分类管理的人才评价标准。改进人才评价方式，将评价个体和评价团体结合起来，将自我评价、同行评价和社会评价结合起来，将评价人才和发现人才结合起来。坚持从实践中发现人才的原则，从重大科研项目和急难险重工作中发现、识别人才。建立人才自荐、群众推荐、专家举荐和伯乐引荐多种渠道相结合发现人才的制度。

优化人才选拔任用环境。转变人才选拔、使用方式，实现各种资源要素向任务集中为各种资源要素向优秀人才集中的转型。探索各级各类教育人才公开选拔、竞争上岗制度，完善学校管理人才任期制和问责制。破除论资排辈、求全责备的观念，反对“唯学历论”和“完人论”等现象。

（二）提升教育人才师德修养与垂范能力

按照社会主义核心价值体系和教育系统职业道德规范的要求，围绕育人为本的理念，以强化职业道德规范、健全激励和监督机制、提高社会地位为重点，构建一支使命高远、品行高尚、能力卓越、结构优化的教育人才队伍。

强化教育人才教育兴国、教育强国的使命感和责任感。继承“先天下之忧而忧、后天下之乐而乐”、“以天下为己任”的传统美德，弘扬教育服务社会、改造社会、引领社会发展的时代精神。倡导教育人才主动、自觉地学习、践行党和国家的教育方针、政策和相关法律法规文件；鼓励各级各类学校定期开展职业道德教育，激发教师的职业理想、自觉执行、遵守行业职业道德规范。

健全教师职业行为规范和激励、制约机制。健全教师职业行为规范制度，加强对教师职业道德的督导力度，完善师德师风考核评价办法和奖惩制度，实行师德个人问责和领导问责制；主动接受社会对教师职业道德行为的监督，对失德失范者加强教育，塑造优良的教师形象。设立各种荣誉称号，表彰在教书育人中辛勤耕耘、为人师表、关爱学生、无私奉献的杰出教师。

提升教育人才社会地位。尊重教师的劳动成果，维护教师的正当权益，保持教师的职业尊严。不断改善教师的工作、学习和生活条件，吸引优秀人才加入教师队伍。

（三）提升教育人才专业发展能力

着眼于教师教育发展的前沿趋势，围绕基础能力和实践能力建设，开展教育教学改革和制度创新试验，探索具有中国特色、上海特点的教师教育和教育人才发展道路。

探索以提升教育人才专业能力为目的的多种模式、多元来源的教师职前、入职、职后教育一体化结合的教师教育体系；探索教育人才以完善学缘结构、社会来源结构、国际化结构为重点，形成多元来源、开放流动综合优势的自主发展道路；强化教育人才实践能力。推行教师定期赴基层学校、科研机构、行业、企业挂职实践制度，加大从行业、企业引进高技能人才担任专职教师的力度；健全教育人才管理制度。逐步提高专任教师持有专业技术资格证书和职业资格证书的比例。制订地方教师资格标准，完善教师准入制度，开展教师资格证书定期注册试点工作，推进义务教育阶段教师在所在行政区域内有序流动，推进中小学校长职级制改革，探索建立职业院校教师专业技术职务制度改革。

（四）提升教育人才国际竞争能力

服务和支撑上海建设“四个中心”和现代化国际大都市的发展目标，以拓宽教育人才国际视野和提高教育人才国际竞争力为核心，努力把上海建设成全球性国际教育交流和国际教育人才交流节点中心城市，为上海打造国际人才高地作出贡献。

主动承担国际人才培养和科技合作项目，加快建设一支既有世界眼光又能参与国际交往的优秀教师队伍；自主制订或参与制订国际学术评价标准，争取取得国际话语权；推进专业技术人才职业资格国际、地区间互认。在必须参与国际竞争的机构率先实行国际同行认定与评价方式，用国际学术标准评价教师水平及其成果；鼓励和支持各级各类学校发起、牵头和组织国际重大科技计划、科技工程、学术研究项目以及重大国际学术会议；加强多语种教学，为广大中小学开展国际理解教育提供人力资源支撑。

主动争取担任国际专业、行业组织和学术组织领导人职务，打通政策和交流渠道，提供尽可能多的机会和信息，支持和推荐优秀人才到上述机构组织任职、兼职和挂职锻炼。支持和推荐优秀人才到各类国际组织任职。

主动布局全球范围自主教师培训基地建设。在有关国家、地区、世界高水平院校建设一批有特色的海外培训基地。主动在国家、地方发展战略的主要领域、支柱领域和前沿领域组团派出进修、学习团队。完善教师出国(境)交流访学制度。

(五) 提升教育人才主动服务经济社会发展的能力

着眼创新驱动、城市转型为主的发展方式转变，以培育高新技术产业、新兴战略产业和现代服务业为载体，增强教育人才主动服务经济社会发展的能力，发挥教育人才知识服务的潜力和潜在优势，着力构建一支主动适应和服务经济社会发展需求的教育人才队伍。

培育和打造具有中国特色的战略科学家队伍。在经济、社会、政治、军事、外交、文化各领域率先布局，在国家和平崛起的重大战略问题的实践中，选拔、培育和打造一批具有国际视野、战略思维和实践经验的战略科学家。

发挥教育人才在各行各业中的“思想库”和“智库”作用。鼓励教育人才通过不同途径，积极参加不同领域、类型、层次的咨询委员会，解决高新技术产业、新兴战略产业和现代服务业发展中的重大战略问题和共性技术、关键技术、核心技术。加快科研成果的转化能力。引导教育人才积极参加与产业发展相关的重大科研项目，保护自主创新的知识产权，提高科研成果的转化率，将科研成果直接转化为生产力，促进产业发展。

努力搭建高校、企业、科研院所与政府部门等人才相互流动的平台。增强高校教师自觉投身经济社会发展主战场的意识与能力，提高高校尤其是高职高专院校双师素质和“双师制”结构比例。建立以应用研究、产品研发、教育教学能力培养提升为主要类型的教师产学研践习基地；建设若干高新技术产学研合作开发中心、若干知识服务中心和高级战略研究中心。

三、教育人才队伍建设重大项目

(一) 校长、教育家及管理人才提升工程

倡导教育家办学，创造有利于“教育家办学”的环境，在各级各类学校锻炼和造就一大批教育家和懂教育、精管理的校长及管理人才队伍。

基础教育：①完善上海市中小学校长职级制和中小学校长专业基本标准。②按照锻炼和造就“教育家型”校长的定位，优化“名校长工程”后备人选的锻炼实践过程，鼓励和支持校长在办学风格、办学特色等方面大胆探索与创新。③推广与世界高水平大学合作培训中小学校长的成功经验，拓展全球培训渠道和多元文化类型。

职业教育：①加强职业院校校长锻炼实践基地建设，提高校长教育教学改革的领导力。②推动并完善校长任职培训和创新能力提升培训。③积极开展名校长选聘工作，形成规范科学的学校管理干部培训机制。

高等教育：①全面推广和建立“大师班”和“大师工作室”制度。②健全、完善高校校长全球招聘和社会招聘制度，有条件高校范围扩展至二级学院院长。③全方位布局与全球高水平大学合作建立多种模式的大学校长培训、挂职锻炼基地。

(二) 教学骨干人才培养工程

为适应创新性人才培养全球竞争的迫切需要，提高教师的自主创新能力和实践教学能力，着眼于培养造就一批规模宏大的教学名家和名师队伍。

基础教育：①继续推进“名师工程”，重点建设 6 所区县示范性教师培训机构，加大重点课程教师和骨干教师出境培训力度。②推进城乡基础教育基本公共服务均等化进程。针对郊区新城学前教育师资短缺和结构问题开展专项培训计划，落实市区优质师资支教帮扶对口郊区计划，加强新农村教师专业发展培训。③设立特殊教育、民族教育、艺术教育、终身教育等专门类教师研修基地和境外语言、专业培训基地。④扩大基础教育特聘教授岗位教席，从基础教育中遴选出一批专业基础扎实、学校管理或教学能力突出的中小学教育工作者到师范大学任教。⑤完善教师发展教研、培训、科研体系。完善市、区教研机构组织网络体系；完善校本研修为主的教师研修共同体体系；完善市区教育科研机构组织体系。⑥以“学分银行”为抓手，以信息化技术为载体，形成校际学分互认的教师网络研修，扩大教师受益面和覆盖面。⑦建立中小学教师专业资格标准和评价体系，将教师个人职业生涯规划纳入中小学校整体事业发展规划。建立教师在职进修和继续学习的奖励机制平台。

职业教育：①形成综合多能型师资梯队。以全面提高教师素质为核心，优化职业教育师资培养培训体系。骨干教师培训分别覆盖80%、90%的专业和专业课；重点培养1000名“双师型”骨干教师；重点引进和培养一批在全国有较高知名度、专业领域中有较高学术地位的专业带头人。②推进中高职院校专任教师素质和能力提升计划，构建“双师制”教师队伍和教学团队。③健全教师激励政策和经费保障制度。建立职业教育专业教师资格标准和评价体系，完善专业教师职务系列和技术职务评审制度。

高等教育：建设上海高校人事制度改革试验区。①建立教师教学发展中心。该中心以开展教学培训、交流、评估和教研活动为主要功能。②完善高校教师国内外在职攻读研究生、进入博士后流动站、工作站和做访问学者的制度。③推进各类院校校本自主创新核心课程骨干名师建设。④推进上海高校产学研教师践习计划。与科研机构、企业和政府部门合作建立教师产学研践习常态管理体制与机制。专业教师每3年内至少参加一次专业培训和到企业挂职锻炼的定期培训和社会实践，教师践习情况纳入高校教师岗位聘任、考核评价和职务评审体系。⑤建设上海高校师资培训校际合作平台。依托“985”“211”工程建设或其他高水平大学与市属高校建立结对或其他合作关系。⑥推进高校教师专任职务晋升制度改革试验。在部分条件成熟的高校率先开展“非升即转”改革试验。聘任岗位分为“固定期聘任”和“无固定期聘任”两种，对所有岗位按教学岗、教学科研岗、科研岗等进行分类设置。⑦加快高校教师绩效工资制度改革，建立健全与业绩紧密联系、充分体现人才价值、有利于激发高校教师活力和维护其合法权益的激励保障机制。

（三）高层次领军人才集聚工程

围绕国家战略重大需求和提升国家竞争力的重大需求，在各级各类教育领域和各级各类院校培养、集聚和储备可持续发展的高层次领军人才。

基础教育：①创建人才自主选拔和培养制度。设立高级专任职务岗位、建立专业晋升阶梯、实行人才合理流动、优化资源配置、实行人才来源结构多元化。②完善优秀人才专业能力提升与培养开发制度。完善高校、区县教师培训机构和市其他教育系统组成的教师教育资源联盟。③完善上海教师资源库建设。吸纳一批基础教育界有名望、具有丰富实践经验的教师进入高校，参与师范生的培养。④构建高端人才引领、教师需求导向、政府购买服务的师资队伍培养机制。

职业教育：①将自主选拔、培养与引进行业、企业骨干人才相结合。②建设行业专家引领、专兼职结合的教学研究团队。

高等教育：①形成自主选拔、培养与引进海外和集聚科研机构骨干人才的三结合。②围绕重点科研基地、重大科研项目和重点学科、新兴交叉学科建设，建设跨学科、跨单位合作高水平教学和科研创新团队。③鼓励高校教师主动承担国际人才培养和科技合作项目；积极承担国际专业、行业组织和学术组织领导人职务；主动布局全球范围自主教师培训基地建设；主动在国家、地方发展战略的主要领域、支柱领域和前沿领域组团派出进修、学习团队。④为引进关键领军人物提供引进后所需的团队建设环境与条件，重点加强按需组团派出、组团引进的政策力度。

（四）青年精英人才培养工程

着眼于人才基础性培养和战略性开发，提升上海教师的竞争力，构建结构优化的教师队伍，培养一批青年才俊。

集成全市优秀人才培养计划项目，建立优秀人才培养的“地方队”、“后备队”体系，加大优秀人才队伍建设的资助力度、绩效考核和动态评价反馈机制，提高优秀人才建设实效。

发挥普教系统名校长、名师培养基地的平台作用，选拔培养优秀青年校长和教师。搭建全市中小学（幼儿园）“教育教学创意设计”平台，促进青年教师立足实践问题，发挥自身优势，创新教育教学方法，发现、培养一批具有较高创新素养的青年教师。

加强“上海高校选拔培养优秀青年教师科研专项基金”项目后续管理和跟踪培养；要鼓励资深教师重视青年人才培养，将梯队建设和青年优秀人才培养成效作为考核学科带头人的重要指标。

（五）师德与育德能力提升工程

以提升德育和育人工作在创新性人才培养中的关键作用和地位为宗旨，进一步完善师德规范，增强教师育德能力，健全教师育人激励机制和师德监督机制，鼓励各级各类学校和谐师生关系，引导所有教职员工切实成为学生成长发展的高素质引路人。

建立覆盖中小学各学科、各学段的骨干教师德育实训基地、优秀德育教师工作室和境外研修基地；建立德育工作者培训学习的管理机制，促进德育工作者的职业生涯发展；加强对德育工作者的培训培养工作；明确德育教师职责要求，科学制定德育工作者任教课时总量，缓解教师的职业压力；加大网络继续教育建设力度，拓宽德育教师学习提高的空间。

加强职业院校德育工作核心队伍建设，建立上海市德育师资培训基地，研究中等职业学校德育教师职务系列，大力倡导专任教师担任班主任工作。

推动辅导员队伍和高校思想政治理论课教师队伍专业化建设。制定辅导员、思政课教师队伍建设规划。建立符合辅导员和思政课教师特点的职业准入、工作考核、奖惩激励机制和职业道德规范，推出一批先进典型。

推进高校哲学社会科学教学科研骨干研修项目，构建大中小学各学段衔接的德育课程与工作体系。加强针对国情教育、教育对象时代特征和身心发展特点与规律的研究，尤其是形成大中小学各学段衔接的中国特色社会主义核心价值教育体系及其德育人才建设体系。

（六）教育服务与科技成果转化人才建设工程

教育服务与科技成果转化人才队伍和教学队伍、科研队伍一起是教育人才的三支主力队伍之一，是教育人才的重要组成部分。加强该支队伍建设，是填补教育人才结构“短板”、迅速提升教育人才整体水平的重要举措。

加强高水平教学服务队伍建设。解决教学服务人员岗位配置不足、地位不高和能力水平偏低的问题。通过专设岗位、单列评价考核指标、专门提供培训进修机会、进行专项奖励等措施，提升地位和水平，发挥该支队伍在学校体现教学、科研功能中不可替代的重要作用。

加强高水平实验室队伍建设。解决实验室队伍中存在的学历层次、专业技术职务层次普遍较低，工作地位有待提高，人员流失现象严重的问题。加强政策引导，通过专设岗位、单列评价考核指标和建立合理的分配激励等机制保证实验室人员的利益、提供发展的空间和价值实现的舞台。开展实验室人员进修、培训和参加学术活动、参与国际会议等专业发展的项目。

加强高水平行政和后勤技术服务队伍建设。提高行政和后勤技术服务人员政策水平、专业能力水平、现代科学技术知识和能力。通过专门提供挂职锻炼岗位、提供开放式培训进修机会、提供轮岗交流机会等措施，迅速提升该支队伍素质、水平。

加强科技成果转化人才队伍建设。建立专门管理机构，解决专业人才的组织、培训和项目开拓、市场开拓渠道问题；探索形成以政府引导为主体的风险基金引入机制和财富成果分享机制；探索形成教师个人、团队和学校“风投”成果、财富按贡献比例分享机制；探索形成“股权”、“期权”激励等有效激励机制。激励大批科技成果转化人才脱颖而出，解决该类人才奇缺的燃眉之急。

加强为社会服务人才队伍建设。加快社区教育和老年教育师资队伍建设。培养一批熟悉终身教育、适应社会需求的骨干教师。在积极为在职人员、社区居民、进城务工人员、失业人员、老年人、残疾人、农民、妇女及未就业毕业生等全体社会成员，开展基本素质、职业技能、就业能力、家政知识、休闲文化等多层次、多样化的终身教育教师队伍中，建设“具有品牌特色、普受百姓欢迎”的教师团队。

四、制度保障与政策举措

（一）引才环节：构建以用人自主权为核心的政策环境

以落实用人自主权为核心，注重政策环境的营造和配套，鼓励各级教育部门千方百计用好优秀人才，加强教育系统对人才的集聚、吸引力。

1. 促进师资队伍来源国际化和多元化。出台基于包括国际交往能力、国际学科、专业标准等国际人才标准的人才引进政策。

2. 落实国际高层次人才引进政策。包括出入境和长期居留乃至技术移民、税收、保险、住房、子女入学以及重大科技项目承担和院士评选、政府奖励等各个方面政策。

3. 扩大学校聘请行业、企业、科研院所和政府机关等社会人才的自主权。逐步增加具有丰富实践经验的各类高级专业人才比例,减少直接从高校应届毕业研究生中招聘教师的比例。

4. 制定保障社会人才权益的政策。社会人才纳入教师队伍统计范围。打通行业、企业教师进入各类院校任教渠道,建立社会人才单独的全、兼职教师聘任和职业资格证书制度,设立面向社会创新人才的客座研究员岗位,实施产学研联合培养研究生的"双导师制"。

(二) 育才环节:以自主培养为重点的教师能力提升与开发

形成教育系统内部由学校自主培养为重点的多种模式教师能力提升和开发机制,与全社会共同形成师资队伍培训一体化格局。

1. 完善基础教育以带教、研修、专业引领和实践历练为主要内容的校本研修制度。

2. 完善高校教师培养体系,包括在职攻读研究生、进入博士后流动站、工作站和访问学者等。

3. 完善职业教育师资队伍培养体系:建立职业院校专业教师的资格标准和评价体系,完善专业教师职务系列和技术职务评审制度。包括教师聘任、使用、培训、调控、评价等培养机制;校本教师培养培训体系;职业教育人才专业能力提升与开发体制。

4. 设立"上海高校教师出国留学专项经费",建立上海高校教师海外交流访学制度。将高校教师出国交流访学情况作为教师考核与专业技术职务晋升的重要依据;利用国际合作教育资源建设上海高校师资培训基地。

5. 建立、完善师资培训经费投入和保障机制。对市财政投入职业教育师资培训经费,各区县要予以一定配套。经费使用突出"双师型"教师和中青年骨干教师培养、培训需要。

6. 实行高校教师学术假与挂职锻炼制度。鼓励高校教师利用学术假、挂职锻炼等形式去企业、科研院所与政府等实际部门工作或实习。

(三) 用才环节:以公平竞争、提供成才机会为重点的评价体制

完善教师内部分配与考核机制,营造公平、合理、科学的竞争氛围,创新多种形式的激励机制,为各级各类学校教师创造更多成才的机会。

1. 完善中小学校长职级制。

2. 改革教师专业技术职务评聘工作。在普通中小学和幼儿园建立统一的教师职务(职称)系列,在中小学设置正高级职务(职称)。实施教师专业技术职务、职称五年一次的注册、再认证制度。

3. 深化高校分类管理的教师评价、考核体系改革。根据教师岗位的不同需求,分别制定从刚性到柔性、从短周期到长周期的考核标准;根据教学、科研和思想政治工作和社会服务等不同要求,实行教师分类评价体制;根据各高校、学科专业发展的不同特点,探索任期考评、"代表作"评价、成果和科研项目效益考评、团队综合评价等多种符合教师劳动特点的评价与激励办法。

4. 建立学科(专业)末位淘汰制基础上的教授终身制。对经过严格考核而最终得以晋升的教授赋予终身教职,不再进行严格的任期考核,使其潜心学术,免受外界干扰。辅以学科(专业)末位淘汰机制,凡是排名持续垫底的学科专业将被调整,以确保高校所有学科专业的进步。

5. 职业教育兼职教师纳入学校编制。学校可预留编制用于从企业、社会聘任兼职教师;研究"兼职教师资格证书"制度,出台"兼职教师管理实施办法",建立兼职教师电子档案,对优秀兼职教师,配合开展教育部"中等职业学校紧缺专业特聘兼职教师资助计划"。

(四) 聚才环节:创设个人价值与团队价值并重的组织文化环境

以"为了所有教育人才专业发展"的理念,在教育系统内部形成个人价值与团队价值并重的组织文化环境。

1. 在教育系统内部营造更加尊重劳动、尊重知识、尊重人才、尊重创造的人文环境。

2. 建立学术委员会、教授委员会、教代会等学术力量参与学校决策、管理的体制机制,充分发挥其在践行学术自由、学术平等和预防、制裁学术霸权、学术腐败中的作用。

3. 在基层广泛设立和建设各种类型、各种模式的“创新团队”、“教学团队”、“科研团队”和“项目团队”，使个人价值与集体价值结合找到合适的空间和载体。

（五）配才环节：建立合理流动、人尽其才的资源配置制度

建立教育人力资源信息库和资源共享平台，发挥市场对人才的配置功能，优化师资配置结构，促进教师来源多样化，为各级各类教育事业发展提供坚实的人力智力支撑。

1. 规范和完善市、区两级教育人才市场，搭建市级人才流动平台。发挥市场对人才的配置功能，建立规范有序的流动机制。探索教师身份由“学校人”转变为“教育系统人”制度，破除校际间人才流动壁垒。鼓励高校教师聘任适校、适岗、适人，通过校际的有效流动寻求自身发展的最佳位置。健全高校师资信息资源共享机制，完善高校师资人才市场供求、价格、竞争体系。

2. 建立市级教育人力资源基础信息库、教师信息资源共享平台，盘活教育人力资源。

3. 建立市级“优秀教师资源服务信息平台”。在市区骨干教师本人自愿报名的基础上，包括将离退休、但又自愿为城郊区县教育服务的优秀教师相关信息分门别类建库，为郊区县自主选择适合本区县教育需求的教育人才提供个性化的教育服务平台。

4. 加快长江三角洲区域高校师资资源开发一体化进程，完善以市场为基础的长江三角洲地区高校人才合作机制，引导高校师资资源的合理流动。

五、教育人才规划组织实施

（一）加强组织协调

明确各级各类教育人才管理部门的组织协调和职责分工。市教卫党委、市教委主要负责全市教育人才统筹协调和宏观管理；区县、高校主要负责所在地域教育机构和所在学校教育人才的管理。各区县、各级各类学校党政主要负责人要切实履行第一责任人的职责。

（二）加强规划引导

要求各区县、各级各类学校加强学习，贯彻国家和地方教育和人才中长期规划纲要的精神，加快制定本区县、本校师资队伍建设规划，切实落实工作机制，按照规划制定的工作重点和关键环节稳步推进。

（三）加强资源保障

明确把师资队伍建设作为上海市教育改革发展“十二五”规划和各区县、各级各类学校“十二五”改革发展的重大、关键任务和项目予以高度重视，落实经费，保证投入。“十二五”期间，各级各类学校师资队伍建设要在体制机制创新方面重点突破。并切实关注教师普遍关心的民生问题，全面实行绩效工资改革，形成与教育发展和社会经济同步协调增加的收入增长机制。通过人才公寓和经济适用房建设等途径，千方百计解决新进教师和引进教师的住房困难，使教师潜心教学、研究。

（四）加强监督调控

建立上海教育人才“十二五”发展规划运行的监督保障机制。市教委对上海教育人才队伍建设进程及成效及时进行监督调控。对上海教育人才队伍建设建立动态评价机制，从区县、高校领导重视程度、制度建设、经费投入保障等方面，组织专业机构实行检查评价，适时提出改进性意见，以确保改革效益的最大化。

上海市教育委员会关于《上海市中小学生学业质量绿色指标(试行)》的实施意见

(沪教委基〔2011〕86 号)

各区县教育局:

为贯彻落实国家和上海市中长期教育改革和发展规划纲要等文件精神,推进实施国家教育体制改革试点项目《改革义务教育教学质量综合评价办法》,进一步提升本市义务教育教学质量,上海市教育委员会决定实施《上海市中小学生学业质量绿色指标(试行)》(以下简称《绿色指标》,见附件),现提出如下实施意见。

一、试行《绿色指标》的必要性

(一) 深化教育内涵发展的客观要求。试行《绿色指标》有利于发挥科学教育评价的正确导向作用,引导区县、学校、家长和社会树立全面的教育质量观,丰富学业质量评价的内涵,引导区县、学校开展全面质量观指导下的教学与评价活动,减轻学生课业负担,促进学生全面发展。

(二) 优化教育管理的应有之义。试行《绿色指标》有利于市、区(县)两级政府全面把握教育质量的真实状况,完善教育教学决策,提升教育管理科学化水平,引领上海基础教育创新发展。

(三) 建立良好教育生态的有效保障。试行《绿色指标》有利于构建教育内部"标准—教学—评价"的良性循环系统,指导学校建立以校为本、基于过程的教育质量综合评价体系,引导全社会树立正确的教育质量观,营造有利于学生健康成长的良好氛围,促进教育质量持续提高。

二、《绿色指标》的主要内容

(一) 指标内容:包括学生学业水平指数、学生学习动力指数、学生学业负担指数、师生关系指数、教师教学方式指数、校长课程领导力指数、学生社会经济背景对学业成绩的影响指数、学生品德行为指数、身心健康指数以及上述各项指标的跨年度进步指数共十个方面。这些指标将在使用过程中不断发展和完善。

(二) 测试对象:本市义务教育阶段中小学生(含非本市户籍学生)以抽样的方式确定参测学生名单。2011 年参测对象为四年级和九年级学生。

(三) 测评手段:学业测试(小学生测试语文、数学,初中生测试语文、数学、外语、科学)、问卷调查(学生、教师、校长)、学生体质健康监测等。

(四) 测评时间:2011 年的学业测试和问卷调查时间为 10 月 27 日。以后每年的具体测试和调查时间另行确定。

(五) 考务要求:根据每年的《上海市中小学生学业质量绿色指标测试实施手册》要求,开展好各项考务工作。

(六) 结果呈现:2011 年的学业测试和问卷调查结果将以上海市中小学生学业质量总体分析报告和各区县中小学生学业质量分析报告形式呈现。以后将根据形势发展和现实需要,逐步探索更加合适的结果呈现方式。

三、试行《绿色指标》的工作要求

(一) 分工合作。试行本市义务教育阶段中小学生学业质量《绿色指标》工作由上海市"改革义务教育教学质量综合评价办法"项目组牵头,市教委基础教育处、教研室负责与相关部门的联络协调。市教委基础教育质量监测中心负责与教育部基础教育课程教材发展中心的日常联系,参与学科测试工具的开发、学业质量数据的分析、撰写学业质量分析反馈报告、制定学业质量测试评分标准、组织人员培训等工作,完成区县测试结果的反馈。市教委基础教育处、教研室和市、区县两级招生考试机构共同做好学业质量抽样测试考务组织工作,区县教育局提供相关支持。区县教师进修院校参与区县学生学业质量数据分析和撰写报告等工作。

上海市学生体质健康监测中心收集学生体质健康数据。各部门在承担各自职责的同时，要加强信息沟通，增强工作合力。

（二）完善保障。试行《绿色指标》所产生的费用由市、区县教育行政部门共同承担。市教委承担系统引进、测试命题、统一抽样学生的测试和师生问卷、试卷批阅、人员培训、专家指导、平台构建、全市学业质量分析报告等产生的费用；区县教育局承担区域内考务和区县学业质量分析报告等费用，区县因自愿增加学生样本而产生的费用也由各区县教育局解决。各相关部门选拔业务精干、能力突出的干部和科研人员参与试行工作，逐步形成一支具有先进评价理念、掌握评价专业技术的质量监测和评价队伍。

（三）严肃纪律。各区县和学校要严格按照抽样资讯组织学生学业测试和师生问卷调查，坚决杜绝替换学生或非正常缺考，坚决杜绝妨害测试和调查工作正常有序进行的各类因素，确保样本的准确度和参与率，确保测试和调查的客观性和有效性。一旦发现有关部门在操作中出现违规现象，将予以通报并严肃处理。各相关部门要及时反映在组织相关测试和调查中的问题、困难和建议，以便进一步完善工作制度。

（四）及时总结。要通过试行《绿色指标》，构建区域教育质量综合评价体系，引导学校全面落实课程标准，在过程性评价中密切关注学生兴趣、态度等因素，逐步建立以校为本、基于过程的教育质量综合评价体系。要及时反映在试行《绿色指标》中形成的有效做法和经验，以便在全市交流和推广。

在执行过程中如有意见建议，请与市教委基础教育处联系。

上海市教育委员会
2011年11月8日

上海市中小学生学业质量绿色指标
（试　行）

一、学生学业水平指数

学生学业水平指数包含学生学业成绩的标准达成度、学生高层次思维能力指数以及学生学业成绩均衡度。其中学生学业成绩均衡度包括总体均衡、区县间均衡和学校间均衡三个方面。

（一）学生学业成绩的标准达成度

学生学业水平标准是依据课程标准，确定学生在某一学科、某一阶段应该掌握的基本内容与核心能力的标准等级。

学业成绩的标准达成度指的是学生在各学科达到合格水平以上的人数比例。标准划定时采用了国际上广泛应用于学业能力测试和水平考试等领域的安哥夫（Angoff）法和书签（Bookmark）法的方法。

（二）学生高层次思维能力指数

在关注学生标准达成度的同时，也要关注学生的高层次思维能力。高层次思维能力主要包括知识迁移能力，预测、观察和解释能力，推理能力，问题解决能力，批判性思维和创造性思维能力等。

（三）学生学业成绩均衡度

学生学业成绩均衡度包括总体均衡度、区县间均衡度和学校间均衡度三个方面。

1. 学生学业成绩总体均衡度

学业成绩总体均衡度指的是上海所有参测学生学业成绩总体差异的大小。各学科的学业成绩采用多种现代统计测量方法（如罗序〔Rasch〕模型和多维分步计分模型）进行分析的结果。

2. 学生学业成绩区县间均衡度

学业成绩区县均衡度是指上海各区县之间学生学业成绩差异的大小，是通过多层线性模型统计分析得到的。

3. 学生学业成绩学校均衡度

学生学业成绩学校均衡度指的是各学校之间学生学业成绩差异的大小，是通过多层线性模型统计分析得到的。

二、学生学习动力指数

学生学习动力指数主要有四个方面，分别为学生学习自信心、学习动机、学习压力和学生对学校的认同度。

（一）学习自信心

历年大规模测试数据分析显示，学生学习自信心与学生学业水平呈现明显的正相关。学习自信心主要通过调查学生对个人学习能力的评价、尝试解决困难问题的意愿、对取得优异学习成绩和完成学习目标的预期等问题，采集学生问卷数据，对数据进行统计分析得到的结果。

（二）学习动机

历年大规模测试数据分析显示，学生内部学习动机与学生学业水平呈现明显的相关，内部学习动机能够很好地预测学业成绩。内部学习动机的测量包含学生对学习本身的兴趣、对于学习目的和意义的认识等问题；通过采集学生问卷数据，进行数据分析得到的结果。

（三）学习压力

历年大规模测试数据分析显示，学生过重的学习压力和学业质量之间呈现着某种负相关。学习压力主要调查学生在学习过程中产生的心理负担和焦虑，通过询问学生做作业量的多少及难易、考试次数的数量以及学校公布成绩、考试之前的感受来调查学生所承受的学习压力的情况。学习压力是通过采集学生问卷数据，进行数据分析得到的结果。

（四）学生对学校的认同度

历年大规模测试数据分析显示，学生对学校的认同度与学生学业成绩存在正向的预测作用，学生对学校的认同与学生的学业成绩存在正相关。

学生对学校的认同度主要指学生对学校的认可程度，包括学生的同学关系、是否愿意参加学校集体活动、是否喜欢学校以及在学校是否会感到孤独等问题。学生对学校的认同度是通过采集学生问卷数据，进行数据分析得到的结果。

三、学生学业负担指数

（一）学业负担综合指数

历年大规模测试数据分析显示，学业负担的增加并不是提高学习成绩的简单办法，学生学习时间的增加与学生学习成绩之间没有明了、简单的关系，更多的学习时间并不一定带来学生更好的学习成绩。通过调查学生的睡眠时间、做作业时间和补课时间来反映当前学生的学业负担。学业负担指数是通过采集学生问卷数据，进行数据分析得到的结果。

（二）学业负担分项指数

1. 睡眠时间

教育部明确要求切实保证义务教育阶段学生每日有不少于 9 小时的睡眠时间。

历年大规模测试数据分析显示，与睡眠时间较多的学生相比，睡眠时间较少的学生更容易产生注意力不集中的现象，降低学习效率，学生的学业成绩并没有随着睡眠时间的减少而提高。

2. 作业时间

历年大规模测试数据分析显示，小学生每天做作业时间为 1 小时左右，中学生每天做作业时间为 2 小时左右，学生的学业成就水平明显高于基本不做作业或做作业时间过长的学生。做作业时间包括来自学校教师布置的当天要完成的书面作业和来自家长布置的作业（如家教或者课外辅导班）。

3. 补课时间

历年大规模测试数据分析显示，学业成绩与补课时间之间并不是存在着明显的关系，补课时间的增加并不一定意味着学业成绩的提高。补课时间包括学校要求到校补课时间和家长要求的补课时间（如家教或者课外辅导班）。

四、师生关系指数

历年大规模测试数据分析显示，师生关系与学生学业水平呈明显的正相关，师生关系对学生学业成绩有明显的正向预测作用。

师生关系的调查主要包含教师是否尊重学生，是否公正、平等地对待学生，是否信任学生等。师生关系指数是通过采集学生问卷数据，进行数据分析得到的结果。

五、教师教学方式指数

历年大规模测试数据分析显示，教师教学方式与学生学业成绩有着明显的正相关，良好的教学方式能够对学生的学业成绩起到积极的影响。教师教学方式分为教师自评和学生评价两个方面。

（一）教师对教学方式的自评

教师对教学方式的自评主要有三个指标，分别为因材施教、互动教学和探究与发展能力。它们是通过采集教师问卷数据，进行数据分析得到的结果。

（二）学生对教师教学方式的评价

学生对教师教学方式的评价是通过采集学生问卷数据，运用统计方法得到的结果。问卷内容主要包括教师是否进行情境教学、鼓励学生动手实践等问题。

六、校长课程领导力指数

历年大规模测试数据分析显示，校长的课程领导力对教师教学和学生学习有着重要的影响。

校长课程领导力的调查分析包含三个方面，分别为课程决策与计划、课程组织与实施、课程管理与评价。校长课程领导力指数是通过采集教师问卷数据，进行数据分析得到的结果。

七、学生社会经济背景对学业成绩的影响指数

父母受教育程度、父母职业、家庭文化资源等综合为学生社会经济背景。学生社会经济背景与学生学业成绩结合起来，分析家庭对学生学业成绩的影响指数，反映学校教育的作为。该指数是通过采集学生问卷数据、运用多层线性模型进行统计分析得到的结果。

八、品德行为指数

良好的品德是个人成长、终生发展的基础，更是其成为社会有用之才的重要条件。学生的品德塑造是否成功，真正反映了学校教育的成功与否。主要包括学生的理想信念、公民素质和健全人格三方面，通过热爱祖国、自尊自爱、尊重他人、有诚信和责任心、遵守公德以及拥有关怀之心、公正之心等具体指标，以采集学生问卷数据方式，进行数据分析得到的结果。

九、身心健康指数

学生的身心是否健康，关系到民族整体素质能否提高，关系到国家的未来与兴衰。学生的身心健康水平主要通过调查学生生理、心理和情感等指标来反应。身心健康指数是通过《国家学生体质健康标准》测试数据库采集学生问卷数据和学校行政部门的调查，进行数据分析得到的结果。

十、进步指数

历年大规模测试数据纵向比较显示，许多地区不仅学生的学业质量有所提高，而且在影响学业质量的一些关键因素也取得了明显的进步。进步指数包括学习动力进步指数、师生关系进步指数、学业负担进步指数等。

上海市教育委员会关于印发《上海市义务教育阶段学校办学基本标准》的通知

（沪教委基〔2011〕54 号）

各区县教育局：

根据《教育部　上海市人民政府关于推进义务教育均衡发展备忘录》精神，为进一步推进本市义务教育均衡优质发展，我委制定了《上海市义务教育阶段学校办学基本标准》（以下简称《标准》，见附件），现印发给你们。请你们按照《标准》要求落实好均衡配置教育资源，缩小区域内学校之间的办学条件和水平差异，推进区域内义务教育均衡优质发展的各项工作。同时，请将此《标准》转发至所辖义务教育阶段学校，并指导各义务教育阶段学校依照《标准》要求，树立“为了每一个学生的终身发展”的理念，把为了每一个孩子的健康快乐成长作为学校一切工作的出发点和落脚点，全面落实《标准》的各项要求，努力办好让人民群众满意的义务教育学校。

上海市教育委员会
2011 年 7 月 5 日

上海市义务教育阶段学校办学基本标准

第一章　总　　则

第一条　为促进本市义务教育均衡优质发展，办好每一所学校，根据《中华人民共和国义务教育法》和国家有关教育法律、法规、标准，结合本市实际，制定本标准。

第二条　本标准适用于本市义务教育阶段普通公办中小学校。普通民办义务教育阶段学校可参照执行。

第二章　资 源 配 置

第三条　学校校舍、场地达到上海市普通中小学校建设 90 标准（2005 年前建设）或 04 标准（2005 年后建设）。小学班额不超过 40 人，初中班额不超过 45 人，人口导入区可适当放宽，最多不超过 50 人。

第四条　学校教学仪器、设备配置达到上海市普通中小学校教学装备标准，使用状况良好，能满足课程教学改革和开展素质教育活动的需要。

第五条　按岗位设置标准配足教职工队伍。专任教师要全部具有教师资格，小学教师本科学历达到 45％以上，初中教师本科学历达到 85％以上，学科和职务结构合理。

第六条　根据相关教育经费管理规定，建立健全财务制度，规范财务管理，提高经费使用效益，不得违规收费。

第三章　学 校 管 理

第七条　制订学校发展规划，规划落实有保障措施。

第八条　健全内部管理制度，完善教职工代表大会制度，实施校务公开和社会公示制度。实行校长负责制，落实校长全面负责、党组织保证监督、教职工民主管理的学校内部管理体制。

第九条 健全学生社团组织，充分发挥共青团组织、少先队组织及学生会、班委会等学生组织的作用，促进学生自主管理。

第十条 严格执行上海市中小学学籍管理办法，平等对待每一位学生。不设立或变相设立重点班，保证学生享有均衡的受教育条件。

第十一条 根据教育部《中小学公共安全教育指导纲要》，构建学校安全防范管理体系，建立健全安全管理制度和应急机制。制定并严格落实校舍、设备设施、食品、消防、治安、交通、校车等方面的安全管理制度，对学生实施安全教育，提高师生识险避险、自救互救的知识技能。

第十二条 建立与家庭、社会沟通及资源共享的制度与机制，发挥家长委员会和社区的作用，利用现代信息技术，积极引导家长和社区参与学校管理、教育教学和办学评价等工作。

第四章 课 程 教 学

第十三条 严格执行上海市中小学课程方案、学科课程标准和市教委年度教学计划，开齐课程、开足课时。结合学生需要和学校特点，制订学校课程计划，对拓展型课程、探究型课程做出合理安排，开展学校特色学科建设与特色活动。

第十四条 制订有效实施学校课程的管理制度，形成由决策规划、组织实施、评价反馈、管理保障等组成的学校课程管理网络。

第十五条 坚持把德育放在首位，整体规划课程教学。以“两纲”实施为主线，强化学科育人功能，开展有针对性、有实效的专题教育和社会实践活动。以学校为主阵地，促进学校、家庭和社会未成年人思想道德教育的相互衔接与融合。

第十六条 加强教学常规管理，教师应根据课程要求和学生实际制订教学计划，优化备课、上课、作业、辅导、评价等基本环节，强化备课、上课、作业和评价的一致性，探索学与教的方式转变，切实提高课堂教学的有效性。

第十七条 建立学校领导兼课、听课、评课制度，形成课堂教学质量常态分析与管理制度，提升学校课程领导力。

第十八条 按课程设置方案和课程标准开展科技、体育、艺术和综合实践活动，落实“三课、两操、两活动”，确保学生在校期间每天校园体育锻炼1小时。

第十九条 积极开发校内外课程资源，充分利用现代信息技术，形成开发、选用、优化课程资源的机制，促进课程资源的校内外共享。

第二十条 树立全面教育质量观，面向全体学生，关注个体差异，建立教育质量综合评价体系，建立关注教育教学过程、内容手段多元、旨在促进发展的校内质量保障体系。

第二十一条 严格执行有关减轻中小学生过重课业负担的规定，科学安排作息时间，精心设计作业，加强考试管理，优化教学环节，提高教学效益。

第五章 教 师 发 展

第二十二条 教师应积极履行《上海市中小学教师守则》和《中小学教师职业道德规范》，坚持教书育人，加强师德修养，不断提高教育境界和使命感。尊重学生的人格与个性差异，努力建立平等民主的师生关系。

第二十三条 认真落实教育部《中小学教师继续教育规定》和《关于大力加强中小学教师培训工作的意见》，全面完成在职教师岗位培训、新任教师岗前培训和骨干教师研修提高工作。

第二十四条 建立校本研修制度，加大建设实践体验课程的力度，建立适合教师专业发展的多元研修机制，创新教师校本研训模式。依托教师教育资源联盟，促进优质研修资源共享。

第二十五条 健全学校教育科研组织，完善教育科研管理制度，鼓励教师开展优化教育教学实践的应用性教育科研。

第二十六条 支持骨干教师和紧缺专业教师在区域内流动，形成优质教师柔性流动机制。

第二十七条 落实教师绩效工资制度，从完成教育教学任务和培养学生情况等方面综合考核教师的工作业绩，保障教师合法权益，激发教师工作热情。

第六章 学 生 发 展

第二十八条 重视并加强学校校风及班集体建设。学生综合素质评价优良，日常行为规范良好。组织学生定期参加各种社会实践活动，培养社会责任感。

第二十九条 初中学生学业水平考试合格率达到95%以上。培养学生的学习兴趣和学习习惯，提高学生的学习能力，使学生形成初步的创新精神和实践能力。

第三十条 体质健康标准合格率85%以上。落实“体育、艺术2+1项目”，确保每个学生至少学习掌握两项体育运动技能和一项艺术特长。学生参加“三课、两操、两活动”表现良好，具备健康意识，形成日常锻炼的习惯。

第三十一条 家长对学生综合素质发展状况满意度较高。学生对学校的环境、生活和学习等满意度较高。学生心理健康，形成积极乐观的心态，同学关系、师生关系融洽。

中共上海市教育卫生工作委员会 上海市教育委员会关于印发《关于实施上海高校教师产学研践习计划的意见》的通知

（2011 年 5 月 6 日 沪教委人〔2011〕24 号）

各高等学校：

为推进“十二五”上海高校内涵建设工程的实施，提升高校教师学术、技术和实践能力，促进教育教学、学科专业和课程建设，鼓励高校教师利用多种形式去企业、科研院所、政府等实际部门参与研发、工作或实习，推动高校人事制度改革，我们制定了《中共上海市教育卫生工作委员会 上海市教育委员会关于实施上海高校教师产学研践习计划的意见》，现印发给你们，请按照执行。

中共上海市教育卫生工作委员会
上海市教育委员会
2011 年 5 月 10 日

中共上海市教育卫生工作委员会 上海市教育委员会关于实施上海高校教师产学研践习计划的意见

为加强上海高校内涵建设，提升高校教师学术、技术和实践能力，促进教育教学、学科专业和课程建设，鼓励和推进高校教师利用多种形式前往企业、科研院所、政府等实际部门参与研发、工作或实习，增强高校教师自觉投身经济社会发展主战场的意识与能力，提升教师教育教学能力，推动高校人事制度改革，上海市教育委员会决定实施教师产学研践习计划。现提出如下意见：

一、工作原则

（一）分类指导原则：要按学校类别、学科专业特点、课程性质、教师对象等采取不同的形式和要求。

（二）紧密结合人事制度改革原则：要形成以业绩贡献和能力水平为导向的教师评价机制，将教师的创新实践和成效纳入高校教师职务晋升、考核的评价指标体系。

（三）资源配置优化共享原则：要搭建产学研合作平台，利用各高校已有产学研基地资源，优化配置，综合布局，形成面向全市高校教师开放，资源共享的市级基地。

（四）循序渐进分步实施原则：鼓励高校在原有产学研工作的基础上实施制度创新，在已有教师产学研践习工作制度并取得良好成效的高校中先行实施。

二、计划目标

（一）提高高校教师与生产实践活动相关的教学和科研能力。在应用型本科高校、高职高专院校中推进“双师制”教师队伍建设。提高高校教师中具有企业、科研院所以及政府等实际部门工作经历的人数比例，到“十二五”末，普通高校累计有一年以上实际部门工作经历的教师和专业技术人员的比例达到 30%。高职高专院校累计一年以上实际部门工作经历的教师和专业技术人员的比例达到 40%。

（二）推动高校积极参与经济和社会发展建设，特别要努力贴近上海市支柱产业的发展，构建产学研联盟，建设一批市级教师产学研践习基地。

三、政策措施

（一）鼓励教师到企业、科研院所、政府等实际部门参与研发、工作或实习。各高校应制定相应的办法，对无相关学科专业实践经历的教师，结合学校学科和专业建设的实际需要，有计划安排教师到生产、科研和管理第一线践习。

1. 教师每五年中须有累计半年以上践习时间。践习应与该教师岗位职责和任务相一致或紧密相关。各高校应根据学校实际情况制定本校教师践习办法，对践习形式、时间安排、审核程序、考核要求、工作量计算、档案管理等文件制定后报市教委备案。

2. 根据"985"和"211"研究型高校、老本科高校、新升本高校、高职高专和民办高校等不同类型高校的特色和优势，提升教师实践能力的教师践习形式可采取：与企业、科研院所、政府等实际部门联合，主持或参与应用研究、产品研发、指导学生(含研究生)研究和实践、承担社会实务(主要针对人文社会科学等)、掌握工艺流程和操作技能等形式。根据学科专业或课程要求，对理论性较强的专业(如理论物理、数学等)和公共课程教师，可不作践习要求。

(二) 鼓励高校尤其是应用型本科高校、高职高专院校等积极招聘企业、科研院所等实际部门具有较高学术造诣、又有丰富实践经验的各类专业人员，担任研究生导师、授课教师或试验指导教师等，鼓励高校教师与企业等实际部门专业人员实行相互柔性流动，推进"双师制"教师队伍建设。

(三) 各高校应建立教师产学研践习成效与教师评价考核挂钩的机制，把教师产学研践习经历、成果等逐渐纳入聘期考核、教师培训考核和职务晋升、聘任等评价考核指标体系。教师晋升高一级职务前，一般须有实际部门工作或实践经历，其中35岁以下的青年教师晋升高级职务必须有累计1年以上的践习时间。教师个人的践习考核结果存入其个人档案。相关文件制定后报市教委备案。

(四) 建立产学研践习基地，为教师搭建平台。畅通高校、企业、科研院所与政府等部门人员柔性相互流动的有效途径和平台。聘用企业、科研院所和政府机关等部门具有较高学术造诣、又有丰富实践经验的各类高层次专业人才担任教学、实践导师。依托"985"和"211"研究型高校、教学和研究兼顾的老本科高校、教学型的新升本高校和高职高专院校等不同类型高校的特色和优势，以高校与实际部门联合为主要组织载体或形式，建立以教师参与应用研究、产品研发、教师教育教学和课程建设、教师教学和实践能力培养提升为主要类型的教师产学研践习基地，为教师产学研践习提供稳定、充足的岗位。基地的设立要符合上海产业、行业发展的迫切需要。

市教委将根据现有教师的需求以及各基地现状，综合布局，形成系统，建设一批市级教师产学研践习基地，同时要求基地面向全市高校教师开放。市教委对开展工作成效显著、达到一定规模并且能稳定提供践习岗位、教师实践和培训工作规范的基地授予"上海高校产学研教师践习(培养)基地"称号并挂牌。市教委将定期组织专家组对平台进行评估。

四、经费安排

(一) "上海高校教师产学研践习计划"的资助计划已列入市教育"十大工程"专项资金中，市教委每年资助400名左右高校教师，对积极推动成效显著的高校予以适当倾斜。

(二) 资助资金按"名额数×5万元"的总额下拨学校，专款专用，用于补贴教师参加践习后，因无校内教学科研等工作量或工作量不足而产生岗位津贴的不足部分，以及支付从企业等实际部门聘请专业人员承担有关教学工作而产生的相关费用。学校应根据本校教师产学研践习计划，确保安排不少于分配名额数的教师参加践习。对教师的补贴水平应按照本校同级(类)教师满工作量的岗位津贴水平计算。资助资金和学校配套资金(根据实际需求，资助资金不足时，学校需安排配套资金)可统筹使用，使用情况报市教委备核。

(三) 市教委资助各高校建立教师产学研践习基地，基地建立前两年每年资助10—30万元，学校给予相应配套经费，在此基础上，市教委从各校基地中遴选出10大市级基地，每个市级基地每年资助50—100万元，经费下拨学校，由学校与市级基地协商使用，有关基地运行管理办法和经费使用情况报市教委备核。

五、申报程序

(一) 已有教师产学研践习工作制度并取得良好成效的高校可申报，每学年申报高校将当学年计划安排去实际部门实践的教师情况和计划申报汇总表、上海高校教师产学研践习计划申报表，报送市教委人事处。

(二) 首次启动"上海高校教师产学研践习计划"时，请有关高校报送有关教师产学研践习工作政策文件(备案)，和学校已经建立的各类产学研基地情况、拟建立教师产学研践习基地的计划或方案。

六、工作机制

（一）“上海高校教师产学研践习计划”在市教卫党委、市教委统一领导下，相关处室按照各自职能，协调、配合组织实施，并对本计划中涉及的人事制度改革、教师评价考核、职务聘任、教育教学和实践能力、科学研究、产品研发和成果转化等方面工作给予指导。

（二）根据各高校计划申报情况，市教委组织专家进行审核，结果予以公布。资助经费列入下一年度财政预算，以专项经费下拨。

七、考核评价

市教卫党委、市教委定期对本计划实施绩效考核评价，针对教师个人不同形式的践习项目，以分类指导原则制定相应的考核评价体系；对基地设立、运行管理、带教导师和项目合作者队伍建设等方面实施绩效评价和全面指导。相关考核评价办法另行制定。

各高校应高度重视实施教师产学研践习计划工作，学校党政领导要加强此项工作的领导，学校组织人事部门、教学科研管理部门、二级教学科研单位要紧密配合、相互协调，真正落实教师产学研践习工作。

上海市教育委员会关于印发《上海市高校学生海外学习、实习项目管理办法》的通知

（沪教委外〔2011〕130 号）

各高等学校：

根据《上海市中长期教育改革和发展规划纲要(2010—2020)》精神，“十二五”期间，上海高等教育国际化重点建设工程将实施高校学生海外学习、实习项目，现将我委制定的《上海市高校学生海外学习、实习项目管理办法》(见附件)印发给你们，请按照执行。

上海市教育委员会
2011 年 11 月 11 日

上海市高校学生海外学习、实习项目管理办法

一、总　　则

第一条　为贯彻落实《上海市中长期教育改革和发展规划纲要(2010—2020)》(以下简称《规划纲要》)精神，实施《规划纲要》所提出的“教育国际化”重点建设工程，加强高校学生海外学习、实习项目管理，特制订本办法。

第二条　实施上海市高校学生海外学习、实习项目(以下简称“学生海外项目”)旨在为本市高校学生提供多种国际文化背景下的海外学习机会，拓展国际视野，提升国际交往和竞争能力。

第三条　上海市教委设立学生海外项目专项资金，资助高校学生赴海外知名大学、海外企业和国际组织学习、交流、见习或实习。

第四条　学生海外项目采用政府资助、学校配套、学生本人承担相结合的经费筹措方式，发挥政府资助的引领作用，指导高校积极拓宽学生海外项目的派出渠道，扩大在校生赴海外学习的受益面。

第五条　学生海外项目以项目管理的方式组织实施，以高校校际交流项目为基础。纳入“十二五”高校内涵建设经费安排的项目，不再提供政府资助。

二、实 施 原 则

第六条　项目资助原则：

1. 资助面上项目同时扶持特需项目：学生海外项目是“十二五”期间市级财政支持的政府资助项目之一，是各高校推进国际化建设的重要抓手之一，各高校应主动对接，按照政府、学校、学生结合的经费筹措要求，制定实施方案，提供配套资金。同时，符合国家对外人文交流的重大、急需项目，由高校申报后给予扶持资助。

2. 突出优先项目同时支持友城项目：选择海外大学以专业优势强的知名大学为主，以能获取学分、互免学费的中长期校际合作项目优先；选择海外实习机构以海外企业、专业领域相近的专业实习项目为主，以全球 500 强企业优先；选择国际组织以联合国及其所属机构优先。符合上述条件之一的并以本市国外友好城市作为目的地的给予重点支持。

3. 坚持选优的同时帮助贫困学生：以公平惠生为要求，为更多学生提供海外学习机会。各校应制定符

合本校学生实际情况的项目实施细则，制定科学、合理、公平的出资比例，建立公开、公平、公正的校内遴选程序与办法，选拔品学兼优的学生参加项目。对品学兼优但家庭贫困的学生，学校应予重点支持，并加大资助力度。

三、资 助 范 围

第七条　项目资助对象：本市高等学校计划内招生的全日制中国境内学生。

第八条　项目资助类型：

(1) 赴海外(含港澳台地区)高校学习、进修一学期以上且修完课程可获得相应学分的项目；

(2) 赴海外(含港澳台地区)企业和国际组织见习或实习两个月以上的项目；

(3) 符合资助原则或资助类型的其他重点资助项目(如重点学科项目、为国家人文交流服务的重大项目、友好城市交流项目等)。

第九条　项目资助内容：往返机票、学费、实习费、保险费、海外住宿费和生活费等部分资助。

第十条　政府资助额度原则上每生不超过3万元人民币，且该生在其同一学段(指专科、本科或研究生阶段)最多只能享受一次资助。

四、组 织 实 施

第十一条　上海高校学生海外学习、实习项目由市教委国际交流处(港澳台办公室)会同相关处室组织实施和管理。

第十二条　承担学生海外项目的有关高校(以下简称“项目高校”)应成立工作小组，由分管校长负责、学校外事主管部门会同各职能部门负责本校该项目的规划、实施、管理、检查、评估的日常管理工作。

第十三条　项目高校要根据本校发展定位规划，制定符合本校学生培养与发展的海外学习、实习规划，编制学生海外学习、实习管理的相关实施办法和资金配套方案，报市教委备案。

第十四条　项目高校须建立科学的“学生海外项目”校内遴选制度，做到事前公示，从制度上保证项目遴选的公开、公平、公正。遴选程序应包括学生自愿报名或学校推荐、材料审核、专家组面试、公示等。

第十五条　“学生海外项目”以校际交流项目为基础，项目的执行必须在平等、合法、有效的校际协议框架下执行。

第十六条　“学生海外项目”实行项目管理的办法。

由市教委制定资助的原则与标准，学校通过项目申报立项的方式提出资助申请，经专家评审后，市教委下达资助项目及额度。再由各项目高校根据所制定的遴选标准与办法，确定当年的资助人数与金额。

对已列入“十二五”高校内涵建设项目中的高校学生海外学习、实习项目，按照本办法执行，但不再申报立项。

五、资 金 使 用

第十七条　学生海外项目政府资助资金，以市级财政“十大工程”建设专项资金投入为主。鼓励学校通过自筹或引入社会资金等方式提供配套资金。市教委将根据学校上报项目的实施方案和资金配套方案给予资助。

第十八条　学生海外项目政府资助专项资金的管理按照《“十二五”高等教育内涵建设市级教育专项资金使用管理办法》执行，按照“总体规划、分年实施；集中使用、突出重点；项目管理、绩效评价；专款专用、专账核算”的原则使用。

第十九条　学生海外项目政府资助专项资金经批准后，应严格按照批准的项目和批准的预算执行，资金支出内容应严格按照本办法第九条所列项目支出。不得用于资助与批准立项项目无关的项目，不得随意改变资金使用方向和内容，不得用于违反财经纪律的支出。

第二十条　原则上当年预算当年执行，需要结转使用的，应按本市有关规定报批后继续使用。

第二十一条　学生完成海外学习、实习任务后，所提供的海外学校或实习机构合格的成绩单或实习证明作为学生海外项目专项资金验收的重要依据。

第二十二条 学生海外项目专项资金管理的领导、项目负责人和财会人员应自觉遵守国家财经纪律，依法接受有关主管部门和财政、审计纪检、监察部门的监督审计，发现问题及时整改。

六、绩 效 评 估

第二十三条 学生海外项目按学年度进行总结，凡本学年获得“高校学生海外学习、实习项目”专项资助的各项目高校均于下一年 6 月底前总结本学年度专项执行情况并向市教委提交执行书。

第二十四条 市教委将组织有关专家，或委托其他有资质的机构对学生海外项目专项资金进行绩效评估。绩效评估的重点为项目计划目标完成情况、经费使用与管理情况。

第二十五条 绩效评估应包括以下内容：

1. 学校申报并确定的绩效目标及项目预算；

2. 校内选拔程序的公开、公平、公正性；

3. 项目管理制度创新及机制改革的成果；

4. 项目学校对项目建设及管理部门的意见和建议。

第二十六条 绩效评价的结果将公开并与下一年度资助相挂钩。对完成年度目标、项目管理规范、学生反馈良好、成效显著的项目高校给予滚动支持，并提高下一年度项目额度；对未能达成目标的项目、管理不力、绩效不明显的项目高校将暂缓启动新的建设项目，直至核减或停止下一年度的资助额度。

七、附　　则

第二十七条 本办法由市教委负责解释。

第二十八条 本管理办法自公布之日起施行。

上海市教育委员会等8部门关于印发《上海市教育培训机构学杂费专用存款账户管理暂行规定》的通知

(沪教委终〔2011〕24号)

各区县教育局、财政局、人力资源社会保障局、物价局、地税局和财税分局,相关在沪银行业金融机构:

根据《上海市终身教育促进条例》关于"建立本市教育培训机构学杂费专用存款账户监管制度,保障教育培训机构收取的学杂费主要用于教育教学活动,维护受教育者和教师的合法权益"的规定,现制定并印发《上海市教育培训机构学杂费专用存款账户管理暂行规定》(见附件,以下简称《规定》)至各单位。请转发给各教育培训机构和相关单位,按照执行。

上海市教育委员会
上海市人力资源和社会保障局
上海市财政局
上海市地方税务局
上海市物价局
上海市金融服务办公室
中国人民银行上海分行
中国银行业监督管理委员会上海监管局
2012年3月26日

上海市教育培训机构学杂费专用存款账户管理暂行规定

第一条 目的与依据

为保障教育培训机构收取的学杂费主要用于教育教学活动,维护受教育者和教师的合法权益;保障教育培训机构的办学资金和合法收益不受侵害,根据《上海市终身教育促进条例》和国家相关法律法规,制定本规定。

第二条 定义

本《规定》所称"教育培训机构"是指:由政府教育行政部门或人力资源和社会保障部门审批管理的非经营性教育培训机构。

本《规定》所称"学杂费"是指:本市教育培训机构向受教育者收取的学费、代办费(包括:教材费和住宿费等),以及其他收取的与办学经营活动相关的办学经费(包括:向委托培训单位收取的委托培训费、向合作办学单位收取的联合办学经费,以及承担政府补贴培训任务获得的培训补贴经费等经费收入)。

本《规定》所称"学杂费专用存款账户"(以下简称"专用账户")是指:本市教育培训机构依据《人民币银行结算账户管理办法》、《上海市终身教育促进条例》等规定,在专用账户开户银行开设专门用于收缴和使用学杂费、户名为"某教育培训机构学杂费专户"的专用账户。专用账户开户银行应与有关培训机构签订经政府相关职能部门指导和备案的《上海市教育培训机构学杂费专用账户管理协议》(以下简称《管理协议》),并依据《管理协议》对专用账户的学杂费缴存和使用实施管理。

本《规定》所称"专用账户开户银行"(以下简称"开户银行")是指:经确认,符合政府相关职能部门和行业监管部门要求,承担教育培训机构专用账户业务,按相关要求对学杂费存款实施管理的在沪银行业金融机构。

第三条 适用范围

本市行政区域内的教育培训机构，在招生办学过程中，学杂费收缴、存入和使用的管理，适用本规定。

公办教育培训机构学杂费收支管理，国家另有规定的，按国家相关规定执行。

第四条 政府相关职能部门和职责

市教育行政部门负责牵头制定本市教育培训机构专用账户有关监管规定；会同其他相关行政职能部门，指导监督教育培训机构和开户银行制定《管理协议》，对本《规定》的实施情况进行管理和督查。

市、区县教育行政部门，负责对其审批管理教育培训机构实施本规定的有关情况进行管理和督查。

市、区县人力资源和社会保障部门，负责对其审批管理的教育培训机构实施本规定的有关情况进行管理和督查。

政府其他相关部门按照各自职责，对本《规定》的实施履行相应管理职能。

第五条 学杂费收取

教育培训机构收取学杂费，应向社会公开其收费项目、收费标准和办学事项，按国家规定向政府相关职能部门申报备案，并列入招生简章。教育培训机构的“办学事项”应包括：培训项目（班级）名称、办学形式及上课地点、培训课程内容、学习期限及授课时数、授课师资、退费办法和其他相关事项等。

教育培训机构应按学习期限或学年收取学杂费。学习期限不足一年的，按学习期限收取学杂费；学习期限超过一年的，按学年收取学杂费。教育培训机构不得以折扣优惠等任何理由，跨学习期限或跨学年打包、捆绑预收学杂费。

教育培训机构收取学杂费，须按规定开具由上海市地方税务局监制的通用统一发票；所收学杂费须及时全额缴存学杂费专用账户；以现金形式收取的学杂费，应按相关规定，及时缴入专用账户。教育培训机构收取学杂费未及时足额缴入专用账户的，应视作挪用办学经费，由政府相关职能部门按照各自职责，责令其限期改正；情节严重的，责令停止招生；构成犯罪的，依法追究刑事责任。

第六条 专用账户开设和使用

（一）本市教育培训机构应当按本《规定》要求，选择且只能选择一家开户银行开设学杂费专用账户，所收取的学杂费资金须全额存入本机构的专用账户。

教育培训机构开设的学杂费专用账户，包括用于存取和使用本机构学杂费资金的专用账户（以下简称“存取专用账户”）和用于存储本机构学杂费存款最低余额的专用账户（以下简称“最低余额专用账户”）。

（二）“存取专用账户”的主要用途：

1. 教职员工薪酬、福利、培训进修和教师课酬经费；

2. 办学场所租赁和修缮、教育教学设施设备购置、租用和维修经费；

3. 招生广告宣传经费；

4. 教材等代办经费；

5. 各类税费；

6. 车辆购置、使用和养护费、水电煤等公共事业费、行政性办公经费等；

7. 教育培训机构依据《办学章程》，依法从办学盈余资金中计提的办学投资收益（或合理回报）经费（计提时须向开户银行提供经相关行政管理部门确认的财务会计审计报告等相关材料）；

8. 学杂费退费；

9. 办学所需其他经费。

教育培训机构应根据专用账户用途，按月（或按合同、协议）支取办学经费；有关付款合同或协议，应提供给开户银行备案。

（三）教育培训机构的“最低余额专用账户”专门用于存储本机构学杂费存款最低余额，由教育培训机构从本机构“存取专用账户”资金中转入。“最低余额专用账户”不开通对外支付结算功能。

1. 教育培训机构“最低余额专用账户”中的学杂费存款最低余额，应为本机构上一会计年度（或学年度）学杂费收入总额的10%，且不少于人民币10万元；新开办（或开办不足一年）的教育培训机构，开办资金（或注册资金）大于100万元（含）的，其学杂费存款最低余额应不少于开办资金的10%；开办资金（或注册资金）小于100万元的，其学杂费存款最低余额应不少于10万元。

2．教育培训机构“最低余额专用账户”中的学杂费存款最低余额每年度调整一次。由教育培训机构和开户银行，依据本《规定》的要求，在每年度续签《管理协议》时，确认和调整本年度的学杂费存款最低余额，并报政府相关职能部门备案。

3．教育培训机构使用“最低余额专用账户”中的学杂费存款时，应提供相关行政管理部门的确认文件或人民法院生效法律文书的复印件。

第七条 管理协议

教育培训机构与开户银行，应依据本《规定》协商签订《管理协议》（《管理协议》指导性格式文本另行发布）。签订的《管理协议》应在签署之日起15个工作日内，分别报送政府相关职能部门和开户银行上海分行（总行）备案。

《管理协议》应当包括以下主要内容：

（一）签约双方的权利、义务和法律责任；

（二）政府相关职能部门名称和联系方式；

（三）本机构基本存款账户和学杂费专用账户的账户名称、账号、开户银行；

（四）学杂费缴存办法和资金用途；

（五）专用账户管理和使用办法及其相关流程；

（六）由相关行政管理部门核准备案的学杂费存款最低余额；

（七）办学风险警戒通报事宜；

（八）诚信承诺；

（九）签约双方商定的其他条款等。

第八条 教育培训机构的权利、责任和义务

专用账户的学杂费存款是教育培训机构的法人资产和办学经费，教育培训机构依法享有学杂费存款资金和利息收益，除国家法律规定以外，任何单位和个人都不得侵占和挪用。

教育培训机构收取学杂费应当开具税务发票，依法纳税，按月如实向开户银行提供本机构学杂费收取情况和完税证明材料。

教育培训机构收取的学杂费应及时全额缴存专用账户，依法规范和加强学杂费的使用和管理，保障学杂费收入主要用于教育教学活动。

教育培训机构发生办学资金风险时，应根据开户银行“风险警戒通报”情况，及时补充办学资金，调整改进办学行为；若不能继续办学，应及时报告相关行政管理部门，依法启动终止办学程序，并提前30日告知学员和教职员工，做好终止办学的善后事宜。

第九条 开户银行的权利、责任和义务

开户银行应依法保障教育培训机构能够规范便捷地使用学杂费存款，保障学杂费存款资金安全。

开户银行应协同教育培训机构，按本《规定》和《管理协议》确定的用途划拨和支付学杂费存款资金；向教育培训机构定期通报学杂费存款收缴和使用情况，提出做好学杂费资金管理有关建议。

开户银行依据有关法规和《管理协议》，对专用账户实施管理和服务。当教育培训机构“存取专用账户”资金余额不足以支付办学所需经费时，应及时向教育培训机构和政府相关职能部门发送“风险警戒通报”，并配合政府相关职能部门稳妥处置办学风险。

第十条 办学风险处置

政府相关职能部门接到开户银行的“风险警戒通报”后，应根据职能分工，立即组织对该教育培训机构的办学经营状况、学杂费资金收支和使用管理等情况，开展专项调查和风险评估，妥善处置办学风险。

教育培训机构应当在政府相关职能部门的指导监督下开展办学风险处置工作，依法处置办学结余经费；开户银行应依法加强对该教育培训机构专用账户的管理，密切保持与政府相关职能部门的联系，配合做好办学风险处置工作。

第十一条 开户银行的变更和专用账户的撤销

（一）教育培训机构可根据需要，在《管理协议》到期时变更专用账户的开户银行。

教育培训机构变更专用账户开户银行，应提前30天告知原开户银行，并按本《规定》第六条和第七条的规定，与新开户银行签订《管理协议》和开设新的专用账户，并报政府相关职能部门备案。

教育培训机构应在新设专用账户启用前，向原开户银行提交“撤销本机构原专用账户”的书面申请，并依据银行业相关法规和本《规定》提供相关文件资料，同时需提供经相关行政管理部门审核备案的与新开户银行签订的《管理协议》复印件。

教育培训机构完成变更开户银行后，其原专用账户中的学杂费存款余额，应全额转入变更后新设立的专用账户之中，由新开户银行按本《规定》和《管理协议》执行使用和管理事宜。

（二）教育培训机构依法申请终止办学，应依据银行业相关法规和本《规定》，向开户银行申请撤销本机构的专用账户。

教育培训机构申请撤销本机构专用账户时，应向开户银行提交“撤销学杂费专用账户”的书面申请以及经政府相关职能部门确认的“终止办学申请”等相关文件材料。

教育培训机构申请终止办学，其专用账户中的学杂费存款，应依法优先用于维护受教育者和教职员工的合法权益。

教育培训机构在完成终止办学各项善后事宜后，其专用账户中的学杂费存款余额（含利息收益），应作为本机构的法人财产，依据法定程序处置。

（三）教育培训机构变更或撤销专用账户后，开户银行和教育培训机构应在 15 个工作日内，以书面形式告知政府相关职能部门。

第十二条　附则

本市经营性教育培训机构的学杂费专用存款账户管理规定另行制定。

本《规定》自 2012 年 5 月 1 日起施行，有效期为 2 年。

2011年上海市教育委员会工作要点

上海2011年教育工作要坚持科学发展观，按照市委九届十四次全会对全年工作提出的要求，贯彻落实国家和上海市教育工作会议精神，全面实施国家和上海市中长期教育改革和发展规划纲要，制定实施上海“十二五”教育改革和发展规划，进一步推进教育公平，进一步重视改善民生，努力办人民满意的教育。

一、编制实施“十二五”规划，统筹推进重点项目

1. 启动实施“27＋10＋10”项目。统筹安排“完善政府学前教育公共服务职能”等27个国家教育体制改革试点项目、上海中长期教育改革和发展规划纲要确定的10个“教育综合改革重点试验项目”和10个“重点发展项目”，做好2010年先期启动的“推进高等学校分类指导、分类管理改革”等10个子项目的实施工作。尽快遴选确定2011年拟启动的有关项目，并做好项目的规划、论证和组织实施工作。

2. 整体规划“十大工程”项目。抓紧完善对“城乡基础教育一体化建设工程”、“职业教育示范校和能力建设工程”、“高水平大学和一流学科专业建设工程”、“高等学校知识服务平台建设工程”、“教师专业发展工程”、“教育国际化重点建设工程”、“教育信息化公共服务平台建设工程”、“市民终身学习促进工程”、“学生实践和创新基地建设工程”、“学生健康促进工程”等“十大工程”45个子项目的整体规划和详细论证工作，形成2011—2015年分年度实施方案，重点对2011、2012年的实施方案进行细化和具体化。

3. 编制实施“十二五”教育改革和发展规划。编制完成上海市“十二五”教育改革和发展规划，完成德育、基础教育、高等教育、职业教育、终身教育、民办教育、师资队伍建设、教育信息化、教育国际化等“十二五”专项规划的编制和启动实施工作，指导各高校、各区县教育部门做好“十二五”规划的编制和组织实施工作。

二、加强教育引导，深入推进学校德育工作

4. 整体谋划学校德育科学发展。召开上海学校德育工作会议，研究确定“十二五”期间全市学校德育工作总体目标和主要任务。整体规划大中小学德育内容体系及目标任务，进一步增强德育课程的系统性和衔接性。召开研究生思想政治教育工作推进会，出台《关于进一步加强上海高校研究生思想政治教育工作的指导意见》。加强全市学生心理健康教育工作的指导，出台《上海学校心理健康教育三年行动计划(2011—2013年)》。

5. 深入推进中小学“两纲”实施。以破解学科德育若干重点、难点问题为抓手，加快中小学骨干教师德育实训基地发展，完成第三批基地遴选，深化“两纲”课内体系建设。加强学生实践基地建设，打造校外实践活动精品。

6. 深化中职德育工作内涵。修订出版《上海市中职学生成长手册》，编写《2010年度上海市中职学生素质发展报告》。加强中职德育工作的规范管理，出台《上海市中职学校德育工作专项评估实施办法》。强化网络育人意识，鼓励和支持中职学校创新德育工作方式方法。

7. 提升高校思政课教学水平。组织“上海高校思政课教学活动月”，举办“高校思政课教学论坛”、“高校思政课教学比赛”，开展“精彩系列”征集评选活动，建立教育教学资源共享平台。开展研究生思政课建设情况调研，全面实施研究生思政课新课程方案。制订《进一步加强马克思主义理论学科建设指导意见》，进一步明确学科建设方向。

三、加大推进力度，进一步提升基础教育发展水平

8. 完善学前教育公共服务体系。指导区县抓紧编制学前教育发展三年行动计划，在全市新增40所以上幼儿园，有效应对入园高峰。制定实施学前教育生均公用经费定额标准和困难幼儿资助等政策。加快民办三级幼儿园建设，扎实推进学前儿童看护点管理工作。促进学前教育内涵发展，做好学前教育教师需求的预测与配备工作，建立保育员队伍稳定发展的保障机制，开展轮训工作，提升保育员专业化水平。研究医生进幼儿园的工作机制，加强对保健教师和家长科学育儿的指导。制定学前教育信息化标准，建设适合幼儿成长发展需要的主题资源库。

9. 深化基础教育课程教学改革。在国际课程标准比较研究的基础上，启动课程标准完善项目和评价标准研制项目；加大《上海市提升中小学（幼儿园）课程领导力三年行动计划（2010—2012）》推进力度，持续提升区县和学校的课程领导力。研究试行义务教育教学质量综合评价体系，引导义务教育学校确立正确的教育质量观。以创新区域基础教育内涵发展机制综合改革项目为抓手，鼓励区县和学校深入推进课程改革，创造新鲜经验。引导学校建立校本化教学质量保障体系，提高教学有效性，探索建立课业负担监测、举报和问责等制度，切实减轻中小学校学生课业负担。继续组织素质教育实验校创建工作，引导中小学校主动探索学生自主发展的有效途径和方法。继续推进400所农村中小学“聚焦课堂教学”教育信息化应用推进工作，建立农村中小学教育信息化应用长效推进机制。在部分区县和学校实施“数字化课程环境建设和学习方式变革试验教学”项目试点。

10. 推进义务教育优质均衡发展。召开基础教育工作会议，研究确定“十二五”期间本市基础教育发展的主要思路和基本举措。优化教育资源布局，指导各区县制订“十二五”期间学校校舍建设规划。推进和督促区县落实2011年学校建设项目，抓紧在教育资源紧缺地区建设公办学校。健全教育公建配套学校建设制度，确保与住宅小区同步规划、同步建设、同步交付使用。加快中小学校舍安全工程实施进度，确保完成校安工程三年规划目标。组织中心城区优质教育资源赴郊区新城和大型居住社区办分校或对口办学，努力提升郊区新城和大型居住社区新建公建配套学校的办学起点。开展第二轮郊区农村义务教育委托管理学校绩效评估，启动第三轮郊区农村义务教育学校委托管理工作，进一步增加郊区农村受托管义务教育学校的数量。督促各区县依法确保教育经费“三个增长”，并加大对偏远学校和相对薄弱学校的财政倾斜力度。设立“上海市教育公共平台建设专项资金”，完善义务教育经费财政转移支付制度，重点支持远郊区县、财政相对困难区县和人口导入区县发展义务教育。鼓励区县建立办学联合体、跨校资源共享等机制，推进区域内义务教育均衡发展。

11. 推进普通高中特色发展。鼓励部分区县探索高中多样化发展形式，研究制订相关指导意见和支持政策。召开现场推进会，总结和推广部分高中特色办学经验。开展高中引进国际课程试验。推进高中学生创新素养培育项目，试点架构适应学生创新发展的新课程与学习方式，培养学生动手实践能力，建设一批引导学生主动探究和自主学习的专题创新实验室。完善普通高中学业水平考试制度，加强考试命题研究。开展对若干所学校创建“上海市实验性示范性高中”规划实施的总结性评审。

12. 切实保障进城务工人员随迁子女接受义务教育的权益。进一步扩大公办学校接收进城务工人员随迁子女的比例，引导公办学校探索符合进城务工人员随迁子女实际的教育教学方法，以及心理和文化融合的有效办法。逐步加大对以招收进城务工人员随迁子女为主民办小学的基本成本补贴水平，进一步改善学校办学条件。加大绩效评估力度，加强对以招收进城务工人员随迁子女为主民办小学的教师队伍、日常教学工作、安全卫生等方面的管理。

13. 推进新一轮特殊教育三年行动计划。强化随班就读管理，完善特殊教育学校课程体系。建立市特殊教育信息通报系统，实现多部门间信息共享与整合。试运行市特殊教育资源库，为学校、康复机构和相关专业人员、特殊儿童及家长提供专业支持。试点推进特殊教育医教结合工作，提高残障儿童的康复水平。

14. 加强民族班教育教学工作。按照教育部下达的任务要求，完成2011年上海内地西藏班、新疆班的扩招任务。推进民族班教育教学探究，加强民族班教师队伍建设，进一步提升办学质量。大力加强各级各类学校的民族团结教育。

四、注重教育教学改革，创新职业教育发展方式

15. 扩大中高职教育贯通培养模式试点。做好7所职业院校试点中高职教育贯通培养模式跟踪调研，深入了解相关院校试点工作推进情况，及时调整课程方案，加强教学和学生管理。继续以职业教育集团为主要平台，扩大中高职教育贯通培养模式试点规模。进一步完善中高职教育衔接的人才培养机制，逐步探索建立就业准入和职业资格证书体系，提高职校学生就业能力。

16. 推进国家级示范性职业院校建设工程。启动国家级示范性高职院校二期建设工程，重点支持上海医疗器械高专、上海电子信息职业技术学院、上海印刷高专创建国家级骨干高职院校。完成上海旅游高专国家级示范性院校验收，扶持第一批高职示范院校向有国际影响的高职院校的方向发展；重点培育和支持10

所左右中职校开展“国家中职教育改革发展示范校建设”创建活动，力争新增5—6所国家中职示范校。完成若干所学校异地迁建任务，重点支持和推进若干所中职学校基础能力建设项目。启动建设职业教育技能人才培养重点基地，重点支持20个左右开放实训中心开展提升能级建设，提高开放实训中心的服务能力、运行水平和管理效益。全面开展职业教育开放实训中心运行绩效评估工作，修订专业装备配置指导标准。

17. 推进职业教育集团内涵建设。在已成立的13个职业教育集团的基础上，继续推动有条件的区县和行业组建职业教育集团。鼓励集团内的职业院校吸纳企业设备、技术和人才等优质资源为职业教育发展服务。拓展职业教育集团服务功能，探索建立集团内各职业院校的衔接、沟通和弹性学制，实现中高职教育与培训联动发展。建立有利于集团良性发展的投入和运行机制，提升职业教育集团服务现代服务业、先进制造业和都市农业的能力和水平。

18. 开展高等职业教育发展综合改革试点。借鉴国际职业教育的先进理念和现代企业管理制度，探索企业和政府及社会相关力量共建的办学体制，探索地方政府促进高等职业教育发展的有效途径，通过上海国盛集团和嘉定区政府合作共建上海工艺美术职业学院等试点，探索高等职业教育融入产业发展、区域经济发展的有效模式，建立由政府、行业、企业参与共建共管的办学体制，以及与产业界直接联动的工学结合人才培养模式。

19. 加快推进职业院校专业布局结构调整优化和课程教学改革步伐。制订高职院校“十二五”重点专业建设路线图，全面推进职业院校专业布局结构的调整和优化工作。重点建设40—50个上海市级高职重点专业，启动本市第一届高职院校重点专业教学“比武”；重点建设100个优势突出、适应上海重点产业发展和重大项目建设需要的中职学校精品特色专业。完成对6所高职院校的人才培养工作评估，继续实施校企合作高技能人才培养计划；进一步提升高职师资教学能力，启动行业高职院校提升计划。开展上海市中职学校教学质量评估，完成第一批申报学校的实地评估工作。研究制订《上海市高等职业教育产学研合作促进若干意见》，深入开展形式多样的校企合作，依托行业、企业，促进课堂教学与岗位操作训练相结合、专业教师与企业技术人员相结合、学校教学与顶岗实习相结合。进一步规范学生实习管理，拓宽实习渠道，明确实习任务。

20. 逐步扩大实施中职校学生免费教育范围。研究制订中职校扩大实施免费教育范围，完善免学费工作机制。加强帮困助学金发放的监督管理，确保帮困助学和免费教育经费及时、足额发放到学生。实施中职校生均公用经费定额新标准，逐步建立健全生均公用经费稳定合理、科学增长机制。

五、实施内涵建设工程，持续提升高等教育服务社会能力

21. 探索分类管理改革，逐步建立高校分类指导服务体系。以推进分类指导的管理体制和运行机制改革为突破，转变政府职能，提升高校自主发展能力；加强规划引导、优化资源配置、严格监督管理、注重绩效考核，形成政府与高校有效互动的运行模式。制订上海高校发展定位规划，通过“085工程”的具体项目进行引导和支持，建立高校办学质量分类评估标准。结合“985工程”和“211工程”三期建设，开展部属高校发展定位规划和学科专业布局结构优化工作。开展市属本科院校发展定位规划认定工作，加强学科专业评估与指导。

22. 实施本科教学质量与教学改革工程。以卓越工程教育、卓越科学教育、卓越医学教育、卓越文学艺术教育为抓手，实施“卓越教育计划”，提高高等教育人才培养质量。改进本科新专业设置管理，深化本科教育教学改革，重点建设本科教育高地（包括特色专业和优势专业）、教学改革创新实验区、实验示范中心、校外实习中心、精品课程、全英语教学示范性课程、优秀教材等，加大大学生创新活动计划实施力度，开展大学生学科竞赛，搭建教学名师、教学团队发展平台，鼓励开展创新创业教育和优质教学资源共享。开展新专业检查和新建本科高校教学工作水平评估，构建本科教学质量保障体系。

23. 实施研究生创新计划与专业学位研究生教育综合改革。加强各级学位点和产学研研究生联合培养基地建设，推进研究生培养机制改革；继续举办上海市研究生学术论坛和暑期学校，搭建研究生教育资源共享平台，完善研究生创新能力培养专项资金资助机制。完善不同类别、不同领域专业学位研究生的培养方案，推动与各类别专业学位相对应的实习、实践基地建设，建立各类别专业学位研究生学位论文的标准及范文库。深入开展临床医学硕士专业学位与住院医师规范化培训相结合的培养模式改革，完善招生、培养、学位授予等制度，开展上海临床医学教育改革研究。

24. 加强高校知识创新和知识服务能力建设。深化高校重点学科建设，做好上海市重点学科（第三期）

绩效评估和总结验收工作，总结建设成效和经验；做好国际一流学科建设工作的调研和启动工作。继续推进高校 E-研究院建设。比照教育部重点实验室、工程中心建设工作，做好市级基地培育工作。加强高校人文社会科学知识创新能力建设，实施高校人文社会科学重点研究基地建设、文化艺术创新工作室建设、文化引领计划等专项计划，提升高校文化引领作用。启动实施高校知识服务平台建设工程，深化高校技术市场建设，全面推进上海高校知识服务团队建设，深化“三区联动”发展模式，推进大学科技园建设，探索多种形式的产学研合作机制。

25. 着力推进高等教育国际化。积极筹设“上海纽约大学”，不断推进相关工作。进一步探索引进国际一流教育资源的合作新模式，支持区县政府引进高水平中外合作办学机构和国际教育园区建设。建设外国留学生教育专业和课程体系，启动高校外国留学生英语专业课程、“当代中国研究”等课程教材的建设工作。建设本市外国留学生社会服务体系，组建上海市外国留学生服务中心，扩增“上海市外国留学生中国文化体验基地”和“上海市外国留学生实习基地”。增设上海市“孔子学院(孔子课堂)”奖学金，设立大学生海外学习专项资金，设立“海外名师项目”。

六、坚持扶持与规范并重，促进民办教育健康发展

26. 完善民办教育公共财政资助体系。进一步加大公共财政对民办教育的扶持力度，推进区县加强对民办教育的投入和支持。开展政府扶持资金使用过程管理与绩效评价，进一步明确政府扶持资金导向，引导民办学校重点用于师资队伍建设、提高教学质量和改善办学条件等方面。

27. 探索民办学校分类管理制度。制订各级各类民办学校的设置标准，确定民办学校的准入资格及基本办学条件。探索制订营利性和非营利性民办学校分类管理系列政策，制订上海市民办学校分类管理办法及相关指标体系，对营利性与非营利性民办学校在法人登记、教师待遇、政府扶持、税收政策、退出机制、合理回报等方面予以分类管理和指导。

28. 进一步规范民办学校财务管理。完善并执行民办学校财务管理办法和会计核算办法。建立民办学校财务及学费管理信息平台，指导民办学校加强对政府扶持资金和学费的管理。研究制订民办高校成本核算和收费管理、非学历民办教育机构财务管理和收费管理等有关文件。

29. 推进民办学校法人财产权管理。加大对完成法人财产权落实工作的民办高校的政府支持力度，引导民办高校明晰产权、依法办学、规范管理。探索研究资产过户之后的产权界定、出资额专项审计、税收政策和合理回报等相关问题。探索实施民办中小学法人财产权管理办法。

30. 加强民办学校信息化建设。完善民办教育管理信息系统，指导各区县教育行政部门利用信息系统开展民办学校网上业务办理。重点扶持民办高校校园网络和信息化建设，并纳入上海教育城域网建设整体规划，整合社会、学校和企业各方资源共同投入，提高民办高校信息化管理水平。探索建立公办高校和民办高校的公共资源共享平台。

七、推进学习型社会建设，完善终身教育体系

31. 推进市民终身学习公共服务设施建设。指导各区县建立独立的社区学院，指导各街道、乡镇建立社区学校，重点加强 300 个居委、行政村社区教育学习站点的建设。继续推进街道社区学校和乡镇成人学校的标准化、规范化和信息化建设。试行“终身学习推进员”制度。整合上海开放大学基础体系和成人教育资源，构建成人教育“学分银行”体系，初步构建各类学习成果的累计、转换和认证制度。积极发展老年教育，重点加强市老年大学和市远程老年大学建设，充分发挥市级老年教育机构的示范引领作用。开展农村劳动力转移培训和农村实用技术培训。完善“上海终身学习网”、“市民学习移动网”、“上海老年学习网”等数字化学习服务平台建设。

32. 深入开展学习型组织创建工作。培育优秀学习团队，制订优秀学习团队评比标准，推动各类学习型组织的创建和发展。创建学习型社区，推进全市居民参加终身学习。修订学习型社区评估指标。创建学习型企事业单位，召开现场交流会，重点推广非公企业创建先进单位工作经验。

33. 规范和完善民办非学历教育及高等非学历教育管理工作。加强政府相关职能部门的沟通协调，开展联合执法，进一步规范社会教育培训机构的办学管理。探索建立本市民办教育培训机构收费专用账户管理和办学资金第三方监管机制，努力规避民办教育培训机构办学风险。组织召开普通高校成人继续教育和非学历教育培训工作会议，组织开展普通高校继续教育品牌项目和特色课程的建设和评选活动。

八、加强各级各类师资培养与培训，整体提高教师队伍素质

34. 促进德育教师队伍专业发展。出台《上海市中小学班主任培训工作实施意见》和《上海市中等职业学校班主任队伍建设实施意见》，注重班主任队伍的分层分类培养，形成分层递进的培训组织管理体系。开展辅导员和思政课教师队伍建设情况调研，建立师资状况数据库，制订《高校思政课教师队伍建设规划》。继续做好辅导员和高校思政课教师培训和骨干研修工作，加强培训质量监控，提高培训实效。加强对"阳光学者"的跟踪培养，培养专家型学生思想政治教育工作者和马克思主义学科带头人。

35. 完成教育系统事业单位岗位设置管理工作。指导各单位开展岗位聘用、签订或更改聘用合同、兑现岗位工资等工作，指导各单位完善政策和工作程序，建立健全相关岗位设置管理工作制度。在明确本市高等教育发展规模和学校规划定位基础上，逐步解决校际编制额度不平衡问题，继续调整市属高校编制。

36. 加强中小学教师队伍建设。开展上海市特级教师评选工作，充分发挥特级教师引领作用。继续开展农村教师分类分层开展培训，实施职初教师基本功培训项目、青年教师基本技能研修项目、骨干教师培训者培训项目、专业学科培训项目、远郊区薄弱学校教师提升培训项目、以招收进城务工人员随迁子女为主的民办小学教师专题培训项目、远郊区县暑期英语教师强化培训项目。完成第二期"双名工程"总结和成果展示工作。继续推进第二期优青项目后备人选培养工作。

37. 建设专兼结合的"双师型"职业教育教学团队。研究制订《上海市中职教育师资素质提高"十二五"计划》。启动校长教学改革领导力培训计划、百名"专业带头人"培养计划和千名"双师型"教师培训计划"三支队伍"建设工作。建立鼓励校企合作培养教师制度，研究制订中职学校教师到企业实践的实施办法。继续开展特聘兼职教师资助工作，全年增加 100 名特聘兼职教师资助名额。加强国家级和市级职业教育师资基地建设。

38. 实施高校教师队伍建设工程。进一步加大海外优秀人才招聘力度，积极申报国家"千人计划"，继续实施上海市"千人计划"和上海高校特聘教授(东方学者)岗位计划，开展"东方学者"岗位计划绩效评估。启动"上海高校教师产学研践习计划"，提高高校教师中具有企业、科研院所以及政府等实际部门工作经历教师的比例。进一步完善上海高校青年教师培养制度，修订"上海高校选拔培养优秀青年教师科研专项基金"实施办法。

39. 加强民办学校教师队伍建设。实施民办教育"强师工程"，投入专项资金培养民办学校骨干教师、青年教师、专业校长和管理人员；举办民办学校优秀教师高级研修班，制订实施民办学校专业校长资质认定和考核办法，鼓励民办学校青年教师在职攻读研究生学位并予以奖励。

九、坚持以学生发展为本，优化学生成长发展环境

40. 进一步完善招生考试制度。研究普通高中学业水平考试成绩在高校招生中的运用办法，出台相应政策，为 2012 年在部分高校招生中的推行运用做好准备工作和社会宣传。根据教育部等 5 部委有关文件精神，认真梳理和科学调整 2014 年后本市高考加分项目，在 2011 年上半年适时向社会公布并予以说明。继续支持复旦大学、上海交通大学实施"深化高等学校自主选拔录取改革试验"，继续实施并扩大专科层次院校依法自主招生改革试点。继续支持华东师范大学、上海师范大学实施"免费师范生"招生改革，进一步扩大免费师范生规模。平稳实施成人高校招生工作。

41. 加强高校毕业生就业服务工作。开展高校毕业生就业服务工作创新基地建设，命名首批上海高校毕业生就业工作创新示范基地。制订《上海高校毕业生就业服务体系建设和完善方案》，进一步做好高校毕业生就业工作。努力做好首届教育部直属师范大学免费师范生就业服务工作。加强网络就业市场建设，深入开展毕业生就业状况调查。

42. 建立高校学生食堂价格稳定的长效机制。加强对食堂成本的结构性控制，通过税收减免、固定资产零租赁、团体采购、水电燃料费用补贴、临时成本补贴和解决学生食堂用工成本增长较快等措施，稳定学生就餐价格平均水平。推动高校建立学生食堂价格应急调节机制、学生食堂价格调整审核机制。充分发挥行业协会的指导作用，通过学校后勤协会指导建议价设定主要菜品的参考价格。

43. 切实做好学生帮困资助工作。进一步规范高校从事业收入中提取一定比例经费用于资助家庭经济困难学生工作，引导和鼓励企业、社会团体和个人通过捐资助学，提供勤工俭学岗位等形式帮扶高校家庭经济困难学生。研究制订应对物价上涨和各种灾害发生等突发情况下确保家庭经济困难学生生活的政策和措施，确保高校家庭经济困难学生全年、全方位得到关怀和帮助。开展高校学生资助工作绩效评估，加强高校财政资助经费使用监督。

44. 实施学生健康促进工程。推进上海大中小学体育课程和评价体系研究。推进阳光体育运动的广泛开展和赛事的品牌化建设。试点开展大中小学一条龙业余体育训练体系建设。结合校园体育场地向社区开放工作，启动区域性学生课外体育活动中心的规划建设工作。制订中小学体育、卫生教师的岗位专业标准及专业发展规划，继续开展学校体育卫生科研工作。扩大“医生进校园”试点工作，启动专业化的学校卫生保健人员培养计划。建设区县学生体质健康监测站和学校健康服务站，推进市、区、学校体质监测网络体系建设。强化学生军训基地的监督和安全管理。组建上海市中学生体育代表团参加全国第十一届中学生运动会。

45. 积极推进青少年艺术和科普工作。推进“青少年艺术教育彩虹行动计划”，启动民族文化传习基地建设，建设一批中华优秀文化艺术传承实践点、民族文化传习特色培训基地，扶持一批民族文化教育特色品牌项目；新建一批市级学生艺术团队，全面推进市级大学生艺术团建设。积极推进青少年科技创新后备人才培养实践平台建设计划，加强上海市青少年科学研究院建设，组建大学生科学商店联盟，建设10个面向社会开放的青少年创新实践工作站。

46. 着力提升学校安全水平。出台《上海市中小学幼儿园治安管理技术要求》，修订《上海市中小学校学生伤害事故处理条例》，进一步推进校园安全工作责任考核。加强对学校安全工作的指导，强化校园安全暗访督查机制。进一步提升学校技术防范水平，形成人防、物防、技防“三防一体”的立体防范体系。积极开展突发事件应急处置和逃生演练活动，切实提高学生安全防范意识。进一步改善中小学校园道路安全设施，继续开展学校风险隐患排查和化解工作。继续完善预防犯罪工作机制建设，推进预防未成年人违法犯罪体系建设。

47. 做好语言文字规范服务工作。制订《上海市公共场所外文使用管理规定》，建设本市语言文字工作基础数据库和上海话有声数据库。进一步推进本市“中华诵·经典诵读行动”试点工作。启动普通话水平测试(海外版)开发研制工作，继续推进高校、区县语言文字工作评估工作，开展内地新疆班、西藏班学生普通话培训测试工作。

十、提高依法行政水平，促进教育又好又快发展

48. 开展教育政策研究和教育立法相关工作。继续开展推进长三角教育联动发展研究，推进共建“长三角教育综合改革试验区”进程。开展推进上海教育国际化战略研究、上海学前教育就学与管理制度研究和建设现代大学制度等课题研究。做好《上海市终身教育促进条例》的制订及审议通过后的宣传实施工作，修订《上海市中小学校学生伤害事故处理条例》，继续开展《上海市民办教育促进条例》立法调研工作，完成《上海市教育评估暂行规定》政府规章制订工作。深入开展依法治校工作，积极开展教育法制培训。全面开展《中华人民共和国民办教育促进法》及其《实施办法》的专项行政执法检查工作。

49. 积极开展教育督学督政工作。做好对区县政府依法履行教育责任的公示公报工作。研究制订本市开展推进区域教育现代化综合督政工作实施意见，深入开展以推进区域教育现代化为主题的新一轮综合督政工作。研究制订义务教育均衡发展的督导和考核机制。做好市对区县教育财政转移支付执行情况的专项督导工作。继续开展对“以招收进城务工人员随迁子女为主的民办小学”办学的跟踪督查及绩效评估。做好以课程领导力与教学有效性为重点的区县教学督导工作。做好义务教育阶段学校就近入学专项督导工作。开展以培养学生创新精神和实践能力为主旨的发展性督导评估工作。开展提升中小学(幼儿园)课程领导力的督导指标研究。规范完善督导资格制度，进一步推动督导队伍和督导工作的专业化。

50. 扎实推进政风行风建设。加大对招生、基建、财务、科研经费、校办企业、后勤、办班等重点领域和关键环节的监管力度，深入开展“小金库”和工程建设领域突出问题专项治理。深入规范教育收费，出台高中阶段学生代办服务性收费管理规定，完善学前教育收费政策。深入推进招生阳光工程，加强对高校自主招生、艺术、体育类特长生和研究生招生工作的督查力度。深入推进中小学校舍场地“退租还教”工作，净化学校周边环境，营造良好的育人氛围。开展高校廉政风险预警机制建设，加强学校廉洁文化建设，深入推进政务和校务公开。

51. 加强教育经费管理与审计工作。推进市属高校拨款机制改革，试行高校财务管理绩效评价制度。进一步提高基础教育阶段生均公用经费标准。建立健全市教委国有资产监管责任体系。进一步规范经济责任审计，提高审计质量。

2011年上海教育工作年报

2011年是“十二五”规划的开局年，是国家和本市中长期教育改革和发展规划纲要的落实年。上海教育工作在市委、市政府的领导下，以市教育体制改革领导小组为统筹平台，以实施教育“十大工程”和国家教育体制改革试点项目为核心抓手，推进教育改革发展，全面完成全年工作目标，各项事业取得了较快发展。

一、2011年上海教育事业发展基本情况

2011年，全市共有中小学、幼儿园、特殊教育学校及工读学校2897所，其中：小学764所，比上年减少2所；幼儿园1337所，比上年增加85所；中学754所，比上年减少1所；特殊教育学校29所，工读学校13所。共有在校学生177.37万人，其中：小学73.11万人，比上年增加4.2%；幼儿园44.42万人，比上年增加11.0%；普通初中43.06万人，比上年增加1.2%；普通高中16.11万人，比上年减少4.6%；特殊教育学生0.49万人，比上年减少2.0%；工读学校学生0.18万人，比上年减少33.3%。学前教育毛入园率为111.1%，学前教育事业进一步发展。义务教育入学率保持在99.9%以上，普及九年制义务教育的各项指标均达到或超过国家标准。

全市共有中等职业学校102所，其中：职业高中28所，中等专业学校64所，中等技工学校10所。共有在校生14.78万人，比上年减少6.2%。

2011年，全市初中毕业(结业)生9.62万人，比上年减少0.29万人，高中阶段新生入学率达96%。高中阶段(含普通高中、普通中专、职业高中、技工学校)毕业生10.54万人，比上年减少0.72万人。

全市共有普通高等学校66所。普通高校本专科在校学生51.13万人，比上年减少0.9%。其中：本科在校生35.72万人，比上年增加0.6%；高职高专在校生15.41万人，比上年减少4.1%。今年全市高校招收普通本专科生14.11万人，毕业13.90万人。

全市共有研究生培养机构53家，共有研究生11.90万人，比上年增加0.73万人，增长6.5%。其中：博士生2.58万人，硕士生9.32万人。全年招收研究生4万人，其中：博士生0.63万人，硕士生3.37万人。全年毕业研究生3.08万人，其中博士生0.48万人，硕士生2.60万人。

全市今年高考统考考生6.12万余人，710所高校在沪实际录取54542名(不含复旦、交大自主招生改革试验录取1230名)。完成对外公布招生计划的103.1%。

全市今年研究生招生4万人(含科研机构)，比上年增长3.63%，其中：博士生0.63万人，比上年增长1.61%；硕士生3.37万人，比上年增长4.01%；普通本专科招生14.11万人，比上年减少2.42%，其中：本科生9.06万人，比上年减少0.55%；专科生5.05万人，比上年减少5.61%；成人本专科招生5.79万人，比上年减少11.46%，其中：本科生3.99万人，比上年减少10.14%；专科生1.80万人，比上年减少14.29%。

全市共有成人中高等学历教育学校42所，其中：独立设置成人高校17所，成人中专25所。成人高等教育和中等专业教育在校学生35.10万人，其中：成人本专科在校生18.86万人，网络本专科在校生14.57万人，成人中专1.67万人。成人本专科招生5.79万人，比上年减少11.5%，毕业6.06万人；网络本专科招生5.42万人，比上年增加1.5%，毕业5.98万人；成人中专招生0.80万人，毕业0.76万人。

全市共有成人职业技术培训机构843所，结业生180.08万人次。民办非学历高等教育机构240所。

全市小学教职工总数4.82万人，其中专任教师4.63万人。中学教职工总数7.52万人，其中专任教师5.84万人。

全市普通高校教职工总数7.41万人，其中专任教师3.96万人。市属高校教职工4.09万人，比上年增长0.7%，其中专任教师2.42万人，比上年增加0.07万人；中央部委属高校教职工3.32万人，比上年减少1.2%；其中专任教师1.54万人，比上年减少0.02万人。普通高校专任教师中，正高级职称教师0.65万人，占16.4%；副高级职称教师1.21万人，占30.6%；中级职称教师1.64万人，占41.4%。

全市共有校外教育机构22所，其中少年宫15所，少年科技站4所，少年之家3所，教职工总数1227人。共有各类老年教育机构277个，接受教育的老年人总数55万余人。

全市共有独立设置中外合作办学机构26个，非独立设置中外合作办学机构13个，中外合作办学项目181个。全市共有外籍人员子女学校32所，在读外籍学生27827人。2011年本市各普通高校来华留学生47627人，比上年增长10.7%，其中学历生14228人，比上年增长10.8%。2011年全市在校港澳台及华侨学生总数10839人，其中高校1600人，各区县9239人。

2011年，上海教育经费继续稳步增长。全市教育部门财政预算内教育事业预算总额335.77亿元，比上年增长11.06%。其中：市级教育事业预算总额67.24亿元，比上年增长13.08%；区级教育事业预算总额268.53亿元，比上年增长10.57%。

二、教育改革发展合力初步形成，规划纲要目标得到细化

（一）成立市教育体制改革领导小组，建立例会制度。成立领导小组，由市委副书记殷一璀和副市长沈晓明担任双组长，成员包括与教育工作密切相关的24个委办局主要负责人或分管负责人。形成例会制度，每月召开会议，对涉及全市教育改革和发展、需要全体成员单位协调的重大问题，召开全体会议审议；对涉及某一类或某一方面教育、需要部分成员单位协调的问题，召开专题会议审议。全年召开3次全体会议和19次专题会议。建立议决事项落实机制，每次会后以市政府会议纪要形式印发相关单位，作为落实会议决定的依据，形成全市各有关部门共同支持教育事业科学发展的改革合力。

（二）明确“十二五”期间本市教育改革发展的任务。将教育规划纲要确定的目标细化为166项具体任务，并明确牵头落实的委办局；编制完成本市教育改革和发展“十二五”规划，配套编制实施基础教育、高等教育、职业教育、教师队伍建设、教育国际化、教育信息化、学生健康促进工程等10余个专项行动计划，明确相关领域改革发展的重点、难点和推进措施。

（三）全面启动“十大工程”和27项国家教改试点项目。统筹规划“十大工程”和国家教改试点项目，基本确定了“十二五”期间140亿元市级教育专项资金的投入方向和改革项目；在2010年投入10亿元先期启动10个改革项目的基础上，今年又投入20亿元实施59个改革项目。

三、围绕庆祝建党90周年主线，社会主义核心价值体系教育深入推进

（一）以“十二五”规划为引领，谋划学校德育科学发展。召开上海市学校德育工作会议，出台《上海学校德育“十二五”行动计划（2011—2015年）》等文件，提出未来五年学校德育工作的总体思路和基本任务。

（二）以重大节日为契机，推进社会主义核心价值体系教育。实施“红色旗帜　时代风采”庆祝建党90周年宣传教育行动计划，开展“红色英烈”等七大系列主题教育活动；以“重温红色经典，共享快乐假期”为主题，开展未成年人暑期工作，增强青少年学生的爱党爱国情怀与社会责任感。开展纪念辛亥革命一百周年活动，推进党史国情教育。推进高雅艺术进校园剧目展，结合“上海夏季音乐节”承办上海市中学生音乐夏令营，培养学生艺术素养和审美情趣。

（三）以“教学活动月”为平台，推进思政课教学改革。举办首届“上海高校思想政治理论课教学活动月”，开展教学比赛、教学基本功培训、名师工作室遴选、教学改革试点和教学论坛等系列活动。开展高校思政课教学系列研讨，举办第四届上海高校思想政治理论课教学论坛暨全国高校思想政治理论课教学研讨会；承办教育部“六个为什么”进高校思政课教学试点现场推进会暨高校思想政治理论课建设研讨会（华东片会），组织“六个为什么”进课堂现场观摩课；承办教育部思政课骨干教师暑期参观考察活动，引导教师深入社会、了解国情。开展思政课新上岗教师培训、骨干研修，提升教师整体素质和能力。建设思政课教师网上动态数据库，提高队伍管理水平。研制高校思政课教学指南，确定高校思政课教学重点和难点。制定《进一步加强上海高校马克思主义理论学科建设的意见》，推动马克思主义理论学科的深入发展。

（四）以深入推进“两纲”实施为主线，提升中小学德育实效。开展各区县贯彻落实“两纲”2009—2010年度阶段性总结评估；开展上海市中小学德育特色项目评选和表彰，评选上海市中小学德育优秀项目奖11名、优秀项目提名奖17名，其中优秀项目奖前8名报教育部，作为本市参评全国中小学德育工作优秀案例推荐材料。

（五）以丰富工作内涵为重点，逐步形成中职德育特色。颁布《上海市中等职业学校德育工作专项评估实施方案》和《上海市中等职业学校德育工作专项评估指标体系》，启动上海市中等职业学校德育工作专项评估,探索德育专项评估与教学质量评估的整合。组织本市中职校制定学校《2011—2013学年德育工作目标》和《目标达成任务分解表》。推进《上海市中等职业学校学生成长手册》试点,丰富《手册》内容和使用形式;探索利用中职易班平台开展学生思想道德建设,研究加强与高校、普通中学相关工作的互动对接。

(六)以整合资源为切入点,加强校内外教育的统筹协调。研究制定《上海校外教育三年行动计划(2012—2014年)》,促进校内外教育资源的有效整合;启动东方绿舟——上海市学生公共安全教育实训基地建设。

(七)以队伍建设为抓手,推动德育工作队伍专业化发展。组织开展"上海高校辅导员队伍建设月"系列活动,集中力量推动辅导员队伍建设。开展辅导员队伍建设情况调研,建立师资情况网上动态数据库。举办培训班,提升辅导员工作水平。召开辅导员双线晋升推进会,进一步推动辅导员双重身份、双重待遇、双线晋升政策落实;研制《上海高校辅导员队伍建设五年发展规划(2011—2015年)》。举行新一轮上海市中小学骨干教师德育实训基地、班主任带头人工作室建设开班仪式,启动新一轮基地、工作室建设工作,颁布《关于进一步加强上海市中小学骨干教师德育实训基地建设的实施意见》和《上海市中小学班主任带头人工作室学员培训实施方案(试行)》;出台《上海市中小学班主任培训工作实施意见》和《上海市中等职业学校班主任队伍建设实施意见》,形成分层递进的班主任培训组织管理体系。

四、学生健康快乐成长理念进一步落实,素质教育稳步推进

(一)召开上海市基础教育工作会议。分析上海基础教育当前所处历史方位,明确今后一段时期的发展方向和目标任务,提出为学生的终身发展奠基是基础教育的首要任务,推动上海基础教育转型发展。颁布《关于减轻过重课业负担深入实施中小学素质教育若干意见的通知》和《关于进一步推进本市义务教育均衡优质发展的实施意见》等文件,推进落实学生课业负担减轻工作,促进义务教育高位均衡优质发展。

(二)试点开展义务教育教学质量综合评价。探索建立义务教育教学质量综合评价体系,构建义务教育教学质量综合评价体系——中小学生学业质量绿色指标(十项指标),通过对学生学业水平、学生学习动力、学生学业负担、教师教学方法、师生关系、校长教学管理能力等方面的研究加强对教学质量评价的引导,引导全社会树立全面的教育质量观。

(三)在小学阶段试行"快乐活动日"。全市小学从2011学年起实施"快乐活动日",结合学校和学生实际,每周集中半天时间,以学生自主活动为主要形式实施课程。每学年课时总量为120课时,在两个学期中分30次实施。积极开发和利用青少年活动中心、科普场馆、社区等各种社会教育资源,丰富"快乐活动日"的教学内容和组织形式。

(四)开展中小学生作业设计研究。启动提升上海市中小学作业品质研究项目,着手编制《上海市中小学作业设计与实施指南》,引领教师根据教学目标、教学内容和学生学习实际,编制解释性强、类型丰富、科学合理的作业,提高作业的有效性,避免重复无效的作业,减轻学生学业负担。采用市教委与区县合作研究的方式,启动义务教育阶段7个学科段作业研究试验工作。

(五)建设中小学生社会实践基地。加强对全市各类社会教育资源开发和利用的指导,形成九大社会教育资源系列(共100多个基地)。完成第四批科普教育基地课程资源开发,37个科普教育基地供本市中小学生开展探究实践活动。开发和建设若干中小学质量教育社会实践基地、中小学档案教育社会实践基地、中小学节水教育社会实践基地(水土保持教育社会实践基地)、循环经济教育示范基地等,广泛利用各类社会资源支持学生开展社会实践活动,丰富学生学习经历,深化素质教育。建立10个高校青少年实践工作站,利用青少年实践工作站的课程资源,组织有兴趣、专长和学习实践需求的学生开展课程活动。

五、基础教育均衡优质发展步伐加快,软硬件资源建设同步推进

(一)确定全市义务教育均衡发展路线图和时间表。市政府与教育部签署义务教育均衡发展备忘录,确定全市17个区县到2012年底全部实现义务教育基本均衡发展,并通过市政府认定;到2015年基本均等的义务教育公共服务体系进一步完善;到2020年实现义务教育现代化。

(二)全面完成中小学校安工程三年规划任务。按照国务院总体部署,在全市范围内实施新建、改扩建、迁建和加固改造项目的校舍面积386万平方米,规划投入资金64.74亿元。

(三)学前教育公共服务体系进一步完善。启动新一轮学前教育三年行动计划(2011—2013年),落实学前教育公共服务的定位。建立本市学前教育联席会议制度。调整学前教育生均公用经费定额标准,自

2011年起公办幼儿园生均公用经费调整为每生每年1200元。制定困难幼儿资助政策等公益性普惠性政策。完成全市全年新增40所幼儿园的市政府实事工程，增加园舍面积27.12万平方米、建筑面积20.78万平方米。加快民办三级幼儿园建设，规范郊区学前儿童看护点并加强安全管理，对民办三级幼儿园和看护点分别给予5万元和2万元的经费支持。颁布《上海市教育委员会关于进一步规范幼儿园保教工作的实施意见》，制订学前教育信息化标准，建设适合幼儿成长发展需要的主题资源库。

（四）整体规划全市基础教育资源布局结构。以常住人口为基数，制订本市人口集聚区（城郊接合部）、大型居住区教育资源配置方案，应对学前教育高峰和即将到来的义务教育入学高峰。“十二五”期间计划在大型居住社区公建配套学校343所，郊区新城公建配套学校70所，其他住宅区公建配套学校220所左右，在规划公建配套学校覆盖不到的郊区人口集聚街镇增建学校150所。

（五）推进“新优质学校”项目研究。实施上海市“新优质学校”项目，选择25所生源一般，通过课程与教学改革，关注每一个学生成长，促进学校快速发展的典型学校，总结提炼办学经验，相继召开多个现场展示会，发挥“新优质学校”在均衡发展、教育转型中的示范辐射作用。

（六）创新优质教育资源区域内外共享辐射机制。继续推进第三轮郊区农村义务教育学校委托管理工作，组织中心城区品牌学校和优质教育中介机构托管46所农村相对薄弱学校，完善制度设计、下移工作重心，发挥区县在委托管理工作中的主体作用，建立健全优质教育资源的区域共享辐射机制。

（七）全面启动中小学各学科课程标准修订工作。侧重加强课程标准的结构化呈现，突出结果标准的描述，提高课程标准对学科教学基本要求的描述精度，提高课程标准对学科教学、评价等的指导作用；加强课程定位、课程目标、课程内容和要求、课程实施、课程评价的内在一致性，提升课程标准的专业化水平。

（八）继续提升中小学的课程领导力。全面落实《上海市提升中小学（幼儿园）课程领导力三年提升行动计划（2010—2012年）》，组织项目学校开展业务培训，分学段、分专题组织研究活动，提高课程对学生的适应性和课程实施的质量。对51所中小学和黄浦区整个区域项目开展中期评估。

（九）启动中小学专题教育梳理整合工作。完成中小学专题教育实施现状调研报告，梳理和整合中小学各类专题教育的内容要求，分小学、初中和高中三学段，完成专题教育内容分类整合，初步形成专题教育整合实施的指导意见。

（十）探索普通高中特色发展。推进“促进普通高中优质多样特色发展试验”项目实践研究，为制定促进本市高中多样特色发展政策提供决策咨询。开展普通高中学生创新素养培育实验，初步构建高中学生创新素养的基本框架结构。配合做好国家教育咨询委员会到沪专题调研“拔尖创新人才培养”试点。出版首批高中创新实验室案例征集《创新，实验室里的时代脉动——高中创新实验室案例撷英》。开展普通高中开设国际课程调研。

（十一）做好特殊教育工作。开展特殊教育三年行动计划（2009—2011年）实施情况自查，制订新一轮特殊教育三年行动计划（2011—2013年），开发上海市特殊教育信息通报系统，开展特殊教育资源库建设。

（十二）加强民族班教育教学工作。完成教育部下达的2011年度上海内地西藏班、新疆班扩招任务。搭建民族班德育、教研、管理三个平台，提升民族班德育、教学和管理工作水平。

（十三）加大教育督导工作力度。形成市教育督导委员会工作机制，负责全市教育督导工作的统筹领导、协调和管理。开展区县政府依法履行教育责任公示公报工作，进一步完善公示公报中关键性指标体系，重新核查区县义务教育财政拨款基数。实施推进区域教育现代化综合督政工作，颁布《关于开展推进区域教育现代化综合督政工作的实施意见》和《上海市推进区域教育现代化综合督政指标》，开展综合督政和专项督导，启动区县推进区域教育现代化综合督政。开展教育公建配套、财政转移支付资金、中小学体育卫生与艺术教育工作、少先队工作等专项督导。实施教育督学工作，加快推进中小学校均衡、优质和内涵发展。

六、随迁子女教育政策有效落实，相关政策积极研究

（一）在沪随迁子女免费接受义务教育政策得到全面落实。2011年在沪50.17万名随迁子女全面免费接受义务教育，其中36.89万余人在公办学校就读，占总数的73.53%，13.28万人在政府购买服务的158所民办小学就读，占总数的26.47%。

（二）积极改善以招收随迁子女为主民办小学的办学条件。为这类民办小学配置卫生室、电脑房。采取公、民办学校结对、专项督导、绩效评估等措施，进一步规范学校管理，提高办学水平。制定加强以招收随迁子女为主民办小学教师队伍建设方案。开展对这些小学教育教学工作的跟踪督导，保障随迁子女享有公平接受义务教育的权利和条件。

（三）稳妥探索义务教育后的随迁子女教育政策实践。进一步扩大中职校招收随迁子女的数量，2011年本市61所中职校招收随迁子女6031名，招生数量比上年提高近50%，占年度中职招生总数的12.5%；设置405个专业（点），占本市中职校专业（点）总数的58%，随迁子女在上海中职校就读免学杂费并补助生活费。允许符合条件的中职毕业随迁子女参加高职自主招生。

七、职业教育体系建设不断加强，服务经济社会发展能力继续提升

（一）职业教育国家级示范校建设项目有力推进。石化工业学校等6所学校正式启动“国家中等职业教育改革发展示范学校建设计划”；南湖职校等6所学校入选第二批国家级示范校建设项目并正式立项建设；上海医疗器械高等专科学校国家骨干高等职业院校项目建设正式启动；上海旅游高等专科学校示范性高职建设项目顺利通过教育部、财政部验收，成为全国首家旅游类国家示范性高职院校。

（二）全面开展职业教育专业建设工作。完成高职高专院校重点专业建设路线图制定工作，重点建设200个高职专业。围绕先进制造业和现代服务业，确定156个专业为上海市中等职业学校重点建设的专业，178门课程为精品课程建设立项项目。推动学历证书与职业资格证书在课程层面的对接和融通，完成新一轮专业教学标准开发工作，确立24个专业教学标准开发项目。

（三）继续深化职业教育教学改革。按照任务引领型课程的理念确立24个专业教学标准开发项目，修订发布《上海市中等职业教育专业教学标准开发指导手册》，规范专业标准开发工作。举行“上海高职高专院校重点专业建设教学比武”，指导各高职高专院校以“085”工程为平台，围绕各校确定的重点专业建设路线图，将学校发展、教学管理、专业建设、课程设计有机融合，带动学校专业结构的整体优化和专业建设水平的全面提高。完成中等职业学校课改特色实验项目验收和优秀校本教材评选，对32个课改特色实验项目进行评议验收。开展上海市中等职业学校教学质量评估，对75所学校开展首轮教学质量网上评估。开展上海市中职校第二届校本教材展示交流评比，54册教材获评“优秀校本教材”，10所学校获“优秀组织奖”。开展教育部改革创新示范教材遴选，组织专家对29所学校申报的83册教材（校本）评选，向教育部推荐30册改革创新示范教材。启动第六届教师教学法评优，参加教育部2011年“神州数码杯”全国中等职业学校信息化教学大赛，获得1个一等奖、4个二等奖、3个三等奖、3个优秀奖。

（四）深化职教集团建设。在已组建的8个行业职教集团和5个区域职教集团基础上，继续推动行业和区域职教集团的组建工作，长宁现代职业教育集团成立，指导组建闸北职教集团。选择交通物流、现代护理、电子信息、嘉定职教集团作为职教集团典型案例报教育部。

（五）校企合作机制不断创新。国盛集团注资1亿元成立国盛科教发展公司，推动校企合作市场运作。上海信息技术学校等25所中等职业学校开展校企合作培养高技能人才项目，共计培养学生近6000名。推动学校积极拓展校企合作的空间和形式，不断加强和规范学生实习管理工作。根据教育部要求，选择上海信息技术学校、上海医药学校、上海石化工业学校作为学生实习管理典型案例上报教育部。

（六）中高职贯通培养模式改革继续深化。10所中职校和7所高职院校实施中高职贯通模式改革，目前已有在校生近1500名。召开“上海市中高职贯通培养模式试点工作推进会”，进一步优化中高职贯通培养方案。

（七）人才培养质量成效明显。开展中等职业学校毕业生就业质量跟踪调查，初步建立起以就业质量为核心的毕业生就业状况监控、评价和服务体系。组织参加全国职业技能大赛设置的所有比赛项目，共获得48个一等奖、28个二等奖、16个三等奖和6个优秀奖，其中中职组一等奖总数在全国38个参赛省市中位居首位，团体总分列全国第二名。技能作品展洽会共获得优秀学生技能作品一等奖8个、二等奖21个，一等奖总数和项目总分均为全国第一。

（八）基础能力建设继续加强。编制7个上海市职业教育开放实训中心的验收评估和机电技术应用等6个专业的实验实训室装备新标准。完成2011年中央财政支持的实训基地建设申报评审，8个项目立项建设。开展职业教育开放实训中心运行绩效评估，对41个已通过评估验收并运行2年的开放实训中心实施绩效评估。

（九）对口支援服务能力不断提高。按照中央统一部署，上海市奉贤中等专业学校等3所学校招收首届新疆内地中职班386名学生。上海交通大学医学院附属卫生学校在去年招收149名西藏中职学生的基础上，今年继续招收150名西藏中职学生。西藏、新疆内地中职班共享受补助资金368.63万元。

八、高等教育人才培养改革稳步推进，服务国家和区域发展战略措施有力

（一）启动新一轮"985工程"和"211工程"合作共建。开展"985工程"合作共建，上海地方财政资金配套投入36亿元，其中40%（14.4亿元）作为引导性资金，引导在沪"985"高校更好地服务上海发展，加强与上海地方高校合作。印发《关于开展上海高校新一轮"985工程"服务地方经济社会发展重点建设项目申报工作的通知》，引导"985"高校在经济建设、创新体系建设、城市建设与管理、生态建设、社会建设、服务上海地方高等教育发展等六个方面积极服务上海发展。4所"985"高校已分别与7所市属高校启动合作共建。同时，积极支持上海财经大学、东华大学、上海外国语大学等"211"高校开展"经济学创新平台"、"煤的清洁高效利用与石油化工关键技术"等"985"优势学科创新平台项目建设。推进"211工程"建设。上海地方财政资金配套投入17.93亿元推进上海"211工程"建设，对"211"高校166个服务地方经济和社会发展项目（分重点学科建设项目、创新人才培养和队伍建设项目、校内公共服务体系建设项目三大类）开展验收。

（二）主动对接服务国家和上海发展战略。根据教育部《高等学校创新能力提升计划》精神，与教育部共同推进"上海数学中心"和"上海转化医学研究中心"建设，分别与国家海洋局、交通运输部共同支持海洋大学、海事大学建造教学科研实验用船，与国家体育总局共建上海体育学院中国乒乓球学院建设，与中科院合作推进浦东科技大学（暂定名）立项筹建。

（三）开展上海地方本科院校内涵建设。制定地方本科院校"十二五"内涵建设规划，根据"扶需、扶特、扶强"原则，围绕上海经济社会发展需求、结合学校的基础、特色、优势和发展目标，聚焦重点（学科专业群/平台），聚焦21个本科院校180个重点建设项目。启动实施内涵建设项目，根据"早成熟、早启动"的原则和"边实施、边完善"的思路，启动了21校80个内涵建设项目。制订相关政策办法，制订"上海地方本科院校'十二五'内涵建设"的《项目建设管理办法》、《专项资金使用管理办法》、《专项资金绩效评价办法》和《"十二五"高等教育内涵建设市级教育专项资金使用管理办法》。

（四）试点开展本市研究生专业学位教育综合改革。21家专业学位研究生培养高校全部开展全日制专业学位研究生教育综合改革试点工作，上海立信会计学院、上海第二工业大学、上海电机学院获准试点招收硕士专业学位研究生。临床医学硕士专业学位与住院医师规范化培训结合改革试验进展顺利，复旦大学、上海交通大学、同济大学和上海中医药大学共招收702名研究生（住院医师）。启动18种专业学位类别学位论文标准及评估指标的研制工作，启动上海市专业学位研究生实践基地建设，开展"专业学位研究生教育综合改革试点"中期检查，开展硕士专业学位研究生学位论文市级双盲评审改革试点。开展专业学位教育综合改革资助工作，资助11个高校进行专业学位研究生综合改革试点工作，资助15所地方高校开展研究生创新能力培养专项工作。

（五）健全研究生培养质量保障体系。健全学位论文双盲检查制度，截至11月30日参加双盲检查论文近3800篇，异议率为4.1%。开展全国优秀博士学位论文省级初选暨上海市研究生优秀成果（学位论文）评选，建立以"上海市研究生优秀成果（学位论文）"评选为主要措施的激励制度。2011年共有10篇论文入选全国优博，26篇论文入选全国优博提名。建立学位授予信息申报和审核制度，2011年共有44家学位授予单位上报学位授予信息，市学位办等上海4个单位获得全国先进单位，5位同志获得全国先进个人。审核批准21所高校的57个本科专业增列为学士学位授予专业。完成2011年上海市研究生课程进修班登记备案工作，对18所院校的130个研究生课程进修班予以登记备案。

（六）实施本科教学质量提升行动计划。推进上海高校实施卓越工程师教育培养计划，着力推进全市7所高校率先进入国家卓越工程师教育培养计划行列；实施卓越医学教育改革试点，开展康复医学人才培养，推动建立高水平的康复医学师资队伍和具有特色的康复医学教学基地。开展优质教学资源共享工作，召开松江大学园区合作办学十周年研讨会，研究和探索园区合作办学的新途径、新方式、新思路。目前园区7所高校已形成跨校互聘教师、跨校选课、学分互认、实施交换生等多项合作机制。推进大学生创新活动，召开第二届上海市大学生创新论坛，推进高校将大学生创新活动纳入人才培养计划，大批学生在本科阶段得到科学研究与发明创造的实践机会。完善本科教学质量保障体系，支持上海立信会计学院和上海金融学院接受本科教学合格评估。开展年度新专业检查，同意市属高校新增设本科专业11个。推进本科高校内涵建设，立项建设市教委重点课程601门，评选全英语示范课程49门、优秀教材奖297本、市级精品课程97门。6名教师获第六届国家级教学名师奖，31名教师获得市级教学名师奖；进一步改善校内实验教学条件，建设33个重点校外实习基地和11个示范性外实习基地；鼓励教师教学改革，组建成立新一届上海高校计算机等级考试委员会，实施2011年度全市高校计算机等级考试；围绕高校教育教学中的难点、热点和前沿性问题组织申报200个本科重点教学改革项目。开展中央财政支持地方高校专项资金相关工作，22所市属高校获得中央专项资金1.476亿元支持，上海市政府按1∶1的比例配套支持。

（七）着力推进高校知识创新工作。开展上海市重点学科建设。重点加强上海市重点学科中期建设绩效评价工作。实现了绩效与投入相关的滚动支持管理模式；推进E-研究院建设，对社会学等9个E-研究院进行评估，委托市教育评估院首次采用第三方进行第二节点考核，取得了显著效果。推进高校人文社会科学重点研究基地建设，推进各高校着力从科学研究、人才培养、学术交流、咨询服务、数据库与网络建设、科研体制等方面加强建设力度；开展上海高校人文艺术创新工作室建设，召开创新工作室建设工作推进会，确定8个创新工作室并授牌；开展研究基地和创新团队建设，完成上海理工大学“现代微创医疗器械及技术”和上海海事大学“集装箱供应链技术”教育部工程研究中心、上海大学“特种光纤与光接入网”省部共建教育部重点实验室验收。

（八）启动实施上海高校知识服务能力提升工程。继2010年启动实施上海高校知识服务团队试点工作之后，研究制定了上海高校知识服务能力提升工程，以建设知识服务平台、高校技术与转移中心和上海高校技术市场为重点，构建高校与社会、行业发展协同创新的新平台。

九、推进分类管理改革，民办教育坚持扶持和规范并重

（一）探索制定营利性和非营利性民办学校分类管理办法。对营利性与非营利性民办学校在法人属性、政府扶持、财务管理、会计准则、资产属性、合理回报、监督管理等方面进行区分和分类引导，研究制订民办学校分类管理基本制度、配套政策和相关的政府保障发展政策，明确了全市民办学校的分类标准、法人属性、税费优惠、公共财政扶持力度等内容。

（二）加大公共财政扶持民办教育发展的力度。2011年市级财政安排民办高校专项扶持资金1.91亿元（不含帮困助学等），用于加强民办学校内涵建设、扶持民办学校特色校和示范校、实施民办高校“强师工程”、建设民办教育公共服务平台等；市级财政预算内安排民办高等教育3000万元、民办基础教育5000万元、以招收随迁子女为主的民办小学3.5亿元。

（三）促进民办学校特色优质发展。进一步推进民办学校实施教职工年金制度。开展民办学校特色内涵发展课题研究，30所学校已被中国教育学会民办中小学协会列为特色创建实验学校。规范民办学校财务资产管理，依托高校研制开发财务管理软件，开展相应财务制度与软件应用的校长与专职人员的培训工作。

（四）推进民办高校“强师工程”。开展民办高校骨干教师、青年教师、校长和管理人员培训项目，组织民办学校优秀教师高级研修班，鼓励民办学校青年教师提高学历层次和专业技能。制定实施民办学校专业校长资质认定办法和考核办法，继续推进民办学校教师年金制度，建立民办学校专职教师资源信息库。

（五）落实民办学校财务管理制度。加强财务管理制度建设，推进落实《民办高校财务管理办法和会计核算办法（试行）》、《关于加强民办高等学校学费及政府扶持资金管理的通知》和《关于建立民办高校学费收入信息管理系统的通知》，促进各校规范资金资产管理。完善民办高校财务及学费管理信息平台，指导民办高校加强对政府扶持资金和学费的管理与使用，做到资金使用科学合理、资金流向公开透明。加大民办高校专项审计和专项监管力度，为财政继续加大对民办学校支持力度、开展营利性和非营利性民办学校的分类管理试点奠定基础。本市民办学校财务管理政策在全国属首创，受到教育部的认可和兄弟省市的关注。

（六）完善民办非学历教育管理工作。召开上海市规范教育培训市场管理联席会议第一次全体会议，建立由沈晓明副市长为总召集人，市政府相关职能部门为成员单位的上海市规范教育培训市场管理联席会议制度，加强对本市教育培训的市场管理。深入实施有关管理制度，推进落实《上海市民办非学历教育院校（机构）审批和管理办法（试行）》和《上海市民办非学历教育院校（机构）设置标准（试行）》，明确准入标准，强化审批管理。进一步规范全市各类教育培训招生广告发布行为。继续组织开展对本市民办非学历教育院校的办学状况和办学行为的依法评估和专项督查，截至2011年底已对全市近3/4的民办非学历教育院校开展办学评估和专项督查。

十、开展终身教育体系建设，学习型社会深入推进

（一）颁布实施上海市终身教育促进条例。提出了具有科学性、前瞻性的指导方针，明确了各类实施主体及其职责分工，明确了政府主导、多元投入的终身教育经费保障机制，体现了终身教育管理的规范性和创新性，在全国具有示范作用。

（二）构建学分银行体系。开展学分银行学历教育首批课程学分认定标准建设，制定学分银行学历教育学分认定标准规范，完成制定165门课程学分认定标准、139个非学历证书学历教育学分认定标准、涉及商务英语、工商管理、物业管理、行政管理、会计、计算机应用技术6个专业。开展完成学分银行首批职业培训证书认证，完成450个职业证书认证，形成由541个非学历证书构成的学分银行首批证书目录。完成学分银行文化休闲教育首批课程认证，制定学分银行文化休闲教育学分认定标准规范，完成学分银行文化休闲教育932门课程认定。构建学分银行学历教育学分信息库，开展华东师范大学、上海师范大学、上海海洋大学、上海工程技术大学、上海外贸学院、上海商学院、上海高等教育自学考试和上海电视大学8所试点高校（机构）学生成绩信息导入学分银行工作。

（三）谋划和推动老年教育发展。召开市第三次老年教育工作会议，明确在新的起点上推动上海老年教育新发展的方向和目标；颁布实施老年教育“十二五”规划，明确未来五年老年教育发展的思路和任务；在浦东、徐汇、普陀、宝山四区正式启动成立“上海老年大学分校”，市、区两级财政配套支持。全面启动老年教育支持服务体系建设，制定《建设老年教育支持服务体系方案》，发挥各类市级老年教育机构的专长和优势，启动老年教育理论研究、政策研究、课程开发、师资培训、信息管理、国际交流等中心建设，夯实老年教育基础。推动优质区级老年大学对基层老年教育机构的指导和服务。

（四）大力提升社区教育服务功能。开展社区教育实验工作，确定实验街镇132个，各类实验项目181个。开展优秀社区教育课程、教材、课件和学习实践活动评选，97门课程被评为社区教育特色课程。增强社区教育服务能力，举办“阅读红色经典，激扬爱国情怀——社区网上读书活动”；成立“数字化学习资源共享联盟”，加大网上学习资源开发整合。

（五）开展形式多样的终身学习展示活动。举办第七届全民终身学习活动周，举办市民绘画、歌舞展演、手工艺制作、演讲、辩论等全市13项大型赛事，开展各类学习活动2000多项，参与市民超过320万人次。积极推动市民文化建设，开展市民诗歌创作、家庭讲故事比赛。订立长三角地区公众讲座资源共建共享协议，为市民文化讲座资源跨地域、跨部门的共享共建搭建了平台。

（六）深入开展学习型组织创建活动。明确“十二五”期间学习型机关、学习型企业、学习型社区和学习型家庭四类学习型组织创建标准。组织开展优秀学习型团队创建评比，在全市评选产生100个优秀学习型团队。召开学习型家庭创建推进大会，研究深化学习型家庭创建有关工作。举办第一届区县学习办和街镇分管领导学习型组织创建工作专题培训班，对部分街镇分管负责人和社区学校校长开展业务培训。

十一、扩大教育对外开放，教育对外合作深入拓展

（一）创新中外合作办学模式和机制。引进国际一流教育资源合作取得实质性进展，上海纽约大学获教育部批准正式开工建设，有关学校章程制定、课程设计、办学机制和招生方案的制订工作同步推进。完善中外合作办学质量评价体系，启动示范性中外合作办学机构和项目建设评选试点，完成对上海工程技术大学与法国巴黎时装学院合作举办服装设计专业本科教育项目和上海医药学校与澳大利亚博士山技术与继续教育学院合作举办药剂（药品物流）专业和药剂（药品营销）专业中等职业教育项目的质量认证探索。

（二）大力发展来沪留学生教育。留学生数量继续扩增，长期生和学历生比例稳步提高。启动本市高校外语授课课程师资国外研修项目，首批37名教师分赴加拿大和澳大利亚进行为期18周和12周的外语和教学法方面培训。启动开发“当代中国研究”课程教材，全册完成6册编制。新增5个外国留学生中国文化体验基地与社会实践基地，留学生社会服务体系逐步形成。

（三）主动参与和服务国家汉语国际推广战略。新增孔子学院3所，即上海师范大学与美国密苏里大学合作建立的美国密苏里大学孔子学院、上海对外贸易学院与克罗地亚萨格拉布大学合作建立的萨格拉布大学孔子学院、上海外国语大学与匈牙利塞格德大学合作建立的塞格德大学孔子学院。新增孔子课堂3个，即上海外国语大学附属外国语学校（上外附中）与俄罗斯莫斯科1948教育中心“语言学家-M”合作举办的孔子课堂、上海市世界外国语中学与美国诺顿航天航空学校合作建立美国诺顿航天航空学校孔子课堂、上海市世界外国语小学与美国洛杉矶联合学区合作建立美国洛杉矶联合学区孔子课堂。目前全市已有孔子学院35所,孔子课堂8所。

(四)启动高校学生海外学习、实习项目。开展首期3500万元启动资金项目,以"政府助一点、学校投一点、学生自己出一点"的方式,资助市属高校1300余人次赴海外知名院校、研究机构学习、实习,拓展学生国际视野,提高国际交往能力和跨文化适应能力。

(五)实施上海市"海外名师项目"。创设上海市聘请外籍教师的"海外名师项目",为市属高等院校聘请世界高层次专家前来授课、讲学、开展跨国跨境科研提供财政资助,20所市属高等院校共申报35名拟聘请的海外名师名单。

(六)开展中外青少年交流活动。中国国际青少年活动中心(上海)落户东方绿舟,为吸引世界各地青少年来沪交流学习、扩大教育国际合作交流搭建了平台。"2011上海国际友好城市青少年夏令营"成功开营,来自12个国际友城26所学校82名青少年参加;应国家主席胡锦涛邀请,300余名俄罗斯中小学生来沪参加夏令营活动,增进中俄青少年的交流和理解。

(七)开展友好城市合作交流活动。与韩国的釜山、济州,日本的大阪、长崎、横滨,澳大利亚的昆士兰,南非的夸纳省,法国罗阿大区等友好城市开展持续深入的教育交流互访;与墨西哥哈里斯科州教育部续签双边合作协议。

(八)完成多项重大国际教育交流活动。第十二届世界俄语大会在沪举行,俄罗斯教科部副部长杜利诺夫来沪出席大会;主题为"数字化环境下的学生学习"的第四届上海—新加坡基础教育圆桌会议举行,两地继续互派2名中小学校校长挂职交流;上海—芬兰职业教育研讨会在复旦大学举行。

(九)做好外籍人员子女学校管理工作。加强与各学校的联系沟通,搭建有效的管理平台。开发"本市外籍人员子女学校信息管理系统",及时了解和掌握本市外籍人员子女学校在校师生人数及流动情况,为今后合理规划和管理提供便利。支持协助上海日本人学校在沪设立了全球日本海外学校的第一所高中部,目前本市共有32所外籍人员子女学校(其中20所国际学校、7所日韩补习中心和5所本地学校国际部),在校生人数达26680名(幼儿园4112人,小学10987人,初中6114人、高中6614人),有12所学校的办学规模达千人以上。基本满足了在沪外籍人士子女的教育需求。

十二、深化招生和就业工作改革,学生成长发展环境进一步优化

(一)平稳完成全年各项招生录取工作。普通高校招生方面,今年参加本市普通高校招生考试总人数为6.12万人,有710所高校在沪进行秋季招生录取,招生计划总数为5.29万余人,实际录取考生54542名(不含复旦、交大自主招生改革试验录取的1230名),完成对外公布招生计划的103.10%。其中:本科41966名,占总录取数的75.24%,专科13806名,占总录取数的24.76%;本市院校录取44414名,外省市院校录取10128名。"专升本"和"插班生"方面,2011年"专升本"招生院校共18所,计划招生3355名,其中计划招收退役士兵492名。插班生考试工作招收院校新增上海理工大学,相关6所高校共计划招收390名插班生。中职招生录取方面,2011年本市共有81所中等职业学校纳入招生计划,录取总数5.16万人,完成教育部下达的指导性招生计划总数的107.5%。其中:录取本市生源3.13万人,录取非本市生源1.22万人,成人中专录取0.81万人。中等职业学校与普通高中录取比为5∶5。

(二)做好少数民族学生和市属高校外省市招生工作。少数民族学生招生方面,2011年年录取少数民族新生(含预科转入)873人,比2010年增加237人,增幅37.3%。其中:本科录取724人,比2010年增加111人,增幅18.1%;高职(专科)149人,是2010年的5.5倍。市属高校在疆录取新生1708人(含新疆内地班、预科生转入),完成招生计划115.7%。其中,本科录取1204人,完成招生计划150.5%;高职(专科)录取504人,完成招生计划74.6%。录取新疆少数民族预科生172人,其中本科140人,高职(专科)32人。此外,首次定向录取新疆喀什地区新生150人,完成招生计划86.4%,其中,本科131人,完成招生计划114.9%,高职(专科)19人,完成招生计划47.5%。市属高校外省市招生方面,积极扩大中西部地区招生规模,2011年市属高校继续承担教育部下达的"支持中西部地区招生计划"、"部分地区普通高等教育跨省生源计划调控方案",涉及内蒙古、山西、安徽、河南、广西、贵州、云南、甘肃、四川、陕西、宁夏、新疆等12省区。市属普通高校所承担的上述两专项招生规模达3.38万人,比2010年增加0.3万人,增幅9.7%。

(三)严格规范特殊类型招生。深入推进招生"阳光工程",公示艺术特长生393名、高校"自主选拔录取改革试点”考生1871名、高水平运动员考生213名、体育特长生516名、保送生257名、复旦大学和上海交通大学“深化自主招生改革试验”考生1230名、政策性加分对象967名、推优加分对象553名、文艺特长生150名、科技发明创造奖获得者或单科竞赛优胜者94名、技能特长生51名，坚决做到不经公示不得录取。严格高水平运动员和体育特长生的资格审查，进一步规范录取工作，未发生因该类招生录取问题的来访。体育特长生、高水平运动员的招生经全市体育专项统一测试认定合格并公示的体育特长生共516名，共录取462名，录取率为89.50%(去年为88.20%)，其中本科录取366名，高职(专科)录取96名。

(四)加强学生就业指导服务。毕业生就业率稳中有升，2011年上海高校共有毕业生17.5万人，比2010年增加0.7万人，增幅为4.0%，其中：毕业研究生3.2万人，同比增加10.3%；本科毕业生8.7万人，同比增加6.1%，专科毕业生5.6万人，同比略有下降。截至9月1日，上海高校毕业生总体就业率为95.68%，比上年同期上升0.56个百分点，其中：研究生就业率为96.26%，比上年同期增加0.29个百分点；本科生就业率为95.33%，比上年同期增加0.83个百分点；专科(高职)毕业生就业率为95.9%，比上年同期增加0.32个百分点。截至9月1日，本市累计引进非上海生源高校毕业生约1.47万人，为缓解全国高校毕业生就业压力作出贡献。积极开展高校毕业生就业服务，组织实施“选聘高校毕业生到村任职”、“大学生志愿服务西部计划”、“三支一扶计划”及“高校毕业生预征入伍工作”等项目，上述项目全年计划招募毕业生800人。截至8月底，2011年上海地区高校毕业生入伍预征报名人数为2629名，超过上年同期近24个百分点，学历层次同比也有大幅提升，本科及以上学历人数超过半数。115名首届免费师范毕业生(另有1名延期毕业，2名退出)，通过双向选择和统筹安排相结合方式，全部落实从教岗位和编制。深入推进高校毕业生自主创业，截至9月1日，全市共核发高校毕业生自主创业证459张，实现创业人数362人。

(五)落实各类学生资助项目。完善中职学生资助和免费教育体系，2011年本市共有12.7万余人次享受中职免费教育，享受免费金额3.5亿元。至此，本市中等职业学校免费政策覆盖面已达到在校生总数的52%；89所中职学校7806名学生获得上海市奖学金663.95万元，19万人次获得助学金1.13亿元。资助困难学生返乡和勤工俭学，全市高校共向21000多名学生发放375万元的返乡路费补助，全市高校寒假期间共安排8600多个勤工助学岗位，学生勤工收入284万元。

(六)学生帮困助学体系进一步完善。建立高中家庭经济困难学生资助制度，从2011年秋季学期起对于城乡低保家庭、烈士子女、孤儿、残疾学生免学费、课本和作业本费，同时发放生活补贴。普通高中按各类普通高中相应的收费标准免除，民办高中按一般高中的收费标准免除；课本和作业本费按每生每年440元标准免除；生活补贴按每生每年2000元标准发放。对于其他家庭经济困难的学生，平均资助标准为每生每年1500元，结合学生家庭经济困难程度，在1000—3000元范围内确定。建立学校学费减免制度，要求全市普通高中按学校事业收入3%的比例提取为校内奖助学金，用于补充其他家庭经济困难学生减免学费或其他临时困难补助。“绿色通道”工作显成效，本市57所地方高校均开设“绿色通道”，7116名家庭经济困难新生通过“绿色通道”入学。据初步统计，6341名学生共缓交学费4128万元；各高校给15026名新生发放生活补贴167万元；为6805名新生发放价值106万元的生活用品。国家助学贷款进一步规范，为加强国家助学贷款贴息工作管理，规范财政专项资金的使用，今年再次对申请贴息适用对象、申请贴息流程等进行规范，全年财政共计贴息830多万元。推进基层就业学费补偿贷款代偿工作，459名毕业生经过资格认定，其中4名2009届毕业生得到第一年基层就业补偿代偿金。

(七)做好高校学生伙食工作。发挥后勤协会餐饮专业委员会的行业指导作用，组织开展高校伙食价格和食堂成本动态监测和分析。启动市教委高校食堂价格调节准备金，对高校猪肉团体采购和学生食堂给予3729万专项补贴，从结构上加强学生食堂成本控制。实施秋季学期临时伙食补贴，向各高校68629名家庭经济困难学生发放2000多万元补助，并于11月对1754名学生增发一次性临时伙食补贴。制订上海市落实教育部等五部门关于进一步加强高校学生食堂工作意见的实施细则，完善和落实保障性食堂各项优惠政策，建立上海高校学生食堂工作长效机制。支持高校后勤服务中心推动高校“农校对接”平台建设，鼓励高校加大主副食品团体采购和合同储备力度。

(八)加强学校安全管理。加强全市700余所学前儿童看护点安全防范工作，71个学前儿童看护点转为民办三级幼儿园。开展全市义务教育阶段学校消防设施改善工程，投入专项资金，改善本市9个郊区县623所义务教育阶段中小学校(含以招收进城务工人员随迁子女为主的民办小学)消防设施。深入开展中小学安全文明校园创建,1196 所中小学和中等职业学校申报“2010—2011 年度上海市安全文明校园”并通过区县初审。严格落实中小学安全管理制度,实施《上海市中小学幼儿园安全防范管理基本要求地方强制标准》;按照《中小学幼托园所校车管理若干规定》,完成 1500 辆校车登记备案和申领校车标牌工作。严格安全风险勘查整改制度,对黄浦(含原卢湾)、徐汇、长宁四个区所有中小学进行安全风险勘查。实施每月联合抽查制度,联合交警、治安、消防等部门抽查部分中小学幼儿园校车、技防、消防工作制度执行情况,全年对青浦等 8 个区的 37 所中小学幼儿园进行抽查,发现和整改安全隐患 121 处。深入开展中小学毒品预防教育,全年网上禁毒知识竞赛参与人数超过 90 万人次,参观市禁毒科普教育馆的中小学生超过 14 万人次;开展毒品预防教育进职校、进工读学校专场活动,截至 10 月底累计进入 29 所中职校、工读学校开展 29 场毒品预防教育专场活动,受众 12000 余人。加强工读教育,举办主题为“工读学校职业教育”的第八届上海市工读教育论坛和第八届“拥抱明天”系列活动,启动第四轮工读学校教师全员培训,完成第一批 130 余名教师的培训工作。开展高校安全隐患排查治理,全年暗查复旦大学等 65 所高校,派出检查人员 415 人次,查出隐患 245 项,提出整改意见和建议 231 条;开展“清剿火患”战役行动,全市教育系统共排查了 2764 所学校,开展部门联合检查 2576 次,共发现火患 455 处,“清剿”火患 440 处。

十三、贯彻以学生为本理念,学校体卫艺科工作取得新成绩

(一) 实施学生健康促进工程相关项目。推进足球项目大中小学课余训练一条龙建设计划,确立设足球项目高水平运动队的同济大学、东华大学、上海理工大学、上海工程技术大学,以及试办女足运动队的上海应用技术学院,有运动训练专业的华东师范大学、上海体育学院、上海师范大学作为一条龙建设的牵头高校,同时有来自 14 个区县的 31 所高中参与足球项目,形成一条龙计划。启动区县学生体质健康监测中心建设,确定在徐汇、长宁、闵行、浦东、杨浦、宝山、金山、嘉定、奉贤、崇明 10 个区县试点建设区县级学生体质健康监测中心。开展 2011 年上海市中小学生《国家学生体质健康标准》抽样监测,随机选取全市 17 个区县四年级、八年级各 2 个自然班(分属不同学校),进行《国家学生体质健康标准》部分项目抽测,督促各区县高度重视学生健康促进工作,为建立常态化的体质健康公告制度打好基础。实施医生进校园工作,颁布《关于在本市中小学和托幼机构开展“医教结合”工作的指导意见》,指导各区县教育局会卫生局为广大在校儿童和青少年提供安全、便捷、优质的公共卫生服务;制订《医生进校园工作指南》。制订健康促进学校指标体系(含高校版、中小学版和托幼机构版),用于指导和考核上海市各高等学校、各中小学校(含中等职业学校)和托幼机构的学生健康促进工作。继续推进学校卫生保健室标准化建设,完成全市 70%公办学校的卫生保健室标准化建设工作,投入经费约 2300 万元;完成政府委托民办小学卫生保健室标准化建设工作,投入经费约 260 万元。开展学校体育科研立项课题的跟踪管理,委托市教育评估院对 2010 年度确定立项的 278 项体育科研课题进行跟踪管理。

(二) 启动实施学生实践和创新基地建设工程。制定学生实践和创新基地建设工程(艺术、科普部分)方案,实施上海市学生艺术团提升计划。开展“上海市学生艺术团管乐、弦乐、交响乐团新建组团(试点)”申报与现场测试,通过开放式扩编(试点)申报机制,批准成立 9 个乐团,成立上海市共康中学藏族学生管乐团(筹)。实施“指南针”计划——青少年民族文化体验基地建设,虹口区 21 所学校开展了“国家指南针计划专项青少年基地建设研究和示范项目”进校园、进课堂的实践活动。基地举办的参观、体验活动 109 场,接待学生 12000 人次。

(三) 组织参加各类重大文体竞赛活动。组团参加第十一届全国中学生运动会,上海代表团共获得奖牌 41 枚,其中金牌 22 枚、银牌 7 枚、铜牌 12 枚,金牌榜首次位列全国第一名、并获奖牌榜第三名、团体总分第三名的优异成绩,代表团 4 人 4 项 6 次破中运会纪录,被组委会评为体育道德风尚奖代表团,取得运动成绩和精神文明双丰收。在第十一届全国中学生运动会体育科学论文报告会暨第六届全国学校体育科学大会上,本市共报送 100 篇论文参评,有 67 篇论文获奖,其中一等奖 12 篇、二等奖 25 篇、优秀论文奖 30 篇,获一等奖论文数列全国第一名,总分列全国第三名,取得了上海参加历届全国中学生运动会以来的最好成绩。组团参加各类大型学生文体展示活动,参加在奥地利维也纳举行的“2011 年世界中学生体育节”、在重庆市举办的“心手相连、健康成长——2011 年全国学生阳光体育展示活动”、在山东青岛市举行的 2011 年全国青少年“未来之星”阳光体育节等文体活动,充分展示了本市中小学生的精神风貌。组队参加全国第一届体育教师教学技能比赛,6 名优秀中青年体育教师代表上海参赛,获得团体总分一等奖、3 名个人一等奖、3 名个人二等奖的好成绩。举办第二届上海夏季音乐节，邀请巴伦波伊姆、李云迪、王健、杨雪霏、英国皇家爱乐乐团等名家名团演出，上海学生交响乐团、上海学生艺术团春天合唱团、上海洋泾中学男声合唱团等学生艺术团体在音乐节期间进行精彩演出，上海学生交响乐团与英国皇家交响乐团联袂演奏。

十四、不断推进人事制度改革，师资培养培训力度继续加大

（一）积极推进教师人事制度改革。做好岗位设置管理实施工作，完成31家所属高校及其附属单位的在职人员岗位设置和首次聘任工作，对教育系统208名二级专业技术岗位人选进行评审，198名人选报送市人力资源社会保障局核准；启动市属高校退休专业技术人员岗位等级认定工作，39名通过认定。指导各区县基础教育系统事业单位开展岗位设置管理实施工作，指导直属学校开展岗位设置管理，审核直属学校的岗位设置方案和岗位设置实施方案，完成制度入轨。完成部分市属高校编制调整，对3所编制富余的高校调整并划拨编制1250个，清理出1个撤销学校编制155个，共计1405个编制用于支持12所编制紧缺的高校。

（二）开展高层次领军人才建设。完成两院院士候选人申报，推荐上海交通大学医学院、上海大学和上海中医药大学等3所高校报送的7位院士候选人上报。完善中央和地方“千人计划”实施工作，推荐上海大学等4所高校9人推进国家“千人计划”。落实“千人计划”人才生活待遇等相关政策，完成“千人计划”(3人)人选的子女就读本市学校工作；开展“上海千人计划”重点学科引进人才申报，51人入选。开展年度上海领军人才“地方队”选拔和队伍建设，19人获得领军人才称号，共获资助经费385万元；开展第三批24人“领军人才”地方队培养对象的中期考核工作，15人获得优秀等次，9人为合格等次，其中10人获得二期资助100万元。开展中组部“青年拔尖人才支持计划”申报，推荐上海大学等21所高校121人申报材料送市委组织部审定。

（三）启动高校“教师专业发展工程”。继续实施“上海特聘教授（东方学者）岗位计划”，72人入选，其中特聘教授43人（含团队2个），讲座教授29人。按照岗位情况，“教学科研兼顾型”38人，“研究型”29人，“教学型”5人。实施上海高校教师产学研践习计划，701名教师和39个上海地方高校产学研基地（试点）获资助经费3610万元。实施上海高校教师国内访问学者计划，批准284人入选本计划（其中：20人入选教育部计划），共资助经费1315万元。实施上海高校教师国外访学进修计划，批准555人入选本计划，共资助经费5075万元。实施上海高校青年教师培养资助计划，753人入选本计划，除5所部属（军队）高校的77位入选青年教师由“211工程”市政府配套经费中提供资助经费外，上海大学等40所公办高校的575位入选青年教师由市教委专项提供资助经费2302.5万元，19所民办高校的101位入选青年教师由市教委民办教育基金提供资助经费367.5万元。开展人才课题公开招标，上海大学高等教育研究所等5个单位获得课题经费资助。

（四）实施普教系统各类教师培训。开展国家级校长教师培训，推荐14名教育系统干部参加全国地市教育局长研修班、全国县市教育局长培训班、全国省、地督学培训班；推荐33名校长参加全国校（园）长高级研修班；推荐964名教师参加国培计划（2011年）中小学幼儿园骨干教师、班主任、紧缺薄弱学科骨干教师、教师培训者等培训项目。开展高端人才培养，完成第二期693位名师名校长后备人选培养；完成第一期33名长三角名校长培训，开展第二期33名长三角名校长集中研修；继续开展“上海—美国加州影子校长项目”，推荐16名校长、20名教师赴美国加州开展为期8周的“影子校长”、“影子教师”研修。开展郊区县教师培训，完成第二期140名1—5年教龄的职初教师基本功培训；完成第二期100名5—10年教龄的中小学、幼儿园青年教师基本技能研修项目，启动第三期100名学员培训工作；完成第一期1030名10年教龄以上的教师培训者培训；继续开展新农村教师专业学科培训项目，完成历史学科14门课程建设和20名培训者培训、372名教师面授培训和126名教师远程培训；完成95名远郊区县英语教师暑期强化培训工作；开展85所以招收进城务工人员随迁子女为主的民办小学教师资格制度执法检查，完成2500余名教师全员培训工作。继续推进其他常规培训，完成4700余名中小学、幼儿园校（园）长暑期专题培训工作和1400余名幼儿园正职园长暑期培训工作，启动郊区县正职幼儿园园长（2011—2013年）轮训；开展职初幼儿教师岗位技能培训者研讨交流活动，开展保育员（三大员）岗位培训机构资质认定工作；继续开展中小学教师教育技术能力（中级）培训，35500余名教师完成培训，20583名教师参加全国中小学教师教育技术水平考试；开展“教育部—微软（中国）‘携手助学’二期创新教师培训”项目，321名教师完成培训。开展英特尔未来教育教师培训工作，1180名教师完成培训；开展特殊教育教师培训，对25名听力语言康复教师、72名资源教师与巡回指导教师和30名自闭症康复训练与教育教师开展业务培训；开展科技艺术教师培训，完成共计100名科技、艺术骨干教师创新能力提升培训，启动课外校外科技艺术教师专项实训和课外校外教师网络远程培训。

（五）开展教师评优评奖工作。选拔和推荐2011年度全国和上海市教书育人楷模候选人，向教育部报送周小燕、刘京海2位候选人为全国教书育人楷模候选人，其中周小燕教授入选成为全国十位教书育人楷模之一；授予上海交通大学王竹如等10人为上海市教书育人楷模荣誉称号。完成宝钢优秀教师奖评审，上海工程技术大学吴忠等10人被评为2011年宝钢优秀教师奖，其中：吴忠为宝钢优秀教师特等奖提名候选人。开展特级教师评选，全市普教系统共评选出81名特级教师。

（六）开展教师对口支持工作。选派第11批100名教师赴滇支教选派，选派第二批教师赴喀什地区支教（目前已有32名教师在喀什支教）；全市教育系统全年累计向对口地区派遣支教教师近1000人（含短期支教讲学），接受对口地区来沪研修培训的教师干部达8600多人次。

十五、审计监察工作有力，教育管理规范化水平进一步提高

（一）进一步健全教育财务管理。做好市级教育专项资金下拨工作，会同市财政局对2011年“十大工程”实施项目进行研究和论证，制定2011年20亿元专项资金安排方案，并完成资金预拨。下拨2011年市教委所属高校化债资金，基本完成市教委所属高校化债任务。完善相关财务管理制度，会同市财政局、市审计局共同制定《实施〈上海教育规划纲要〉专项资金使用管理办法》，颁布《上海市教育委员会专项经费评审实施细则》、《上海市教育培训机构学杂费专用存款账户管理规定》，制订《“十二五”高等教育内涵建设市级教育专项资金使用管理办法》。

（二）开展教育财务审计工作。配合审计署开展审计工作，配合开展上海市市长经济责任审计组进驻市教委开展延伸审计，建立周报告制度，每周及时上报审计工作进展情况；配合开展地方性债务审计调查。继续深化经济责任审计，对金融学院、电力学院、应用技术学院等5所高校校长以及上海市高校浦东继续教育中心、上海科艺中心、上海老年大学等8家直属单位负责人开展了领导干部经济责任审计。加强经济责任审计制度建设，颁发《上海市教育委员会关于印发上海市教育系统经济责任审计报告基本格式以及审计项目质量控制要求的通知》和《上海市教育委员会关于印发〈上海市教育系统领导干部经济责任审计整改工作暂行办法（试行）〉的通知》两项制度。开展教育系统国有企业财务决算审计，印发《关于做好2010年度教育系统国有企业财务决算审计工作的通知》，组织实施委直属单位和市属高校所属国有独资和控股企业2010年度财务决算审计。

（三）严格规范教育收费。开展规范教育收费春季检查和秋季联合大检查，自查率达100%，组织抽查12所高校，检查全市17个区县、36所高中、72所幼儿园。对6个区县共21所中小学开展暑期违规办班补课收费情况暗访，加强督查整改。深化中小学“退租还教”工作，进一步严格规范学校出租出借场地行为，严禁续租续借。抓好中小学违规强制或变相强制学生订阅教辅资料问题，查处违规推荐、统一征订教辅材料问题6件，涉及违规金额11.61万元。开展本市高校研究生收费情况调研，今年1—10月共查实并清退违规收费48.49万元。

（四）加强招生监察工作。进一步完善阳光透明的信息公开机制、分层负责的信访接待机制、多方参与的监督制约机制，构建长效管理模式；着重加强了对招生计划调整、招生章程、考生资格的审查、复核，加大了对考试考务工作、体育特长生招生、自主招生工作以及招生现场的督查力度，实行招生监察工作全程参与、全程监督、全程服务、全面覆盖的机制，严肃查处3起以假材料获得人才引进居住证问题及2起违规招生问题，构筑良好招生环境；招生考试现场信访量继续走低。

（五）深入开展各类专项治理工作。抓好清理规范庆典、研讨会、论坛活动，坚持清理与规范并举、治标与治本结合，健全控制和规范庆典、研讨会、论坛活动的长效机制。加强公务用车专项治理工作，完成两委机关和下属事业单位公务用车的全面登记自查、审查核实和专项督查工作，推进系统公务用车规范管理。深化“小金库”专项治理，开展“小金库”专项治理全面复查，专项督查上海出版印刷高等专科学校、上海市实验学校、行政管理学校、教研室、科技艺术教育中心、师资培训中心等6家单位，重点关注并整体推进行政经费压缩、行政经费管理改革、财务预决算以及“三公经费”等改革工作。加强高校工程建设领域突出问题专项治理长效机制建设，进一步巩固高校工程建设领域突出问题专项治理成果，强化高校基本建设从业人员廉洁自律意识和专业服务水平。

（六）启动教育信息化公共服务平台建设工程。制订教育信息化“十二五”规划、教育信息化公共服务平台建设实施方案和教育信息化建设工作制度，召开上海市教育信息化工作会议暨庆祝上海教科网开通15周年、上海市高校信息安全工作会议，总结网络信息安全工作；开展市教委电子政务综合应用平台改造工作。

（七）推进政府信息公开和政务服务。做好政府信息的主动公开工作，公开2011年部门预算、“三公”经费预算信息、2010年度9项市级财政专项资金使用情况信息，发布各类政策解读109条，受理并答复信息公开申请32件，信息公开专栏访问量达292.94万人次。加强与社会的沟通交流，开展各类网上互动项目56项，组织3次市教委负责人与社会公众进行视频在线访谈。推进教育系统信息公开，指导区县教育行政部门深入推进政府信息公开工作；完成高校信息公开试点，制定印发高校信息公开专栏标准化建设指导意见；组织实施中小学信息公开工作评议，全市中小学信息公开工作覆盖率达100%；推进区县教育部门招生考试机构信息公开标准化建设，组织实施相关评议。

（八）开展教育行政审批制度改革工作。推进市级教育行政审批标准化建设，开展市级教育行政审批事项网上预审当场受理改革，20个审批事项全部实行网上预审制度；启动市级教育行政审批事项业务指南和办事手册编制工作，启动“教师资格认定”等8个审批事项首批业务手册和办事指南编制并初步完成相关工作。开展区县教育行政审批事项清理工作，组织各区县上报实际正在行使的教育行政审批事项清理情况，并开展相关清理工作，初步确定了各区县的教育行政审批事项并报市审改办，统一了各区县教育行政审批事项目录。

十六、贯彻依法治教要求，教育法制与政策研究工作有序开展

（一）稳步推进上海市各项教育立法工作。做好《上海市终身教育促进条例》的制定和审议通过后的宣传实施工作，协助市人大做好《上海市终身教育促进条例》（草案）的审议工作；《上海市终身教育促进条例》颁布实施后，组织相关人员编写“《上海市终身教育促进条例》释义”等学习、宣传材料，积极开展宣讲和贯彻实施工作。做好《上海市中小学校学生伤害事故处理条例》修订工作，报市人大审议通过。开展《上海市民办教育促进条例》、《上海市公共场所外文使用管理规定》、《上海市教育评估暂行规定》立法调研，形成立法调研报告，为制订相关条例和规定做好立法前的基础准备。

（二）开展本市教育改革发展前瞻研究。深化“长三角教育联动发展”研究成果，召开第三届长三角教育联动发展研讨会，发布《建立长三角教育综合改革试验区研究》课题研究成果，签署7项有关合作协议。开展相关课题研究，完成“推进上海教育国际化战略研究”课题研究，形成上海教育国际化相关政策建议；开展“上海学前教育就学与管理制度研究”课题研究，提出完善上海学前教育就学和管理制度的政策建议；开展学生申诉理论和实务、教师申诉理论及实务等政策研究，指导开展纠纷处理。开展上海市第十届教育科学研究成果评审奖励，召开奖励大会，《教育评估文库》等32项成果获教育理论创新奖，《高等中医药教育人才培养评价体系及质量预警信息系统研究》等228项成果获教育改革实验奖，《上海市中长期教育改革和发展规划纲要（华东师大版）》等13项成果获教育决策咨询奖。教育科学研究成果丰硕，在全国第四届教育科学研究优秀成果奖评选中，上海市教育委员会推荐的吕型伟、华东师范大学推荐的瞿葆奎两位教育家获终身成就奖，本市共有35项成果获奖，其中一等奖3项、二等奖10项、三等奖22项，占全国获奖总数（289项）的12%。

（三）积极推进教育行政法制工作。深入开展依法治校，组织召开本市中小学“依法治校示范校”创建总结表彰大会，有序推进依法治校示范校的创建工作；组织开展普通高校章程建设调研，深入开展依法治校工作。开展教育法制培训，开展面对中小学校的教育法制培训，重点做好中小学校长教育法制培训，增强中小学校长法制意识。推进教育法学会相关工作，筹备成立上海市教育法学研究会，推动上海市教育法学创新。

（四）推进普法工作向纵深发展。开展“五五”普法总结及“六五”普法规划工作，做好市教委参评全国“五五”普法先进单位和先进个人工作，深入各区县、高校、直属单位开展本市青少年普法工作调研，颁布《“六五”普法规划》。组织开展青少年普法教育系列活动，扎实推进“法律进学校”活动，开展上海市第三届“新沪杯”全市青少年法律知识竞赛、青少年法制教育优秀教案征集活动、“紫竹园杯”上海市青少年法制动漫优秀作品征集活动、“12·4”宪法宣传周活动等青少年普法教育活动，有效提高中小学法制教育实效。

十七、深化语言文字管理工作，促进语言文字规范应用

（一）探索完善语言文字规范管理。开展语言文字规范研究，编制《上海中长期语言文字事业改革和发展规划纲要（2011—2020年）》，研制《上海市公共场所外文使用管理规定（草案）》，承制国家标准《公共服务领域外文译写规范》。开展社会语言文字应用监测,开展上海公共场所外文译写纠错青年志愿者集中行动,进一步完善中英文纠错志愿者社团活动机制,加强公共场所语言文字应用网络监测平台建设。

(二) 开展语言文字诵读活动。推进上海市“中华诵·经典诵读行动”试点,召开试点工作(中期)研讨会,在试点整体推进的虹口、嘉定区组织召开了经典诵读展示和总结会,在浦东新区、黄浦区组织召开了经典诵读展示和研讨会。建立上海市“中华诵·经典诵读行动”名师工作室,发挥诵读工作名师效应,开展对试点学校经典诵读、讲解、书写、科研的师资培训工作。以建党90周年为契机开展红色经典诵读活动,编制出版《红色诗文选编》,在全市各级机关、学校、企事业单位开展“学习党的历史,诵读红色诗文”活动;成功举办“中华诵·颂歌献给党”红色经典诵读晚会(上海篇)。

(三) 开展语言资源数据库建设。举行中国语言资源有声数据库上海建库工作启动仪式,复旦大学、华东师范大学、上海师范大学和上海大学等4所高校与市语委签署《上海话有声数据采录责任协议书》,开展上海话有声数据采录,确定14名发音人,开展采录。

各级各类教育

综　合　类

［行政审批制度改革］　开展市级教育行政审批改革。启动行政审批业务手册和办事指南编制，初步完成“教师资格认定”等8个审批事项编制任务。结合市教委信息公开内容，完善20个审批事项，实施网上预审工作。开展行政审批告知承诺制度改革。确定市教委提供全市各委办局公务网进行共享比对的信息结构，确定首批信息共享的时间节点。加强日常审批工作的规范管理，圆满完成全年审批工作。全年受理审批事项10720件，其中予以批准的4246件，不予批准的6203件，其余事项（如教材审定）正在审查过程中。所有审批不收取任何审批费用，全年没有发生与行政审批有关的信访或行政诉讼案件。

推进区县教育行政审批改革。分析研究各区县教育行政审批事项，形成了区县教育行政审批事项的初步目录。5月11日和5月18日两次召开区县教育行政审批工作座谈会。就初步目录进行研讨交流，汇总形成初步清理结果，印发各区县再次征求意见。7月向市审改办报送区县教育行政审批事项清理结果的建议函，并就有关清理情况与市审改办进行多次沟通协商，初步统一了各区县教育行政审批事项目录。

（林炊利）

［政府信息公开工作］　市教委主动公开政府信息4755条，全文电子化率达100％。当年新增主动公开政府信息534条，全文电子化率达100％。其中，机构职能类信息5条，占0.94％；法规类信息1条，占0.19％；规划计划类信息29条，占5.43％；业务类信息464条，占86.89％；其他类信息35条，占6.55％。市教委受理政府信息公开申请34件，均已答复完毕。全年未发生针对市教委有关政府信息公开事务的行政复议、诉讼和举报、申诉案件。

4月，市教委向社会主动公开了经市人大审核批准的2011年部门预算；8月，向社会公开了2010年度9项市级财政专项资金使用情况；9月，市教委公开了2011年“三公”经费的预算；及时公开了配套编制的基础教育、职业教育、教师队伍建设、教育国际化、教育信息化、学生健康促进工程等8个专项规划。在“上海教育网”增设了“2011年教育实事项目”专栏。继续在“上海教育网”开设了与招生考试工作相关的专题，提供招生考试信息服务，累计公布各类公共服务信息1480条。增设“行政许可事项”专题，整合全部行政审批事项，确保各审批环节全程透明。完成高校信息公开试点，制定高校信息公开专栏标准化建设指导意见。首次组织开展中小学信息公开工作评议，评议显示上海中小学信息公开工作覆盖率达100％。

推进区县教育部门招生考试机构信息公开标准化建设，组织实施相关评议。

（陈　琼）

［全面深入开展教育对口支援和合作交流］　2011年上海教育系统全年用于开展教育对口支援与合作交流经费投入达3.8亿余元。开展对口支教，继续向云南贫困地区选派100名支教教师，继续向新疆喀什对口四县选派30名支教教师。加强对口地区教师队伍建设，市教委在沪举办7个教育培训班，重点开展了以职教管理干部、中小学校长、学科骨干教师、高校后勤管理干部和师范毕业新教师为对象的各类教师培训。继续实施“新疆双语教师培训项目”，2011年内接受两批共计230名新疆少数民族双语骨干教师来沪进行汉语培训和教学实习。全年教育系统为西部地区开展各类培训人数达8600余人。加强对口地区人才培养，2011年本市内地西藏初中班、高中散插班和新疆高中班办班学校17所，在校学生规模已达4340余人。举办内地新疆中职班和西藏中职班，本市3所国家级重点中职校开设新疆中职班，2011年共招收新疆喀什对口四县学生386人；2011年本市内地西藏中职班继续在西藏招生150人，在校生规模达298人。做好新疆未就业高校毕业生来沪培养工作，配合相关区县做好四批765名新疆喀什地区少数民族未就业大学生来沪培训。与对口地区中职校合作办学工作不断深化，本市17所中等职业技术学校继续与云南省红河州、文山州、普洱市，以及新疆阿克苏、重庆万州和湖北夷陵等6个对口地区的19所中职学校开展中职

合作办学，2011 年在上述六个地州招收学生 2895 人，在沪就读学生规模达到 2694 人。

（冯静波）

［成立市教育体制改革领导小组］ 为加强对上海教育改革和发展的顶层设计和组织领导，市委、市政府成立市教育体制改革领导小组。由市委副书记殷一璀和副市长沈晓明共同担任组长，成员包括与教育工作密切相关的 24 个委办局主要负责人或分管负责人。领导小组定期召开例会，对涉及全市教育改革和发展、需要全体成员单位参与的重大问题，召开全体会议议决；对涉及某一类或某一方面、需要部分成员单位参与的教育问题，召开专题会议议决。至 2011 年底，已召开 3 次全体会议和 19 次专题会议。3 次全体会议议题包括：研究讨论《上海市中长期教育改革和发展规划纲要（2010—2020 年）》任务分工方案、“十大工程”2010 年资金计划方案以及松江大学园区教学用地权证划转工作方案，研究基础教育相关工作，研究学习型社会与终身教育体系建设工作。19 次专题会议议题包括：研究高校布局结构调整遗留问题及“十二五”基本建设有关工作、研究高校招生制度改革工作、研究学生健康促进工作、研究学校德育工作、研究教育国际化工程“十二五”行动计划有关工作、研究进城务工人员随迁子女教育相关问题、研究构建义务教育学业质量综合评价体系相关问题、研究实施教师专业发展工程相关问题、研究高校青年教师住房相关问题、研究推进高校内涵建设相关问题、研究推进高校招生考试制度改革相关问题、研究实施高校知识服务能力提升工程相关问题、研究上海教育信息化公共服务平台建设工程相关工作、研究“十二五”期间实施《上海市中长期教育改革和发展规划纲要（2010—2020 年）》市级专项资金安排及 2011 年“十大工程”建设资金需求相关工作、研究加强以招收进城务工人员随迁子女为主的民办小学教师队伍建设相关工作、研究“十二五”期间郊区（人口集聚区）教育资源配置相关工作、研究实施职业教育重大改革项目相关问题、研究 2011 年地方教育附加（用于地方高校部分）安排方案相关问题、研究推进民办教育改革和发展重点工作相关问题。同时，建立议决事项落实机制，每次会后，就会议议决事项形成市政府专题会议纪要，印发相关单位，推动落实工作，形成全市各有关部门共同支持教育事业科学发展的改革合力，协同推进教育改革和发展。

（张　兴、龚　晋）

［编制实施教育事业“十二五”规划］ 为贯彻全国和上海市教育工作会议精神，落实国家和上海市中长期教育改革和发展规划纲要，按照市委、市政府统一部署，市教卫党委、市教委经过广泛调研、科学研究、编制初稿、意见征求、修订完善等一系列过程，历时近一年，于 2011 年 3 月底，完成了《上海市教育改革和发展“十二五”规划》（以下简称《规划》）的起草编制工作。同时，市教委将有关材料报送市“十二五”规划工作领导小组办公室，以实现与市“十二五”规划的有效衔接。8 月初，市教委按照市发展改革委提出的衔接及修改意见，对《规划》作出相应修订，并将修订完善后的《规划》正式报请市政府审定和公布实施。2012 年 1 月 31 日，市政府正式印发《规划》。《规划》包括六个部分。第一部分：“‘十一五’时期上海教育发展的主要成就”。全面回顾和展示了“十一五”时期上海教育事业在各级各类教育发展、教育公平、素质教育、内涵建设、体制改革等方面所取得的各项成就。第二部分：“‘十二五’时期上海教育改革和发展的背景”。详细论证和阐述了上海“十二五”时期创新驱动、转型发展以及人口发展态势变化和人们日益增长的多样化教育需求对上海教育事业改革发展提出的新要求、新任务、新挑战和新期待。第三部分：“‘十二五’时期上海教育发展总体战略”。明确了上海教育未来五年改革发展的指导思想、发展目标和发展战略。第四部分：“上海教育发展的主要任务”。根据上海教育规划纲要提出的 10 项教育综合改革重点试验项目和 10 项重点发展项目，结合“十二五”时期的实际需要，提出各级各类教育发展改革的八大主要任务。第五部分：“全面推进教育综合改革试验”。确立实施教育基本公共服务均等化、创新人才培养、教育与经济社会发展联动、终身学习新机制、政府教育行政职能转变、教育合作联动发展新机制等六个方面的改革试验。第六部分：“保障措施”。在组织领导、法律保障、经费支撑、制度建设等四个方面进行了详细规定，为《规划》的顺利实施和有效监督提供坚实保障。

（张　兴、龚　晋）

［推进“10＋10＋27”项目］ “10＋10＋27”项目是指国家和上海市中长期教育改革和发展规划纲要确定的 10 项“教育综合改革重点试验项目”和 10 项“重点发展项目”（以下简称“十大工程”）以及上海市承担的 27 项国家教育体制改革试点项目。国家教育体制改革领导小组办公室在全国范围内批准确定了 425 项改革试点项目，上海市承担的试点项目总

数居全国首位，内容涵盖完善政府学前教育公共服务职能、推动义务教育均衡发展、促进高中优质特色多样发展、探索非本市户籍常住人口随迁子女非义务教育阶段教育保障制度、探索建立现代职业教育体系、推进高等学校分类指导、分类管理改革、开展研究生教育和学位改革、扶持民办教育健康发展、现代开放大学建设、教育人事制度和教师资格制度改革、教育信息化和国际化以及教育行政管理制度改革等多方面。为了贯彻落实《规划纲要》，2010 年上海先期投入 10 亿元，启动实施“十大工程”。“十二五”期间拟再安排 140 亿元，用于推进“十大工程”并对 27 个国家教育体制改革试点项目进行全覆盖。其中 2011 年安排 20 亿元，“十二五”的后四年每年安排 30 亿元。

（张　兴、龚　晋）

［实施中小学校舍安全工程］　至年底，上海市校舍安全工程三年规划项目开工面积达 386.39 万平方米，累计完成总投资 68.59 亿元，基本实现既定目标。1 月、8 月先后召开全市校安工程工作及工作推进会议，推进校安工程项目规范、高效实施，强化质量、安全管理，做好项目竣工验收工作。市、区县各级校安办配合市委督查调研组对全市各区县开展中小学校舍安全工程有关工作的专题调研，全面掌握基层工作实际情况，进一步研究相关问题的解决方案。各区县校安办根据《关于本市免征中小学校舍安全工程政府性基金和收费的通知》精神，落实校安工程收费减免工作。至年底，全市校安工程税费减免总金额 10519.15 万元，其中政府性基金 380.86 万元，行政事业性收费 468.03 万元，经营性收费约 9670.26 万元。依托上海教育基建研究会邀请相关专家，组织区县校安工程工作骨干举办专题讲座，学习相关文件，加强教育基建基层干部业务知识学习，为全市校安工程规范实施提供支撑。市校安办积极配合市审计局开展半年一次的校安工程审计调研工作，及时落实整改市、区县审计部门在审计调研中发现的问题，确保全市校安工程规范、有序、高效实施。市校安办先后多次组织相关区县对校安工程项目验收工作现状及存在问题等进行专题调研，梳理有关资料，会同市建设交通委、市消防局等相关单位研究、制定了《上海中小学校舍安全工程项目竣工验收工作办法》。市校安办整理、汇编《上海市中小学校舍综合防灾目录》，明确全市中小学校舍综合防灾工作目标及相应的措施，进一步强化市、区县各级相关单位、部门工作职责。市校安办深入贯彻全国校安办有关文件精神，结合实际情况，重点推进非市属中小学、非教育系统的中职学校校舍信息录入、完善工作。先后组织各区县校安办、相关学校信息录入人员参加相关技术培训，为校舍信息管理系统应用做好基础工作。启动《本市中小学校舍更新、加固改造工程规划》编制工作，进一步明确上海校舍安全阶段性工作任务，提升中小学校舍安全整体水平。

（林　红、顾满锋）

［实施高校教师专业工程］　编制《上海教育人才“十二五”发展规划纲要》对上海高校教师队伍建设的发展目标、发展战略、主要任务、建设项目以及组织保障进行了系统设计。制定“上海高校教师专业发展工程”方案，形成从海外高端人才引进、本土教师职后培养、产学研合作等方面构建高校教师队伍的建设体系。

启动和推进高校教师队伍建设计划。继续实施“上海特聘教授（东方学者）岗位计划”，72 人入选，其中特聘教授 43 人（含团队 2 个），讲座教授 29 人。按照岗位情况，“教学科研兼顾型”38 人，“研究型”29 人，“教学型”5 人。实施“上海高校教师产学研践习计划”。701 名教师和 39 个上海地方高校产学研基地获得资助经费 3610 万元。实施“上海高校教师国内访问学者计划”。284 人入选本计划（其中：20 人入选教育部计划），共资助经费 1315 万元。实施“上海高校教师国外访学进修计划”。555 人入选本计划，共资助经费 5075 万元。实施“上海高校青年教师培养资助计划”。753 人入选本计划，除 5 所部属高校入选青年教师由“211 工程”配套经费资助外，40 所市属高校的 575 位入选青年教师获得资助经费 2302.5 万元，19 所民办高校的 101 位入选青年教师获得市教委民办教育基金资助经费 367.5 万元。

（陆　震）

［推出“十二五”教师教育新举措］　“十二五”期间，上海市中小学、幼儿园教师培训工作依托全市教师教育资源联盟，充分发挥教学、教研、科研和培训对教师成长的综合效应，构建以“学分银行”为抓手的共享课程管理体系，形成市级规划指导、区县统筹落实、学校为实施主体的教师培训体系以及向全社会开放、形式多样、层次丰富的培训平台，以提高教师专业水平、骨干教师培养、提升郊区县师资水平、教师培训者培养和提升创新素养为五大重点项目，

进一步提升全体教师的教育境界、专业能力和综合素养。

中小学、幼儿园教师培训内容注重教师专业素养和教育境界的提升，培训课程包括师德与素养、知识与技能、实践体验三大类别。师德与素养课程、知识与技能课程是为教师提供间接经验为主要内容。实践体验课程是以促进教师积累直接经验为主要内容。

所有在职教师五年内须修满 360 学时，中学高级教师须修满 540 学时，其中任校(园)长的参加脱产培训时间不少于 240 学时；新任校(园)长须参加任职资格培训不少于 300 学时；班主任参加专题培训不少于 30 学时；教师培训者参加研修时间不少于 72 学时；见习期新教师参加见习培训不少于 120 学时。

以 10 个学时折算为 1 个学分。5 年的培训学分由相关课程的学分组成。在职教师须修满 36 个学分，其中师德与素养课程 12 个学分(含师德教育课程 6 个学分)、知识与技能课程 14 个学分、实践体验课程 10 个学分。中学高级教师增加以教育研究为主的个性化自主学习课程 18 个学分，须修满 54 个学分。

(孙　鸿)

[开展见习教师规范化培训试点]　9 月，市教委在徐汇、长宁、普陀、奉贤四个区开展了见习教师规范化培训试点，共有 590 名教师参加培训，其中师范院校毕业生 328 人、其他高等院校毕业生 262 人。见习教师规范化培训即师范院校或其他高等院校相关专业的毕业生，在通过教师资格考试并取得教师资格证以后，安排进入经过认定的培训基地学校，由指导教师带教，进行为期一年的教育教学见习。

基于新教师急需“站稳讲台”，培训主要以新教师首次上岗后所要面对问题的应知应会内容为主，对见习教师进行备课、上课、设计作业、编制考试、评价学生、教研活动、学生访谈、家访、班主任工作、社团活动指导、选修课开设、学校其他兼职工作等方面的见习与顶岗实习。

同时，市教委率先在上海师范大学试点探索中学见习教师规范化培训与教育硕士专业学位教育的结合，开展 4+2 教师培养模式，即在 4 年本科教育的基础上，进行为期 2 年的与中学见习教师规范化培训相结合的教育硕士专业学位教育，完成培训的同时完成学位课程学习，获得教育硕士学位。

(杨　洁)

[上海、江苏、浙江实施名校长联合培训]　为共享长三角地区优质培训资源，指导和帮助长三角地区中小学名校长总结办学经验、形成教育思想，促进长三角地区中小学教育的持续提升，上海市教委、江苏省教育厅、浙江省教育厅组织实施了长三角地区中小学名校长联合培训计划。上海共有 33 位中小学校长参加培训。

通过培训，参训校长在理论层面更新了教育理念，拓宽了办学思路，提高了他们的专业化水平和领导能力；在实践层面极大的丰富了管理学校和组织教学的经验。同时苏、浙、沪三地参训校长混合编班、相互交流、共同学习，增进了苏、浙、沪三地学校之间的交流，推动了长三角地区基础教育联动发展。

(杨　洁)

[建立教育专项经费评审制度]　为提升预算管理科学化、精细化水平，提高财政专项资金使用效益，实现专项经费评审的制度化、专业化和规范化，根据《上海市市级财政专项资金评审管理暂行办法》的有关规定，结合专项经费管理工作的实际情况，上海市教委制定《上海市教育委员会专项经费评审实施细则》。

细则要求根据各单位事业发展规划和年度工作计划，在对项目进行可行性分析论证的基础上，编制科学精细的项目预算，并对在年度项目预算中申报的专项经费及向市教委申报的各类专项经费组织初评。初评通过的项目纳入市教委预算项目库。市教委在各单位项目申报的基础上，在部门预算“一上”前对需要列入下一年度部门预算的专项分别采用预算单位自行评审、市教委组织专家评审、委托中介机构评审等方式进行评审。市教委评审通过后的项目预算方可纳入部门预算“一上”；评审认为不予通过的项目，有关单位不得纳入部门预算。各类专项经费评审，一般采取事前评审的方式。对于项目实施过程中发生重大调整或变更而需要调整预算的，或对于确需在预算执行中才能落实具体项目的市级财政专项资金，进行事中评审。项目评审方法包括集中评议、现场答辩、实地考察等；项目评审要求包括合法性评审、合规性评审和合理性评审；项目评审内容包括项目目标、项目计划、项目预算和项目管理等。

(张　茜、杨雁俊)

[教育“十大工程”专项资金安排]　市教委与有关委办局协调沟通，完成了教育“十大工程”2011 年

项目的论证和资金安排方案，并经市教育体制改革领导小组会议审议通过报市政府批准。2011年教育"十大工程"18.71亿元，其中，城乡基础教育一体化建设工程0.1亿元，职业教育示范校和能力建设工程2亿元，高水平大学和一流学科专业建设工程9.2亿元，高等学校知识服务平台建设工程0.8亿元，教师专业发展工程3亿元，教育国际化重点建设工程0.88亿元，教育信息化公共服务平台建设工程0.8亿元，市民终身学习促进工程0.4亿元，学生实践和创新基地建设工程0.5亿元，学生健康促进工程1.03亿元。另安排教育综合改革重点试验项目资金0.49亿元，国家教育体制改革试点项目0.7亿元，其他涉及全市教育改革发展的重大项目0.1亿元。

（金　芳、杨雁俊）

[部门预算单位"三公"经费信息公开] 根据市财政局《关于做好2011年市本级"三公"经费统计工作的通知》和财政信息公开工作会议的要求，上海市教委及下属与市级财政有经费领拨关系的33家预算单位，向社会公开了2011年"三公"经费财政拨款预算2065.1万元。其中，因公出国（境）费预算779.5万元，主要用于开展教育国际合作和交流、友好城市合作和交流、教师出国培训等公务出国（境）的国际旅费、住宿费、伙食费、杂费、培训费等支出。公务用车购置及运行费预算717.0万元，主要用于更新购置公务用车、直属中等学校校车购置及租赁，以及市内因公出差、公务文件交换、日常工作开展等所需的燃料费、维修费、过路过桥费、保险费等支出。公务接待费预算568.6万元，主要安排单位各类公务接待经费，包括大型重要活动接待、专家接待、教育代表团来访接待、外事接待的食宿费、会场租赁费、交通费等支出。

（金　芳、杨雁俊）

[资助学前教育家庭经济困难幼儿入园] 上海市教委、市财政局通过调研，制定对经济困难家庭适龄幼儿实施学前教育资助政策。6月1日起，对在公办或政府购买学位的民办幼儿园就读的，具有上海市户籍的城乡低保家庭和烈士家庭的适龄幼儿以及适龄孤儿的幼儿园管理费和幼儿伙食费予以资助。具体内容为：公办一级和二级幼儿园，按各级幼儿园相应的管理费收费标准予以资助；市示范性幼儿园，按公办二级幼儿园管理费收费标准予以资助；民办幼儿园，对未评定等级的，按公办二级幼儿园管理费收费标准资助，对已评定一级或二级的据实予以资助。幼儿伙食费按幼儿所在幼儿园的伙食费收费标准予以免除。对寒暑假期间需继续在园的贫困家庭幼儿，按照实际在园天数予以免除。

（俞文达、陈永年）

["小金库"专项治理工作] 市教委印发《2011年市教委系统"小金库"专项治理工作实施方案》，明确"小金库"治理工作的主要任务。市教委系统2家党政机关，56家事业单位，69家社会团体，16家公募基金会，224家国有及国有控股企业全面展开复查工作，复查率达到100%。经汇总，市教委系统未发现"小金库"现象。为巩固治理成果，市教委印发了《关于开展治理"小金库"专项督导抽查的通知》，确定系统内6家单位开展"小金库"专项督导抽查，成立2个专项调研工作小组，分别对3个单位进行专项督导抽查。经检查，未发现"小金库"现象，对检查发现财务管理方面存在的隐患和不符合财务规章制度的问题，督促各单位制定落实整改措施。

（俞文达、陈永年）

[启动中等(专业)学校企业改制和规范化建设] 10月，市教委组织召开市教委系统中等（专业）学校企业改制和规范化建设工作会议，下发《上海市教育委员会关于组织开展市教委系统中等（专业）学校企业改制和规范化建设的通知》，确定企业开展改制和规范化建设工作的工作目标、工作要求及工作步骤。同时，启动企业清产核资相关工作。9所学校共30个企业（含企业投资的民非企、分支机构）已全面展开清产核资工作，会计师事务所专项审计也正在进行之中。

（蒋洁旻、陈秉群）

[市教委直属高等学校企业试行企业会计准则] 根据市国资委《关于本市国有企业执行〈企业会计准则〉的通知》精神，市教委对市属高校企业统一执行企业会计准则。5月落实培训师资，组织高校上报参加培训的会计人员；6月上中旬，组织全体高校企业财务人员约150名参加会计准则培训，通过培训，掌握新准则的原理，掌握下一步制度接轨的具体步骤，主要是按照新准则能够做到会计事项重新分类、确认、计量；7月召开资产公司负责人和企业财务负责人会议，对领导层布置落实开展各项准备工作。11月组织资产公司履行出资人职责，汇总所有执行新准则的企业的以上相关事项，上报各高校资产公

司董事会对企业申请执行新会计准则的决议；审核各校的申请报告和会计核算办法，征求会计师事务所和市财政对会计政策的意见，在此基础上修订市属高校企业会计政策，并于12月31日以正式发文形式向市国资委申请市属高校企业执行《企业会计准则》。2012年1月1日开始执行新准则。

（蒋洁旻、陈秉群）

［普通高校招生考试改革］ 1. 普通高等学校招生全国统一考试工作。参加上海市普通高校招生考试的总人数约为6.12万人，有710所高校在沪进行秋季招生录取，招生计划5.29万余人，实际录取考生54542名（不含复旦、交大自主招生改革试验录取的1230名）。录取的考生中，本科41966名，占总录取数的74.69%；专科13806名，占总录取数的25.31%。上海市院校录取考生44414名；外省市对上海招生的院校比上年增加10所，录取考生10128名，占总录取人数的18.56%。

2. 各项招生考试改革。①春季招考工作。上海市普通高校春季招生工作共有上海大学等8所院校，计划招生550名，实际报到录取346人，完成招生总计划的62.91%。其中5所本科院校计划招生320人，录取报到292人，完成本科计划的91.25%；3所高职专科院校计划招生230人，录取报到54人，完成高职专科招生计划的23.48%。②专科层次依法自主招生改革试点。共有26所院校作为试点院校，招生计划10266名，比上年增加2所，实际录取10273名。③复旦、上海交大“高等学校自主选拔录取改革试验”。复旦、上海交大两校自主选拔录取改革试验在沪计划各500名。复旦录取687名，上海交大录取543名。④高等学校自主选拔录取改革试点。上海地区8所教育部直属院校在内的34所部属院校共公示1871名。另外，上海大学公示249名（计划100名，为防止流失，多公示149名）自主选拔录取入选考生。⑤华师大、上师大继续招收“免费师范生”。华师大计划在沪招收125名，实际录取243名；上师大计划招收100名，实际录取93名。⑥“专升本”、“插班生”考试。“专升本”招生院校共18所，计划招生3440名，实际录取“专升本”3331名。根据《教育部办公厅关于做好普通高职（专科）毕业生服义务兵役退役和“下基层”服务期满后接受本科教育招生工作的通知》精神，各校计划单列、考试单独组织，经过市教委协调，招收退役士兵计划492名。年内，复旦大学、华东师范大学、华东理工大学、上海大学、上海理工大学、上海工程技术大学6所高校计划招收390名插班生。实际录取325名。⑦“三校生”招生考试。各类三校生8464人参加考试，28所高校计划招收5176名，实际录取5496名。

（俞冶论、丁　良）

［高校招收插班生、专升本新生］ ①关于招收插班生试点。复旦大学、华东师范大学、华东理工大学、上海大学、上海理工大学、上海工程技术大学进行招收插班生工作的试点，招收插班生总计划数为390人，报名人数5505人，与计划数之比为14.1∶1。实际录取325人。②关于专科毕业生选升本科试点。上海理工大学、上海海事大学、上海电力学院、上海应用技术学院、上海海洋大学、上海中医药大学、上海师范大学、上海对外贸易学院、华东政法大学、上海工程技术大学、上海立信会计学院、上海电机学院、上海金融学院、上海政法学院、上海第二工业大学、上海商学院、上海杉达学院、上海建桥学院参加“专升本”招生试点，招生总计划数为3440人，报名总数为10023人，与计划数之比为2.91∶1，实际招收3331人。

（俞冶论、丁　良）

［成人高校招生］ 2011年在上海招生的成人高校共77所，其中上海成人高校67所，外省市成人高校10所。录取人数60334，完成招生计划的88.5%。由于实际参加考试的人数少于计划数，包括专科起点升本科、高中起点升本科在内的成人高等学校招生计划都没有完成。

（丁　良、俞冶论）

［学生学籍学历管理］ 全市（春、秋季）高等教育学历证书电子注册共291749人，其中研究生28049人，普通本专科生141380人，成人本专科生120649人（含网络教育生37965人），外国留学生1671人。全市高校录取新生187156人，报到入学177509人，报到率为94.85%，其中，研究生录取新生39543人，报到入学38872人，报到率为98.3%；本科录取新生91923人，报到入学89105人，报到率为96.93%；专科（高职）录取新生55690人，报到入学49532人，报到率为88.94%。放弃入学资格11234人；保留入学资格271人；取消入学资格26人。全市普通全日制高校在校生人数为633726人，其中，研究生119784人，本专科生513942人；其中，注册学籍627705人，暂缓注册1477人，保留学籍

1278人，休学3266人。本年度退学2805人，其中本人自动退学1100人，自费留学577人。本年度共有273人受到违纪处分。有44名学生死亡。高校学生申诉案件仅5起。经教委复核，均维持学校决定。

（金伟民）

［高校毕业生就业］ 上海高校毕业生17.5万人，比上年增加0.7万人，增幅为4%，其中毕业研究生3.2万人，同比增加10.3%，本科毕业生8.7万人，同比增加6.1%，专科毕业生5.6万人，和上年持平。至9月1日，上海高校毕业生总体签约率为75.54%，比上年同期上升5.22个百分点；高校毕业生总体就业率为95.68%，比上年同期上升0.56个百分点，实际就业人数比去年同期增加0.61万人。其中，市教委积极配合相关部门组织实施"选聘高校毕业生到村任职"、"大学生志愿服务西部计划"、"三支一扶计划"及"高校毕业生预征入伍工作"等项目，计划招募毕业生800人，共有5000多名高校毕业生应征报名。至9月1日，上海市核发高校毕业生自主创业证459张，实现创业人数达到362人。非上海生源高校毕业生进沪就业户籍政策基本稳定，截至12月20日审批通过17068人，办理居住证21797份。

（田　磊、魏圣君）

［免费师范毕业生就业］ 2011届上海生源教育部直属师范大学免费师范毕业生118人，其中，华东师范大学110人，北京师范大学4人，陕西师范大学4人；男生39人，女生79人。免费师范毕业生的专业主要有中文、数学、外语、体育、物理、化学、学前教育、心理、公共事业管理和言语听觉等。截至9月1日，首届免费师范毕业生已签约115人（未签约3人，其中1人为延期毕业，2人为学生本人违约），签约率为97.5%。

（俞冶论、田　磊）

［高校和中职帮困助学］ 2010—2011学年上海市高校共有104万人次获得约10.4亿元的各类资助，100%的家庭经济困难学生通过不同方式得到了资助，实现应助尽助。2010—2011学年，中央财政投入约0.78亿元，市财政投入约2.19亿元，学校投入约3.67亿元，社会资助约1.06亿元。另外，金融机构办理高校学生国家助学贷款约2.7亿元。进一步巩固了"政府为主导、学校为主体、社会各方支持"的资助工作格局。2010—2011学年，上海市获国家奖学金学生1998人，发放1598.4万元；获国家励志奖学金学生17392人，发放8696万元；获上海市奖学金1000人，发放800万元；发放国家助学金1.8亿元。减免学生学杂费约1460万元，受益学生6800多人；约有7116名学生通过"绿色通道"顺利入学。

（周红星）

［高校E-研究院建设］ 2011年，市教委组织了对9个E-研究院第二节点建设的考核和总结。各E-研究院运用"E"的特征及理念，在建设中形成了创新机制，产生了特殊成效。①推动市属高校研究水平提升，产出高质量研究成果。各E-研究院开展了具有重大学术价值和社会价值的研究，产出了一批高水平的研究成果。据统计，9个E-研究院在第二节点期间共承担省部级以上科研项目261项，其中国家级项目124项（含重点项目50项），国际合作项目13项；共发表论文968篇，其中六大检索收录论文512篇；出版专著116部；提交有关部门研究报告10份。多个E-研究院的研究成果获得国家级二等奖和省部级一等奖的科研奖励；人文社科类E-研究院建立了多个相应的数据库，并为非物质文化遗产的保护开展了大量工作。②利用特聘研究员机制，吸引外部资源。E-研究院新颖的组织方式使构成人员打破了地域、学科的界限，自由组合。校外特聘研究员为E-研究院带来了新的学术视野和思想，研究技术，人脉、信息、设备等各类资源，为依托学科培养了创新人才，帮助依托学科确立学术地位。各E-研究院还开展了多种形式的学术交流活动，共主办学术会议62次，其中国际会议34次；在重要国际学术会议上作特邀报告276人次。③聘请交叉学科的研究员，促进学科新增长点的形成。各E-研究院在建设中以"问题导向＋交叉学科"开展合作研究，通过与校外特聘研究员的合作，引入了新兴学科的研究理念，开辟了"计算中药学"、"生物数学模型及计算"、"随机有限元算法"、"水产养殖学与基因组学"等新的交叉学科方向，为传统学科发展注入了新的活力，并促生了新的学科增长点。④优化依托学科学术梯队，推动依托学科发展。E-研究院建设优化了依托学科的学术梯队，由"所用"逐渐发展为"所有"，通过E-研究院平台，引进了"千人计划"和"东方学者"等外围研究员，为E-研究院的发展注入了新的活力。E-研究院建设对依托学科的发展起到了积极的推动作用，多个E-研究院的依托学科在第二

节点期间获得了一级学科博士点；4 个 E-研究院的依托学科获得了国家重点学科。

（刘唯聪）

［**教育信息化建设**］ 开展了教育信息化建设的一系列工作：①制定《上海市教育信息化“十二五”发展规划》。上海教育信息化建设将“为了每一个学生的终身发展”，营造“老师总在我身边”的信息化学习环境，提高教育现代化水平。②制定《上海教育信息化公共服务平台建设工程实施方案》。11 月 16 日市教育体制改革领导小组第十三次专题会议上通过了该实施方案，其主要建设内容包括：一是建设上海市市级教育信息化公共服务平台，加强顶层设计、促进系统整合、数据互通、资源共享；二是推进市级教育信息化示范引领工程，深化信息技术与教育的全面融合，以应用需求为驱动，推进教育模式的变革和创新。市教委陆续启动“易班—大学生网络互动社区”、“数字化课程环境和学习方式变革试验”、“上海教育宽带网络基础设施提升工程”等重点示范项目，加强教育信息化建设。

（李　乐）

［**一批教育科研成果获奖**］ 在第四届全国教育科学研究优秀成果奖评审中，上海华东师范大学的瞿葆奎，上海市教育委员会的吕型伟两位老教育家获终身成就奖。共有 35 项成果获奖，占全国获奖总数 289 项的 12％。教育部组织的全国教育科学研究优秀成果奖是中国教育研究的最高奖项。本届评选的优秀成果是对全国范围内 2004 年至 2010 年的各级各类教育科学研究成果进行集中检阅。最终公布结果为：终身成就奖 11 项、一等奖 19 项、二等奖 90 项、三等奖 180 项，获奖成果总数为 289 项。

（苏　忱）

［**高校人文艺术创新工作室建设**］ 上海高校人文艺术创新工作室是上海市高校重点学科建设的重要组成部分，是上海高校探索人文社会科学繁荣发展的一项创新性工作。通过在高校创建人文艺术创新工作室，不断推动以行为表现为特征、以艺术创作为载体、以引导实践体验为重点、以杰出人才为旗帜的人文艺术类学科的建设与发展，力图对高校中特殊的人文艺术类学科的教学、科研、创作、学科建设、人才培养等进行探索。1 月 14 日，市教委召开上海高校人文艺术创新工作室推进会，对上海大学美术创作中心、上海大学公共艺术创作中心、上海音乐学院钢琴表演艺术工作室、上海戏剧学院舞台美术创新工作室、上海戏剧学院表演艺术创新工作室、上海戏剧学院舞蹈艺术创新工作室、上海工程技术大学会展艺术与技术创新中心、上海应用技术学院“视平面”艺术创新工作室等 8 个工作室授牌。年底，教委组织开展了书面的工作检查，工作室在提升高校艺术品牌实力，努力建立上海文化高地，引领城市文化建设方面做了大量工作。

（陈　悦）

［**召开教育科研工作会议**］ 11 月 28 日，上海市教育科研工作会议召开，会议回顾总结了“十一五”期间上海的教育科研工作，对今后几年的教育科研工作进行规划部署。上海市第十届教育科学优秀成果奖同时揭晓，273 项优秀成果分获教育决策咨询、教育理论创新和教育改革实验三大奖项，得到嘉奖。副市长沈晓明，市政府副秘书长翁铁慧，市教卫党委、市教委领导参加了会议。各高校、各区县普、职、成、特、幼各类学校 300 多人参加了大会。

（苏　忱）

［**实施曙光计划**］ 在 2011 年颁发的 2010 年度国家科技奖中，17 位曙光学者获得了 13 项奖励。在 2011 年颁发的 2010 年度上海市科学技术奖中，曙光学者有 50 人、52 人次获奖，是曙光学者获奖项目最多的一年；曙光学者参与获奖项目 46 项，占全市奖励数 15.44％；其中主持 31 项，占全市奖励数 10.40％，同时占高校系统 124 项获奖数 25％。由市委宣传部组织的 2010 年度上海社科新人评选中，在评出的 11 位社科新人中曙光学者占了 8 位。在 2011 年上海十大科技精英评选中，上海中医药大学王拥军、复旦大学毛颖、东华大学朱美芳、第二军医大学沈锋、复旦大学葛均波共 5 位曙光学者入选。2011 年曙光学者队伍中的华东理工大学钱旭红入选中国工程院院士，复旦大学葛均波和原复旦大学黄维入选中国科学院院士。曙光团队现已有 4 人成为两院院士。曙光学者获得 2011 年度国家自然科学基金资助 14924.7 万元。国家自然基金资助的获得，表明曙光学者已成为高校中一支战斗力极强的队伍。2011 年，又有 57 名高校和上海社科院的学者入选新一届曙光队伍。

（陈　凯）

［**实施高校知识服务能力提升工程**］ 经过深入调研，市教委梳理了制约上海高校知识能力发展的

主要问题，并为解决这些问题，设计和形成了《上海高校知识服务能力提升工程实施方案》。9 月 16 日，市教委将该方案提交上海市教育体制改革领导小组，获批实施。10 月 28 日市教委发文，启动《上海高校知识服务能力提升工程》的建设。该工程以高校知识服务平台为建设载体，根据产业特点，分高新技术产学研合作开发中心、现代服务业知识服务中心、高级战略研究中心等三类进行建设，以机制体制改革为重点，主动对接上海和国家战略新兴产业规划和社会发展规划，积极推动研产互动，不断优化学科布局，提升高校创新人才培养能力。

（许开宇）

[高校重点学科建设情况] 2011 年，上海高校重点学科建设工作的重点是加强分类绩效评价，深化重点学科建设和管理，增强高校知识创新能力。①加强调研分析，理清新形势下重点学科建设的基本思路。市教委开展专题调研，初步形成“085”工程中学科建设项目和将要启动实施的一流学科建设的分类绩效评价的基本思路，理顺了不同层面建设的绩效管理要求。②实施奖惩机制，促进学科发展。根据重点学科建设方案和奖惩机制，按重点学科建设中期评估结果，组织 108 个重点学科制订 2011 年度计划和经费预算以及专家审核。对 6 个优秀学科予以增加 50%年度经费额度的奖励，对需进行整改的学科暂缓下拨经费，对 1 个经费执行率过低的学科暂停下拨年度经费。③对接国家目标，做好基础工作。根据教育部学位授予和人才培养学科目录的调整，分析上海市属高校各级重点学科和 E-研究院现状，为应对国家重点学科新一轮的评审做前期准备工作。④配合财政局工作，开展绩效评价。对重点学科建设专项，从建设实施情况，组织领导与管理，建设资金使用和管理，设备管理以及重点学科建设成效进行了绩效调研和评价。

（刘唯聪）

[调研学生体质健康情况] 全国学生体质健康调研覆盖上海市 6 个区的 47 所中小学和 4 所高校的 7—22 岁城乡男女学生，调研人数为 15959 人。调研项目包括身体形态、生理机能、体能素质、健康状况等四方面的 25 项指标。调研结果显示，自全面实施《国家学生体质健康标准》以来，上海市综合评价及格率与优良率逐年上升，学生体质健康状况有所改善，主要表现在：身体形态的生长发育继续增长；机能状况得到改善；速度、爆发力、柔韧素质传统优势得到保持，男生力量耐力素质有所上升，13—18 岁学生耐力素质普遍显著提高；学生的低体重和营养不良状况有明显改善，正常体重人数占比明显提高。但总体形势依然严峻，力量素质（握力）和女生的力量耐力素质（仰卧起坐）明显偏弱；学生视力不良检出率仍然较高；超重和肥胖检出率仍然较高。另大学生的体质健康水平呈下滑趋势，须引起重视。调研结果为今后学生健康促进工作的开展提供了决策依据。

（徐　新）

[举办上海市学生音乐节] 5 月，市教委在“上海之春”国际音乐节期间举办了以“飞扬的歌声，美好的生活”为主题的上海市学生音乐节。本届学生音乐节与“上海之春”国际音乐节紧密结合，通过学生乐队、合唱队比赛、校园新歌新曲评选、音乐校园行巡演及音乐鉴赏普及讲座等各种活动突出了歌颂祖国、歌颂党的主旋律。本次活动以学校为基础，全市上百万中小学生热情参与，形成了“人人唱好歌、班班有歌声、校校有团队、区县有特色”的动人场面。

（梁建敏）

[在全国中学生运动会上获奖] 7 月 16—21 日，上海组团参加第十一届全国中学生运动会取得了上海参加全国中学生运动会以来的最好成绩。233 人的参赛团队参加了全部 9 个项目的比赛，最终以 22 枚金牌、7 枚银牌、12 枚铜牌共 41 枚奖牌的好成绩荣登金牌榜第一、奖牌榜第三名，并以 589 分的总成绩荣获团体总分第三名。代表团共 4 人 6 次打破中运会纪录。在本届全国中学生运动会科学论文报告会暨第六届中国学校体育科学大会上，上海共报送 100 篇论文，有 67 篇论文获奖，其中一等奖 12 篇、二等奖 25 篇、三等奖 30 篇，获一等奖论文数列全国第一。12 名获一等奖的作者在大会上进行了主题交流。9 月 15 日，副市长沈晓明、市政府副秘书长翁铁慧在市政府一号贵宾厅接见了优秀教练员和运动员代表。

（柏　丹）

[大学生艺术展演] 3 至 11 月，全国第三届大学生艺术展演上海市活动举行。本次活动以党的十七大精神为指导，以“青春 · 使命”为主题，坚持“面向全体、凸显主题、艺术育人、鼓励创作、坚持创新”的宗旨，要求“人人主动参与艺术实践，院系认真组织艺术活动，校校建立艺术团队”。各高校积极参

与，结合自身的特点和优势，开展富有特色的校园文化艺术活动、普及高雅艺术、举办专场比赛。市级活动设立了声乐、西乐、民乐、戏剧、舞蹈等5个项目12个专场展演，开展了艺术教育论文评选，举办“青春·使命——上海市大学生艺术作品展”、校长书画摄影作品展。2012年1月15日在上海大剧院举办了“青春放歌——上海大学生艺术实践基地成果展示暨上海市第三届大学生艺术展演优秀节目汇演”，市长韩正和市委、市人大、市政府、市政协领导出席晚会并观看演出。2012年2月8—13日，上海高校大学生代表团一行520多名师生、17个优秀节目赴杭州参加全国第三届大学生艺术展演现场比赛，共有15个节目获一等奖，15所高校被评为优秀组织奖，上海市教委被评为优秀组织一等奖。

（梁建敏）

［公布《中小学课业簿册安全卫生与质量要求》地方标准］ 10月12日，上海市公布《中小学课业簿册安全卫生与质量要求》地方标准。该标准为国内首次制订。标准以加强对青少年学生的视力保护、缓解用眼疲劳、促进身心健康发展为出发点，围绕中小学生课业簿册的视觉卫生、心理卫生、安全和质量等要求设计并提出技术指标。考虑到标准规定的内容须与其他有关标准保持良好的兼容性和协调性，技术指标须与国际相关规定接轨，所规定的课业簿册安全卫生相关技术指标有相应的检测方法进行检测。11月25日，市教委、市质量技监局、市新闻出版局联合印发《关于实施上海市〈中小学课业簿册安全卫生与质量要求〉的通知》。该标准自2012年1月1日起实施。

（丛海鹰）

［高校学生无偿献血获关爱保险］ 12月21日，市教委、市卫生局和中国人民财产保险股份有限公司在同济大学签署上海高校学生无偿献血关爱保障战略合作协议。从当日起，凡是参加无偿献血的大学生，将免费获得由政府购买的一年期无偿献血关爱保险。保险内容主要为“无偿献血当日及次日保障”和“无偿献血全年保障”，如学生献血当日及次日发生意外伤害，保险金额为10万元；次日后意外伤害，保险金额为2万元。学生献血当日及次日意外伤害医疗费用保障1.2万元，次日后意外伤害医疗费用保障为1万元。

（王向军）

［学生健康促进大会召开］ 7月4日，市委、市政府召开上海市学生健康促进大会。市委副书记殷一璀、市人大常委会副主任郑惠强、副市长沈晓明、市政协副主席蔡威等出席会议，殷一璀、沈晓明在会上讲话。会议同时颁布了《中共上海市委、上海市人民政府关于提高青少年身心健康水平 实施学生健康促进工程的通知》，全面启动实施学生健康促进工程，具体推出“八大行动计划”（学校体育和健康教育课程体系建设行动计划，学校阳光体育与体教结合推进行动计划，学校卫生与医教结合推进行动计划，学生体质健康监测及干预行动计划，学校生命教育及心理健康教育促进行动计划，学校体育、卫生师资队伍建设行动计划，学生健康促进基础设施及保障机制建设行动计划和学生健康促进与社会联动行动计划）。学生健康促进工程在2011—2015年间逐年推进完成。

（柏 丹）

［学生阳光体育大联赛举行］ 2011年上海市学生阳光体育大联赛继续以“人人有项目、班班有团队、校校有比赛”为目标，分上半年、下半年以及寒暑假三个时段开展活动，确保联赛活动贯穿全年。其中市级比赛设高校组（21个项目）、高中组和初中组（共设20个项目）、小学组（16个项目）和中职组（6个项目）5个组别。各级教育行政部门和各级各类学校根据本地区、本学校的实际情况，广泛开展区县级、校级阳光体育大联赛，积极选拔优胜队参加市级决赛。12月18日，以“阳光体育、快乐精彩”为主题的首届上海市学生阳光体育节在上海大学举行，副市长沈晓明等领导出席活动。体育节开展了阳光体育大联赛总结表彰、阳光体育特色项目展示、阳光体育系列赛事、阳光体育嘉年华、阳光体育运动回顾展等五大系列活动。此外，大联赛组委会还开展了体育文化作品征集活动，收到3000余件征文、摄影、动漫画作品。大联赛期间，有3.5万余名学生参与了市级决赛的角逐。另外，在暑假期间全市有1.38万人次中学生参加了暑期足球、篮球、乒乓球等传统赛事活动，80多万人次中小学生参加了暑期“人人运动—学会游泳”活动。

（柏 丹）

［开展重点用能高校能源审计］ 市教委会同市发改委、市建交委对部分高校开展能源审计工作。本次审计对象为2009年总能耗在5000吨标准煤以上的全市重点用能高校。共对17所重点用能高校

的177幢重点用能建筑组织开展了能源审计，审计面积共计399.21万平方米，先后形成1篇总报告、4篇分报告、17篇学校审计报告和177篇重点建筑专项审计报告。通过对被审计高校的现场调查、资料核查和必要的测试，深入了解上海重点用能高校总的能源使用、节能工作现状和节能空间，分析了高校能源需求规律、高校能源保障应对方向，提出了进一步加强高校节能管理，提高能源使用效率的意见，为推动高校节约型校园建设，深化高校节能工作奠定基础。

（南少华）

［“农校对接”取得成效］ 上海市作为全国首批“农校对接”试点地区之一，经过近三年的实践，取得了四个方面的成效。第一，取得了规模效益。通过“农校对接”的集约化采购模式，不仅减少了流通环节的成本，还取得了较明显的量价优势，其量价优势不低于7%。第二，增强了市场调控。由于高校后勤配货管理中心在高校采购市场中的权重已经占到30%，客观上也起到了平抑高校采购价格的作用，实现了应急调节与日常调控的结合。第三，确保了运行安全。高校后勤配货管理中心建立了集体招标、科学检测、过程监控、质量反馈等运行机制，构建了开放式的公共信息平台，高校配货管理中心还配置了农药残留检测室和流动检测车，为食品原料的安全提供了技术保障。第四，完善了政府扶持。为确保高校学生食堂的正常供应，高校主副食品“农校对接”被纳入政府储备和大流通范围，通过配货管理中心承担了3000吨猪肉、1000吨稻谷和500吨鸡蛋的市政府储备任务，着重应对高校食堂应急保障。在上述措施作用下，上海“农校对接”工作进展平稳，每天有200多吨的食用农产品集中配送到各高校，已成为上海高校食堂农产品供应名副其实的主渠道。

（南少华）

［评选“上海高校后勤标兵”］ 9月9日，首届“上海高校后勤标兵”“绿叶奖”评选推荐活动启动。45所高校推荐25名后勤干部和40名后勤员工参加评选。12月14日，经评审委员会评审，分别评选出首届“上海高校后勤标兵”候选人30名和提名奖候选人15名。

（范赛亚）

［评选高校“六T”实务现场管理示范食堂］ 上海高校“六T”实务现场管理示范食堂评选活动。活动历时半年，有22所高校的59个食堂参与。评委会对申报食堂进行实地现场考评，最终确定入围名单。4月8日，上海市学校后勤协会召开表彰大会，授予复旦大学江湾餐厅等12所高校的19个食堂（餐厅）“上海高校‘六T’实务现场管理示范食堂”称号。

（范赛亚）

［开展高校学生公寓文明示范窗口评比］ 本市29所高校（单位）的49幢学生公寓（宿舍）楼参加上海高校学生公寓（宿舍）文明管理服务示范窗口评比。评委会采取观看视频材料和现场检查考评相结合的方式，最终评选同济大学彰武路校区研究生公寓等40幢学生公寓为“上海高校学生公寓文明示范窗口”。3月31日，上海高校学生公寓（宿舍）文明示范窗口表彰大会召开，并举行了授牌仪式。

（范赛亚）

［高校后勤“绿篱整型”视频大赛举行］ 10月27日，上海高校后勤“绿篱整型”视频评比会召开。上海大学以总分684分获得本届“绿篱整型”视频大赛特等奖，同济大学获得一等奖，上海交通大学和华东理工大学获得二等奖，同时另有5所高校分获技术标准奖、养护规范奖、团队合作奖、种类丰富奖和拍摄效果奖。11月23日，举行大赛颁奖典礼。

（范赛亚）

［《校园节能减排低碳生活读本》出版］ 上海市第一本专为大学生编写的《校园节能减排低碳生活读本》公开出版。该《读本》全部采用再生环保纸印制。市教委主任薛明扬为本书作序。该《读本》以学生熟悉的校园生活为背景，通过图文并茂的知识介绍、数据列表、节能计策、操作细节等内容，生动而直观地引导学生们在校园奉行节能减排的低碳生活。2011年秋季开学时，上海交通大学、华东理工大学、上海师范大学和上海第二工业大学等高校向大学生免费发放该《读本》，新华网、人民网、解放日报、新民晚报等媒体对此进行了宣传报道。同时，还向全市高一学生免费发放一万本。11月8日，上海市普教系统举行了免费发放仪式。

（范赛亚）

［制定建立高校伙食工作长效机制］ 8月30日，教育部等五部门印发《关于进一步加强高等学校学生食堂工作的意见》。根据《意见》要求，结合上海实际，市教委会同市发改委等六部门共同制定了上

海市贯彻落实《意见》的办法，并采取多项调控措施，缓解学生食堂成本压力。一是加强对高校学生食堂工作的指导，将建立高校学生食堂运行长效机制列入2011年全委重点工作之一，并多次召开专题会议研究学生食堂运行以及贫困生生活保障问题。二是建立高校学生食堂运行监测体系，上半年初步选取21所高校的学生食堂作为监测试点，重点监测学生伙食价格以及食堂成本变动情况。三是及时启动对高校学生食堂的临时成本补贴，补贴金额达到3500万元。四是做好主副食品团体采购和储备。2011年上海高校通过配货中心集中采购和配送的主副食品原料总量已达3.65万吨，配货总量约占高校总需求的1/3，供应价格平均低于市场8%—10%，从源头上有效地调控了高校食堂饭菜价格，并一定程度上实现了食品质量安全源头可追溯体系。

（南少华）

［依法处理诉讼、行政复议和学生申诉］ 2011年内，市教委参加诉讼案件4起，处理行政复议案件8起，高校学生申诉案件4起。行政诉讼案件无一败诉，从司法程序上确认了具体行政行为的合法性，反映了依法行政能力与水平的提高。通过民事诉讼，从司法程序上明确教育部门与其他民事主体之间的权利义务，依法解决教育部门与其他民事主体之间的财产纠纷，维护教育部门合法权益。对于当事人提出的行政复议申请，市教委遵循合法、公正、公开、及时、便民原则，认真履行复议监督职责，维护当事人的合法权益。对于下级行政机关做出的合法合理的具体行政行为予以维持，对于下级行政机关存在的问题，督促其认真研究，加以改进。同时在行政复议工作中坚持以人为本，在依法处理的前提下尽可能协调矛盾，化解纠纷。对于高校学生提出的申诉，市教委依法给予处理并答复。对学校做出的处理决定，程序正当、证据充分、依据明确、定性准确、处分适当的，依法予以维持；对学校存在问题的，予以指出并建议学校改进，从而充分维护学生及学校合法权益，妥善化解学生与学校之间的纠纷。

（沈　洋）

［创建“依法治校示范校”］ 继续开展中小学校依法治校示范校创建工作，进一步规范学校管理，提升依法治校能力和水平。①完成示范学校认定工作。经学校申报、区县推荐和专家评审，认定浦东新区南汇中学等56所学校为“上海市依法治校示范校”。召开“上海市教育系统‘五五’普法工作总结暨‘六五’普法工作动员大会”，对获得“上海市依法治校示范校”称号的56所学校予以表彰。②完善创建指标体系。结合实际，在广泛听取区县教育局及部分中小学校意见的基础上，组织有关专家完善中小学依法治校示范校创建的三级指标体系，从学校组织领导、建章立制、规范办学、权益保护、民主监督、争议解决、法制宣传等方面，全面评价学校依法治校情况。③组织开展经验交流。在示范学校认真总结依法治校的成功经验和做法的基础上，编制了“上海市依法治校示范校”经验交流材料汇编，详细介绍56所示范学校开展依法治校活动的成效、经验和探索。

（沈　洋）

［开展教育系统法制宣传］ 结合上海教育系统实际，制定《上海市教育系统法制宣传教育的第六个五年规划（2011—2015年）》。在完成对“五五”普法工作检查验收的基础上，于12月7日召开上海市教育系统“五五”普法工作总结、“六五”普法工作动员大会，会议宣读了上海市教育系统荣获全国、市级、系统内“五五”普法先进集体和个人表彰名单，对普法先进单位和个人、上海市依法治校示范校代表进行了表彰。

9月，组织以“法律伴我健康成长”为主题的第三届“新沪杯”上海市中学生法律知识竞赛。竞赛在初中和高中组外新设中职组，共84支代表队进入复赛，6支代表队进入12月4日的决赛。竞赛试题切合当前社会热点和难点，以考察学生法律分析能力为主，内容覆盖宪法、民法、刑法、未成年人保护等方面的法律法规。

举办首届“紫竹园杯”上海市中学生法制动漫优秀作品征集活动，共收到中学生法制动漫作品71件，其中初中组26件、高中组22件、中职组23件。每个组别分设一等奖1名，二等奖2名，三等奖3名，参与奖若干名，区县优秀组织奖1名。邀请全市各区县18名信息教研员担任评委，通过初审和复审最终确定获奖名单。

（陆海佳）

［推进长三角教育联动发展］ 4月8—9日，第三届长三角教育联动发展研讨会在上海召开。本次会议的主题是“全面落实规划纲要，加强区域教育合作”。会上，上海市教委、江苏省教育厅、浙江省教育厅共同签署了“关于长三角高等教育专家资源库建设及共享的协议”、“长三角高等学校大型仪器设施共享协议”、“关于建立长三角地区高校图书馆联盟的框架

协议”、“长三角研究生教育创新计划合作协议”、“关于共同举办长三角地区国际教育展合作意向书”、“长三角高校优秀中青年干部挂职培养合作协议”、“长三角地区高校学分互认协议”等7份协议。

根据国家和上海市的中长期教育改革和发展规划纲要提出的要求，结合长三角教育联动发展的实际情况，2011年主要推进10个合作项目，即“长三角地区高校图书馆联盟建设项目”、“长三角高等学校大型仪器设施共享系统建设”、“长三角中小学名校长联合培训”、“长三角高校优秀中青年干部挂职培养”、“长三角高等教育专家资源库建设及共享”、“长三角优质教育资源网建设”、“长三角地区中职教育实训基地共享”、“长三角社区教育资源建设联盟”、“长三角研究生教育创新计划合作项目”和“长三角教育联动发展平台建设”。

（钟　智）

[《关于修改〈上海市中小学校学生伤害事故处理条例〉的决定》颁布]　2011年，市教委在总结《上海市中小学校学生伤害事故处理条例》实施10年来的基本情况，研究上海市中小学校学生伤害事故处理的现状、问题，分析国家相关法律法规和司法解释，进行充分调研与考察，并广泛征求各有关方面意见的基础上，起草并修改完成《上海市中小学校学生伤害事故处理条例》修正案草案和修改说明，于5月正式上报市政府，其后，积极配合市政府法制办做好修正案草案的政府审核和修改工作。9月，修正案草案正式进入市人大审议程序后，继续积极配合市人大做好修正案草案的解读和审议工作。11月17日，上海市第十三届人民代表大会常务委员会第三十次会议正式通过《关于修改〈上海市中小学校学生伤害事故处理条例〉的决定》。本次修改，主要在损害赔偿项目、损害赔偿标准、残疾赔偿金和死亡赔偿金适用计算标准等方面进行了调整。

（蒋侯玲）

[审计督导量化指标细化]　2011年，完成上海市内审协会立项课题《教育内部审计质量控制和评价体系构建研究》。课题组认真总结了上海教育审计工作25年的历史经验，以及3年来市教委推行的教育审计督导的实践和成效，开展深入细致的问卷调查，并选用科学的因子分析法对教育审计质量控制的现状进行了客观评价。课题研究成果丰富了中国内部审计准则关于《内部审计质量控制》和《内部审计督导》的内涵和外延，拓展了内部审计理论的创新研究。课题对教育审计质量控制和评价八要素30多个条目的涵义进行了详尽的解读，并提出了可量化的评价和打分方法，既切实可行又客观公正，体现了很强的现实性和可操作性。《教育内部审计质量控制和评价体系构建研究》率先对教育审计督导的定义、组织、实践和结果应用进行了原创性的研究与探索，也为教育内部审计质量控制和评价体系的构建提供了可操作的范例。

（吴小蕾）

[加强经济责任审计整改]　督促指导上年接受审计的2个市属高校、1个教卫党委直属单位和8个教委直属单位开展经济责任审计整改工作。首先，制定《上海市教育系统领导干部经济责任审计整改工作暂行办法（试行）》，明确审计整改第一责任人，以及整改报告递交时间和内容，整改落实不力或拒绝整改应进行问责等事项，为加强经济责任审计整改奠定了工作依据。其次，以辅导和回访为抓手，推进整改。一是查阅审计整改报告，对整改报告中存在的措施与现行政策不符、整改中遇到的难题等，及时进行辅导，或向有关部门反映与沟通。二是选择部分审计整改工作有特色的单位实地回访整改情况，还就被审计单位在整改中遇到的难题进行指导。由于市教委相关部门联动，以及被审计单位的积极配合，经济责任审计整改工作取得一定成效。据统计，审计报告提出的123个问题，已整改117个；待有关部门批复才能整改的问题5个；待有关部门协调才能整改的问题1个。

（王英华）

[加强中小学和中等职业学校班主任工作]　上海中小学班主任工作坚持“提升班主任工作专业化水平，促进班主任队伍专业化发展”的总体思路，出台《关于“十二五”期间加强中小学班主任培训工作的通知》、《关于进一步加强中等职业学校班主任队伍建设的实施意见》，根据班主任工作的不同发展阶段构建培训体系，开展上岗培训、在岗培训和骨干培训，形成系列培训大纲，出台相关文件进一步明确市、区（县）教育行政部门和学校的不同职责，建立健全分级管理工作机制；通过前瞻性课题研究，以及搭建班主任工作论坛、班主任基本功大赛等平台，促进班主任树立正确的教育理念，掌握科学的工作方法和技能，开阔视野，坚定信念，不断提升班主任工作专业化水平。同时，由市教委命名8个中小学和中等职业学校班主任带头人工作室，85名上海中青年

骨干班主任成为工作室首批学员，从2011年起开始为期两年的实训研修。

（周　烨）

［“整体规划大中小学德育课程”试点项目启动］市教委对接国家和上海市中长期教育改革和发展规划纲要，成立“整体规划大中小学德育课程”项目组。项目组由市政府副秘书长翁铁慧担任顾问，市教卫党委副书记、市教委副主任高德毅负责，并由市教委相关处室和单位搭建工作团队，邀请相关学科专家和一线教师共同参与。项目组按照“整体规划、试点推进、整合资源、跟踪评估”的实施战略，明确了“将社会主义核心价值融入国民教育体系并贯穿于学生培养全过程”的目标，紧密结合中小学课程改革和高校思想政治理论课建设，重点研究中小学和大学的纵向衔接、学科间德育目标与实施方法的横向衔接，把学科德育与德育活动相结合，将课堂教学和社会实践相结合，坚持学校、家庭、社会共同参与、相互配合，初步设定了各学段德育的目标和内容，并同步研究大中小学德育实施的主要途径和方法，开展相关试点跟踪，力求通过项目的推进，科学构架上海德育工作体系。

（陈　皞）

［筹建上海学生公共安全教育实训基地］　6月3日市教育体制改革第四次专题会议决定启动“东方绿舟——上海市学生公共安全实训基地建设”项目，并成立由市政府副秘书长翁铁慧担任组长，市教委、发改委、财政局、建交委、消防局、公安局、规土局等21家单位分管领导组成的领导小组，下设项目办公室具体开展工作。市教委、同济大学和上海海事大学相关专家团队与相关委办局协作，赴各地考察调研，逐项确认相关功能设计，形成项目建议书初稿，并于11月以专报的形式向市长韩正进行了书面汇报。至年底，项目建议书审批及东方绿舟的控制性详细规划的调整工作进展顺利，各项后续工作均在筹备中。

（陈　皞）

［征集高校辅导员誓词及核心价值取向］　市教卫党委、市教委面向全市高校辅导员开展了上海高校辅导员誓词征集评选活动，通过“易班”微博平台和电子邮件共收到近600条应征誓词。在征集评选过程中，同步组织有关专家对誓词进行凝练和打磨，形成较为规范、准确的誓词：“忠诚人民教育事业，依法履行辅导员职责；坚定信仰，不辱使命；敬业爱生，立德树人；励学笃行，提升专业水平；平等尊重，体现人文关怀。为学生终身发展，导航青春；为民族伟大复兴，奠基未来！”在此基础上，开展了辅导员核心价值取向的大讨论，形成了《上海高校辅导员核心价值取向》，即“矢志忠诚，立德树人；敬业爱生，明理笃行”，并在2012年1月举行的上海市辅导员论坛上推出。《人民日报》、《光明日报》、《中国青年报》等国内多家媒体对此作了报道。

（张惠虹）

［高校辅导员年度人物评选］　市教卫党委、市教委在全市高校组织开展“2011上海高校辅导员年度人物”评选。经过校内推荐、网上投票、书面评审和面试答辩等四个环节，最终评出复旦大学韩秀引等10名年度人物、同济大学黄灿彬等10名年度人物提名奖。本次评选出的“辅导员年度人物”，工作特色鲜明、事迹感人。20名获奖辅导员中35岁以下的16人，其中80后辅导员8人。此次评选活动最大的特色是依托易班网络平台，充分发挥网络动员和宣传的优势，引起广大师生的高度关注和积极参与，投票数达到20余万，实现了网上网下的互动，扩大了“辅导员年度人物”评选活动的影响面和参与度，也使评选出的“辅导员年度人物”更具有公信力和认可度。

（张惠虹）

［举行首届高校思想政治理论课教学比赛］　市教卫党委、市教委组织了第一届上海高校思想政治理论课教学比赛，共有44所高校174名教师申报。经初赛、复赛、决赛等环节，思想政治理论课本科生四门必修课每门课各评出一等奖1人，二等奖2人，三等奖3人，优秀奖4人。本次比赛决赛环节设置了专家、同行、学生三组评委，对参赛教师教学进行评价。复旦大学陈果等一批青年教师脱颖而出，一等奖的获奖教师还在全市性思政课教学论坛上做了教学展示。

（张惠虹）

［上海高校思想政治理论课教学论坛召开］　4月21日，第四届上海高校思想政治理论课教学论坛暨全国高校思想政治理论课教学研讨会在复旦大学举行。教育部副部长李卫红、上海市委副书记殷一璀出席会议并讲话。教育部社科司司长杨光，市委副秘书长姚海同，市委宣传部副部长潘世伟，市教卫党

委副书记、市教委主任薛明扬，教育部社科司副司长徐维凡，市教卫党委副书记、市教委副主任高德毅出席会议。上海高校党委书记、校长，分管思政课建设工作校领导，思政课教学机构负责人、部分高校思政课教师代表以及全国高校思想政治理论课教学研讨会与会代表近400人参加了论坛。教育部副部长李卫红充分肯定了上海高校思政课建设方面取得的成绩。上海市委副书记殷一璀指出，上海高校近年来按照“课程建设精品化、队伍培养专家化、实施推进系统化”的工作思路，抓住关键环节，完善工作机制，加强协调配合，推动思政课在改进中得到了加强，在创新中取得了发展。

（张惠虹）

［加强高校思想政治理论课建设］ 4月21日，教育部在上海大学召开“六个为什么”进高校思想政治理论课教学试点现场会暨思想政治理论课建设研讨会(华东片会)。教育部副部长李卫红，教育部社会科学司司长杨光、副司长徐维凡，上海市教卫党委副书记、市教委主任薛明扬，上海市教卫党委副书记、市教委副主任高德毅出席会议。江苏、浙江、山东、福建等省市，以及北京大学、上海大学等高校的领导及思想政治理论课教学科研部门负责人，上海地区部分高校思想政治理论课教师代表等50余人出席本次研讨会。

（张惠虹）

［中小学庆祝建党90周年］ 上海市各中小学围绕“红色旗帜·时代风采”主题，精心设计了“红色寻根”——百万青少年巡访爱国主义教育基地、“一幢建筑一个故事”中小学生演讲比赛，“红色记忆”——“学党史、感党恩、树信念”千校万班主题班会、中学生主题论坛，中小学生红色经典小故事讲演活动，“红色一课”——沪上纪念馆和校内档案馆、博物馆、校史馆红色教育资源建设计划，“红色情怀”——“龙华魂”中小学生课本剧汇演活动，“红色经典”——大中小学生红色电影展和高雅艺术进校园剧目展等系列活动，以主题班会、征文演讲、课本剧汇演、电影配音、微博等生动活泼的形式，在学校、社区、社会基地等场所积极开展庆祝建党90周年主题教育活动。在系列活动中，注重发挥主体作用，激发学生的参与热情；注重形式创新，突出学生的情感体验；注重丰富内涵，拓宽活动的教育功能，取得了良好效果。

（周　烨）

［开展各区县“两纲”评估］ 3—4月开展各区县贯彻落实“两纲”2009—2010年度阶段性总结评估。评估分区县教育局自查和现场答辩评审两个阶段。全市18个区县教育局开展了总结自评。在此基础上，市教卫党委、市教委组织了部分专家、有关职能部门负责人和相关单位对区县教育局的书记或局长进行现场答辩评审。这是自2005年6月正式颁布实施“两纲”以来的第三次总结评估。经综合评定，普陀、虹口、静安、卢湾等4个区评估成绩为“优”。通过总结评估，反映出近年来各区县教育局对贯彻落实“两纲”从认识到实践都有不同程度的提升。市教卫党委、市教委对下一阶段贯彻落实“两纲”提出四项要求：一要更加完善德育内容体系，二要不断丰富实施途径和方法，三要继续加大师资队伍建设力度，四要进一步整合系统内外资源。

（周　烨）

［开展课程与教学视督导］ 4月和11月，市政府教育督导室会同市教委基教处、教研室联合组成视督导组，分别对原卢湾、奉贤两区中小学、幼儿园开展为期一周的，以提升中小学课堂教学质量为主的课程与教学视督导工作。

督导组认为，卢湾区教育局《优化课程管理　激发教学创新　引领学生成长》的自评报告理念先进、内容翔实、重点突出、例证丰富。在推进素质教育和课改实验、设立“创新实践活动日”、学校科技创新等方面卓有成效。督导组在学校实地调研与区教育局自评报告相印证，反映了卢湾区教育局求真务实、追求卓越的精神。奉贤教育则是秉承“敬奉贤人、见贤思齐”的传统文化理念，围绕“聚焦新农村文化育贤，打造南上海品质教育”的发展主题，区教育党政领导班子带领全区广大干部、教师齐心协力，“想干事、干好事、干成事”，精气神旺盛、专业引领强劲，课程教学管理扎实，教学质量明显上升。奉贤区域教育事业呈现快速发展态势，为上海教育特别是郊区教育发展提供了宝贵的经验。

针对两区存在的学校发展规划制定、课程改革实施、校本课程开发、教师专业成长、学生课业负担等方面的问题，市政府教育督导室组织视督导组，在沟通反馈的基础上，提出了有针对性的整改意见和建议，形成的督导报告分别送达两区教育行政部门。

（顾　薇）

［公示区县政府履行教育责任情况］ 2011年底，《关于2010年上海市各区县政府依法履行教育

责任执行情况的报告》向社会进行了公示。经对区县政府自查数据分析表明：一是区县政府认真履行教育法定职责，确保教育经费“三个增长”落实到位。二是市级财政加大义务教育经费统筹力度，市区与郊县生均拨款的差距小学和初中均缩小 430.9 元，教育生均经费拨款水平进一步趋向均衡。三是教育公建配套建设项目有效落实，截至 3 月，规划落实率为 97.76%，较上年提升 7 个百分点。四是挖掘公办学校学额，尽可能满足进城务工人员子女入学需求，以区县为单位计算，幼儿园、小学、初中、高中班额达标率分别为 58.7%、71.4%、82.4%、99.9%，与上年持平。五是推进教师职前职后培训，教师学历普遍提升，待遇明显提高。六是加快基础教育布局结构调整，2009 学年减少或变更用途的中小学幼儿园共 17 所，其中配合区县进行教育资源布局调整的 16 所，由于市政拆迁暂时停办的 1 所。

据此，市政府教育督导室提出了三项建议：①进一步加大财政教育投入监管工作力度，避免产生挤出效应。②进一步加强对区县教育公建配套建设监管工作力度，避免出现局部地区入学难和高班额的现象。③进一步健全和完善教师可持续发展的激励和保障的机制，充分发挥教育人事制度改革在教育发展中的积极作用。

（顾　薇）

［规范和完善督学资格考试］　为规范和完善督学资格考试工作，市教委、市政府教育督导室采取了一系列措施。一是制订《关于在浦东新区等 4 区试行督学资格考试工作的意见》，对考试对象、考试内容和形式、考试命题及考务组织等工作做出了明确规定；二是委托市教育督导事务中心对考试人员开展专题培训；三是委托华师大教育部校长培训中心、上海师大师资培训中心的专家承担督学资格考试的命题和阅卷工作；四是邀请督学资格工作专家组成员对考试人员进行面试答辩，提高督学资格考试的专业性和权威性。黄浦区、长宁区、闵行区、浦东新区等四个试点区督学资格考试于 1 月 22 日、3 月 12 日举行，共有 53 人参加考试，其中成绩合格者 48 人，通过率为 90.6%。全市面上的督学资格考试于 2011 年 10 月 15 日、2012 年 1 月 7 日举行，共有 124 人参加了考试，其中成绩合格者有 111 人，通过率为 89.5%。

（陈建青）

［启动推进区域教育现代化及义务教育优质均衡发展督政工作］　启动推进区域教育现代化综合督政以及义务教育优质均衡发展专项督政工作。2011 年上半年，印发了《关于开展推进区域教育现代化综合督政工作的实施意见》以及《关于对区县政府开展义务教育均衡发展督导、考核和评估实施意见》，旨在进一步发挥区县政府职能部门整体合力，确保在规划实施、制度保障、措施落实上瞄准中等发达国家教育发展水平，进一步总结加快实现教育现代化的经验和成效。下半年，研制完成了《上海市推进区域教育现代化综合督政指标》以及《上海市对区域义务教育发展督导指标》，旨在确保“为了每一个学生的终身发展”的理念及相关政策落到实处。指标体系主要体现政府的责任意识，重视公众满意度的测评和突出社会高位优质均衡教育的特点。如进城务工人员随迁子女接受义务教育全免费、全接纳；师资、课程、教育设施等优质资源共享辐射的机制；城区与远郊区捆绑结对、委托管理等支持郊区学校内涵发展的长效机制。2011 年内，市教委、市政府教育督导室完成了对徐汇区推进区域教育现代化进行综合督政，以及对松江区、崇明县义务教育优质均衡发展的专项督政工作。

（仇智君）

［专项督导“转移支付资金、教育公建配套”］　市政府教育督导室会同市财政局、市人保局、市建交委、市规土局、市住房保障局等共同参与推进区域教育现代化和义务教育均衡的督政，市政府教育督导室与市财政局商议了转移支付统一规范的管理办法，明确了财政转移支付使用、监管的职责以及区县财政教育经费拨款“三个增长”的基数问题。市政府教育督导室会同市人大教科文卫委、市财政局等单位，对浦东、宝山、虹口、杨浦、闸北等 5 个区开展 2010 年市级教育经费转移支付下达执行情况和市对区县教育财政转移支付专项督导，并实施了多次整改落实的跟踪督查，确保市级教育转移资金及时、足额拨付到位。市政府教育督导室会同市建交委、规土局和住房保障局等部门开展教育公建配套专项督导的专题研究，拟定《关于 2011 年本市开展教育公建配套专项督导工作的建议》，并对长宁、虹口、闸北、浦东等四区的 36+21 个教育公建配套项目中的 10 个“老大难”项目进行专项督导，并下发整改建议书。通过督导，其中的 7 个项目已由有关区政府发文作出承诺，制定整改方案或明确完工日期；另 3 个项目与市有关部门协调解决，市政府教育督导室继续实施跟踪督查。

（仇智君）

［**学校及周边环境建设**］ ①2011年内，经查，校园周边存在治安、交通、市容环卫、文化环境等问题的学校，占全市学校总数的2.15%。其中，学校周边有乱设摊、乱堆物现象的，占学校总数的0.55%；交通设施不完善的，占学校总数的0.24%；有乱停车现象、交通秩序差的，占0.82%；0.14%的中小学周边偶尔发生"恶少"敲诈事件；0.89%的学校周边存在黑车运营、集贸市场影响环境等问题。全市中小学周边200米内没有法律规定不得开设的场所。②开展安全文明校园创建。1195所中小学和中等职业学校通过"2010—2011年度上海市安全文明校园"初审和验收。③开展校园安全隐患排查治理。一是对黄浦区等7个区的所有中小学进行安全风险勘查，并逐校提出书面整改意见。二是联合交警、治安、消防等部门对青浦区等10个区的43所中小学幼儿园进行抽查，共发现和整改安全隐患215处。三是开展全市教育系统"清剿火患"战役行动。四是加大不稳定因素排摸和控制力度。④探索解决热点难点问题。一是有序推进市平安建设实事项目——加强全市700余所学前儿童看护点安全防范工作。77个学前儿童看护点转为民办三级幼儿园，460个看护点达到安全要求，205个安全隐患严重的看护点被取缔；会同市综治办、市公安局、市卫生局、市食品药品监督管理局制订下发《本市学前儿童看护点安全防范管理要求》，进一步明确学前看护点校舍、设施设备等安全管理要求。二是完成39所学校试点推进校园道路交通安全工作任务，共新增机动车泊位778个，出入口安装减速装置88组、标识牌139块，安装道路广角镜65面，施划人行横道线56组；其中22所学校实施校门改造，实现人车分门进出。

（姜文娟）

［**工读教育**］ 本市13所工读学校现有教师414名，其中30岁以下的教师占28.26%，具本科以上学历的教师占92.23%，具高级职称的占14.01%，具中级职称的占52.66%，1名教师获上海市金爱心教师奖，66名教师在国家级多项评选中获奖，90名教师获得市区级奖项。工读学校初三毕业生共528人，其中非沪籍学生45人；参加中考446人，升学率93.37%。职业班毕业412名，其中10人继续升学就读，402人实现就业；普通高中班毕业67人，其中12名考取大学本科，55名考取大学专科。工读学校在校学生总数为2249人，其中非沪籍学生291人。校外预控生6082人，其中非沪籍学生2867人。2名学生获全国征文、模拟科技等竞赛奖项，74名学生获市区级有关竞赛奖项。

2011年内，主要开展五项工作。一是启动第四轮全员培训，完成第一批130余人的培训工作。二是重点开展"差异教学"、"课程校本化实施"等主题教研活动。学科中心组分学科开展语文、数学、心理等交流研讨活动。三是举办第八届"拥抱明天"系列活动，13所工读学校的400余名师生同台献艺。对虹口区、普陀区、闸北区、杨浦区、嘉定区的五所工读学校200余名学生进行毒品预防教育宣讲。四是发动社会力量，设立"源恺助学金"，开展工读学校贫困学生援助工作，对110余名经济困难的工读学校学生进行援助。五是举办"第八届工读教育论坛——工读学校职业教育"，总结经验，探索适合学生就业等需求的工读教育新路。

（张大飞）

［**加强中小学幼儿园校车管理**］ 截至12月，全市共有423所中小学、幼儿园使用校车2380辆，乘坐学生6万余人。其中，自有校车（由学校自购）895辆，占比37.6%，学校租赁校车1485辆，占比62.4%。所有校车符合国家有关车辆的安全标准。上海未发生校车运行事故。

市教育、市公安交通、市城市交通运输管理等部门继续规范和完善校车管理工作。一是坚持常态管理。合力完成2380辆校车年检工作。二是坚持开展校车每月联合抽查。共飞行检查10个区县43所学校的168辆校车，督促整改隐患105处。三是坚持实施校车管理抄告制。全年抄告公安部门查处的违规校车或"黑车"接送学生，以及家长反映校车车况差等举报18起。四是在甘肃省11.16重大校车事件发生后，市教委及时组织全市校车安全检查，配合交警部门开展接送学生车辆的专项整治。

（卢　惠）

［**中小学生安全情况**］ 全年发生中小学生各类安全事故1860起，比上年增加128起，共伤亡学生1865人，同比增加133人。各类安全事故中，轻微伤和轻伤占96.7%，比上年上升1.7个百分点。校方责任事故占事故总数的1.2%，比上年下降1.5个百分点。非正常死亡学生72人，比上年减少7人，其中在校园内非正常死亡6人，比上年减少1人；在社会和家庭中非正常死亡66人，比上年减少6人。未发生集体食物中毒、校车、火灾等公共安全事故和自然灾害事故。

（卢　惠）

[《中小学、幼儿园安全防范管理基本要求》发布] 8月,市教委、市公安局制订的《中小学、幼儿园安全防范管理基本要求》由市质量技术监督局发布,并于2012年1月1日起实施。《安全管理基本要求》聚焦人防核心、强调操作实务、缩小管理水平和体现绩效评估等目标要求,围绕学校内部及周边在治安、消防、交通等安全防范管理工作中应达到的基本要求,明确四个操作重点:①明确学校应根据有关法律法规规定和学校需要,建立由安全防范管理机构、管理制度、管理人员、安全防范系统等组成的安全防范管理体系。②提出学校安全防范管理的计划制定、组织实施、内部评估和改进等工作程序的基本要求,清晰描绘出学校安全防范管理的基本流程。③以安全管理手册为载体,明确政策法律依据,突出岗位人员职责和准入,同时强化日常管理全过程记录等精细化工作要求。④在对新建校舍周边的道路交通、车辆停放等提出要求的同时,对医院传染病房、精神病院等可能危害学校安全的场所与学校的安全距离等方面提出了要求。

(姜文娟)

[《中小幼学生伤害事故案例选编(二)》问世] 《中小幼学生伤害事故案例选编(二)》收录了2008年至2010年上海市各级法院判决或调解的104起学生伤害事故案例,其中因学校管理或教师行为不当引发的伤害事故22起,因运动不慎引发的伤害事故25起,因学生玩耍打闹或违纪违规引发的伤害事故48起,其他伤害事故9起。每则案例均有"案件经过"、"案件分析"及"处理结果",可作为中小学幼儿园加强安全防范,开展学生伤害事故预防和规范处理的培训教材。

(卢 惠)

[中小学识险避险自救互救知识竞赛和技能展示] 全市共有15.24万中小学师生登录"上海学生活动网",参与"中小学识险避险自救互救知识竞赛和技能展示"。有7.1万余中小学师生参赛,通过人机互动学习交通、气象、消防、红十字等知识技能。与2010年相比,参赛人数增加1.2万人,是"上海学生活动网"创办以来点击率最高的网上竞赛活动。现场技能展示在东方绿舟进行。11月12日,720名由市教委随机抽取的来自全市中小学师生代表展示了查找火灾隐患、设计火灾逃生线路、"火场"呼救与撤离、急救包扎、心肺复苏及自行车安全骑行、气象预警信号识别和气象灾害处置等技能。

(卢 惠)

[《悦读法律》首发] 6月23日,市高级人民法院和市教委联合主办的《悦读法律》首发。这是一本以中小学生为主要对象的法制教育季刊,每期三万本,由《上海中学生报》发行。《悦读法律》的内容具有三个特点:一是通俗化。将严谨、专业的法律语言转化为通俗易懂的大众语言,使学生读得了、领会得了。二是趣味化。让学生感到有意思,喜欢看,并从中得到启发。三是生活化。紧扣生活,让学生通过身边案例了解、认识法律,同时解答成长过程中遇到的一些困惑。

(张大飞)

[召开教育政风行风建设大会] 6月22日,市教卫党委、市教委召开上海市教育政风行风建设大会。副市长沈晓明出席会议并讲话,会议由市教卫党委书记李宣海主持,市教卫党委副书记、市教委主任薛明扬作工作报告。市政风行风监督员代表,各区县分管区县长,市教卫党委、市教委有关领导,各高校主要领导、纪委书记,各区县教育局局长、纪委书记等出席会议。上海交通大学、上海师范大学、嘉定区教育局、金山区教育局分别从规范办学和非学历办班、加强师德师风建设、创行风建设达标学校、抓政风行风基础建设等方面作经验介绍。会议还对2010年度上海市规范教育收费优秀达标单位、达标单位进行表彰。

(魏 健)

[测评教育系统政风行风] 市纠风办对全市31个政府部门和14个公共服务行业开展政风行风测评,人民群众对45个部门和行业的政风行风综合满意度平均分为84.12分。其中对教育系统的测评结果是:①政风。人民群众对教育部门的政风综合满意度为84.33分,低于23个综合管理类部门的平均分84.66分,在23个综合管理类部门中排第17位,比2010年提升了1位。②行风。人民群众对学校行业的行风综合满意度为84.89分,高于14个公共服务行业的平均分84.06分,在14个公共服务行业中排第2位,与2010年持平。③政风行风综合。人民群众对上海教育系统政风行风综合满意度平均分为84.61分,比2010年提高0.37分,高于上海市45个部门和行业的政风行风综合满意度。

(魏 健)

[规范教育收费] ①市纠风办、市教委、市财政局、市物价局等七部门联合制定《关于2011年上海

市规范教育收费工作的意见》。②规范高中学生代办服务性收费行为。经市政府同意，市教委、市物价局联合制定并下发《关于进一步规范本市高中学生代办服务性收费管理有关事项的通知》。③对区县规范教育收费工作情况开展评估。嘉定、松江、奉贤、卢湾、青浦、宝山、崇明、黄浦、金山等9个区县教育局被评为2010年度“上海市规范教育收费优秀达标单位”，虹口、普陀、闸北、杨浦、徐汇、长宁、闵行、静安、浦东新区等9个区教育局被评为2010年度“上海市规范教育收费达标单位”，并奖励3000万元。④全市有15个区(除奉贤区、金山区和崇明县外)取消了公办普通高中择校生招生计划及择校费，奉贤、金山和崇明招收择校生的比例分别为12.83%、14.98%、7.2%，均没有超过现定的本校高中生招生计划数的15%。⑤在秋季开学前完成了高中阶段转制学校的清理规范工作。至此，上海在全国率先全面完成中小学公办转制学校的清理规范工作。⑥清理收费项目，取消了1个收费项目，归并了1个收费项目，降低了高职涉农专业学费收费标准。⑦开展秋季开学后规范教育收费联合检查。市规范教育收费联席会议成员单位成立6个检查组，对全市18个区县的38所中小学校、72所幼儿园和12所高校进行检查，共查出违规收费27.58万元。⑧全年共收到群众反映教育收费方面的信访、电话等各类投诉、举报104件次，查实违规收费39.5869万元。⑨群众对教育收费满意度高。据市教委、市纠风办联合组织开展的问卷调查显示，学生家长对教育收费的评价为“好”和“较好”的达96.3%。据市价格投诉举报中心统计，2011年接到人民群众对教育收费问题的投诉仅有13件，已连续几年退出收费问题投诉的前列。

（魏　健）

[专项督查教育收费]　12月6—10日，全国治理教育乱收费部际联席会议七成员单位成立督查组，对上海教育收费情况开展专项督查。督查组督查了上海大学、上海外国语大学、华东政法大学、华东理工大学、上海对外贸易学院等5所高校，以及浦东新区、徐汇区、闵行区3个区的7所高中、6所义务教育阶段学校、3所幼儿园。市教卫党委副书记、市教委副主任高德毅向督查组汇报了上海规范教育收费工作开展情况，市教卫党委书记李宣海出席情况汇报会。督查结束时，督察组将督查中发现的问题进行反馈，市教卫党委副书记、市教委主任薛明扬，市教委副秘书长王志伟参加反馈会。

（魏　健）

[评议教育行风建设]　12月19日，教育部行风评议组对上海教育行风建设情况开展评议，听取市教卫党委副书记、市教委主任薛明扬关于近几年来上海教育开展行风建设工作情况的汇报。评议组向市纠风办了解近三年来上海教育行风建设情况，查阅有关文档资料。评议组邀请2名人大代表、2名政协委员、6名市政风行风监督员、6名大中小学学生家长，进行现场测评；测评结束后召开座谈会，听取他们的意见和建议。经评议，上海教育行风建设是好的，取得了一定成效，从全国范围来看，上海教育行风建设是走在前列的。同时，评议组也指出了上海教育行风建设工作中存在的主要问题，并初步提出了整改建议。

（魏　健）

[清理庆典、研讨会和论坛活动]　市教卫党委、市教委对上海教育系统组织开展的庆典、研讨会、论坛活动进行清理。6月20日，召开清理工作会议，市教卫纪工委书记黄也放出席并讲话。经清理，取消研讨会、论坛活动2个，节约财政资金20万元；保留庆典8个，研讨会、论坛活动62个。在保留的70个庆典、研讨会、论坛活动中，市教卫党委、市教委仅组织开展了1个论坛活动，其余均为高校、直属事业单位组织开展的，其中绝大部分是高校组织开展的学术型研讨会、论坛活动。没有发现以开展活动为由滥发钱物及滥用财政资金的现象。

（魏　健）

基 础 教 育

[**2011年概况**] 全市共有小学764所，幼儿园1337所，中学754所，特殊教育学校29所，在校学生合计177.2万人。召开上海市基础教育工作会议，提出当前及今后一段时期本市基础教育工作的主要任务是促进内涵建设、推进转型发展。完成市政府实事项目"新增40所幼儿园"的建设任务。制定并实施《学前教育三年行动计划(2011—2013年)》。调整学前教育生均公用经费定额标准，制定了困难幼儿资助政策等公益性普惠性政策。与教育部签署推进区域义务教育均衡发展备忘录，确定本市推进义务教育均衡发展的时间表。推进"城乡教育一体化建设工程"，以常住人口为基数制定"十二五"学校建设规划。解决好进城务工人员随迁子女在沪接受义务教育问题，全年实现50.17万名适龄随迁子女全部在公办学校或政府委托民办小学免费就读。推进"促进普通高中优质多样特色发展试验"项目的实践研究，开展普通高中学生创新素养培育实验，推进高中多样化、特色化发展。深化课程与教学改革，全面启动中小学各学科课程标准修订，继续提升中小学课程领导力，小学全面实施"快乐活动日"。推出中小学生学业质量绿色指标，启动义务教育综合评价改革。完成特殊教育三年行动计划(2009—2011年)，制定新一轮特殊教育三年行动计划(2011—2014年)。全市17所中学承担内地西藏班、新疆高中班办班任务，班级合计104个，在校学生4384人。

(周勤健)

[**学前教育公共服务体系建设**] 制定《上海市学前教育三年行动计划(2011—2013年)》，提出构建和完善学前教育公共服务体系，实现对适龄儿童学前教育和看护服务的全覆盖；促进学前教育内涵发展，提升学前教育保教质量。①通过多种渠道满足新增学龄前儿童入园需求：完成新建40所幼儿园的市政府实事工程；扩大已有园所对3—6岁儿童的招收规模；组织力量对区域内民办三级幼儿园及看护点加强管理和监管。②出台公办幼儿园生均公用经费基本标准，规定每生每年1200元，制定了困难家庭儿童接受学前教育的资助政策，从下半年起对上海户籍困难家庭儿童免除管理费，并补助伙食费，有效保障贫困家庭儿童的入园需求。③开展"幼儿园一日活动保教质量"专项调研，幼儿健康状况良好的占89.5%，家长满意率达98.2%。出台了《关于进一步规范幼儿园保教工作的实施意见》，推出了一系列旨在提升学前教育内涵发展水平的举措，强调坚持以游戏为基本活动，严格规范幼儿园一日作息时间，确保幼儿一日户外活动的时间、游戏时间和运动时间。④委托上海教育电视台，制作大型学前教育访谈类节目《育儿有招》，传播科学的学前教育知识与理念，向家长和社会普及与提升学前教育的知识和方法。

(叶雁虹)

[**进城务工人员随迁子女义务教育**] 2011学年，全市共有50.17万名随迁子女在义务教育阶段学校就读。其中，36.89万余人在公办学校就读，比2010年增加3.5万人，占总数的73.53%；另有13.28万余名在158所政府购买服务的以招收进城务工人员随迁子女为主民办小学免费就读，占总数的26.47%。①大力推进以住宅建设量及常住人口数为基数配置公办教育资源，在入学矛盾突出的城郊结合地区新开办53所中小学幼儿园。②规范招生入学秩序，放宽班额吸纳进城务工人员随迁子女进入公办学校就读。推进公办学校开展进城务工人员随迁子女融入城市研究，开展适合进城务工人员随迁子女的教育教学方式改革。③帮助以招收进城务工人员随迁子女为主民办小学改善办学条件。逐步缩小以招收进城务工人员随迁子女为主民办小学规模，关闭4所以招收进城务工人员随迁子女为主民办小学。推进学校财务与资产规范管理，改善教师待遇，开展教师全员培训，启动以招收进城务工人员随迁子女为主民办小学的年检、绩效评估、示范展示活动，推进这类民办小学教育质量的提升。

(焦小峰)

[**郊区学校建设**] 推进郊区学校建设项目，缓

解人口出生高峰和人口向城郊结合部迁移所带来的入学矛盾。郊区竣工中小幼建设项目87个。其中,竣工中学23所,小学19所,幼儿园42所,其他3所。按建设类型分,公建配套学校竣工55所,新建、改扩建学校竣工32所。2011学年,郊区幼儿园接纳适龄幼儿比2010学年增加3.77万人,小学接纳适龄子女比2010学年增加2.75万人。按照市委、市政府关于以常住人口为基数配置教育资源的要求,完成制订《上海市"十二五"区县基础教育基本建设规划》。

(焦小峰)

[开展普通高中学生创新素养培育实验项目] ①加强调研和学习。组织项目单位赴北京、台湾地区学习相关理念和经验,通过学习培训、考察交流、专家引领和指导等方式,提升实验项目学校的教育理念和管理水平。②完善项目研究机制。组织召开项目工作推进会,完善项目研究的具体框架设计。召开高中学生创新素养培养目标及测评方法研究的专题研讨会,初步构建高中学生创新素养的基本框架结构,设计配套的测评框架。对所有项目单位的实验情况进行中期评估,总结已有经验进行示范辐射。③重视配套课程资源研发。与市科委合作,利用高校、研究所等资源,建立了10个高校青少年实践工作站,组织有兴趣、专长和学习实践需求的学生开展课程活动。加强高中创新实验室建设,出版与高中学生创新素养培育课程相匹配的首批高中创新实验室案例征集《创新,实验室里的时代脉动——高中创新实验室案例撷英》。④形成阶段性研究成果。国家教育咨询委员会到沪专题调研国家教育体制综合改革项目"探索建立拔尖创新人才培养基地"试点工作。上海中学完成首轮试验,首批创新实验班学生毕业,在个案积累和分析的基础上,形成全国教育科学"十一五"规划教育部重点课题"实验性示范性高中推进优秀创新人才早期培育的实验研究"成果《孩子怎样读名校——百名资优生成长故事与评述》。

(金莉莉)

[开展普通高中国际课程调研] 市教委上半年开展了上海市普通高中面向境内学生开设国际课程的专题调研。调研结果如下:①截至2011年5月,上海有21所普通高中学校(或依托学校的独立法人机构)采用国际班、国际部或国际课程中心等形式,面向中国籍学生主要开设了7类国际课程,分别是:国际文凭大学预科课程(IB)、英国中学高级水平证书考试课程(A—LEIVEL)、美国大学先修课程(AP)、美国全球通用证书考试课程(PGA)、加拿大BC省高中毕业证书课程、德国德语语言证书考试课程(DSD)以及美国的学生性向测试课程(SAT)考试课程。这21所高中涉及8所民办高中和13所公办高中(其中11所为市实验性示范性高中,2所为区实验性示范性高中),共招收中国籍学生3114名,一般每生每学年收费6—9万元,这些学生主要来自上海及周边省市。调研数据表明,优秀学生主动选择读国际课程呈现增长趋势。学校引进国际课程主要通过地区教育行政部门、中介公司或具有官方背景的民非教育机构三种途径引进。国际课程均由中外教师联合授课,外方教师担任主授教师,中方教师协助管理和教学,少数任课的中方教师具有海外学习背景。②调研发现,目前,政府教育行政部门对国际课程的政策尚不明朗,但在家长和社会的强烈需求推动下,以及对办学利益的考虑,不少高中学校纷纷自行引进国际课程。由于缺乏统筹和专业指导,师资力量和教学质量没有保证,且相关课程教材缺乏审查机制,使得高中引进国际课程困难重重。③上海中学编了一套5册的"高中国际课程的实践与研究"丛书,为提升高中课程建设国际化水平提供案例和经验。

(金莉莉)

[启动义务教育阶段学业质量评价改革(绿色指标)] 9月,市教委与教育部基础教育课程教材发展中心共同提炼影响学生学业的关键因素,构建了中小学生学业质量综合评价体系即"绿色指标"。它包括十个方面:学生学业水平指数、学生学习动力指数、学生学业负担指数、师生关系指数、教师教学方式指数、校长课程领导力指数、学生社会经济背景对学业成绩的影响指数、学生品德行为指数、身心健康指数和跨年度进步指数。以抽样方式确定参测学生名单后,10月27日,以"绿色指标"为依据,全市466所小学、338所初中(一贯制学校按小学、初中分别计数)的63640名学生参加测试和问卷,9444名教师和804名校长参加问卷。11月4日,市教委和教育部基础教育课程教材发展中心共同举办中小学生学业质量"绿色指标"启动大会。市委副书记殷一璀、教育部副部长刘利民、市政协副主席蔡威出席大会并讲话。市教委和教育部基础教育课程教材发展中心签订《关于开展上海基础教育质量综合评价改革项目合作备忘录》。

(刘中正)

[召开上海市基础教育工作会议] 3月,市委、市政府召开上海市基础教育工作会议。会议总结了过去5年本市基础教育取得的成就,着重分析了当前本市基础教育所处的历史方位和需要解决的主要问题,提出了基础教育改革和发展的思路与举措。市委副书记殷一璀、副市长沈晓明、教育部基础教育一司司长高洪出席并讲话。市委副秘书长姚海同,市政府副秘书长翁铁慧,市有关委办局负责人,各区县党政负责人,市区部分人大代表、政协委员,校长教师代表近千人出席会议。市委宣传部、市发展改革委、浦东新区、徐汇区、长宁区、虹口区、奉贤区等7家单位作交流发言。市教卫党委书记李宣海宣读了全国基础教育课程改革教学研究成果上海获奖名单,市教委主任薛明扬作总结发言。

(焦小峰)

[完成特殊教育三年行动计划(2009—2011年)] 《上海市特殊教育三年行动计划(2009—2011年)》实施三年,全面完成计划目标,特殊教育事业发展取得长足进步。①加大经费投入力度,优化特殊教育办学条件。市、区县两级财政共投入特教专项经费4.57亿元,其中市级财政1.7亿元、区级财政2.87亿元;全市迁建、改扩建特教校舍15万平方米,添置了大量先进的教育教学、康复和现代信息技术等设施设备,全市29所特教学校中有25所学校教学与康复设施设备达到规定标准。一批学前特教点和有随班就读学生的普通学校办学条件得到明显改善。②深化课程改革,为残疾学生提供优质教育。积极探索有效实施新课程的途径与方法,以教研、科研促进质量提升,取得丰硕的研究成果,4所特教学校的4项科研成果获得上海市第十届教育科研优秀成果一等奖,其中浦东新区特殊教育学校的《浦东新区脑瘫学生康复与教育的实证研究》获全国第四届教育科研优秀成果一等奖。③坚持改革创新,特殊教育医教结合有效开展。开展国家教育体制改革试点项目"推进医教结合,提高特殊教育水平"研究。重点开展五方面研究:一是建立教育、卫生、民政、残联等相关部门分工合作长效机制,整合教育、医疗等资源;二是不断完善医教有机整合的特殊教育支持保障体系;三是针对学前教育、义务教育、高中阶段教育各个学段的特教学校、特教班、随班就读、送教上门等不同安置方式,以及不同类型残疾学生的不同需求,实施个性化、有针对性的教育、康复和保健服务。四是开展医教结合专业队伍建设,完善康复教师、巡回指导教师、资源教师、指导医生队伍建设;五是建设特殊教育公共服务平台。

(陈东珍)

["新优质学校"推进项目启动] 5月,启动"新优质学校"推进项目。该项目旨在推动中小学校转变教育发展方式和人才培养模式,在教育过程中关注学生需求、研究学生成长规律,让每个学生都拥有平等的机会、获得更好的服务,健康快乐成长,办家长、社会满意的优质学校,实现义务教育均衡发展。项目组在调查研究的基础上,遴选了普陀区洵阳路小学、虹口区柳营路小学、徐汇区启新小学、闸北区实验中学、闵行区基地附中等25所不挑选学生来源、没有享受特殊资源、没有深厚文化积淀的普通学校,推进"新优质学校"项目。其主要做法:①总结提炼体现"新优质"特征的办学经验;积极回应社会、家长、学生对教育的需求,明确学校改革与发展的方向;转变教师的教学行为,提高教育质量;以教育关怀公平地惠及来自不同家庭背景的学生,促进每个学生进步成长;注重学校发展策略,以特色建设带动各项工作。②多形式推进"新优质学校"发展。项目组先后在上海市江宁学校、上海市实验东校、虹口区实验学校等多个学校召开展示交流活动、并通过个别指导、深入研究、深化实践等多种途径,使项目学校的改革与发展得到持续的推动。③推广辐射"新优质学校"典型经验。项目组将"新优质学校"案例,拍摄制作成《数字故事》,供各区县中小学校学习借鉴。项目组还研究制订体现"新优质学校"特征的评价标准,推进基础教育学校转型发展和内涵发展,期望上海今后有一批不是单纯靠学业成绩排名和升学率成名,而是靠育人质量过硬的新优质学校。

(朱　蕾)

职 业 教 育

[2011年概况] 根据社会经济创新驱动、转型发展的需要，加快适应现代服务业、先进制造业和战略性新兴产业的要求，不断推进现代职业教育体系建设，夯实职业教育基础能力，先后制定并颁布《上海市职业教育改革发展“十二五”规划》以及《上海市中等职业教育信息化建设行动计划（2011—2015年）》和《上海市中等职业教育师资培养培训行动计划（2011—2015年）》，为职业教育“十二五”期间的发展奠定良好开局。2011年全市81所中等职业学校（包括中专、职校、技校）纳入招生计划，录取总数5.16万人，毕业生当年就业率达到97.95%。全市确立156个重点建设专业和178门精品课程立项项目，新开发24个专业教学标准，内涵建设取得了明显成效。职业学校“就业有优势，创业有本领，升学有希望，终身学习有基础”的优势逐步显现。

连续2年组队参加教育部举办的全国中等职业学校教师信息化教学大赛，参加了多媒体教学软件、信息化教学设计、计算机网络技术信息化教学设计3个项目的比赛，共有3个项目取得一等奖。先后组织教育部中等职业学校校长改革创新战略研究班及中等职业学校骨干校长高级研修班培训；分三批组织机电技术应用、汽车运用与维修、现代物流、烹饪等9个专业58名骨干教师赴德参加培训；特聘兼职教师资助名额较去年增加40%，共有265名特聘兼职教师获得资助。对41个职业教育开放实训中心开展运行绩效评估工作，提高开放实训中心的服务能力、运行水平和管理效益。

经教育部、人力资源和社会保障部、财政部批准，石化工业学校等6所学校成为“国家中等职业教育改革发展示范学校建设计划”第一批立项建设学校，南湖职校等6所学校为第二批项目立项学校。

（宋　磊）

[“双师型”教师队伍建设] 2011年，通过完善制度、开拓渠道、打造高地，提升中职教师的双师素质。深化教师企业实习实训制度、兼职教师聘用、教师生涯发展管理制度的改革。将“双师型”教师的培养，纳入学校评估指标体系。加大经费投入力度，逐步完善教师培训经费的投入保障机制。

开拓“双师型”教师成长渠道。①“请进来”：邀请行业、企业、协会、高校、职教集团等不同方面的专家全程参与市级培训方案的制定与实施，2011年共完成市级教师培训950人次。与教育部职成教司、德国国际合作机构（GIZ）合作，联合完成了专业教学法的专项培训。②“送出去”：2011年，先后选送校长59人次、教师24人次参加了国家级培训，7人次参加了国家层面组织的出国进修。③打造“双师型”教师资源高地：通过全国职业院校技能大赛、上海市中职校星光计划技能大赛平台，实训中心协作组、中心教研组活动，精品课程、课题、专业教学标准、实训装备标准等项目开发，提升教师的双师素质。在2011年全国职业院校技能大赛中，上海中职代表团荣获全国金牌总数第一、团体总分第二的优异成绩。2名教师荣获“上海市教书育人楷模”、11名教师荣获“金牌指导教师”荣誉称号。

（钱啸寅）

[制定颁布《上海市职业教育“十二五”改革和发展规划》] 2011年8月将《上海市职业教育“十二五”改革和发展规划（征求意见稿）》下发至各职业院校、相关委办局、区县教育局等，在充分征求意见的基础上进一步进行修订。2011年底，市教委正式颁布《上海市职业教育“十二五”改革和发展规划》，进一步明确了上海职业教育今后五年改革发展的指导思想、发展主线、发展目标和主要任务。

“十二五”期间，上海职业教育将进一步向着“做精、做特、做强”的方向迈进。重点做到：使学生能发展、使就业有优势、使办学高水平。打造一批具有国际影响力的品牌专业和院校，努力形成具有全国领先水平和经济发达地区特征的现代职业教育新局面，使上海职业教育成为引领全国职业教育发展的新典范。

（宋　磊）

[职业教育开放实训中心运行绩效评估] 2010年12月至2011年6月，委托上海市教育评估院对

通过建设验收并投入运行满两年的41个职业教育开放实训中心进行了运行绩效评估。共有11个实训中心被评为“优秀”；9个实训中心被评为“良好”；20个实训中心被评为“合格”。实训中心运行绩效评估采用学校自评、网上评估、实地评估相结合的评估方法开展评估。评价内容多维度，定量指标关注实训中心运行的效益与效果，定性指标关注实训中心运行管理与特色创新。通过评估，全面摸清了实训中心的运行现状，提高了学校及其主管单位对实训中心运行的关注程度。

（钱啸寅）

[开展中高职教育贯通培养试点工作] 2011年继续开展中高职教育贯通培养模式试点工作，在全市进一步扩大试点范围，由中高职一体化办学的院校拓展到同一职业教育集团内不同办学主体的中高职院校。贯通培养的试点专业仍然坚持必须是行业岗位技术含量较高，专业技能训练周期较长，熟练程度要求较高，社会需求量较大且需求较为稳定，适合中高职培养目标相互衔接贯通的专业。2011年共新增烹饪工艺与营养、艺术设计、口腔修复工艺、建筑工程技术、动物医学、城市轨道交通车辆、机电一体化技术7个试点专业，涉及14个中高职院校，新增招生计划500余名。截至2011年底，本市共有17所院校在护理、应用电子技术等11个专业开展了贯通培养的试点工作，共有在校生近1500名。

（戴小芙）

[在全国职业院校技能大赛获奖] 在2011年全国职业院校技能大赛上，上海中职代表队获得48块金牌，取得全国金牌总数第一、团体总分第二的优异成绩。参加技能大赛的上海中职代表队由来自36所中职学校的111名学生组成，参加了大赛设置的所有12个专业大类、45个比赛项目。在参加的12个专业45个项目中，技术含量高的项目成绩突出，且有很多项目反映的是新技术的应用。如企业网搭建与应用、工业产品设计(CAD)技术、数字影音后期制作、电子产品装配与调试、单片机控制装置安装与调试、制冷与空调设备组装与调试、机电一体化设备组装与调试、电气安装与维修、加工中心/数控车团队、数控车工、数控铣工、焊工、工程算量、建筑CAD、会计实务、成衣款式设计、立体造型与纸样修正、种子质量检测、现代物流中心作业等项目，共获得37个一等奖，占一等奖总数77%。其中，机电一体化设备组装与调试、电气安装与维修、加工中心/数控车团队、数控车工、数控铣工等都属于先进制造业项目。此外，本市参加全国大赛的111名学生中，有36名来自外省市学生，占参赛学生32%。

（张福顺）

[第三届长三角地区职业教育联动发展推进会召开] 2011年4月6日至7日，第三届长三角地区职业教育联动发展推进会在上海召开。江苏省教育厅副厅长杨湘宁、浙江省教育厅副厅长鲍学军、上海市教育委员会副主任印杰，三省市教育厅(教委)职业教育处，三省市部分中等职业学校校长代表出席会议。会议明确在四个方面继续加大合作力度。一是教育行政部门进一步做好搭台铺路的基础性工作，确保学校更好地参与长三角地区职业教育联动发展。二是以项目合作为龙头，带动更加广泛、更加开放的合作，促成三省市的集团优势、积聚优势、高地优势。三是进一步关注教育教学质量的提高，加强成功学校案例宣传和推介，探索中等职业学校品牌创建，努力打造一批具有示范引领效应、辐射带动效应的品牌学校。四是进一步完善合作交流长效机制，逐步拓展合作交流领域，深化合作交流内涵。

（宋　磊）

[完成中职指导性招生计划] 2011年，教育部下达的指导性招生计划为4.8万人。全市初中毕业生报考人数为8.499万人，比上年减少0.73万人。全市共有81所中职校参加招生，录取总数5.16万人，完成教育部下达的指导性招生计划总数的107.5%，其中，录取本市生源3.13万人，录取非本市生源1.22万人，成人中专录取0.81万人，中职校与普通高中录取比为1∶1。同时，落实与云南、新疆、西藏、重庆、湖北等省市对口支援地区开展对口支援合作办学工作，有17所学校与对口支援地区25所学校结对子设分校，招收录取当地农村地区学生2866人。上海市教委和贵州省教育厅签署了中职校东西部合作办学的备忘录，录取贵州地区学生1349人。

（张福顺）

[开设首届内地新疆中职班] 2011年9月23日，来自新疆18个市(县)和兵团的386名学生抵达上海，其中，莎车、叶城、巴楚和泽普等上海对口支援地区的学生占了42%。386名学生分别来自维吾尔族、回族、哈萨克族、塔吉克族和汉族等5个民族，其中维吾尔族占80%。根据教育部、国家发展改革

委、财政部《关于举办内地新疆中职班的意见》要求，在市领导高度重视下，市教委从去年起就启动了相关准备工作，确定群益职业技术学校、奉贤中等专业学校和工程技术管理学校等三所国家级重点中职校承担此项工作。三所中职校均成立了领导小组，组建了专门的管理团队，精心选拔政治思想素质高、业务能力强、经验丰富、有奉献精神的教师担任班主任、任课教师和管理人员，保证内地新疆中职班的教育教学质量。此外，三所学校建立新疆中职班协作小组，建立一系列管理制度。市教委对承担办班任务的三所国家级重点中职校共计投入6000余万元资金，用于建造伊斯兰清真餐厅、进行校舍改造等项目。各校为学生配备了所需设备及生活用品，为新疆班学生营造一个温馨、舒适的学习与生活环境。

（张福顺）

[都江堰地震灾区学生在沪毕业] 为贯彻落实《教育部关于印发〈教育系统做好灾区师生安置和恢复重建准备工作的方案〉的通知》要求，按照上海市委领导“不讲条件做好灾区坚强后盾”的指示精神，上海市教委确定了本市24所国家级重点中职校和30个重点专业承担相应任务。2008年8月，1193名来自地震灾区都江堰中职校的07级、08级学生如今已顺利完成学业。毕业生就业率99%，高出全市就业率2个百分点。其中，在沪“直接进入企、事业单位”就业的毕业生有541人，占就业毕业生总人数的59%；回原籍就业的毕业生有362人，占39%。都江堰地震灾区学生在沪学习期间共获得2400万元的财政资助，平均每生获得2.85万余元资助。

（张福顺）

[扩大中职校学生享受免费教育实施范围] 从2011年秋季学期起，将免费政策的实施范围由全日制中等职业学校中来自农村、海岛家庭学生、城市低保家庭和就读涉农专业的学生，扩大至全日制中等职业学校（包括公办和民办普通中专、职业学校、技工学校，不含综合高中）中就读奖励专业的学生。至此，全市中等职业学校免费政策覆盖面已达到在校生总数的52%。就读奖励专业学生享受的免费教育政策包括两项内容：一是每生每年可免除本校本专业2600元或4000元不等的学费，免除400元至600元不等的书簿费。二是享受国家助学金，即除毕业年级外，对符合条件的学生每生每年发放助学金1500元。2011年本市共有12.7万人次享受中职免费教育，享受金额3.5亿元。按照教育部要求，在89所上海中专职校就读的7806名来自新疆、西藏的中职学生共获得上海市奖学金663.95万元。有19万人次获得助学金1.13亿元。

（黄　蕾）

[中等职业学校毕业生就业情况] 截至2011年9月1日，全市中职校毕业生总人数44529人，就业和升学人数43617人，就业率为97.95%。其中，直接就业占就业总人数的66.43%，升入普通高校和成人高校等学习人数（以下简称升学）占就业总人数的33.57%，直接就业和升学人数分别比上年上升和下降2.62个百个点。其中，直接就业于“三、二、一”产业的分布呈梯度状，分别占79.45%、20.46%和0.1%。在14644名升学人数中，升入本科院校有476人，占升学总数3%；升入高职院校有12614人，占升学总数86%；升入成人高校有1554人，占升学总数11%。非本市户籍毕业生就业率达到98.59%，其中，5154人留在本市就业，占外地生源总数的54%；3479人在异地和回原籍就业，占40%。进城务工人员随迁子女毕业生745人，有90%毕业生选择了直接就业。

（张福顺）

高等教育

［2011年概况］ 2011年，全市高等教育在校生达96.46万人。全市共有普通高等学校66所。普通高校教职工7.41万人（其中市属高校4.09万人），专任教师3.96万人（其中市属高校2.42万人）。全市在读研究生11.9万人，比上年增加0.73万人，增长6.5%。普通高校本专科在校生51.13万人，比上年减少0.9%。招收普通本专科学生14.11万人，招收研究生4万人。各普通高校有留学生4.76万人。上海高校共有毕业生17.5万人，比2010年增加0.7万人，增幅为4.0%。截至9月1日，上海高校毕业生总体就业率为95.68%，比上年同期上升0.56个百分点，其中，研究生就业率为96.26%、本科生就业率为95.33%、专科（高职）毕业生就业率为95.9%。

与教育部共同推进“上海数学中心”和“上海转化医学研究中心”建设，分别与国家海洋局、交通运输部共同支持上海海洋大学、上海海事大学建造教学科研实验用船，与国家体育总局共建上海体育学院中国乒乓球学院，与中科院合作推进浦东科技大学（暂定名）立项筹建。

上海地方财政资金配套投入36亿元开展新一轮“985工程”建设，其中40%（14.4亿元）作为市政府引导性资金。4所985高校根据指南申报服务地方经济社会发展的40余个重点建设项目。上海市成立985工程专家委员会，对首批项目开展评审。4所985高校与9所市属高校签署共建协议。已筹措市级资金支持财大、华理工等211高校开展“优势学科创新平台”等项目建设。上海旅游高等专科学校示范性高职建设项目通过教育部、财政部验收，成为全国首家旅游类国家示范性高职院校。对已完成验收的4所国家示范性高职院校开展“后示范建设”，共投入经费5000万元，促进其向专业特色鲜明、校企深度融合，具有国际影响的高职院校发展。上海市医疗器械高等专科学校、上海电子信息职业学校、上海出版印刷高等专科学校被列为国家骨干高职院校建设单位，同时启动上海医疗器械高等专科学校国家骨干高等职业院校建设工程，投入经费约3750万元（中央财投入1500万元，上海市配套投入2250万元）。

21所上海地方本科院校已制定完成21个“十二五”内涵建设规划，聚焦180个重点建设项目，目前已启动140个。市教委、市财政局、市审计局联合下发《实施〈上海市中长期教育改革和发展规划纲要（2010—2020年）〉财政专项资金管理办法》，市教委下发《“十二五”高等教育内涵建设市级教育专项资金使用管理办法》。

21家专业学位研究生培养高校全部开展全日制专业学位研究生教育综合改革试点工作，上海立信会计学院、上海第二工业大学、上海电机学院获准试点招收硕士专业学位研究生。临床医学硕士专业学位与住院医师规范化培训结合改革试验进展顺利，共招收702名研究生（住院医师）。启动18种专业学位类别学位论文标准及评估指标的研制工作，启动上海市专业学位研究生实践基地建设。有10篇论文入选全国优博，26篇论文入选全国优博提名。审核批准21所高校的57个本科专业增列为学士学位授予专业。对18所院校的130个研究生课程进修班予以登记备案。

推进全市7所高校率先进入国家卓越工程师教育培养计划行列；实施卓越医学教育改革试点，推动建立高水平的康复医学师资队伍和具有特色的康复医学教学基地。同意市属高校新增设本科专业11个。立项建设市教委重点课程601门，评选全英语示范课程49门、优秀教材奖297本、市级精品课程97门。6名教师获第六届国家级教学名师奖，31名教师获得市级教学名师奖；建设33个重点校外实习基地和11个示范性校外实习基地；组建成立新一届上海高校计算机等级考试委员会，实施2011年度全市高校计算机等级考试；申报200个本科重点教学改革项目。22所市属高校获得中央财政支持地方高校专项资金1.476亿元支持，市政府按1∶1的比例配套支持。

积极探索政府主导、行业引导、校企合作、市场运作的办学体制和育人机制，支持上海工艺美术职业学院与世界顶级企业成立联合学院。全面完成高职高专院校重点专业建设路线图制定工作，重点建设200个高职专业。举行第一届“上海高职高专院校重点专业建设教学比武”。

开展上海市重点学科中期建设绩效评价工作。对社会学等9个E—研究院进行评估，委托市教育评估院首次采用第三方进行第二节点考核。推进高校人文社会科学重点研究基地建设；确定8个人文艺术创新工作室并授牌；完成上海理工大学“现代微创医疗器械及技术”和上海海事大学“集装箱供应链技术”教育部工程研究中心、上海大学“特种光纤与光接入网”省部共建教育部重点实验室验收。研究制定了上海高校知识服务能力提升工程，以建设知识服务平台、高校技术与转移中心和上海高校技术市场为重点，构建高校与社会、行业发展协同创新的新平台。

推荐7位院士候选人上报。推荐9人上报国家“千人计划”。51人入选“上海千人计划”。19人获得上海领军人才称号；开展第三批24人“领军人才”地方队培养对象的中期考核工作。开展中组部“青年拔尖人才支持计划”申报，推荐121人申报材料送市委组织部审定。

72人入选“上海特聘教授(东方学者)岗位计划”，其中特聘教授43人(含团队2个)，讲座教授29人。701名教师和39个上海地方高校产学研基地(试点)获上海高校教师产学研践习计划资助。284人入选上海高校教师国内访问学者计划(其中20人入选教育部计划)，555人入选上海高校教师国外访学进修计划，753人入选上海高校青年教师培养资助计划。上海音乐学院周小燕教授入选成为全国十大教书育人楷模；授予上海交通大学王竹如等10人为上海市教书育人楷模荣誉称号。上海工程技术大学吴忠等10人被评为2011年宝钢优秀教师奖。推进民办高校“强师工程”，开展民办高校骨干教师、青年教师、校长和管理人员培训项目。

(朱俏逍)

[上海高等教育内涵建设工程] 市教委积极实施推进上海地方本科高校内涵建设工程(“085工程”)。4月12日，市教委、市财政局联合召开上海地方本科院校“十二五”内涵建设工程推进会。会议要求各地方本科院校根据“扶需、扶特、扶强”的原则，“需特”结合、“需强”结合，围绕上海经济社会发展需求、结合学校的基础、特色、优势和发展目标，聚焦重点(学科专业群/平台)，制订“十二五”内涵建设规划，包括重点学科专业建设、知识服务平台建设、教师专业能力建设、国际化平台建设、公共服务平台建设等的建设内容。市教委、市财政局、市审计局联合下发《实施〈上海市中长期教育改革和发展规划纲要(2010—2020年)〉财政专项资金管理办法》、市教委下发《“十二五”高等教育内涵建设市级教育专项资金使用管理办法》。21所上海地方本科院校制定了21个内涵建设规划，聚焦180个重点建设项目(其中直接与人才培养相关的重点学科专业建设类项目有93个，占项目总数的52%，此类项目的建设资金占学校规划经费总量的54%)。目前已启动了21校140余个内涵建设项目。

(朱俏逍)

[大学生创新创业训练计划启动] 市教委2007年起每年投入1000万元，连续三年面向本市50万名在校本科生，实施以“兴趣驱动、自主实验、重在过程”为原则的大学生创新活动计划。共立项支持3000项大学生创新实验和科研项目，17所高校的近万名学生直接受益，一大批学生因此脱颖而出。三年来本市本科生公开发表学术论文1513篇，其中SCI、EI收录的高质量论文达165篇；申请国家专利347项，其中200项获得批准授权，一部分专利转化为企业产品；在参加国家级以上各类大学生学科竞赛中，获奖学生达1952人次。

市教委决定自2011年起启动第二轮上海大学生创新活动计划。创新活动参与高校由原来的17所增加到21所，每年投入经费增加到3000万元。

(赵丽霞)

[校内外实验实习基地申报立项] 上海市教育委员会决定运用财政部生均专项奖励经费，开展2011年度市属本科高校校外实习基地重点建设项目和上海高校示范性校外实习基地建设项目立项建设工作。经学校申报，专家评审和上海市教育委员会审核，批准上海大学“通信与电子信息工程专业实践教育中心”等33个申报项目为上海高校校外实习基地重点建设项目，其中上海大学“通信与电子信息工程专业工程实践教育中心”等11个重点建设项目为上海高校示范性校外实习基地建设项目。项目建设周期为一年，上海市教育委员会将于2012年11月组织项目验收。

(沙正建)

[本科新专业教学质量检查] 2011年市教委组织对本市普通高校2008年秋季首次开始招生的59个本科新专业(涉及21所本科高校)进行检查。

本次新专业检查采取的形式包括学校自查、会议评审、现场考察(包括听取汇报、听课、座谈会、查阅核心指标相关材料、考察重要教学设施等)等。经过专家会议评审和对15个专业(涉及10所院校)的实地考察,最终确定56个专业的检查结果为"合格",3个专业为"整改"。

(赵丽霞)

[开展新一轮"985工程"建设] 根据上海市人民政府、教育部签署的《关于继续共建复旦大学、上海交通大学、同济大学、华东师范大学的协议》,上海市地方财政资金按照中央资金总量进行1∶1投入,合计36亿元,其中40%(14.4亿元)作为市政府引导性资金,并下拨2011年度高校自主性资金。4所985高校根据《"985工程"地方财政资金重点建设项目申报指南》,申报了六个方面的40余个重点建设项目。上海市成立"985"工程专家委员会,对首批"服务上海地方高等教育发展"的项目开展评审,下拨首批市政府引导性资金支持。4所985高校与9所市属高校签署共建协议,在学科专业建设、教学促进、师资培养、科研创新、学术交流与资源共享等方面开展合作。已筹措市级资金支持财大、华理工等高校开展"优势学科创新平台"项目建设。

(朱俏逍)

["中央财政支持地方高校发展专项资金"实施情况] 2011年,上海市组织开展2011年"中央财政支持地方高校发展专项资金"项目申报和专家评审工作,并将评审结果上报财政部、教育部。项目建设内容包括特色重点学科、省级重点学科、教学实验平台、科研平台和专业能力实践基地、人才培养和创新团队等。最终,财政部、教育部下达上海市22所高校2011年央财专项资金1.674亿元,上海市政府配套支持1.674亿元。

(朱俏逍)

[松江大学园区合作办学10周年] 2011年6月2日,上海松江大学园区举行合作办学10周年研讨会。全国人大常委会委员龚学平,上海市副市长沈晓明,市政府副秘书长翁铁慧,市教卫党委书记李宣海,市教委主任薛明扬,市教卫党委副书记、市教委副主任高德毅,上海各高校校领导以及全国有关联合办学体分管合作办学领导等出席了研讨会。全国人大常委会委员龚学平,上海市副市长沈晓明发表讲话。10年来,松江大学园区共为8900多名大学生发放辅修证书,共建5门精品课程。园区建立了跨校选课准入制度,选取35门最具特色的强项课程,组成跨校选课菜单。开放名人、名家、名师讲座,每月邀请高校校长、教授、政府官员、企业家、银行家和音乐家等,累计开设讲座3000余次,受益面达几十万人之多。实施交换生教育,开展教师的跨校互聘工作,为实现学科专业的交叉和师资资源互补奠定了基础。已获得4个国家级实验教学示范中心建设单位。各校先后对本校的学年学分制进行了改革与创新,逐步实行了以选课制为核心的学分制教学管理制度。共召开了112次工作会议,并建立了《上海松江大学园区教学资源共享实施意见》等规章制度。

(沙正建)

[推进科学道德与学风建设教育活动] 根据中国科协和教育部下发《关于做好"科学道德和学风建设宣讲教育"有关工作的通知》,成立了由上海市教委和上海市科协牵头,上海研究生培养高校、中科院上海分院等单位参加的"上海市科学道德和学风建设宣讲教育活动领导小组",下发了《关于开展科学道德和学风建设宣讲教育活动的通知》。宣讲活动采取"分层推进"的方式开展。采取专题宣讲报告会、主题辩论会、座谈会、人物专访、网上宣传、观影学习、班组讨论等多种形式。编写《上海市"加强科学道德建设,预防学术不端行为"学习参考资料选编》。全面覆盖上海19所博士研究生培养高校。

(赵　坚)

[专业学位研究生教育综合改革试验项目] ①临床医学硕士专业学位研究生教育改革试验。5月4日,市教委和市卫生局联合发文成立"上海市临床医学硕士专业学位研究生教育与住院医师规范化培训结合工作"机构(领导小组、专家小组及工作小组)。共招收702名临床医学硕士专业学位研究生(住院医师)。制定《上海市住院医师规范化培训与临床医学硕士专业学位教育衔接改革实施办法》,各校制定本校《实施细则》。②全日制专业学位研究生教育综合改革试点。2011年上海已有专业学位毕业研究生的21所高校,均开展了综合改革试点工作。市教委在课程建设、学位标准、实践教学等方面推出了一系列改革举措。在"上海市研究生教育创新计划"中设置专项,支持和鼓励高校开展专业学位研究生应用型课程与教材建设。委托市教育评估院组织专家,研制已有毕业生的18种专业学位类别的论文基本要求及评价指标体系,已完成16种的研制

工作。开展“上海市专业学位研究生实践基地建设”工作，首批支持复旦大学等25所高校建设60个专业学位研究生实践基地建设。

（赵　坚）

［服务国家特殊需求的硕士专业学位研究生培养项目］ 上海市开展服务国家特殊需求的硕士专业学位研究生培养试点工作。指导思想是贯彻落实国家及上海教育规划纲要，根据高校发展定位规划，结合上海经济社会发展需求，坚持“服务需求、突出特色、创新模式、严格标准”，公平、公正、公开。申请审核分三个阶段：一是高校申报。二是论证、推荐及公示。在专家论证基础上，市学位委员会第21次全体会议通过无记名投票表决方式，按照获得同意票数的多少，排序确定了上海推荐参加国家层面评审的高校名单，分别为上海第二工业大学（工程硕士环境工程领域）、上海立信会计学院（审计硕士）、上海电机学院（工程硕士电气工程领域）。三是国家审批。国务院学位委员会下发文件，同意上海第二工业大学、上海立信会计学院和上海电机学院获批开展专业学位研究生培养试点。另外，通过国家海关总署进行申报的上海海关学院获得专业学位研究生培养试点建设单位。

（赵　坚）

［优秀博士学位论文初选暨研究生优秀成果评选］ 2011年，全市20个博士学位授予单位共申报了346篇博士学位论文参加评选，涉及54个一级学科。经审议，遴选出144篇博士学位论文。另外，中科院上海分院和第二军医大学分别推荐参加全国优秀博士学位论文评选的9篇和3篇论文直接入选2011年上海市研究生优秀成果（学位论文）。由此，共有156篇博士学位论文入选2011年上海市研究生优秀成果（学位论文）。再从中优选出52篇博士学位论文，加上从2009年和2010年已入上海市研究生优秀成果（学位论文）中分别推荐出1篇和3篇博士学位论文，共计56篇博士学位论文参加全国优秀博士学位论文评选，分布在哲学、经济学、法学、教育学、文学、历史学、理学、工学和医学等8个学科门类，涉及31个一级学科。

同时，23个学位授予单位还推荐了370篇硕士学位论文参加评选。其中132篇硕士学位论文入选2011年上海市研究生优秀成果（学位论文）。

（束金龙）

［实施上海研究生教育创新计划］ 2011年，由23所高校共举办23个研究生学术论坛，涉及文学、教育、经济、法学、生物医学、艺术、环境、材料、能源、交通、社会保障等学科领域。由18所高校举办18个研究生暑期学校，涉及经济学、法学、艺术学、新闻传播、海洋科学、先进制造业、材料科学、物流学、节能减排、管理科学等学科领域。2011年还设立研究生教育创新项目的服务性平台，负责跟踪、采集研究生创新项目进展情况。2011年继续设立了10个专业学位研究生教育综合改革试点项目，资助专业学位培养单位。设立研究生优质课程和重点教材建设项目。2011年共设立了8个研究生优质课程建设项目和7个研究生重点教材建设项目。

（束金龙）

［研究生学位授予］ 据统计，上海市高校和科研院所（不含中科院上海分院）在2010年9月1日至2011年8月31日期间共授予137914个学位，其中4110个博士学位，35609个硕士学位，98195个学士学位（含学历教育、专业学位、成人本科和来华留学生）。按照科学学位和专业学位区分，获得人数如下表所示：

2010/2011学年度上海市研究生学位授予情况

类　别	学术学位	专业学位	小　计
博　士	3995	115	4110
硕　士	22858	12751	35609
学　士	98045	150	98195
合　计	124898	13016	137914

另外，市学位办对2011年研究生培养单位举办的各类研究生课程进修班进行登记备案。共18所院校办班，其中在沪举办的研究生课程进修班有120个，在异地举办的有10个。

（赵　坚）

［学士学位管理工作］ 2011年上海市学位办对同济大学等21所高校59个本科专业申请增列为学士学位授予专业进行了审核。根据审批结果，批准同济大学等21所高校57个专业新增为学士学位授予专业。5月30日，市学位办组织专家对上海海关学院申请增列为学士学位授予单位和物流管理、税务和法学等3个本科专业申请增列为学士学位授予专业事项进行了审核。同意上海海关学院增列为学士学位授予单位，同意该学院物流管理、税务和法

学3个本科专业增列为学士学位授予专业。从2011年起，以上3个专业的本科毕业生可以依照上海海关学院有关规定，申请学士学位。

（赵　坚）

［**高职院校综合改革试点项目**］　①创新政府、行业、企业、高职院校办学体制、机制。与WPP集团合作成立“WPP学院”；与水晶石科技数字有限公司合作成立“水晶石数字艺术学院”；启动并主持国家高职教育艺术设计（工业设计）专业教学资源库建设项目，成为全国艺术设计高职院校领军团队；优化专业结构，将21个专业压缩到16个招生专业，再从中选取了8个专业进行重点建设，制定专业建设规划；国盛集团注资1亿元成立国盛科教发展公司；形成多种“双主体”培养模式，建立各类工作室、实训工场90个，1000余名学生进入企业工作环境学习训练。②开展地方政府促进高等职业教育发展综合改革试点。启动“行业高职院校提升计划”；继续实施校企合作高技能人才培养计划；200个上海高职高专院校重点专业建设工程全面启动；与市发改委、市投资公司、教委基建中心等单位合力实施“十二五”上海行业类高职院校基建规划；调研制定上海行业类高职院校生均公用经费补贴制度。③全市38所高职高专院校的164个专业编制了重点专业建设路线图，共提出3617个具体建设项目，设立了4498个监测点。

（许　涛）

［**首届“上海高职高专院校重点专业建设教学比武”大赛举办**］　“十二五”期间，上海决定连续5年进行“上海市高职高专院校重点专业建设教学设计比武活动”。2011年5月，第一届“比武”大赛拉开序幕，全市33所高职院校参加。11所院校入围复赛，其中5所院校进入决赛。

（许　涛）

民办教育

［推进教育部综合改革试验试点项目］ 2011年，继续大力推进教育部综合改革试验试点项目。①完善民办学校财务、会计和资产管理制度，建立公共财政资助体系。健全完善民办高校与民办中小学财务管理办法和会计核算办法，推进使用统一的财务核算软件。加强对民办高校学费及政府扶持资金管理、健全完善民办高校学费收入信息管理系统，为公共财政继续加大对民办学校的支持力度、探索民办学校分类管理奠定了基础。同时，民办教育政府扶持资金于2011年进一步大幅度增扩，大部分区县政府也建立了民办教育专项资金、对民办学校予以资助扶持。②探索营利性和非营利性民办学校分类管理制度。在国家政策的指引下，结合上海实际情况，积极探索制定各级各类民办学校的设置标准以及营利性和非营利性民办学校分类管理办法。会同各有关部门，探索和建立各类民办学校的分类标准、设置要求、资产要求、管理要求，在登记管理、财务制度、资产管理、教师待遇、政府扶持、招生收费、学校管理等方面研究符合学校特点和发展需求的配套政策。

（王纾然）

［提高民办高校师资队伍水平］ 市教委将民办高校师资队伍建设作为2011年民办高校内涵建设的重点项目之一，深入调研，大力推进，促进民办高校发挥体制机制优势，提高师资队伍水平，为民办高校的改革和发展提供人力资源保障。结合民办高校发展的特点和需求，针对民办高校师资队伍建设的问题和瓶颈，组织开展了一系列培训项目，从教学管理、学科专业、教育教学理论、心理辅导等方面进一步提升民办高校教师队伍的整体素质。共有数千人次的民办高校教师接受了上述培训项目。这些举措，提高了教师的整体素质，提升了师资队伍的专业化水平，强化了民办教育内涵建设的目标导向。相当一部分专职教师和管理人员通过培训和交流，教学、科研和管理工作的定位更加准确，队伍趋向稳定。民办高校的举办者和办学方对师资队伍建设的重要性的认识进一步加深，教师待遇得到改善，带动了青年教师和骨干教师的积极性。

（王纾然）

［民办教育政府扶持专项资金］ 根据国家和上海教育改革和发展中长期规划的部署，以教育部综合改革试点项目为抓手，2011年上海市市级民办教育政府扶持专项资金数量进一步扩增，大部分区县政府也建立了民办教育专项资金、对民办学校予以资助扶持。民办教育政府扶持专项资金主要用于引导民办学校的内涵建设和特色发展，其中示范性民办高校建设和民办高校内涵建设资金主要用于改善教学实验实训条件建设、重点专业和专业群建设、教学资源和教学科研及科研平台建设、对外交流和社会服务能力建设、专业带头人和骨干教师培养等项目，并实施民办高校“强师工程”；特色民办学校建设资金主要用于支持有特色、有品牌的民办中小学和幼儿园，通过培育和建设特色民办学校，深入推进基础教育课程改革，改革学校管理体制，发挥优质民办学校的辐射和示范作用，引导民办学校走高质量、特色化的发展道路；民办教育公共服务平台建设资金主要用于建设民办教育协会，成立民办教育发展服务中心，建立“上海民办教育发展基金会”，建立民办教育信息管理系统等。民办教育政府扶持专项资金各项管理进一步规范。专项资金以项目形式申报，经评审核定后拨付执行，并依法接受审计和监督。其中拨付到民办高校的专项资金进入学校政府专项资金专户管理、专款专用，政府部门通过民办高校财务监管平台对资金的流向和使用情况进行实时监管，并加强对专项资金使用的绩效评价。

（王纾然）

［落实民办高校法人财产权工作］ 根据国务院办公厅、教育部、市政府等各级部门的要求和文件精神，市教委自2010年组织各专业机构，与房地、税务、财政、民政等各相关部门通力合作，连续多年重点推进各民办高校落实法人财产权。

结合各民办高校实际情况，分类指导、分类推进。同时，法人财产权的落实情况被作为拨付民办高等教育政府扶持资金的主要依据之一，鼓励各民办高校积极推进落实工作。民办高校法人财产权落实工作在2011年取得了较大的进展，与2010年相比，新增基本完成落实工作的民办高校3所、部分完成的4所。至2011年底，已有12所民办高校将大部分土地、校舍过户到学校名下，占全市民办高校数的63%。

（王纾然）

终身教育

[**推进终身学习资源平台建设**] 2011年，上海市民终身学习资源平台“上海终身学习网”不断拓展，着重推进四方面工作：一是在功能支持方面，通过学习目标导向、学习过程引导、学习全局管理、学习活动参与，以及学习成果激励等多个环节，为学习者提供体系化学习支持服务。二是在资源建设方面，平台资源整合新增加1000门，增加率50%，同时提供移动资源、主题资源等微型学习资源为非正式学习需求提供支持。三是在应用推广方面，以主题活动为抓手，常规激励为基础，在提升注册人数、点击量的同时，打造品牌效应，形成规模化应用。四是在科学研究方面，组织研究了“面向终身学习基于网络的休闲文化教育学分认证模式研究”课题，参与课题相关调研工作。截至2011年12月底，“上海终身学习网”的注册人数已超过119余万人，比上年增加5万余人；点击率达6500万余次，比上年增加2400万余次。

（洪宇华）

[**加强老年教育工作**] 2011年，上海老年教育工作取得五方面新的进展。一是召开第三次上海市老年教育工作会议。此次会议回顾总结了过去四年上海市老年教育取得的成就和经验，全面部署了“十二五”期间的上海老年教育工作。二是发布实施《上海市老年教育“十二五”规划》。明确提出上海老年教育将继续围绕“就近、便捷、快乐”的特色，满足老年人多样化的学习需求，实现老有所学、老有所教、老有所乐、老有所为的目标。三是启动实施“东西南北”市级优质老年教育资源均衡分布计划。市、区将投入专项经费支持上海老年大学与徐汇、浦东、普陀和宝山等区先行开展“高水平老年大学”合作建设。四是夯实四级老年教育网络。截至2011年底，全市共有市级老年大学5所，市级老年大学分校、系统校、区县老年大学58所，街道乡镇工业园区老年学校214所，居村委办学点4593个，四级老年教育机构总数比上年增加了449个。四级老年教育机构共开设班级数18153个，学员总数达559301人次，其中60周岁以上达404122人次，分别比2010年增长了18800人次和13962人次。五是成功举办第六届老年教育艺术节。参与艺术节活动的老年学员达到20多万人次。

（洪宇华）

[**推进上海开放大学建设**] 2011年，上海开放大学建设扎实推进。一是健全开放大学领导体制。成立了由副市长沈晓明任主任、25位市委办局领导担任委员的校务委员会，作为学校最高决策指导机构，形成了“政府主导、各方推进”的开放大学建设领导体制。二是完善开放大学4项制度建设。三是设计探索“学分银行”，完成上海市终身教育“学分银行”的定位、功能和实施方案设计。四是积极筹建学科专业，确定“城市公共安全管理”、“数字化终身学习技术与服务”和“成人终身学习”为学校“十二五”期间重点培育和发展的学科或领域。五是推进特色学院建设，挂牌成立残疾人教育学院、老年教育学院、新农村建设学院。六是优化平台服务功能，继续推进基于“云计算”的学习平台建设。七是推进办学系统建设，以上海电视大学分校达标评优工程为抓手，有效推动全系统各项办学的基本建设。八是加强新型人才培养模式研究。

（洪宇华）

[**举办“上海市第七届全民终身学习活动周”**] “上海市第七届全民终身学习活动周”举办期间，全市17个区（县）、成人教育协会16个分支机构，以及本市高等院校、机关、企事业单位、社会团体广泛参与，共组织大型活动30余项，全市各类学习活动2000多项，参与市民超过320万人次。这届活动周有3个特点：一是主题鲜明、内容丰富。主题是“为了每一位市民的终身学习和发展”，共举办开幕式、闭幕式、论坛和十三项赛事。二是广泛发动、参与面广。参与活动周开幕式的各界代表总计500余人。三是贴近百姓，满意度高。活动周的所有活动贴近群众满足群众的需求，提供了切实有效的终身教育服务，广大市民十分满意。

（洪宇华）

语言文字工作

[建设上海语言资源有声数据库] 为“推广普通话、传承上海话”,2011年全面开展上海语言资源有声数据库建设。3月24日,举行了中国语言资源有声数据库上海建库工作启动仪式,教育部副部长、国家语委主任李卫红,上海市副市长、市语委主任沈晓明出席仪式,为上海建库工作揭幕。2011年内,先后开展了公开征召上海话发音人、分点推进上海话有声数据现场采录、有声数据音标标注和文字转写等工作。上海市辖区内的浦西城区2个调查点、金山、宝山、松江、闵行、奉贤、嘉定、崇明9个调查点的发音人已经确定;崇明调查点有声数据现场采录及地方文化信息收集工作全面完成;其他几个点的有声数据采录工作正在有序推进。

(张日培)

[牵头制定公共服务领域外文译写国家标准] 受教育部、国家语委的委托,2011年上海牵头组织北京、上海、江苏等地专家开展国家标准《公共服务领域外文译写规范英文》的制定工作。分别组建了课题组(起草机构)和专家委(审核机构),专家委秘书处设在上海市语委办。该标准分为《通则》(1个部分)和各行业领域《分则》(9个部分),共10个部分;2011年完成《通则》的制定工作。《通则》对公共服务领域英文译写的基本规则、方法和要求作出规定,并为最具通用性的334条服务用语语料提供了规范的英语译文。此外,秘书处还建成开通了“公共服务领域外文译写”专门网站。

(张日培)

[申报9项国家语委“十二五”科研课题] 2011年,共有9项申报国家语委“十二五”科研课题,通过评审批准立项。上海立项课题总数在全国领先。中标课题选题围绕几个方向:一是针对建设国家通用语言文字发挥主导作用的多言多语社会、培养人的多种语言能力的需求,围绕提高公民语言能力的方向进行;二是针对社会语言文字应用依法管理的需要,发挥上海相关研究和实践在全国领先的优势,围绕语言规划、语言政策的方向进行选题;三是针对提高社会语言文字使用规范化水平的需求,围绕语言文字规范标准建设的方向进行选题。9项课题的承担主体中,上海市语委、市教委立项2个重点项目、1个委托项目,是全国唯一的担任国家语委科研课题研究主体的行政部门。另外6项立项课题,分别由复旦大学、华东师范大学、上海外国语大学、上海师范大学、华东政法大学,上海市教科院承担。

(张日培)

[创办《语言政策研究》] 2011年,上海市教科院语言政策研究中心创办了全国首个语言政策研究类内部刊物《语言政策研究》。该刊由市语委主管、市教科院语言政策研究中心主办,不定期出版。国家语委及上海市语委、市教委的有关领导担任顾问;编委会由从事语言规划研究的专家学者以及本市从事语言政策制定、实施的语言文字工作者共同组成。该刊设“领导讲话”、“专论”、“研究报告”、“语言和谐”、“海上论语”等固定栏目,以及“语言法制”、“观点与争鸣”、“资料摘编”等非固定栏目。该刊于2010年8月试刊,2011年出版了两期。

(张日培)

[举办“中华诵·颂歌献给党”红色经典诵读晚会] 6月17日,由上海市教卫党委、市教委、市语委、市委党史研究室主办,上海教育电视台等媒体承办,华东师范大学协办的“中华诵·颂歌献给党”红色经典诵读晚会(上海篇),在上海艺海剧院举行。副市长、市语委主任沈晓明,国家语委副主任、教育部语言文字应用管理司司长王登峰,中共中央党史研究室宣教局局长陈夕,以及有关方面的领导出席晚会,本市大中小学校的学生代表、朗诵爱好者及社会各界人士近千人参加晚会。

(夏　瑛)

[成立“中国外语战略研究中心”] 国家语言文字工作委员会在沪设立首家科研基地,与上海外国语大学共同建设中国外语战略研究中心。2011年

11 月 11 日，教育部副部长、国家语委主任李卫红和上海市教委主任、上海市语委副主任薛明扬出席了在上海外国语大学举行的活动，共同为中国外语战略研究中心揭牌。中心下设顾问委员会、学术委员会、语言政策研究室、外语生活研究室、刊物及数据中心，以及行政办公室。目前中心采用“四位一体”的运作模式，即专职科研、兼职科研、研究生教学、专业刊物编辑同时运行，以项目管理为主要方式开展多种形式的研究工作。

（姜冠成）

国际交流与港澳台交流

[获批筹建“上海纽约大学”] 2011年1月17日，教育部批准华东师范大学与美国纽约大学合作筹备设立上海纽约大学。筹建上海纽约大学是教育部与上海市政府签署共建国家教育综合改革试验区战略合作协议的重点项目。为配合上海国际金融中心的建设，上海纽约大学（筹）将落户在浦东新区陆家嘴竹园商贸区。2011年3月28日，市委副书记、市长韩正，教育部副部长郝平，市委副书记殷一璀，浦东新区区委书记徐麟，副市长沈晓明，浦东新区区长姜樑等出席了上海纽约大学（筹）教学楼的奠基仪式。该教学楼于6月30日正式开工。“上海纽约大学”将在2013年秋季开始首届本科生招生。

“上海纽约大学筹建中心”获得上海市社团管理局批准，完成法人单位注册登记。

（蔡盛泽）

[来沪外国留学生数大幅增加] 2011年度，上海市高校外国留学生总量稳步增长，留学生结构进一步优化，特别是高层次学历生大幅增加。2011年学历生14228名，比上年增长10.8%，其中硕士研究生、博士研究生分别为3426名和798名，同比增长20.1%和19.6%。2011年，共有来自180个国家和地区的47731名外国留学生在上海33所高校和2家科研机构就读，比2010年增加4715人，同比增长10.9%。其中学习期限超过6个月的长期生33862名，同比增长10.6%；学习期限在6个月以下的短期生13869名，同比增长10.9%。全市留学生人数超过1000人的高校比上年新增2所（上海对外贸易学院与上海理工大学），总共14所。其中，接纳外国留学生人数最多的前5个学校依次为复旦大学（7115人）、上海交通大学（5526人）、华东师范大学（4955人）、同济大学（4862人）、东华大学（4003人）。

来沪外国留学生中的学历生，求读最多的前5个学校依次为复旦大学（3141人）、同济大学（1975人）、上海交通大学（1818人）、上海财经大学（1005人）、华东师范大学（996人）。

来沪外国留学生主要来自以下5个国家，依次为韩国（10096人）、日本（5767人）、美国（5142人）、法国（2694人）、德国（1812人）。

来沪外国留学生选读最多的5个学科依次为文学（30321人）、管理学（4935人）、经济学（3135人）、医学（2749人）、工学（2724人）。

（葛静怡）

[“示范性中外合作办学机构和项目建设”评选] 根据国家和上海市中长期教育改革与发展规划纲要提出的“办好若干所高水平中外合作学校和一批示范性中外合作办学项目”的发展目标，上海市教委于2011年6月在全国首先探索开展示范性中外合作办学机构和项目建设评选试点工作。通过本市中外合作办学机构和项目自愿申报、自查、专家现场考察、专家复议等程序，选出首批办学规范、有特色并具有示范、引领作用的示范性中外合作办学机构3个和项目5个，同时对2个机构和6个项目予以提名表扬。

（蔡盛泽）

[实施市属高校学生海外学习、实习项目和海外名师项目] 市教委从2011年起实施市属高校学生海外学习、实习项目和海外名师项目。鼓励和支持本市高校为在校生提供多种国际文化背景下的海外学习机会，拓展国际视野，提升上海高校学生国际交往和竞争能力。经过学校申报、专家组评审和政府核拨等程序，首期有35所院校224个项目1344名学生得到经费资助。

海外名师项目是为市属高校引进优质教育资源，鼓励高校聘请世界上某一学科或专业领域具有国际公认、较高造诣的外籍专家学者，加快教育国际化的步伐，提高学科建设水平和人才培养质量，增强学校的综合竞争力提供资助。2011年共有19所学校的33位海外名师入选。

（张　进、葛静怡）

[中国文化进国际学校校园] 由上海市教委主办，上海市科技艺术中心和本市外籍人员子女学校承办的“中国文化进校园系列活动”，分别于2011年

6月、11月举办两次。活动通过形式多样、内容新颖的文化演出、中国传统游戏以及富有民族特色的手工艺展示等，让在沪外籍学生了解中国文化，学习中国文化，更好地融入上海生活。全市半数以上的外籍人员子女学校及学生参与了该活动，受到了学校师生及家长的欢迎。

（栾雪莲）

[“中国国际青少年活动中心(上海)”揭牌] 根据国务院领导批示的有关精神，教育部在“东方绿舟”设立了第一个“中国国际青少年活动中心（上海）”。2011年3月28日上午，教育部副部长郝平、市政府副市长沈晓明出席了“中国国际青少年活动中心（上海）”揭牌仪式。上海将积极利用这一人文交流平台，开展国际青少年交流与合作，吸引世界各国的青少年在这里欢聚、交流、建立友谊。

（凤　智）

[举办“上海暑期学校(3S)”项目] 2011年“上海暑期学校（Shanghai Summer School）”项目（简称“3S”项目）进一步发展，项目招生范围扩展到欧洲、大洋洲等国家和地区，覆盖除非洲以外的四大洲；项目课程内容增设乒乓球、中国民乐、中国戏曲和外交官班等课程，项目数达到12个；项目接受学校也由4个扩展为9个，共有300余名外国留学生参与。“3S”项目不仅成为留学上海的一张城市名片，也是传播中国文化和开展人文交流的平台。

（葛静怡）

[外籍人员子女学校基本情况] 上海现有包括上海美国学校、上海英国学校、上海新加坡国际学校、上海日本人学校等在内的27所不同国别、不同类型、不同学制、不同课程特色的外籍人员子女学校和5所本市公立学校国际部。2011年在校生人数已达到28000多人，增长率为1%。经过近20年的探索，上海市已形成了具有鲜明办学特色、课程设置多样、学段设置基本合理的宽领域、全方位、多层次的教育模式，基本满足了在沪外籍人士子女接受教育的需求。

（栾雪莲）

[上海中学生参观台北花博会] 应台北市市长郝龙斌邀请，上海10余所学校800余名师生组成的“上海中学生花博参观团”于2011年1月23—28日到台北市参观花博会，并访问多所学校。“‘世博情·花博缘’走进世博沪台千人夏令营获奖作品摄影展”同时在台北举行。

（陈莉莉）

区 县 教 育

黄　浦　区

［**2011年概况**］　2011年，全区教育系统有事业单位134个，其中市实验性示范性高中7所、区实验性示范性高中3所、完中6所、九年一贯制学校3所、初级中学14所、小学30所、幼儿园32所、特殊教育学校3所、教师进修学院2所、业余大学2所、职业教育学校3所、其他教育机构18个。另有民办中学4所，民办幼儿园4所。教职工9014人，离退休人员19887人，学生64842人。区财政投入25.9亿元。黄浦区教育工作以“办人民满意的教育，办学生喜欢的学校”为目标，启动“十二五”开局之年各项工作。

一、启动“十二五”期间重点建设项目。大同中学学生公寓建设项目和上外—黄浦外国语小学建设项目完工并投入使用。向明中学新建综合楼主体工程完工。五爱高级中学改扩建工程完成主体结构施工。启动董家渡路18号地块教育事业单位建设项目、董家渡10号地块新建幼儿园项目、向明中学运动设施改造项目和中山学校扩建项目。

二、深化“办学生喜欢的学校”的行动研究。各校围绕总课题共申报62项子课题，组织10多次推进研讨会或中期成果交流会，针对学校的突出问题或迫切需要解决的疑难问题，探索解决对策，并为进入第二轮的实践研究做好准备。在全区形成研究学生、了解学生的教育氛围和工作习惯。

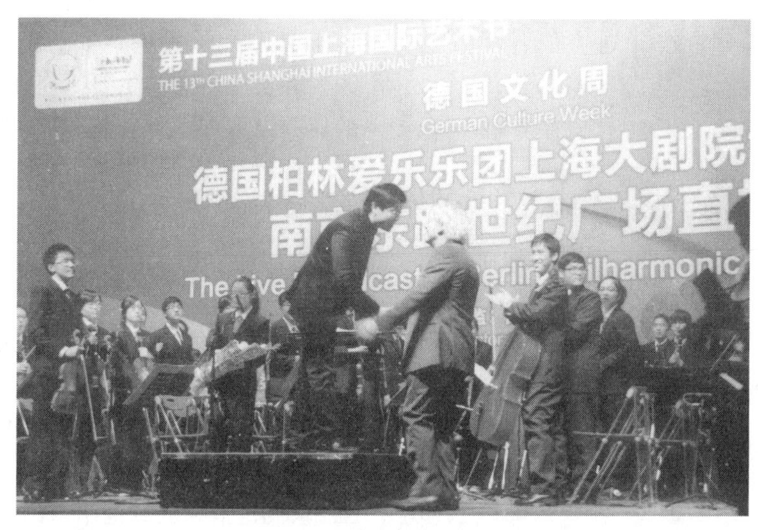

大同中学交响乐团参加德国柏林爱乐乐团在上海世纪广场的直播演出

三、缓解学前教育入学难。针对区域学前教育入园高峰情况，统筹区内资源，通过扩大学前教育资源供给、探索早教进社区新机制和优化保教队伍整体素质等举措，以缓解学前教育入园难问题。总结公办与民办学前教育结对带教工作的经验与成果，制定学前教育新三年带教计划。

四、提高课堂教学的效率。进一步规范常规教研活动，完善中小学、幼儿园一校（园）一周常规视导制度和毕业年级考试学科教学工作专项视导制度；区名师工作室加强教学指导工作，推进“研训一体”，扎根课堂，提高教师培训工作的实效。加强学科中心组建设，充分发挥区学科中心组、学科带头人、骨干教师的作用。进一步完善教研室制度建设，提升常规教研活动质量。完善网络课堂工程，关注学校特色课程的质量提升与资源共享。开展《区中小学课程计划的研究与编制》项目和黄浦区中小学首届特色课程申报和认定工作。

五、推进教育国际化。选派访问团赴德国和英国，了解德国中学的课程设置、学生选拔、教师绩效考评，了解英国基金会资助中学的办学模式、办学宗旨与特色等情况。选派访问团赴美国和中国香港特别行政区，了解当地社区学院的组织运作模式、操作方法与经验，并与美国纽约巴德社区学院签订合作意向书。选派访问团赴德国和丹麦，了解特殊教育学校的教学情况，学习研究欧盟联合体特殊学校即将开展的有关“适应性体能训练”课题项目。格致中学与加拿大BC省合作，引进高中课程。浦光中学、大境初级中学、第四聋校等学校与澳大利亚、德国等国的学校建立友好学校关系。师专附小、海华小学等学校与友好学校互访，探讨学校建设、教学管理、课程设置等问题。

六、推行“阳光招生”。制定及实施本年度本辖区幼儿园、小学、初中和高中升学招生方案。平稳完成中考和高考的组织和录取工作，全区共3351名考生参加中考、2431名考生参加秋季高考。完成初三毕业生体育考试工作。

七、做好对口支援工作。第三批选派5名高中教师到新疆维吾尔自治区叶城参加为期1年半的对口支教。完成赴云南省孟连县、勐海县对口支教工作，选派10名中学教师参加为期1年的对口支援。接受普洱市和孟连县教育系统干部、骨干教师来沪培训；完成新疆维吾尔自治区的校长、骨干教师300人次来沪培训工作任务。按计划完成各类支援项目。

（徐辰超）

［建立区未成年人心理健康辅导中心］ 2月18日，“蜻蜓心天地”——区未成年人心理健康辅导中心暨家庭教育指导中心揭牌成立。该中心通过提供“倾听一刻”个别面询、“倾听热线”电话咨询和“倾听驿站”网上咨询等服务，对全区未成年人进行心理健康咨询和辅导。

（张　婧）

［合作举办格致中学奉贤校区］ 3月23日，黄浦区人民政府和奉贤区人民政府签订合作举办格致中学奉贤校区协议。上海市副市长沈晓明、市教委主任薛明扬等领导出席签约仪式。格致中学奉贤校区的办学性质为公办高级中学，与格致中学本部实行一体化运作，即实施“教育资源共享，教学管理同步，整体综合联动”。

（沈庆红）

［民非教育参展第八届上海教博会］ 上海自力进修学院、新世界进修中心、新世界外国语进修学院、黄浦区凯育文化商务培训中心、知音音乐艺术专修学校等17家黄浦区民办非学历教育机构参加第八届上海教育博览会。黄浦区现有民办非学历教育院校106所，其中，高等非学历教育学院23所、中等非学历教育学校(机构)83所，开设的课程内容包括外语类、艺术类、管理类、计算机类、文化生活类、职业技术类等六大类。

（陆隽炜）

［获机器人世界锦标赛冠军］ 黄浦区青少年活动中心机器人代表队获世界VEX机器人锦标赛冠军。世界VEX机器人锦标赛于4月13—16日在美国佛罗里达州奥兰多市举行，共有来自美国、加拿大、巴西、波多黎各、瑞典、西班牙、新加坡、日本、马来西亚、新西兰、中国等国家和地区的近600支参赛队参加比赛。中国共有30支青少年代表队赴美参赛，黄浦区青少年活动中心组成3支参赛队参赛。

（万晓彬）

［推进区域创新教育实验区建设］ 向明中学和卢湾高级中学的创新教育实验班进入第二个学期。本学期开展的《高中学生创新素养培育的课程设计、开发和实施研究》，主要研究高中学生创新素养培养的课程设置和学程安排，高中学生创新素养培养的校本课程开发和高中学生创新素养培养的课程实施与保障制度。

（张　婧）

［成立区终身教育指导服务中心］ 4月20日，区终身教育指导服务中心成立。“中心”承担区推进学习型社会建设指导委员会办公室的日常事务工作，落实区推进学习型社会建设指导委员会的各项工作要求，指导区域范围内的学习型社会建设工作。

（张　婧）

［成立市中学化学实验研究中心］ 4月21日，“上海市中学化学实验研究中心”在大境中学成立。该“中心”重在对中学化学实验从实验改进、实验创新、实验教学、实验课程、实验技术、实验论文等方面积极探索，引导团队成员对新课程的中学化学实验教学、实验技术改进和实验资源的开发等深入研究。

（姚晓红）

［新建7个社区教育实践基地］ 5月，区教育局与老字号单位(企业)合作新建7个社区教育实践

基地。其具体做法是:①与区老字号单位(企业)达成初步协议,充分利用其场地和资源,使其成为市民的新社区教育实践基地,由各实践基地提供学习菜单,由社区学院组织市民参与学习。②各社区教育实践基地在开展活动的同时,根据市民的学习需求,进入社区、楼宇开设各类形式多样的学习活动,树立“相约老字号”、“相会新时尚”、“白领午餐堂”等社区教育新品牌。

(张　婧)

[举办区第六届青少年科技节] 5月14日,黄浦区第六届青少年科技节开幕。本届科技节以“创新、探索、成才——携手建设创新型国家”为主题。5月中旬至6月底,全区各中小学校结合学校特点、开展具有学校特色的科技节活动,并开展“校园节能”、“垃圾分类”、“节能、节粮”等主题教育和实践活动。

(郑　瑾)

[获全国特奥工作先进集体称号] 5月15日,黄浦区阳光学校被中国残疾人联合会、国家体育总局共同授予“2006—2010全国特奥工作先进单位”荣誉称号,学生陈菲菲荣获“全国优秀特奥运动员”称号。阳光学校是上海市特奥训练基地,也是上海市唯一的一所将游泳纳入课程的特殊教育学校。

(黄晓敏)

[建立“医教结合合作基地”] 5月24日,区教育局与复旦大学附属儿科医院联合建立的“医教结合合作基地”挂牌。两单位共同签署了“关于联合建立医教结合合作基地的协议”,将建立重度、中度脑瘫儿童(0—16岁)教育康复训练课程,尝试唐氏综合征儿童教育康复训练课程与方法的研究。

(张　婧)

[与澳大利亚开展学生艺术交流活动] 9月25日,黄浦—西悉尼学生艺术交流活动在黄浦区青少年活动中心举行。澳大利亚西悉尼教育局局长,西悉尼大学教育学院院长,新南威尔士教育部国际项目高级官员,新南威尔士州孔子学院院长史双元博士等官员和60名师生来访。

(郑　瑾)

[早教中心完成新址改扩建] 10月,黄浦区早教中心新址改扩建全面完成,正式对外开放。在完成硬件建设基础上,早教中心研究改进运作方式,开展“千名宝宝进早教中心”的活动,初步建立了“黄浦区0—3岁婴幼儿数据库”。各分中心高质量地完成了每名婴幼儿每年4次有质量的早教指导,覆盖率高达99%。

(徐燕雯)

[试点开设市级共享课程] 11月,黄浦区首次试点进行市级共享课程培训,黄浦区及其他区县的39位老师参加市八中学特级教师沈红旗开设的市级共享课程《写作教学的境界追求》的培训。课程分别为“中学写作教学研究的前提”、“写作教学研究的可能空间”、“通过思辨形成教学的特色”三讲。

(黄金丽)

[举办国际教师论坛] 11月18日,大同中学举办“创新:时代的挑战与教师的责任”国际教师论坛,来自美国、加拿大、英国、法国、德国、瑞士、丹麦、日本、澳大利亚、新西兰及国内人大附中、杭州第二中学等知名学校的教育同仁参加。国内外各校就科技创新教育、培养学生领袖气质的途径与方法、“个性化的学习研究计划”编制、课堂教学中唤醒学习兴趣的教学艺术等话题展开研讨。

(姚　军)

[澳门特区校长储备人才驻校实习计划] 澳门特区校长储备人才驻校实习计划是澳门特区首次以互访考察形式开展的一次两地教学经验交流。来自澳门特区的校长代表分赴大同中学、格致中学、黄浦区第一中心小学、黄浦外国语小学等9所学校参与教学实习。在一周的驻校时间内,校长们参与各类听课活动,并就学校课程改革、学科教学、德育实践、学生活动等方面与学校进行沟通交流。

(陈雯华)

[举行青少年民族文化培训美术作品展] 12月10日,“2011印记——卢湾青少年民族文化培训美术作品展”在卢湾青少年活动中心举行。本次作品展共展出了近百幅卢湾青少年民族文化培训师生优秀美术作品,其中包括国画、油画、素描、水彩画等。

(戴　崤)

[韩国校长访问团来访] 韩国釜山广域市西部教育支援厅下属1所中学、2所小学的校长共6人

组成的访问团于12月13日来上海访问。访问团与格致初级中学、曹光彪小学、裘锦秋实验学校签订姐妹学校友好协议。

（霍雯艳、陆隽炜）

［**举办班主任工作技能大赛**］ 12月29日下午，黄浦区第六届班主任工作技能大赛颁奖会在市八中学举行。本次大赛历时近1年，经过案例撰写、材料评审、现场答辩和主题谈话课展示，大同中学陆丽萍等9位老师获“黄浦区班主任工作能手”称号，储能中学潘轶群等9位老师获得主题谈话课优胜奖，上海市实验小学郑洁等老师获得了家庭教育指导故事优胜奖。

（周俊华）

［**评展教育教学技能和案例**］ 12月底，为期半年的2011年区骨干教师“教育教学技能评展”和“教育教学案例展评”活动圆满结束。按区优秀人才培养工作年度计划，11个骨干教师学科组组织开展了课堂教学录像课评比、课例现场点评、文本解读、硬笔书法及板书、多媒体课件制作、自制教玩具等多项教育教学技能评展以及案例评展活动。全区173位骨干教师中有139位骨干教师自愿参加了176项（次）的技能评展活动。

（胡建民）

［**多所学校举行校庆**］ 5月7日上午，上海市实验小学举行庆祝建校100周年庆典大会。中共中央政治局委员、上海市委书记俞正声，上海市委副书记、市长韩正发来贺信。10月22日，上海市浦光中学举办建校110周年庆祝活动。10月30日，上海市第八中学举办建校150周年庆祝活动。12月3日上午，黄浦区第一中心小学举行建校100周年庆典大会。

（杨　荣、朱春英、赵未琪、鲁晓微）

附1:原黄浦区教育局驻地及负责人

（2011年1—6月）

地址:延安东路300号西15楼
邮编:200001
电话:33134800—21509

区委分管常委:孙甘霖
区政府分管副区长:张　辰

区教育局党工委书记:蔡　蓉
　　　　副书记:王伟鸣(兼)、王秀娟

区教育局局长:王伟鸣
　　　副局长:曹跟林、杨　燕、陈榔明

附2:原卢湾区教育局驻地及负责人

（2011年1—6月）

地址:重庆南路100号
邮编:200020
电话:63310343

区委分管常委:李　鋆
区政府分管副区长:程霄玉

区教育局党工委书记:唐海宝
　　　　副书记:刘寿华

区教育局局长:沈　军
　　　副局长:毛爱群、江伟鸣、颜文生

附3:新黄浦区教育局驻地及负责人

（2011年6—12月）

地址:延安东路300号西15楼
邮编:200001
电话:33134800—21509

区委分管常委:李　鋆
区政府分管副区长:程霄玉

区教育局党工委书记:唐海宝
　　　　副书记:王伟鸣(兼)、王秀娟、刘寿华

区教育局局长:王伟鸣
　　　副局长:曹跟林、杨　燕、江伟鸣、颜文生

（注:上海市政府2011年6月宣布撤消原黄浦区、原卢湾区，建新黄浦区。）

徐 汇 区

［2011 年概况］ 全区共有中小学幼儿园等学校187所，其中业余大学（社区学院）1所，中学38所（包括高级中学8所、完全中学9所、初级中学19所、九年一贯制学校2所），小学43所，职校2所，中专13所，幼托园88所，特殊教育学校1所，工读学校1所；在校学生110983人。区域内共有社会力量办学院、校113所，参与学习人员约23万人次。有老年大学6所、社区学校13所、居委会教学点297个，课程班4442个，开设社区教育课程157门，接受社区课堂学习达10558人。有教职工12392人，其中专任教师8625人（中学教师3321人、小学教师2292人、幼儿园教师1504人、中专教师1293人、在其他教育机构教师215人）。3—6岁适龄儿童的入园率达到100%，九年义务教育入学率保持在100%，高中阶段教育入学率达98%以上，招收外来务工人员随迁子女10906人免费接受义务教育。

制定并启动学前教育新三年行动计划。应对入园高峰，做好入园人数预测与调研，开展托小班布局调整。加强学前教育课程建设，组织完成对公办幼儿园课程实施方案的整体评估。开展年度民办幼儿园年检，持续提升民办幼儿园的办学层次。推出徐汇区幼儿园课程实施方案的基本样式。

起草《小学课程建设三年行动计划》。制定《小学周末作业监测机制指导意见》，制定《徐汇区小学教师、学生邀请赛的实施办法》，制定《“十二五”徐汇区中学校际联动管理办法》，出台《徐汇区中学作业管理指导意见》。组织开展全区高中作业有效性调研，出台语文、数学、英语等学科提高作业有效性的实施建议。开展高中课程建设调研，6所高中被授予SDP（Skills Development Program，即剑桥大学国际技能拓展课程）课程中心。继续开展学生创新素养培养实践研究，完成光启创新基地第三期学员的招生，举办首届学生成果展。开展“学有余力学生的潜能研究与开发”项目研究。建立教育系统未成年人思想道德建设工作小组。开展中小学有效衔接的德育研究，初步完成《徐汇区德育课程的实施意见》。建设区未成年人心理健康辅导中心。推进校外教育与学校教育、社区教育有效衔接与融合。全面启动“学生健康促进工程”，制订《徐汇区学生健康促进工程实施方案》、《徐汇区体教结合工作三年行动计划（2011—2013年）》及《区学生体质监测中心建设方案》。

推进徐汇职业教育集团与职业院校的校校合作、校企合作和校社合作。完成徐汇职业高级中学与上海旅游高等专科学校的中高职贯通首期招生计划。组织4所中职校专业教师23人假期下企业顶岗实习，聘请企业专家18人进学校任教。加强对民非院校的日常监管，开展市、区两个层面的民非院校评估检查。审批设立院校4所，对108所院校年检。

首届全国社区教育示范区交流研讨会在徐汇区召开

加强社区教育体制机制建设，制定《徐汇区学习型社会建设与终身教育发展五年行动计划》，制定并下发《徐汇区社区学校和居委会学习点规范化建设方案》、《徐汇区社区学校工作要求和岗位职责》等管理文件。调整社区教育队伍，组建社区教育专职教师队伍76人，制定实施"十二五"社区教育专职管理干部和教师的师训计划。组织编写出版社区教育系列教材12本。举办第六届徐汇区学习节，开展7大板块活动305项，参与人数达20多万人次；组织学习活动和讲座近200场，听众30000余人。承办全国社区教育示范区交流研讨会。举办徐汇社区大讲堂，开展各类学习活动和讲座近200场。

召开徐汇区师资工作会议，颁布实施《徐汇区教育系统教师队伍建设"十二五"规划（2011—2015年）》等文件，部署"十二五"队伍建设各项工作。完善《基于"教研训一体"全员培训机制与模式创新》和《创新徐汇教育高层次人才培养机制与模式的探索》实施方案，全面启动项目研究。新增特级教师4人。启动新一轮骨干教师、学科带头人培养工程，新评局学科（班主任）带头人96人、局中青年骨干教师274人。评出三奖特别奖7人，骏马（提名）奖56人，耕耘（提名）奖56人，育人（提名）奖56人。完成第一期学科基地总结验收，实施第二批学科基地中期评估，启动第三批学科基地申报、评审和命名。开展上海市第一期"优青"培养项目总结展示，编辑出版第一期优青项目成果集。举办教育系统第五届学术节。

召开徐汇区教育工作会议，颁布实施《徐汇区中长期教育改革和发展规划纲要（2010—2020年）》和《徐汇教育事业发展"十二五"规划（2011—2015年）》，部署"十二五"期间徐汇教育改革发展任务。

加强国内外交流与合作。积极参加国际教育会议和论坛，组织代表团参加"中英联合'教育国际化'专题校长领导力培训"会。在5所小学引入WAP课程（World Ambassador Project，为国际理解教育课程），完善课程管理系统，探索中外英语教师整合，拓展教师国际视野与提升专业水平。开发海外教育市场，完成在菲律宾办学政策咨询和签约。加强国内合作，推进教师培训项目，组织幼儿园骨干教师23人赴台湾地区接受实务短期培训研修。

教育经费决算总收入211891.32万元，投入13620万元，完成校舍修缮改造项目36项。全区基础教育各阶段生均公用经费显著增长。实施布局调整，做好市四中学与淮海中学合并及邦德四中停招过渡维稳工作；继续开展委托管理，由汇师小学托管徐汇实验小学、科技幼儿园托管徐汇实验幼儿园。成立后勤管理中心综合管理部，设立徐汇区法律援助中心未成年人分中心。设立"爱心携手、共创未来"等爱心助学文化项目。为中小学品学兼优、家境困难学生114人发放10万元"美罗奖学金"。

中共徐汇区教育工作委员会获上海市先进基层党组织称号。徐汇区24家单位获上海市文明单位称号，10位教师获上海市"育德之星"称号。

（江　岚）

[推进校园教育信息化建设] 1月，徐汇区教育局收到国务院研究室2010年第88号送阅件。文件反映《推进校园数字化，促进教育均衡发展——上海市徐汇区教育信息化的实践与启示》的经验。国务委员刘延东在对该件上批示，要求总结推广徐汇区的教育信息化经验。中共上海市委书记俞正声对该件也作了批示。

（江　岚）

[成立未成年人心理健康辅导中心] 1月25日，举行徐汇区未成年人心理健康辅导中心（"徐老师工作站"）启动仪式。这是《徐汇区儿童发展"十二五"规划》的实事项目之一。该中心是一所公益性服务机构，由一批热心未成年人心理健康事业的志愿者队伍"徐老师"作为指导力量。中心面积约300平方米，配备测试室、咨询室、专家室、放松室等功能室12个，设立谐音为"老师老师爱我爱我"（64642525）的热线电话及其网站，融合心理咨询、危机干预、心理辅导、素质拓展等多功能为一体，有具有国家二级心理咨询师资质的志愿者近80名。

（周晓敏）

[开展国家教育体制改革试点] 2月，徐汇区教育局申报上海市承担的国家教育体制改革试点项目的子项目7项，明确由局长统领、分管局长牵头、职能科室落实的项目运行机制，形成"1＋7"国家教育体制改革试点项目格局。以课程建设、学科教学、教师发展、联动发展、国际交流、数字校园、科学评价、专业领导等八要素为主要研究对象，创新徐汇教育内涵发展的新机制，形成徐汇教育内涵发展的新模式，提供转变教育发展方式的新经验。

（俞海燕）

[在市中等职业学校职业技能大赛中获奖] 3月19日—4月15日，在上海市"星光计划"第四届中

等职业学校职业技能大赛上，上海市信息管理学校获得团体6个奖项，其中计算机网络技术获团体一等奖；个人全能和单项比赛获奖牌40块，其中31名学生获全能奖成为星光能手。徐汇职业高级中学16位学生获个人奖项，西式点心制作获团体二等奖。

（徐蓓莉）

［制定学习型社会建设与终身教育发展五年行动计划］ 3—6月，徐汇区对全区13个街道（镇）进行调研，制订《徐汇区学习型社会建设与终身教育发展五年行动计划》。该计划提出以“政府主导、多方参与、资源共享、促进学习”为基本方针，到2015年基本形成较为完善的，以开放性、灵活性、多样性为显著特点的终身教育体系；形成汇聚各类资源的终身教育与学习型社会建设的综合平台；形成充满活力，运行有序的教育培训服务业高地。

（周晓敏）

［实施《徐汇区小学周末作业监测机制指导意见》］ 4月起，徐汇区教育局实施《徐汇区小学周末作业监测机制指导意见》。《意见》规定，各校布置“周末作业”要把握书面作业与口头作业相结合、学科知识作业与社会实践活动相结合、长期与短期相结合的原则，严格控制三门学科作业总量，努力做到一、二年级口头作业和书面作业总计不超过1.5小时，三、四、五年级作业不超过3小时。区教育局对周末作业（具体指周五布置的语文、数学、英语学科相关作业，包括总量和形式）进行全面监测。

（梁　斌）

［举办上海徐汇海外学校课程］ 10月24日，上海市西南位育中学与菲律宾光启学校在徐汇区签署合作备忘录。两所学校合作举办上海徐汇海外学校课程，就学校管理、教师培训、学生成长等方面的实践和学术研究积极开展多层面、多形式的交流与合作。菲律宾光启学校是位于马尼拉的12年一贯制学校。

（董春梅）

［成立区幼儿园园长专业发展联盟以及教师专业成长联盟］ 9月27日，徐汇区成立幼儿园园长专业发展联盟以及教师专业成长联盟。“园长专业发展联盟”旨在通过研究和互动，增强园长对课程内涵的理解，全方位思考幼儿园课程体系的架构，为幼儿的健康快乐成长提供优质保障；“教师专业成长联盟”旨在依托名师、专家、学科带头人，为不同层面教师提供教研训一体化的研究和实践，助推教师成长。

（江　岚）

［上海老年大学徐汇分校揭牌］ 9月30日，上海老年大学徐汇分校（徐汇区老年大学）揭牌仪式在徐汇区社区学院举行。徐汇区老年大学建立后，徐汇区老年教育构成“1（1所区域性高水平老年大学）＋5（5所区内老年大学）＋13（13个街镇老年学校）”的工作格局，扩大了老年人受教育的辐射面。

（周晓敏）

［中高职贯通首期招生］ 9月起，徐汇职业高级中学与上海旅游高等专科学校合作开展“中式烹饪中高职贯通”试点项目，尝试适应产业结构调整和升级，满足经济社会发展需要，构建与市场需求、劳动就业紧密结合，校企合作、工学结合、形式多样的现代职业教育体系。顺利完成招生计划，招收首期中高职贯通培养学员80人。

（徐蓓莉）

［举办区首期校长高级研修班］ 9月，举办徐汇区首期校长高级研修班。研修班由区教育党工委书记任班主任，区教育局局长和区教师进修学院院长担任副班主任，全程参与学员个性化发展计划的制订、实施和总结。研修班分2个周期，第一周期从2011年9月到2014年1月，分四个阶段进行。第二周期自2014年2月实施。研修班实行“学员主体、专家指导、行政保障”的“三位一体”办班模式，集中和分散结合，改变传统的统一时间、集中办班、名师授课的模式，以学员为主体、任务驱动，通过指导学员制定学校中长期发展规划，在学员所在学校实施个性化的“一人一案”的培养计划。组织首席顾问和专家导师团，对学员进行“一人一案”的个别指导。

（江　岚）

［汇星幼儿园建园70周年］ 10月22日，汇星幼儿园举行“汇教养之精髓　育时代之新星”建园70周年庆典。该园前身为民国30年（1941年）创办的南模幼稚园（后为天平幼儿园）和1956年创办的大中华橡胶厂幼儿园（后为宛二幼儿园），2010年天平幼儿园和宛二幼儿园合并，成立汇星幼儿园。

（江　岚）

［南洋模范中学建校110周年］ 11月19日，

南洋模范中学举行110周年校庆。上海市副市长沈晓明，中共徐汇区委书记孙继伟等嘉宾及校友4000余人参加活动。中共上海市委书记俞正声，市委副书记、市长韩正，市人大常委会主任刘云耕，市政协主席冯国勤，市委副书记殷一璀发来贺信。该校创建于1901年，是中国人自己创办的最早的新式学堂之一，其前身为南洋公学附属小学。110年来，学校培养了3万余名学生，其中各类院士有66人次。1950年4月，毛泽东主席为该校壁报题名“青锋”。2001年8月，江泽民主席为百年南洋模范寄语“四个模范”：求知的模范、生活的模范、爱国的模范、进取的模范。该校为上海市实验性示范性高中，并加入“世界名校联盟”。

（江　岚）

［编辑出版《徐汇区教育志》］　年内，完成徐汇区历史上第一部《徐汇区教育志》的编辑与出版。徐汇区有着160余年的近代教育历史和深厚的文化积淀。2008年2月，徐汇区政府决定成立《徐汇区教育志》编辑部。2009年1月启动《徐汇区教育志》编纂工作。经过两年多时间收集整理查证核实，三易其稿，在2011年教师节首发。

该书根据详今略古、述而不论的编撰原则，全面记录1850年以来徐汇教育的历史概貌及在不同历史时期教育发展的轨迹。具体介绍了旧学、学前教育、小学教育、中学教育、职业教育、成人教育、特殊教育、校外教育、社区教育、全日制高等教育、领导机构与体制、教师队伍、教育研究、教育交流、经费设备、教育人物、学校沿革等17方面的内容，总计80余万字。

（江　岚）

［教改实验研究获全国优秀成果三等奖］　年内，由徐汇区教育党工委书记王懋功主持的《创建区域性现代化基础教育新体系教改实验研究》总课题获上海市教育委员会第十届教育科研成果一等奖；同时参加教育部第四届全国教育科学优秀成果评奖，获得著作类三等奖。该课题为联合国教科文组织APEID项目和教育部、中国教育学会的全国教改实验区项目。自2003年起，徐汇区教育局党政领导和区教师进修学院教育科研专家同基层学校校长、教师1000余人共同参与，历时8年，出版教育论著12本，约300万字；二级项目的研究成果在历届教育科研优秀成果评奖中获得一等奖1项、二等奖6项、三等奖5项。

（张才龙）

［中学校际联动新举措］　年内，徐汇区教育局出台《“十二五”徐汇区中学校际联动管理办法》，启动市实验性示范性高中与对口初中一体化管理的实验，探索“两所学校，一个法人”的管理模式。完成另两所市实验性示范性高中与对口初中的一体化工程前期准备工作。依托徐汇区教学指导团，以学科组为单位，开展校际间（以南片六校、北片四校为主）的学科教学研讨。至年末，全区40所区属中学中37所参与校际联动，比例达92.5%，基本实现校际联动的全覆盖。徐汇区中学校际联动起始于2006年，当年确定7所区属市、区实验性示范性高中与其他学校结对示范联动，5所市、区素质教育实验校以项目学校的身份邀请其他学校加入进行项目联动。

（浦正权）

［中英校际连线项目有新进展］　年内，徐汇区教育局及区属学校以中英“校际连线”项目为载体，积极参与并丰富项目合作。3月，组团赴云南参加“中英联合‘教育国际化’专题校长领导力培训”。4月，组织以“潜心研究，用心感悟，催生智慧，完善实践”为主题的徐汇骨干教师赴英国培训及教学交流专题研讨会。7月，组织参加第二期中英校际连线课程改革教研员培训。在区级层面推进“社区点亮生活”、“我们的时代——狄更斯2012”等大型主题课程共建项目。至年末，徐汇区和诺福克郡共有69所学校（包括中学、小学及特殊教育学校）成为友好姐妹校或达成合作意向，充分体现徐汇教育国际化的全纳性和普惠性，为教师专业发展和学生综合素质提高搭建更广阔的平台。

（江慧芳）

［加强对口援助智力支持］　年内，区教育局共接受云南、都江堰、海南、西宁、新疆、内蒙古、嵊州等省市的干部、教师15批135人到区内学校挂职学习实践。开展与贵州省黔南州、云南屏边教育交流合作，5所学校与黔南州学校签署结对协议，3家教育单位与屏边有关单位签订合作共建协议。组织4批专家教师赴西宁等地开展教师培训。4所学校委托管理金山区学校。

（黄丽玮）

［完成校安工程三年规划］　年内，徐汇区实现学校安全工程既定的三年规划目标，校安工程3年累计开工37个，开工率达100%。其中竣工32个，施工中项目5个。同时，为公建配套学校48所办理

产权证,为29所学校消防改造、20所学校防雷电改造,基本完成校安工程报监项目的备案制验收。区教育局校舍基建管理站被评为“上海市校安工程工作先进集体”。

（龚　鑫）

附:区教育局驻地及负责人

（2011年1—12月）

地址:漕溪北路336号
邮编:200030
电话:64879460

区委分管常委、宣传部部长:章卫民(12月离任)、
吕晓慧(12月到任)
区政府分管副区长:周秀芬

区教育党工委书记:王纪远(3月离任)、王懋功(3月到任)
副书记:朱龙霞

区教育局局长:王懋功(3月离任)、庄小凤(3月到任)
副局长:杜　俭、沈建华、沈　韬、朱建华

静 安 区

[2011年概况] 2011年，全区共有教育机构50个，其中中学17所，小学12所，幼儿园12所，业余大学、教育学院、逸夫职校、青少年活动中心各1所，其他教育单位5个。全区在校学生28742人，其中中学12483人，小学9003人，幼儿园5277人，职校1234人，业大745人。在职教职员工3837人，其中专任教师2522人。区学科带头人133人，特级教师16人，离退休7240人。

一、优化学前教育资源，充分挖掘招生资源。2011年上半年公办幼儿园增扩9个班级、非教育部门托幼园所招收非静安户籍幼儿(包括在静安务工的外来人员子女)、解决人口高峰入学难题，基本满足区域内适龄幼儿的入园需求。将持有《上海市临时居住证》人员子女招生入学工作纳入区域招生整体工作之中，确保符合条件的外来务工人员子女全部入学。加强0—3岁早教指导中心的推进工作，中心办班规模由17个增至19个，并完善了社区开放模式，扩充区域各幼儿园的优秀教师为主的早教志愿者队伍。

二、实施特殊教育基础建设三年规划。加强现代化建设的投入，推进特殊教育标准化建设，建立学校、家庭、社区"全程、全天候"的特殊教育网络体系。启动智障儿童个别化教育与蒙氏工作相融合的教育教学研究。建立资源教室，配备资源教师，进一步提高随班就读生教育质量。积极推进区政府实事工程和区重点项目建设。

三、推进素质教育，促进学生全面发展。实施"N项活动"等素质教育项目，举办"静安学生英语戏剧节"，部分高中引进国际课程试验，着力培养学生国际理解、对话和参与能力。静安区教育局提出要从教育的制度设计、评估体系、课程设置、课堂教学、学习环境、资源配置等方面关注学生个体的差异和需求，构建区域教育个别化体系。关注个体成长发展的一组连续的数据，以达到支持学生个别化发展需求的目的，构建区域0—18岁素质教育推进的图谱(标杆)和常模。探索建立基于学生个体成长连续性数据的评估系统，探索基于个体学习需求的符合学科特征的教学策略、方法，探索基于个体学习需求的软环境、硬环境建设，探索公共教育资源在个别化教育理念下的配置方式。逐步形成高中教育多样化、特色化发展的格局。推进教育部重点课题：提高中小学生学业效能"轻负担、高质量"的实证研究。构建区域中小学"轻负高质"的学业效能测评方式，基本拟定研究总报告和著作框架，明确开展课堂教学增值等当前以及今后主要任务。启动新一轮区域青少年学生道德标志性指标体系建设工作，结合区域及校本实际，丰富"两项指标"具体内涵。举办"素养·风尚"首届静安学子公民道德论坛，帮助学生强化主体意识，不断深化"两项指标"品牌项目。

区中小学生"中华诵·2011经典诗文诵读大赛"颁奖

四、规划区域心理健康教育的发展，加强对学校心理健康工作的指导。成立静安区未成年人心理健康发展中心，完成中心功能定位；研究、制定《静安区学校心理健康教育三年行动计划》，完善学校生命教育和心理健康教育体系。

五、加强教师职业道德和专业能力建设。开展校级后备干部集中补充调整工作，推荐产生教育系统各基层单位后备干部101人，选拔表现突出的青年干部参加校级后备干部培训班。建立多层次干训工作体系，拓展教师继续教育的渠道，选派优秀校长、教师赴国外学习。加强骨干教师的梯队培养和选拔，落实区23位“教育拔尖人才”个人专著的出版、培训途径和组建教育名家导师团。做好首批“优青”培养工作，完善“优青项目”培养制度和措施。开展新一届静安区学科带头人的评选；2011年有3名教师被评为特级教师、1名教师被评为上海市教书育人楷模。完成事业单位岗位设置管理的首次聘任工作。

六、围绕国际静安建设目标，完善终身教育体系。进一步完善以社区教育为重点的终身教育体系。深入推进网校分校建设工作，丰富网络学习手段，切实提高网校的运行质量。积极探索学分银行认证工作，拟建成与学员互动的双向视频直播系统；组织开展社区教育实验工作，同时完成了上海市社区教育实验街镇和实验项目的申报立项工作。开展丰富多彩的学习主题活动，推进学习型城区建设。

七、推进区政府实事工程。做好市西中学改扩建项目工程，高质量完成区政府实事工程——12所幼儿园的厨房灶台自动灭火设施项目。校舍加固工程年内全部启动，并依照计划逐步改造完成。强化安全意识，完善组织机构，建立例会通报制度，层层签订安全生产责任书，切实落实安全责任到人。以街道为单位，分责任块，设正副块长，建立安全工作网络。开展大规模安全检查，重视隐患整改，治理火灾隐患。开展不同主题（消防、抗震和防暴力等）紧急疏散演练，切实提高师生紧急应变和自保能力。

（沈　俭）

［台湾地区中小学主任来访］　3月18日，台湾地区桃园县中小学主任储训班访问静安区育才初级中学。宾主双方就办学理念、管理模式、教学方法和育人途径等方面的问题进行交流。来宾向育才初级中学赠送了乾唐彩礼品。

（沈　俭）

［龚学平前来调研］　4月29日，复旦大学上海视觉艺术学院附属高级中学正式挂牌一周年。全国人大常委会常委、复旦大学上海视觉艺术学院荣誉院长龚学平一行9人赴视觉艺术学院附属高级中学调研。通过讨论，双方承诺将进一步加强合作，实现两校教育承上启下衔接。在实训平台拓展、学生课程体验、教师交流、培养目标、教学内容等方面加强交流。2011年共有9名附中学生通过推优考成为受益者。龚学平提出，视觉艺术学院和附中应该从合作走向融合，实现真正的教育一体化，为美术教学的发展和美术人才的培养做出贡献。

（沈　俭）

［新加坡教育专家来访］　5月26日，新加坡德明政府中学教师以及南洋理工大学教授等到静教院附校访问。静教院附校校长着重介绍了学校积极推进中的后“茶馆式”教学。新加坡客人观摩了附校小学生英语戏剧节校级展演和数学课、语文课，感受后“茶馆式”的课堂教学。表达了他们对后“茶馆式”教学的兴趣。

（沈　俭）

［成立区中小学生心理健康教育发展中心］　10月28日，区中小学生心理健康教育发展中心暨区未成年人心理健康指导中心正式成立。这是一家为全区中小学生提供心理健康服务的公益性服务机构，致力于实现“教育、咨询、支持和研究”等服务功能。内设咨询室、团体活动室、音乐放松室、测量室、身心反馈训练室、沙盘室、减压室、运动松弛室、休闲阅览室等功能区域，配备具有专业资质的教师作为心理健康咨询辅导人员。该“中心”首批聘请的心理健康专家来自华东师范大学、市精神卫生中心和市中小学心理辅导中心。

（沈　俭）

［开展小学智能种植园活动］　区小学“我是一棵好苗：我种植，我收获，我快乐”智能种植园系列活动于2月14日举行启动仪式。活动由区教育局、上海极佳生物科技有限公司共同主办，上海市愉快教育研究所协办。利用苗圃iPLANT智能种植机，学生们可以在各个教室里建立生物角，让身处都市的小学生每天都能享受观察生命成长的喜悦，增强种植的兴趣与能力，体验劳动的辛苦与收获的喜悦。

（沈　俭）

[**在市青少年科技创新大赛中获奖**] 在第26届英特尔上海市青少年科技创新大赛中，区代表队获奖总数和获奖等第创历史新高，共取得21个一等奖、39个二等奖、70个三等奖，其中，一等奖获奖数比上年增加了7个，获奖总数增加了53个。区青少年活动中心获得了优秀组织奖。

在参评的33个“创新项目”中，有11个项目获一等奖，其中有静安区第一中心小学吴卫华老师指导的“西瓜注射甜蜜素、色素真伪的鉴别”、第三中心小学陈春燕老师指导的“电话告知器”。在12个“机器人项目”中，有4个项目获一等奖；在12个“科幻画项目”中，有5个项目获一等奖。

（沈　俭）

[**举办首届“静安学生英语戏剧节”**] 4月2日，首届“静安学生英语戏剧节”举行开幕式并揭晓“静安学生英语戏剧节”徽标评选结果。徽标征集评选活动历时两个月，有6名同学分别获得一、二、三等奖，14名同学获得优秀奖。开幕式上还举行了优秀英语剧目展演。

（沈　俭）

[**中小学生美术课堂作业获奖**] 由中国教育学会美术教育专业委员会、《中国美术教育》编辑部、人民教育出版社联合举办的“全国小学、初中学生美术课堂作业评选”活动近日揭晓，活动收到参评作业13000多件，在全国小学61件一等奖中，上海获得的6件一等奖均为静安区学生的作品。在中学美术作业评比中，上海共获4件一等奖，其中静安区获得一件。

（沈　俭）

[**举办区青少年科技节**] 5月14日，举行以“实践、创意、快乐”为主题的2011年静安区青少年科技节。命名民立中学、华东模范中学为区科技特色校，市西初级中学被命名为市科技示范校。至今静安区已有10所“上海市科技示范校”所，占静安区中小学校总数的1/3。在科技节活动中，创意梦工厂、新能源探究馆、金钥匙科普馆、海洋贝壳馆等一系列科普场馆的体验实践活动，吸引了众多同学。

（沈　俭）

[**小学生艺术团赴意大利进行文化艺术交流**] 2011年暑期，一师附小28名学生应邀赴意大利进行文化艺术交流活动，受到当地政府官员和学生、教师的热情接待。一师附小民乐队演奏了二胡《赛马》、《小花鼓》和扬琴《江南春色》；学校舞蹈队表演了具有中国民俗特色的舞蹈——《中国风》、《茉莉花》、《小铁梅》等。佛罗伦萨市副市长切瓦莱丽说：“中国的民族乐器和民族服装本身就是一种极富美感的创意！”同学们的出色表现更是受到了当地媒体的高度关注。

（沈　俭）

[**启动“父子阅读联盟”活动**] 9月24日，举行“静安区父子阅读联盟第一站暨一师附小亲子阅读启动式”。参加活动的家庭，均来自各所自愿加入联盟的学校。2011年上半年，区教育局在全区推进家庭阅读工作，“父子阅读联盟”是推进“静安区家长能力提升计划”的一个平台，在联盟内，各加盟单位的优质活动创意、资源、方法被复制优化。

（沈　俭）

[**获WRO世界机器人奥林匹克赛创意组冠军**] 11月中旬，由市西中学学生组成的高中常规赛代表队和高中创意赛代表队，代表中国参加了在阿联酋阿布扎比举行的世界机器人奥林匹克赛总决赛。参赛队获得了创意组冠军，这是中国队第一次在WRO国际赛上获得的冠军。这次比赛有36个国家750多支队伍，近3000多名参赛选手参加。

（沈　俭）

[**2011年静安学习节**] 11月2日，“学习让人生更精彩　名家名作诵读会暨2011年静安学习节”开幕。开幕式活动分为“读”、“思”、“悟”三个板块，以诵经典、谈人生、留箴言的方式，通过青少年、成年人、老年人的诵读，倡导市民终身学习的理念。区学习委各成员单位、区学习联、各街道社区居民和企事业单位代表300余人参与了开幕式活动。

（沈　俭）

[**社区教育获新成果**] 12月6日，在“上海市第七届全民终身学习活动周”表彰会上，区学习办荣获“最佳组织奖”，静安区学习型城区建设联合会获“最佳宣传奖”，区社区学院获“最佳活动奖”。12月21日，中国成人教育协会授予上海市静安区“2011年全民终身学习活动周成功组织奖”，授予静安区学习型城区建设联合会“全国成人教育先进集体”，授予社区学院院长胡墨洁、区教育局成职教科科长顾炜“全国成人教育优秀奖”。区学习型城区建设联合会会长姚国强主持的课题《社会组织参与社区教育的实验》

获“第八届全国成人教育优秀科研成果评选活动”优秀研究报告二等奖、副会长林瑞安的论文《学习资源联盟建设及其功能开发的实践与思考》获优秀论文二等奖、区社区学院教师宋其辉的论文《老年人上网学习需有效引导》获优秀论文三等奖。

（沈　俭）

附：区教育局驻地及负责人

（2011 年 1—12 月）

地址：南阳路 215 号

邮编：200040

电话：62790802（总机）　62581632

区委分管领导：杭春芳

区政府分管副区长：夏以群

区教育党工委书记：孙明丽

副书记：陈宇卿、朱娴华

区教育局局长：陈宇卿

副局长：戈一萍、徐　刚、周晓春

长宁区

［2011年概况］ 区教育系统共有教育机构106个，其中中学27所、小学24所、幼儿园36所、中等职业学校1所、特殊教育学校4所、校外教育机构2所、业余大学（社区学院）1所、教育学院1所，招生考试中心等其他机构10所（个）。在籍学生54205人。区域内另有托儿所22个，社会力量办学单位98所（个）。在职教职工6132人，离退休教职工7041人。

2011年编制完成并启动实施《长宁区中长期教育改革和发展规划纲要（2010—2020年）》和《长宁区教育改革和发展“十二五”规划》，制定并实施长宁区学校艺术教育、科技教育、干部教育、教师教育等“十二五”专项规划以及《长宁区学前教育三年行动计划（2011—2013年）》。

全面完成《长宁区中小学校舍安全工程三年计划（2009—2011年）》，抗震加固教学楼共计66幢，建筑面积194296平方米，总投资约2.3亿元。开办新实验幼儿园，开设长华幼儿园和海贝幼儿园分部，幼儿园扩班、增加小班的班额数、减少托班，增加学前教育资源，解决幼儿入园问题。建青实验学校幼儿部被评为市示范性幼儿园。延安中学通过全国文明单位复验。复旦中学参加“上海市创新素养培育项目实验”，成为跨区自主招生的区实验性示范性高中。复旦中学图书馆建成并投入使用。开元学校、天山初中、绿苑小学被评为上海市新优质学校。新光中学更名为延安实验初级中学（筹）。长宁区特殊教育指导中心建立并运作。

学前、小学、初中、高中四个学段深化课程和教学改革，推进区域素质教育。课程和教学改革载体建设不断加强，市三女中教育剧场、仙霞高中地理学习园、开元学校劳技实验室、天一小学“未来教室”等基本建成。开展长宁区第十届中小幼德育工作研讨活动。“长宁区中小学校长德育述职工作机制”被评为2011年上海德育特色项目，获评全国德育特色项目优秀案例。在8所小学试点的基础上，所有公办小学安排外籍教师参与学校教学教研工作，并建立外籍教师工作情况月反馈制度。开展“无边界”学习创意课展示活动，实施“网络课堂”计划（一期）。

长宁区学生艺术团成立并组织展演

组织中小学生开展“我为长宁区争创全国文明城区做贡献，争当社会宣传活动家”的宣传竞赛活动。“社会宣传活动家”实践项目被评为2011年上海市未成年人思想道德建设优秀项目。组织开展阳光体育大联赛和“千校万班”等活动，落实“三课二操二活动”，确保学生每天锻炼一小时。坚持加强中小学传染病防范力度。完成第三轮“健康校园”评估验收。“国家学生体质健康标准”数据上报率达到

100%。成立长宁区学生艺术团并组织区域中外学生艺术展演活动，组织中外学生参与“飞的梦想”科技活动，促进学生艺术和科学素养提升。编撰发放《长宁区学生消防逃生指导手册》，落实识险避险、自救互救教育演练等工作。长宁区青少年交通安全宣传教育基地在区劳技中心建立。加强学校周边环境整治和校园安全工作，营造未成年人成长的良好环境。

启动新一轮“区名校长培养工程”（2011—2015年）。推进语文、环境、德育、学前教育等区名师培育工作室以及区名校长培养工作室工作。发挥“名校长培养工程专网”、“名师在线”中优质资源的辐射作用。继续做好“优青”和“名师培养”工作。经过推荐评审，长宁区新增4名上海市普教系统特级教师。编制实施《长宁区教育系统进一步加强师德建设的实施意见》。开展2011年度教师专业素质调研以及新教师培训等工作。推进区教育系统事业单位岗位设置和义务教育阶段学校绩效工资改革工作。开展教师岗位招聘工作，2011年度共招录209名教师。

长宁现代职业教育集团不断完善运作机制。现代职业技术学校在第四届上海市“星光计划”比赛中获得优秀组织奖，获奖总数名列参赛中职学校第三名；在2011年全国职业院校（中职组）技能大赛中，获得4项全国一等奖、2项全国二等奖。建立长宁教育服务业指导中心，实行一门式服务。制订《关于规范民非教育培训市场推进教育全行业管理的若干意见》，组织开展对民非教育机构办学的办学评估和专项督查，促进民非办学机构依法规范运作。

促进终身教育发展，制定并实施《长宁区学习型城区建设三年行动计划（2011—2013年）》。继续推进社区学校教学点规范化建设，开展长宁区“学习培训便利”工作，推进长宁全国社区教育示范区建设。上海开放大学老年教育学院“长宁学习苑”揭牌。举办了“党在我心中　唱响乐龄园”区第六届老年教育艺术节。

（常　矫）

［举办“研究学生——关注学生学习方式”论坛］ 3月26日，举办区“研究学生——关注学生学习方式”论坛，并表彰2010年科研优秀成果。长宁区教育学院多年坚持研究学生学习方式，促进学生学习方式的改变，学生的学业水平不断提高。论坛回顾总结了长宁区近年来的教育科研成果：在上海市第十届教育科研成果评选中，长宁区获得1项一等奖、2项二等奖、6项三等奖。

（常　矫）

［承办第四届上海—新加坡基础教育圆桌会议］ 9月27日，由上海市教育委员会和新加坡教育部学校司主办，区教育局和上海市建青实验学校承办的“第四届上海—新加坡基础教育圆桌会议”举行。会议以“数字化环境下的学生学习”为主题进行了交流研讨。双方与会代表就“信息化资源建设过程中的区域平台建设”、“学校在信息化建设过程中的硬件配套建设和管理”、“如何给低年级学生进行数字化训练”等热点问题进行了互动研讨。

（常　矫）

［在全国第八届残疾人运动会上获奖］ 10月11日，上海市盲童学校组队参加全国第八届残疾人运动会的门球、盲人足球和田径等三个大项六个小项的比赛，获得自行车比赛1块金牌、1块银牌、2块铜牌；足球队获第五名；女子门球队获第五名，男子门球队获第八名。

（常　矫）

［成立区中小学教育质量监测评估中心］ 11月，成立区中小学教育质量监测评估中心。“中心”制订了《长宁区关于进一步加强教学质量管理的若干办法》，整合区域教育专家和专业公司力量，在小学试点开展“三个指数”（“学生身心健康指数”、“学生学习生活幸福指数”、“学生学业成就发展指数”）的研究和测评工作，并对全区小学教师举办视频讲座，倡导科学的教育质量观、评价观和教学观，促进长宁基础教育转型发展。

（常　矫）

［“区域项目化推进素质教育”项目获奖］ 11月15日，区教育局“区域项目化推进素质教育”项目获得第二届全国教育改革创新特别奖。长宁区针对不同学段学生特点，分学段实施课程和教学改革：学前阶段推进“主题—运动”项目活动，关注幼儿运动的“速度与敏捷、平衡与协调、精细动作和力量”，为提升幼儿后续学习和生活能力打下扎实基础；小学阶段深入推进“快乐拓展日”活动，每周三组织学生开展主题式、体验式、探究式的学习活动，基本形成系统性、内涵式、常态化运作模式；初中阶段推进“阅读领航计划”，具体包括“学科教材阅读”、“学科拓展阅读”、“社会实践阅读”三项内容；高中阶段深化推

进“主题轴”综合课程及载体建设，促进高中多样化特色发展，区内8所公办高中已形成各有特色的“主题轴”课程体系。

（常　娇）

［“校园安全管理视频监控系统”建成运行］ 区教育系统各单位的视频探头通过光纤统一接入区教育局安全管理中心，“中心”安排专人24小时分时段分重点，对学生进出校门情况，学校内部走廊、操场、食堂等情况进行视频巡逻，区域学校安全工作实现集成式、信息化管理。2009年以来，区教育局整合区域资源，加大安全投入，完善工作机制，基本形成“五个一”（一个机构，一支队伍，一个平台，一个系统，一套机制）的安全管理工作格局。区教育局安全管理中心发挥安全巡查队作用，及时将安全巡查结果上传综合安全管理平台，与区公安、消防等部门形成综合联动机制，协同保障校园及周边安全。

（常　娇）

［现代职业技术学校百年校庆］ 11月18日，上海市现代职业技术学校以“百年现代、自强不息、成人成才、德育为先”为主题，在华阳校区举行百年校庆典礼。教育部、市政府、市教委发来贺信。上海市现代职校是长宁区唯一的全日制中等职业技术学校，首批国家级重点职业学校，全国职业指导先进单位，国家5所中职信息化校园实验校之一。建校百年来，学校数次更名，共培养毕业生55000余人。

（常　娇）

［推进防近视、防肥胖和防龋齿“三防”工作］ 2011年，区教育局发出《关于进一步加强长宁区学生防近视、防肥胖和防龋齿工作的通知》，全面开展“小学生视力监测和干预项目”；在27所中小学开展学生牙病普查普治工作；在14所小学开展小学生肥胖干预项目的研究和实施。与区卫生局等合作完成全区中小学生健康体检，共有39228名学生参加体检，在校学生受检率达到98％。

（常　娇）

［在青少年科技创新大赛中获奖］ 长宁区在第26届全国青少年科技创新大赛中获得一等奖8个（科幻画6个、科技实践活动与科技辅导员科教创新成果各1个）、二等奖5个（科幻画3个、学生科技创新成果2个）和专项奖1个的优异成绩。长宁区少科站获得优秀组织奖。

（常　娇）

［被评为国际生态学校］ 10月19日，延安中学在第二届国际生态学校项目暨生态学校汇丰气候变化子项目大会上被授予国际生态学校。延安中学早于2009年开始申报国际生态学校，围绕“节约型学校创建行动”和“保护黄浦江水资源行动”这两个主题，做了大量工作。国际生态学校项目（Eco-School，ES）是国际环境教育基金会（FEE）在全球推行的五个环境教育项目之一，是当今世界上面向青少年的最大的环境教育项目，被联合国教科文组织誉为可持续发展教育典范项目。延安中学是全国第二批获得此项荣誉的学校。

（常　娇）

［开展校车安全检查］ 11月22—23日，区教育局联合区交警支队对辖区内的校车开展了全覆盖检查，共检查12所学校共计70辆校车。逐车检查校车日常维护情况、驾驶员工作和培训情况、校车超载超速情况、乘车学生点名及随车管理人员履职情况、车辆卫生消毒和消防器具配置情况，对存在安全隐患的校车开具整改意见书，完成《关于2011年长宁区校车安全工作情况的报告》。校车安全检查工作做到“每车必检查、每查必登记、每项必落实”，把学生的安全作为最重要的一项日常工作。

（常　娇）

［复旦中学新图书馆竣工］ 复旦中学新建图书馆竣工。馆名题字采自复旦公学早期学生、教师、校董于右任笔墨。筹建于新建图书馆内的复旦中学马相伯纪念馆也布展完成。它展示了一代教育家、复旦缔造者马相伯的一生。

（常　娇）

［地理学习园建成］ 仙霞中学地理学习园于9月建成并投入使用。地理学习园包括两大功能区：一是地质长廊标石观展区，包括地质化石区、地貌景观石区和矿物岩石区等三片块。二是信息化互动学习室。信息化互动学习室蕴含“三大”设计理念、有“九大”学习功能，展现“四大”运用愿景，折射出校园独特的地理学习文化。

（常　娇）

附:区教育局驻地及负责人

(2011年1—12月)

地址:长宁路599号
邮编:200050
电话:22050000

区委分管常委:章卫民(11月到任)

区政府分管副区长:张连城(11月离任)
陈志奇(11月到任)

区教育党工委书记:陈设立
副书记:贾　炜(11月离任)、顾　健(11月离任)、姚　期、张　岚(11月到任)

区教育局局长:贾　炜(11月离任)、姚　期(11月到任)
副局长:吴玉雷、夏惠贤、张健华

普陀区

［2011年概况］ 全区有中学48所，在校学生2.89万人；小学26所，在校学生2.84万人；幼儿园72所，在园儿童2.56万人；职校1所，在校学生0.17万人；特殊教育学校3所，社区学校9所，社区学院1所，业余大学1所（另职工中专1所），教育学院1所。此外，有教育中心12个，民办非学历教育机构33个。

2011年，以“提升每一个学生的学习生活品质”为理念，颁布并启动《普陀区中长期教育改革和发展规划纲要》、《普陀区教育事业发展“十二五”规划》以及教育资源建设、学校德育重点项目、学生创新素养培养、学生健康促进等12个行动计划。完善教育资源布局，优化学校办学条件和环境。落实教育公建配套和重点项目建设，浩浦幼儿园、祥和星宇幼儿园、大华颐和华城小学、万里城实验学校4个公建配套项目交付使用；真光二中改建完工；落实校安工程，至年底，累计完成30所学校加固改造，竣工面积14.04万平方米，占总加固面积70%；推进“退租还教”，清退4.63万平方米，占总清退面积87%。投入约7526万元进行校舍修缮、场地修建、绿化改造等，办学条件进一步改善。

一、完善区域德育课程。开展“普陀魂—普陀韵—普陀情”课程研发，编制小学、初中《走进院士》教材。运用区域社会教育资源，建设“普陀大学堂”，汇编《“普陀大学堂”学生社会实践资源指南》，汇集“红色学堂”、“创新学堂”、“河湾学堂”、“公益学堂”、“田园学堂”五大学堂的43个实践基地资源，分学段设计学生实践活动项目，引导学生开展实践探究活动。

二、深化内涵建设。完成13所初中、12所小学“区素质教育先进校”初期评审。江宁学校、洛川学校、洵阳路小学入选“上海市新优质学校”项目。深入推进有效教学的研究与实践，以“有效教学视野下的课堂分析”为主题，举办第六届“全国有效教学理论与实践研讨会”。持续提升校长课程领导力，区内8所参与市“提升学校课程领导力行动研究项目”的学校接受市项目组专家中期评估。继续支持桃浦、长征教育联合体发展，深化联合体内涵建设。组团发展模式丰富了“圈链点”发展战略内涵。《“圈链点”战略促进区域教育优质均衡发展》获“第二届全国教育改革创新奖”。

三、全面开展创新实践活动。每周五下午，全区小学实施“快乐活动日”、初中开展“动手探究日”、高中实施“创新实践日”活动。整合区内体育馆、图书馆、美术馆等42家场馆资源，小学形成了阅读、体锻、科普、艺术、社会实践5大系列活动。区教育局颁发《区中小学生创新素养提升实验项目区域共享课程实施管理办法》，确定曹杨二中“博雅教育”、晋元高级中学“结构设计创新”、宜川中学“智能机器人”和“灵巧机械手”共4门创新课程供全区高一学生跨校选修，实行“校际走班”，共享优质课程资源。

四、实施第三轮健康校园建设。每所学校确定1—2项阳光体育发展项目，为形成“一校一特”奠定基础。区教育局获2011年度“上海市阳光体育优秀组织奖”、“上海市阳光体育优秀赛区”称号。高中男子足球、女子毽球、小学武术、初中游泳等12个项目获市一等奖，健美操获市三项特等奖。投入经费169万元实施“人人运动、学会游泳”项目，共35所学校、4599名学生参与游泳训练，达标率79.73%。启动学校卫生保健室标准化建设。

五、保障进城务工人员随迁子女免费接受义务教育权益。14378名随迁子女全部在区内免费接受义务教育，占全区义务教育在校学生数的29.57%。启动实施区学前教育新三年行动计划（2011—2013年），全年新增幼儿学额1302个。出台《普陀区幼儿园管理手册》和《普陀区进一步规范幼儿园保教工作实施意见》，规范保教工作，提升园长管理水平。提升早教质量，完成6次科学育儿免费指导，服务2.1万人次，覆盖率98%；建立区0—6岁特殊婴幼儿早期干预与指导服务基地。优质园不断增加，8所幼儿园通过市一级园复验，2所通过一级园评审，全区市一级及以上幼儿园达61%。

六、职业教育有新发展。曹杨职校酒店服务与管理、会展服务与管理、中餐烹饪3个专业立项为市重点专业，《餐饮服务与管理》、《中式热菜制作》2门课程立项为市精品课程。建立重点专业市场开发办公室，探索教、学、做一体办学模式。以重点专业为载体，开展校企合作订单式培养。拓展实训中心技能鉴定、职后培训等功能，开展 3.87 万人次国家技能鉴定考试、0.2 万人次培训。组织 1150 名中小学生开展职业启蒙教育。学校获“星光计划”职业技能大赛各等次奖 36 个。

七、深化社区教育内涵建设。普陀老年大学成为上海老年大学分校，获得市学习办 1000 万元经费支持。9 个街道、镇均被确定为“2011 年度上海市社区教育实验街镇”。加强社区教育课程建设，1 门课程获市社区教育特色课程评选一等奖、2 门课程获二等奖、3 门课程获三等奖。建立“区社区教育专家工作室”，招募 700 余名“终身学习推进员”，形成较为完整的市民终身学习指导服务体系。

八、推进特殊教育。成立残疾儿童入学鉴定委员会，建成东、中、西 3 所特殊教育学校资源教室，完善特殊教育课程体系，提升特殊教育教师指导康复训练能力。

九、扶持民办教育发展。补贴民办义务教育学校生均公用经费 1119 万元。对 30 家民办中小学、幼儿园下拨民办教育专项扶持资金。

十、启动《干部队伍培养行动计划》。与华东师大、英国驻沪领事馆合作，拓展校长培训基地；与国家远程培训中心合作，举办第一期中小幼校园长远程培训；启动“导航制”项目，完成第一批 4 所学校班子的导航诊断，组建专家团队指导学校发展。全年共组织 600 多人次的干部培训。完成新一轮校长职级评审和中学校长任期制。

十一、实施《教师队伍建设行动计划》。完善区骨干教师发展序列，构建教师专业发展团队资源共享网络平台，对 99 名高级指导教师、42 位学科带头人和 14 位特级教师工作室进行中期评估。完成骨干班主任团队、创新素养研究团队、信息技术应用团队组建。

（顾文华、包玉全）

［获全国第四届少儿合唱节最高奖项］ 1 月 24—25 日，在文化部、教育部、海南省政府主办的第四届中国少年儿童合唱节上，普陀区青少年活动中心少儿合唱团以《春天的校园》、《永恒的旋律》、《我相信》3 首特色曲目，获得此次比赛最高奖项“小百灵杯”，同时获得直接参加 2013 年第十六届“群星奖”合唱比赛决赛资格。

（顾文华）

［实施干部“网络远程培训”项目］ 普陀区教育局与国家教育行政学院合作建立区干部培养远程教学资源库，开设网络培训课程，实现干部培训师资、课程和信息共享。远程培训通过案例分析、参与式讨论、论坛互动、网上自学、咨询答疑，提高干部培训的选择性、针对性和实效性。干部“网络远程培训”是普陀区“十二五”干部队伍建设“五大实施项目”之一。3 月 24 日，普陀区教育局与国家教育行政学院远程培训部在北京签订“网络远程培训”合作项目书。

（顾文华）

［确定首届区知识产权试点学校］ 4 月 27 日，市知识产权局、区教育局举行“携手同心　设计未来——2011 普陀区青少年知识产权宣传周暨首届普陀区知识产权试点学校授牌仪式”。曹杨二中、晋元高级中学、宜川中学、同济二附中、进华中学和真如文英中心小学 6 所学校被认定为首批普陀区知识产权试点学校。

（顾文华）

［设立“中国可持续发展教育国家实验区”］ 4 月 28 日，联合国教科文组织中国可持续发展教育项目全国工作委员会授予普陀区“中国可持续发展教育国家实验区”称号。普陀区是全国第一个获得该称号的城区。中国可持续发展教育项目（ESD）始于 1998 年，区教育局自 2005 年起参与该项目的探索与实践，现已有可持续发展教育实验校 30 所、示范校 6 所。

（顾文华）

［与加拿大教育部门建立合作关系］ 5 月 18 日，普陀区教育局与加拿大魁北克省玛格丽特—布尔瓦教育局签约建立合作关系。江宁学校与 Monseigneur Richard 中学、武宁路小学与 Guy-Drummond 小学也分别缔结友好学校协议。两地教育局协议，双方在教育教学、教师培训、语言教学以及职业教育、社区教育等方面开展合作。

（顾文华）

［获世界头脑奥林匹克竞赛冠军］ 5 月 31 日，在美国马里兰大学第 32 届世界头脑奥林匹克决赛中，新普陀小学头脑 OM 代表队获得“能折叠的结构”小学组冠军。在为期 4 天比赛中，新普陀小学师生参加头脑 OM 即兴题、风格题与长期题多场比赛。他们与世界各地 51 支代表队同场竞技，获得风格题第一、即兴题与长期题第二的成绩，并以334.34 总分获小学组冠军。

（顾文华）

［获第十六届全国"星火杯"创造发明竞赛一等奖］ 9月22日，在第十六届全国"星火杯"创造发明竞赛表彰大会上，真如文英中心小学陈家豪同学的小发明——"电话听筒未搁置好报警器"获竞赛一等奖，他是全国仅有的3名获奖青少年中唯一的1名小学生。"星火杯"创造发明竞赛创始于1986年，由上海市科学技术协会、上海发明协会等18家单位联合主办的立足上海、覆盖全国、面向世界各地华人的大型科技发明比赛活动。

（顾文华）

［实施见习教师规范化培训试点工作］ 10月17日，普陀区举行实施上海市见习教师规范化培训启动大会。见习教师规范化培训是上海市教委严格教师准入制度，促进见习教师适应教师角色，探索教师培训模式创新的一项重要工作。普陀区是上海市4个试点区县之一。

（顾文华）

［参加第五届可持续发展教育国际论坛］ 10月，第五届可持续发展教育国际论坛在北京举行。区教育局组织中小学、幼儿园等共26名代表参加。区教育局局长李学红在论坛上先后作《可持续发展教育在普陀区的创新实践》发言和《基础教育中的可持续发展教育》主题报告。曹杨小学校长杨金芳在"可持续发展教育学校推进分论坛"上作《让每一位学生得到可持续发展》报告。在本次论坛上，普陀区获得中国可持续发展教育优秀论文案例一等奖21个、二等奖25个、三等奖38个，8所学校获得新一轮实验学校称号。

（顾文华）

［"社区点亮生活"中英学生艺术作品展］ 11月18日，由区教育局承办的"'社区点亮生活'中英学生艺术作品全国展"开幕。普陀区曹杨中学、甘泉外国语中学、上音附属安师实验中学、梅川中学等校的学生作品在展览中展出。

（顾文华）

"'社区点亮生活'中英学生艺术作品全国展"在区社区学院开幕

［"伟人教育"学习活动课程获奖］ 12月8日，在教育部召开的全国中小学德育工作经验交流会上，普陀区"伟人教育"学习活动课程获"全国中小学德育工作优秀案例"奖。"伟人教育"学习活动课程是普陀区自行研制开发的地区德育拓展课程。自2000年起，区教育局相继研制开发《邓小平理论常识》、《邓爷爷，我爱您》、《手拉手，奔小康》、《谋发展、促和谐》和《红色热土——上海市普陀区爱国主义教育基地寻访手册》等课程教材，形成小学、初中、高中纵向衔接，学校、家庭、社会横向贯通，课内、课外相互联动的区域"伟人教育"系列学习实践活动课程体系。

（顾文华）

［启动学前儿童"健康教育"行动研究项目］ 12月9日，普陀区《区域推进学前儿童"健康教育"的行动研究》项目启动会在曹杨新村第三幼儿园召开。该行动研究是区推进学前教育新三年行动计划的重点课程建设项目，首批有20所幼儿园申报子项目，开展研究。

（顾文华）

［冯国勤调研"慈善四进"活动］ 12月19日，

市政协主席冯国勤，副主席李良园、周汉民以及市慈善基金会负责人到甘泉外国语中学调研“慈善四进”（进社区、进学校、进机关、进楼宇）活动开展情况。“慈善四进”活动是市政协与市文明办共同筹办的一项重要慈善公益活动。冯国勤为甘泉外国语中学慈善文化建设题词：“用心传播慈善理念，用手传递慈善温暖，用情播洒慈善甘泉。”

（顾文华）

［被评为“全国文明单位”］ 12月20日，在全国精神文明建设工作表彰大会上，曹杨第二中学被评为“全国文明单位”。曹杨二中2005年名列上海市首批实验性示范性高中。学校以1989年江泽民题词“勤奋进取，求实创新”为学校精神，以“文理相通，人文见长”为办学理念，全面推进素质教育和精神文明建设。学校连续13届被评为“上海市文明单位”，并获全国和市级荣誉90余项。

（顾文华）

［开展区职业教育“十佳班主任”评选活动］ 区职业教育“十佳班主任（德育工作者）”争创评选活动历时9个月。贸易学校蔡雷，曹杨职校叶蔚成、史玲珍，信息技术学校祝纪景、高成坤、朱增蕴，经济管理学校石婕健、俞璟洁，药剂学校王勤，商业会计学校夏丽春等10位教师获区职业教育“十佳班主任（德育工作者）”称号，还有11位教师获区职业教育“德育风采奖”。

（顾文华）

［当选“2011上海教育年度新闻人物”］ 在由上海教育报刊总社、上海教育电视台和市中小学幼儿教师奖励基金会共同主办的“2011上海教育年度新闻人物”评选中，桃浦中学校长李金龙获选。李金龙从教32年，任校长20年。他扎根在桃浦中学，带领教职工奋发图强，锐意进取，使一所薄弱学校走上良性发展之路，使桃浦地区走出“教育洼地”，赢得学生、家长和社会公众赞誉。

（顾文华）

附：区教育局驻地及负责人

（2011年1—12月）

地址：大渡河路1668号2号楼15—16楼
邮编：200333
电话：52564588（总机）

区委分管副书记：顾顺祥、程向民
区政府分管副区长：景　莹

区教育党工委书记：范以纲
　　　　副书记：李学红、丁向荣

区教育局局长：李学红
　　　副局长：方元升、郑建国、赵　平

闸北区

［**2011年概况**］ 闸北区现有各级各类学校和其他教育机构及教育事业单位141所(个)。公办中小学、幼托园所104所(含特教),民办中小学、幼托园所24所,其他教育机构和教育事业单位13所(个)。其中高中6所,完中8所,九年一贯制学校4所,初中18所,小学34所,幼托园所54所,特殊教育学校4所(含彭顺和聋青技),中等职业学校1所,全日制高职1所,教师进修学院1所,其他教育事业单位10个。现有学生67745人,其中基础教育61967人(高中生7916人,初中生17582人,小学生21073人,幼儿园14884人,特殊教育512人),职业教育5778人(中职校1059人,全日制高职4719人)。目前全区在职教职工7068人(其中教师5879人),退休教职工8783人,离休教职工90人。在职教师中,特级教师17人,高级教师占15.29%,一级教师占62.32%;本科及以上学历教师占80.34%。

颁布《教育系统年度单位考核主要量化内容》。完成闸北区教育工会第四届委员会换届选举工作。6名科级以上干部参加了上海市援藏、援滇工作。

一、德育工作卓有成效。组织《科学发展·改善民生》——党的十七届五中全会精神解读和著名教育家于漪老师谈"学做老师"等专题报告会。召开纪念中国共产党成立90周年暨表彰大会,表彰区教育系统优秀党组织23个、优秀党务工作者12名、优秀共产党员86名。召开区教育系统第二十一届思想品德教育研究会年会,加强校际中心组联组学习活动。编制《走遍闸北——闸北区未成年人社会实践自助手册》,学生利用暑假开展自助式教育13万余人次,该项目被评为2011年上海市未成年人暑期优秀活动项目。推进《闸北区成立社区工作指导站对策研究》和《依托社会资源设计与优化小学生社会实践机制的研究》,进一步健全以街道(镇)为主体的学生社会实践活动机制,构建了校外德育基地活动课程。启动了童莹莹班主任工作室,成立了钱学娣德育工作室。

二、提升基础教育质量。举行"提升作业品质,让学生健康快乐成长"小学校长研讨会,推出《闸北区小学关于"推进作业改革,提升作业品质"的几点意见》。组织开展了"课程领导力"项目研究中期交流活动。提出"闸北区小学快乐300分"活动实施意见,尝试构建区域特需教育网络。首批确定了22名在体育、艺术、科技等非学科领域的特色教师,开设了22门特需课程,并通过统筹安排,于每周二下午送至区域内18所小学,覆盖率达53%,受益学生达1120人。

三、打造学前教育品牌。出台新一轮学前教育三年行动计划,成立由15名幼儿园园长组成的"幼儿园个别化学习活动研究中心组",以"个别化学习活动中材料投放的有效性"为研究重点,召开了"个别化学习活动"研讨活动,围绕"区域活动让孩子学习更有价值"深入开展研讨,指导各园所结合本园特色,制定实施方案。对园所长和保教主任进行了专题培训,开展幼儿园"三大员一日操作规范"技能大赛和卫生保健资料展示活动,举行了"科学膳食管理　塑造健康儿童"幼儿营养膳食专题研讨会,开展幼儿园保教质量情况专项调研。

四、探索特殊教育规律。召开"闸北区特殊教育'医教结合'工作研讨会"。成立"闸北区特殊教育专家咨询委员会"、"闸北区'医教结合、综合康复'协调委员会"和"闸北区残疾儿童入学鉴定委员会"。区特殊教育康复指导中心与复旦大学附属儿科医院、上海交通大学附属新华医院共同建立"闸北区特殊教育'医教结合'基地",建设"资源教师"等四支专业队伍。开展国家教育体制改革试点项目子项目《区域性特殊教育"医教结合、综合康复"模式的构建与实践》的课题研究。

五、支持民办教育发展。设立促进民办教育发展专项资金,实行生均公用经费补贴,减免国有资产综合使用费,鼓励公民办学校合作办学等政策举措。制订《闸北区教育局关于进一步加强民办学校规范管理促进民办教育内涵发展的若干意见》,下发加强扶持民办中小学发展的文件,规范和促进了民办教育事业的健康发展。

区特殊教育医教结合工作推进会召开

六、深化教育科学研究。全区共有8项课题被确定为2011年度上海市教育科研项目，8项课题被确定为2012年上海市青年教师课题。启动闸北区第三中心小学承担的教育部重点课题《基于积极心理学的小学生学习品质优化的研究》和成功教育研究所承担的上海市重点课题《农村义务教育阶段学校委托管理的实践研究》的研究工作。

七、加快发展职业教育和社区教育。市北职业高级中学坚持以评促建，以评促管，以评促发展，提高办学水平。2011年代表上海参加"全国职业院校技能大赛"，美容美发项目荣获银牌，参加第12届上海国际美发美容美甲邀请赛取得2金、2银、2铜的成绩。依托市北职业高级中学建设视觉多媒体技术开放式实训中心、美容美发实训中心和烹饪实训中心，探索产教结合、工学交替的办学模式。行健学院与中国商飞上海飞机制造厂合作开展培训，探索合作办学和"订单式"人才培养模式。修订完善了闸北社区教育"十二五"发展规划，通过全国社区教育数字化先行区评估验收工作。完成《闸北区社区教育辅导员队伍管理细则》修订工作，组织辅导员专业培训和专职副校长培训。启动学校资源全面开放试点工作，制订学校资源全面开放试点工作指导意见。开展第七届全民终身学习周活动。

八、不断深化师资队伍建设。一是强化师德师风建设。开展"会学乐学轻负担，善学勤学助成长——闸北学子学习方法暨学习经验交流大赛"，开展"学陶师陶提素质，贯彻规划见行动——陶行知思想大讨论暨教育中长期规划研讨活动"，开展"身心健康大发展，快乐学习促成长"——帮助学生健康快乐成长金点子大赛活动，开展了"讲台耕耘育桃李，教海追梦铸师魂"——师德先进集体、先进个人争创和评选活动。二是完善骨干队伍梯队建设。完成上海市第二批名师名校长重点学员及影子校长、影子教师出国培训的推荐工作，完成2011年度上海市特级教师的评选申报工作。完成第二批名师工作室筹建工作。三是优化师资队伍结构。开展了第二十二届新教师培训工作。对挂编人才中心教师的工作情况进行了系统调研，组织动员本系统小学和幼儿园143名三结合大专毕业对象参加电大举办的专科学历补修培训班。

[冯国勤视察风华初级中学] 2011年8月29日，上海市政协主席冯国勤、政协副主席钱景林、秘书长陈刚率市政协科教文卫体委员会各位委员到风华初级中学视察，听取了校领导的汇报，对闸北教育以及风华初级中学的办学成果给予肯定。中共闸北区委书记方惠萍、区长周平陪同视察。

（丁国新）

[启动特需课程试配送活动] 为推进全区小学开展"快乐活动日"活动，闸北区开展"特需课程"区域配送课程资源的工作。配送的资源以"快乐"、"成长"为主题，坚持"求真务实"和"突出普及"的原则。这项工作推进了资源共享、课程共建及区域共赢，有助于学生的个别化发展，有利于促进学生在快乐的活动中自我发现、健康成长。

（丁国新）

[召开特殊教育医教结合工作研讨会] 2011年10月9日，区特殊教育医教结合工作研讨会召开。副区长鲍英菁出席会议。会上宣布成立"闸北区特殊教育医教结合基地"和闸北区特殊教育专家咨询委员会、闸北区"医教结合　综合康复"协调委

员会以及闸北区残疾儿童入学鉴定委员会。

（丁国新）

［马来西亚教育考察团来访］ 12月8日，马来西亚砂拉越州华文独中董联会考察团一行33人访问了上海市闸北八中。砂拉越州华文独中董联会是砂拉越州维护和发展华文独中教育的领导机构，下属14所华文独立中学。客人们深入课堂听了初中语文、数学、外语、物理、化学、科学6节课，还观看了体教结合训练表演。

（丁国新）

［久隆模范中学建校10周年］ 11月20日，上海市久隆模范中学举行建校10周年庆祝大会暨第十届自强奖颁奖仪式。上海市教育发展基金会理事长王荣华、代区长翁祖亮等领导出席。久隆模范中学于2001年创办，是在第十届全国政协副主席、中国工程院原院长、时任上海市长徐匡迪院士提议下，由上海市教委和区政府共同投资兴建的。学校围绕“让每个学生都成为模范公民”的培养目标，营造学生健康、快乐成长的生态环境。10年来，学校实现了跨越式发展，基本达成了“铸造久隆优质品牌，跻身上海名校行列”的目标。

（丁国新）

［参加首届世界青少年合唱锦标赛］ 7月10—17日，受市教委委托，由上海市科技艺术教育中心组团，市北中学学生合唱团一行33人，代表中国上海赴奥地利参加首届世界青少年合唱锦标赛。首届世界青少年合唱锦标赛由国际文化交流基金会、国际文化交流基金会奥地利事务部主办。首届世界青少年合唱锦标赛设置了童声合唱组、同声青年合唱组、混合男声组、混声青年组等14个组别，有来自全世界30多个国家的90多个合唱团队参加。市北中学学生获大赛混声青年组银奖。

（丁国新）

［《新课程和物理实验改革》获奖］ 由风华中学原校长、物理特级教师冯容士以及陆伯鸿、李鼎、陈开云、张越、李朝辉等人为成员的科研团队申报的《新课程和物理实验改革——中学物理数字化实验系统(DIS)的开发与应用》，经国家基础教育课程教材专家工作委员会评选，获得教育部基础教育课程改革教学研究成果一等奖。

（丁国新）

［推进“学校抗挫力培养的实践研究”］ 风华初级中学主持的上海市中小学德育协会重点课题“学校抗挫力培养的实践研究”课题，在1月6日举行实施推进会。有关专家就课题实施开展交流。学校抗挫力的培养，重在关注学生个体，聚焦强处的视角，能够将潜在的高危人群通过专业量表筛选出来，并加以干预引导。

（丁国新）

［在第九届上海青少年“明日科技之星”开放式论坛比赛中获奖］ 第九届上海市青少年“明日科技之星”评选活动开放式学生论坛复赛决赛于11月12—13日在上海科技馆举行，全市18个区县的精英小队带着各自的科技创意作品参加了复赛。学生们通过实物和视频的方式，演示了作品的设计原理和实验效果。市北初级中学的雏鹰小队获第九届上海青少年“明日科技之星”开放式论坛比赛一等奖。

（丁国新）

［泰国教育协会代表团来访］ 9月16日，泰国国家教育部所属教育协会代表团参观考察了大宁国际小学。该代表团由泰国国家教育部所属教育协会秘书长率领。

（丁国新）

［香港幼稚园校长前来观摩交流］ 12月1日，由上海市教委组织的“作为21世纪的特级幼稚园校长——香港校长培训班”项目第七期的香港幼稚园校长，到芷江中路幼儿园新梅园进行观摩交流。双方就幼儿园的课程方案设计、教玩具制作、教研活动、幼儿发展评价等进行了交流。

（丁国新）

附：区教育局驻地及负责人

（2011年1—12月）

地址：和田路195号
邮编：200070
电话：56630990

区委分管常委：石宝珍
区政府分管副区长：鲍英青

区教育党工委书记：顾筱璞
副书记：陈　军、刘新宇
区教育局局长：陈　军
副局长：朱正林、洪　波、孙　忠、李国庆、王万亮

虹　口　区

［**2011年概况**］　2011年，虹口区共有各类学校和单位146所，其中高级中学12所、完全中学3所、初级中学19所、九年一贯制学校6所、小学34所、幼儿园51所、托儿所9所、职校1所、大学2所、成人中等学校1所、特殊教育学校1所、其他学校7所；在校学生64065人，教职工6320名；区内3—6岁适龄儿童入园率为100%，义务教育阶段入学率和按时毕结业率为100%，户籍学生高中阶段入学率达到95.2%，其中普通高中入学率为63.7%、中等职业教育入学率为31.5%。

根据《虹口区教育事业发展“十二五”规划》和《虹口区中长期教育改革和发展规划纲要（2010—2020年）》，大力推进“两个规划”中的重点工程和项目。优化教育资源布局、提高教育教学质量，加强师德建设、提升教师综合素养，全面推进素质教育、有效促进各类教育均衡优质发展，在推进“三强（强精神、强环境、强队伍）”建设、“三名工程（名学校、名校长、名教师）”和“三个课堂（温馨、情趣、有效课堂）”打造等方面取得了新的成效。

一、区域内优质教育资源“错位”发展。结合本区高中教育发展实际和特点，强调“实验探究、示范辐射、特色彰显”，要求彰显“资源共享、错位发展、互助合作”，促进区域教育水平整体提升。复兴高级中学教育集团加快“学生创新素养培育”项目的探索；华东师大一附中教育园区侧重“国际教育合作交流”项目的推进；北郊高级中学教育集团则着重“学校文化建设”项目的探索。

二、加强干部教师队伍建设。与上海教育电视台合作，以“校长论坛”为载体，创新校长培训形式。完成中青年干部高级研修班和“十一五”第三期后备干部培训班的培养工作。建立并健全体现科学发展观和正确政绩观要求的干部考核评价体系，提升干部考核的科学性。加强高素质人才队伍建设。高中专任教师本科及以上学历为100%；初中专任教师本科及以上学历为96.3%，较上年提高了0.7个百分点；小学、幼儿园专任教师本科率分别达到61.9%和47.6%，较上年分别提高了6.0个百分点和4.9个百分点。

三、健全事业单位岗位设置管理制度。完成教育系统岗位设置方案的制订、核准和备案等系列工作，116家事业单位完成首次聘任工作。继续推进义务教育阶段学校实施绩效工资工作。引进教育人才，共录用应届高校毕业生87人（其中研究生学历10人），引进外区优秀骨干教师46人（其中研究生学历7人）。

四、全面推进素质教育。加强学生德育和心理健康教育工作，围绕纪念建党90周年主题，结合“两纲”（《上海市学生民族精神指导纲要》和《上海市中小学生生命教育指导纲要》）相关要求，召开“虹口区中小学‘后世博’德育推进会暨虹口区中小学第八轮行规示范校表彰会”。虹口区被评为2009—2010年度上海市“两纲”教育工作第二名。保障学生“每天锻炼一小时、自主闲暇一小时、多睡一小时”的“三个一”工程。积极做好虹口区运动会学生组各项比赛工作。以“学生体育大联赛”、假日体育特色活动等为抓手，努力实现“人人有项目、班班有团队、校校有比赛”的学生体育工作目标。

五、提升各级各类教育品质。完善园本化课程实施方案，推进“区域性推进幼儿园课程园本化特色呈现的实验研究”项目。做好教育部“以园为本教研制度建设项目”的交流、总结和展示工作。完成《虹口区学前教育三年行动计划（2011—2013年）》的编制工作并由区政府下发文件；推进“虹口区促进小学教师发展，提高教学有效性”项目，组建新一轮小班化教育研究中心组。完成2011年市、区、校三级中学项目的设计、论证和立项工作；共承担教育部、市教委批准立项的教学实践项目4项，区级项目10项，区、校两级合作项目18项。参与2011年全球PISA测试、绿色指标监测活动、国际环保课程、市教委课程领导力行动研究项目等；做好区业大附属中专撤销和整体并入南湖职校的各项工作，支持南湖职校申报国家级中等职业教育改革发展示范校；完成区内民办非学历学校的办学评估和专项督查工作。对民办非学历教育机构财务人员开展专项培训，做好2011年市级民办学校专项资金扶持项目的申请工作以及相关变更、年检等工作，促进民办各中小学依法办学、自主发展。

六、推进教育国际化建设。确立"由小及大、由近及远、由低及高、分层递进、重点突破"的工作方针及"政府扶持、学校牵头、园区实施、社会参与"的工作模式，在华东师大一附中教育园区内开展国际教育课程、国际理解课程的试点工作并积极引进和整合各类资源，加快推进相关国际教育合作项目。同时将上外附中、复兴高级中学等教育集团整体纳入其中。

七、学生创新素养培育。3月27日，虹口区在第26届英特尔上海市青少年科技创新大赛中，共获得大赛一等奖16项、二等奖34项、三等奖91项、专项奖75项。5月26日，举办"关注常态教学，提升创新素养"市创新素养培育教学实验研讨暨第六届复旦联盟学校基础教育论坛。8月4—7日，组织参加全国创新大赛，获全国一等奖1项，二等奖1项，三等奖2项、优秀组织奖2项，另有6个项目被选送参加全国比赛。

八、做好对口支援和帮扶工作。选派6位教师参加第十一批援滇（文山州富宁县新华镇）支教工作，选派5位教师参加与闵行区教育局对口合作交流工作等。同时，进一步做好支教教师的迎送及家访和慰问等工作。

（裘晴岗、邱　磊）

［推进"两个规划"实施的10项工程］ 2011年，区教育系统推进实施《虹口区中长期教育改革和发展规划纲要》、《虹口区教育事业发展"十二五"规划》，启动包括资源布局的"均衡工程"、教育科研的"引领工程"、基础教育的"减负工程"、全面发展的"彩虹工程"、身心健康的"阳光工程"、学科建设的"高地工程"、教育品牌的"示范工程"、学校发展的"特色工程"、数字课堂的"电子书包工程"、继续教育的"提升工程"等在内的10项工程。

（裘晴岗、邱　磊）

［建设"指南针计划"青少年体验基地］ 4月11日，"'指南针计划'青少年体验基地建设研究及示范"项目启用仪式举行。指南针计划青少年体验基地位于区青少年活动中心北部校区，建筑面积5500平方米，开设古代造纸印刷、古代陶瓷、古代织染、古代青铜、古代建筑等5个"体验馆"及中国古代的创造发明、"纸的文明"两个主题展览。

（裘晴岗、邱　磊）

［推进"电子书包"项目］ 2011年，加快推进教育部体制改革项目——"数字化课程环境建设和学习方式变革（电子书包）"项目。5月20日，举行"电子书包"试点项目资源推介会暨合作签约仪式。全国各地20余家数字资源提供企业与区科委、区教育局签订了三方协议，共同合作推进"电子书包"项目。虹口区自2010年被选为项目试点地区以来，共有18所学校参与试点，近30家企事业单位加入了"电子书包"项目建设合作联盟，在软硬件建设、课程资源开发、实际教学应用、学生评价方式变革、教师专题培训等方面取得了阶段性成果。

（裘晴岗、邱　磊）

［推进特殊教育医教结合工作］ 2011年，区教育局与卫生部门合作，开展特殊教育医教结合工作的试点研究，会同区卫生局、残联等部门组建区医教结合工作领导小组，并建立联席会议制度。联合制订《虹口区特殊教育教育机构与医疗机构开展医教结合工作的实施方案》，成立残疾儿童入学鉴定委员会和专家咨询委员会，落实确保医教结合工作。12月30日，举行"虹口区特殊教育医教结合工作推进会"。区教育局和区卫生局签署《虹口区特殊教育医教结合工作任务书》。

（裘晴岗、邱　磊）

［与市体校签约共同探索体教结合］ 1月20日，在市体育局、虹口区人民政府的牵头下，虹口区教育局与上海市体育运动学校（友谊中学）文化教育工作推进项目签约。协议明确，市体校的文化教育工作纳入虹口区教育事业发展的整体规划中，各项教育教学工作由虹口区教育局统一协调管理，虹口区将对市体校的办学规划、课程设置、师资培训等给予指导和支持。同时，上海市复兴高级中学与市体校结成文化教育协作单位，开展对口帮扶工作。

（裘晴岗、邱　磊）

［开展"中华诵·经典诵读行动"］ 11月23—24日，教育部在北京召开"中华诵·经典诵读行动"经验交流会，虹口区作大会交流发言。2010年，虹口区成为上海市"中华诵·经典诵读行动"行动区域整体推进试点区县，以"彩虹绘就梦想，经典浸润人生"为主题，以学校教育为主渠道，整合家庭教育和社区教育，组织各类相关活动和比赛，全面提升了宣传教育的成效，使经典诵读行动浸润校园、浸润家庭、浸润社区，有效营造了"诵经典、书经典、讲经典、

创特色”的良好氛围。

（裘晴岗、邱　磊）

[在亚洲机器人联赛中国地区选拔赛上获金奖] 8月18—21日，继光初级中学机器人社团参加了在山东济南举行的亚洲机器人联赛中国地区选拔赛，从76支中小学队伍中闯入总决赛，最终获得金奖，并代表中国参加11月在台湾地区台北市举行的亚洲机器人联赛。

（裘晴岗、邱　磊）

[参加全国小学数学课堂教学评比获一等奖] 4月25—29日，“全国第十届深化小学数学教学改革观摩交流会”在厦门举行。来自31个省、直辖市、自治区的32名教师进行教学展示交流。上海外国语大学附属外国语小学教师黄怡代表上海参加了比赛，她执教的《1000以内数的认识》获一等奖。

（裘晴岗、邱　磊）

[举办第二十二届四城区小学语文会课活动] 11月24—25日，以“充分关注表达、提高课堂效益”为主题的第二十二届四城区（南京玄武区、无锡崇安区、南通崇川区、上海虹口区）小学语文会课活动在广灵路小学举行。市、区有关专家，四城区相关领导、教师400余人参加了会课活动。会课活动已举行22年，由四城区轮流举办。

（裘晴岗、邱　磊）

[合作开展影视信息的研发工作] 9月18日，区语委办和市历史学科德育与资源开发研究实训基地、叶永广德育（影视教育）名师工作室共建签约。协议要求，双方利用各自的平台和影视资源优势，合作开展影视信息的研发工作，更好服务于区语言文字工作，推进影视基地和工作室建设。协议签署后，举行了“影视资源开发基地”授牌仪式。自2010年以来，区语委办与市历史学科德育与资源开发研究实训基地、区叶永广德育（影视教育）名师工作室合作，推出了包括《话说汉字》、《书法瑰宝》、《四大名著》、《国学启蒙》、《古典诗词》、《走近大师》、《先生鲁迅》、《三笔书法》、《品读名篇（古代）》、《品读名篇（近代）》在内的10套《经典诵读影视系列资料包》。

（裘晴岗、邱　磊）

[参加中职技能大赛获奖] 在4月举行的上海市第四届“星光计划”中职技能大赛中，南湖职校共有105名学生参加22个项目的比赛，获得7个团体第一名，参赛学生获得27个个人一等奖。在6月于天津举行的全国职业院校技能大赛中，南湖职校学生获得中职组服装模特表演一等奖3项，平面模特表演一等奖2项、二等奖1项，会计专业比赛一等奖1项。

（裘晴岗、邱　磊）

[南湖总校水电校区正式启用] 10月26日，南湖总校水电校区正式揭牌使用。校区位于水电路583弄12号，主要面向义务教育阶段、招收愿意报考职校的农民工同住子女，帮助其完成义务教育最后一学年的课程，拓展升学和职业指导课程，为其初中毕业后报考南湖职校做好前期的衔接准备。同时，校区也面向社会开设成人高中等项目。

（裘晴岗、邱　磊）

[召开民办中小学党建工作推进会暨2011年民办教育工作年会] 11月21日，“围绕中心抓党建，抓好党建促中心——民办中小学党建工作推进会暨2011年民办教育工作年会”召开。民办新华初级中学、民办迅行中学和民办上外附小介绍学校党建工作思路。会上下发了《关于进一步加强虹口区民办中小学校党的建设工作的实施意见》和《关于加强和扶持虹口区民办中小学教育发展的意见（征求意见稿）》。

（裘晴岗、邱　磊）

附：区教育局驻地及负责人

（2011年1—12月）

地址：天宝路1058号
邮编：200092
电话：65756666

区委分管领导：宋　妍（11月离任）、刘　可（11月到任）
区政府分管领导：华东平（10月离任）、李国华（10月到任）

区教育局党工委书记：潘惠琴
副书记：王立强（11月离任）、王　新

区教育局局长：王立强（11月离任）、常生龙（11月到任）
副局长：杨　利、周海明、韩亚成（4月到任）

杨浦区

［**2011 年概况**］ 2011 年，杨浦区共有各类学校 185 所，其中高(完)中 18 所(民办 3 所)，初中 35 所(民办 8 所)，小学 44 所(民办 2 所)，幼儿园 84 所(民办 22 所)，特殊教育学校 2 所，工读学校 1 所，中等职业教育学校 1 所。各类学生总数 84856 人，其中高中 11561 人(民办 682 人)，初中 23026 人(民办 5788 人)，小学 26769 人(民办 3645 人)，幼儿园 21431 人(民办 6055 人)，职业学校 1562 人，特殊教育学生 424 人。农民工同住子女在校学生(义务教育阶段)9187 人，占学生总数 18.43 %。全区有国际部 3 个，在校外籍和境外学生 638 人，占学生总数 0.75%。全区教育单位教职工(不含民办)7742 人，其中高中 1269 人，初中 2244 人，小学 2504 人，幼儿园 1023 人，特殊教育 107 人，教师进修学院 151 人，少年宫 41 人，少科站 42 人，其他教育单位 361 人。全区共有专任教师 6070 人，其中高级教师 524 人，占教师总数的 8.6%，中级教师 3343 人，占教师总数的 55.1%，学历达标率 99.9%。

区基础教育全年财政教育拨款(含区财政拨款、市转移支付、财政其他拨款、中央专款)173924 万元，比 2010 年增长 19.73%；教育附加费 42400 万元；教职工年收入 10.47 万元，比 2010 年增长 8.03%。

一、推进基础教育创新试验区建设。建设特色课程，挖掘课程资源加以有效整合后转化为特色课程。与复旦大学、同济大学等高校合作新建 7 个实验基地，研发《玩游戏学科学》、《图书信息检索和利用》等 5 门区本课程，推广《性别教育》、《心灵体操》等 4 门区本课程，完成 7 个高中创新实验室的建设；在 57 所中小学开展“创新拓展日”试点活动，为学生提供更多的课程选择；建设创新服务平台，举办第 2 届“赛复创智杯”上海市青少年科技创意设计大赛，开展“优秀高中生进入院士团队与高校开展课题探究活动”，建立学生课外实践基地 9 个，有 1 万多人次参与学生社团和实践基地活动，与上海科技馆签署“合作框架协议”；培养创新型教师，与高校合作开设 7 个骨干教师研修班，参训教师 300 余人，研修班增设提高教师创新能力的培训课程，开设了提升教师综合素养的培训班 19 个，参训教师达 1456 人；改革评价机制，把创新型后备人才的培养工作纳入学校绩效考核指标。

二、推进课程教学改革。重点开展“基础型课程校本化”项目，有 40 余所学校参与项目试点，落实备课、上课、作业、辅导、测评等教学环节，提出创设“轻负—高效—优质”课堂的目标；加强学业质量监控，成立“区中小学学业质量监测中心”，开展对全区中小学课程教学情况的调研和督导，中考合格率 99.91%，保持教育质量的高位稳定；“杨浦网上公益学堂”举办名师辅导 20 余场，听课学生达 8000 人次，网上点击量超过 2 万次；平稳有序开展招生考试制度改革，增扩公办幼儿园小班 33 个，通过政府购买学额，增加民办幼儿园地段招生 323 人；做好五角场镇本市户籍学生按居住地登记入学试点及非本市户籍新生入学工作，做到中考、高考、高中学业考“三大考”零事故。

三、推进素质教育。全面实施学生健康促进工程，制定“十二五”时期《关于推进“学生健康促进工程”实施意见》和《全面推进“医生进校园”行动方案》，成立“区学生体质健康监测中心”和“杨浦区未成年人心理健康辅导中心”；全面实施“阳光体育”活动，组织万名初一学生参加“学会游泳”活动，举办“2011 年全区中小学生运动会”，认定 38 所学校为区级体育传统学校和体育特色学校，昆明学校被教育部和国家体育总局命名为“全国体育传统学校”(全市有 5 所)。切实加强学校卫生工作，有 20 所学校的食堂被评为 A 级，中小学保健教师培训率达到 100%，全区 176 所中小学、幼儿园实现“一校一医”；深入开展科技教育，开展科技模型节、“六一”动漫节、节能嘉年华等特色活动，在第 26 届全国以及上海市青少年科技创新大赛和上海市第九届“明日科技之星”评选中获得优秀成绩，区教育局获“优秀组织奖”；在艺术教育中，参加上海市学生音乐节活动，获合唱类一等奖 4 个、二等奖 6 个，获器乐类民乐项目一等奖 4 个；举办区第 25 届学生艺术节活动，学校参与率达 100%。参加 2011 年“至高荣誉”维也纳国际青少年音乐节活动。

四、优化教师队伍结构。以“三名”建设为抓手，抓好教育高端人才的培养工作。成立唐盛昌“杨浦名师工作室”；做好第三轮“名教师”、第一期“区名师工作室”、第二期区学科带头人和骨干教师考核验收工作，选拔第三期区学科带头人和骨干教师。举行第二期“市优青培养对象”的评选工作；拓展师资培训渠道。与高校合作举办各类培训班共18个，启动第四期美国加州影子校长和第一期美国加州影子教师培训项目，选送7名校长和2名教师到美国学习，选送15名校长到英国参加2011年素质教育与教学改革培训班研修，有2名校长到新加坡学习考察；推进人事制度改革，建立健全事业单位岗位设置管理制度，妥善完成事业单位岗位设置，完善绩效工资制度，引导和鼓励校际富余人员流动。

五、优质发展各类教育。新组建3个学前教研联盟体，组织7场争创一级园系列专题讲座，翔殷路幼儿园被评为市示范幼儿园，打虎山路幼儿园被评为市一级幼儿园；探索保健员、保育员、营养员“三大员”队伍的培训机制；继续推进“小学教育团”发展进程，建立集团理事长例会制度，制定实施集团学校课程建设方案，完善优秀教师柔性流动机制，健全教育集团的年度考核评估措施；继续推进初中教研联合体建设，制定《初中教研联合体五年行动计划》；特殊教育健康发展，组建“一项一医”的特殊教育指导医生团队，成立“区残疾儿童入学鉴定委员会”，修订特殊教育三年行动计划，加强“3＋12”资源教室建设；启动“高中创新驱动特色发展试验项目方案”，有11所学校申报了特色发展项目，在5所高中开展实验室课程的探究；举办以“质量——教育培训机构发展的生存力”为主题的“第二届杨浦教育培训论坛”，引导140所民非院校可持续发展。

六、提升教育国际化水平。挂牌成立“杨浦教育国际交流服务中心”，召开杨浦教育国际交流研讨会；在部分义务教育阶段学校开展“国际理解课程”试点工作，先行在上音实验、复旦科技园小学、打一小学、民办阳浦小学开展试验；在部分高中开设拓展型国际课程。

七、加强平安校园建设。做好中小学、幼儿园保安配备、资质审核和日常培训管理工作，先后组织校(园)长培训168人次，组织安全员培训174人次，完善学校护导、校园保安与公安民警“三位一体”的护校模式。开展学校防灾减灾教育展示活动；完成第二批9所校安工程加固学校，加固建设第三批6所校安工程项目。启动新江湾城C6地块共建配套的幼儿园建设项目，加快推进少年宫和市东教育小区建设工程。完成28所学校的大房修、28所学校的运动场地维修、17所学校的技防安装和18所学校食堂设备更新工程。

（言究释）

［幼儿园自制玩教具获奖］ 1月10日，在全国第二届幼儿园优秀自制玩教具评选中，五角场幼稚园、佳木斯路幼儿园获一等奖，明园村幼儿园获三等奖，杨浦区教育局获上海市第二届幼儿园优秀自制玩教具评选团体奖。

（薛千柯）

［举办中英合作项目成果展示］ 3月7日，昆明学校举行中英合作项目“社区点亮生活——三个盒子的故事”成果展示。“社区点亮生活”是英国大使馆文化教育处倡导展开的主题课程共建项目，该项目立题的基点是“生活即教育，社区即课堂。”昆明学校与英国 Eckington 学校合作，在英国领事馆指派的禾邻社艺术家的辅导下，选取“社区的变迁”为研究对象，以“社区生活和故事”为研究切入点，以三个盒子的形式来布展，展现社区的“过去”、“现在”和“未来”。

（言究释）

［在市创新大赛上获奖］ 3月10日，在上海市第24届头脑奥林匹克创新大赛中，上理工附中参赛队在古典类和表演类赛题中夺得2项第一名，上理工初级中学在古典类赛题中获得1项第二名，杨浦少科站指导教师杨阳获得2008—2010年度贡献奖；3月26—27日，在第26届上海市青少年科技创新大赛中，杨浦区获创新成果一等奖23项、二等奖39项、三等奖65项，获奖项目居全市之首。

（邵柯瞻）

［澳大利亚教育代表团来访］ 3月12日，澳大利亚维多利亚州教育代表团一行36人到杨浦区参观访问。本次活动由亚洲教育基金会组织，参观访问铁岭中学、上海理工大学附属小学及曙海进修学校等三所学校，与学校的领导、教师进行了业务交流。

（言究释）

［开展江浙沪小学网络教研活动］ 3月20—21日，六一小学作为首批“长三角”网络教育联盟30所“种子学校”，与温州实验小学、南京拉萨路小学开

展了首次"三校联盟"网络教研活动。在交流研讨中,三所学校的教师风采、课堂教学特色给彼此留下了深刻的印象。

(易教柯)

[香港小班化教育代表团来访] 4月18—20日,香港小班化教育代表团一行13人到访,共同研习数学课程"促进实践社群以优化小班环境下的学与教"。香港8位教师与二师附小、打一小学8位教师结对,驻校体验,深入数学课堂,观摩研讨小班化环境下的数学教学,交流小班教学实践经验,观摩学校课程与教研组建设。

(易教柯)

[在"中华号角—上海之春"国际音乐节获奖] 4月30日—5月1日,举行了由中国管乐协会、上海市人民政府主办,杨浦区政府承办的"中华号角—上海之春"国际音乐节和中国第五届非职业管乐团队比赛。在比赛中,控江中学行进管乐队获中学组金奖,六一聪聪管乐团获小学组金奖,控二小学爱乐管乐团获小学组银奖。

(邵南宫)

[在首届上海"校外教育"论文评选中获奖] 5月8日,由上海市中小学幼儿教师奖励基金会、上海市校外教育协会、上海市社会科学院青少年研究院共同主办"上海市校外教育"论文评选活动。杨浦区少科站获一等奖2篇、二等奖5篇、三等奖2篇,获奖数居全市之首。

(橘　办)

[高中生参与院士团队课题探究] 5月,上海院士风采馆、青少年研究院沪东分院共同策划开展了"杨浦区优秀高中生进入院士团队和高校开展课题探究活动"。有28名高中学生进入院士团队,获取了由3个院士团队和6个高校院系的教授组成的带教专家导师团的指导。在青少年研究院沪东分院和上海院士风采馆还分别挂牌成立"杨浦区优秀高中生创新人才培养基地"。

(言究释)

[获第五届维也纳青少年国际音乐节"杰出表演奖"] 7月5日,在第五届维也纳青少年国际音乐节上,区少年宫民乐团演奏《喜洋洋》、《花好月圆》、《友谊地久天长》和《达勃河随想曲》等乐曲,获得了最高荣誉奖项维也纳青少年国际音乐节"杰出表演奖"。

(邵南宫)

[获全国"十一五"教育科研先进集体称号] 8月1日,在教育部中国教师发展基金会主办的全国"十一五"教育科研表彰大会上,同济初级中学获教育科研先进集体荣誉称号,科研课题《基于构建初中有效课堂的"阳光评价"应用研究》获优秀成果二等奖。

(言究释)

[在第26届全国青少年科技创新大赛上获奖] 8月7日,在第26届全国青少年科技创新大赛中,交大附中学生曹家骏、吴依凡的创新项目"环形电磁推进—无轴转动"获一等奖(上海共获4个一等奖),另获二等奖2个、三等奖4个。

(邵柯瞻)

[斯里兰卡教育部长来访] 10月13日下午,斯里兰卡教育部部长率斯里兰卡教育代表团一行到打虎山路第一小学访问,了解上海义务教育阶段学校发展情况,尤其是学生在艺术体育等方面的学习情况。

(傅无柯)

[成立两个高中教育联盟] 10月18日和11月4日,区教育局分别与复旦附中和交大附中举行共建教育联盟签约揭牌仪式。复旦大学、上海交通大学、杨浦区负责人出席签约仪式。"复旦附中教育联盟"由复旦实验中学、民星中学和复旦附中3所学校组成;"交大附中教育联盟"由中原中学、少云中学和交大附中3所学校组成。两个教育联盟在教学管理、师资培训等方面开展合作交流,重点建设1—2门学科。区教育局在区域招生、干部培养、教师培训、人才引进等方面提供必要的政策倾斜和经费保障。

(言究释)

[举行性别教育课程展示活动] 11月26日,上海理工大学附属小学举行性别教育课程展示活动。本次活动向社会展示了性别教育课程教学成果,表明"性别教育"是爱的教育、完善人格教育、生命教育的重要形式,旨在让每个孩子都健康快乐成长。

(言究释)

［获第二届全国教育改革创新优秀奖］ 11月15日，在第二届全国教育改革创新奖颁奖典礼上，区教育局的“中小学与高校联动机制”项目获创新成果优秀奖。

（言究释）

［举办第二届上海市青少年科技创意设计大赛］ 12月24日，上海市科普教育发展基金会、上海市科技艺术教育中心和区教育局联合举办第二届“赛复创智杯”上海市青少年科技创意设计大赛。全市17个区县送评的创意作品1004件，涵盖自然科学、模型物理、计算机等多个领域。复旦附中的《裸眼观看三维立体电视技术》、杨浦高级中学的《红外3D操控屏》、复旦二附中的《停车场车位显示系统》3项创意设计获特等奖（大赛仅设特等奖5项）。

（邵柯瞻）

附：区教育局驻地及负责人

（2011年1—12月）

地址：长岭路91号
邮编：200093
电话：65017733

区委分管副书记：魏伟明
区府分管副区长：吴乾渝

教育局党委书记：王醇晨（11月离任）、顾登妹（11月到任）
副书记：王　芳

教育局局长：邵志勇
副局长：张文华、陈爱平、干星龙（11月离任）、方颖（11月到任）

浦东新区

［2011年概况］ 全区现有各级各类基础教育阶段学校571所，其中中学149所，小学165所，幼儿园246所，特殊教育学校3所，工读学校1所，职业中学7所。按办学体制来分，公办学校429所，民办学校142所。另有青少年活动中心和实习学校两个校外教育单位，教育学院1所，以及教育署、招生办等15个其他教育单位。基础教育占地面积954.89万平方米，建筑面积567.71万平方米。基础教育阶段学生总数43.23万人，其中中学14.23万人，小学17.63万人，幼儿园9.47万人，特殊教育学校769人，工读学校426人，职业中学1.77万人。全区教职工3.50万人，专任教师2.83万人。基础教育规模占全市五分之一。全区共有148所(其中：幼儿园43所、小学36所、中学57所、国际学校12所)学校招收外籍学生13330人(其中：幼儿641人、小学生441人、中学生3421人、国际学校学生8827人)。全区现有区实验性示范性高中17所，市实验性示范性高中8所，市示范幼儿园7所，国家级重点职校4所，特殊教育学校、幼儿园4所；上海电大分校2所，社区学院1所，街镇社区学校38所，村(居)委教学点1080个。

全区参加中考考生18420人、全区高考考生11921人。年内小学阶段招生42949人，初中阶段招生30346人。

一、继续加大教育经费投入。教育经费支出63.01亿元，包括区级支出62.41亿元，镇级支出5991.33万元。2011年，预算内教育经费拨款54.35亿元(含镇业教)，比上年增长14.13%，高于财政经常性收入增长1.33个百分点。教育经费安排继续向义务教育倾斜，义务教育中的初中、小学财政性生均教育事业费支出同比分别增长11.39%和10.99%。全区公办学校教职工年平均收入比上年增长3.81%。全年教育建设项目资金投入7.75亿元，涉及项目40项(“校安工程”捆绑计算为1项)。建设项目资金中，基建财力投入5.2亿元、教育专项经费对“校安工程”投入1.55亿元、其他建设配套费用投入1亿元。

二、继续实行义务教育阶段学生书簿费全免政策。高中生均公用经费定额标准从1000元提高到1800元；幼儿园生均公用经费定额标准从1000元提高到1300元；义务教育中的初中生均公用经费定额标准从1800元提高到2200元；小学生均公用经费定额标准从1600元提高到2000元；工读学校生均公用经费定额标准从4000元提高到4400元；特殊教育生均公用经费定额标准从5000元提高到5500元。

三、加强师资队伍建设。对2300余名名师工作室和基地主持人、学科带头人、骨干教师等进行考核。2011年有14名教师被评为市特级教师。选派20名中学语文教师赴台培训，选派3批50名校长赴国外研修。60名校长参加市名校长基地学习，23名校长参加市“优青校长”项目，52名校长分别参加新区9个名校长基地学习。启动“优青”项目，全区124名优秀青年校长和教师列为培养对象，并配备了导师，开展带教培养工作。

四、扩大优质教育资源供给。通过“合作办学”、“委托管理”、引进示范学校到浦东办校等模式，增加区内优质教育资源总量。通过“公民办结对”、“办学联合体”和“局镇合作”等形式，实现教育资源、教学经验和管理理念的交流和共享。全力推进建平中学、川沙中学和东昌中学等一批中小学、幼儿园的新建、迁建、改扩建，确保校舍按期交付。在教育署区域内，以“学科联合体”实现资源捆绑共享，以“名师带教”促进经验交流与传授。制定优惠政策，鼓励教师到薄弱学校就业或支教，推进教师区域柔性流动。加大对郊区中小学的专项资金投入，升级改造校园网、更新设备设施，缩小城乡教育信息化差距。加大对人力资源的投入，设立3000万元“优秀高中教育人才”专项基金，专门用于提高教师的培训、教科研等活动。

五、进一步优化教育资源布局。采取资源整合、园舍改扩建、增加班额和收回园舍等措施，完善学前教育资源布局。从合理布局、设立基金、巩固完善、引进资源、示范辐射、重振名校等六方面，全力促进高中教育优质均衡发展。

六、继续加大支教力度。2011年共选派19名优秀干部、骨干教师开展支教工作。接受16名新疆少数民族“双语”骨干教师来新区挂职培训。安排4

名新疆中小学校长到两所学校挂职工作。接受两批共40名新疆喀什地区骨干教师为期两个半月的学习。接受16名校长、教师在4所结对学校进行交流学习。派出5支讲师团17名特级校长、教师，赴云南、新疆和海南开展教学业务指导。南汇中学和川沙中学继续招收新疆地区高中学生，全区现有675名回族、满族、维吾尔族等11个少数民族的学生。

（忻　渠）

［设立教育均衡专项经费］ 2011年，新区教育局决定设立"教育均衡专项经费"，每年将分别下拨给高中、义务教育学校和幼儿园"办学联合体"和"结对学校"。新区教育局还决定，把结对情况作为校长年度考核和义务教育学校办学绩效考核的内容，在学校评优以及学科带头人、骨干教师评选中，对参与"办学联合体"的学校予以倾斜。合作办学确有成效的学校还将获得奖励。

（忻　渠）

［五项举措促进教师内涵发展］ ①开展"为人、为师、为学"师德建设主题活动，完善《师德修养》网上学习机制，提升教师师德水平与育德能力。宣传优秀教师的师德先进事迹及其先进的教学理念和科学的教学方法，规范教育行为。②2010年至2011年，全区共立项实施139项内涵发展项目，投入资金3321万元，帮助教师参与教育研究与实践，有效解决教育改革与发展中的瓶颈问题。③按照"主题培训—下校听课—指导评价—交流反馈—再次培训"等环节，开展教研活动。2011年组织各学科区级层面听课评课152次、备课研讨114次、专题讨论320次。④组织开展演讲比赛、征文比赛、经典阅读、文化考察等活动，搭建教师综合能力提升的多元化平台。并通过集中研修、分散指导、公开示范、撰写论文和自我发展等环节，帮助教师成长。⑤加强与国内外师范院校和专业培训组织的合作。2011年选派110名校(园)长、教师前往国外或境外开展4—12周的短期培训。

（忻　渠）

［举办第九届"明日科技之星"评选活动］ 1月26日，新区教育局、新区科学技术协会主办，青少年活动中心承办的浦东新区第九届"明日科技之星"评选活动举行。17所学校的50余名学生参加。共评出25名浦东新区"明日科技之星"和26名"科技希望之星"，并选拔出优秀学生参加上海市的"明日科技之星"评选活动。

（忻　渠）

［评估验收中小学民防知识教育特色学校］ 3月，新区教育局、区民防办联合开展"浦东新区中小学民防知识教育特色学校"的创评工作。新城小学等15所学校被命名为"浦东新区中小学民防知识教育特色学校"。

（忻　渠）

新区青少年心理健康教育发展中心揭牌

［"新区青少年心理健康教育中心"揭牌］ 4月2日，新区青少年心理健康教育中心、浦东新区未成年人心理健康辅导站举行揭牌仪式。同时启动青少年心理健康教育三年行动计划，提出未来三年新区学校心理健康教育目标：实现100%的中小学校达到区级合格标准，其中15%的学校成为区

级心理健康教育示范校。所有学校建立心理辅导室，实现100%的心理辅导室达标。重点推进六大项目：①构建“区、署、校”三位一体的心理健康教育服务网络。②加强学校心理健康教育工作队伍建设。③形成一批优质的心理健康教育课程。④开展学校心理健康教育特色活动。⑤构建学校心理危机干预体系。⑥加强心理健康教育经验、研究成果的宣传与推广。

（忻　渠）

［举办第七届学生艺术节］ 4月18日至21日，新区开展以“飞扬的歌声，美好的生活”为主题的第七届学生艺术节，共有178所学校的11634名学生参加。经过展演选拔，有29个节目代表新区参加上海市学生音乐节合唱、器乐类展演，10个作品参加上海市校园新作评选。

（忻　渠）

［新区成人教育协会换届］ 6月15日，浦东新区成人教育协会召开会议，审议通过浦东新区成人教育协会第四届理事会工作报告、财务报告和修改后的协会章程，选举产生第五届浦东新区成人教育协会理事会人选，并由新的理事会推选出新一届协会会长、副会长、秘书长和副秘书长。

（忻　渠）

［上海市老年大学浦东分校开学］ 9月5日，上海市老年大学浦东分校正式开学。首期开设9大类20多门课程，学员1500多人。

（忻　渠）

［开展学生法制教育竞赛活动］ 9—10月份，由新区教育局、区司法局、区法宣办主办，教育发展研究院承办的2011年浦东新区中学生法律知识竞赛暨2011年上海市“新沪杯”中学生法律知识竞赛浦东新区选拔赛举行。东昌南校、浦东外国语学校代表新区在市级决赛中分获初中组二、三等奖。华师大二附中、南汇中学分获高中组二、三等奖。

（忻　渠）

［召开学生健康促进大会］ 11月10日，全区各中小学400多名学校领导参加学生健康促进大会。会议提出，必须把学生健康促进工作放在未来发展的战略地位，并重点抓好三方面工作：一是落实“学生每天一小时校园体育活动”的规定；二是认真落实卫生与防病防控工作；三是加强学生心理健康工作。

（忻　渠）

［举行第五届浦东教学展示周］ 11月14日起，举行了第五届浦东教学展示周。本届教学展示周的主题是“多元开放，合作共生”。通过展示活动形成以下共识：要建立以校长为核心的专业团队，积极探索新型教研方式，提高学校的课程领导力水平；要规范教研组建设，总结先进的经验和做法，进一步探索教研组有效教研的路径；要切实提高教研机构和教研员对课程实施的专业指导能力，提升新区名师基地建设水平。

（忻　渠）

［特教学校课题成果获全国一等奖］ 新区特殊教育学校《浦东新区脑瘫学生康复与教育的实证研究》课题成果获第四届全国教育科学研究优秀成果一等奖。学校还被评为“全国十一五教育科研先进集体”。

（忻　渠）

［特奥运动创佳绩］ 新区辅读学校在希腊特奥运动会上，6名体操运动员代表中国参加男子全能、女子全能以及单杠、双杠、圈操、绳操等体操比赛，共获金牌25枚、银牌6枚和铜牌2枚。浦东新区致立学校在上海市特奥运动会中，获得滚球和健美操比赛团体金牌。

（忻　渠）

［为残疾学生送教上门］ 2011年度送教学生数141名，送教上门教师及志愿者60余名。教育部门为每个学生配发了系列教学具，特教康复指导中心为教师和志愿者设计了教程参考，新区残联出资组织了送教学生户外亲子活动。

（忻　渠）

［课题获教育部批准］ 2011年，东辉职校申报的《国家中等职业教育改革发展示范校的建设计划项目建设任务书》（简称《建设计划》）和《国家中等职业教育改革发展示范校建设计划项目建设实施方案》（简称《建设方案》）获教育部批准。学校按照《建设计划》、《建设方案》的要求，全力推进各项工作。

（忻　渠）

[优化中职校专业布局与结构] 根据《2011年浦东新区中等职业教育市重点建设专业三年行动计划评审方案》，新区教育局邀请政府部门、行业、企业、高校及研究机构的领导和专家对12个市重点建设专业三年行动计划进行评审，推进中职校教育教学改革，要求各学校形成各自的办学特色、专业的品牌和名牌。

（忻 渠）

[探索职业学校中高职衔接] 在东辉、振华、群星职校分别与上海第二工业大学、上海电影艺术职业学院进行职业教育的中高职衔接的基础上，引导有条件的中高等职业院校，从专业、课程、师资、学分、招生等方面入手，为职业教育中高职衔接作进一步的探索。上海电视大学浦东分校与航空服务学校、上海电视大学南汇分校与临港科技学校分别签订了《浦东新区中职与电大合作办学框架协议》，为新区探索中高职衔接创设条件。

（忻 渠）

[在中职技能大赛中获奖] 在上海市“星光计划”第四届中等职业学校职业技能大赛中，浦东职教集团所属14所中等职业学校的732名同学共参加42项比赛，共获得团体奖项14个、个人奖项216个，东辉职校、振华职校获优秀组织奖。在2011年全国职业院校学生职业技能比赛中，新区的中职校学生代表上海市参赛，取得4金、1银、2铜和1个优秀奖的好成绩。

（忻 渠）

[老年教育事业有新发展] 在获得2010年度上海市老年教育工作先进区县的基础上，2011年，继续贯彻落实《全面推进本市老年教育工作的若干意见》精神，新区内132个学习点成为上海市老年人标准化学习点，120个团队获上海市老年人学习团队称号，并率先在全市开展养教结合工作试点。

（忻 渠）

[开展第七届全民终身学习周活动] 2011年，“学习活动周”围绕“永远跟党走——人人终身学习，创建学习型城市”；围绕“为了每一个市民的终身学习和发展”的主题开展活动。共有84项活动入选全市活动项目表，各街镇、各单位举办的“学习周”各项活动有1200多项，约56万名市民参与“学习周”活动。在全市终身学习活动周期间所举办的12项市级系列竞赛中，浦东新区各参赛队取得了8个一等奖。

（忻 渠）

[建立街道社区学校规范化建设考评制度] 2011年，浦东在全市率先建立街道社区学校规范化建设考评制度，制订《街道社区学校规范化建设工作评价考核指标》，对街道社区学校在学校建制、管理机制、经费投入、人员配置、师资队伍、校舍设施、业务功能等方面提出明确要求，并通过评审试点，促进社区学校工作，满足居民的学习需求。

（忻 渠）

附：新区教育局驻地及负责人

（2011年1—12月）

地址：浦东大道141号5号楼
邮编：200120
电话：58876321

新区区委联系副书记：赵卫星
新区政府分管副区长：张恩迪

新区教育党工委书记兼局长：曹锡康（11月离任）
副书记：王晓科（11月主持工作）

新区教育局副局长：王晓科（11月主持工作）、倪 明、周奇伟、郁时炼、王 浩（2月到任）、丁光宏（3月到任）

闵行区

［**2011年概况**］ 共有各级各类学校教育机构302所，教师14813名，学生180973名。其中，公办中小学99所，民办中小学29所（含以招收进城务工人员随迁子女为主的民办小学16所），公办幼儿园59所，集体办幼儿园2所，民办幼儿园87所，全日制中等职业学校3所，成教中心2所，社区学校13所，直属单位8家。社会力量举办的非学历教育机构94所，国际学校10所。区内有2所上海市实验性示范性高中，2所市示范性幼儿园。年内，新开办4所义务教育阶段学校，新开办公、民办幼儿园7所。全区有特殊教育学校3所，其中听障学校1所，智障学校1所，以及民办启英幼儿园康复部，在校学生333名。有2所普通学校开设3个特教辅读班，学生18名。有59所普通学校接纳轻度残障、特殊少年儿童随班就读，共223人。

学前教育加快发展。以优质幼儿园创建为抓手，确立区域内形成市示范性幼儿园、区示范性幼儿园、一级幼儿园的优质办学格局。2011年新增5所一级幼儿园和11所二级一类幼儿园。加强对民办三级幼儿园和看护点的管理，制定《关于进一步规范闵行区非上海户籍人士子女申请就读公办幼儿园的实施办法》，保障进城务工人员同住子女入园需求。在龙茗路幼儿园、浦江之星幼儿园筹建学前教育特殊儿童教学点，积极推进融合教育，基本满足各类特殊儿童的入园需求。

推进义务教育优质均衡发展。加强优质教育资源的对口支援，区域内8所学校开展校际合作结对项目。引进黄浦区尚文中学、市八初级中学，分别对浦江一中、罗阳中学进行管理指导与帮助。推进“提升课程领导力”、“提高教学有效性”等项目的实施工作，帮助基层学校解决实际困难。在公、民办学校结对帮扶中，下拨经费120万元，选派公办学校41位骨干教师定期到16所进城务工人员随迁子女学校进行各学科专业指导。在16所进城务工人员随迁子女学校中开展“加强课程管理、提高教学有效性”的系列研讨活动，落实教学“五环节”，提高办学质量。

培育高中办学特色。梳理制约高中学校规范办学、内涵发展、创建特色等方面的瓶颈与薄弱点，推动高中多样办学、特色发展。对全区不是市实验性示范性高中的所有高中进行创建区实验性示范性高中调研评估，推进第二轮区实验性示范性高中的创建和评审工作。继续在区内部分高中试行国际理解教育，引进国际课程，开展创新型人才培养的试点工作。

深化职业教育内涵建设。强化骨干专业和特色专业建设，大力发展面向先进制造业和现代服务业的专业，形成服装、学前教育和汽修三大市级重点建设专业，建设物业管理开放、建筑装饰综合和国际商务综合三大实训基地。加强闵行职业教育联盟（集团）平台建设，完善联盟管理和运行机制。群益职校成为第二批国家中等职业教育改革发展示范校建设计划项目学校，同时获得国家项目支持资金980万元。

完善继续教育体系。依托区社区教育三级网络，探索社区教育长效机制。落实分类指导，推进街道社区学校和乡镇成人学校标准化、信息化建设。加强社区教育师资队伍培训，全面提升社区教育课程建设水平。开发和培育居民休闲娱乐、文化教育、技能培训等项目，开展农村劳动力转移培训、创业培训、外来务工人员培训等各类继续教育培训活动，发挥社区学校的公益性教育培训功能。

改善特殊教育办学条件。制定《闵行区特殊教育设点布局改进方案》，优化设点布局，保障相对就近入学，建立医教结合教育模式。制定《闵行区开展特殊教育医教结合工作方案》，确定3个特教“医教结合”试点项目，完善特殊教育服务体系，满足全区特殊儿童的康复和教育需求。开展医教结合的特殊教育康复研究，探索驻校顾问医生制度等医教结合模式，形成教育、医学相互结合，各部门分工合作的医教结合特殊教育运行机制。

2011年内，闵行区教育系统获多项荣誉称号。区教育工会被全国总工会授予“全国模范职工之家”称号。闵行区教育局被教育部批准为“全国教育电子政务试点工程单位”。浦江一小被教育部授予“全国中小学百佳校园网站”称号，七宝中学、莘松中学被评为“全国中小学优秀校园网站”，6名教师被评为“全国中小学网站建设先进工作者”。

（许　凌）

［编制《闵行区“十二五”教育改革和发展规划》］ 编制完成《闵行区“十二五”教育改革和发展规划》，明确“十二五”时期闵行教育发展总体目标为：各级各类教育优质、均衡、协调、可持续发展，基本实现教育现代化，基本建成学习型城区，教育总体发展水平位于全市先进行列。具体目标为：政府教育公共服务体系完善，财政性教育经费占全区财政总支出的比例达到16％。教育资源配置均衡，教育结构、布局合理，基本满足各类教育发展的实际需求。0—3岁婴幼儿家长每年免费接受6次以上的科学育儿指导；保障3—6周岁常住人口中适龄儿童的学前教育及看护全覆盖；适龄少年儿童接受义务教育毛入学率达到99.9％；残疾儿童义务教育阶段入学率达到98％；高中阶段教育毛入学率达到98％；教育国际化水平进一步提升；面向全体居民的终身教育体系形成，社区教育网络覆盖率达到98％以上。根据闵行教育发展的目标和任务，以项目化形式推进教育综合改革，“十二五”期间实施10项改革和发展重点项目，努力在三个方面实现突破：加强基础建设，保障教育公平；推进内涵建设，提升教育质量；培育教育特色，增强教育活力。

（许　凌）

［开展“智慧传递”活动］ 10月，区教育局开展“智慧传递”活动，鼓励每个教育工作者发现、提升、传播教育智慧，激发教育教学活力。通过区级、校级两个层面的展示研讨活动，追求教育智慧的“凝聚、传送、辐射、共享”。“智慧传递”聚焦“提升课程领导力”、“提高教学有效性”两大教育核心问题，举办梅陇中学、基地附中、平南小学、吴泾一幼等区级展示研讨活动，借助“课程与教学视频点播网”、“闵教课程与教学研究网”、“闵行教育移动微博”等网络平台，实现现场活动与网络平台的交流共享。

（何曙光）

［实施国家教育体制改革试点项目］ 3月28日，区教育局召开区学前教育工作会议，启动实施学前教育国家教育体制改革试点项目。制定《国家教育体制改革试点项目〈强化政府公共服务职能，提升学前教育公共服务质量〉整体实施方案》、《闵行区学前教育三年行动计划（2011—2013年）》，提出要强化政府学前教育公共服务职能、创新服务机制、提升学前教育公共服务质量。

（陈　妍）

［资助低保家庭适龄儿童接受学前教育］ 区教育局、区民政局、区财政局联合制定《关于对闵行区低保家庭适龄儿童接受学前教育进行资助的实施办法》，从3月1日起，对在公办幼儿园或政府购买学位的公建配套民办幼儿园就读的、具有本区户籍的城乡低保家庭的3—6岁适龄儿童给予管理费和伙食费的减免补助。管理费按公办幼儿园的管理费收费标准全额资助，享受小区生补贴政策的公建配套民办幼儿园按小区生管理费收费标准全额资助。伙食费按照幼儿实际在园天数，给予每生每天6元的资助。全区共有381名低保家庭适龄儿童申请上半年资助，计47.5万元。

（陈　妍）

［加强民办三级幼儿园及看护点的管理］ 2011年，闵行区颁布《关于进一步加强学前儿童看护点安全防范工作的方案》等文件，对民办三级幼儿园和看护点的审核要求、申办流程、所需材料、专项检查表做详细规定。成立“闵行区加强学前儿童看护点管理工作领导小组”，在区教育局设管理办公室；在各街镇成立领导小组和管理办公室，配备托幼辅导员，负责日常的管理、检查与指导工作。

（陈　妍）

［多名教师获特级教师及其他荣誉称号］ 2011年，闵行区有6名教师获上海市特级教师称号，2名教师被列入闵行区领军人才培养计划，10名校长和62名教师被列入上海市“双名工程”。在第27届教师节，七宝中学杨敏毅获“上海市教书育人楷模”荣誉称号，闵行区教师进修学院张家素获“上海市教书育人楷模”提名奖。在闵行区教育局党委开展师德标兵评选活动中，单云德、郭芳、邵益民、马骏、张列军、陆建芳、汤燕、李沈君、徐玲静、金岚等10位教师获“十佳师德标兵”。

（汪　炜　许　凌）

［入选市“新优质学校”］ 11月，上海市推出首批25所“新优质学校”，闵行区平南小学、基地附中入选。平南小学从课程与教学整体改革入手，以英语学科的“分层走班”为突破口，探索出一条具有平

南特色的新型优质之路。基地附中通过制度重建、凝聚力工程等路径,开展学科教学研究,提高教师的专业素质和师德修养等策略,实现从"薄弱学校"向稳定学校的成功转型。

(彭美华)

[完成中小学校安工程三年行动计划] 自2009年开始,闵行区将校安工程列为区府实事工程。至2011年底,3年累计完成校舍加固学校73所,总加固建筑面积约50万平方米。其中直管学校48所,总加固建筑面积约35.47万平方米;镇管学校25所,总加固建筑面积约14.43万平方米。

(徐伯英)

[教育经费总投入增长] 2011年,全区经常性财政收入为1463334万元,比上年增长7.35%。全年教育经费财政拨款237342.71万元,比上年增长17.07%。教育经费财政拨款增长比例高于财政性经常收入增长比例。年生均教育事业费:高中28015.26元/生,比上年增长10.37%;初中23208.94元/生,比上年减少1.07%;小学15611.72元/生,比上年增长4.37%;幼儿园15800.60元/生,比上年增长8.99%;特殊教育65395.62元/生,比上年增长9.11%;职校11995.29元/生,比上年减少19.72%;中专12047.76元/生,比上年增长15.73%。年生均公用经费:高中6546.91元/生,比上年增加28.67%;初中7371.93元/生,比上年增长19.67%;小学4652.46元/生,比上年增长21.07%;幼儿园6427.36元/生,比上年增长34.09%;特殊教育16663.34元/生,比上年增长19.97%;职校4889.74元/生,比上年减少5.18%;中专4801.59元/生,比上年增长12.54%。

全年教职工年人均总收入94830.69元,比上年增加1624.94元,增长1.74%。

合计全年教育总投入336751.58万元,比上年增长25.47%。

(陆　萍)

区班主任工作室启动、授牌

[设立区班主任工作室] 11月4日,"班主任专业成长名师论坛暨闵行区班主任工作室启动仪式"在闵行中学举行。来自华坪小学、实验小学、明强小学、文来中学和闵行中学的5位班主任经评选成为工作室成员,接受"闵行区班主任工作室"铭牌。

(吴国斓)

[建立"小学育人环境建设与管理研究实训基地"] 6月,闵行区"小学育人环境建设与管理研究实训基地"揭牌。这是上海市首个"小学育人环境建设与管理研究实训基地"。教育部中国教师发展基金会和区教育局领导为基地揭牌。

(吴国斓)

[推进"学生学习心理辅导"实事项目] 3月,区教育局成立"闵行区学生学习心理健康教育指导中心"及"李久洋名师工作室",开展心理督导及培训活动。针对3类教师培训共计539人次:国家级心理咨询师培训班56人、心理专兼职教师培训班87人、骨干教研组长和班主任培训班331人以及研训员65人。闵行区心理健康教育与测量研究中心建

立全区45所学校、10335名学生的学习心理电子档案，撰写闵行区学生学习心理现状调研报告，编辑《学生学习心理辅导活动课例集》。制作心理访谈节目《成长零烦恼》，在闵行电视台播出30期，为家长和老师提供学习平台。

（吴国斓）

［创建健康教育特色学校］ 9月，明强小学、七宝外国语小学获评全市首批“上海市健康教育促进学校”。12月，金汇实验学校获评上海市红十字达标学校。

（吴国斓）

［在多项市青少年科技创新比赛中获奖］ 在26届市青少年科技创新大赛的科技创新成果（科学论文和创造发明）、创意机器人、科技实践活动、科技教师创新、科学幻想绘画、科学DV、优秀科技辅导员等几大板块中，闵行区学生获大赛一等奖18项，二等奖36项，三等奖52项，优秀科技辅导员2名。学生项目选送全国赛6项。在上海市第九届青少年“明日科技之星”评选活动中，3名学生获上海市“明日科技之星”称号，1名学生获上海市“明日科技之星”提名奖。5名学生获“科技希望之星”称号。闵行区教育局获上海市“明日科技之星”评选优秀组织奖。

（吴国斓）

［举办“内地新疆中职班”］ 年内，上海市群益职业技术学校招收新疆中职班学生，9月27日开学。首批150名新疆班学生在学前教育、汽车应用与维修、房地产营销与管理3个专业就读，将在群益职校完成3年学业。

（隋　明）

［老年教育有新发展］ 年内，区老年大学开设声乐、舞蹈、戏剧、书法、绘画、电脑、工艺等十多个类别、95个班级，招收学员2145人。13所街镇老年学校办班451个，学员达8643人；居村委学习点集“课程教育、远程教育、社会文化教育”于一体，开设课程班2342个，学员达49306人（次）；老年社会教育组队4751个，学员达106149人；老年远程教育集中收视达27353人次。马桥镇人民政府、虹桥镇老年学校、浦江镇老年学校被评为“上海市老年教育先进集体”；58个居村委学习点被评为“上海市老年教育标准化学习点”；65个社会文化团队被评为“上海市老年人学习团队”。闵行区老年教育工作小组办公室获“上海市第六届老年教育艺术节优秀组织奖”，4人被评为“上海市老年教育先进个人”。

（隋　明）

［教育科研课题立项］ 9月，立项上海市教育科学研究重点项目1项、市级项目1项、规划项目6项。11月，有661项区级课题立项，其中，重点课题51项、一般课题610项。12月，区第十九届教育科研成果奖评选，有1575项成果参评，获奖652项。其中，课题类一等奖20项、二等奖106项、三等奖212项；论文类一等奖12项、二等奖46项、三等奖109项；案例类一等奖10项、二等奖42项、三等奖95项。

（韩金环）

［《上海乡土音乐文化》走进校园］ 闵行区开发《上海乡土音乐文化》课程相关教材已公开出版，8月18日在“2011上海国际书展”举行了新书发布会。作为闵行区“十二五”教育内涵发展的特色项目，教材的适用范围可从小学四、五年级直至高中一、二年级。该教材从采集素材、整理编写到出版发行，历时5年多。全书六个单元的内容设计体现了“教本、学本、读本”三本合一的编写意图，便于教师和不同年龄段学生的选择。根据区教育局“自主选择、合理使用”的意见，闵行区有30多所学校选用该教材作为学校音乐学科的拓展型课程教材。

（傅　军）

［完成航天课程建设］ 2011年，《航天科技》拓展型教材编写完成并公开出版。该教材围绕学生熟悉的生活中的科技现象，着眼于生活中的问题解决设计实践，引导学生形成科学素养。闵行区已有20所学校的三至五年级学生使用该套教材，主要应用于探究型课程和拓展型课程领域。航天科技课程电子教材的建设和教学的数字化工作，已在区域网上发布。

（傅　军）

［高中生搭载方案入选“天宫一号”实验项目］ 3月，中国载人航天工程办公室等单位主办“探梦‘天宫’——青少年科学实验搭载方案”竞赛中，闵行三中高二学生设计完成的《搭载濒临灭绝植物种子的探究》方案，获“天宫一号”目标飞行器的搭载方案奖和高中组科学实验搭载方案一等奖。9月，该方案被正

式确定为搭载实验项目。该校高二学生提交的《“天宫一号”熊猫基因搭载方案设计》,获高中组一等奖。

(郑仲仁)

[开展基于 MOODLE 的数字化课程设计与教学研究] 闵行区建立基于 MOODLE 的课程设计与教学管理平台——魔灯闵行,建设单元课程 504 个;全区 2 万多名师生成为注册用户,日最高访问量达到 3000 多人。建立校级基于 MOODLE 的课程教学平台 34 个,建设课程共计 1344 个,共计 5000 多个课时。这些网络课程成为全区师生共享的数字化课程教学资源,有效提升教师的课程意识力、课程设计力和课程执行力。

(余恩秀)

附:区教育局驻地及负责人

(2011 年 1—12 月)

地址:七莘路 400 号
邮编:201100
电话:64881398　64983660

区委分管常委:赵丹妮
区政府分管副区长:杨德妹

区教育局党委书记:朱雪平
副书记:姚计华

区教育局局长:竺建伟(8 月离任)、王　浩(8 月到任)
副局长:朱　越、李光华、何美龙

嘉 定 区

［2011 年概况］ 全区有小学 24 所；中学 33 所，其中高级中学 7 所，完全中学 2 所，初级中学 14 所，一贯制学校 10 所；辅读学校 1 所，工读学校 1 所，青少年业余体校 1 所，幼儿园(所)65 所。全区 3—6 岁幼儿入园率为 99.8％；小学入学率、巩固率、毕业率均为 100％；初中入学率为 100％，毕结业率为 98.2％；高中阶段录取率为 99.53％；春秋两季普通高校总计录取 1989 人，秋季高考录取率为 96.88％；全区成人教育年培训总量为 104 万人次。公办中小学共吸纳进城务工人员随迁子女 18957 名，14 所民办进城务工人员随迁子女小学共吸纳学生 14938 人，进城务工人员随迁子女 100％接受免费义务教育。

强化师资队伍建设。启动教育人才发展五年行动计划，新增 3 名上海市特级教师，评选新一届区学科带头人、骨干教师 276 名；举办区优秀骨干教师高级研修班和上海市普教系统第二期“优青项目”嘉定培训班，推荐 3 名校长、3 名教师参加“美国加州影子校长、教师”培训；组建第二批 23 个名校长、名师工作室和第一批 18 个项目研究室；制定《嘉定区中小学、幼儿园教师“十二五”培训规划》，全年培训教师 48166 人次；启动区“教师专业化发展达标学校”创建活动，对全区英语教师进行英语专业水平和教学技能测评；坚持高标准引进教育人才，全年共招录应届优秀高校毕业生 295 名，其中博士 1 名、硕士 26 名。

区教育人才工作会议召开

加强师生思想道德建设。推进“做一个有道德的人”实践活动，开展首届中小学生“道德小模范”评选，组织对全区中小学生行为规范常态检查；与民办农民工子女小学德育干部开展“牵手工程”，举行民办农民工子女小学“争四好少年，树文明形象”活动，开展“文明礼仪之星”和“文明礼仪先进中队”评选活动；完成区青少年心理辅导中心基本建设，举办区第四届中小学青春期心理辅导活动课大赛和“阳光心灵，快乐同行”学校心理健康教育论坛；开展区优秀家庭教育指导者评选；开展中小学禁毒教育“八个一”活动；举办德育管理工作者、新上岗班主任、心理健康教育骨干教师培训班；举办区第四届班主任基本功大赛和班主任工作专题论坛，开展区优秀德育工作项目评选，举办社会实践工作研讨会。

优化资源配置，推动教育优质均衡发展。开展“以常住人口配备教育资源”项目调研。新建各类学校 10 所，实施 21 个校安工程项目。交大附中嘉定分校正式招生，民办嘉定新城初级中学更名为民办上海华二初级中学，迎园中学和清水路小学被评定为上海市“新优质学校”。黄渡、安亭、新源 3 所幼儿园通过市一级园复验。开展《加强督导，确保义务教育均衡发展》等4个上海市教育综合改革重点试验项目和重点发展项目研究，完善“资源配置工程”、“改善北部地区教育工程”等12项重大工程的实施方案和操作细则。保障区内3.4万名进城务工人员随迁子女义务教育权利，持续提高公办学校吸纳随迁子女比例，做好在马陆、安亭两镇试点本市户籍学生在居住地享受义务教育工作。启动上海市第三轮5所学校委托管理和首批4所学校的区级委托管理工作。加强高中学校建设，安亭中学初高中分离(分立为安亭高级中学和震川中学)。民办上外实验学校和民办育英中学停止招生，全区形成1所民办高中、2所市实验性示范性高中、3所区实验性示范性高中、4所普通高中的“1234”发展模式。提高特殊教育服务水平，加强特教师资队伍和资源教室建设，深化医教结合研究。

拓展素质教育途径。执行课程计划和课程标准，开展学校课程计划研究，提高校长课程领导力。落实课堂教学质量检查评价，推进“作业备案制”工作，组织参加市中小学学生学业质量绿色指标监测，减轻学生过重学习负担。提出“让每个孩子有幸福感、让每个孩子健康成长、让每个孩子充分体验”的工作目标，召开区研究型(探究型)课程推进大会和初中拓展型课程现场交流会，实施“学生快乐活动日”工作。制定《嘉定区教育科学研究“十二五”规划》，明确教育科研工作总体目标和6项工程。加大教育科研成果推广力度，年内2项教育科研成果获区科学技术进步奖。推进青少年科技创新工程和民族文化培训工程，2人获市“明日科技希望之星”，实施区学生健康促进工程，推进“医教结合”工作，全区学生阳光体育活动参与率达到100%，中小学生体质健康综合评价及格率高于全市平均水平。

强化职业学校内涵建设。举办区第六届职业技能竞赛。大众工业学校在全国职业院校技能大赛中获8枚金牌和1枚银牌，被授予“突出贡献奖”。嘉定职业教育集团组建“校企专业组”，开展“专业项目”建设，推动区域经济发展。

完善终身教育服务体系，推进学习型社会建设。编制实施《嘉定区学习型社会建设“十二五”规划》、《嘉定区数字化学习社区建设三年行动计划》、《嘉定区街镇成人学校能力建设三年行动计划》。全区12个街镇被命名为上海市新一轮社区教育实验街镇，14个项目获批市社区教育实验项目。提供优质终身学习服务，推进“全国数字化学习先进区”创建，丰富“嘉定终身学习网”课程资源。启动实施市社区教育联合教研室工作，牵头编写《科学生活》系列课程，开展社区教育“学分银行”试点。嘉定区成人教育协会被评为全国成人教育协会先进集体。举办区第七届“全民终身学习周”活动，参与学习活动人数超过18万人次。

推进区“行风建设达标学校”创建活动。全区学校向社会作出公开承诺。成立区教育局调解工作中心组，健全教育法律咨询服务中心工作网络。做好2010年度政府履行教育责任情况公示公报。制定完善街镇、委办局履行教育职责考核指标和“十二五”期间各类学校考核指标。落实家长委员会“六项工作制度”，建立健全民办农民工子女小学家委会工作机构和工作机制。

(梁晓峰)

[与进城务工人员随迁子女小学德育结对] 3月10日，区教育局举行公办学校与民办进城务工人员随迁子女小学德育主任牵手结对仪式。德育主任牵手结对按照就近原则，由区教育局为全区进城务工人员随迁子女小学德育主任每人配备1名区公办学校德育主任作为指导教师，指导民办进城务工人员随迁子女小学德育主任开展工作。

(陆咏梅)

[全国科技周嘉定区启动仪式举行] 5月16日，全国科技周嘉定区启动仪式暨第九届嘉定区青少年科技节区域展示活动在南翔镇文广中心举行。在上海市第九届明日科技之星评选活动中，嘉定区有2人获“明日科技希望之星”。还举行了区第四届青少年科学研究院小院士入院仪式、同济大学机械工程学院与区青少年活动中心共建签约仪式。

(许海蓉)

[外冈小学建校100周年] 5月25日，外冈小学举行“冈上百年五彩梦”建校100周年庆典大会。该小学创建于1911年，实施“刚性管理、柔性服务、和谐激励”的办学策略，倡导“为五彩生命奠基”办学理念，校本特色课程为灯彩和茶艺。

(王巍清)

[实施街镇成人学校能力建设三年行动计划] 7月，嘉定区启动实施街镇成人学校能力建设三年行动计划，旨在增强街镇成人学校校长学校管理及社会资源整合利用能力、教师教育教学业务能力、学校开

展成人文化学历教育和职业技能培训能力、学校推进学习型社会建设和数字化学习社区建设能力。

（张剑锋）

［聘任新一轮校（园）长］ 8月4日，区教育局聘任2011—2015学年度基层单位行政负责人。聘任工作坚持"德才兼备、长远考虑、整体布局、好中选优"原则，做到遴选按程序，上岗凭实力。新一轮聘任完成后，嘉定教育系统党政干部队伍实现了人职匹配、结构优化、干部资源配置效应最大化。

（王　琦）

［实施教师"十二五"培训工作］ 8月30日，区教师进修学院举行教师"十二五"培训启动仪式。"十二五"期间，区教师进修学院将根据《嘉定区中长期教育改革和发展规划纲要》精神，围绕区委提出的"社会发展市郊领先"奋斗目标，以优秀教师培养和课程项目建设为重点，通过项目培训引领校本培训，分层递进，按质按需地开展教师培训，首批开设46个项目培训班。

（刘　琴）

［与中福会幼儿园签约］ 9月20日，为推动区域教育均衡发展，举行中国福利会嘉定新城幼儿园签约仪式。中国福利会嘉定新城幼儿园项目位于嘉定新城中心区，占地面积约25亩，建筑面积约1万平方米，计划设置15个班级，满员招收2—6岁幼儿450名，预计2014年9月正式招生。

（曹葆红）

［召开学生健康促进大会］ 9月29日，召开2011年嘉定区学生健康促进大会暨保证学生"每天一小时校园体育活动"工作推进会。会议明确落实学生"每天一小时校园体育活动"，加强业余训练工作，做好体育活动各项配套工作，推进学校体育场地向社会开放等工作。

（许海蓉）

［封浜小学建校100周年］ 10月15日，封浜小学举行建校100周年庆典。封浜小学创建于1911年，以"质量求生存，特色求发展"为办学宗旨，狠抓精细化管理，围绕个性化办学理念，营造学校进取文化氛围，提高办学质量。

（王巍清）

［首期初任校（园）长研修班结业］ 11月15日，区教育局举行"校长与课堂"论坛暨嘉定区教育系统初任校（园）长研修班结业式。该研究班开办于2009年10月，对上岗1—2年的16位校（园）长进行培训，帮助校（园）长学习掌握学校管理实务知识，熟悉校长岗位要求，提高管理素养和校长领导力。

（刘　琴）

［实施"乐童成长计划"］ 11月23日，"乐童成长计划——嘉定区民办农民工子女学校教育与健康国际合作项目"启动仪式在民办娄塘小学举行。该合作项目是上海中华职业教育社借助温暖工程基金会平台与英国救助儿童会合作实施的温暖工程公益项目，旨在促进民办农民工子女学校教学质量，使外来务工人员随迁子女能够接受优质的基础教育与学校健康服务。项目对嘉定区5所民办农民工子女小学的120名教师与学校管理人员进行培训，使5000名进城务工人员随迁子女及1000名家长直接受益。嘉定区民办娄塘小学、少农小学、华武学校、育红小学、六里小学成为首批项目学校。

（郭锦川　金建良）

［被评为全国成教协会先进集体］ 12月20日，区成人教育协会被评为全国成人教育协会先进集体。由区教育局副局长俞勇彪主编的《上海市镇乡成人学校标准化建设的研究》被评为中国成人教育优秀科研成果专著类三等奖，俞勇彪被授予"全国成人教育贡献奖"。区教育局成职教科张剑锋、安亭成校谢武新、南翔成校陈娟被授予全国成人教育优秀奖称号。

（张剑锋）

［展示青少年民族文化培训工程］ 区教育局在4月28日、5月25日、11月18日、12月27日举行区青少年民族文化培训工程基地学校沙龙四场专题展示活动，全面展现民族文化在嘉定的传承和发展。嘉定区以沙龙小组的形式将40家基地学校集结起来，共同推进青少年民族文化培训工程的常态化建设，各基地学校结合德育、体育、美育开展活动，创新活动载体，加强校际联动，促进资源共享，提升学生内在修养，拓展民族文化的内涵。

（李　敏）

［召开教育人才工作会议］ 12月29日，召开区

教育人才工作会议。会议明确:"十二五"时期嘉定教育人才工作,一是要突出教育人才建设的着力点,二是要树立教育人才工作的新观念,三是要营造教育人才健康发展的优良环境。会议还向 2011—2012 学年度嘉定区教育系统名校长名师工作室授牌。

(黄伟杰)

[教育经费总投入增长] 2011 年,全区经常性财政收入为 1257472 万元,比上年增长 17.47%。全年教育经费财政拨款 144186.44 万元,比上年增加 21825.70 万元,增长 17.84%。教育经费财政拨款增长比例高于财政经常收入增长比例。年生均教育事业费高中 32293 元/生,比上年增长 49.84%;初中 23507 元/生,增长 19.68%;小学 15879 元/生,增长 17.50%;幼儿园 17175 元/生,增长 17.60%。特殊教育生均事业费 78750 元/生,比上年增长 7.37%。年生均公用经费高中 14972 元/生,比上年增长 177.01%;初中 8140 元/生,增长 80.05%;小学 4948 元/生,增长 61.17%;幼儿园 5089 元/生,增长 43.35%。全区教职工年人均总收入 96227 元,比上年增加 3871 元,增长 4.19%。全年合计教育经费(全口径)总投入 189063.64 万元,比上年增长 23.86%。

(龚文华)

附:区教育局驻地及负责人

(2011 年 1—12 月)

地址:嘉行公路 601 号
邮编:201808
电话:39902000

区委分管副书记:曹一丁(12 月离任)、刘海涛(12 月到任)
区政府分管副区长:夏以群(11 月离任)、李　原(12 月到任)

区教育局党委书记:姚　伟
副书记:毛长红、朱　灵(8 月离任)、金惠萍(8 月到任)

区教育局局长:毛长红
副局长:张德海、俞勇彪、朱　芳

宝 山 区

［**2011年概况**］ 宝山区共有各级各类教育单位291个，在校(园)学生15.5万人，教职工1.4万人。

一、推进基础教育优质均衡发展。启动新一轮“学前教育三年行动计划”。学前教育生均公用经费拨款标准从512元增加到1020元；新开办5所幼儿园和1所分园；新办10所民办三级幼儿园，缓解外来务工人员子女入园难题。促进城乡教育均衡发展，探索城乡初高中联建的有效模式，启动第三轮郊区农村义务教育学校委托管理工作，与华东师大签约共建“沪太路新农村发展区”项目，与上海师范大学合作举办上师大附属经纬实验学校，选派19名城区优秀教师赴农村学校支教。

二、保障进城务工人员随迁子女义务教育。坚持“两个为主”原则，各镇完善进城务工人员随迁子女招生入学的镇级统筹机制，扩大公办学校接收进城务工人员随迁子女就读比例，保证义务教育阶段进城务工人员随迁子女100%入学。对此类民办小学增加生均补贴经费1000元，使年生均补贴经费达到3500元。启动以招收进城务工人员随迁子女为主的民办小学学生体检、卫生室标准化建设和卫生教师培训。全面开展以招收进城务工人员随迁子女为主的民办小学教师培训，完成300余名教师的通识培训和学科培训。

三、提升特殊教育现代化水平。与华东师范大学合作设立“华东师大宝山特殊教育研究基地”，与华东师大、宝山区残联联合设立“自闭症训练中心”，与金惠医院共同启动脑瘫康复训练。设置9个学前特殊教育班，全区学前特殊教育班点总数达11个，基本实现镇、街道全覆盖。顾村中心校被列为全市唯一一所小学随班就读支持保障体系研究实验学校。

四、教育精细化管理和国家课程校本化。加强学校课程计划指导，举办学校课程领导力论坛，推进学科教学联盟建设，提升学校课程领导力和教师的课堂教学水平。在小学阶段全面推行“快乐活动日”项目，创建专题案例资源库网站——“阳光资源库”，进一步减轻学生负担。加强教育科学研究，组织开展第六届优秀教研组评选，在上海市第十届教育科研成果评比中获2项一等奖、2项二等奖、5项三等奖。

五、推进素质教育。启动“学生健康促进工程”，推进“中小学生课外文体工程”和阳光体育活动，加强五大体育学科联盟建设，落实学生“每天一小时”体育锻炼；完成60所学校标准化卫生(保健)室建设；加强4大创新教育联合体建设，启动“学生创新实践平台建设”工程，推进上大附中成功承办第24届中国头脑奥林匹克创新大赛、上海市第四届青少年创新峰会。举办宝山区“国耀杯”遥控车模积分赛、宝山区学校篮球联盟杯初中学生篮球锦标赛、宝山区中小学生建模比赛和市青少年航模赛；开展“用文化的方式发展有灵魂的教育”的实践研究。

六、发展职业和成人教育。深化“校企合作”，加强物流、制冷、数控3个重点专业建设，细化职业教育“产学一体”试点方案，启动精品课程建设，加强开放性实训中心建设。创建“全国社区教育示范区”，推进大场成校成人职业培训标准化建设，完善40个居村委社区教育学习站点。建设社区教育特色课程，2门课程在上海市社区教育特色课程评选中获一等奖。举办和组织市民参加喜爱的社区教育活动，社区教育培训率达到70%。在上海市全民终身学习活动周各项赛事中获1项一等奖、1项二等奖、3项三等奖，10个街镇被命名为上海市社区教育实验街镇。

七、抓好教育建设项目。会同有关部门，加强大型居住区和保障型住房建设基地配套教育设施规划建设工作，完成上海市政府新增5所幼儿园的实事项目，做好7所新学校(幼儿园)开办工作。继续推进“校舍安全工程”，年内，9所学校抗震加固工程完工。完成顾村青少年创新教育和实践活动中心等21个项目的前期准备工作。

八、加快教育人才队伍建设。坚持开展“爱生月”和“为人为师为学”系列活动，表彰宝山区“十佳师德标兵”。成立宝山区青年人才协会教育分会，设立教育人才工作专项资金，加大教育人才发展政策和资金支持力度。继续推进“名校长、名教师培养工程”，探索“骨干教师导师团”运行机制建设，启动“10名市内有影响、50名区域内有影响的名教师”培养项目，加强名师工作室、干训基地的辐射示范作用，全区22个名师工作室分层带教130余名骨干教师，

9个干训基地带教27名青年干部。先后开设第三期骨干教师高级研修班、校级副职干部培训班、第四期宝山区教育系统中青年后备干部培训班、暑期校园长(书记)大培训。

"园丁一心跟党走"合唱比赛

九、加强行风建设和学校安保工作。把规范教育收费和招生考试作为行风建设的重点,加大信息公开力度,开展"行风建设优秀学校"评议活动和"万家评百校"行风测评活动。大场、顾村、杨行等招生矛盾集中区域的学生入学入园工作稳定有序,提高了人民群众的满意度。健全学校安保工作制度,加强学校安保队伍建设,发动全区学校组织安全知识教育讲座和逃生疏散演练,全面开展学校安全大检查大整治,确保校园安全稳定。

(倪永培)

[在全国车模决赛中获奖] 12月,在第十六届"驾驭未来"全国青少年车辆模型、建筑模型总决赛中,通河中学高一(6)班秦子喻等同学在"太阳能动力车直线竞速赛"中获中学女子组冠军;通河四小五年级赵宇豪获"四驱车拼装竞速赛"小学男子组一等奖,和衷小学在"遥控大脚车三对三"足球比赛中荣获团体一等奖。

(倪永培)

[被授予多项荣誉称号] 6月,在世界海洋日暨全国海洋宣传日上海纪念大会上,吴淞中学被中国极地研究中心授予"中国极地研究中心上海青少年科普基地"称号。2011年8月,该校还被第26届全国科技创新大赛组委会授予全国"十佳科技教育创新学校"。12月,吴淞中学在由中国教育报刊社主办的"首届中国当代特色学校推选活动"中获得"全国百强特色学校"的称号。

(倪永培)

["五五"普法成效显著] "五五"普法期间,宝山教育系统取得较好成绩。行知中学等三所学校被评为上海市依法治校示范校;区教育局被评为2006—2010年上海市法制宣传先进集体、2006—2010年度学法用法示范机关、2006—2010年上海市教育系统法制宣传先进集体;行知实验学校等7所学校被评为上海市教育系统"五五"普法先进学校。

(倪永培)

[实施"学生健康促进工程"] 2011年,区教育局实施"学生健康促进工程":一是承担上海市健康促进工程课题研究,开展宝山区"快乐活动日"资源库建设并创建专题网站;二是进一步推进阳光体育运动的开展,确保学生每天在校锻炼不少于1小时;三是建立常态化的学生体质监测制度和实施体质健康标准监测公告制度;四是完成60所学校卫生(保健)室标准化建设。

(倪永培)

[搭建学生创新实践平台] 2011年,区教育局搭建学生创新实践平台。一是推进宝山区"中小学科教资源工程";二是成立宝山区中小学气象科技教育创新联合体;三是成立宝山区青少年机器人创作中心;四是成立宝山区青少年科学院。

(倪永培)

[召开教学联建体会议] 2月22日,区教育局召开新学期教学联建体工作会议,旨在为实现基础

教育均衡化优质发展，充分发挥区内优质教学资源的示范辐射作用。会议对教学联建体提出，要从教师流动、招生改革等方面，创新教学联建体改革发展的新途径。2010年9月，区教育局组建了4个教学联建体，分别为：行知中学与罗泾中学，吴淞中学与陈伯吹中学，宝山中学与月浦中学，教师进修学院与华师大宝山实验学校。

（倪永培）

［在头脑奥林匹克创新大赛中获奖］ 2月27日，第24届中国上海头脑奥林匹克创新大赛暨第32届世界头脑奥林匹克中国区决赛落下帷幕。宝山区共有36所学校的47个参赛队参加了比赛，在16个比赛项目中，获得7个项目的第一名。

（倪永培）

［与上海市监狱管理局签署合作协议］ 3月4日，区教育局与上海市监狱管理局社区工作教育处签署《教育友好合作协议》。宝山实验学校、宝钢新世纪学校分别与白茅岭农场学校、军天湖农场学校签订对口合作协议，使白茅岭农场、军天湖农场干部、职工的子女接受良好的义务教育。

（倪永培）

［花样跳绳队获全国一等奖］ 6月，宝山区实验学校花样跳绳队代表上海市参加由教育部主办，重庆市承办的2011年全国中小学生花样跳绳比赛。宝山实验学校12名学生参加花样跳绳、跳双飞等4个项目的比赛，获得花样跳绳和双飞2个项目一等奖。

（倪永培）

［区教育学会建会30周年］ 12月6日，宝山区教育学会举行建会30周年庆祝大会。宝山区教育学会的前身为上海市教育学会宝山县分会，成立于1981年10月。1988年，宝山县、吴淞区“撤二建一”后更名为上海市宝山区教育学会。学会坚持“服务宝山教育，服务广大会员和师生”的宗旨，积极发挥桥梁、纽带、参谋、咨询服务作用，为宝山教育的改革和发展作出了贡献。

（倪永培）

［区学生联合会召开第七次代表大会］ 12月17日，以“涌动青春活力，尽展学子风采”为主题的区学生联合会第七次代表大会召开。大会回顾总结了区学联过去三年的工作，确定和部署未来三年的工作目标和任务，选举第七届学联委员会。区委、区政府等分管领导出席会议。

（倪永培）

［陈伯吹浮雕揭牌］ 9月5日，陈伯吹中学举行陈伯吹浮雕揭牌仪式。陈伯吹是我国著名的儿童文学作家，出生在宝山区罗店镇。

（倪永培）

［陶行知诞辰120周年纪念邮票发行］ 2011年是陶行知诞辰120周年，上海市陶研会与市邮政公司联合制作发行《陶行知先生诞辰120周年》系列纪念邮票。纪念邮品包括个性纪念封、邮资明信片。邮资明信片的背景图案为坐落在行知中学内的陶行知汉白玉塑像。系列邮品首发式于2011年9月28日在上海图书馆举行。

（倪永培）

［与进城务工人员随迁子女学校结对］ 根据义务教育均衡发展和教育公平的要求，为切实保障进城务工人员随迁子女接受良好的义务教育，区教师进修学院于6月14日启动进城务工人员随迁子女学校与公办学校结对签约活动，共有15所进城务工人员随迁子女学校与15所公办学校签约。

（倪永培）

附：区教育局驻地及负责人

（2011年1—12月）

地址：宝杨路158号
邮编：201999
电话：66592767

区委分管副书记：陆学明
区政府分管副区长：李　原（11月离任）、陶夏芳（11月到任）

区教育局党委书记：张晓静
副书记：楼伟俊、李友钟

区教育局局长：楼伟俊
副局长：张步华、钱学锋、陆荣林、刘　政、蒋碧艳

金山区

［**2011年概况**］ 区内有各类学校(单位)122所。其中,中学30所(民办4所),小学31所(民工转制校10所),幼儿园32所(民办9所),特殊教育学校1所,中等职业学校3所(教育部门办2所、其他部门办1所),托儿所1所(民办),成人教育学校13所(包括进修学校、区成校及11所社区学校),其他单位11所。新增幼儿园2所,撤销民办小学1所。全区在校学生73975人。其中,中学生23736人,小学生27797人,幼儿园在园幼儿14635人,特殊教育学校学生168人,中等职业学校学生7460人,托儿所入托幼儿179人。全区在编教职员工7439人,其中专任教师5461人。

金山区围绕“崇文通理,成就人生”,加强学校内涵建设,全面实施素质教育。

促进学前教育内涵发展。落实《金山区学前教育三年行动计划(2011—2013年)》,推进城乡幼儿园组团发展,罗星、东风、实验3所优质园与6所镇幼儿园结对,在教学管理、师资交流、园本研修等方面开展合作。开展初级、中级保育员、营养员培训,提升三大员专业水平。

推进义务教育组织结构改革。“组团发展”、“校际联盟”,有效开展共同研修、资源共享、特别帮扶等工作,在学校管理、课程建设、校本教研等方面合作,实现互促共赢目标。配合市教委完成第二轮委托管理绩效评估,启动第三轮委托管理工作。公办小学干部到民办进城务工人员随迁子女小学驻点支援,规范民办小学办学。推进小学教育整体改革实验。区第一实小等3所试点学校制定教育改革整体方案,对3所学校开展教学视导,召开小学整体改革推进会,整合区内优质资源,做好整体改革准备。

推进中小学课程建设。制定《金山区中小学课程建设全面推进方案》。各学校成立领导小组,以合格课程、优秀课程和示范课程建设为抓手,研制学校课程建设方案,切实推进基础型课程校本化,积极开发和实施拓展型、研究型课程,满足学生多样化需求。做好高中学业水平考试准备,密切关注学业水平考试动态,加强教学指导,提高高中办学水平。开展学段衔接研究,组织力量编写学段衔接教材。制定《金山区创新素养培育实验项目“金山计划”》和“金山计划”小学、初中、高中学段实施方案,召开推进大会,成立“金山光启创新学院”,建设“金山光启创新学院”网站,成立数学、物理、化学等7个高中创新素养培育学科基地。

加大教师培训力度,提升教师队伍素质。实施“新苗”工程,提升新教师课堂教学效能。加强英语教师队伍建设,每周组织中小学英语骨干教师参加外教培训。开展“名师大讲堂”活动,充分发挥区内外优秀教师的示范引领作用。举办区第五届中青年教师教学评优活动。在上海市中小学中青年教师教

区素质教育论坛

学评选大赛中，金山区获得4个教学一等奖。在区领军人才评选中，获区领军人才1名，区领军后备人才3名，区拔尖人才9名。本着公开、公正、竞争、择优的原则做好新教师招聘工作。2011年内共录用新教师271名。

制定《金山区人民政府关于促进民办教育的实施意见》，加强民办教育管理，加大政府对民办学校的支持力度。建立民办学校教师年金制度，稳定民办学校教师队伍。开展民办学校年检，促进民办学校规范办学。

制定《金山区职业教育"十二五"发展规划纲要》，积极推进中侨学院建设等工作。筹建上海金山国际职业技术学院，完成学院建设方案论证，与日本、美国、澳大利亚有关部门和单位，就学院建成后在师资交流、专业合作等方面达成初步合作意向。

推进学习型社会建设，开展社区教育研究。申报12个市级社区教育实验项目，其中2个被列为市级重点项目。20余个具有地方特色的课程向市开放大学申报为"学分银行"课程，同时列为金山社区教育网上学习课程。开展老年教育村居学习点建设，重点培育30余个特色老年学习团队。举办金山区第四届全民学习节，总结学习型社会建设成就，对区学习型社会建设先进集体和个人进行表彰。加强与周边地区工作交流，举办以"社区教育的合作与发展"为主题的金山区、浙江嘉善县学习型社会建设合作论坛。参加上海市第七届全民终身学习周活动，承办"金山杯"上海市演讲比赛。

推进教育建设项目。继续推进中小学校舍安全工程，完成中小学校舍安全工程年度工作目标，区教育局获上海市推进校安工程建设先进单位。列为区重大项目的教师进修学院迁建、华师大三附中迁建立项，石化工业学校综合实训中心建设项目开工。

认真做好校园安全工作。加强学校周边环境联合执法检查，确保学校周边环境安全。开展防震减灾和交通安全系列宣传活动，举行防震减灾综合演练，落实"清剿火患"战役行动。加强学校宿舍管理，联合开展学校宿舍管理情况专项检查，切实推进学校宿舍文化建设。开展校车安全管理专项检查，制定《金山区校车安全管理暂行规定》。

加强教育经费管理。规范财务管理，采取"统一管理、集中记账、分户核算"的办法，将66家区级预算单位和11家进城务工人员随迁子女小学纳入教育财务核算中心管理。开展经济责任审计，完成审计项目29个，审计总金额4.8434亿元。

做好教育信访工作。健全信访工作网络，坚持标本兼治，预防化解并举，全面落实信访工作责任制，信访总量较上年下降25.7%。在金山区委办局信访工作目标管理考核中排名第一。

（肖　骏）

［与进城务工人员随迁子女小学合作共建］ 2011年，金山区10所公办小学校长与11所民办进城务工人员随迁子女小学校长结对共建。协议约定，公办学校在学校管理、教育教学、教师培养等方面加大对托管民办进城务工人员随迁子女小学的帮扶力度，委派1名中层以上干部到托管民办进城务工人员随迁子女小学负责教育教学工作，委派1—2名教师到托管民办进城务工人员随迁子女小学开展教育教学研究活动。

（聂荣鑫）

［成立区教育督导委员会］ 4月18日，区教育督导委员会成立。委员会主任由副区长许复新担任，成员单位包括区发展改革委等24个单位。主要职责是：研究加快实现教育现代化的政策保障；统筹协调区政府各职能部门在教育投入、教育公建配套建设、教师资源配置、学习型社区建设等方面的落实措施；审议确定教育督导年初工作计划及年度督导报告。

（聂荣鑫）

［实施"新苗"工程］ 2011年，以教师专业发展学校为基地，联合导师制为指导模式，课堂实践为培训形式，实施0—5年青年教师教学基本功培养工程，有针对性地制定培训方案，规范新教师的教学行为，提升新教师的课堂教学效能为目标，促进职初教师专业成长。区教育局计划每年举办一届"新苗杯"教学基本功比赛，通过教学展示、专家点评指导，提升职初教师课堂教学能力。

（陈　艳）

［开展"名师大讲堂"系列活动］ 以学科"名师大讲堂"系列活动为载体，以"借脑借智、全面辐射"为目标，邀请市内学科专家到金山区开设专题讲座，让区内的学科教师零距离接受专家的指导，分享名师的教育教学智慧，感受名师的人格魅力和学术魅力。"名师大讲堂"活动覆盖所有学科，培训内容和方法注重合理分布、分步落实、问题导向、形式多样。

（陈　艳）

[开展幼儿园办园水平综合督导] 5月至12月,区教育局组织专家对全区幼儿园开展办园水平综合督导评估,着重从园务管理、后勤管理、卫生保健、教育教学管理、幼儿发展等5项基础性A级指标,以及办园成效较显著、园所发展有突破、课程建设显特色、管理改革能创新、校园文化重建设等5项发展性指标开展督导评估。经过督导评估,被纳入督导评估对象的24所幼儿园中,4所被评为A级,16所被评为B级,2所被评为C级,2所被评为D级。

(赵雁鸿)

[举办"全国中小学棋类教学与学生综合素质培养研讨会"] 5月12—13日,"全国中小学棋类教学与学生综合素质培养研讨会暨上海市金山区素质教育论坛"召开。同时进行围棋大师顾水如铜像揭牌,及张堰地区中小学及幼儿园师生、家长等千人围棋展示活动。教育部基础教育课程教材发展中心、中国科学院心理研究所的专家教授在会上作报告。全国棋类实验基地和相关教学单位代表、金山区中小学校校长、教师代表约400人参加了活动。

(肖　骏)

[合作举办华东师范大学附属枫泾中学] 5月19日,金山区政府和华东师范大学签约,合作举办华东师范大学附属枫泾中学。双方将在教育创新、多样化特色教育、教育教学课题、教师专业发展、教育国际化等领域开展合作。

(肖　骏)

[开展师德大讨论] 10—11月,金山区教育局组织开展"学习优秀教师,弘扬伟大师魂"师德大讨论。全区每位教职员工撰写1篇师德感悟;在金山教育网站开设"金山区师德大讨论"专题栏目,共发表1万多条师生感言;在广泛征求意见的基础上,制定《金山区教师职业道德规范》、《金山区教育系统师德建设"十不准"》。

(陈少国)

[徐汇区、金山区第三轮委托管理签约] 10月13日,徐汇、金山第三轮委托管理签约仪式在金山区教育局举行。徐汇区徐汇中学、园南小学和华泾小学,分别与金山区干巷学校、松隐小学和钱圩小学就委托管理工作达成合作意向。

(孙国英)

[通过教育信息化工作验收评估] 10月19—20日,上海市400所农村中小学教育信息化应用推进项目办公室组织专家到亭林小学、松隐中学、干巷学校进行现场验收评估。专家们认为,金山区区域教育信息化环境构架到位;合理规划了整个区域的信息化环境,并突出核心领域的应用;对教育教学服务支持到位;管理机制科学,为金山教育的创新和可持续性发展构筑了良好的信息化生态环境。

(潘志军)

[石化工业学校综合实训中心开工建设] 11月23日,上海石化工业学校化工综合实训中心开工建设。该实训中心是一个集石油化工、精细化工、生物制药、新型材料、化工物流,以及环境检测和化工分析等为一体的现代先进化工综合实训基地,是集化工职业技能培训、化工职业资格鉴定、各类学生实习实训、产学研相结合功能为一体的先进化工制造业职业培训公共实训基地。工程建筑共10层,建筑面积15041平方米,总投资约4564万元,计划2012年10月底建设完成。

(肖　骏)

[举办学习型社会建设合作论坛] 11月28日,主题为"新形势下的农村社区教育"的首届金山区、浙江省嘉善县学习型社会建设合作论坛在枫泾镇举行。论坛就社区教育与社区学院的历史使命、开发特色课程、引导农民积极参与、拓展培训内涵服务经济社会、农村社区教育发展制约因素和对策研究等方面进行研讨和交流。金山社区学院和嘉善社区学院、枫泾镇成人(社区)学校和姚庄镇成人文化技术学校、廊下镇成人(社区)学校和天凝镇成人文化技术学校签署合作交流框架协议。

(怀雪军)

[获市、区学习型社会建设先进称号] 2011年,金山区有5个街镇成为市学习型社区创建合格单位;2个企业成为市学习型企事业示范单位;13个家庭成为市学习型家庭示范户,4个家庭成为市先进学习型家庭;12个机关成为市创建学习型机关先进单位,37个机关成为区学习型机关优胜单位;64个单位成为区学习型社会建设先进集体。

(肖　骏)

附:区教育局驻地及负责人

(2011年1—12月)

地址:石化金一东路2号
邮编:200540
电话:57944317

区委分管领导:叶汝强(11月离任)
区政府分管副区长:许复新(11月离任)、贾　炜(11月到任)

区教育局党委书记:孙秀强
副书记:蒋志明(8月离任)、顾宏伟(8月到任)

区教育局局长:蒋志明(8月离任)、顾宏伟(8月到任)
副局长:顾宏伟(8月离任)、郑　瑛、盛明秀、施新章(4月到任)、黄　萍(8月到任)

松　江　区

［**2011 年概况**］　全区共有各级各类教育机构 234 所。其中，基础教育阶段学校 154 所，包括公办中小学 42 所(高级中学 3 所、完全中学 4 所、初中 6 所、九年一贯制学校 15 所、小学 14 所)，民办学校 23 所(中学 4 所、小学 19 所)，托幼园所 88 所(其中民办 46 所)，特殊教育学校 1 所；职成类学校 71 所，包括电视大学 1 所，教师进修学院 1 所，中职校 5 所，街(镇)成校 13 所，民办非学历办学单位 51 所；其他公办教育机构 9 所。全区公办学校教职工有 7373 人(其中专任教师 5745 人)，民办中小学、幼儿园教职工有 2943 人。全区共有在校学生 12.51 万人。其中，公办中小学学生 6.23 万人(含义务教育阶段外省市户籍学生 2.37 万人)，民办中小学学生 2.66 万人(含义务教育阶段外省市户籍学生 2.29 万人)，学前幼儿 3.12 万人，中职校学生 0.49 万人。

教育投入持续增长。全年教育经费总投入 212617.75 万元，比上年增长 26.17%。其中，区级财政教育经费拨款 146526.35 万元，比上年增长 21.76%；城市教育费附加 32500 万元，比上年增长 207.5%。

办学条件不断改善。2011 年内新建 3 所学校(校区)(实验小学华亭校区、九亭第三小学、九亭第三幼儿园)；完成 4 所公建配套学校(泗泾第二小学、泗泾第二幼儿园、九亭朗庭上郡幼儿园、九亭绿洲香岛幼儿园)建设。完成 5 所学校(上海师范大学附属外国语中学、九峰实验学校、古松学校、车墩学校、泖港学校)抗震加固工程，加固建筑面积 5.6 万平方米，新增建筑面积 3.2 万平方米。完成教育信息中心改造工程，形成万兆核心互联，千兆到中小学、百兆到幼儿园的教育专网。

师资水平稳步提升。招聘高校应届毕业生 191 人(其中博士生 2 人，硕士生 75 人)，委托培养幼儿园教师 15 人，面向社会公开招聘幼儿园教师 30 人，在全市范围招聘在职教师 28 人。遴选 28 名骨干教师组建首期“骨干教师华师大高级研修班”，其中 5 名被评为上海市特级教师。选拔推荐 40 名上海市普教系统第三期名校长名师培养工程后备人选。选送 6 名青年教师进入市级学科德育基地培训。选送 2 名校长参加长三角骨干校长研修班。选送校长教师各一名参加美国加州“影子校长”和教师培训。5 名中学英语骨干教师赴加拿大参加为期 4 周的脱产培训。九亭中学黄燕被评为第二届“上海市农村优秀教师标兵”；泖港学校范元弟、天马山学校顾惠红、泗泾小学朱国芳、张泽学校丁萍等 4 位老师被评为第二届“上海市农村优秀教师”。

区第四届运动会暨学生“阳光体育节”田径运动会开幕

各级各类教育协调发展。召开学前教育联席会议,进一步落实联席成员单位职责,形成学前教育发展合力。推进义务教育学校发展共同体建设,以数学学科为突破口推进学科建设,引领其他学科发展。出台中小学开展分层教育指导意见,促进中小学探索适合每一个学生发展的教育模式。落实"小学半日快乐活动"等8项举措,组织开展中小学生体育节、科技节、艺术节活动,充分发挥青少年活动中心、劳技中心和素质教育实践基地教育功能,大力推进素质教育。注重保障残疾及超常孩子教育,坚持按需施教,使每个特殊学生都能获得更好发展。为4.4万名符合条件的义务教育阶段进城务工人员随迁子女提供免费入学机会,总人数较上年增加2937人,其中2.3万人在公办中小学就读,公办吸纳率为51.81%,较上年提高1.5个百分点。探索建立高中教育与高校合作办学新机制,利用职业教育实训基地和课程师资优势,开展创新人才培养的研究与实践,打造一批具有先进教育理念、学科优势明显、活动富有创意的特色高中。职业教育适应松江经济发展方式转变与产业结构调整的要求,培养"就业有优势、创业有特点、升学有希望、发展有潜力"的高素质应用型人才。在上海市第四届星光计划技能大赛中有43人次获奖,在全国职业院校技能大赛上获3个项目的一等奖。街镇成人学校全年完成各类成人专项培训40多万人次。区社区学院、15所社区学校和246个居村教学点组成的社区教育三级办学网络覆盖全区。

进一步加强校园及周边安全管理。建立全区各学校和当地公安机关、家长、社区的安全联防制度。全面落实国资国企改革,理顺产权关系,确保国有资产保值增值。出台《松江区教育局关于进一步加强师德建设的实施意见》,进一步规范教育系统党员干部、教师廉洁从政、廉洁从教行为。进一步加强教育系统后勤社会化管理,尤其是学校食品安全管理,确保教育健康发展。继续实施ISO9001质量管理体系机关管理标准化建设,有效提高办事效率和服务质量。成立九亭镇教育署,加强与镇政府的协作,加大人口集中导入区的教育事业管理力度。加强政府信息公开和网站建设,确保公众对教育的知情权、参与权和监督权。充分发挥工、青、妇等群团组织作用,开展基层工会主席"直选"试点工作。

(王　楠)

[召开教师队伍建设大会]　12月7日,召开区教师队伍建设大会。对推进新一轮"强师兴教"行动计划(2012—2014年)作全面部署。会议表彰了松江区"强师兴教"工作先进集体16个、优秀校(园)长15名和优秀教师36名。

(黄　蕾)

[召开学生健康促进大会]　11月14日,区学生健康促进大会召开。会议审议通过《松江区学生健康促进工程实施方案(2011—2015)》、《松江区关于进一步加强体教结合工作指导意见》、《松江区关于进一步加强医教结合工作指导意见》、《松江区小学实施"快乐活动日"指导意见》等文件,要求区教育、体育、卫生等部门通力合作,积极建构政府全面主导、学校重点推进、社会深度参与的三位一体的工作机制,着力营造全社会关心青少年学生身心健康的良好氛围,全面推进青少年学生健康促进各项工作。

(周卫斌)

[启动新一轮"强师兴教"三年行动计划]　新一轮区"强师兴教"三年行动计划提出,2012—2014年,具有研究生学历的高中专任教师所占比例达到15%,具有研究生学历的初中专任教师所占比例达到10%,具有高级(含正高级)职称的教师占全区教的10%,职业学校"双师"型教师比例达到40%。培养1—2名特级校(园)长(书记),培养4—6名市级骨干校(园)长、20—30名区级骨干校(园)长,一级以上的校(园)长占校(园)长队伍总数的20%,有本科学历的校长达到99%,有高级专业技术职称的校长达到50%以上。建立1—2个双向互动的骨干教师国际交流项目,2—3个较为成熟的学科高地;培养3—4名上海市特级教师,以及30名左右市"第三期双名工程"后备人选,12—14名市"第三期优青项目"后备人选,50名上海市学校心理咨询师,20名区享受政府津贴人员,20名区首席教师,200名区学科(德育)名师,600名区级教坛新秀。组建4—5个青年教师学习沙龙或研究小组,建设5—6门青年教师培养课程。培育10—12门市级共享课程,开发20门区级培训课程,评选10—12个校本研修特色项目,20—22个校本研修发展项目,评选30—32个优秀教研组。成立20个区享受政府津贴人员导师带教组、20个首席教师课堂教学研究室等。每年投入约1500万元专项经费用于"强师兴教"行动计划。

(王　楠)

[制订学前教育三年行动计划]　制订《松江区

学前教育三年行动计划(2011—2013年)》。计划在3年内,使96%以上0—3岁婴幼儿家庭每年接受4次以上高质量的科学育儿指导,公办区级以上优质园比例达到48%,幼儿园专任教师具有本科及本科以上学历的达到65%,新增专任教师390名以上,新增保育员190名以上,新建幼儿园10所并100%达到2005年上海市颁发的《普通幼儿园建设标准》。

(王　楠)

[落实校舍安全工程三年计划] 中小学校舍安全工程3年总体改造中小学共22所,涉及建筑共71幢,建筑面积136962平方米。其中列入抗震加固改造项目53幢,建筑面积97379平方米;需拆除重建项目18幢,建筑面积39583平方米。计划总投资36788.25万元,其中加固费用19633.25万元,重建资金17155万元。至2011年底,竣工45幢,建筑面积88446平方米,占总规划项目的65%;正在施工26幢,建筑面积48516平方米,占总规划项目的35%。中小学校舍安全工程2012—2014年规划项目包括中小学共17所,涉及建筑共65幢,建筑面积88004平方米,计划总投资24172.15万元。

(徐　敏)

[推进共同体建设] 10月14日至11月8日,组织市、区专家对8个义务教育学校发展共同体建设项目进行中期督导。11月26日,召开中期督导反馈会,通报中期督导情况,并对8个共同体建设项目分别提出改进意见。12月6日,举行市级教育科研项目《区域义务教育阶段学校发展共同体的实践研究》开题活动。12月26日,召开区义务教育阶段学校发展共同体工作研讨会,商讨《关于进一步加强义务教育学校发展共同体建设的实施意见(征求意见稿)》,明确后阶段两项重点工作:一是编撰共同体建设工作手册;二是实行人才柔性流动政策。

(周卫斌)

[与黄浦区签约委托管理] 第三轮农村义务教育学校委托管理签约。松江区九亭中学、九亭第二小学、新桥中学、新桥小学、车墩学校5所学校和黄浦区的5所学校签约。

(朱　永)

[与进城务工人员随迁子女学校结对共建] 6月2日,区内公办中小学与进城务工人员随迁子女小学结对共建工作启动会在区教育局召开。19所公办中小学分别与19所以招收进城务工人员随迁子女为主的民办小学结对签约。根据《松江区教育局关于加强公办中小学校与以招收进城务工人员随迁子女为主的民办小学结对共建工作的通知》精神,结对共建学校在常规管理、德育、教学工作、师资队伍建设、团队建设、设备资源管理等6个方面开展一对一的结对共建,共同发展、共同提高。

(陈　雷)

[开展基层工会主席直接选举试点] 区教育工会根据市、区总工会及区教育局党委关于推进基层工会主席直接选举工作的有关意见与要求,选取实验小学、古松学校作为试点单位,开展基层工会主席直接选举试点工作。实验小学、古松学校召开全体教工会员大会,表决通过选举办法,差额选举产生新一届工会委员会、经费审查委员会委员,并分别采用“一次直选”、“二次直选”的方法直接选举产生工会新一届委员会主席。两所学校先行先试,为区教育系统在2012年全面推进基层工会主席直接选举工作提供经验。

(余晓春)

[实施校园保安专业化配备工程] 自1月1日起,区教育局向保安公司购买服务,全年投入经费4500万元,由保安公司向教育系统各单位派遣专业保安754人。编印下发《松江区教育系统保安服务管理工作手册》,规范学校、保安公司、保安人员的工作职责和要求。

(陆忠明)

[连续6年获规范教育收费优秀达标区县称号] 6月22日召开的2011年上海市教育政风行风建设大会上,区教育局被授予“2010年度上海市规范教育收费优秀达标单位”。这是松江区教育局自2005年以来,连续6年获得此项称号。

(沈惠明)

[通过中等职业学校重点建设验收评估] 上海市教育评估院专家组于2月24日对新桥职业技术学校进行验收复评。根据上海市教育评估院出具的评估意见,上海市教育委员会于3月16日通知,同意上海市松江区新桥职业技术学校列为百所中等职业学校重点建设验收评估合格单位。

(欣　娇)

附:区教育局驻地及负责人

(2011年1—12月)

地址:中山中路38号
邮编:201600
电话:57820485

区委分管副书记:居　洁(12月离任)、陈　皓(12月到任)

区政府分管副区长:陈　皓(12月离任)

区教育局党委书记:俞富章
　　副书记:章高林(8月离任)、陈小华(8月到任)

区教育局局长:徐界生
　　副局长:钱秋萍、陈小华(8月离任)、王小君(8月离任)、杨桂龙、顾逸程(8月到任)

青 浦 区

［**2011年概况**］ 全区共有中小学、幼儿园和特殊教育学校104所，其中，中学25所（含九年一贯制、少体校）、小学45所（含民办进城务工人员随迁子女小学）、幼儿园70所（含民办二、三级幼儿园）、特殊教育学校2所。共有学生86921人。义务教育阶段适龄少儿入学率达100%。全区有教育部门办中等职业技术学校2所，学生4542人；成人中等文化技术学校12所，社会力量非学历办学37所，全年各类培训人数约35万人次。全区教育经费财政拨款总数为10.876亿元，城市教育费附加2.35亿元。

一、积极实施“教育规划纲要”。以“优质均衡发展”和“促进学生健康成长”为重点，制定课程教学改革、教师专业发展等14个专项规划。成立“十二五”发展计划专家组，针对发展计划的科学性、可行性、操作性和可测性进行评审，帮助学校完善“十二五”发展计划。

二、科学配置教育资源。应对入园高峰，加紧新一轮学前教育三年行动计划的实施。豫苗幼儿园投入使用；基本完成华新基地第一幼儿园建设；完成东航复地幼儿园、富力桃园幼儿园、沈巷幼儿园投资计划的审批；做好蒸淀幼儿园改扩建项目前期工作。根据大型居住社区建设规划做好配套学校建设规划。豫才学校（实验中学东部）新学年投入使用。

三、持续加强学生思想道德建设。开展以“体验革命传统，弘扬红色文化”为主题的“建党90周年”主题教育系列活动；开展各类德育研讨活动、德育论坛、德育现场会等；组织班主任基本功大赛、农村优秀班主任“耕耘奖”评选；开展“青浦区行为规范星级示范校”升级评估和“和谐校园”、“温馨教室”创建活动。

四、切实加强师资队伍建设。推进教师素质工程，开展“教师走进经典”、“师德演讲团”等师德建设系列活动。制定《青浦区教师专业发展“十二五”行动计划》，以青年教师培养工程、名优教师培养工程、“行动教育”培训等师资建设工程，推进教师培养工作。完成第四届青浦区名优教师评选，共评选产生区、校两级名优教师873名，其中区级432名。完善特级教师工作室和学科教师研修基地建设，学科教师研修基地建立工作小组成员蹲点联系制度。

五、制订新一轮学前教育三年行动计划（2011—2013年）以及《关于规范青浦区各级各类幼儿园保教工作的常规实施要求》；坚持“做活”小学、“做宽、做强”初中的思想，义务教育阶段学校围绕深化课程教学改革、推进素质教育，促进优质均衡，努力办好每一所学校；坚持“错位发展，做高、做精高中”的思路，进一步巩固高中教育的发展机制。

六、实施学生健康促进工程。制定《青浦区学生健康促进工程实施方案（2011—2015年）》，进一步落实“三课两操两活动”，确保学生每天锻炼一小时。所有小学推广每周半天的“快乐活动日”，开展班队活动、体育活动、社区服务和社会实践、专题教育等限定拓展活动以及自主拓展探究、兴趣活动、社会调查、参观考察等学校自行设计的实践活动。

七、建立多元化职教课程体系，实践“跟单”培养模式。继续加强“双师型”教师的引进、培养力度，努力创建优势专业，培养特长人才。上海工商信息学校的电子技术应用、数控技术应用、旅游服务与管理等3个市重点专业形成建设方案，启动3门市精品课程和23门校精品课程建设。组织中职校学生参加上海市第四届“星光计划”大赛，获奖总数排名全市第六，其中工商信息学校有22个项目获奖，两名学生获高级技能证书，49人获中级技能证书，1人获初级技能证书。

八、深入推进“全国社区教育实验区”建设。加强社区教育三级网络的标准化、信息化、规范化建设，4所成人学校通过上海市镇（乡）成校标准化建设评估验收，制定《青浦区村（居）社区教育教学点建设标准及整体推进方案》，启动青浦区社区教育实验基地建设，承办全国社区教育体制机制创新推进大会。

九、深化课程教学改革。参与部市合作的“基础教育体制综合改革”三个试点项目，努力推进区域内涵发展的机制创新。加强对学校课程规划、实施、管理、评价等环节的专业指导和政策支持，完成《上海市校长(园长)课程领导力项目》的中期评估。推进"学科建设"行动,在学科体系、学科队伍和学科环境建设等方面进行探索,各学科初步形成学科建设"三年行动计划",并启动学科建设资源共享平台开发等工作。深入开展"新课堂实验"。在"青浦实验教育集团"进行新课堂实验的深度研究,并与美国密歇根州立大学、日本山梨大学等合作,进行教师发展指导者的预研究。

(王　良　姚为民)

[构建医教结合的特殊教育服务体系] 按照青浦区特殊教育三年行动计划,1月4日,区教育局与区卫生局签订《青浦区教育局、卫生局关于联合建立医教结合实践基地的协议》,组建青浦区残疾儿童入学鉴定委员会,确定特殊教育医教结合指导医生名单。青浦区通过教育与医学的紧密合作,让残疾儿童得到更科学、更适切、更全面的发展。

(王　良)

[开展爱心帮教活动] 1月17日,青浦区女教育工作者联谊会30多名成员到上海市未成年人教养所开展第三批爱心结对帮教活动。勉励学员积极改造,为学员们送去书籍、学习用品和生活用品。青浦区女教育工作者联谊会成员结对帮教上海未教所学员的活动已有3年,结对累计三批近100名学员。

(陆　超)

[承办全国教师继续教育论坛] 3月13日,由中国教育学会培训中心主办,青浦区教师进修学院承办的"第二届全国教师继续教育论坛暨县级教师培训机构培训者高级研修班"在上海市朱家角中学开幕。本次研修班以"有效培训"为切入点,围绕"教师培训区域规划设计、教师培训需求、教师培训项目设计与实施、教师培训课程与资源建设、教师培训有效方式、教师培训质量监测与评估"等展开研修与交流。全国27个省市的县(市)区教育局、教师进修学校领导,教科培中心、师范院校教师继续教育学院(中心)负责人470多名代表参加会议。

(陆　超)

[获市阳光体育大联赛篮球赛总冠军] 3月,代表青浦区出赛的青浦高级中学男女篮球队以六战全胜的战绩获得2010—2011年度上海市阳光体育大联赛篮球赛的总冠军。青浦高级中学一贯注重学生综合能力的培养,创设有利于学生健康快乐成长的环境。学校篮球队接受系统、科学的训练,在本次大赛中夺冠。

(陆　超)

[颁布《青浦区教育发展第十二个五年规划》] 4月22日,区教育局召开教育现代化推进工作暨教育发展"十二五"规划启动大会,颁布《青浦区教育发展第十二个五年规划》。"十二五"是青浦经济社会发展的重要战略机遇期,根据区委、区政府"一城两翼"建设的战略部署,青浦教育要适应产业结构的调整和发展方式的转变,更好地服务于经济社会建设。

(陆　超)

[俞正声调研进城务工人员随迁子女教育情况] 5月5日,中共上海市委书记俞正声到青浦区走访以招收进城务工人员随迁子女为主的民办小学——青浦区徐泾镇培英民办小学,并且就随迁子女教育情况进行了座谈。市教委主任薛明扬等陪同调研。俞正声强调,要高度重视外来务工人员融入上海问题,进一步增强紧迫感,研究政策,形成规划,加大投入,制定有效的措施,进一步解决好义务教育阶段随迁子女的读书问题。俞正声指出,要着力解决最紧迫的问题,提高现有此类学校的教学水平,研究解决教材适应性问题;要稳定学校的教师队伍,合理提高教师待遇,加强师资培训,完善民办教育管理,提高办学质量。市、区相关部门要形成合力,明确目标,采取措施,逐步满足义务教育阶段随迁子女就读公办学校的需求。

(王　良)

[多元化课程体系出成果] 上海工商信息学校以"满足学生多元需求,促进学生多元发展"为基本原则,构建由人文基础课程、专业核心课程和个性拓展课程三方面组成的课程框架,在专业核心课程的建设上走"校企合作"之路,实施"理实一体、做学结合"的教学,创立"跟单"培养模式。文化课和专业技能课均以学生的不同需求进行分层教学,为学生专业深入、多元个性发展提供了平台,提高教育质量。在全国职业院校技能大赛上,该校学生赖勇在电气安装与维修项目比赛中获一等奖,陈浩在工业产品设计项目比赛中获一等奖。近年来,上海工商信息学校在上海市"星光计划"职业技能大赛中保持领先。2011年,上海工商信息学校的数控技术应用、旅游服务与管理、电子技术应用3个专业通过市教

育委员会审核，成为上海市中等职业学校重点建设专业。

（王　良）

[**成立“青浦实验教育集团”**]　8月24日，区教育局成立“青浦实验教育集团”。“青浦实验教育集团”是为扩大优质教育资源和管理经验的辐射引领作用、促进区域教育优质均衡发展而建立的新型教育联合体。目前由实验中学和实验小学组成，两校又各有东西两个校区。原豫英实验学校初中部迁入华青南路新校舍作为实验中学东校区，小学部留在原地作为实验小学西校区。

教育集团建立了实验教育服务中心，由区教育局、教师进修学院、实验中学、实验小学的相关同志组成理事会，负责集团的运作和管理。教育集团内不同学校实行各自分别自主管理、自主运行，同一学校的不同校区实行统一管理。

（陆　超）

签约创办复旦附中青浦分校

[**创办复旦附中青浦分校**]　8月26日，举行创办复旦附中青浦分校签约仪式。副市长沈晓明、复旦大学校长杨玉良、市政府副秘书长翁铁慧、市教卫党委书记李宣海、市教委主任薛明扬、青浦区委书记高亢等出席签约仪式。此次教育合作主要有三方面内容：一是共同建设教师研修基地，努力促进师资队伍的素养提高和专业发展；二是共同建设办学项目，发挥优质资源的示范与辐射作用；三是共同建设学生实践基地，为学生提供研究型学习和实验实践的平台。

（姚为民）

[**被认定为国家科普教育基地**]　2011年，区青少年实践中心被中国地震局认定为国家防震减灾科普教育基地。11月10日，青浦区青少年实践中心举行授牌仪式，上海市地震局、青浦区政府有关领导以及区防震减灾联席会议成员单位、联络员等参加。近年来，青浦区加大防震减灾工作力度，完善防震减灾体制机制，优化教育教学资源，加强防震减灾科普教育，建立防震减灾宣传教育长效机制。

（姚为民）

[**开展校车安全整治专项活动**]　2011年，区教育局会同公安分局开展新一轮的校车安全大检查。11月21—24日，区教育局相关部门负责人与区交警支队对涉及的区内24所学校的108辆校车进行了全面检查。查看了每辆车的校车资质、驾驶员三证、车况、应急设施、随车人员及运行记录等。11月25日，青浦区教育局、公安分局、交运局再次召开联席会议，对青浦区校车的规范管理作出部署，由区教育局、区公安分局、区交运局三个部门联合制定校车管理实施方案，全面保障学生生命安全。

（陆　超）

[**专项督导区少先队工作**]　12月29日，由上海市教委、市政府教育督导室、团市委联合组成的专项督导组，对青浦区少先队工作开展专项督导。近年来，青浦区少先队建设作了多方面工作：一是统筹兼顾，完善制度，夯实区域少先队良性运作的坚实基础；二是以人为本，专业引领，努力提升辅导员职业幸福感；三是创新载体，指导基层，引领少年儿童在队集体中快乐成长。青浦区计划进一步加强辅导员队伍专业化建设，切实提高辅

导员的地位和待遇。

（陆　超）

附:区教育局驻地及负责人

（2011 年 1—12 月）

地址:公园东路 1155 号

邮编:201700

电话:69713664(总机)

区委分管常委:孙　萍(12 月离任)、韦　明(12 月到任)

区政府分管副区长:陶夏芳(11 月离任)、蔡　忠(11 月到任)

区教育局党委书记:陆文一

副书记:印国荣

区教育局局长:印国荣

副局长:蒋家敏(12 月离任)、朱良俊、王海青、庄惠元

奉贤区

［**2011年概况**］ 全区有各级各类教育机构206个，其中普通教育机构145个，其他教育机构5个，成人职业培训机构10个，中等职业培训机构41个，民办非学历高等学院5个。普通教育中，高中6所、十二年一贯制学校1所、初中11所、九年一贯制学校20所、小学34所、幼儿园71所、特殊教育和中等专业技术学校各1所。全区普通教育学生数107362人，专任教师6784人。2011年区财政拨款达9.22亿元，市、区教育财政拨款共13.08亿元，确保教育经费“三个增长”。2011年内如期完成“校安工程”建设任务，新建成曙光中学新校区、汇贤中学、金水苑小学、金水苑幼儿园、金铃子幼儿园、金海幼儿园、小蜻蜓幼儿园、金棕榈幼儿园等8所现代化学校，总建筑面积达97666平方米。

加强文化建设，培育学校文化，以优秀学校文化促进学生健康快乐成长。全面开展“快乐星期五”活动，加强学生德育、心理健康教育，促进学生健康成长。深入挖掘“贤文化”教育资源，推行“一校一品”，形成融古色、红色、绿色、金色等多色的“多彩”校园文化及“学校、家庭、社会”多位一体校园文化建设模式。大力培育教师文化，实施“三五”师德建设工程，严把“五不准”底线关，引导广大教师践行师德“五提倡”，争做师德“五表率”，促进教师静心教书，潜心育人。

推进区域教育优质均衡发展。参与上海“托管”项目，新一轮有11所学校参与，三批共占全市总数近五分之一。完成优质化工程项目，形成了学前—义务—高中各学段联盟。制定《奉贤区学前教育三年行动计划(2011—2013学年)》，阳光幼儿园、青青草幼儿园创市一级园2所，至今全区有市示范园2所，市一级园12所。义务教育以紧密型办学联盟促联动发展，联盟内教师流动、教研联动、管理互动、课程走动等“四动”成为常态。高中教育推进“124”连环结对促联动发展，全面提升学校办学水平，被中央教科所列为“义务教育均衡发展标准研究”100个试点区县之一。

关注进城务工人员随迁子女、民族学生教育。2011学年，全区义务教育阶段进城务工人员随迁子女42322人，与上年相比增加2901人，占义务教育阶段学生总数的58.24%；随迁子女在公办学校就读人数为29966人，比上学年增加3156人，在公办学校就读比率为70.81%。规范学校管理，将16所民办进城务工人员随迁子女小学的学制、教材、教师培训与公办学校接轨，选派16名公办学校管理干部到16所民办进城务工人员随迁子女小学一对一支教，组织开展16所民办进城务工人员随迁子女小学教师暑期全员集中培训。审批了7所民办三级幼儿园，开展公民办(三级)幼儿园的“一帮一”全覆盖的带教结对工作，提升民办三级幼儿园质量。严格学前儿童看护点审批程序，设置了11个看护点。奉贤中专接受了119名新疆学生。2011年内有5位教师赴滇支教。

推进学习型社会建设，服务区域经济社会发展。主动接轨区域产业发展，完善奉贤中专专业设置，奉贤中专与上海新发展酒店管理有限公司、上海日野发动机有限公司、柘中集团加强校企合作。依托驻奉贤高校资源优势推动“三区联动”、产学研联动发展，培养熟练劳动者和技能人才。建立区社区学院，镇社区学校、镇成校社区分校，村民学校、市民学校以及宅基课堂等社区教育四级网络体系，开展与群众现实需求紧紧相连的各类主题培训，加大培养群众的创业、就业、发展能力。规范民非教育管理，健全“学习办”功能，加强区志愿者教师资源库建设，启动终身教育促进工程，发挥社区学院龙头作用，积极筹建上海市开放大学奉贤学院，推进区域学习型社会建设。

推进“三大工程”建设。开展市见习教师规范化培训工作，组织300名新招聘教师到11所基地学校参加为期一学期脱产培训，并为每一位见习教师选配了学科指导教师和班主任指导教师。加强高研班建设，400余名教师参加了“128培养工程”。实施新一轮“双名三优”评选工作，评选出103名名校长和名教师，204名优秀骨干校长和优秀骨干教师，305名“优秀青年教师”。举办提升校(园)长课程领导力论坛，加强4个“特级校长工作室”和4个“特级教师工作室”建设，组织优秀校长、教师参加国家、长三角等各层面培训，市农村学校现代教育技术能力培训、新农村教师培训等。着手建立区教育系统党务工作者培训基地，开展新上岗校(园)长、书记和局机关科级干部实务知识培训，依托教学节等平台，发挥校本研修作用，提高专业水平。4位教师被评为上海市特级教师。创新激励机制，以教师职称评审为抓手，建立了科学合理的评审制度；完善绩效工资制度改革和岗位设置，为吸引人才、留住人才创设了良好环境。

(侯元丽)

[合作开设格致中学奉贤校区] 3月23日，黄浦区政府和奉贤区政府签订合作开设格致中学奉贤校区协议。奉贤区政府按市实验性示范性寄宿制高中标准在南桥新城投资建造36个班级规模的新校舍。格致中学奉贤校区的办学性质为公办高级中学，与格致中学本部实行一体化运作，实施“教育资源共享，教学管理同步，整体综合联动”。

(侯元丽)

[编撰《奉贤“贤文化”教育读本》] 开发区域性“贤文化”本土教育资源，组织编撰《奉贤“贤文化”教育读本》。该读本已公开出版，为上海区县中第一套地方教育丛书。丛书涵盖学前、小学、初中、高中4个学段共6册，共计110余万字，主要根据学生的年龄特点，有针对地介绍当地农业生态、科普文化、历史名人等，使学生亲近地方文化，丰富校园文化生活。11月22日，区教育局举行以“新城崛起的文化自觉和自信”为主题的奉贤“贤文化”教育论坛暨《奉贤“贤文化”教育读本》首发式。

(侯元丽)

[参与市第三轮委托管理工作] 在市第三轮托管工作中，奉贤共11所学校参与托管。受援学校及相应城区支援单位分别为：庄行学校—静安区教育学会，胡桥学校—静安区教育学会，头桥中学—李惠利中学，江海一小—卢湾一中心，四团小学—福山教育文化传播与管理中心，青村中学—市八初级中学，肖塘小学—武宁路小学，江海三小—民办阳浦小学，汇贤中学—成功教育管理咨询中心，奉教院附中—甘泉外国语中学，奉城二小—梅溪小学。

(侯元丽)

[完成学校优质化工程项目] 12月23日，奉贤区举行学校优质化工程项目终期总结会。奉教院附中等9所学校15位教师进行公开教学展示，总结了“学校优质化工程”项目情况。2008年12月，区教育局与教育部中学校长培训中心联手实施为期3年的“学校优质化工程”项目。奉教院附中、钱桥学校、平安学校、古华中学、庄行学校、西渡学校、阳光外国语学校、齐贤学校与头桥中学等9所学校全面参与，9所学校的校风校貌、教师素质、课程建设等各方面都有较大改善。

(侯元丽)

[幼儿园结对带教全覆盖] 12月15日，区教育局在实验幼儿园举办公办幼儿园与民办(三级)幼儿园结对带教现场研讨活动，全区26所公办幼儿园与32所民办(三级)幼儿园签订结对带教协议，实现了民办(三级)幼儿园结对带教全覆盖。各公办幼儿园派一名视导员，定期上门指导督导。全区范围的公民办幼儿园的结对带教打通民办园的发展通道，促进提升民办(三级)幼儿园保教质量。

(侯元丽)

[钟燕群视察学前教育] 5月17日，上海市人大常委会副主任、市总工会主席钟燕群和市人大常委会部分成员到区内2家学前教育看护点、1家民办三级幼儿园和上海市一级幼儿园—奉贤实验幼儿园考察，与幼儿园的小朋友、教师和看护人员进行交流，仔细察看民办幼儿园的食堂、卫生情况和安全保护措施，对奉贤实验幼儿园的办园环境和质量给予肯定。

(侯元丽)

[沈晓明检查中小学开学工作] 9月1日，副市长沈晓明到奉贤区曙光中学、洪庙村看护点、奉贤教院附中等学校检查开学工作。市教委主任薛明扬、奉贤区委书记、区长时光辉等陪同检查。

(侯元丽)

[奉城高中改扩建工程启动] 9月28日，奉城高中改扩建工程开工。该工程位于曙光中学老校区，计划建设1幢5层教学楼，1幢6层综合教学楼，1幢6层宿舍楼，1幢2层食堂、风雨操场，2幢门卫，并对原实验楼和原北楼进行加固等，总建筑面积约21400.77平方米。该工程由区教育局投资建设。

(侯元丽)

[**建立乡村学校少年宫**] 10月14日，中央专项彩票公益金支持乡村学校少年宫项目上海市启动仪式在奉贤区四团小学举行。四团小学在乡村“七色花”留守儿童俱乐部基础上，建立乡村学校少年宫。学校的少年宫设有音乐室、美术室、国际跳棋室、电脑室、科技制作室、创意纸艺室、多媒体室等活动室，开设合唱、儿童版画、经典诵读、剪撕纸、十字绣、土布画、江南丝竹、儿童瑜伽、健美操、种植等20多个活动项目。

（侯元丽）

[**举办区第十六届教学节**] 区第十六届教学节自9月开幕，历时5个月。教学节以“多彩课程　快乐成长”为主题开展系列活动：举行“阳光健身一小时”课程展示活动；“快乐星期五”活动，包括“德育实践”、“文化艺术”、“工艺美术”“音乐舞蹈”“科普与制作”“体育与健身”等项目；开展校本特色课程评选，推进“一校一品”工程。

（侯元丽）

[**校企合作签约**] 9月19日，奉贤中等专业学校与上海新发展酒店管理有限公司本着“校企合作，工学结合，锻造高级技能型人才”的合作目标，签署校企战略合作协议。协议在二年级的学生中筛选并组建“新发展班”，设立新发展专项奖励基金50万元。新发展酒店管理有限公司为学校酒店管理专业学生提供实习平台。奉贤中等专业学校聘公司高层作为专家进行指导，聘请公司6位专业技术人员为兼职教师。

（侯元丽）

[**举行师生美术作品展**] 6月21日，“我是星星”——惠敏学校师生美术作品展的开幕式在区图书馆举行。此次美术作品展主要展出的是版画、电脑画、花泥画、剪纸、穿珠、编织等作品，展示了惠敏学校近几年来重视对特殊儿童的美术教学的艺术教育成果，受到了社会各界和各级领导的关注和好评。

（侯元丽）

附：区教育局驻地及负责人

（2011年1—12月）

地址：南桥镇古华路758号
邮编：201400
电话：37597001

区委分管领导：袁晓林
区政府分管副区长：钱雨晴

区教育局党委书记：王森龙（1月离任）、陆建国（2—9月兼任）、陆　琴（10月到任）
副书记：张　杰

区教育局局长：陆建国
副局长：朱玉平、褚继平、唐　瑛、施文龙（10月离任）

崇明县

［**2011年概况**］　全县共有中小学、幼儿园、职校和特殊教育学校111所。其中高中5所，完中3所（含2所民办），九年一贯制学校3所，初中28所（含民办1所），小学33所（含民办3所），幼儿园37所（含民办2所），职校1所，特殊教育学校1所。在校中学生22206人，小学生19301人，在园幼儿11217人，职校生3561人，特殊教育学生528人。全县共有教职工7639人，其中专任教师5536人。在职教师中，中级以上职称共有2971人，其中中学高级465人，中学一级1117人，小学高级1304人。高中、初中、小学、幼儿园专任教师学历达标率分别为99.58%、99.49%、99.95%、100%。

教育经费继续增长。全县财政对教育的投入达到106416.76万元，较上年增长14.78%，义务教育生均公用经费达到小学1600元、初中1800元的市颁标准。

推进教育发展。县教育局编制完成《崇明县教育事业改革和发展"十二五"规划》，同时编制学前教育、中小学教育、职业教育和终身教育、生态教育、师资队伍建设以及教育设施建设等六大"十二五"专项规划。召开崇明县教育工作会议，全面部署启动教育"十二五"规划，贯彻落实国家和市中长期教育改革和发展规划纲要，各项工作都取得新进展。早教指导率达96.5%，3—6岁幼儿入园率达99%；小学毕业考和中考合格率、优秀率有新的提升；职校毕业生就业率达98.5%；完成新型农民培训6万余人次。

加强干部队伍管理，提高党组织建设科学化水平。完成创先争优活动阶段性总结和评优工作，进一步推进党建工作，评选出25个创先争优活动优秀党组织、32名优秀党务工作者、88名优秀共产党员；以"三风"建设课题为引领，加强教育系统领导干部"思想作风、工作作风、生活作风"建设和县教育局机关作风建设活动；发挥党建督导功能，不断完善党建督导评价体系。

市教卫党委书记李宣海在崇明县专题调研学生德育工作

加强师资队伍建设和管理。引进各类师资259名，完成教育系统116家事业单位岗位设置管理工作，开展绩效工资实施情况调研；制定崇明县"十二五"教师继续教育实施意见及其细则，继续加强教师专题培训；开展第四轮县级骨干教师评选工作，共评出10名名师名校长、50名学科带头人、110名学科教学标兵、457名学科教学能手；评出4名上海市特级教师；继续做好名师工作室管理；完成252人初级职务、131人中级职务、71人高级职务的聘任工作。

加强中小学生思想道德建设和未成年人保护工作。抓好"两纲"教育，组织多次中小学生"走近中华经典"综合展示活动；开展主题班会评比、红色经典小故事评比、“童心向党，我要唱红歌”等“建党90周年”系列活动；做好未成年人保护工作，开展“农村中小学生家庭教育缺失状况”调查；开展学校周边安全检查活动，完成3所农民工学校大检查，每月定期对长兴岛非法办园点进行检查；配合县政府编制《关于进一步加强和改进未成年人教育与保护工作的实施意见》。

实施新一轮“学前教育三年行动计划”。设立新课程游戏、学习、生活和运动研究实践基地；开展幼儿园保教工作规范化管理培训、指导；推进早教指导工作，开展合格指导站申报、验收工作，制订《崇明县优秀早教指导站评估细则》；继续开展各级育婴师培训，开展讲师团巡回讲座。

进一步加强教育精细化管理。继续开展“主动·有效”课程项目，各校全面开展“主动·有效”课堂“练武”活动；全面实施提升中小学(幼儿园)课程领导力项目，各校组建项目研究团队，完成项目设计论证及课题立项，召开以“提升课程领导力:方向与行动”为主题的“第三届学校人文教育上海峰会”。加强教育过程管理，继续开展中小学校长每月教育教学工作汇报交流制度，建立中学分管副校长工作例会制度，各中小学建立校级督查组，开展对课堂教学五环节的检查。抓好农村教育质量，开展城乡学校集团式办学试点，建立3个教育集团，完成第二轮委托管理终期绩效评估，启动第三轮6所受援学校的委托管理项目。推进教育信息化工作，完善学校教育信息化应用的组织架构，形成三级管理网络。完成崇明县高中国际课程以及中外合作办学发展计划的制定。

加强职业学校内涵建设。委派教师参加各级各类培训，安排50余名教师下企业等第一线实训。做好招生就业工作，招收外省市学生近400人。开展成人职业技能培训和农村实用技术培训，培训近6万人次。做好社区教育工作，推进乡镇成人学校标准化建设和示范点建设，推广社区教育实验成果；继续办好老年大学和乡镇老年学校，全县接受教育的老年人达4万余人次。开展思想道德、法律法规、健身养生和提高生活质量等各类培训，培训9万人次。

推进校舍设施建设。2010学年度中小学校安工程年度计划项目29个，已完成27个。2011学年度抗震加固工程计划项目12个，项目已完成1个，开工建设10个，完成建筑方案设计1个。推进重点地区幼儿园建设，堡镇虹宝和港西明南2所幼儿园于8月中旬交付使用；新城24号地块配套幼儿园及裕安社区配套幼儿园的主体建筑土建工程已完成；长兴岛3所新建幼儿园项目，由市长兴开发办负责配建一所，县和长兴镇政府共同投资建造2所幼儿园；新建陈家镇幼儿园项目由县建工署代建，征地手续正在办理；陈家镇青少年活动中心建设项目的土建安装工程已竣工。堡镇青少年活动中心建设项目，由县建工署代建，已完成工程可行性研究报告的编制、评审、报批工作。培林学校搬迁改造项目已开工建设。扬子中学新建食堂项目主体建筑竣工，附属工程正在施工。城桥中学北扩项目已全面竣工。暑期校舍修理项目全部完成；全县小学课桌椅更新匹配工作全部完成。

加强依法治教力度。制定学校廉洁文化建设三年行动计划，开展“小金库”专项治理工作，进一步规范教育收费工作，整治中小学订阅教辅材料过滥状况；进一步加大审计力度，规范财务管理，开展110余个审计项目；完成12所中小幼(园)校办学水平综合督导和18所学校督导回访，开展学校内涵发展状况义务教育阶段学校招生入学工作等专项督导；完成2011年度与各乡镇和有关委局履行教育职责的签约工作以及《2010年度崇明县政府履行教育职责公示公报》的制订；依法办理民办学校的审批、变更、解散等手续，依法完成对各社会力量办学单位的年检工作；进一步对面向中小学校学生和幼儿园举办的非文化补课类培训进行整理，杜绝乱办学乱收费。

(梅湘瀛)

[举办第三届人文教育上海峰会] 第三届学校人文教育上海峰会4月23日在崇明县召开。峰会主题是“提升课程领导力:方向与行动”。这次峰会由华东师范大学、崇明县人民政府、上海增爱基金会主办，崇明县教育局、《扬》杂志社、《中文自修》杂志社、上海优赛文化传播有限公司承办。

(梅湘瀛)

[举办“生态教育与教育生态”研修班] 5月5日至7日，崇明县三乐学校承办全国陶行知“生活教育”理论研修论坛、崇明“生态教育与教育生态”研修班。中陶会“生活教育”讲师团领导成员，全国11个省市的教育系统陶研骨干，崇明县中小学校长、书记共300多人参加培训。其间还举行了陶行知铜像揭幕仪式。崇明县三乐学校被授予“行知实验学校”称号。

(梅湘瀛)

[开展集团式办学试点]　7月，启动集团式办学试点，组建了东门中学(含东门中学和城东中学)、东门小学(含东门小学和黄东华小学)、莺莺幼儿园(含莺莺幼儿园、鳌山幼儿园和明南幼儿园)3个教育集团。

(梅湘瀛)

[新办幼儿园建成使用]　幼儿园位于堡镇达山路350号，是2011年县教育局新开办的一所独立建制的公办幼儿园，占地面积4731平方米，建筑面积3478平方米，共有9个班级规模。9月1日开班，迎来首批80多名新生。

(梅湘瀛)

[命名第四轮骨干教师]　4月11日，县教育局举行第四轮骨干教师命名动员大会，命名表彰10位名师名校长、12位首席教研员、38位学科带头人、110位学科教学标兵、457位学科教学能手。

(梅湘瀛)

[市中小学乡土课程研究基地启动]　6月22日，上海市中小学乡土课程研究基地启动仪式举行。市教委教研室主任和县教育局局长签约并为基地揭牌。研究基地的目标是建设成为全国乡土课程建设的资料情报中心、学术研究中心、教师培训中心、经验推广中心。其主要任务，一是对崇明20年乡土课程的实践经验进行梳理和总结，二是引领上海市乡土课程改革。

(梅湘瀛)

[实施学生健康促进工程]　9月，崇明县启动学生体质健康监测中心和学生心理健康指导中心的建设，下发《关于切实落实中小学生每天校园体育锻炼一小时的工作方案》，各中小学校制定相应方案，并向社会和家长公布。11月，制定《崇明县学生健康促进工程实施方案(2011—2015年)》。方案包括八大行动计划：学校体育和健康教育课程体系建设行动计划，学校阳光体育与体教结合推进行动计划，学校卫生与医教结合推进行动计划，学生体质健康监测及干预行动计划，学校生命教育及心理健康教育促进行动计划，学校体育、卫生师资队伍建设行动计划，学生健康促进基础设施建设行动计划，学生健康促进与社会联动行动计划。

(梅湘瀛)

[组建学前教育教学督查组]　县教育局组建学前教学督查组，对全县幼儿园课程领导力的实施情况、师资队伍建设情况、教育教学管理及课程改革情况等方面进行全面的督查、指导、服务。督查组人员一年一聘，由具有高级职称、已退休但长期从事学校教育教学管理工作者和县教师进修学校的资深教研员、科研员担任。

(梅湘瀛)

[举办第三届教职工体育健身节]　4—12月，举办第三届教职工体育健身节。4月，县教育局、县教育工会制定活动方案，全县各级各类学校组织开展教师岗位健身运动和校级运动会。5月举办5个教学片运动会。下半年，开展象棋、五子棋、篮球、乒乓球等系列比赛活动。12月4日，举行闭幕式暨综合运动会，全县90多所学校1000多名教职工参加。

(梅湘瀛)

[举办学生文化艺术节]　5—11月，举办县学生艺术节。其间，先后开展"纪念中国共产党建党90周年"主题书画比赛、学生音乐节、各类艺术单项比赛、"樱花杯"书画比赛、艺术综合比赛等系列主题活动。还举行20场次专项比赛。全县80多所学校近万名学生参与。11月25日，举行"阳光伴我成长　校园放飞梦想"——2011年崇明县学生文化艺术节闭幕式。

(梅湘瀛)

[举行瀛通慈善教育基金捐赠及发放仪式]　10月19日，举行瀛通慈善基金捐赠仪式暨第五届"瀛通至爱教育专项基金"发放仪式。上海市慈善基金会瀛通慈善基金于2006年6月向崇明县教育局捐赠500万元设立"瀛通至爱教育专项基金"。5年来，1653名学生获"瀛通帮困助学金"，209名学生获"瀛通优秀学生奖学金"，206名教师获"瀛通'绿叶'奖励金"共计264万元。2011年，瀛通慈善基金再次捐赠500万元。

(梅湘瀛)

[成立老年教育学院学习苑]　2011年，成立县老年教育学院学习苑。该苑设在县社区学院，对全县老年教育进行指导，提供服务。其中，包括开发建设适合老年教育的学习资源和学习项目，开设老年教育的课程和系列讲座，组织老年人网上学习和文

化学习团队活动，开展老年教育的理论研究，建立规范齐备的老年教育教学组织管理档案。

（梅湘瀛）

[远程老年大学学习收视点发展迅速] 2011年，全县村(居)委和养老机构的学习收视点增加到253个，占全县村(居)委总数的69.97%，比上年增长近20%；收视点学员总数达8658人，占60岁以上老年人总数的4.84%，比上年增长1.4%。

（梅湘瀛）

[社区教育教材《海农文化》问世] 社区教育教材《海农文化》编辑出版。该教材分为水文化、灶文化、饮食文化等12个章节，采用文字、照片、民间故事等形式，反映崇明人从农耕文明逐步走向生态文明的过程，体现崇明人的生存智慧和文化积淀。它可供社区居民学习，也可作为旅游服务人员的培训教材。

（梅湘瀛）

附：县教育局驻地及负责人

（2011年1—12月）

地址：城桥镇新崇北路308号
邮编：202150
电话：59621724

县委分管常委：郝炳权
县政府分管副县长：王　菁

县教育局党委书记：姚李超
　　　　副书记：黄　强

县教育局局长：黄　强
　　　副局长：陆惠星、黄　慧、黄乃华

高等学校

复旦大学

［**2011年概况**］ 学校有直属院(系)28个(不含继续教育学院和网络教育学院),附属医院10所。设有本科专业70个、一级学科博士学位授权点35个、二级学科博士学位授权点154个(其中自设30个,专业学位1个)、硕士学位授权点243个(其中自设51个,专业学位24个)、博士后科研流动站29个、一级学科国家重点学科11个,二级学科国家重点学科19个。在校普通本、专科生13003人,硕士研究生10110人,博士研究生4793人,留学生3718人(其中攻读学位的留学生2579人)。招收普通本、专科新生3155人;招收研究生4945人,其中硕士研究生3746人,博士研究生1199人。有专任教师2419人、专职科研人员267人。有中国科学院、中国工程院院士37人,教育部“长江学者奖励计划”特聘教授58人、讲座教授34人、“国家重点基础研究发展计划(含重大科学研究计划)”项目首席科学家24人。

一、学科建设。制定学校“十二五”学科发展规划;全面启动实施“985工程”三期建设项目,做好“985工程”三期建设项目的论证和经费预算,制订和完善各项规章制度;为规范学术发展经费的使用,制订《复旦大学“985工程”三期学术发展资金管理办法》、《复旦大学“985工程”三期学术发展经费资助学术交流管理规定》、《复旦大学“985工程”三期仪器设备采购与管理办法》、《复旦大学院系学科建设经费资助出版管理办法》等管理办法;继续推进“211工程”三期建设的各项工作。

二、教育、教学改革。①全年开设本科课程共2997门、5163门次,其中通识教育核心课程六大模块开课268门次。推进全英语课程建设,开设全英语教学课程213门次,组织编写《复旦大学全英语课程手册》。获得国家级奖励项目8项,其中国家级教学名师1人,普通高等教育精品教材7部;上海市级奖励项目87个,其中上海市教学名师3人,上海市精品课程7门,上海市普通高校优秀教材30部,上海市重点课程项目11项,上海市全英语教学示范课程3门,上海市教委重点课程30门,上海市高校思想政治理论课教学比赛奖3项。②深入实施“望道计划”,推进拔尖人才培养工作。继续完善本科生学术研究资助平台建设,致力于引领学生走上学术之旅,积极探索创新性人才培养。全年共有365项莙政、望道、曦源课题(499名学生)获准立项。③深化通识教育理念,推进大类招生,为分省来源计划的编排提供更宽口径,方便考生填报专业志愿。④推进博士生招生改革。在巩固和完善“申请—考核制”博士生招生制度基础上,推出“长学制”招生改革举措,并在数学科学学院和物理学系开展改革试点。⑤扩大夏令营活动计划。全校共有12个夏令营开营,投入资助资金100万元,有741名优秀大学生参加夏令营活动,预录取推免生383人。

三、科学研究和科技成果转化。①获理、医科科研经费11.58亿元。获立科研项目1665项,其中“973计划”项目1项,国家重大科学研究计划项目4项,国家科技支撑计划项目资助2项,课题2项。获国家科技重大专项课题牵头14项,参与42项。获批国家自然科学基金499项,其中国家自然科学基金面上项目263项,青年科学基金209项,国家杰出青年科学基金项目5项,创新研究群体2项(包括延续资助1项),重点项目8项,重大研究计划重点项目2项,重大国际(地区)合作研究项目2项,联合资助重点项目1项,海外及港澳学者合作研究基金7项(包括延续资助1项)。获得教育部博士点基金博导类项目资助31项,新教师类项目资助42项,优先发展领域课题9项;教育部“新世纪优秀人才支持计划”20项,其中理工医科12项;教育部创新团队2项;教育部留学回国人员科研启动基金26项,理工医科19项。获财政部、教育部“中央高校基本科研业务费专项资金”5978万元。申请国内专利657项,授权专利数量251项,其中发明专利226项。累计有效专利(维持中)988项。完成计算机软件著作权登记38项。②文科科研到款经费总数1.598亿元,科研项目立项总数184项,其中国家社科基金项目73项,教育部项目70项,上海市哲学社科规划课题41项。获国家社科基金重大项目13项,教育部人文社科重大攻关项目1项,上海市重大项目1项。出版著作345部,发表论文2895篇,其中在国外学术刊物发表论文208篇,提交研究报告94篇,有2

项成果入选国家社会科学基金成果文库，3份研究报告入选2011年度高校哲学社会科学研究优秀咨询报告。哲学学院教授张汝伦完成的《〈存在与时间〉释义》获2011年度国家社科基金项目优秀鉴定成果。文科有8人入选教育部新世纪优秀人才支持计划项目，35人获上海市浦江人才项目立项资助，4人获上海市教委曙光项目计划支持，2人获上海市教委“晨光计划”项目支持，3人获上海市教委“阳光计划”项目支持，4人入选2011年度上海市社科新人。组织派遣8人参加教育部高校哲学社会科学教学科研骨干研修班的学习。③与地方和企业的合作稳中有进，其中科研经费到款1.644亿元，比上年同期增长13%；签订产学研合同424个，比上年同期增长3.4%，其中合同额大于50万元的项目34个。学校与上海市公安局、杨浦区、上海市气象局等开展合作，加强无锡研究院建设，与宁波市共同筹建复旦大学宁波研究院；与中石油等知名公司洽谈合作事宜；重视产学研平台建设，超精密光学制造和消化内镜诊疗获批成为上海市工程中心，已有5个校企联合实验室开展运作。截至12月底，学校申请国内专利579项、申请国外专利20余项、授权专利数量215项等，累计有效专利898项。完成计算机软件著作权登记37项，完成集成电路布图设计登记9项。

四、师资队伍建设。实施“卓越人才计划”，为中青年骨干教师提供人才津贴和科研经费资助，至年底，104名入选“卓越计划”和2名入选“卓识计划”的教授享受到人才津贴；85名教师入选“卓学计划”，从2012年开始享受到人才津贴和科研经费资助。学校探索完善人才引进新机制，起草《关于实施新一轮人才引进工作的意见(草案)》，启动实施引进人才岗位津贴标准调整和引进人才购房补贴调整工作，完善“千人计划”配套操作规则。加强教师入口管理，全年新进124人，其中教学科研人员98人(含思政4人)，行政21人，其他教辅人员5人。教学科研人员中，引进人才占全年新进教学科研人员的50%(49人)，一般新进教学科研人员中，有海外留学经历的人员占18%(18人)，国内博士后7%(7人)。开展高级职务聘任改革，实施新一轮岗位聘任，建立绩效奖励薪酬制度。学校全面启动人文、社科“优秀人才代表作评审”机制，各文科院系可结合本单位的实际情况，在学校原则要求的基础上，制定本单位个性化的“代表作评审”制度，报学校备案后实施。

五、附属医院工作。共有医院职工15272人，核定床位8246张。有国家重点学科31个，国家临床重点专科28个，卫生部临床重点专业5个，上海市临床医学中心7个，上海市医学重点学科9个，上海市医学重点专科9个，上海市临床医疗质量控制中心27个。有中国科学院院士3人(沈自尹、王正敏、葛均波)，中国工程院院士4人(汤钊猷、陈灏珠、顾玉东、周良辅)，双聘院士1人(陆道培)，教育部“长江学者奖励计划”特聘教授4人，复旦大学特聘教授11人。全年门急诊服务量1576.95万人次，期内出院人数3.46万人，住院手术服务量1.968万人次。全面推进住院医师规范化培养工作，共招收住院医师400人。

六、深化国际化办学。全年到访各类境外代表团共303批次2636人次，其中校长27人，副校长31人，各国政要28人。派出交流学生1653人，接收各类来华长期交流学生677人。共召开51次国际学术会议，来访长期专家103人，各类短期专家650余人，新增“名誉教授”等荣誉称号的专家11人。执行教育部海外名师项目3个，教育部普通短期专家项目52个，上海市智力引进项目21个，复旦大学海外优秀学者授课项目33个。首次申报由国家外国专家局组织的外专千人计划2个，高端外国专家项目12个。附属肿瘤医院教授Lorenzo Cohen(美国籍)获2011年上海市白玉兰荣誉奖。与9所境外大学或机构新签校际协议，新发展的境外大学包括美国俄亥俄州立大学、澳大利亚新南威尔士大学、以色列技术大学、土耳其考什大学等，进一步完善国际交流的布局，并开展实质性的合作和交流。

七、校友、校董和筹资工作。复旦大学通过校友、校董及社会各界获得如下捐赠收入：复旦大学捐赠收入5883.4万元；上海复旦大学教育发展基金会接受社会捐赠收入5206.6万元；复旦大学教育发展基金会(海外)接受社会捐赠收入960万美元，折合人民币约6048万元。

八、后勤保障工作。全年校园基础设施建设在建项目总建筑面积19.167万平方米，总投资87998万元，完成基本建设投资9748万元。完成美国研究中心一期第一、二、四层消防改造工程，子彬院改扩建工程竣工，邯郸校区第二至六教学楼空调安装工程竣工；落实学生食堂的补贴政策，严格执行学校食堂基本菜肴价格规定；完成第一批和第二批计划用电试点单位用电指标的跟踪控制工作，及时报送各单位月用电情况，主动配合试点单位落实各项节能管理措施和技术措施；按教育部规定对学校1906名在职在编“新人”住房补贴进行调整工作。

九、党建工作。校党委全面贯彻落实科学发展观，开展创先争优活动，推动学校各项事业又好又快发展。①加强和改进党的建设，纪念中国共产党成立90周年，梳理完善干部选拔任用工作制度，开展新一轮后备干部集中调整，加强干部教育培训，加强思想政治工作，加强党风廉政建设，全面部署和推进党务公开，做好统战工作和群众工作，维护校园安全稳定。②结合推进"为民服务创先争优"，开展"深入基层大走访大调研"活动。活动以"全面提高教育质量、加快建设世界一流大学"为主题，以查找和解决制约学校科学发展的突出问题和广大师生反映强烈的突出问题为重点，以转变领导干部和机关作风为着力点，以提高师生满意度为标准。校党政领导走访基层单位59家，召开座谈会65场，听取意见和建议1098人次。

（邓续周、甄炜旎）

［学生多次获奖］ ①第35届ACM国际大学生程序设计竞赛全球总决赛中，计算机科学技术学院田应涛、谢路昱、祝家烨组队参加获第27名。高教社杯全国大学生数学建模竞赛中，3个参赛队获全国一等奖，4个参赛队获全国二等奖；在第二届全国大学生数学竞赛中，获全国一等奖2名、二等奖3名；全国大学生电子设计竞赛（瑞萨杯）3个参赛队获全国一等奖，第28届全国部分地区大学生物理竞赛中，获上海市特等奖3名，一等奖7名，二等奖12名；第二届全国药学（中药学）专业大学生实验技能竞赛中获一等奖1名，二等奖1名。②6月16日，信息学院电子工程系5023寝室集体4名学生获评"2010年度中国大学生年度人物"。③3篇博士学位论文入选2011年全国优秀博士学位论文，另有6篇博士学位论文入选全国优秀博士学位论文提名论文。

（甄炜旎）

学校4位学生获评"2010年度中国大学生年度人物"

［国外大学校长到访］ ①1月17日，美国俄亥俄州立大学校长率团到访。校长杨玉良接待到访校长一行，并与俄亥俄州立大学签署校际合作协议。②4月18日，比利时布鲁塞尔自由大学校长率团到访，与校长杨玉良续签两校合作与交流框架协议，并新签两校学生交流协议。访问团与复旦各院系的代表就深入落实双方的合作举行会谈，比利时驻沪总领事出席会谈。

（甄炜旎）

［举行首届"港澳台交流日"］ 4月19日，复旦大学港澳台事务办公室举行首届"港澳台交流日"活动。活动邀请台湾大学、台湾政治大学、台湾师范大学、新竹清华大学、东吴大学、中央大学、逢甲大学、香港大学、香港理工大学、香港城市大学、澳门大学等港、澳、台三地知名高校参与，采取现场咨询与室内讲座相结合的形式，内容涵盖各自学校情况、研究生招生、校际交换生以及其他交流项目。

（甄炜旎）

［转载学术论文指数排名居前］ 5月，收到中国人民大学人文社会科学学术成果评价研究中心贺信，祝贺复旦大学在"2010年度《复印报刊资料》转载学术论文指数排名"中获得佳绩。2010年高等院校总排名被全文转载10230篇，涉及高等院校737所，复旦大学转载量（321篇）位列第3名，综合指数（0.653738）位列第3名。在高等院校哲学、经济学、政治学、社会学、马克思主义理论、中国语言文学、新闻传播学、艺术学、历史学、工商管理和公共管理分学科转载排名中，学校表现突出，名列前茅，其中历

史学转载量及综合指数排名位居第一；中国语言文学转载量及综合指数排名第二；哲学与政治学转载量及综合指数排名列第三。

（甄炜旎）

［**举办世界校友联谊会**］ 5月7日，由复旦大学校友会主办，复旦大学华盛顿校友会和上海医科大学华盛顿校友会承办的复旦大学第十二届世界校友联谊会，在美国华盛顿举办。会上，时任国际货币基金组织总裁特别顾问朱民，哈佛大学统计系主任、教授孟晓犁，英特尔中国研究院院长方之熙等校友作大会主题演讲。复旦大学副校长陆昉对话美国国务院开创性项目主任，探讨中美教育合作和发展。中国驻美总领事陈雄风，美国首位华裔女大使、美国中美教育基金会主席张之香，马里兰大学校长等应邀到会祝贺，近400位海内外校友与会。时任校党委书记秦绍德、副校长许征、前校长王生洪、上海医科大学校友会会长彭裕文出席会议。部分在美访问的院系负责人也参加大会，介绍学院发展情况。

（甄炜旎）

［**主办“上海论坛2011”**］ 5月28—30日，学校主办“上海论坛2011”，主题为“经济全球化与亚洲的选择：市场、政府和全球治理结构”，共设6个分论坛及4个圆桌会议，来自全球30多个国家和地区的300多名代表围绕主题展开研讨，并发表论坛共识。上海市副市长赵雯，教育部党组成员、国家教育行政学院院长顾海良，复旦大学校长杨玉良，韩国SK株式会社副会长兼首席执行官崔再源出席会议并致辞。诺贝尔经济学奖获得者詹姆斯·莫里斯、中国经济体制改革研究基金会国民经济研究所所长樊纲、联合国贸易和发展会议秘书长素帕猜·帕尼帕迪、英国能源研究中心主任詹姆斯·弗格森·斯基和复旦大学中国社会主义市场经济研究中心主任张军分别发表主旨演讲。

（甄炜旎）

［**召开教育发展基金会理事会、董事会**］ 会议于10月21日在深圳召开。会议增补朱之文担任上海复旦大学教育发展基金会理事及复旦大学教育发展基金会（海外）董事，秦绍德辞去董事会主席一职，选举朱之文担任上海复旦大学教育发展基金会理事长、复旦大学教育发展基金会（海外）董事会主席。会议审议通过《上海复旦大学教育发展基金会章程（修订稿）》，上海复旦大学教育发展基金会、复旦大学教育发展基金会（海外）2010年工作报告、财务报告、2011年财务预算安排。会上通报上海复旦大学教育发展基金会理事及秘书长变更情况，复旦大学教育发展基金会（海外）董事及总裁变更情况，复旦大学教育发展基金会（海外）投资情况以及今后的工作安排。并通过上海复旦大学教育发展基金会投资委员会名单。

（甄炜旎）

［**杨玉良在美国艺术与科学学院发表演讲**］ 应美国艺术与科学学院邀请，12月8日，校长杨玉良赴美国旧金山，在该学院的人文和社会科学委员会会议上发表演讲。杨玉良在演讲中阐述了在经济取得巨大成就而社会发展面临转型的背景下人文和社会科学对于中国的重要性，复旦大学应对挑战的思考，以及所采取的相应的甚至超前的、包括通识教育在内的系统策略，强调了要为“有思想的时代”作出贡献。

（甄炜旎）

［**新增两位中国科学院院士**］ 12月9日，信息科学与工程学院教授金亚秋、附属中山医院教授葛均波当选中国科学院院士。

（甄炜旎）

［**上海数学中心成立**］ 12月31日，教育部、上海市人民政府联合下发《关于批准成立“上海数学中心”的通知》，“上海数学中心”正式在复旦大学成立。该中心是由谷超豪院士向中央领导同志提请成立的，获得胡锦涛总书记多次批示，中央有关部委、科学院及上海市政府领导高度重视，成立以教育部部长袁贵仁和上海市市长韩正为组长的建设领导小组。2月，教育部和上海市政府组织对《上海数学中心筹建方案》的专家评审并获得通过。9月，学校成立以校长杨玉良为组长的“上海数学中心”建设领导小组，下设筹建办公室，数学学院院长担任筹建办公室主任。筹建工作正式开始。

（甄炜旎）

［**获3项国家科学技术奖**］ 高分子科学系江明、陈道勇、姚萍等的“大分子自组装的新路线及其运用”项目，信息学院金亚秋、徐丰、法文哲等的“极化电磁散射传输与空间微波遥感对地观测信息理论”项目获2011年度国家自然科学奖二等奖；中山医院葛均波、王吉成、程树军等的“新型可降解涂层

冠脉药物洗脱支架的研制”获2011年度国家技术发明奖二等奖。

（甄炜旎）

［**获8项国家级教学相关项目奖**］ 国际关系与公共事务学院颜声毅《当代中国外交》，化学系范康年《谱学导论（第2版）》，化学系吴性良、孔继烈《分析化学原理》，计算机科学技术学院施伯乐《数据结构教程》，经济学院华民《国际经济学》，历史学系姜义华《史学导论》，物理学系贾起民、陈暨耀《电磁学》（第3版）等7部教材获“十一五”国家级规划教材精品教材；哲学学院俞吾金获全国高校教学名师奖。

（甄炜旎）

［**3篇论文入选全国优秀博士学位论文**］ 物理学系沈大伟的论文《2H结构过渡族金属二硫属化物电子结构的高分辨角分辨光电子能谱研究》、生命科学学院徐书华的论文《高密度常染色体SNPs揭示的现代人群遗传结构》、计算机科学与技术学院陈海波的论文《云计算平台可信性增强技术的研究》等3篇论文入选第十三届全国优秀博士学位论文。另有6篇博士学位论文入选全国优秀博士学位论文提名论文。

（甄炜旎）

［**2项成果入选《国家哲学社会科学成果文库》**］ 学校2项成果入选《国家哲学社会科学成果文库》，其分别是：古籍整理研究所刘晓南《宋代四川语音研究》、哲学学院张汝伦《〈存在与时间〉释义》。

（甄炜旎）

［**3份研究报告入选高校哲学社会科学研究优秀咨询报告**］ 学校3份研究报告入选“2011年度高校哲学社会科学研究优秀咨询报告”，其分别是：公共卫生学院郝模等的《解决医、患、药、保四方问题、打破公立医院改革僵局、实现医改突破的政策建议》；新闻学院翁铁慧的《网络群体性事件应对失策的教训与启示——解读埃及政局动荡的发生发展》；国际关系与公共事务学院熊易寒的《农民工子女的社会融入问题及其对策》。

（甄炜旎）

附：学校负责人及地址

（2011年1—12月）

校党委书记：秦绍德（9月离任）、朱之文（9月到任）
副　书　记：陈立民、刘建中、王小林

校　　长：杨玉良
常务副校长：陈晓漫
副 校 长：蔡达峰、桂永浩、许　征、金　力、冯晓源、陆　昉、林尚立

邯郸校区地址：邯郸路220号
邮编：200433
电话：65642222

枫林校区地址：医学院路138号
邮编：200032
电话：54237900

张江校区地址：张衡路825号
邮编：201203
电话：51355003

江湾校区地址：淞沪路2005号
邮编：200438
电话：51630011

复旦大学上海视觉艺术学院

［**2011年概况**］ 学校有设计学院、新媒体艺术学院、时尚设计学院、美术学院、表演艺术学院、文化创意产业管理学院、基础教育学院7个专业学院和院务部、教务部、科研部、产业发展部4个管理部门，实训管理中心、图文信息中心、国际艺术交流中心3个业务中心，有教职工295人(不含兼职教师)，在校学生3686人。

学校坚持艺术与技术相融合的办学定位，在教学、管理、学科建设、师资队伍、人才培养、社会办学、国际交流、基本建设等各方面均取得新成绩。

一、实行学分制改革方案。9月，经过调研讨论及修订完善，学分制改革方案正式推行。学校根据方案对有关学院专业和师资结构进行调整，完善教学管理系统。

二、学院建制调整和完善。3月，学院建制作重大调整。①与上海社科院合作，新建文化创意产业管理学院，并在国内高校首创公共文化管理专业；②调整和改良表演艺术学院，成立表演艺术中心；③将原表演艺术学院下属播音与主持专业和广播电视编导专业划归新媒体艺术学院；④基础教育部升为基础教育学院，强化“双基”教育，加大通识教育力度。

三、开展教学自评，建立教学基本状态数据库。学校开展本科教学自评自查工作，并根据教育部统一制作的“高校教学基本状态数据库”要求，开展教学基本状态数据的采集、统计和规范化整理等工作，将建立“学校教学基本状态数据库”作为本科教学自评自查工作的一个抓手和全面推进学分制工作的一个切入点，并形成教学基本数据库日常维护和及时更新的长效工作制度。

四、参加国内外大赛再创佳绩。3月，由设计学院教师张卫伟指导，学生钱捷、杨黎明、林志勤、Titus(新加坡籍)共同完成的设计作品“玛丽莲·梦露”眼药水助滴器在2011年德国IF国际设计大赛中获得提名大奖；时尚设计学院珠宝与饰品设计专业2007级学生缪滨膺的珠宝设计作品Beautiful Moment获得第8届国际南洋珠宝首饰设计比赛学生组冠军，并在“香港国际珠宝展”展出；5月，设计学院包装传播设计专业学生李佳的设计作品《线牵纯心》在“喜形于设：冠生园喜糖包装设计大赛”中，从全国近千件参赛作品中脱颖而出，评为金奖；6月，学校选送的纪录片《倾听稻之歌》在第四届上海大学生电视节颁奖典礼中获得纪录片评委会大奖——紫丁香奖及最佳摄影奖，《PE1001》、《事件》分获优秀动画片奖和最佳电视栏目片奖，《FUN手机》和《三国选美传》分获最佳手机短片奖和最佳故事创意奖；9月，美术学院2008级绘画专业学生沈凌昊的摄影作品《心中的景致》在“独立宣言——‘巨人杯’2011当代艺术院校大学生年度提名展”中荣获“邱志杰奖·金奖”，2008级雕塑专业学生蒋晟的《属于皇帝的动物2》、2007级绘画专业学生何帆的《没收的玩具》分获优秀奖；10月，由设计学院讲师刘毅以“经典一流、探索创新”为主旨，强调交流、合作、节日、城市等主题元素而设计的海报成为第十三届中国上海国际艺术节海报。

五、学校生源质量进一步提高。2011年报考学校的学生超过2万多人，部分专业报名人数和招生人数之比超过50∶1，播音与主持专业达到72∶1。学校新生报到率为99.18%。

六、推进校企合作。①3月25日，学校与加拿大国际皮草服装品牌宝乐·丽仕曼合作成立“宝乐·丽仕曼时尚工作室”，将宝乐·丽仕曼国际时尚的设计理念以及对于皮草时尚流行趋势的研究成果带进大学时尚讲坛，进一步促进学校“需学研产”的结合，加强学校的时尚设计及研发能力；②4月21日，学校与中国境内最大的钻石生产商和零售商之一的金伯利钻石有限公司合作成立“复旦大学上海视觉艺术学院金伯利钻石首饰实验基地”，致力于贵金属镶嵌钻石首饰的设计、工艺的开发研究等；③6月15日，学校与上海那伽文化传播有限公司成立“那伽品牌策划与设计工作室”，联手开创产品设计新思路，全力打造国际化的中国设计品牌；④9月22日，学校与上海华侨城投资发展有限公司在上海欢乐谷合作成立教学实习基地，加大教学与实践结合的力度，推进项目制教学，并为大学生实习、实训、就业提供更多空间和平台。

七、交流和合作有新进展。①3月22日，英国邓迪大学研究生院院长和视觉动画专业负责人到学校访问，与设计学院就如何具体落实两校上年签署的研究生项目协议与"3+1+1"项目协议，特别是衔接课程的设置问题等进行商讨，初步确定交换生项目的起始时间、交换生人数和经费等问题的意向；②3月31日，日本东京艺术大学美术学院国际交流部会长等一行5人来学校进行学术交流，并分别与美术学院、设计学院和时尚设计学院进行专业交流与合作意向的会谈；③4月10日，时尚设计学院2007级服装专业毕业生与韩国灵山大学毕业生共同演绎的中韩两校毕业生优秀服装设计表演——Siva & Youngsan在杨浦区上海国际时尚中心举行，共展出100余件中韩两校优秀服装设计作品；④11月，作为学校国际专家委员会委员学校的日本武藏野美术大学经过和学校多年的学术交流，合作项目取得新进展。日本武藏野美术大学已在2012年的招生宣传册中，把学校列为国际交流协定学校，与巴黎国立高等美术学校、伦敦艺术大学、米兰工科大学设计学院、丹麦皇家艺术学院等21所世界著名艺术院校并列，两校之间的部分专业已可试行交换短期留学生制度，所修学分相互承认。

八、加强校园文化建设。学校决定每年各投入100万元和300万元设立校园文化建设基金和学生创业专项基金，同时在学校举办创业大赛。

九、吸引社会力量办学。7月和11月，学校分别与上海三湘投资控股有限公司及和润集团有限公司签订投资合作协议。上海三湘投资控股有限公司与和润集团有限公司分别投资2000万元和5000万元，成为学校新股东单位，并将为学校的发展提供有力支持。同时，学校与上海国安园林景观建设有限公司合作成立"复旦视觉上海国安奖助学基金"。

（黄　华）

[俞正声视察学校]　5月12日，中共中央政治局委员、上海市委书记俞正声，上海市委常委、市委秘书长丁薛祥到学校视察。在参观了学校的实训中心、图文信息中心和听取了学校领导的工作汇报后，俞正声对学校在短短六年时间里所取得的成绩，以及学校独特的办学方针和办学特色表示了充分的肯定和赞同。

（黄　华）

[成立文化创意产业管理学院]　3月31日，学校与上海社科院合办的文化创意产业管理学院成立大会暨揭牌仪式在实训中心举行。全国人大常委会委员、学校名誉院长龚学平，中共上海市委宣传部副部长、上海社科院党委书记潘世伟，上海社会科学院常务副院长左学金、党委副书记洪民荣，中国作家协会副主席、上海社科院文学所所长、著名作家叶辛，上海社科院信息所所长王世伟、新闻所所长强荧，复旦大学党委副书记、上海视觉艺术学院院长陈立民，党委副书记、副院长梁晓庄，教学指导委员会主任陈汗青，学校顾问戴平，以及上海社科院有关部门的领导、专家和学者等出席。成立大会由院党委书记、常务副院长邵敏华主持，龚学平名誉院长和潘世伟副部长为学院成立揭牌，并为学院客座教授和兼职教师颁发聘书。

（黄　华）

[启动文化创意产业开发集群项目]　6月26日，学校与北京德稻教育机构共同合作项目——上海文化创意产业开发集群（简称CCIC）正式启动仪式暨5位德稻大师工作室的成立仪式在实训中心举行。全国人大常委会委员、学校名誉院长龚学平，院党委书记、常务副院长邵敏华，德稻教育机构董事长李卓智和总裁夏军等共同出席了启动仪式。CCIC项目将紧密围绕国家文化创意产业发展战略和公共文化服务体系建设的需要，充分发挥德稻国际大师资源及学校的教学资源，整合业界、学界优势，以构建立足上海，辐射长三角，影响全国的上海文化创意产业开发集群，在全面提升学校办学综合实力、增强核心竞争力，拓展德稻大师国内行业市场的同时，力争在文化创意产业领域创出品牌，将CCIC打造成文化创意产业的硅谷。

（黄　华）

[历史画创作研究中心揭牌]　12月24日，由学校和上海市文化广播影视管理局主办的"视觉记忆——上海视觉艺术学院历史画创作研究中心作品展"开幕式暨"复旦大学上海视觉艺术学院历史画创作研究中心"成立揭牌仪式在上海美术馆举行。上海市人大主任刘云耕，市政协主席冯国勤，市委副书记殷一璀，市委常委、副市长屠光绍，市委常委、宣传部长杨振武，市委常委、上海警备区政委朱争平，全国人大常委会委员、学校名誉院长龚学平，市人大原副主任周慕尧、胡炜，市政府副秘书长翁铁慧，市教卫党委书记李宣海，市教委主任薛明扬，市委宣传部副部长朱咏雷，文广集团总裁薛沛建等领导以及参加此次历史画展的12名著名画家和来自全国及上

海的著名画家、历史学家、评论家靳尚谊、詹建俊、肖峰、曹意强、施大畏、陈燮君、熊月之、顾晓鸣等出席开幕式。本次画展展出了陈丹青等13位画家的30余幅油画作品。这些作品从不同的侧面、用不同的理念和艺术手法，描绘了从古到今的中国史实和场景。12月24日下午和12月25日，历史画创作教学理论研讨会在学校图文信息中心举行。全国人大常委会委员、学校名誉院长龚学平及校领导和来自全国及上海的著名画家、历史学家、评论家等30余人参加研讨会。

（黄　华）

[举办首届艺术特色中学校长论坛] 11月24—25日，由学校主办，学校附中承办的首届全国部分省市艺术特色中学校长论坛举办，全国人大常委会委员、学校名誉院长龚学平，上海市教委副主任李骏修等领导出席。本次校长论坛是由学校发起，联合全国部分省市艺术特色中学成立的学术交流、教学合作平台，目的是不断促进中等艺术教育的创新和发展，也为更多优秀艺术生源进入高水平艺术大学创造机会。论坛共有来自全国的70多所艺术特色中学的校长，包括全国知名的六大美术中学参会，并带来近百幅学生作品。论坛期间还进行了论文交流，并选出11家各省市具有代表性的高水平艺术中学作为论坛常务理事，同时为30多所在各省市有一定影响的高水平艺术中学颁发了“学校教学实践基地”铜牌。

（黄　华）

[召开学校第一届体育工作会议] 11月16日，学校第一届体育工作会议在图文信息中心召开，全国人大常委会委员、学校名誉院长龚学平，院党委书记、常务副院长邵敏华，党委副书记、副院长梁晓庄，学校顾问戴平等领导和各学院、中心、部门领导及学生代表等参加。龚学平名誉院长分别向团委及学生会和校游泳队、校高尔夫球队授匾和授旗。会议宣布成立复旦大学上海视觉艺术学院体育运动委员会。

（黄　华）

[播音与主持专业教学成果显著] 9月中旬，学校播音与主持专业2009级学生黄韵方在“第七届华东及全国部分省市电视主持新人赛”中获得一等奖，学生徐筠惠获三等奖，学生肖程皓、陈一婷、詹森荣获优胜奖。11月底，在由福建省电视艺术家协会、泉州电视台、泉州市电视艺术家协会和台湾世新大学联合主办，共有来自海峡两岸12个省市的选手参赛的“2011第三届海峡两岸主持新人大赛”中，播音与主持专业2008级学生胡玲璐获一等奖，2008级学生张嵩获二等奖，2010级学生王韵正获三等奖，2011级杨帆、2008级学生娄茗森获主持新人奖。与此同时，在由上海广播电视台、上海东方传媒集团主办，星尚传媒和东方之星承办的2011华语主持人大赛《今天我主持》总决赛中，播音与主持专业学生黄韵方夺得总决赛季军，并加盟东方卫视的新闻节目《看东方》，担任新闻主持人。

（黄　华）

附：学校负责人及地址

（2011年1—12月）

院　　长：陈立民
常务副院长：邵敏华
副 院 长：梁晓庄、陈汗青（12月到任）、张　同（12月到任）

院党委书记：邵敏华（1月到任）
副 书 记：梁晓庄

地址：松江区文翔路2200号
邮编：201620
电话：67822643

上海交通大学

[2011年概况] 一、人才培养质量稳步提升。生源质量稳步提高。来自"985"高校的博士生源比例达到62%。积极推进"基础学科拔尖学生培养试验计划"、"卓越工程师计划"、"改革研究生培养模式"等3个国家教育体制改革试点。新增国家级教学名师1人、上海市教学名师4人;国家特色专业建设点2个;上海市精品课程7门;通识核心课程立项建设突破150门。获全国优博论文1篇。2011届研究生就业率97.61%,本科生就业率98.05%。机械与动力工程学院获首批国家"试点学院"。获首批工程博士学位试点。成立国内首家教学发展中心。学位与研究生教育思想大讨论取得实效,推出八项改革举措。被中宣部确立为全国"全员育人"典型高校。学生在各级各类竞赛中屡创佳绩,获第十二届"挑战杯"荣誉。

二、师资队伍实力显著增强。加大高端人才引进和培养力度,院士遴选工作取得新突破。新增院士3人(当选2人,引进1人)。新增"千人计划"19人;新增"青年千人计划"14人;32人入选首批"上海千人计划"。新增杰青11人,创新群体2个。推出"特别副研究员"支持计划,加快青年教师队伍建设。多名教师入选世界著名学术组织重要成员(1人入选法国国家医学科学院外籍院士;1人入选英国皇家工程院外籍院士;2人当选IEEE Fellow;1人当选ASME Fellow)。深化改革,在优化师资队伍结构、推进师资队伍分类发展等方面取得积极成效。

三、科技创新能力大幅提高。王振义荣获国家最高科学技术奖。12项成果获国家科学技术奖,其中以第一完成单位获奖居全国高校第二;王振义、陈竺荣获第七届美国圣·乔奇癌症研究进展大奖;2项成果入选"中国高等学校十大科技进展",1项合作成果入选"中国科学十大进展"。获国家自然科学基金项目总数、面上项目数、杰青数和创新群体数四项第一。获"973计划"4项,重大科学研究计划4项,创历史最好成绩。重大专项成绩显著,项目经费数(含国防)达4.7亿元。医学基因组学国家重点实验室评估再获优秀;微生物代谢国家重点实验室申报成功;新增5个省部级研究基地,创历年之最。被四大世界名刊(*Science*、*Nature*、*Cell*和*PNAS*)收录论文10篇。文科科研创历史新高,共获33项国家项目,其中国家社科基金重大项目4项。

四、服务社会战略有序推进。重点加强与地方政府和大型企业的实质性合作。与广西签署战略合作协议,与辽宁、山东、深圳、舟山、无锡、常州等省市开展深度合作。与中航工业等国防科技企业集团开展全面合作。成立上海转化医学研究院和中国医院发展研究院、上海国际医学中心。启动电动汽车校园实验网建设,智能电网研发中心取得阶段性成果。承担各类突发公共卫生事件及重大任务医疗保障工作,社会影响力不断增强。附属医院启动建设15个国家临床重点专科,全年门急诊2100多万人次、手术35.6万人次,分别占上海市的四分之一和三分之一。

五、国际合作交流走向深入。推进与海外顶尖大学的战略合作,在MIT建校150周年之际,签署两校新的合作意向。在中组部支持下,与MIT联合举办面向政府主管领导和大中型企业高管的能源高端培训项目,社会影响显著。与加州大学伯克利分校、东京大学等签署校际合作协议。与法国巴黎高科集团联合筹建成立"上海交大—巴黎高科卓越工程师学院"。借鉴密西根大学教与学研究中心经验,成立教育部教学发展中心。新加坡国际合作园区建设取得重大突破。授予海外专家、学者及友好人士荣誉称号70人。研究出台提高学位留学生规模与质量的学位留学生促进计划。在校学位留学生人数超过1800人(含医学院)。本科生有海外学习经历的比例增加至31.9%。继续落实以"国家公派出国留学研究生项目"为主,"博士生国外访学计划"为补充的国际合作培养方式,140名博士生获国家资助前往世界一流大学深造,114位博士生到海外联合培养。启动全英文教学专业9个。至2011年末,学校海外博士比例达17.2%。

六、党建和精神文明建设成效显著。开展创先争优活动,加强学习型、研究型班子建设。改进和完善干部选任制,推进院(系)班子换届制度化。创新干部教育培训工作,获批"上海市干部教育培训高校基地”。加强基层党组织建设,船舶海洋与建筑工程学院荣获“全国先进基层党组织”称号。配合教育部巡视组到校开展巡视工作,对照巡视组的反馈意见,制定整改措施。推进学校反腐倡廉体系建设,强化安全稳定责任制,妥善处理各类信访事件,确保校园和谐与稳定。

七、文化软实力快速跃升。钱学森图书馆顺利建成,这是第一个建在高校的全国爱国主义教育示范基地,胡锦涛总书记对钱学森图书馆开馆作重要批示,李长春专程到校出席开馆仪式,习近平、李克强等10多位党和国家领导人参观了由学校承办的人民科学家钱学森事迹展览。完成八卷本200万字《上海交通大学史》前四卷的编撰,成为交大文化传承的载体。注重校园文化品牌建设,推进高雅艺术进校园。

(章玲苓)

[王振义获国家最高科学技术奖] 1月14日,中共中央、国务院在北京举行国家科学技术奖励大会。党和国家领导人胡锦涛、温家宝、李长春、习近平、李克强出席大会。中国著名血液病学专家、中国工程院院士、上海交通大学医学院附属瑞金医院王振义教授荣获国家最高科学技术奖。

(章玲苓)

[钱学森图书馆开馆] 12月11日,钱学森图书馆在学校建成开馆。中共中央总书记、国家主席、中央军委主席胡锦涛对钱学森图书馆建成开馆作出重要指示。胡锦涛总书记指出,钱学森同志是享誉海内外的杰出科学家、中国航天事业的奠基人、爱国知识分子的优秀典范,在国家经济、科技、国防建设中贡献突出、功勋卓著。他强调,建立钱学森图书馆是一件很有意义的事情。要充分发挥这个图书馆在开展思想教育、普及科学知识、培养优秀人才等方面的积极作用,进一步引导广大干部群众特别是青年教师和学生,努力学习钱学森同志爱党爱国的政治品格、严谨求实的科学态度、开拓进取的创新精神、无私奉献的高尚情操,共同为推进中国特色社会主义事业而不懈奋斗。

钱学森图书馆外景

中共中央政治局常委李长春出席钱学森图书馆开馆仪式,并为钱学森塑像揭幕。中共中央政治局委员、国务委员刘延东出席开馆仪式并讲话。中共中央政治局委员、上海市委书记俞正声出席开馆仪式。开馆仪式由教育部部长袁贵仁主持。解放军总装备部政委王洪尧、上海市委副书记殷一璀、上海交通大学党委书记马德秀、钱学森之子钱永刚在仪式上发言。

建成的钱学森图书馆占地面积9300平方米,建筑面积8188平方米,陈展面积约3000平方米,馆藏文献、资料、实物等共计84000余件,其中100余件文献和实物为首次公开。该馆成为国内外钱学森文献实物最完整、最系统、最全面的收藏保管中心。

(章玲苓)

[俞正声寄语上海交大毕业生] 国际与公共事务学院2011届本科毕业生党支部在即将告别母校之际,向全校毕业生党员发出“无论何时何地,让我们亮出党员身份!”的倡议,并在6月初,给中共中央政治局委员、上海市委书记俞正声写了一封信。6月5日俞正声回信亲切寄语交大党员学子:你们是我们党的年青一代,你们即将走上社会,我希望并相

信你们能保持共产党员的纯洁性，即坚持党的宗旨，真正为国家和民族的未来，为他人、进而也为自己的幸福坚持不懈地奋斗。

（章玲苓）

［俞正声为师生上党课］ 6月20日，中共中央政治局委员、上海市委书记俞正声在闵行校区新体育馆为5000多名学生和教师代表上党课。校党委书记马德秀主持。俞正声以一名老共产党员的身份，以“坚定、忠诚”为主题，希望大家正确把握未来的方向，认真学习党的历史，善于识别各种声音和观点，面对新时期新任务，坚定理想信念，牢记党的宗旨，坚持党的领导、坚持走中国特色社会主义道路不动摇。

（章玲苓）

［领导视察调研及访问交流］ ①2月25日，科技部副部长陈小娅一行到校调研。②3月24日，教育部副部长杜占元一行到校调研。③3月29日，科技部高新司负责人耿战修、李志农等到上海交大国家大学科技园考察指导工作。④3月30日，教育部党组副书记、副部长杜玉波到校考察调研。⑤4月21日，全国政协副主席董建华一行到上海交大董浩云航运博物馆参观访问。⑥5月9日，全国人大常委会副委员长、民进中央主席严隽琪到校调研，与校党委书记马德秀、常务副校长林忠钦、副校长黄震及海外教授代表以“高校科技投入体制”为主题进行座谈交流。⑦5月11日，中共中央政治局委员、国务委员刘延东到校视察。教育部部长袁贵仁，科技部党组副书记、副部长王志刚，国研室党组副书记、副主任江小涓等随行视察。上海市委副书记、市长韩正，市委副书记殷一璀等陪同视察。刘延东一行到徐汇校区视察了建设中的钱学森图书馆，随后到医学院附属瑞金医院看望了2010年度国家最高科技奖获得者王振义院士。⑧5月17日，全国政协副主席、九三学社中央副主席、中国科学院院士王志珍率全国政协调研组到校召开座谈会。⑨7月26日，由全国人大常委、全国人大科教文卫委员会副主任、致公党中央副主席、中国科学院院士程津培率领的致公党中央、科技部“加快推进科技成果转化和产业化调研组”到校调研。⑩11月3日，中共中央政治局委员、上海市委书记俞正声到校调研战略性新兴产业。⑪11月16日，上海市委副书记、市长韩正到校视察建设中的钱学森图书馆外围环境整治、建筑验收和陈列布展工程进展情况。⑫11月28日，中宣部副部长申维辰，教育部副部长鲁昕，上海市委常委、市委宣传部部长杨振武等中宣部、教育部、总装备部、上海市领导到校现场检查了钱学森图书馆建设布展、钱学森雕塑以及开馆筹备的各项工作。⑬12月4日，中央政治局委员、上海市委书记俞正声，市委副书记殷一璀，市委常委、宣传部部长杨振武，市委常委、市委秘书长丁薛祥，副市长沈晓明等领导到校视察了钱学森图书馆建设布展、钱学森雕塑以及开馆筹备的各项工作。⑭12月7日，上海市委副书记、市长韩正前往位于漕河泾的上海安吉星信息服务有限公司、上海众源网络有限公司、上海曼恒数字技术有限公司，实地调研科技型中小企业发展情况。在韩正市长调研的3家企业中，上海众源网络有限公司、上海曼恒数字技术有限公司都是由上海交大科技园慧谷创业中心孵化培育的企业。⑮12月24日，全国继续教育工作会议在京开幕。中共中央政治局委员、国务委员刘延东在教育部部长袁贵仁、副部长鲁昕的陪同下，到会议中心展区的上海交大继续教育学院移动学习成果展台，视察移动学习成果展示。

（章玲苓）

［“人民科学家钱学森”事迹展览开幕］ 11月3日，由学校承办的“人民科学家钱学森”事迹展览在国家博物馆开幕。中共中央政治局委员、中央书记处书记、中央宣传部部长刘云山，中共中央政治局委员、国务委员刘延东出席开幕式并为展览揭幕。教育部部长袁贵仁介绍了展览情况，中央宣传部副部长申维辰主持开幕式。解放军总政治部副主任吴昌德，教育部副部长杜玉波、鲁昕，科技部副部长陈小娅，解放军总装备部副政委黄作兴，中国科学技术协会书记处书记张勤，解放军总政治部宣传部部长周涛，解放军总装备部政治部副主任贺天成，国家博物馆馆长吕章申，钱学森之子钱永刚，学校领导、师生、校友代表和1000多名首都各界群众代表参加开幕式。11月14日，中共中央政治局常委、中央书记处书记、国家副主席习近平，中共中央政治局常委、国务院副总理李克强分别来到国家博物馆参观正在这里举办的“人民科学家钱学森”事迹展览。其后，该展览在沈阳、西安及广州作了巡展。此次事迹展览分为“中国航天事业奠基人”、“科学技术前沿的开拓者”、“人民科学家风范”、“战略科学家的成功之道”四部分，共展出400多件珍贵的文献史料。全面展现钱学森对中国航天事业和现代科学技术的卓越贡献。

（章玲苓）

[教育部巡视组到校巡视] 5 月 9 日，根据《中共教育部党组关于开展直属高校巡视工作的意见》精神，教育部巡视组进驻学校，开始为期三周的巡视工作。组织召开各类座谈会、专项工作汇报会 20 多场，近 200 人次参与个别谈话。巡视组给予交大党政班子的评价是“具有较高政治素质、较强凝聚力的班子，是团结和谐、勤奋务实、清正廉洁的班子，是善于谋大事、能干事的班子”；对学校近几年坚持科学发展，加强学科建设，实施英才培育、人才强校、国际化等战略取得的成绩给予了充分肯定，认为“整个学校呈现出朝气蓬勃、心齐气顺、积极向上的景象”；同时也提出了内涵建设、人才引进与培养的协调等方面的不足和建议。学校党委根据《反馈意见》，提出 19 项整改措施。

（章玲苓）

[两教授当选院士] 12 月 8 日，上海交通大学机械与动力工程学院林忠钦教授当选中国工程院机械与运载工程学部院士。12 月 9 日，中国科学院公布 2011 年院士增选名单，上海交大机械与动力工程学院郑平教授当选中国科学院技术科学部院士。

（章玲苓）

[开展研究生教育思想大讨论] 3 月至 7 月，学校首次开展学位与研究生教育思想大讨论活动，以找到更好的生源、选出更好的导师、建设更好的课程、设计更好的制度、提供更好的服务为目标，先后组织 50 余场不同规模、不同领域的交流研讨会议，印发工作简报 11 期，主办网上论坛共收到校内外意见与建议 300 余条。通过深入分析研究生教育的现状，寻找存在的问题，比对与世界一流大学的差距，提出招生指标分配制度、招考与选拔创新计划、导师动态选聘制度、卓越课程建设计划、博士生连贯式培养与分流制度、交叉学科人才培养计划、博士生待遇改善计划、学位留学生促进计划等八项创新改革举措。

（章玲苓）

[生物医学工程学院成立] 4 月 8 日，上海交大成立生物医学工程学院。上海交大 Med-X-精神卫生中心神经精神影像中心同时成立。新成立的生物医学工程学院将根据国际前沿研究、国家重大需求、临床医学发展需要和交大现有的基础，着力建设“生物医学仪器”、“神经科学和工程”、“医学影像信息”、“生物纳米材料”等四个学科领域，其相关的应用技术主要将用于人类疾病的预防、诊断、监护、治疗和康复。在人才培养上，学院将致力于培养具有国际竞争力的生物医学工程领域高端研究、开发、管理人才。

（章玲苓）

[教学发展中心成立] 4 月 22 日，上海交通大学教学发展中心成立。教育部高教司司长张大良、上海市教委副主任印杰、校党委书记马德秀共同为“中心”揭牌。“中心”作为教学研究和教师培训的专业化机构，对于创建大学的教学文化、提升教师的教学水平都将发挥极为重要的作用，成为大学人才培养体系的有效组成部分。“中心”最主要的任务是帮助教师解决在教学实践中遇到的问题。使广大教师掌握系统的教育理论，实现教育理念的创新；掌握高效开展教学活动的基本方法，并付诸实践；深入研究教育教学规律，探索有效提升高校教师教学水平的方法和途径，并形成成果予以推广。

（章玲苓）

[“卓越工程师计划”校企合作授牌仪式举行] 4 月 22 日，“卓越工程师教育培养计划”校企合作授牌仪式在上海交大闵行校区举行。教育部高教司司长张大良、校党委书记马德秀出席授牌仪式并讲话。校党委副书记徐飞为上海电气集团、上海通用汽车有限公司、中国航天科技集团公司第八研究院、新奥能源集团、中航商用飞机发动机有限公司的企业代表授牌。上海交大与五家企业共同合作，探索校企合作人才培养新模式。授牌仪式前，上海交大还举行了“卓越工程师培养计划”校企合作研讨会。

（章玲苓）

[承办 IEEE 世界机器人与自动化大会] 5 月 9 日，由 IEEE 机器人与自动化学会主办，上海交通大学承办的 2011 年 IEEE 世界机器人与自动化大会在上海国际会议中心开幕。本届大会的主题是“机器人，让生活更美好”。全国人大常委会副委员长严隽琪出席大会并致辞。上海交大党委书记、校务委员会主任马德秀致欢迎辞。上海市政府副秘书长翁铁慧、教育部科技司副司长娄晶、科技部高新技术发展及产业化司副司长胡世辉、国家自然科学基金委工程与材料学部常务副主任黎明、上海市科委主任寿子琪、上海市教委副主任袁雯、上海交大常务副校长林忠钦、IEEE 机器人与自动化学会主席 Kazuhiro Kosuge、2011 IEEE 世

界机器人与自动化大会总主席李泽湘，以及来自世界各国的机器人与自动化领域的1700余位专家、学者齐聚一堂，在为期4天的会议期间，就当今国际机器人与自动化研究领域的前沿方向和产业发展进行深入交流与研讨。

（章玲苓）

［上海卓越管理中心成立10周年］ 11月6日，由上海交大和上海市工业系统有关单位共同建设的上海卓越管理中心在上海交通大学举行成立10周年大会，全国人大常务委员会副委员长严隽琪出席会议并致词，上海市委副书记、市长韩正发来贺信。“中心”成立10年来依托上海交通大学的师资力量，举办了23期高级和13期中级职业经理人培训班，来自工业、商业、金融、物流等经济领域的1300多名企业领导干部经过培训和考核鉴定，获得了国家人力资源和社会保障部颁发的高、中级职业经理人证书。

（章玲苓）

［获世界大学生运动会5项冠军］ 8月，在深圳举办的第26届世界大学生运动会上，学校组建的中国大学生乒乓球男队获男子团体冠军。陈慧佳获女子4×100混合泳接力金牌。尚坤获乒乓球混双冠军。许昕获乒乓球男双、男单冠军。

（章玲苓）

［获第十二届“挑战杯”］ 10月19日，第十二届“挑战杯”全国大学生课外学术科技作品竞赛决赛在大连落幕。上海交大以总分450分夺得象征最高荣誉的“挑战杯”，6件终审决赛作品分别获特等奖3项，一等奖1项，二等奖2项，世园会专项一等奖1项。

（章玲苓）

附：学校负责人及地址

（2011年1—12月）

校党委书记：马德秀
常务副书记：苏　明
副　书　记：孙大麟、潘国礼、徐　飞

校　　　长：张　杰
常务副校长：林忠钦
副　校　长：陈国强、郑成良、张文军、陈　刚、蔡　威、吴　旦、黄　震

闵行校区地址：东川路800号
邮编：200240
总机：54740000

徐汇校区地址：华山路1954号
邮编：200030

卢湾校区地址：重庆南路227号
邮编：200025

法华校区地址：法华镇路535号
邮编：200052

七宝校区地址：七莘路2678号
邮编：201101

上海交通大学医学院

［**2011 年概况**］ 学院有教职医护员工 2.4 万人，具有高级职称的在职人员 2831 人。其中中国科学院院士 1 人，中国工程院院士 9 人，中组部“千人计划”6 人，“长江学者”特聘教授 9 人，“长江学者”讲座教授 5 人，国家“973”项目首席科学家 10 人次，国家杰出青年基金获得者 20 人，人事部“百千万人才工程”23 人，卫生部有突出贡献中青年专家 12 人，上海市领军人才 36 人，上海市“东方学者”15 人、讲座讲授 6 人，团队 1 个。学院专任教师共 631 人，其中 35 岁以下教师 237 人，36—45 岁教师 224 人，46 岁以上教师 170 人，高级职称的有 251 人，具有博士学位的有 364 人。有 7 人入选上海市“千人计划”；4 人入选“东方学者”特聘教授，3 人入选“东方学者”讲座教授，1 个“东方学者”团队。7 人入选医学院优秀学科带头人计划，高小玲等 30 人入选医学院“新百人计划”，贺明等 41 人入选医学院优秀青年教师培养计划，许文燮等 6 人担任基础医学院/医科院课题组长，方超等 10 人担任基础医学院/医科院助理研究组长。市领军人才考核 1 人优秀；63 人入选上海市高校青年教师培养资助计划；4 人入选教委青年教师国内访学项目；36 人入选教委国外访学项目；3 人获国家留学基金委全额资助；21 人获王宽诚医学奖励基金资助等。学院共招收博士后 50 人(其中留学回国人员 8 人)，出站 25 人，退站 3 人。学院本部录用各类人员 46 人，减员 81 人。

学院录取本科生 596 人，其中录取上海市新生 180 人，外省市 416 人。录取研究生共 1387 人，其中博士生 381 人，硕士生 750 人(含港澳台 14 人，留学生 11 人及返校生 4 人)，住院医师专业学位硕士生 256 人。成人教育学院招生 1968 人，其中五年制本科 532 人，三年制专升本 1436 人。网络教育学院新注册学生 3489 人，招生规模增长 13.9%，创近五年新高。

学院有七年制、本科毕业生 723 人，其中七年制 255 人。毕业生签约三级医院的有 402 人，占毕业生人数的 55.6%；签约二级医院的有 28 人，占毕业生人数的 3.9%；基地升学的有 63 人，占毕业生人数的 8.7%；普通升学的有 153 人，占毕业生人数的 21.2%；其他(包括出国、就业非医疗单位、公务员)的有 77 人，占毕业生人数的 10.6%。毕业研究生 833 人，其中博士研究生 303 人，硕士研究生 530 人。授予博士学位 279 人，硕士学位 609 人。成人教育春季共有专科、本科和专升本三个层次及临床医学、口腔、检验和护理等十三个专业毕业生 1794 人，其中有 82 人获得学士学位。网络教育学院毕业学生 2394 人，其中本科生 930 人，专科生 1456 人，获学士学位 14 人。

学院 12 所附属医院核定床位总数 12704 张，实际开放床位 13959 张，共有执业医师 6039 人，其中具有高级职称的医师 2633 人；执业护士 7691 人，其中具有高级职称的护士 101 人。全年完成门急诊 2207.86 万人次，出院病人 53.62 万人次，住院手术 32.52 万人次，分别比上年同比增长 9.90%、8.01%和 3.31%。

学院成立了第三批 4 个专病诊治中心。同时，组织专家对第一批、第二批共 39 个专病诊治中心的工作进行了考核。学院附属医院有 18 个专科被评为第二批国家临床重点专科。截至年底，学院附属医院共获批 33 个国家临床重点专科和 2 个国家临床重点专科培育项目，占全市(中医、军队医院除外)国家级临床重点专科总数(64 个)的一半。共获国家卫生部近 2 亿元的资金支持。年内，学院为 11 所培训基地医院 140 名全科医学住院医师开设 8 门共 338 课时的全科医学理论课程，常规组织住院医师规范化培训阶段性临床技能综合考核工作，共有 559 名住院医师参加。经综合考核，第一阶段合格人数为 244 人，合格率为 74.6%；第二阶段合格人数为 217 人，合格率为 93.5%；总计合格人数 461 人，总合格率为 82.5%。从上年开始，附属医院中有 7 家医院承担对口援建 7 家云南县医院的任务。共派出医务人员 75 人，门急诊人数 32187 人次，手术人数 3238 人次，组织疑难会诊讨论 1773 次，组织学术讲座 752 次，组织业务培训 7640 人次，开展义诊 3160 人次，开展教学查房 1847 次，举行手术示教 814 人次，帮助当地医院建设特色专科 17 个，向当地医院捐赠药品和设备折合人民币 113 万元。接受云南医院来沪进修医护人员 103 人次。

年内，共获得各级各类科研项目(课题)1571项，合同总经费达47117.7万元，比上年增长25%。其中纵向课题1198项，经费42734.7万元；尤其国家级课题400项，经费27862万元，占纵向经费65.2%，其中国家自然科学基金386项，比上年增长22.9%，再创新高，居国内同类医学院校首位。全院获得各级科技成果奖76项(第一单位68项)。中国工程院院士、上海交通大学医学院附属瑞金医院终身教授、上海血液学研究所名誉所长王振义获得2010年度国家最高科学技术奖。学院获国家科技进步二等奖7项(牵头2项)，国际合作奖1项，高等学校科学研究优秀成果奖11项(一等奖4项)，中华医学科学技术奖9项，上海市科学技术奖17项(一等奖5项)。陈赛娟教授的"急性单核细胞白血病和甲状腺功能亢进医学基因组学研究获突破"获2011年度"中国高等学校十大科技进展"，贾伟平教授获第十二届上海市科技精英。全院共申请专利171项，其中：中国发明专利101项，PCT发明专利4项，中国实用新型专利65项，中国外观设计专利1项；同期，授权中国专利87项，其中发明专利33项，实用新型专利54项。据中国科技信息研究中心2011年对2010年SCIE科学引文索引(扩大版)统计，全院在SCIE被收录的论文1228篇，其中Article、Review、Letter、Editorial的文章1138篇，论文数比上年度有较大幅度的增长。在2010年"表现不俗"的论文较多的医疗机构前30名中，附属瑞金医院57篇、仁济医院36篇、第六人民医院35篇、第九人民医院23篇，分列第2、6、9、21位。瑞金医院张小伟、胡明等2010年分别发表在*SCIENCE*、*PNS*上的论文被列为中国百篇最具影响国际学术论文。学校重点学科与基地建设取得较大进展。通过全面总结回顾、细致梳理归纳、组织现场考察、专家评审，各级重点学科及重点实验室的建设任务按既定目标进行并通过上级单位的考核评估。其中，"医学基因组学国家重点实验室"和"癌基因及相关基因国家重点实验室"顺利通过科技部评估，"医学基因组学国家重点实验室"连续3次评估获得优秀。在此基础上，重点学科及实验室进一步凝练研究方向、加强队伍建设、着力基地建设、突出科技创新、面向经济建设主战场、提高国际化程度，推进医学院的内涵发展。科技部批准在医学院建立"国家国际科技合作基地"——转化医学国际联合研究中心；同年，新增教育部"环境与儿童健康重点实验室"、"上海市肿瘤微环境与炎症重点实验室"、"上海市小儿消化与营养重点实验室"获市科委批准立项建设。

学院及附属医院共主办或承办国际会议59个，参会外宾1456人。新签或续签协议和备忘录22项；接受海外企业捐赠仪器设备5台，接受校友会捐赠2.2万美元。接待来自40个国家和地区的外宾570批次，2052人次。因公短期出访1876人次，涉及60个国家和地区。共有250人次赴国外或港澳台地区培训、进修。其中超过6个月的中长期培训78人次，占培训总数的31.2%。授予16位海外人士荣誉称号，其中1人为顾问教授，15人为客座教授。1位专家获得了国外学术团体授予的荣誉称号。接受228名国际及港澳台地区交流学生，其中近70%的学生来自美国、法国、日本、澳大利亚及中国香港。学院选派215名学生前往各合作院校进行学习，包括法国、美国、澳大利亚、加拿大、日本、瑞典、匈牙利、挪威等。留学生教育中心录取本科生51人，研究生8人；毕业58人。全校留学生共有306人，来自48个国家。

学院党组织建有党委10个，总支20个，支部286个。发展新党员324人，共有党员7825人。学院以纪念建党90周年为契机，深入开展思想教育活动，组织学院及各附属单位的教职员工、学生参加党史知识竞赛、"红歌会"、征文研讨活动、主题网站建设、党建研讨会、党史讲座等，在广大党员中宣传党的光辉历史和发展历程，增强全院师生医护员工跟党走建设有中国特色社会主义道路的信念。学院结合对获得全国最高科技奖的王振义院士、优秀青年科学家刘廷析等人物的宣传，注重发挥他们典型引路、示范带动的作用，进一步加强师德医德建设。学院共组织高雅艺术活动近50场，参与人数5000人次以上，获2010年"高雅艺术进校园"活动优秀组织奖。学院及附属瑞金医院、附属六院第三次获全国文明单位称号，学院12家附属医院均获市卫生系统文明单位。

(葛鹏程)

[《走近王振义》首发式暨出版座谈会举行] 4月10日，《走近王振义》首发式暨出版座谈会在学院附属瑞金医院举行。国家卫生部部长陈竺，上海市副市长沈晓明，上海市新闻出版局局长焦扬，上海社联党组书记、专职副主席沈国明及学校领导等出席会议。上海交通大学党委副书记、医学院党委书记孙大麟主持会议。上海交通大学医学院附属瑞金医院院长朱正纲致辞。作者上海交通大学医学院陈挥教授介绍了写作过程。王振义院士、上海交通大学党委书记马德秀向医护人员和

医学生代表赠书。

（葛鹏程）

[刘延东看望王振义] 5月11日，中共中央政治局委员、国务委员刘延东在教育部部长袁贵仁，科技部党组副书记、副部长王志刚，国务院研究室党组副书记、副主任江小涓，市委副书记、市长韩正，市委副书记殷一璀等陪同下，来到上海交通大学医学院附属瑞金医院看望国家最高科学技术奖获得者王振义院士。她向王振义院士专注医学事业和教育事业几十年如一日的楷模精神表示敬意，向王振义院士带领的杰出血液学团队表示感谢。上海交通大学、上海交通大学医学院及瑞金医院领导陪同看望和视察。

（葛鹏程）

[上海交通大学中国医院发展研究院成立] 7月3日，上海交通大学中国医院发展研究院挂牌成立。卫生部部长陈竺，上海市副市长沈晓明，上海交通大学党委书记马德秀、校长张杰，上海市卫生局局长徐建光、上海申康医院发展中心主任陈建平、上海交大医学院党委书记孙大麟等出席挂牌仪式并致辞。仪式由上海交大医学院院长陈国强主持。研究院实行理事会管理下的院长负责制。陈竺、沈晓明、马德秀、张杰担任名誉理事长，陈国强担任理事长；曹荣桂、陈志荣、刘俊、李宏为教授为研究院名誉院长，中华医学会党委书记饶克勤担任院长，黄钢副院长担任执行院长。研究院将以积极探索国家公立医院改革为主旨，着重在现代医院管理理论和实践的研究、创建现代医院管理的知识管理平台、公共卫生硕士和医院高级管理人才培养、创建“上海交通大学医院管理模式”等方面开展具有特色的工作。

（葛鹏程）

[陈赛娟当选法国国家医学科学院外籍院士] 12月20日，法国国家医学科学院举行院士会议，为新当选的院士颁发院士证书和刻有院士姓名的徽章。中国科学技术协会副主席、上海血液研究所所长、中国工程院院士陈赛娟当选为法兰西国家医学科学院外籍院士。陈赛娟院士不仅在白血病发病机制和治疗研究领域取得了杰出成就，还长期致力于促进中法两国的科研合作、学术交流和人才培养，为增进中法友谊作出了突出贡献。

（葛鹏程）

[刘廷析先进事迹报告会举行] 12月23日，“优秀青年科学家——刘廷析先进事迹报告会”在刘廷析学习与工作过的上海交通大学医学院举行。报告会由市科技党委书记陈克宏主持，市教卫党委书记李宣海在报告会上讲话，上海市各科研单位和教育单位的工作者代表和交大医学院师生代表300多人参加。报告会前，市委副书记殷一璀、副市长沈晓明接见了刘廷析的家属及先进事迹报告团成员。刘廷析是中国科学院上海生命科学研究院、上海交通大学医学院健康科学研究所研究员、博士生导师，于2011年7月16日因病逝世。在他44年的短暂人生历程中，始终秉承着对国家的忠诚、对事业的热爱，潜心科研、教育工作，奉献了自己全部的智慧和能量。刘廷析研究员逝世后，新华社刊发了《学问报效给祖国，生命奉献给科学》的追记文章，国务委员刘延东批示，号召学习刘廷析献身科学、无私奉献的精神。

（葛鹏程）

刘廷析先进事迹报告会

附:学校负责人及地址

(2011年1—12月)

院党委书记:孙大麟
副　书　记:唐国瑶、夏小和

院　长:陈国强
副院长:黄　钢、陈红专、章　雄

地址:重庆南路227号
邮编:200025
电话:63846590

同济大学

[**2011年概况**] 学校有直属院(系)33个,附属医院6所。在职教职工6374人,其中专任教师3268人。专任教师中教授826人、副教授1129人;具有博士学位的教师1912人、硕士学位的教师754人。全校各类学生总数72047人,其中研究生26645人、本专科生19469人、成人教育学生12380人、留学生3695人、网络学生9858人。当年招收普通本、专科生4520人,研究生7222人,其中硕士生6367人,博士生855人。

一、以国家教育体制改革试点为契机,形成卓越人才培养制度。①土木工程学院成为全国首批17所试点学院之一。学科调整后新成立的设计与艺术学院、原土木工程学院测量系单独组建的测绘地理信息学院(筹)作为校级试点,参照土木工程试点学院相关政策开展试点改革。②强化国际化教育、实践教育"2大传统特色",建立大学、中学和企业"3大联盟",实行教学—科研—学科、第一课堂—第二课堂—校园文化、招生—培养—就业的"3线联动",对招生、培养模式、专业、教学方式方法进行"4项重大改革",开展师资队伍、学风与人文环境、教学软件、教学硬件、质量保障体系"5项基本建设",实施卓越生源、卓越师资、卓越环境、卓越课程、卓越实践、卓越管理"6个专项行动"。③由同济大学发起的卓越人才培养9校联盟成立一年多以来建立了研究生、教务、科技等众多职能部门的高层联席会议制度,建立了良好的工作机制,共同推进招生改革、研究生互推、学生交流与联合培养、国际合作与交流、产学研合作、教育科技资源共享等诸多重要工作。

二、人才培养。①调整本科招生办公室的组织架构,实施分类考试。卓越9校联盟首次实现自主招生联考,学校招收本科生4421人,理科生高分生源达到96%以上。②强化直博生选拔,重视硕博连读工作,提高博士生的生源质量,88%直博生、69%硕博连读生毕业于"985"高校。③与全国近百所重点高中签署《同济大学优质生源基地学校协议书》,在大学生创新实践基地、大学生学科竞赛中为中学生开辟专场,选派名师、校友到高中开设讲座和创新课程,启动"教授进中学"宣讲活动,开展"同济继承者实践活动"、高中生暑期夏令营等活动。④进入教育部第二批卓越工程师教育培养计划的本科专业达到17个,研究生专业达到18个。⑤从2011级生命、海洋、物理学科新生中选拔31名学生,组成"拔尖人才基地班",制订专门的教学计划和个性化培养方案,注重数学、物理等基础学科能力培养,强化外语水平,营造国际化的教学环境,实施过程考核,邀请院士、长江学者、杰青等知名科学家授课、研讨,鼓励学生早进实验室,以启发科学兴趣,加强动手能力。⑥在"第四届全国大学生创新年会"上,土木工程学院刘怡鹏的"新型顶部旋转建设设计及其抗震性能的研究"项目、航空航天与力学学院薛栋的"人力飞机的研制"项目,入选10个"我最喜爱的大学生创新项目",刘怡鹏的论文《高层建筑顶部旋转结构地震响应及隔震措施研究》,获选10篇"最优秀论文"之一。在第十二届"挑战杯"全国大学生课外学术科技作品竞赛中,获得总分300分的历史最好成绩,再次捧得"优胜杯"。⑦已立项建设23门公共基础课程和150门专业核心课程,建设12间小班讨论型示范教室。开展"授课方式、训练方式、考试方式"综合改革,推行启发式、探究式、讨论式、参与式、小班制等授课方式。⑧启动双语教学团队、全英语课程及课程包建设,资助建设27个普通双语教学团队,12个高级双语教学团队,14个全英语课程包,以及55门全英语授课课程,共302门课程。⑨5门课程列入"教育部-IBM专业综合改革项目",7门课程被评为上海市精品课程,30门课程获上海市教委重点课程立项。电子与信息工程学院龚沛曾教授荣获国家级教学名师称号,土木工程学院朱合华教授和环境科学与工程学院赵建夫教授被评为上海市教学名师。⑩签订卓越人才合作培养协议单位89家,建立校企联合课程62门,聘请企业兼职师资163人,组织申报35个教育部工程实践教育中心、20个上海市产学研践习基地。组建303支实践团队奔赴全国30多个省、自治区、直辖市的100多个城市乡村开展社会实践活动,5000余名师生参与其中,实践作品获奖总数位列上海市各高校首位。⑪8个一级博士点、13个一级硕士点获得国务院学位办批准,其中新设置的软件工程和设计学分别获批一级博士点和一级硕士点。学校成为首批25家工程博士专业学位授权单位之一，在“电子与信息”、“能源与环保”两个领域招收培养工程博士。作为首批11所高校之一，获批开展城市规划专业学位硕士培养工作。设立车辆工程领域和建筑与土木工程领域工程硕士专业学位教育综合改革试点，并顺利通过全国工程硕士教指委的中期检查。⑫启动“同济大学教务一体化信息系统”开发，该系统采用本科和研究生课程互通的中英文操作界面，实现本科、研究生、留学生的教务一体化管理和全校教学资源的共享。⑬附属医院招收住院医师223人，17人被评为优秀住院医师。⑭2011届毕业生就业率96.99%。上海市大学生科技创业基金会同济分基金会的资金规模为2300万元，立项资助大学生创业项目72个，其中65个注册成立公司入驻同济大学大学生创业园，注册资金3540.1万元。

三、人才队伍建设。①3人入选中组部第六批“千人计划”，学校“千人计划”入选18人。8人入选中组部第一批和第二批青年“千人计划”。经管学院张小宁获得国家杰出青年科学基金，李国强、孙周兴入选上海领军人才，康九红团队获评教育部创新团队。获得教育部新世纪人才计划12人；获得上海市浦江人才计划资助27人，上海市优秀学科带头人6人，上海市晨光计划5人，上海市科技启明星计划5人，跟踪计划3人。认定和审定同济特聘教授10人、同济讲座教授18人；特别评聘高级职务2人。②修订英才计划，把管理教辅岗位人员纳入资助范围，推进实施师资博士后制度。加大本科生选留辅导员的选拔规模，实施派遣人员年薪制，重新恢复管理人员的高等教育研究系列专业技术职务评聘。成立“同济大学教师教学发展中心”，完成教学法培训、新进教师培训、研究生导师培训等工作，计划3年内完成全员培训。

四、学科建设。①将原传播与艺术学院、原电影学院和音乐系，以及设计创意学院重新整合，编入新成立的设计与艺术学院。②完成“985工程”三期建设上海市40%配套经费服务地方经济社会发展6个重点建设项目方案申报。进一步规范“985工程”三期专项经费的预算执行和使用管理，制定《“985工程”三期专项经费使用管理内控办法》和《“985工程”三期项目经费支出预算执行率的管理办法》，加强专项经费的管理和绩效考评。完成“985工程”总体规划（2010—2020年）的教育部评估工作。③建立“同济大学学科发展监测分析系统”，开创了高校学科建设发展分析信息系统的先河。④推进8个新增一级博士点的学科建设，开展28个一级博士点学科建设与发展进展情况的调研和自评工作，为迎接教育部新一轮的学科评估与重点学科申报以及“211工程”三期的验收做好准备。⑤继工程学、化学、材料科学、地球科学4个学科领域之后，临床医学学科、物理学、环境科学与生态学学科领域也相继进入了ESI，使进入ESI的学科领域达到7个。

五、科学研究与社会服务。①进校科研经费10.18亿元，其中纵向到款7.76亿元。签订100万元以上的横向项目课题43项，合同总额1.02亿元。863课题牵头启动10项，合同经费8000多万元；科技支撑项目启动7项，合同经费3694万元。获批390多项国家自然基金项目，面上项目数和青年项目数全国排名上升为第11名，获批总经费达1.9亿多元。文科4个项目通过2011年国家社科基金重大项目评审，总数60项，其中国家社科基金11项；教育部人文社科项目21项，比上年同期增加23.5%。②整合汽车、交通、电信、机械等学院的研发平台，联合13家高等院校、科研院所和大型企业，共同发起成立“先进地面交通创新战略联盟”。③成立新奥—同济清洁能源、建筑与城乡规划、经济管理和可持续发展人文社会科学4个高等研究院，加上之前成立的土木工程、转化医学、智能感知网、海洋、环境、基础科学、智能交通等7个专业高等研究院，学校的专业高等研究院已达11个。④成立“上海同济技术转移服务有限公司”，构筑技术成果转移、人才服务和科研财务服务三个平台。依托“上海同济技术转移服务有限公司”和国际博士后计划，组织44个校内科研创新团队，合同聘用专职科研人员34名。⑤建成转化医学中心8个，分布在6家附属医院和学校与长征、长海医院合作成立的“同济—长征”、“同济—长海”转化医学中心。⑥新增海洋学院周怀阳、土木学院朱合华、医学院戈宝学、医学院章小清、土木学院李荣兴5位“973”首席科学家。由学校牵头承担的“973计划”项目累计已达15项。⑦嵌入式系统与服务计算教育部重点实验室获得全国信息类重点实验室第7名，心律失常分子遗传学教育部重点实验室等3个重点实验室和国家燃料电池汽车及动力系统工程技术研究中心顺利通过验收。上海市地面交通工具空气动力与热环境模拟重点实验室和国家设施农业工程技术研究中心正式立项建设。⑧裴钢院士荣获谈家桢生命科学奖。学校获得教育部科技进步一等奖1项，二等奖2项。主持获得21项上海市奖，其中一等奖4项，参与获得

23项上海市奖。全校授权专利382项，其中发明专利281项。2010年SCIE收录1056篇、EI收录1680篇。《同济大学学报(自然科学版)》入选2011年“百种中国杰出学术期刊”，在71种理工科大学自然科学学报中综合影响力排名第二。⑨组织汽车、土木、环境、工程机械、材料、生物医药等领域16个项目参加2011中国工博会，获得大会创新奖1项、中国高校展区优秀展品一等奖1项、二等奖1项，获得中国高校展区优秀组织奖和先进个人奖。⑩与广西、天津开展全面战略合作，重点推进在“863”项目成果应用、新能源汽车、新药研制、生态环境保护、机械制造等领域的合作；与山东济宁、湖南长沙和广东肇庆等地开展深入合作；与宁波、丽水、舟山、苏州、常州、常熟等长三角地区的城市建立密切联系，开展生命科学、环境保护、土木工程和海洋环境等领域的合作。按照“三区融合、联动发展”的核心理念，持续推动与杨浦区、嘉定区、普陀区的产学互动，与相关企业与科研院所签订多个合作协议，建立联合实验室和研发基地，共同打造校地校企协同创新平台。与浙江省交通勘测规划设计研究院合作，打开了在科研、教育资源共享、干部挂职与培训等多领域的合作局面；与中源协和干细胞生物工程股份公司合作组建上海同泽和济生物科技有限公司，建设全国乃至全世界规模最大、品种最多、质量最高的干细胞库。

六、合作交流与发展。①实施“3个600”学生交流计划，24个学院参与双学位培养。提出“强欧拓美、辐射亚太、联合国际组织”的工作方针，确定100所重点合作高校和若干所战略合作伙伴。先后开展“柏林工大日”、“达姆施达特工大日”、“意大利米兰理工同济日”等活动，德国波鸿鲁尔大学校长为裴钢校长颁奖。实施落实与港澳台高校合作的“3个300”计划，确定香港理工大学、台湾逢甲大学和世新大学为重点合作伙伴，共签署了11项协议。在台湾逢甲大学设立同济大学联络办公室。赴港台地区交流交换的学生人数达484人。②与美国加州大学伯克利大学分校开展联合招收国际博士后项目；与乔治亚理工大学建筑学院互派本科生与研究生进行学生交流及攻读硕士学位；与夏威夷大学、科罗拉多大学的硕士博士双学位项目准备就绪。③“第二届中欧工程教育研讨会”于葡萄牙里斯本顺利举行，中欧双方共同签署《里斯本行动计划》；卓越9校联盟相继举办“中国上海—芬兰赫尔辛基‘创新国际快车移动课堂’”、“首届国际学生环境与可持续发展大会”、“首届卓越联盟9校三地夏令营”以及“‘创业驱动转型’2011中国大学生创业与就业高峰论坛”。④中德学院、中德工程学院与职教学院联合成立中德学部，组织“德国周”系列活动。中法学院大力推进中法联合培养卓越工程师项目。中意学院依托国家科技部和意大利创新署合作成立的“中意设计创新中心”落户学校，成功举办“同济—米兰理工设计管理大师班”。中芬中心顺利进行“同济—阿尔托设计工厂”的二期扩建。⑤由学校牵头实施的中德合作清洁水创新研究项目被纳入首轮中德政府磋商内容。稳步推进与美国能源部劳伦斯伯克利国家实验室的联合招收国际博士后项目和中美清洁能源合作项目。与弗劳恩霍夫应用研究促进协会签署战略合作协议，成立“同济大学—弗劳恩霍夫学院”。与拜耳集团合作创建“同济—拜耳生态建筑与材料研究院”，共同推进建筑行业的可持续发展。⑥接收来自160个国家共4862名留学生，比上年增加29%。其中，学位学历生1759人，比上年增长8%。在全国率先启动与《留学中国计划》配套的《留学同济计划》。⑦至11月底，共接待联合国副秘书长兼教科文组织执行主任等境外来宾460多批，4100多人次；举办国际学术会议35次；签署或续签合作协议54份；聘请长期专家94人次，短期专家1400多人次；因公出国境团组1987批次，3996人次，其中教师1925人次，本科生922人次，硕士生815人次，博士生334人次，学生出访率达到23.41%(占当年招生数)的历史新高。⑧新成立意大利校友会和珠海校友会，以及首个行业性、专业性的新型校友组织——投融资校友联谊会。同济大学校友会官方微博正式开通，并在天津召开校友大会。举行基金会理事会换届，通过《同济大学教育发展基金会投资与管理办法》，共签署各类捐赠协议96份，协议捐赠金额约1.18亿元，用于学校教学、科研、奖助、建设等共资助约4000万元。新增电影学院、生命科学与技术学院、法学院、体育教学部、团委等5个学院(部门)基金，目前学校共有12个学院(部门)设立了学院基金，基金总规模达到7051万元。完成同济大学董事会的换届工作，第二届董事会共有52名校董，其中43名国内(包括港澳台)校董、9名外籍校董。⑨多举措深入推进对口支援井冈山大学、新疆大学、九江学院、宜宾学院各项工作，接收9位挂职干部、37位进修教师、60名联培本科生和11位定培博士生，同井冈山大学签订深入培养研究生导师协议，并在井冈山大学成功举办第二届“同济学术周”。学校被教育部评为对口支援典型经验集体，肖蕴诗等4位教师被评为突出贡献个人。

七、文化建设。①学校首次被授予全国文明单位称号，校园网获得全国高校百佳网站称号。②嘉定校区道路、楼宇、景观命名工作取得阶段性成果，正式命名嘉定校区纵横两条主干道分别为“中央大道”、“同嘉大道”。③完成志愿服务项目230余项，4000余名志愿者参与。“城市年轮”历史遗产保护志愿服务作为高校唯一入选项目荣获第二届“青年影响社会”上海十大最具潜力公益项目奖。中国馆续展志愿服务获得“优秀组织奖”；第14届国际泳联世界锦标赛志愿服务获得“优秀组织奖”和“突出贡献奖”。

八、节约型校园与可持续发展大学建设。①年燃料开支234.4万元，同比下降约34.9%。为四平校区第一学生浴室加装10台污水源热泵热水器，年节约燃料支出50万元以上。②经首届欧洲“太阳能十项全能竞赛”选送，学校学生作品“太阳能竹屋”获得2011年欧洲可持续能源奖。学生自行设计建造的“阳光集装房”远赴华盛顿参加2011年美国太阳能十项全能竞赛，作为唯一亚洲高校，与19所国际大学同场竞技。③常务副校长陈小龙、教授谭洪卫分别受聘中美建筑节能联盟领导小组和管理委员会成员。承担中美合作项目“新能源及可再生能源建筑应用技术适应性研究和示范”课题研究。④由同济大学、天津大学、浙江大学、香港理工大学、华南理工大学、重庆大学、山东建筑大学、江南大学等8所高校，以及中国建筑设计研究院、深圳建筑科学研究院等共同发起组成的“中国绿色大学联盟”宣告成立。⑤首开两门可持续发展课程——《低碳能源与可持续发展城市》和《低碳建筑与人居环境》。

九、学校管理。①至年底基本完成全校职工住房补贴发放工作，累计发放金额超过13亿元。完成四平路校区教学南楼的改造，实现本科生4人一间宿舍。②原上海市区最大立体公交停车场的巴士一汽，变身为同济科技园A楼。同济大学建筑设计研究院(集团)有限公司入驻其中。6月，与杨浦区共建的国际设计创意中心工程奠基；设计与艺术学院大楼一期创意工场项目在上海国际设计一场落成，并配套完成四平路过街地道。全国首家“国家科技兴海产业示范基地”落户上海临港，同济大学海洋科技中心暨海洋地质国家重点实验室临港基地建设项目开工。③共实现产业收入49.72亿元，同比增长16%；实现净利润3.08亿元，同比增长6%；上缴学校4493万元。校产业规范化建设再获教育部表彰，已连续三年被评为A级。

(熊　雄)

[6项目获国家科学技术奖]　1月14日，国家科学技术奖励大会在北京举行。同济大学3项主持、3项参与，共6个项目获国家自然科学二等奖、国家技术发明二等奖、国际科技合作奖以及国家科技进步一、二等奖等各类奖项。

(熊　雄)

[签署中俄工科大学联盟协议]　3月6日，中俄工科大学联盟成立大会在深圳举行，副校长董琦应邀参加并代表同济大学签署了联盟协议。中俄工科大学联盟由中俄双方各15所大学组成，旨在汇集中俄工科精英大学，培养高素质工程人才，推进中俄人才交流与科技合作，促进两国创新型经济的共同发展。

(熊　雄)

[国际双学位EMBA开学]　3月9日，与德国曼海姆大学共同创立的“同济—曼海姆国际双学位EMBA项目”，举行首期学员开学典礼。“同济—曼海姆国际双学位EMBA项目”，于2009年12月正式签约，同济大学经济与管理学院和曼海姆商学院具体实施，是中德高校强强联合的产物。曼海姆大学创建于1907年，在德国经济和管理类高校排名首位，同时获得AACSB、EQUIS及AMBA三大国际权威论证。

(熊　雄)

[中意设计创新中心揭牌]　4月21日，由中国科技部、意大利公共管理与创新部共建的国家级设计创新研发中心和服务平台——中意设计创新中心在同济大学揭牌。全国政协副主席、科技部部长万钢，意大利公共管理与创新部部长雷纳托·布鲁内塔共同为中心揭牌并致辞。

(熊　雄)

[舞蹈《我和你》赴京会演]　5月4日晚，为庆祝中国共产党成立90周年，“五月的鲜花——永远跟党走”全国大学生校园文艺会演于在北京举行，同济学子在晚会上表演了反映志愿者内容的舞蹈《我和你》，充分展示了青年一代勇担重任的时代风采和同济深厚的文化底蕴。

(熊　雄)

[首个国际快车移动课堂启程]　为期18天的同济大学首个“创新国际快车移动课堂”5月4日正

式开课。该移动课堂途经俄罗斯莫斯科、圣彼得堡作短时停留，并于一周之后抵达此行的终点站——芬兰首都赫尔辛基前往阿尔托大学，进行访问交流。

（熊　雄）

[首届同济—伯克利合作联盟研讨会召开]　5月31日，为期3天的首届"同济—伯克利合作联盟研讨会"在四平路校区开幕。常务副校长李永盛、美国加州大学伯克利分校校长特别助理出席研讨会并致辞。来自美国加州大学伯克利分校及同济大学的地震工程、结构工程、材料工程、环境工程、交通工程等多个学科领域的20余名教授齐聚一堂，围绕"合作与创新"主题，以专题报告、圆桌讨论等方式，共同商议中美两校未来在教育教学、科学研究、学生交流等方面全面合作事宜。

（熊　雄）

[首届国际学生环境与可持续发展大会举行]　6月8日，为期4天的首届"国际学生环境与可持续发展大会"在嘉定校区落下帷幕，来自全球30多个国家的200余名青年学子一致通过了《环境与可持续发展环球青年宣言》。该大会由联合国环境规划署和学校联合举办，计划今后每年举办一届。大会相关成果汇编成册，呈送国际环境组织和各国环境决策机构供参考。

（熊　雄）

首届国际学生环境与可持续发展大会

["中国绿色大学联盟"成立]　6月16日，由同济大学、天津大学、浙江大学等8所高校，中国建筑设计研究院、深圳建筑科学研究院等2所科研机构共同发起组成的"中国绿色大学联盟"成立。该联盟致力于加强大学之间在绿色校园建设领域的合作交流，促进校园设施及建筑节能减排技术创新、合作研发与推广，为国家和地方政府制定绿色校园建设及管理相关政策、深入持久推进绿色校园建设提供科技支撑，并推动校园节能减排领域高级人才培养。

（熊　雄）

["生命科学拔尖人才基地班"开课]　9月14日，学校"生命科学拔尖人才基地班"开课，校长、中科院院士裴钢担任导师并开讲第一课。面向2011年秋季入学的新生，选择生命科学、海洋科学、物理学三个基础学科设立"拔尖学生培养试验基地"。经全校选拔，有31位2011级新生进入该培养基地班学习，培养具有原创性思维和科研创新能力的拔尖创新人才。同时，学校面向全校新生推出8个"人才培养模式创新实验区"供自愿选择报名。

（熊　雄）

[附属同济医院建院20周年]　11月27日，附属同济医院举行建院20周年庆祝大会，全国政协副主席、致公党中央主席、科学技术部部长万钢发来贺信，上海市副市长沈晓明、学校党委书记周家伦、申康医院发展中心主任陈建平等出席庆典大会并讲话。校长裴钢，上海市人民政府副秘书长翁铁慧，上海市教卫党委书记李宣海等共同为新建外科医疗教学大楼——同康楼题写铭牌。

（熊　雄）

[同济—拜耳生态建筑与材料研究院成立] 12月8日,“同济—拜耳生态建筑与材料研究院”成立仪式举行。研究院由学校材料科学与工程学院和拜耳材料科技(中国)有限公司、拜耳股份有限公司(德国)、拜耳科学和教育基金会联合创建,是国内建筑材料领域的一次重大国际合作。

(熊　雄)

[同济大学海洋科技中心开工建设] 12月17日,“2011·上海海洋论坛”召开,全国首家“国家科技兴海产业示范基地”落户上海临港,同济大学海洋科技中心暨海洋地质国家重点实验室临港基地建设项目在工程现场举行了开工仪式。上海市政协副主席、浦东新区区长姜梁,学校党委书记周祖翼,国家海洋局副局长陈连增,上海市人民政府副秘书长肖贵玉,为同济大学国家重点实验室暨海底过程与观测研发基地项目共同启动开工。

(熊　雄)

附:学校负责人及地址

(2011年1—12月)

校党委书记:周家伦(12月离任)、周祖翼(12月到任)

副　书　记:马锦明、姜富明、李　昕、方守恩

校　　长:裴　钢

常务副校长:李永盛(6月离任)、陈小龙(6月到任)

副　校　长:陈小龙(6月离任)、郑惠强、伍　江、董　琦、陈以一、蒋昌俊、吴志强(6月到任)

四平路校区地址:四平路1239号
邮编:200092
电话:65983803

嘉定校区地址:曹安公路4800号
邮编:201804
电话:69589712

沪西校区地址:真南路500号
邮编:200331
电话:51030050

沪北校区地址:共和新路1238号
邮编:200070
电话:66052637

同济大学同科学院

[2011 年概况] 学院设有 6 个系，14 个专业，在校毕业生 761 人。截至 6 月，有教职工 60 人，其中专任教师 36 人，教辅人员 4 人，行政人员 20 人。

学院贯彻落实同济大学党委与董事会的工作部署，以抓学业、促就业为重点，各系各部门协调配合，分析学生学业与就业状态，加强分类指导，分解落实责任，改进优化机制。广大教师围绕学院中心工作、服务大局、履行职责、努力工作，确保学生如期如数毕业。编辑完成《同济大学同科学院大学生创新实践训练结题项目汇编》与《同济大学同科学院大学生创新实践训练获奖作品选编》。

完善就业工作激励机制。建立学院统筹，职能部门推进，各系参与，共同推进学生就业；整合人力资源，将学工办与招就办合署办公，并对职能部门如何把握就业工作的重心提出具体要求。完善就业工作激励机制，调动全员参与“抓学业、促就业”工作的积极性，明确 2011 届就业工作目标。2011 就业年度学院给学生提供 2110 多个岗位，供需比达 1∶3.2。通过全院教职工的共同努力，截至 8 月 31 日，同科学院 2007 级毕业生就业率达到 95.13%。

学院开展“创先争优”活动，坚持典型引路。倡导岗位创优，工作争先，鼓励教职工党员立足岗位、履行职责。要求党支部、工会、信息员充分发挥桥梁和纽带作用，确保教职工利益。

明确维稳工作组织机制，执行《同科学院突发公共事件应急预案》，重视信访工作，对突发事件及时获取信息，及时采取措施，妥善处理突发事件。

（李　想）

[召开第一届教代会第五次全体会议] 1 月 25 日，学院工会组织召开同济大学同科学院第一届教代会第五次全体会议，会议听取、审议并通过了院长吕才明所作题为《同舟共济，自强不息，再创新的业绩》的 2010 年学院工作报告和沈建洪副院长所作学院财务工作报告。

（李　想）

[召开“抓学业、促就业”工作会议] 4 月 14 日，学院召开“抓学业、促就业”工作会议，党委书记朱伟萍主持会议，学院班子成员、各系、部门负责人、各支部书记、各系教师、班主任 40 余人出席会议。会议确定“抓学业、促就业”工作的主要任务是分解和落实责任，坚持务实的工作作风，加强沟通、岗位协调，确保学生如数毕业，充分就业。

（李　想）

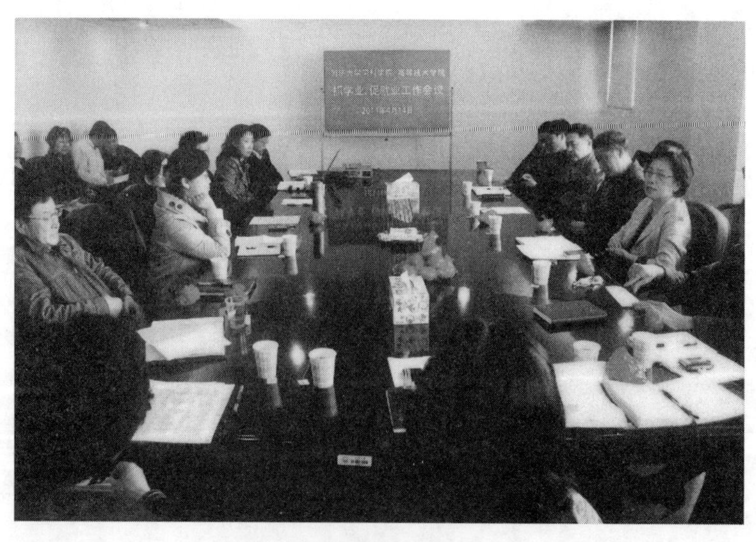

学院“抓学业、促就业”工作会议

［护士执业资格考试］ 护理学专业204名应届毕业生参加了“2011年度国家护士执业资格考试”，通过率达100%，平均分高出全国护士执业资格考试成绩合格线20多分，取得优异成绩。

（周　莉）

［实习基地建设］ 上海建工(集团)总公司为土木专业提供教学研究点及实习基地以及相当于“见习期职工”的培养与指导；2011年护理学专业的校外实践教学基地中有5所为三级甲等综合医院，1所为三级甲等专科医院，3所为社区卫生服务中心，在原有基础上增加三级甲等医院仁济医院作为实习基地。

（李　想）

［科研与论文发表］ 学院教师在国内外刊物上发表论文4篇。许乙弘:《岭南传统民居生态策略在现代住区规划设计的应用研究——以中山巨龙小区为例》。吴杰:《先张结构的建筑控制分析研究》、《基于连续和离散变量的预应力结构的最佳设计》、《某网架结构加固处理方案探讨》。

（李　想）

［毕业生党员大会］ 5月31日，学院召开2011届毕业生党员大会，举行42名新党员入党宣誓和在创先争优活动中评选出的25名优秀毕业生党员表彰颁奖仪式。学院党委书记朱伟萍，同科学院120名学生党员等参加了大会。

（李　想）

［纪念建党90周年专题活动］ 为隆重纪念中国共产党90华诞，学院开展“庆祝建党90周年”、“红色传唱”活动、“红色记忆”征文比赛活动、“红色寻根”走访教育系列活动、“红色一课”学生教育活动等系列活动。院长吕才明、院党委书记朱伟萍撰写的《建设学习型党组织，保持先进性，增强适应性》获同济大学“纪念中国共产党成立90周年”征文活动三等奖。通过系列活动的开展，坚定了师生员工永远跟党走的信念，激励全院师生同心同德确保学院“抓学业、促就业；抓秩序、保稳定”重点工作的顺利完成。

（李　想）

［获多项荣誉称号］ 学院党委获得同济大学“创先争优世博先锋行动‘五好’基层党组织”称号；朱伟萍获得同济大学“创先争优世博先锋行动‘五好’优秀共产党员”称号；学院获得同济大学2009—2010年度文明单位称号；学院医学技术与护理系护理教研室获得同济大学2009—2010年度文明组室(窗口)称号；学院获得2008—2010年度档案工作先进集体三等奖；人文与艺术设计系获得“2010—2011学年度同济大学青年文明号”；肖莉获共和新路街道社区教育先进个人；朱思东获得同济大学优秀共产党员称号；谷雅萍获同济大学“三八红旗手”称号；虞兰获“2010—2011学年度同济大学青年岗位能手”称号。

（李　想）

附:学校负责人及地址

（2011年1—12月）

董 事 长:丁洁民
副董事长:陈小龙

院党委书记:朱伟萍
副　书　记:陈　凤(6月离任)

院　长:吕才明
副院长:沈建洪(6月离任)

地址:共和新路1238号
邮编:200070
电话:66052501

华东师范大学

［**2011年概况**］ 学校设有19个全日制学院，6个研究院(所)，2个管理型学院，含58个系，70个本科专业，其中中文、历史、数学、地理、心理和物理6个专业是国家文理科基础科学人才培养和科学研究基地。学校秉承“智慧的创获，品性的陶熔，民族和社会的发展”的办学理念，朝着“拥有若干一流学科，多学科协调发展，引领中国教师教育发展的世界知名的高水平研究型大学”的目标稳步迈进。11月25日，学校发布了《华东师范大学第十二个五年发展规划(2011—2015年)》(以下简称“十二五”规划)。“十二五”规划文本由总纲、大学的社会功能、学校自身发展、加强和改进学校党的建设四大部分组成。“十二五”规划是贯彻落实《华东师范大学中长期改革和发展规划纲要(2010—2020年)》的行动计划，是全校今后五年中高质量地履行学校功能、高水平地实现自身发展、高效率地配置资源条件的重要依据。

学校有26个一级学科博士点，38个一级学科硕士点，1个专业博士学位授权点，17个专业硕士学位授权点，18个博士后科研流动站。拥有教育学、地理学2个一级学科国家重点学科(涵盖教育学原理、自然地理学等13个二级学科)，5个二级学科国家重点学科、5个国家重点培育学科和12个上海市重点学科。学校理科有2个国家重点实验室，1个国家野外科学观测研究站，7个教育部重点实验室和工程中心，8个上海市重点实验室和工程中心，1个教育部战略研究基地；学校文科有6个教育部人文社会科学重点研究基地，3个上海市社会科学创新研究基地和上海市发展研究中心工作室。学校主办和承办20余种学报期刊，图书馆藏书400余万册，并有19所附属学校。

学校有教职工近4000人。其中专任教师近2000人，教授及其他高级职称教师1200余人；中国科学院和中国工程院院士14人。在校全日制本科生14000余人，研究生14000余人，外国留学生4000余人。学校现有闵行校区和中山北路校区，校园占地总面积206.7公顷。

注重国际合作交流。先后与法国巴黎高师集团、宾夕法尼亚大学、纽约大学、东京大学等世界著名大学建立了战略合作伙伴关系，与世界150多所高校、科研机构签订了学术合作与交流协议。学校设有国家汉办所属的国际汉语教师研修基地。学校秉承“求实创造，为人师表”的校训精神，坚持以培养创新型人才、提升创新能力为中心，积极推进学科交叉融合，推进国际化进程，努力建设世界知名的高水平研究型大学。

服务社会成果显著。“乡村教师飞翔计划”位居第二届“青年影响社会”上海十大最具影响力公益项目之首。学校继续推进闵行紫竹基础教育园建设，华东师大附属紫竹小学和华东师大附属紫竹幼儿园已分别于9月1日和11月15日开学。由华东师大与宝山区人民政府合作、学校河口海岸科学研究院策划、学校设计学院设计的上海长江河口科技馆已于10月18日正式向公众开放。12月9日，上海市市长韩正、副市长沈骏一行参观了上海长江河口科技馆。

科学研究成果丰硕。在2011年度国家社科基金项目评审中，学校中标课题再创新高，共有34项课题中标，其中重点项目1项，一般项目16项，青年项目17项，立项总数在全国申报单位中位列第十，上海第二。在2011年度高等学校科学研究优秀成果奖(科学技术)的授奖项目中，学校软件学院何积丰院士领衔的研究团队完成的“基于模型的可信软件理论与开发方法”荣获自然科学一等奖。该项目共发表学术论文150多篇，其中SCI索引25篇，EI索引110篇，国际学术会议特邀报告12次，论文他引次数超过770次。在上海市第十届教育科学优秀成果奖评选中，学校共17项成果获奖，其中一等奖3项，二等奖9项，三等奖5项。一等奖和获奖总数均位居上海第一。

创新人才培养结硕果。在第十二届“挑战杯”决赛上，华东师大获特等奖1项、一等奖1项、二等奖2项、三等奖1项，继续跻身全国前列，勇夺“优胜杯”。入围“世园会”专项的1件作品荣获一等奖。学校中文系学生陈波获“全国优秀共青团员”称号，成为上海市高校中唯一获此殊荣的在校学生。学校啦啦操队代表中国参加了许多国际大赛，取得了一系列荣誉。

（王柏俊、李　芸）

[首届免费师范生毕业]　6月17日，华东师大第一届免费师范生毕业典礼举行。973名首届免费师范生将承担起振兴国家基础教育的历史使命。学校还作为分会场播放了全国首届免费师范生毕业典礼视频直播。全体免费师范生聆听了国务院总理温家宝发表的重要讲话。

（王柏俊、李　芸）

[庆祝建党90周年]　华东师大召开纪念建党90周年暨“两优一先”表彰大会，表彰了获得上海市、上海市教卫党委系统、学校“两优一先”荣誉称号的先进集体、优秀党员、优秀党务工作者。设计学院获全国总工会授予的“全国五一劳动奖状”。叶澜教授获“上海市教书育人楷模”荣誉称号。

（王柏俊、李　芸）

[庆祝建校60周年]　10月6日，学校迎来60华诞。中共中央政治局常委、全国人大常委会委员长吴邦国，中共中央政治局委员、国务委员刘延东，中共中央政治局委员、中共上海市委书记俞正声，中共上海市委副书记、上海市市长韩正，中共上海市委副书记殷一璀等发来贺信。教育部发来贺信。上海市人大常委会主任刘云耕校友出席庆祝大会并作重要讲话。上海市政协主席冯国勤等领导出席了庆祝大会。校庆前夕，中共中央政治局委员、中共上海市委书记俞正声一行视察了华东师大闵行新校区，并参加了“庆祝华东师范大学建校60周年暨第二十七个教师节座谈会”。校庆日前后，学校举办了万余名师生和校友参加的爱在师大——华东师范大学庆祝建校60周年主题广场晚会、建校60周年庆祝大会、第一届思勉原创奖颁奖典礼、华东师大国际航运物流研究院揭牌仪式、《师魂》发行式暨传承创新师大文化报告会、“教育・金融・文化”校庆主题论坛、中法联合培养研究生项目十周年座谈会、国际文化节等活动。

（王柏俊、李　芸）

[《子藏》首批成果发布]　华东师大超大型古籍文献整理工程《子藏》首批成果《庄子卷》出版。12月16日，学校与国家图书馆出版社在人民大会堂举行该成果发布会。《子藏》是学校“985”工程重大课题，预计10年完成。首批成果《庄子卷》的出版问世，标志着《子藏》这一重大学术文化工程取得了实质性进展。

（王柏俊、李　芸）

[丁肇中受聘学校名誉教授]　12月21日，美籍华裔科学家、诺贝尔奖获得者丁肇中教授受聘为华东师大名誉教授，并作了主题为“国际空间站上的AMS(阿尔法磁谱仪)实验——寻找由反物质做成的宇宙”的学术报告。丁肇中的父亲丁观海、母亲王隽英都曾就读于华东师大前身光华大学。

（王柏俊、李　芸）

[创办中美新能源与环境联合研究院]　6月10日，由华东师大和科罗拉多州立大学共同创办的中美新能源与环境联合研究院揭牌成立，双方签署了中美新能源与环境联合研究院合作协议。双方整合优势资源，围绕节约、清洁、安全的能源战略路线，将新能源建设与环境保护紧密结合起来，在新能源材料、先进太阳能技术、太阳能电池物理、新能源低碳技术应用以及低碳理念与科普等领域开展合作研究。

（王柏俊、李　芸）

[应用统计科学研究院成立]　6月13日，学校应用统计科学研究院成立。研究院以“开放、流动、联合、竞争”的运行机制和与国际接轨的学术评估体系为基础，以培育一流的创新群体、支撑一流统计学科的建设为目标。研究院形成了以四位入选“千人计划”的郑伟安、邵军、孙东初、周迅宇为核心，以美国科学院、工程院的两位院士为学术委员会委员的群体。

（王柏俊、李　芸）

[国际航运物流研究院成立]　10月16日，上海市人大常委会主任刘云耕、上海市政协主席冯国勤共同为华东师大国际航运物流研究院揭牌。该研究院采取双院长制，中共上海市委委员、上海市科协副主席包起帆和国家“千人计划”特聘教授郑伟安出任院长。

（王柏俊、李　芸）

[联合创建国际科学研究实验室]　11月4日，华东师大与世界500强企业罗地亚、法国国家科学研究院、里昂高师联合创建的高效节能产品与工艺

国际科学研究实验室落成。该实验室设在罗地亚上海总部研发中心，下设科学顾问委员会，由催化及可持续化学领域的多国科学家组成。

（王柏俊、李　芸）

附：学校负责人及地址

（2011年1—12月）

校党委书记：张济顺（7月离任）、童世骏（7月上任）
副　书　记：罗国振、林在勇、朱　民
校　长：俞立中
副校长：林在勇（兼）、范　军、任友群、陆　靖、陈　群、朱自强

中山北路校区地址：中山北路3663号
邮编：200062
电话：62232214

闵行校区地址：东川路500号
邮编：200241
电话：54344815

华东理工大学

［2011年概况］ 学校新增中国工程院院士1人、中国科学院院士1人、“973”首席科学家3人，杰出青年基金获得者3人。获得国家大学生创新实验计划项目70项。国家自然科学基金获准资助135项，其中青年科学基金申报资助率36%。承担各类科研课题1000余项，科研项目经费到款总额达4.26亿元。获得国家科技进步二等奖3项，国家技术发明二等奖2项，省部级奖16项。学校接待来自20个国家或地区的个人和团组共1049人次，与8个国家或地区的18所高等院校和机构签订或续签了友好合作协议24份。

一、推进人才强校战略。科学规划学校各项事业，根据国家和上海市中长期教育改革和发展规划纲要，学校制定了《“十二五”改革与发展规划——转型2011》和《2011—2015战略规划关键指标（草案）》，加强重点领域发展，深入开展内涵建设，以转型求发展。成立了第十届学术委员会及各基层委员会，确定5个前沿交叉领域。加盟“高水平行业特色大学优质资源联盟”。按《高等学校创新能力提升计划》的要求进行前期工作准备。

高层次人才队伍建设取得新突破。钱旭红教授当选中国工程院院士，田禾教授当选中国科学院院士；引进王卫教授，使国家“千人计划”入选者达4人；新增李元广、钱锋、刘昌胜教授为“973”首席科学家；龙亿涛、马铁驹、汪华林等3位教授获得国家杰出青年基金资助；杨化桂、陈新入选首批“上海千人计划”；许建和教授入选上海市领军人才。有5位教授受聘上海高校特聘教授（东方学者）和东方学者讲座教授。加大了对中青年教师的扶持力度，8人入选2011年教育部新世纪优秀人才支持计划。

教师培养注重强化激励，积极探索适应学校长远发展的岗位设置管理制度，完成新一轮全校教师的工作聘任及岗位激励津贴的评定与发放工作。颁布《华东理工大学师资博士后工作实施办法》。年内，有37位师资博士后进站，博士后在站总人数116人。机械和化学两个博士后流动站完成新设流动站的评估。继续实施师资队伍国际化工程，加大海外人才引进和海外培训力度，25人出国作访问学者，5人出国进修或开展合作研究，2人出国从事博士后研究。学校专任教师中具有半年以上海外留学或工作经历的教师比例增至25.2%。

年内，校内晋升正高级专业技术职务26人、晋升副高级专业技术职务60人；引进、调入教师75人，其中教授9人、具有海外留学经历的教师25人；选录应届高校毕业生58人，其中师资博士后31名。至年底，全校教职工3551人，其中专任教师1681人，教师中具有博士学位的比例为61.3%，比上年底增长3.2%。

二、教育教学质量不断提高。本科教育实施“跃升行动计划”，通过校院两级全覆盖跟踪听课的方式，加强教学质量监控。有计划地推进基于网络的课程中心建设与运用。启动149项“校级教育教学改革项目”的立项建设工作。5门课程入选上海市精品课程，20门课程入选上海市重点课程。唐颂超、颜静兰入选上海市教学名师。本科教育系统承担7项国家修购基金项目，建设经费1630万元。获得国家大学生创新实验计划项目70项，上海市大学生创新实验计划项目120项，启动校级大学生创新实验计划项目50项、USRP项目900余项。

探索研究生培养的新途径，录取硕士研究生2380人，其中硕博连读研究生149人，录取博士研究生346人，录取工程硕士640人。首次与中科院生命科学研究院、药物所、有机所、硅酸盐所招收联合培养博士研究生12人。全面开展研究生教学质量评价工作，强化博士研究生创新能力，实施上海市研究生教育创新计划，申报上海市研究生创新能力培养专项资金项目11项。举办了第15届研究生论文年会评选活动和第12届研究生“秋韵节”。

成人与网络教育规范发展。继续教育学院实施品牌发展战略，启动远程课程建设工程，开展“学分银行”建设。招生4450人，为学校创净利润1134万元。网络教育新增4个教育中心，春季注册学生5081人，秋季注册学生5915人，学费收入首破亿元大关。

2011年是大学生思想政治教育工作“质量提升年”，以学风建设为抓手提升大学生思想政治教育工作质量，推动思政教育工作进网络、进宿舍、进社团，建立学风建设大讨论和调研制度；加大管理力度，建立辅导员听课制度、成绩通报制度、学生约谈制度；强化学风督导，加强示范教育，发挥学生自治，以良好的榜样树立学风。坚持用社会主义核心价值体系武装学生，按照“三贴近”的要求，采取形式多样、内容丰富的教育手段，不断提高学生思想政治教育工作的针对性和实效性。

三、核心竞争力稳固提升。扎实推进学科、专业、学位建设，“211工程”三期建设项目与“985优势学科创新平台”项目进展顺利，“卓越计划”项目有序开展。2个国家特色专业（资源循环科学与工程、新能源材料与器件）的建设工作相继启动。4个“卓越工程师培养计划项目”试点专业与企业合作制定了各具特色的培养方案，3个工程教育基地获国家正式批准。新遴选博导34人，8人通过博导同等学术水平认定，新增企业导师53人。

开展新增博士和硕士学位授权一级学科立项建设工作，同时根据国务院学位办文件精神，组织学位授权点对应调整工作。5月13—14日，召开了“学科及学位点建设工作研讨会”，经专家论证同意对新增一级学科（7+2）进行立项建设，拨付首批建设资金210.5万元；完成2个对应调整一级学科硕士点（安全科学与工程、设计学）的申报工作，8月5日获国务院学位委员会批准设立。制定《华东理工大学授予博士、硕士学位和培养研究生的二级学科自主设置实施办法》，增设8个目录外二级学科。

科学研究取得新成效。学校承担各类科研课题1000余项，科研项目经费到款总额42639.50万元（纵向经费：25822.50万元；横向经费：16817.00万元；其中人文科学经费：1920.90万元）。新签订科研项目合同1323项，合同金额51392.56万元，其中人文社科153项，合同金额1893.83万元（国家自然科学基金项目：获准资助135项，其中，面上项目66项、青年科学基金项目55项、杰出青年基金3项，重大项目1项，重大国际合作2项，合计资助金额6626.52万元）。2010年论文SCIE总数为965篇，EI为874篇，被引用论文篇数1220篇，列部属高校第21位。2011年共获奖21项，其中，国家级5项；省部级16项；人物奖2项。技术转移工作中横向四技合同金额比上年度翻一番。校地合作平台建设快速推进，常熟研究院正式揭牌启用，新建校企联合研发机构和技术转移（联盟）工作站10个。

产业发展特色鲜明。全权委托上海华理资产经营有限公司管理48家下属企业，净资产17312.39万元。积极开展“三会”制度建设和管理。对8家企业进行关闭清算，5家科技企业进行增资扩股，新建嘉兴泽元生物制品有限公司、常熟研究院有限公司。截至9月底，根据学校股份应享有净利润686.95万元。海湾科技园“零注册”优惠政策的知名度促进了大学生的创业工作。学校分基金会共参加上海市大学生科技创业基金会项目评审3次，参加评审项目7项，通过4项，在各分会中位居前列。组织参加全球创业周峰会论坛活动和2011年中国国际工业博览会，扩大学校科技成果的对外影响。

交流合作迈上新台阶。2011年是学校的国际交流年，截至11月底，接待来自20个国家或地区的个人和团组共1049人次。与8个国家或地区的18所高等院校和机构签订或续签了友好合作协议24份。拓展与世界知名高校间的教育教学合作，全年派出学生368人次。教师出国交流访问346人次。加大邀请国外专家来访力度，设立专项经费资助外国教授学者来校全英文讲授本科或研究生专业课程。设立国际会议专项经费，资助学校主办或承办的高水平国际会议，积极与国外合作大学联合举办双边或多边学术交流会。以国际教育学院为基地，扩大留学生教育规模，各类外国留学生共计1241人，来自95个国家。

学生就业率再获新高。通过建设生涯课程与指导讲座体系、网络信息建设与服务体系、个案咨询与校园活动体系、校就业工作评价指标体系，在师生共同努力下，截至8月底，学校毕业生总体就业率达到94.39%，较上年同期增长0.78个百分点，其中研究生就业率为99.23%，本科生就业率为92.47%。

校友资源充实壮大。启动学校新一届校董组建工作，拟定了《华东理工大学董事会章程》。注册成立上海华东理工大学教育发展基金会。启动“上海华东理工大学校友会”筹备工作。加强校友服务工作，进一步对校友信息进行搜集整理。全年接待重要校友访问及大规模校友返校27次1400余人。

四、构建和谐校园。学校顺利推进奉贤校区二期土地证的办理工作，落实了奉贤校区的化工实验楼、游泳馆及徐汇校区的一批建设项目。奉贤校区化工实验楼等一批项目正式开工建设。体育馆项目竣工验收，通过了上海市白玉兰奖的专家组评审，新校区图文信息中心完成建设并试运行。

校园信息化设施保障有力。完成奉贤图文信息中心、教室改造一期工程、体育馆网络系统的实施和投运；自主改建和扩建和平楼、奉贤校区实验6楼和教学E楼无线网络系统。外语广播信号增益项目建成；与电信共建徐汇校区无线覆盖二期工程，升级并改造徐汇校区核心机房的机柜和布线系统。完成了核心服务器资源的整合，主要业务系统实现了集中部署。

理财能力进一步提高。加大国库专项资金的管理力度，推进财务信息化工作，在全校开展财务专项检查。截至12月底，全校完成收入约18亿元，国拨资金较上年同期净增1.5亿元，其中"985优势学科创新平台"上海市配套运行经费拨款增加1亿元，提高并提前发放了在职教师住房补贴。

服务中心工作不断完善。保卫部门开展安全防范教育和宣传活动，确保治安安全。后勤系统以"职责、制度和流程"为主要内容进行规范化建设工作，实施生态校园建设，餐饮服务形式和菜肴结构不断推陈出新，完成对和平楼的大修。实验装备管理注重推进大型仪器共享管理，加强物资管理。充分利用现代教育技术深化文献信息个性化服务和学科馆员服务体系建设，做好多媒体教学环境系统的管理运行，拓展提升广播电视业务。做好档案收集管理工作，归集各类档案4325卷、照片1069张。完成征兵任务，协调各方落实好退伍复学学生的接收安置和优待政策；扎实做好拥军优属工作。

五、加强党的建设。学校党委开展纪念辛亥革命100周年、建党90周年、学习十七届六中全会精神等学习活动，提高党员干部的理论水平。根据学校事业发展和干部队伍建设需要对部分岗位进行调整，共聘任和调整处级干部10人，其中新提职处级干部6人。处级干部35岁以下(含35岁)有22人，占11.6%，一批年富力强、充满生机活力和创造力的年轻干部不断充实到学校中层干部队伍中来。加强后备干部库建设，积极向社会推荐高素质的党政管理干部。共选送49名干部参加中央党校等各级各类干部培训班学习培训和市委组织部干部在线学习；选派16名年轻干部进行挂职锻炼；加强干部教育培训和监督管理工作。

推进创先争优活动，开展各种类型的党史学习教育活动；通过组织生活质量保障机制推进组织生活的形式创新，通过每月组织生活指导性计划和评选"十佳组织生活"抓好党支部建设；进一步实施"党建工作项目化管理"的基本模式，申报立项46项党建研究课题；积极开展服务帮扶和社区党建联建工作。全面加强入党积极分子和党员教育，实施大学生入党启蒙和普及教育、办好入党积极分子培训班、各年级学生党员教育培训班。坚持"公开答辩"制度确保党员发展质量。年内，发展党员1313人。

举办纪念中国共产党建党90周年图片展，校报设立"优秀共产党员巡礼""身边的感动"等专栏，树立一批先进典型。继续依托"东方讲坛""海湾讲坛"等载体，组织学校教职工和学生参加政治学习。

作为上海市教卫党委党务公开试点单位，学校专题研究开展试点工作的方法和步骤，颁布学校的实施意见，成立以校党委书记为组长的党务公开工作领导小组，重点抓好"公开前目录编制"、"公开中载体丰富"、"公开后制度保障"三项主要工作。7月1日，作为向建党90周年的献礼，学校的党务公开网正式运行。

精神文明建设成果丰硕。实施高雅艺术进校园工作，全年共组织师生400余人观看各类演出近20场次；引进"高雅艺术进校园"演出6场。参与承办"优秀党员风采展"等展示活动，主办"红色英烈"上海市高校巡展活动。组建上海市志愿服务研究中心。建设完成校精神文明创建专题网站，学校获得"第十五届上海市文明单位"称号。

工会工作重点抓好教代会建设为主体的民主管理工程，师德建设为主体的素质教育工程，"送温暖、办实事"为主体的维权保障工程和建家工作为主体的自身建设工程。以建设先进"妇女之家"为目标，引领学校广大妇女不断提升自身综合实力。进一步细化和调整包括助学贷款制度、家庭经济困难学生认定制度、学费减免条例、国家奖学金和励志奖学金申请办法等各项帮困助学条例。完善困难退休教职工互助帮困体系。

开展建党90周年"我与祖国共奋进"系列形势政策讲座，围绕社会热点和学生动态，开展学生舆情调研。以各类科创竞赛为载体，营造良好科技创新氛围；以科学商店活动为品牌，传播高校先进文化进社区；以"暑期社会实践"为依托，丰富实践经验。围绕"西部计划""世游赛""中国馆续展"三大重点工作开展志愿服务工作。加强基层团组织活力建设，推进学生组织民主自治建设，搭建学生干部队伍培养与建设平台，促进团员青年在各种实践活动中不断成长。

(牛　聪)

[新增9个研究生学位授权一级学科点]　3月，国务院学位委员会颁布《关于下达2010年审核增列的博士和硕士学位授权一级学科名单的通知》，正式批准学校新增7个博士学位授权一级学科点和2个硕士学位授权一级学科点。学校获准新增的博士学位授权一级学科点为：应用经济学、社会学、数学、机械工程、轻工技术与工程、药学、管理科学与工程；新增硕士学位授权一级学科点为：法学、物理学。至此，学校有博士学位授权一级学科点增至13个，

硕士学位授权一级学科点增至23个,可授予博士学位的二级学科点73个。

(牛　聪)

[开展"国际化学年"活动]　联合国第63届大会将2011年定为"国际化学年",围绕"化学——我们的生活,我们的未来"主题,在全球范围内举办为期一年的教育、展览、实验等活动。5月19日,国际化学品制造商协会(AICM)联合学校举办"2011国际化学年"校园活动,大学生辩论队围绕"化学与社会可持续发展"、"责任关怀理念如何促进化工产业发展"、"化工产业发展与创新方向"等辩题进行英语辩论赛及幻灯演示PPT竞赛。

(牛　聪)

[举办"德国吕贝克华东理工大学友好周"活动]　7月21日,学校与德国吕贝克应用科技大学共同主办的"德国吕贝克华东理工大学友好周"开幕式在德国历史名城吕贝克市中心举行。这是学校"2011国际交流年"系列活动中唯一在国外举行的大型友好活动。中国驻德国大使馆、德意志学术交流中心(DAAD)、吕贝克所在的德国石—荷州和吕贝克市的政府官员,合作办学两校的领导、教师、实习企业以及学生代表共约180人出席了开幕式。

(牛　聪)

[承办世界碳科学大会]　7月25日,以"优质碳材料让生活更美好"为主题的"2011年世界碳科学大会"在学校召开。自2000年以来,世界碳科学年度大会在亚洲、欧洲和美洲国家轮流举办,是全球碳科学研究领域的顶级学术会议。会议期间,各国碳素学会主席和专家们围绕石墨烯、纳米碳材料、碳储能和转换、多孔碳吸附、碳纤维和复合材料、前驱体、碳化和石墨化、计算和模拟、生物碳和安全、新的实验技术和表征、快装碳及工业应用等展开深度的交流,其内容涵盖了全世界碳领域的研究方向和多个研究热点、科学前沿、生产和应用技术。

(牛　聪)

[校乒乓球队摘金]　8月21日,第二十六届世界大学生运动会乒乓球比赛结束,以学校乒乓球女队为班底的中国大学生乒乓球女队凭借顽强的斗志和高超的技艺,一举夺得本届大运会所有女子项目女团、女双、混双、女单共四枚大运金牌,其中饶静文赢得本届大运会四枚金牌。

(牛　聪)

校乒乓球女队在世界大学生夏季运动会上卫冕冠军

附:学校负责人及地址

(2011年1—12月)

校党委书记:沈伟国(11月离任)、杨贤金(12月到任)
副　书　记:严　洁(9月离任)、沈　炜、蒋文文、林志华(12月到任)

校　长:钱旭红

副校长:陈英南、于建国、马玉录、涂善东、杨存忠、钱　锋

徐汇校区地址:梅陇路130号
邮编:200237
电话:64252500

奉贤校区地址:海思路999号
邮编:201424
电话:33612038

上海外国语大学

［**2011年概况**］ 学校招收本科生1535人、高职生228人、硕士研究生846人(含港澳台1人)、博士研究生106人。本科毕业生1598人，就业率为94.68%。继续读研154人(含研究生支教团项目4人)，出国深造或工作342人，签约862人(含自主创业2人)，合同就业50人(含入伍预征1人)，灵活就业57人，定向分配44人，参与国家、地方项目4人。专科毕业生291名，就业率为60.48%。其中69人专升本，38人出国深造，65人签约工作，4人合同就业。研究生毕业生171人，其中硕士生84人，博士生87人，就业率95%。招收留学生3844人，来自五大洲88个国家，其中长期生(包括语言生与学位生)2473人，短期生1371人。承办了3S暑期班阿拉伯和拉美两大项目。学校继续开展成人教育、继续教育及各种形式的外语专业培训。

课程建设。校级课程建设基金资助项目共计23项，其中精品课程2项，主干课程8项，一般课程13项；2门课程获上海市级精品课程，2门课程获上海市级全英语教学示范课程，《阿拉伯语现代文学作品选读》等17门课程进入非市教委部门预算单位重点课程建设立项名单。加强网络教学平台建设，“上海外国语大学课程中心”在建课程网站615个，其中精品课程19门，重点建设课程60门，网站总访问量突破300万人次。强化教学改革研究，有6个项目进入上海高校本科重点教学改革项目名单。加强教材建设。学校有4本(套)教材被评为普通高等教育精品教材；5套教材获上海市普通高校优秀教材奖，《英语专业翻译系列教材》、《新世纪高等学校俄语专业本科生系列教材》获一等奖。加强新专业的建设和管理。土耳其语专业开始招生；越南语、希伯来语、乌克兰语3个专业顺利通过上海市教委新专业检查。利用现代教学管理信息系统，完善学生网上评教评价机制。开展广泛的跨校合作。在上海市东北片普通高校录取跨校修读学生322人，在松江大学园区录取跨校修读学生534人。获得跨校辅修专业证书124人，获得辅修学士学位225人，获得辅修第二专业证书148人。学校承办了松江大学园区联合办学10周年研讨会暨成果展览，全国人大常委会委员龚学平、副市长沈晓明出席庆典仪式。语言文字工作常抓不懈，学校荣获上海市语言文字水平测试工作先进集体称号。

学科内涵建设。促进学科全面协调可持续发展。完成《上海外国语大学教育事业改革和发展第十二个五年规划纲要(2011—2015年)》编制工作，并在学校第六届第五次教代会第二次全体代表大会上通过。学科布局得到进一步拓展，新增政治学一级学科博士点和6个一级学科硕士点(应用经济学、政治学、教育学、中国语言文学、新闻传播学、工商管理)。“211工程”三期建设项目(重点学科建设项目、创新人才培养和队伍建设项目、校内公共服务体系建设项目)进展顺利。作为“211工程”三期建设特色项目的中国国际舆情研究网、中国外语战略研究网、外国文学研究网正式开通。

科研工作。全年获国家社科基金项目7项，教育部项目7项，上海市哲学社会科学项目25项，获得横向科研项目15项。与国家语委合作共建中国外语战略研究中心，这是国家语委设立的首个科研基地。欧盟研究中心、俄罗斯研究中心和英国研究中心被立为教育部国际合作与交流司区域与国别研究基地。科研成果数量增长，在CSSCI来源期刊和海外刊物发表论文367篇。学校在全国高校哲学社会科学信息工作积分排名中位列第23名。

人才引进和培养。续聘1名“长江学者”特聘教授，新增3名“浦江人才计划”入选者。深化职称评聘改革，共认定初级专业技术职务5人，认定和评聘中级专业技术职务32人，评聘副高级专业技术职务28人，评聘正高级专业技术职务2人。完成“上海高校青年教师培养资助计划”选拔工作，入选候选人共10人。启动“上海外国语大学青年教师教学科研团队培育计划”申报工作，经个人申报和院系推荐，共组建44个教学团队，17个科研团队，参与团队培育计划的青年教师231人。鼓励教师提升学历学位，17名教师申请攻读博士研究生，6名教师获得博士学位。学校专任教师(含思政教师)和科研人员中具有博士学位的达48.6%。组织教师申报国家留学基金委、上海市教委以及学校的各类出国进修留学项目51人次；组织学生申报国家留学基金委和校际交流项目122人次。加大录用专任教师的力度，共录用新进人员34人，其中专任教师15人，辅导员2人，行政和教辅人员17人。学校现有专任教师和科研人员677人，其中教授113人，副教授239人。

校际交流与合作。学校与24所国外大学签署或续签交流合作协议。推进外国教师和专家的聘请工作，学校长期外教66人，美籍专家顾力行教授荣膺上海“白玉兰荣誉奖”、中国跨文化交际学会“特殊贡献奖”。学校共接待包括欧洲安全与合作组织议会主席、匈牙利国会副议长代表团、诺贝尔文学奖得主略萨在内的共计76批次来访团组约350名嘉宾；接待台湾文藻外语学院游学团约40名师生。大力开展国际合作与交流，主办世界俄语大会、日本文化周等重大活动，其中世界俄语大会首次在亚洲举行，影响深远；参与主办“英美文学国际研讨会”等8次国际学术会议。大力推进孔子学院建设，在已有的3所海外孔子学院的基础上，与匈牙利塞格德大学签订协议，合作建设学校第四所孔子学院。

奖学金和助学金工作。年内，学校向2085人次发放各类奖助学金计677.09万元。学校教育发展基金会共奖励7个集体、71位教工、166位学生，共发放奖金58.74万元，其中奖学金18.74万元，助学金7万元，教工科研及管理奖励33万元。68名学生获得国家奖学金，200名学生获得国家励志奖学金，761名学生获得秋季学期国家助学金，15名学生获得上海市奖学金，发放奖金272.75万元。11名学生获得港澳台侨奖学金，发放奖金4万元。另外，224名学生经过评审，获得各类社会资助的奖助学金共计81.2万元。开展国家助学贷款工作，2011—2012学年新增向160名本专科学生发放助学贷款，合同金额计57万元；发放往年申请获得的国家助学贷款共计339人（含40名研究生），计203.4万元。此外，还面向全校困难学生发放各类补助35.04万元，惠及学生910人次。

校园文化建设。年内，学校共派出各语种志愿者675人次，服务于第十四届国际泳联世界锦标赛、2011ATP网球大师杯、国际滑联中国杯花样滑冰大奖赛、世界俄语大会等大型国际盛会，另有1053人次参与校内开展的各项志愿服务。参与学校社会实践工作团队的数量、人数以及实践规模有所扩大，其中“文动西索，艺暖巍山”暑期社会实践服务团荣获全国最佳项目奖，“沪藏手牵手，跨越十二五”宣讲团等9个项目获得全国优秀项目奖，学校获得上海市大学生暑期社会实践活动优秀组织奖。5月，学校艺术团承办了世界俄语大会“绚彩华韵”文艺演出；11月，校团委举行了校共青团第十六届团代会、第二十一次学代会。

（向丽华）

［上海外语教育出版社获中国出版政府奖］ 3月，第二届中国出版政府奖在北京揭晓，上海外国语大学所属上海外语教育出版社获“先进出版单位奖”。由外教社编辑出版的《汉俄大词典》获图书奖，《新牛津英汉双解大词典》获图书奖提名奖，思飞小学英语网获网络出版物奖提名奖。

（向丽华）

［校园网获优秀网站称号］ 4月8日，作为上海外国语大学“211工程”三期建设特色项目的中国国际舆情研究网、中国外语战略研究网、外国文学研究网正式开通。上外校园网获第四届全国高校百家优秀网站称号和上海市第五届优秀网站称号。

（向丽华）

［举行第十二届世界俄语大会］ 5月11—14日，第十二届世界俄语大会在上海外国语大学举行。中共中央政治局委员、国务委员、第十二届世界俄语大会中方国家组委会主席刘延东，教育部部长袁贵仁，上海市委副书记、市长韩正，科技部副部长王志刚，上海市委副书记殷一璀等出席。刘延东发表讲话，韩正代表上海市人民政府致辞祝贺，教育部副部长刘利民主持开幕式。本届世界俄语大会是首次在亚洲举行的。与会代表来自48个国家，与会者超过1000人。

（向丽华）

［获上海市五一劳动奖状等荣誉］ 6月，上海外国语大学被评为2009—2010年度“上海市文明单位”，获得由上海市总工会授予的上海市五一劳动奖状；同时获得“上海市职工职业道德建设十佳标兵单位”荣誉称号。这是上外建校以来所获得的最高等级的集体荣誉。

（向丽华）

［举办上海日本文化活动周］ 9月23—25日，由日本驻沪总领事馆、上海市人民对外友好协会、上海外国语大学共同主办的“2011上海日本文化活动周”在上外松江校区举办。上海市政协副主席高小玫出席了开幕式。丰富多彩的文化、娱乐等活动吸

引了数千名参与者。

（向丽华）

[中国外语战略研究中心建立] 11 月 11 日，由国家语委、上海外国语大学合作共建的中国外语战略研究中心挂牌仪式在上海外国语大学举行。教育部副部长、国家语委主任李卫红和上海市教委主任薛明扬出席挂牌仪式并为中国外语战略研究中心揭牌。这是国家语委设立的首个科研基地。

（向丽华）

中国外语战略研究中心挂牌

附：学校负责人及地址

（2011 年 1—12 月）

校党委书记：吴友富
副　书　记：李月松、冯庆华（5 月离任）、王　静
校　　　长：曹德明
常务副校长：谭晶华（5 月离任）
副　校　长：盛裕良（5 月离任）、张曙光（5 月离任）、冯庆华（5 月到任）、张　峰（5 月到任）、杨力（5 月到任）、周　承（5 月到任）

虹口校区地址：大连西路 550 号
邮编：200083
电话：35372000

松江校区地址：文翔路 1550 号
邮编：201620

上海外国语大学贤达经济人文学院

［**2011年概况**］　学校招收本科生1407人，其中文科735人，理科672人。上海生源685人，外地生源722人。在校生总数5000人。毕业生1076人，截至11月，就业人数990人。学校发挥外语教学优势，培养国际化人才，引导毕业生继续深造，2011届毕业生出国续读研究生142人，占毕业人数的13.2%；国内高校研究生13人，占1.21%。

党建工作。学校党组织不断加强思想、作风和组织建设，学习《关于加强民办高校党建工作的若干意见》等有关文件，深入开展创先争优活动，组织“学理论见行动，创建学习型党支部”、“教书育人做表率、管理服务当先锋”、“牢记党的宗旨，做师生员工贴心人”、纪念建党90周年“相聚在党旗下，重温入党誓言”主题党日等多项活动。学校有党员191人，党支部12个，全年发展新党员70人。

为适应双校区管理，组建崇明校区管委会。制定管委会工作条例及工作流程，建立工作例会制度，统筹、协调、服务及督察校区的教学秩序、学生管理、后勤服务和图书馆、安全保卫、宿舍管理、文明校园建设等各项教育管理工作，使崇明校区教学秩序井然，学生和家长满意度不断提升。

交流合作。学校积极拓展交流渠道，促进教学课程国际化。①与法国雷恩商学院签订3+1.5本硕连读项目，与西班牙巴塞罗那自治大学签订交换生合作协议，签订中外服·美邦国际暑期赴美带薪实习及青年师生赴美社会调研协议。与韩国外国语大学韩国语文化教育院、SHMS瑞士酒店管理旅游学院、美国加州州立大学东湾分校、英国密德萨斯大学、英国知山大学、澳大利亚国际商会、西班牙ESIC商学院、日本翼路学园和台湾德明财经大学等9所大学、机构签订项目合作协议及意向书。②接待美国、瑞士、英国、德国、西班牙、日本、韩国等国和台湾地区18所大学的高层领导和教授。③首次吸纳海外学生来校培训，暑假期间举办西班牙巴塞罗那自治大学硕士生中国市场经济课程培训，成功输出贤达品牌课程。④积极扩大交流，继在成功与德国欧福大学、日本长崎活水女子大学进行教师和课程建设合作的基础上，又与德国施德拉尔松德大学达成教师交流意向，上述大学派遣专家教授定期来校讲学，增强国际学术氛围。⑤聘用外国教师和专家17人。派遣91名学生，9名教师出国交流访问。⑥3月，董事长鲍贤嗣、院长张定铨等会见美国耶鲁大学森林与环境研究学院首席科学家、耶鲁全球环境与可持续发展研究所(GIESD at Yale)主席，耶鲁方面授予鲍贤嗣“耶鲁大学杰出合作伙伴”荣誉证书。与耶鲁环境森林学院2011年暑期合作项目取得圆满成果。

师资建设。新聘教职员工52人。教职工总数329人，其中，专任教师216人，行政人员79人，教辅人员34人，校外教师126人。专任教师中具有硕士以上学位的教师176人，占总数的81.5%。具有副高职称以上教师77人。按照《上海市中长期教育改革和发展规划纲要》和《上海市教育改革和发展“十二五”规划》制定的目标，组织推荐申报市“教师专业发展工程”等建设项目，经专家组评审和市教委审核认定等程序，入选五个项目计划，其中新闻传播系的“国际新闻传播践习基地”入选“上海高校教师产学研践习基地”；3人入选“上海高校教师产学研践习计划”；1人入选“上海高校教师国外访学进修计划”；1人入选第一期“民办高校教师海外研修计划”；3人入选“上海高校教师国内访问学者计划”，5名入选“高校青年教师培养资助计划”。

学科建设。顺利完成上海市教育评估院对阿拉伯语、音乐学两个专业的评估。新开设的“学前教育”、“文化产业管理”专业招生。完成数字媒体与艺术、戏剧影视美术设计两个本科专业的申报。建设精品课程1门，主干课程6门，一般课程13门。建设重点科研项目7个，一般科研项目17个。英语实用口译、思想道德与法律基础、民法学、市场营销学(双语)、跨文化商务沟通(双语)等5项课题列为市级重点课题。申报立项“晨光计划”1个，高等协会课题3个。申报市级科研课题2项，其中张定铨教授负责的《基于语料库运用的高年级英语教学改革研究》和陈传兴教授负责的《上海民办高校国际化人才培养模式研究》被列为市教委重点教学改革项目。

学生工作。研究制定《上外贤达学院2011年学生思想教育计划》,安排和部署全年学生思想教育工作及德育工作。开展奖、贷、勤、补、免等各项学生资助工作,全年发放奖学金243.79万元,获奖1392人次。其中10人获国家奖学金、12人获上海市奖学金、145人获国家励志奖学金,总金额90.1万元。减免149名贫困学生学费共计25.15万元。组织学生参加各项课外活动。4月26日,由43名学生组成的合唱队在"理想火炬大接力,青春中国我能行"——红色经典高校学生歌咏比赛中获民办高校赛区金奖和最具潜质奖。5月20日,校首届运动会在崇明校区足球场顺利举行。校红会学生分会成立5周年之际,组织一台主题晚会。9月回收学生军训服装569套,捐赠陈家镇慈善接收站。10月组织"九九重阳节"敬老活动。11月举办以"你指尖燃烧的可能是他人的生命"为主题的禁烟签名活动。5月,34名学生服务"2011年环崇明岛女子国际公路自行车赛暨国际自行车联盟女子公路世界杯赛",完成翻译任务。6月,7名学生参加法国夏至音乐节志愿服务。8月,20余名志愿者参加绿丝带暑期"小土豆"成长营、古北新区座谈会日语翻译、WMRC 2011海上人命救助大会等公益活动。暑期期间开展宋庆龄陵园外场讲解、长宁妇幼保健院等服务活动。9月举行"关注水质,保护环境"——世界水监测日主题活动。10月,参与上海公益事业发展基金会举办的"一个鸡蛋的暴走"和闵行民办华博利星小学绿丝带"小土豆"儿童情景剧——SAP项目。11月,41名学生承担"2011瑞安·永业杯WDSF世界舞蹈大赛"志愿服务。与崇明向化镇司法所《"绿森林"——关爱行动》合作项目、上海图书馆等签订志愿服务合约,组织急救援助、急救包扎、"阳光宝宝"、"阳光之家"以及同伴教育课程等常规活动。11月,校团委社会实践部组织"益暖中华"——谷歌杯第五届中国大学生公益创意大赛,素质拓展部组织学生参加了事业起航工作坊(CG workshop)活动,引导学生正确对待职业、人生和个人奋斗目标。12月,08级阿拉伯语系周琪参加首届"CRI杯全国高校阿拉伯语演讲比赛",获高年级组优秀奖;外语学院11级德语专业张翰轶在第十七届"21世纪杯"全国英语演讲比赛上海赛区决赛中获二等奖。

(杨 吟)

[成立校友会] 6月23日,校友会正式揭牌成立,并举办第一次校友大会。校董事长鲍贤嗣、招生及毕业生工作办公室办主任罗玲芳、校友会常委会委员岳天洁以及校友代表乐怡瑶等人出席。在美国求学的会长蒋德玮连线视频表达对校友会美好的憧憬和在读同学的希望。

(杨 吟)

[沈晓明一行视察崇明校区] 12月13日,上海市副市长沈晓明、市教委主任薛明扬、市卫生局局长徐建光等领导亲临崇明校区检查指导,学院董事长鲍贤嗣、院长张定铨汇报了学院教育教学情况。

(杨 吟)

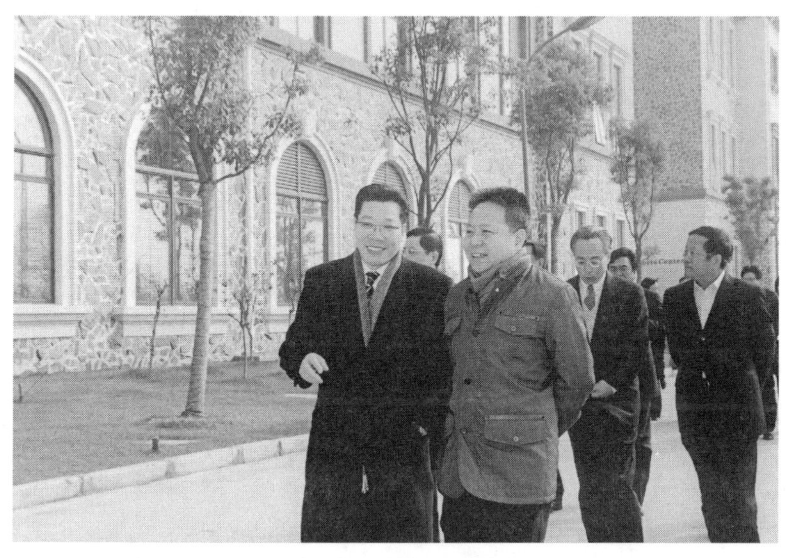

副市长沈晓明视察学院崇明校区

附:学校负责人及地址

(2011 年 1—12 月)

董 事 长:鲍贤嗣
副董事长:戴炜栋

院党总支书记:丁智勇
院　　　长:张定铨
副　院　长:丁智勇

虹口校区地址:东体育会路 390 号
邮编:200083
电话:51278000

崇明校区地址:东滩大道 999 号
邮编:202162
电话:39665000

东华大学

［2011年概况］ 学校有各类学生近3万人，其中研究生6289人，本科生14886人，成教4740人，留学生4003人。至8月29日，全校一次就业落实率为94.58%。

一、学科专业建设。①完成第十一次学位点的增列调整。新申报批准中国史、软件工程、艺术学理论、美术学、设计学5个一级学科硕士点；新增工程管理、国际贸易、翻译3个专业学位硕士类别。学校一级学科博士点7个，一级学科硕士点24个，专业学位硕士类别6个，工程硕士授权领域17个。②申报“纺织新材料及先进制造技术”优势学科创新平台，完成中央财政专项资金的预算编制，通过了财政部专家组的初步审核。③做好“211工程”三期终期验收准备和上海市第二期重点学科建设验收。工、理、管、文等学科分布更为合理，材料和物理学科新入围ESI相应学科领域世界前1%。

二、人才培养。①实施“应用型人才培养综合改革试点”。全面推进工程教育，8个本科专业和6个研究生学科获批实施“卓越工程师计划”；从“122”培养模式改革、本硕博课程一体化、核心课程建设、实习实践强化等方面，推进全日制专业学位研究生教育综合改革。推进本科研究生实验室一体化建设，实施校级管理模式和管理机制综合改革项目第一期工程。促进产学研联合，新建4个校级、9个院级研究生联合培养与实习基地，本科校外实习基地42个，总数达到253个。推进研究生教育国际化进程，引进两门国际化进程，又有40人获批“国家公派研究生项目”，19人获批校优秀博士生国际访学项目。②继续实施教育部“本科教学工程”。进校教改项目经费1550万元，创历史新高。批准建设3个国家级实践教学基地，功能材料、能源与环境系统工程为国家级特色专业，环境工程专业通过全国高等院校工程教育专业认证。③生源质量和结构进一步优化。本科一志愿率为99.5%，比上年增加0.2%。全日制研究生招生规模增加4.7%，专业学位硕士研究生增加21%，占录取人数的42%；非全日制专业学位招生数翻番。④人才培养成果显著。俞建勇教授指导的博士生刘雍的学位论文《气泡静电纺丝技术及其机理研究》获2011年全国优秀博士学位论文，历年获奖论文总数达到8篇。获“全国工程硕士研究生教育创新院校”，材料工程和纺织工程获“全国工程硕士研究生教育特色工程领域”。获纺织工业协会教育教学改革成果奖17项。研究生发表SCI、EI检索论文相比上年增长53%。本科生学科竞赛取得5个国际奖项，54个国家级奖项，60个省市级奖项。就业率保持稳定，入选“上海市高校毕业生就业工作创新基地”。

三、科学研究与科技创新。①学校科研经费3.0亿元，较上年增长43.1%。其中，纵向0.91亿元，较上年增长14.6%。②科研成果和科研项目承接方面，由王华平教授担任项目负责人、联合江苏恒力化纤有限公司申报的“高品质熔体直纺超细旦涤纶长丝关键技术开发”获国家科技进步奖二等奖，学校连续9年获此殊荣。年内，学校获省部级科技奖15项，承担国家科技支撑计划8项，获科技部颁发的“十一五”国家科技计划执行优秀团队奖。国家自然科学基金资助61项，资助经费2574.9万元；国家社科基金立项6项，教育部人文社科研究项目9项，人文社科类纵向项目数为67项，较上年增长31.4%，总经费533.4万元，较上年增长66.8%。承担JG科研生产项目8项，完成军工质量体系综合评议认证及换版审核。③科研创新团队和基地建设方面，“高性能纤维成形及其结构调控”获教育部创新团队，“高端纺织装备技术与系统”获教育部培育创新团队，“国家环境保护纺织工业污染防治工程技术中心”建设项目获国家环保部批准。纺织装备教育部工程中心、国家染整工程中心通过评估和验收。国家大学科技园通过教育部、科技部进行的联合评估考核。④服务社会能力增强。新增校企研发中心10多个，签订横向合同715份，横向合作经费超过2亿元。学校研制的“半刚性电池基板玻璃纤维网格材料”应用在“天宫一号”上。科技园入驻企业175家，年产值36.2亿元，上缴税款9951.06万元。⑤知识产权工作不断深入。申请专利数964项，较上年增长48.5%，其中发明专利579项，占59.5%；授权专利数790项，较上年增加了26.6%。

四、师资队伍建设。①学校根据学科建设规划，确定“十二五”期间师资队伍扩容的配置方案，制定《新进人员选拔实施办法》，建立教师队伍、非教师队伍建设专家委员会评审新进人员；制定《青年教师培养资助办法》，重点加强对青年教师在教学、科研、实践和国际化视野方面的培养和资助。②推进专技职务晋升的分类管理。新增教学副教授岗位、体育副高职务评审资格、优秀人才破格晋升等条例，推进按学科建设需要和名额进行专技职务首聘。③推进“1251”师资队伍建设工程。1人入选上海“千人计划”，2人入选教育部“新世纪人才”，3人入选市“领军人才”，1人入选市“优秀学科带头人”，1人获第十二届上海市科技精英称号和宝钢优秀教师奖特等奖。新增浦江等其他人才计划28人，26名青年骨干教师获得出国深造，13位青年教师入选“上海高校青年骨干教师国内访问学者计划”，3人获宝钢优秀教师奖，13人获各类奖教金，15人获第四届校长奖。1人获2011上海高校辅导员年度人物称号。④在条件成熟的业务部门开展减员增效，图书馆先行试点。⑤提高教职工收入。在上年基础上，人均增加1万元，累计为4096位教职工发放教育部住房货币化补贴专项资金4.964亿元。

五、国际合作与交流。①加强校院两级与国(境)外院校或企业的合作。举办国际学术会议9项；签署或续签合作协议18项；有效推进“中非高校20+20合作计划”；聘请外国文教专家资助项目获批14个；聘请来自30个国家与地区长期外教138名；与莱佛士国际设计专业进修学院重新签署10年合作协议。②因公短期出国(境)访人员624人次，外事接待478人次，组织在校中外学生暑期赴荷兰、英国短期游学项目，与国外8个学校建立校际交流生计划。③留学生规模持续增长。来自135个国家的4003名留学生在校学习，其中学历留学生614人。

六、管理改革。①针对学校发展中的体制机制瓶颈，探索现代大学制度，实施“学校内部管理综合改革”试点。②根据教育部2011第31号令，依法修订学校章程。③深化校院两级管理。遴选并实施纺织、化学化工与生物、管理、环境4个学院的管理改革，着力完善学院一级的治理结构，推进集体领导、教授治学和民主管理。制定和完善学院党政联席会议制度，建立教授委员会，完善学院两级教代会制度，实施学院年度发展基本状态评价，建立科学的考核评价和激励机制。③制定《东华大学学院用房配置定额及管理办法(试行)》，推进学院用房“切块分配，定额配置，缺额奖励，超额收费”。积极做好学校经营性房屋的开发工作，年内实现经营性房产开发收入733万元。原材料楼开发利用的“东华时尚创意园”正式投入使用，入驻率100%。

七、办学条件改善。①学校经费筹措能力明显提高。全年学校整体收入达到12亿元，其中拨款收入占59.32%，自筹比例为40.68%，自筹经费总量比上年增加1亿元。学校进一步推进综合预算管理，提高资金使用效益，增强学校整体资金调控能力。大力推进财务信息化建设，完成捐赠、票据管理、校园支付通(收费服务管理)系统开发，为进一步推进财务公开创造条件。②改善校园面貌。投入资金近亿元，完成延安路校区第一食堂、中心大楼、喜天游、留学生一号公寓主楼等建筑的修缮、加固、节能、消防改造，基本完成延安路校区控详规划的编制与报批，总建筑面积由29万平方米增加到34万平方米。延安路校区第八宿舍被评为上海市高校五星级宿舍楼。③完善学校仪器、设备等物资招投标采购工作程序，开通物资采购供应管理系统，实现物资采购网络化运行。④加大校园数字化建设力度，完成网络改造工程20多项，数字化校园应用系统建设近10项，并且完成了电子邮件系统升级和扩容。⑤推进图书馆“一门式”服务管理模式及“数字信息共享空间基础平台”建设。⑥加强分析测试中心的服务工作，推进数字化分析测试平台建设。⑦保持全校餐饮总体菜价稳定，学校被评为2011年全国“高校后勤十年社会化改革先进院校”。⑧建设节约型校园。完成延安路校区南区排水、太阳能淋浴系统、食堂天然气等节能改造项目，两校区先后被命名为“上海市节水型校区”。⑨入账仪器设备6258台/件，其中10万元以上仪器设备购置78台/件，新增仪器设备和家具等固定资产8304万元。

八、思想政治教育等工作。①选拔新任干部14人，11个院、部处行政班子换届或调整；7个基层党组织以公推直选的方式进行换届或调整。②在党员干部中继续开展“讲党性、重品行、作表率”主题教育活动，拟定和修订《东华大学贯彻“三重一大”决策制度的实施办法》等8项制度。③加强本科生学风建设与研究生德育工作，建立先进个人(集体)典型培育机制，依托易班平台，推进网络思政工作。学校获“2009—2010年度上海市文明单位”称号。

(高兰兰)

[庆祝建校60周年] 10月28日，学校举行建校60周年庆典大会。中共中央政治局委员、国务委

员刘延东，中共中央政治局委员、中共上海市委书记俞正声及教育部、中国纺织工业协会和90所高校发来贺信、贺电。全国政协副主席、民革中央常务副主席厉无畏，原全国政协副主席陈锦华，原全国政协副主席郝建秀，上海市人大常委会主任刘云耕，上海市慈善基金会理事长、原中共上海市委副书记陈铁迪，教育部副部长杜占元，中国纺织工业协会会长杜钰洲，上海市副市长艾宝俊等领导及国内外部分高校领导、海内外各界校友和企业界代表、师生代表出席大会。杜占元、艾宝俊、杜钰洲致辞祝贺，学校81级化学纤维系校友、美国工程院院士、美国阿克隆大学高分子科学与工程学院院长程正迪代表校友发言。大会以"时光回廊"、"祈福母校"、"锦绣华章"和"大爱东华"四个篇章回顾、展望学校发展历程。校庆期间，学校校董会成立大会、"高端学术论坛"、以"提高办学质量与现代大学制度建设"为主题的中外大学校长论坛、校庆嘉年华等系列庆祝活动成功举办。

（高兰兰）

［韩正来校视察］ 12月6日，上海市委副书记、市长韩正到学校延安路校区视察。上海市政府秘书长洪浩，上海市政府副秘书长翁铁慧，上海市经济和信息化委员会主任王坚，上海市科学技术委员会主任寿子琪，上海市教卫党委副书记、上海市教委副主任高德毅，长宁区区委书记卞百平、区长李耀新及校党政领导等参加视察。韩正一行参观学校优势学科成果展、上海纺织服饰博物馆、碳纤维生产基地和服装·艺术设计学院。韩正在听取徐明稚校长工作汇报后讲话，希望学校为上海经济社会创新驱动和转型发展作出贡献。

（高兰兰）

［入选"2010上海大学生年度人物"］ 4月28日，上海市首届"2010上海大学生年度人物"评选结果揭晓，东华大学外语学院08级顾伊劼和管理学院10届MBA丁建勋分别当选"非建功立业类"和"建功立业类"2010上海大学生年度人物。顾伊劼同时获得"2010中国大学生年度人物"入围奖。

（高兰兰）

［在全国大学生课外学术科技作品竞赛中获奖］ 在10月15—19日举办的第十二届"挑战杯"全国大学生课外学术科技作品竞赛终审决赛中，学校共有2件作品获一等奖、1件作品获二等奖、3件作品获三等奖，以团体总分240分排名全国第31名，学校获优秀组织奖。

（高兰兰）

［举办第二届上海市大学生创新论坛］ 5月8日，由上海市教委主办、学校承办的第二届上海市大学生创新论坛举行。上海市教委主任薛明扬、副主任印杰及校党政领导出席。论坛共收到17所在沪高校154个项目案例和139篇学术论文，遴选出100个"百佳"项目、100篇"百优"学术论文及25个"最佳实践"项目。论坛以现场展板形式展示各高校选送的60个创新项目成果，并评选出10个"我最喜爱的项目"。

（高兰兰）

［举办区校企系列活动］ 10月21日，以"协同创新·共谋发展"为主题的区校企系列活动举行。长宁区区长李耀新、上海市大学生科技创业基金会秘书长张德旺以及学校党政领导出席。此次活动中，校长徐明稚与区长李耀新共同签署大学生科技创业基金合作协议，长宁区政府向上海市大学生科技创业基金会东华大学分基金会增资，首批增资400万元；副校长俞建勇与长宁区副区长杲云共同为"上海环东华时尚创意发展有限公司"揭牌；刘春红副校长与上海明园文化艺术中心董事长凌菲菲为"同祺文化艺术中心"揭牌，该中心由凌菲菲出资兴建，"爱我东华·融贺华辰"艺术展和施华洛世奇创意设计中心五周年回顾展同期举行。

（高兰兰）

［"燃烧假人"研制成功］ 9月28日，在东华大学功能防护服装研究中心燃烧环境模拟实验室，由学校服装设计与工程系主任李俊率领的团队经过3年科研攻关，研制的国内第一个燃烧假人实验成功。该燃烧假人综合运用生物传热分析、材料改性、人机工程制造、传感器、燃烧工程和自动控制等技术，模拟中国男子体型特征设计，肩、颈、肘、膝等关节可活动调节，在假人全身均匀设有135个高温传感器，其可控性、运动模拟性、完整测试性等领先外国同类产品。这一完全由中国自主研发设计生产的防火服已投产。此项成果是建立在学校材料学院胡祖明团队数十年攻关实现"间位芳纶"系列产品国产化基础上的。用此材料制作的防火服装，短时间内能承受220℃高温，并维持织物形状，不发生融滴现象，而且在近400℃时还会分解形成碳化层，有效阻隔高热量传递。

（高兰兰）

国内首个"燃烧假人"自主研制成功

[出席联合国教科文组织—非洲—中国大学校长研讨会] 10月24—25日，联合国教科文组织与教育部联合举办的2011联合国教科文组织—非洲—中国大学校长研讨会在巴黎举行。学校作为"中非高校'20+20'合作计划"的中方高校之一，校长徐明稚随教育部部长袁贵仁为团长的中国高校代表团参会。研讨会旨在落实中国政府与联合国教科文组织签署的《合作谅解备忘录》，是中国政府首次与国际组织合作召开的国际教育会议。在大会讨论和一般性辩论过程中，校长徐明稚与非洲合作院校肯尼亚莫伊大学校长就纺织科学与工程一级学科基地建设、师资培训、科研合作、学术研讨、专业授课、教学交流等合作内容进行交流。

（高兰兰）

[获国家科技进步二等奖1项] 年内，学校材料学院王华平教授联合江苏恒力化纤有限公司申报的"高品质熔体直纺超细旦涤纶长丝关键技术开发"项目获国家科技进步二等奖。该项目针对超细旦涤纶长丝加工流程长、装置复杂、工艺敏感、品质难以控制的技术瓶颈，在20万吨装置上实现39dtex/144F DTY等30余个超细旦长丝产品的规模生产，产品远销欧洲、日本、韩国等。项目取得国家重点新产品2项，省高新技术产品6项，并列入国家火炬计划重大项目。自2008年以来，新增产值56.7亿元，利润4.6亿元。

（高兰兰）

[召开第四届图像和信号处理国际学术会议] 10月15—17日，由学校主办，IEEE学会、IEEE医药和生物工程分会共同协办的第四届图像和信号处理国际学术会议暨第四届生物医学工程和信息学国际学术会议召开，来自30多个国家和地区的600余名代表出席会议。本次会议共收到投稿论文3200余篇，最终录用论文1100余篇。会议根据与会者的研究主题，分为28个分会场，探讨了图像与信号处理、生物医学工程和信息学等领域未来的发展方向。

（高兰兰）

[召开第七届自然计算国际学术会议] 7月26—28日，由学校主办，IEEE学会、IEEE电路和系统分会共同协办的第七届自然计算国际学术会议暨第八届模糊系统和知识发现国际学术会议召开。来自30多个国家和地区的500多名专家和学者参会，会议共举行6场报告，收到投稿论文3000余篇，录用论文1100余篇，收录论文全部被EI和ISTP检索。

（高兰兰）

[召开先进纤维与聚合物材料国际学术会议] 8月16—17日，由学校、中国科学院上海有机化学研究所、美国阿克隆大学和纽约州立大学主办，外国专家局、教育部、国家自然科学基金委员会、中国化学会高分子专业委员会、中国化纤工业协会和中国聚合物网支持的2011年先进纤维与聚合物材料国际学术会议召开，来自11个国家、近300名代表出席会议，探讨纤维与聚合物材料未来的发展方向。大会收集论文近200篇。2005年诺贝尔化学奖得主、美国加州理工大学教授 Rober H. Grubbs 出席

大会，并做题为《烯烃复分解反应及绿色催化剂》的报告。

（高兰兰）

附：学校负责人及地址

（2011 年 1—12 月）

校党委书记：朱绍中
副　书　记：王以刚、浦解明、殷　耀

校　长：徐明稚
副校长：宋立群、俞建勇、陈招应、刘春红、邱　高

松江校区地址：人民北路 2999 号
邮编：201620

延安路校区地址：延安西路 1882 号
邮编：200051
电话：67792000、62373678

上海财经大学

[2011年概况] 学校设有直属院系17个，一级学科博士点6个，其中新增统计学和马克思主义理论一级学科博士授权点2个。二级学科博士点38个，其中目录内24个，目录外14个。一级学科硕士点12个，二级学科硕士点73个，专业硕士学位点10个。本科专业36个。重点学科14个，其中国家级重点学科（二级）3个，国家重点（培育）学科1个，省、部级重点学科（二级）10个。科研机构55个，其中教育部人文社会科学重点研究基地2个，校直属科研机构2个，校级重点研究基地12个，院系（所）下属科研机构39个。设有高等研究院。定期公开出版4种专业刊物。

一、人才培养和教育教学。①在校学生总数20431人。其中博士研究生967人，硕士研究生3938人，本科生7867人，成教生7659人。录取本科生1940人，硕士研究生1484人，博士研究生203人。2011届毕业生总人数3718人，其中博士266人，硕士1433人，本科生2019人。毕业生就业率分别为：博士99.4%，硕士98.6%，本科95.6%。学生去西部就业158人，比上年增长16.7%，7人参加“西部志愿者”计划，3人参加全国第十二届研究生支教团项目。选拔153名优秀本科生免试直升硕士研究生。新增大学生实验创新项目63项，获全国数学建模竞赛一等奖1个、二等奖4个，获美国大学生数学建模竞赛特等奖提名奖1个、一等奖4个、二等奖15个；获上海市数学建模竞赛一等奖5个、二等奖7个、三等奖10个。在第12届“挑战杯”大学生课外学术科技作品竞赛中，获全国二等奖1项、三等奖1项；获市级特等奖1项、一等奖1项、二等奖2项、三等奖3项；获全国计算机大赛一等奖1个、二等奖1个；获上海市计算机应用能力大赛一等奖2个、三等奖3个、优胜奖3个。在世界大学生运动会上获金牌2枚，在全国第二届智力运动会上获5金4银4铜。围绕“中国粮食安全问题”主题，开展千村调查四期项目，共有1423支队伍、2286名学生参加，千村社会调查专家报告被评为2010年度高校哲学社会科学研究优秀咨询报告。2010—2011学年，本科生、研究生共有5801人次获得各类奖学金，金额1932.5万元。②9月30日，研究生部正式更名研究生院。有12名研究生获国家留基委资助，11名研究生申请学校派出联合培养博士研究生项目。已有国家公派留学合作学校42所。加强学位论文推选评优工作，17名博士研究生和55名硕士研究生学位论文被评为上海财经大学研究生优秀学位论文。研究生创新基金立项有94项。③4月，成立上海财经大学商学院。借鉴国际国内一流商学院课程设置、结合中国国情与学校特色，9月份推出《上海财经大学商学本科平台课改革方案》、《商学研究生核心课改革方案》、《新版MBA课程改革方案》、《新版EMBA\全球EMBA课程改革方案》。参与国际商学教育三大论证（AACSB、EQUIS和AMBA），已通过AMBA预评估，完成AACSB、EQUIS会员资格申请。④新增上海市级精品课程3门、市重点课程11门，上海市全英语教学示范课程3门，校级精品课程7门，2本教材获教育部精品教材，20本教材获上海市教委优秀教材奖，4项教改项目获教委立项。完成7门上海市级精品课程和14门校级重点课程结项验收工作。教育部重点实验室数理经济学实验室获批，建成经济新闻实验室，建设普通物理实验室、数学实验室，集成实验课程和虚拟实验室获得立项，6门实验课程通过验收。完成13门校级重点课程结项验收工作。以课程体系建设为重点加强教学建设，试行全年排课制度。坚持听课制度和各种形式的教学监控，编制《2011年上海财经大学本科教学质量报告提纲》。2010级本科自主选择专业71人，校内双专业录取670人，跨校辅修167人。学校被教育部批准为“高等学校继续教育示范基地”。

二、学科建设和科学研究。①做好“211工程”三期建设结项验收工作。召开全校“211工程”三期建设交流汇报会，总结交流“211工程”三期建设情况，为国家三部委和上海市检查验收做好准备。对学校所有二级学科授权点基本状况进行梳理，制订学校目录外和交叉二级学科布局调整建议方案。继续推进学科信息平台建设，稳步推进“211工程”项目管理信息系统模块开发。从三个视角来开展学科年度评估工作,即重点学科评估学校学科发展趋势;国内横向比较评估学校各类学科发展水平;国际顶尖期刊发文排名评估学校主干学科国际学术竞争力。制定《上海财经大学学术奖评选奖励办法实施细则》,开展首届上海财经大学学术奖评选工作,初评确定10人为学术奖候选人。②组织专项研究。9个项目涉及上海经济发展的热点问题,获得2011年度学校"国家、地方重大战略问题研究项目"立项。编辑报送《成果专报》40多份,2项重要决策研究成果获上海市党政领导高度重视并做出重要批示。继续做好《大辞海·经济卷》编写组织工作。加强校级重点研究基地的建设和管理工作,27个项目获校级重点研究基地招标项目立项。③学校获国家社科基金项目立项16项,获国家自然科学基金项目28项,其中国家社科基金重大招标项目1项、重点项目1项;首次获得教育部哲学社会科学研究重大课题攻关项目立项、获教育部哲学社会科学研究一般项目17项,教育部哲学社会科学重点研究基地招标项目2项;获上海市哲学社会科学规划课题8项、上海市决策咨询研究重点课题3项、上海市自然科学基金项目4项、上海市教育委员会科研创新项目12项,学校基本科研业务费立项205项;通过鉴定结项的国家自然科学基金研究项目10项、国家社科基金项目6项、教育部课题11项、其他省市级课题33项,引进科研经费2530.3万元,比上年增长26%。2011年学校举办第十一届中国经济学年会、中国留美经济学会会长论坛、国际商业领袖高峰论坛、保障性住房投融资国际研讨会、第八届中国青年经济法博士论坛、第一届中国国际贸易研究会年会等国际、国内学术研讨会41场、学术报告385场。《财经研究》和《外国经济与管理》获第四届"华东地区优秀期刊奖"称号。《财经研究》被全国高等学校文科学报研究会评为"全国高校三十佳社科期刊";《上海财经大学学报》被评为"全国高校百强社科期刊";《外国经济与管理》的"创业研究"栏目被评为特色栏目。

三、师资队伍建设。①学校有教职工1594人,其中专任教师1055人(在岗教师754人),教授200人,副教授344人。学校新进人员71人,其中教学科研人员44人,专业技术人员5人,管理人员9人。②完善"常任轨"(常任教职轨道)教师考核机制,参照国际"Tenure track"教师考核通常做法和程序,采用外部专家评审制和内部晋升聘用评估相结合的方式,对合同到期的9位"常任轨"教师进行终期考核,4名教师获首批常任教职。③推出教师岗位分类管理办法,结合岗位聘用,在部分条件成熟的教研单位进行试点。2011年学校入选国家第三批海外高层次人才创新基地。④至年底,在岗教师中高级职称占60.8%,具有研究生以上学历教师占90.7%,取得海外学位教师179人,占23.7%,"常任轨"教师117人。博士生导师236人(其中36人兼职),硕士生导师779人(其中233人兼职)。学校选派44人出国培训、研修。教师中入选国家"千人计划"长期项目1人,入选国家"千人计划"短期项目1人,享受政府特殊津贴专家2人,入选教育部"新世纪优秀人才计划"5人,入选2010年度上海"东方学者"1人,入选上海市教学名师1人,入选上海市浦江人才计划14人,入选上海市"晨光计划"4人,入选上海市优秀青年教师10人。

四、学校管理和校园建设。①完成2012年校内预算编报工作,首次实现机关、教辅部门预算口径的全覆盖。制订《上海财经大学专项预算执行管理办法》,调整基本科研业务费资助方案,考核校内专项预算执行情况,加强国库集中支付和专项资金管理工作。②继续推进财务信息化工作,扩大学生收费综合管理系统使用范围,完善财务多维动态分析系统分析功能,试运行收费和票据全过程管理系统、招标全过程管理系统,完成学校固定资产的补录账工作。③继续深化教育人事制度改革,完善岗位聘用与管理,实行新一轮津贴调整,提高教职工待遇。审议通过《上海财经大学劳动人事争议调解办法》,保护教职工的合法权益。④完善审计制度建设,制定《上海财经大学基本建设项目竣工财务决算审核办法》、《上海财经大学建设工程项目全过程审计实施办法》、《上海财经大学院(系、所)财务监督暂行办法》、《上海财经大学费用报销管理规范》以及《上海财经大学内部审计工作规定》等相关办法,继续做好基建、修缮工程审计,完成竣工结算审价项目46项、经济责任审计15项,财务收支审计4项。⑤修订和完善信息系统建设管理办法、运行维护管理办法和安全管理办法,加强信息安全工作,建设信息安全专题频道,组织开展职员综合能力培训与测试、MSTR报表工具培训工作和IT关键岗技术培训。开发教学管理信息系统(三期)、健康管理系统、完善人事管理系统(二期)薪资模块功能、重新规划数据仓库结构,试运行科研管理信息系统、学科信息平台、留学生招生管理系统、学生收费管理系统、三助管理信息系统、校园一卡通系统(三期)、住房补贴管理系统。完成快速开发平台的基础框架选型与搭建,数据库、服务器和各管理信息系统的日常运行维护和部分系统功能的扩展和调整优化。做好校园网络监控、维护工作和网络日常工作，实施校园网IPV6技术升级项目和校园网安全认证SAVI项目，启动下一代数据中心建设，整合和扩建无线网络系统，新增无线访问点120个，切换校园网络出口和开通学生宿舍联通链路。⑥完成育英楼工程主体及装修、公共经济与管理学院办公楼结构加固，完成金融学院办公楼装修工程、国际工商管理学院办公楼装修工程、大学生中心工程，启动武东田径场改扩建、学生食堂改扩建、武川大学生实训基地、武川实验楼项目、武东电网改造工程（二期）和主校区学生宿舍空调布线全覆盖工程及宿舍强电系统改造工程的前期工作。根据统一服务、两级管理、市场运作、合理分担的原则，实施独立办公楼宇物业管理新模式，完成对经济、金融、统计、会计和人文五个学院的经费核拨。⑦规范物业服务合同管理及预决算制度，强化物业服务日常监督机制，梳理和统一制定各校区物业服务标准，完成大学生活动中心物业招投标工作。加强食堂日常监管机制建设，保障食品卫生安全，平稳食堂菜价，提高餐饮服务满意度。加强节约型校园建设，实行用能、用水指标化分类管理、计量收费和节约奖励制度，逐步完善能源管理制度体系建设，落实既有建筑分类、分项能耗统计和能效评估公示制度，完善能耗申报制度；建设计量监控系统和节能改造项目。加强校园环境整治，优化校园绿化布局，完成校园夜间照明优化、校园自行车停车场地新辟、学生浴室防滑垫铺设以及浴室钢化玻璃防暴贴膜等200余项涉及师生工作、学习和生活的实事项目。⑧图书馆拥有馆藏总量达221.7万册，其中纸本文献170.4万册，电子资源51.3万册，数据库53个。开展以中国500强企业文献信息资源整合项目、诺贝尔经济学奖获得者著作收藏与推介项目、国际金融组织文献资料收集项目、财大学位论文、教师专著以及教学课程参考信息项目为重点的图书馆特色文献馆藏建设工作；开展馆际互借和文献传递服务，已启用“CALIS共享版馆际互借平台”，成功申请“CALIS馆际互借服务示范馆项目”。

五、国际合作和对外交流。①通过寻求更多的渠道和资金，鼓励和帮助更多的学生参与交换学习、交流学习、国外研习、学术会议，获取国际经历，培养国际视野，提升国际竞争力。②年底，在校留学生1060人，其中学历学位生占71.6%，博士等高层次留学生比例维持在11%。高层次公费留学生人数稳步增长，留学生生源国别继续超过90个国家。③完善本科留学生培养方案，尝试实施一年级集中授课管理，进一步夯实专业基础。继续强化短期班建设，改革和深化非学历学位留学生短期教学模式，规模、层次和结构获得突破。全面启动“国家商务汉语教学与资源开发基地（上海）”二期建设。进一步拓展与世界高水平大学合作渠道，提升国际合作层次。④学校与英国伦敦大学学院、赫瑞瓦特大学、美国佛罗里达大学、雪城大学、瑞士洛桑大学、法国ESCP欧洲商学院和蒙特利尔高等商学院、意大利特伦多大学、瑞典斯德哥尔摩等23所大学新签或续签协议。因公出国（境）交流访问691人次，比上年增长20.8%，其中学生交流项目增长28.2%，师资培养项目增长45%。

六、校园文化建设。①学校通过教育部专家组对贯彻执行《关于实行党风廉政建设责任制的规定》和《中国共产党党员领导干部廉洁从政若干准则》的专项检查。围绕学习十七届六中全会精神、纪念建党90周年和辛亥革命100周年开展理论学习，举办报告会并开展征文活动。②共审批发展党员790名（其中本科生543名，研究生240名，教工7名），审批党员转正554名。任免处级干部11人。③5月31日召开学校五届四次教代会，听取审议并表决通过校长工作报告、财务工作报告和“十二五”发展规划纲要。11月21日召开教代会联席会议，审议通过《上海财经大学绩效津贴调整方案》、《上海财经大学新进员工住房补贴实施细则》和《上海财经大学劳动人事争议调解办法》。建立和完善二级教代会制度，召开首届机关二级教代会。④开展首届“我的学生、我的爱——上海财经大学辅导员风采暨十佳辅导员评选”活动，金融学院辅导员李书华获得“2010全国高校辅导员年度人物”提名奖、金融学院辅导员齐宁获得“2011上海高校辅导员年度人物”提名奖。做好辅导员队伍满意度测评，全校辅导员平均满意度为95.47%。公共管理学院“大学生视角关注周”项目获教育部2011年高校校园文化优秀成果奖二等奖。⑤举办第十届社团文化节、室内乐团专场音乐会、健康文化节，以及“校园新星”评选活动，继续推进高雅艺术进校园活动，话剧艺术中心、上海轻音乐团、上海歌舞团、中央芭蕾舞团来校为学生演出，开展第四届网络文化节活动、举办第五届教职工健康文化节。⑥编撰《校友服务手册》，举办校友论坛，召开第五届校友大会，继续做好杰出校友评选工作，加强校友信息平台建设。⑦编制学校《信息公开实施细则》、《信息公开指南》等系列文件，梳理党务公开目录，制订学校党务公开制度，学校信息公开网和党务公开网正式上线站。⑧完善学校心理健康教育三级网络，继续加强学生心理咨询和危机干预，开展心理健康教育宣传活动。

（黄　豪）

[统计与管理学院大楼落成]　3月17日，在武东路校区举行统计与管理学院新大楼落成剪彩仪式。校党政领导、各院系部负责人、师生及校友等百余人出席。该大楼建筑面积3900平方米，其中主楼2600平方米，辅楼1300平方米，每位教师拥有一间办公室，面积为15—21平方米。

（黄　豪）

统计与管理学院新大楼落成

[颁授会计学院专业资格课程认证证书]　4月6日，在会计学院报告厅举行香港会计师公会·上海财经大学会计学院颁授专业资格课程认证证书仪式。MPAcc、管理学（会计）学士的课程已通过评审，达到国际水平。上海财经大学MPAcc及会计本科毕业生可直接报名申请香港专业资格课程（QP）。通过QP考试并符合一定条件者，可以申请成为香港注册会计师，并可直接注册成为多个主要经济市场的特许会计师，包括澳洲、加拿大、英格兰及威尔斯、苏格兰、爱尔兰、新西兰、津巴布韦和南非。香港会计师公会会长蔡永忠、学校副校长孙铮出席颁证仪式。

（黄　豪）

[商学院成立]　4月6日，上海财经大学商学院成立。学校成立商学院的主要目的，是要克服专业划分过细、院系设置过多、行政壁垒过高等财经类院校通病，整合优势学科资源和人才资源，统一建设各学科之间的共同部分，促进学科之间的交叉发展，同时将有限的资源最优配置到各学科，以求得规模效应和资源共享。

（黄　豪）

[首次举行新汉语水平考试（HSK）]　4月9日，在中山北一路校区举行首次新汉语四级、五级、六级水平考试（HSK）。来自美国、西班牙、意大利、澳大利亚、俄罗斯、日本、韩国、哈萨克斯坦、乌克兰、波兰、蒙古、泰国、印度尼西亚、越南、老挝等15个国家的75名考生参加考试。

（黄　豪）

[受邀参加中美学生论坛]　4月10日，外语系2008级英语专业学生陈歆怡受邀赴美国斯坦福大学参加中美学生领袖交流论坛。该论坛是斯坦福大学主办的具有影响力的国际性学生论坛，每年举办一次，邀请全球20名华人代表和20名美国代表参会。

（黄　豪）

[两学生获ACCA全球考试大陆地区单科第一]　4月29日，会计学院ACCA专业本科生朱沁文、吕梦晨赴北京参加2011年春季ACCA颁奖暨庆祝典礼。在举行的ACCA全球考试中，吕梦晨的F6（英国税务），朱沁文的P3（战略与风险管理）分别获大陆地区单科第一。

（黄　豪）

[承办国际物流师资格认证项目]　10月25日，国际从业资格教育学院举行由美国运输与物流

协会和中国国际人才交流基金会、中国交通与物流协会共同组织的“中美(上海)国际物流·供应链人才发展交流会”。美国运输与物流协会首次将国际物流师(GLM)资格认证项目委托上海财经大学国际从业资格教育学院承办上海及长三角洲地区的国际物流师(GLM)资格认证。出席本次活动的有知名物流企业的代表、行业协会及高校物流管理专业的部分师生。主办方代表围绕“国际物流与人才需求”进行主题演讲。

(黄　豪)

[《世界经济发展报告》列入教育部建设项目] 由车维汉教授领衔的课题《世界经济发展报告》列入2011年度教育部哲学社会科学发展报告建设项目。该项目对世界经济格局变化特征、各主要经济体以及全球性经济社会问题的动态变化进行深入剖析和探究,为制定对外经济政策提供参考,是唯一被入选的上海市建设项目。

(黄　豪)

[入选“十二五”国家重点图书出版规划] 在已公布的“十二五”国家重点图书、音像、电子出版物出版规划中,上海财经大学出版社有6项14册图书入选。①谈敏的《1917—1919:马克思主义经济学在中国的传播启蒙》;②丛树海的《中国经济发展史(1840—2010)》;③戴国强的《金融大百科辞典》;④巴曙松的《后危机时代经济研究》;⑤奥利弗·威廉姆森、迈克尔·奥克肖特的《常青藤·汉译学术经典》;⑥肯·宾默尔、布莱恩·史盖姆斯的《当代制度分析前沿系列》。

(黄　豪)

[两篇研究生学位论文列为优秀成果] 在上海市教育委员会、上海市学位委员会发布《关于公布2010年上海市研究生优秀成果(学位论文)的通知》中,学校2名研究生榜上有名。一名是经济学院西方经济学专业博士生汪伟,论文的题目是《中国高储蓄、低消费问题研究》,是2010年上海市研究生优秀成果中经济学门类唯一的优秀学位论文,由教授田国强指导;另一名是人文学院马克思主义哲学专业硕士生李基礼,论文的题目是《人力资本与中国经济发展模式转型》,由鲁品越教授指导。

(黄　豪)

[《世界知名院校调研报告》获奖] 以应望江教授为组长的课题《世界知名院校调研报告》对英国伦敦大学经济学院的学校概览、发展历程、学位项目、质量保障和内部管理等五个方面进行全景式的研究,获第四届全国教育科学研究优秀成果奖。

(黄　豪)

附:学校负责人及地址

(2011年1—12月)

校党委书记:马钦荣
副　书　记:刘永章、孙海鸣

校　长:谈　敏
副校长:孙　铮、丛树海、周仲飞、王洪卫、黄林芳(3月离任)

校址:国定路777号
邮编:200433
电话:65903505

上海理工大学

［2011年概况］ 学校有直属学院16个，教学部2个；设有本科专业59个，博士后科研工作流动站3个，一级学科博士学位授权点5个，二级学科（含自设）博士学位授权点35个，一级学科硕士学位授权点22个，二级学科硕士学位授权点86个，17个领域具有工程硕士学位授予权及工商管理（MBA）、公共管理（MPA）、工程管理、国际商务、翻译专业学位授予权。学校有专任教师1403人，正高级职称200人，副高级职称352人。普通本、专科生17577人，硕士研究生4277人，博士研究生323人，留学生433人。2011年招收普通本科新生4610人，硕士研究生1528人，博士研究生74人。

教育教学工作。学校探索与原机械工业部的八家研究（院）所共建卓越工程研究生院机制，合作共建高层次人才培养与行业共性、关键技术研发的创新体系和开放联盟。与上海工业自动化仪表研究院、上海材料研究所等签署共建协议书，上海市工具工业研究所整体划转上海理工大学。学校获批教育部第二批卓越工程师教育培养试点高校，建成系统的学生创新创意立体活动基地，成为上海市教委创新创业教育专家工作组组长单位。学校高水平创新型人才培养力度不断加强，人才培养过程监督不断完善，研究生专业学位教育扎实推进。新增2个一级学科博士点、9个一级学科硕士点，学科布局更加全面。学校“数字出版与传播”学科被评为国家新闻出版总署重点学科。“学生成长档案”启动，育人模式改革着力推进。探索资助工作扁平化管理模式，在上海市高校资助工作绩效评估中名列第一。普及人文、艺术类教育，加强学生科技创新能力建设，充分发挥学生发展中心和“上海高校毕业生就业创新基地”实践教育功能。学校被评为“2010—2011全国毕业生就业工作典型经验高校”和“2011年上海市就业创新特色基地”；成功召开“教育国际化工作推进大会”，全面部署教育国际化工作战略规划，按照国际标准搭建卓越工程师教育平台。中德学院电气工程及其自动化专业本科教育项目被授予上海市示范性中外合作办学项目；启动2个学院、3个中文专业的国际认证准备工作，开展完整学科专业全英语国际化课程建设。“沪江国际文化园区”启用，德国汉堡市第一市长和美国驻华大使等应邀来访；全年与21个国外大学签署32个合作备忘录和协议，比上年增长200%。参加海外学习项目并获得学分的学生249人次，比上年增长10倍。接受来自73个国家的留学生1061名，比上年增长28%，其中学历生112名，增长228%。国际学生公寓建成并投入使用。获批市教委海外学生交流交换资助项目18项。

师资队伍建设工作。探索灵活的引才机制及用人制度，招聘质量显著上升，新聘教师78人（为近3年之最），其中获博士学位的占90%，具有一年以上海外经历的占32%。成功引进长江学者、国家杰青、教育部创新团队带头人、中组部千人计划、东方学者等学科领军和带头高端人才。入选地方及其他人才（职衔）计划13人，其中，入选国家青年千人计划1人。出台教师国内外访学进修及产学研践习等试行办法，建立出版印刷类和能源动力类教师践习基地。有80名教师获各类资助进行岗位培养。积极推行校院二级管理模式下的教师首聘考核机制，对首聘到期的65名教师（博士54人）开展考核评聘。对二级管理部门年度绩效评估指标体系和专项工作考核指标进行调整整合，指标体系大幅简化，学校办学导向进一步明晰。

科学研究工作。科研成果在《NATURE PHOTONICS》发表，取得在世界顶级杂志发表零的突破；学校获上海市科技进步一等奖（合作）等重大科技奖9项。学校纵向科研经费和应用性横向科研合同金额增长，年度科研经费达3.8亿元。学校修订科技奖励政策，提高科技奖励的培育与资助力度。“现代微创医疗器械及技术”教育部工程研究中心大楼启用，“超精密光学加工与检测”技术服务平台成为学校第二个上海市科委平台，全校科研平台总数达到12个。学校科技项目量质齐增，获国家自然科学基金项目47项（比上年增长30.6%），国家社科项目3项。军工保密资格认证申请工作正式启动。组织3个重大项目和14个重点推介项目参展工博会，获优秀展品二等奖。深化知识服务团队的管理与集成创新，形成4项市教委首批成果转化与产业化支撑项目。推进产学研联盟建设，在苏、浙、湘等地多个区县建立技术转移工作站。上海理工技术转移有限公司通过高新技术企业认定，在科技部国家技术转移示范机构考核中获优秀称号（位列全国第19名）。大学科技园在科技部、教育部绩效考评中获评A级。

管理服务工作。以庆祝建校105周年为契机，回顾总结百年校庆以来学校教育事业取得的发展成就，通过评选表彰第三届杰出校友，校史馆扩建、校友访谈、沪江丛书编撰等活动丰富校园文化凝练大学精神，明确学校建设发展理念，学校的文化影响力日益提升。加强财务管理和审计监督，提高财政资金使用效率。合理编制并严格执行财务预算，优化支出结构，聚焦学校内涵建设，统筹协调各类资金使用。全面开展财务收支审计，认真做好审计整改工作，学校内部控制体系不断健全。学校被列入实行国库单一账户支付和实行公务卡使用试点单位。制定智慧校园基础服务平台规划，学校无线网络实现全覆盖，多媒体教学设备等硬件建设和网络办公系统、网络服务平台等软件建设不断完善，学校智能管理服务水平进一步提升。学校分步引进图书自助借还系统，为各校区师生共享图书资源提供便利。完成校友会注册登记，建立规范的校友组织管理、校友返校接待、项目捐赠等工作制度，探索捐赠机制创新。制定《上海理工大学捐赠收入配比资金管理暂行办法》，全年教育发展基金会募集金额大幅增长，校友捐赠金额比例逐步提高。继续加强大学系统与共建单位建设，推进资源共享和科教创新。促进医疗器械高专、出版印刷高专与大学的共同发展，医专、版专浦东新校区建设项目进入扩初设计阶段；完善与附属学校的共建机制和办学资源共享机制，切实推进3所附属学校建设；与市东医院“理工医创新基地”建设继续推进。

（董剑戟）

［成立企业创新能力研究中心］ 1月7日，上海理工大学企业创新能力研究中心正式成立，中心紧密依托学校的区位优势和六大学科群学科专业优势，通过“数据采样—分析和研究—定期发布研究报告”、案例研究等方式，形成良性循环机制，在服务制造业企业创新能力发展的同时，增进学校与企业的联系，扩大学校在制造业创新能力研究领域的知名度。

（董剑戟）

［科研成果首次在世界权威科研杂志发表］ 4月5日，《NATURE PHOTONICS》（影响因子23）正式发表了由上海理工大学光学工程学科团队撰写的论文《Observation of the inverse Doppler effect in negative-index materials at optical frequencies》。这是学校的科研成果首次在世界权威科研杂志发表。

（董剑戟）

［首届外国留学生毕业］ 6月8日，学校举行2011届（首届）外国留学生毕业典礼。7名留学生中，5名硕士研究生和2名本科生，其中有2名学生继续留在学校攻读硕士和博士学位。

（董剑戟）

［中英国际学院首届学生毕业］ 7月23日，学校中英国际学院举行首届学生毕业典礼。学院2007级99名应届毕业生在上海以4年全英文授课方式完成学业后，分别被授予英国哈德斯菲尔德大学会展管理学和利物浦约翰摩尔斯大学工程学学士学位。

（董剑戟）

［首个“数字出版与传播”重点学科建设启动］ 7月29日，学校举行国内首个“数字出版与传播”重点学科建设启动仪式，国家新闻出版总署署长柳斌杰、副署长孙寿山，上海市委宣传部副部长宗明、时任上海市新闻出版局局长焦扬等出席仪式。国家新闻出版总署办公厅主任刘建国宣读《关于支持上海理工大学“数字出版与传播”国家重点学科建设的函》。柳斌杰在仪式上讲话。

（董剑戟）

［公共服务中心建成并启用］ 10月28日，学校举行“公共服务中心”启用暨“网上服务大厅”开通仪式。学校将2011年作为“服务型机关建设年”，公共服务中心建设是学校2011年度十项惠民实事工程的头号工程。正式启用后的公共服务中心实行扁平化管理和一站式服务，“网上公共服务大厅”将进一步完善师生网上办事功能，有效提高机关服务师生的效率与质量。

（董剑戟）

上海理工大学公共服务中心启用

［举行105周年校庆活动］ 10月29日，学校举行建校105周年庆典大会。全国政协常委、上海市政协原主席、中国动力工程学会理事长蒋以任，原机械工业部常务副部长、中国机械工业联合会顾问、中国动力工程学会名誉理事长陆燕荪，原机械工业部副部长、中国电工技术学会理事长孙昌基等出席活动，校党委书记燕爽主持大会，校长许晓鸣讲话。同日，学校沪江国际文化园向全校师生及公众开放。中国国际交流协会副秘书长倪健，德国驻沪总领事，英国驻沪总领事馆文化教育领事等出席启用仪式。10月21日，学校扩建一新的校史馆重新开馆。

（董剑戟）

［启动卓越工程研究生院建设］ 11月8日，上海理工大学"卓越工程研究生院"签约仪式举行，上海工业自动化仪表研究院作为首家共建单位与上海理工大学签订协议。双方在多年紧密合作基础上，突破传统模式，全方位集聚人力、技术、教学、科研等资源，合作共建高层次人才培养与行业共性、关键技术研发的创新体系和开放联盟。此次合作有利于学校提升研究生创新能力培养水平，服务先进制造产业发展，树立"卓越工程教育"的创新标杆。

（董剑戟）

附：学校负责人及地址

（2011年1—12月）

校党委书记：燕　爽

副　书　记：白苏娣、张仁杰、李　江（4月到任）

校　长:许晓鸣
常务副校长:白苏娣
副校长:陈敬良、郑　刚、丁晓东、陈　斌

军工路校区地址:军工路 516 号
邮编:200093
电话:55277040

复兴路校区地址:复兴中路 1195 号
邮编:200031
电话:64725420

拱极路校区地址:拱极路 3800 号
邮编:201300
电话:58017529

营口路校区地址:营口路 101 号
邮编:200093
电话:65485551

水丰路校区地址:水丰路 100 号
邮编:200093
电话:65673587

上海海事大学

［2011年概况］　一、继续加强学科建设，科研服务能力不断增强。①新增管理科学与工程一级学科博士学位授权点，法学、外国语言文学、动力工程及工程热物理、电气工程、信息与通信工程、计算机科学与技术、软件工程、水利工程、船舶与海洋工程、工商管理等10个一级学科硕士学位授权点。②集装箱供应链技术教育部工程研究中心通过教育部验收。③科技总经费达到2.7亿元。获得国家级项目32项，其中国家自然科学基金项目28项，国家社科基金项目4项；省部级项目84项，其中教育部人文社科项目11项。获得各类科技奖励29项，其中省部级以上7项。发表学术论文1327篇，其中检索论文370篇，SCI论文53篇，SSCI论文3篇；出版著作26部；申请专利699项，其中发明专利86项；授权专利590项，其中发明专利27项。④招收全日制硕士研究生1267人、博士研究生41人。落实研究生创新基金资助项目和创新基地建设工作。承办市学位办主办的上海市研究生物流暑期学校和上海市研究生航运金融论坛。成为上海市专业学位研究生教育改革试点单位。⑤各期刊的社会影响力持续提高。杂志总社获得首届"上海市新闻出版行业文明单位"和"中国高校科技期刊优秀团队"称号。上海浦江教育出版社开始运作。⑥挂靠学校的上海国际航运研究中心理事单位达到261家，承担政府和企业咨询课题25项。研究中心现有4个专业网站、2本专业杂志和6个大类市场研究报告，决策咨询和知识服务水平不断提升。

二、继续深化教学改革，人才培养质量稳中有升。①学校成为教育部第二批卓越工程师教育培养计划高校，在航海技术、轮机工程、热能与动力工程、工业工程、船舶与海洋工程等5个专业启动实施卓越工程师教育培养计划。②校企联合人才培养模式日趋完善，与中国海运（集团）总公司签订协议共建"上海海事大学航海与船舶工程校外实习基地"，与上海振华重工（集团）股份有限公司签订协议共建"上海海事大学港口与海洋装备校外实习基地"，两个项目同时获得上海市市属本科高校校外实习基地重点建设项目和上海高校示范性校外实习基地建设项目立项，并获得市教委415万元专项资助。③精品课程及示范性课程建设成绩显著。学校3门课程入选年度上海高校市级精品课程，新增2门上海高校示范性全英语教学课程、21门上海市教委重点建设课程，学校市级重点课程总数达到88门。④完成"十一五"国家级规划教材的编写、出版工作。《港口管理》（第二版）评为国家级精品教材，《国际航运管理》、《海洋船舶轮机管理》（第二版）等8本教材分获2011年上海普通高校优秀教材奖一、二等奖。⑤加强实践教学环节，扩大出国航行实习的学生专业及数量。实验课程从294门增至332门，实验项目从1798项增至2026项。批准立项大学生创新活动计划160项。在国家级、全国性和上海市科技竞赛中有300多人获得奖项。⑥高水平运动队竞赛成绩喜人。获世界性竞技运动一等奖2项，全国性竞技运动奖牌16枚。⑦职业教育质量进一步提高。各类职业资格考证通过率达90%以上。

三、加大人才引进和培养力度，师资队伍结构继续改善。①学校投入师资队伍建设经费1000万元，引进、录用专任教师等90人，其中入选上海千人计划1人、东方学者2人。学校专任教师927人，教授136人，副教授310人，具有博士学位的406人。②新增教师出国留学进修、国内访学、产学研践习和上海市优秀学科带头人培养等培养层次和方式，基本形成从教师上岗培训、外语培训，教师攻读博士学位资助到骨干教师培养资助，教师出国留学、国内访学、产学研践习再到学科带头人培养，上海市优秀学科带头人培养等三个层次、九种方式的全方位教师培养体系。③完成学校专业技术、管理及工勤等三类人员的岗位设置与聘任工作，实际聘用专业技术人员1491名、管理人员348名、工勤人员276名。退休人员的岗位设置工作也已完成并上报。

四、积极开展对外交流与合作，办学国际化稳步推进。①学校与加纳中西非地区海事大学合作举办物流管理本科教育项目。首批42名学员来自中西非地区5个国家。第二期招生工作顺利完成。②继续与国外海事类院校开展中外合作办学项目，举办航运类高层次国际会议或国际论坛，提升学校在上海国际航运中心建设中的影响。学校当选国际海事大学联合会(IAMU)新一轮执委会委员，副校长金永兴当选国际海事教师联合会(IMLA)主席。③海外游学项目有序开展，新增7个海外学习交流项目，285名同学参加海外交流学习。④加大外籍教师招聘力度，来校讲学、授课的外籍专家71人次。98批180人次教师、管理干部出国出境交流或进修。应邀去境外大学讲授专业课程的教师明显增加。⑤积极发展留学生教育，国际教育学院开始实体化运作。招收留学生326人，其中学位生97人、汉语语言生229人。举办第二期航海技术、航运管理2个国际班，6个国家的25名交换生来校学习；顺利完成"轮机值班与基本安全"丹麦培训项目、"物流管理与货运代理业务"蒙古国培训项目。

五、加大投入，规范管理，教育保障能力继续提高。①按时完成第五期3万平方米学生公寓工程、1500平方米的实训中心二楼实验室装修工程、20幢学生公寓走廊及楼梯间2万余平方米的瓷砖铺贴工程、学生公寓和学院楼宇底层等防滑材料铺贴工程。上海港湾学校综合改造工程、云台中学装修工程顺利启动。②投入图书情报资源建设经费850万元，图书情报工作对学校教学、科研和人才培养的支持能力进一步增强。制定《上海海事大学"十二五"信息化发展规划》，新校信息化支撑、服务能力进一步提升。③商船学院船舶机舱综合实验室、卫星通信实验室、地面通信实验室、海上通信技术与控制实验室，信息工程学院水声传感器网络实验室等34项实验室建设项目投入使用。其中船舶机舱综合实验室投资3000万元，达到世界先进水平。④新建教学实习船项目按时间节点推进。⑤后勤服务中心转变内部管理机制，规范后勤服务标准，服务质量不断提高，被中国高等教育学会后勤管理分会授予"全国高校后勤十年社会化改革先进院校"称号。⑥节水型校园建设通过评审验收，获得市水务局颁发的"水平衡测试达标"证书。民生路校区部分地块按照协议分批平稳移交。⑦上海市规范教育收费联合检查小组对学校有关收费工作给予肯定。市教委校长任期内经济责任审计、市财政局学校年度会计报表审计和国家审计署驻上海特派办高校化债审计均指出，学校较好地遵守了财政法规，财务报表真实地反映了学校财务状况。根据审计报告的要求，学校完成东校区、继续教育学院、后勤服务中心与校本部会计核算体系的合并。

(李　萌、苏　娅)

[国际交流班开班]　3月7日，学校第二期国际交流班"航海技术"和"航运管理"正式开班。来自美国、德国、波兰、俄罗斯、韩国和加拿大航海类高校的25名交换生，分别编入商船学院和交通运输学院的两个班级，与中国学生一起进行一个学期的学习和生活。

(李　萌、苏　娅)

[首个海外办学项目开班]　3月9日，经教育部批准，上海海事大学—中西非地区海事大学"物流管理"专业理学学士学位项目在加纳开班。联合国国际海事组织驻非洲代表、加纳交通部副部长、中国驻加纳共和国大使、中西非海事组织秘书长、上海市教卫党委领导、上海海事大学校长、中西非地区海事大学校长，以及中西非国家港航企业代表和该合作项目的师生代表出席开班典礼。"物流管理"专业理学学士学位项目的教学计划、教学大纲及教材按照学校的教学模式和体系制定，学生第一、第二及第四学年在本土学习，教学由两校共同承担，主干专业课程的教师以上海海事大学派出教师为主，学生在第三学年来华学习一年，并完成企业实习环节。完成学业的学生将被授予中国教育部颁发的理学学士学位、上海海事大学毕业证书以及中西非地区海事大学的学历学位证书。

(李　萌、苏　娅)

[船舶机舱综合实验室落成]　3月28日，具有世界先进水平的船舶机舱综合实验室在学校落成。有关部门领导和中外著名航运及相关企业负责人出席落成典礼。上海海事大学高世迈船舶机舱综合实验室、上海海事大学—曼恩柴油机培训中心、上海海事大学—阿法拉伐合作培训基地揭牌成立。船舶机舱综合实验室主要配有曼恩柴油机的6S35ME-B9型船用电控二冲程柴油机和实时监控系统、阿法拉伐先进的辅助设备，以及上海海事大学自主研发的采用先进集成技术的控制系统、管理系统、操作系统等，是功能完备的大型教学、科研基地。

(李　萌、苏　娅)

[亚丁湾索马里水域护航船长事迹报告会举行]　3月30日下午，参加海军亚丁湾索马里水域护航船长事迹报告会"乘风破浪亚丁湾，保驾护航百舸宁"在学校大礼堂举行。报告团共有11名成员，其中船长10名，海军护士1名。执行第五批护航任务的上海海事大学商船学院邬惠国教授与其他10名报告

团成员从不同侧面、不同角度讲述各自参与护航任务的事迹。

（李　萌、苏　娅）

[大学生龙舟协会成立]　3月31日下午，上海市大学生龙舟协会成立大会在上海海事大学举行。上海市教委体卫艺科处、上海市教委学生体协联合秘书处、上海市学生活动管理中心、上海市龙舟协会、上海海事大学领导，以及来自华东理工大学、东华大学、上海大学等30余所高校的体育教育专家出席。大会表决通过《上海市大学生龙舟协会章程》。上海海事大学为协会会址单位，上海交通大学、复旦大学、华东理工大学、同济大学、东华大学和上海第二工业大学等为会员单位。

（李　萌、苏　娅）

[首届“海洋节”开幕]　5月11日下午，由学校宣传部、学生处、团委、图书馆主办，海洋环境与工程学院分团委及学生会承办的上海海事大学首届“海洋节”开幕。首届“海洋节”以“海洋，蓝色的未来”为主题，通过学术论坛、文艺汇演、环保报告、航海博物馆展品巡展等活动，普及海洋知识，培养“海洋”和“环保”理念，在轻松愉悦而富有学术价值的氛围中学“海洋”、识“海洋”。

（李　萌、苏　娅）

[丹麦培训项目开班]　经丹麦国家海事局认证，上海海事大学获准承办丹麦哥本哈根轮机工程学院学生的轮机培训项目。5月16日，学校首个轮机值班与基本安全培训项目正式开班。接受培训的23名学员来自丹麦哥本哈根轮机工程学院，他们在上海海事大学接受为期两周的培训，培训课程包括轮机值班、基本安全、消防等。

（李　萌、苏　娅）

[在全国大学生交通科技大赛中获奖]　5月22日，“第六届全国大学生交通科技大赛”在长安大学闭幕。上海海事大学商船学院陆蕊悦、吴倩颖、秦超、朱泊宇、王锐的《节能型相变移动供热车》（指导教师：章学来）获大赛一等奖，信息工程学院龚欢、杨智麟的《基于GPRS的远程无线LED图文信息显示系统》（指导教师：颜明重）获得大赛优秀奖。

（李　萌、苏　娅）

[海洋信仰与祭海文化研究交流中心成立]　7月，在浙江岱山举行的第二届中国民间海洋信仰与祭海文化资源研讨会上，上海海事大学和岱山县领导共同为“海洋信仰与祭海文化研究交流中心”揭牌。该中心由上海海事大学和岱山县人民政府共同成立，旨在整合高校学术力量与地方海洋文化的特色资源，推进民间海洋信仰与祭海文化的研究与交流。

（李　萌、苏　娅）

[当选国际海事教师联合会主席]　国际海事教师联合会（IMLA）第十九次大会于9月28日在克罗地亚里耶卡开幕，来自美国、英国、德国、法国等世界各国海事院校的50余名代表出席会议。在本届会议的理事会上，上海海事大学金永兴副校长当选为该组织主席。

（李　萌、苏　娅）

[举办首届“航运节”]　10月12日，上海海事大学首届“航运节”开幕式在临港校区举行。“国际航运中心——上海之梦”是首届“航运节”的活动主题，“航运节”全程围绕上海国际航运中心建设这一主旨内容，举行航运及船舶专题展览、行业学术讲座、航运业发展史知识竞赛等活动，普及航运知识，宣传上海国际航运中心建设的意义，弘扬民族航运精神。

（李　萌、苏　娅）

[航运物流信息工程技术研究中心通过验收]　10月28日，上海市科学技术委员会组织专家对上海海事大学上海航运物流信息工程技术研究中心进行了验收。验收专家一致认为：中心定位明确，核心能力突出，主要研发方向和内容具有先进性、创新性和实用性；建设规划符合国家和上海市的发展需求以及航运物流信息技术领域的发展趋势，将对上海市乃至中国航运物流信息相关行业的技术进步起到示范和推动作用。

（李　萌、苏　娅）

[国际生态翻译学研讨会召开]　11月12—13日，第二届国际生态翻译学研讨会在上海海事大学召开。本次研讨会由国际生态翻译学研究会主办、上海海事大学外国语学院承办。来自中国及港澳台地区30余所院校和研究机构的代表，以及欧洲译联（EST）、（法国）中法科技开发研究院代表共计60人参加大会。会议共收到国内外论文65篇。

（李　萌、苏　娅）

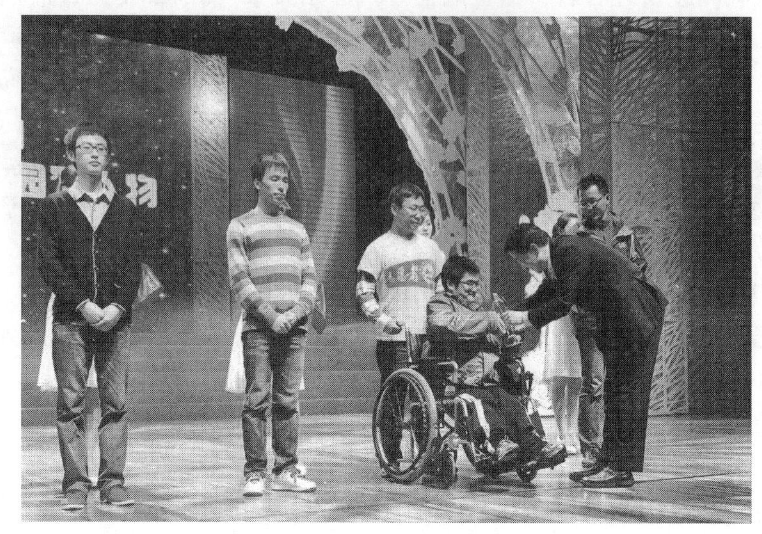

学生唐旭获 2006—2011 年上海学子“感动校园”十大人物称号

[**获“感动校园”十大人物称号**] 在 12 月 9—10 日上海市学生联合会第十五次学生代表大会上，上海海事大学信息工程学院 2011 级残障学生唐旭获 2006—2011 上海学子“感动校园”十大人物称号。唐旭自幼患有进行性肌肉萎缩症，胸部以下几无知觉，仅右手食指稍能活动。他的家庭经济情况非常困难，在残酷的命运面前，他付出超乎常人的努力考入上海海事大学信息工程学院计算机科学与技术专业。对于他的特殊状况，学校高度重视，制定帮扶方案，从生活起居、学习指导、心理辅导、健康义诊、应急处理、经济资助等多方面给予细致、周到的安排。新华社、人民网、中央电视台、上海东方电视台等 10 余家媒体对其事迹进行跟踪采访和报道。

（李　萌、苏　娅）

附：学校负责人及地址

（2011 年 1—12 月）

校党委书记：於世成
副　书　记：孔凡邨

校　长：於世成（12 月离任）、黄有方（12 月到任）
副校长：孔凡邨（兼）、金永兴、黄有方（12 月离任）、肖宝家、蔡存强（12 月离任）、杨万枫（12 月到任）

临港新城校区地址：海港大道 1550 号
邮编：201306
电话：38282000（总机）

民生路校区地址：浦东大道 1550 号
邮编：200135
电话：58855200（总机）

上海音乐学院

［2011 年概况］ 学院设有 14 个系(部)及上海音乐学院附中(含附小),在校本科生 1421 人,硕士研究生 521 人,博士研究生 79 人,附中附小学生 560 人。2011 届本科毕业生就业率达 67.49%。学院坚持“以学生为本、德育为先、服务为重、发展为主题”的工作理念,抓住纪念建党 90 周年、辛亥革命 100 周年、国家“十二五”规划开局之年的重要契机,开展爱国荣校、科学发展观、民族团结、安全教育、国防知识、人生规划、遵纪守法等内容的学习活动,并积极开展学生活动、文体赛事、新生军训、志愿者行动、义务献血等,丰富课余生活,全面提高学生综合素质。同时开展世界多元文化理解教育,增强学生民族文化认同感和文化沟通鉴别力,促进各民族学生的团结。学院切实做好各类奖助学金的评审和发放工作,全年共有 1068 人次获得各类奖、助学金以及福利补贴。此外,学院语言文字工作通过了市高校语言文字工作评估专家组的达标评估,普通话测试合格率达 96%。

学院着力推进专业建设和课程建设,坚持精品教育模式,提升人才培养质量。《国际一流作曲学科专业群建设工程》在市高校(21 所)申报项目评估中得到市有关部门和评审专家的高度评价。6 月,经国务院学位委员会和教育部批准,原一级学科“艺术学”博士学位授权点对应调整为三个“博士学位授权一级学科”,即艺术学理论、音乐与舞蹈学、戏剧与影视学。全年获得上海市级精品课程 2 门,上海市级重点课程 7 门,上海市级优秀教材一等奖 1 个、二等奖 2 个,上海市级教学改革类项目 1 个,上海市本科校外实习基地重点建设项目 1 个。41 人次在国际国内各大比赛中获奖;另有 8 名教师获得市级、国家级育才奖、名师奖。学院进一步完善教学制度,修订《上海音乐学院本科生手册》及《上海音乐学院本科教学工作手册》,率先将音乐学科研究生教育体系科学划分,并制定《上海音乐学院博士研究生科研经费申报实施办法》,加强博士研究生的培养。学院附中、附小贯彻“大、中、小一条龙”的办学特色,教育以重点学科建设为龙头,不断探索教学模式,高度重视师资队伍建设和文化基础教学改革,积极开展学术活动,鼓励师生艺术实践。组织开展校内艺术实践音乐会 133 场、校外艺术实践音乐会 9 场以及各类学术活动,学生国际国内获奖共 80 人次。其中,在第八届全国音乐金钟奖小提琴比赛中,附中学生囊括了金、银、铜、优秀奖项。

举办第四届当代音乐周

学院深化学术科研建设,推进知识创新体系。在中央财政的支持下,继续推进国家特色重点学科点建设——上海市高校音乐人类学 E-研究院、上海市人文社科基地(中国仪式研究中心)、周小燕大师工作室、钢琴艺术创新平台工作室等市级重点学科点建设全面进行，召开上海音乐学院重点学科点建设科研成果汇报会。全年获得国家级省部级项目10项，其中全国哲学社会科学规划艺术学重点项目1项，教育部人文社会科学研究项目1项，上海市科委科技创新项目1项，上海市教委项目6项，晨光计划项目1项；完成修订《上海音乐学院个人(纵横向)项目科研经费管理办法》；全面完成上海音乐学院“十一五”期间主要科研成果目录汇编以及教育部全国普通高等学校人文社会科学研究统计年报。3名教师入选上海高校教师产学研践习计划(个人)，上海市文化广场经申报成为学院高校产学研基地。学院发挥艺术院校的特色和优势，将艺术实践与专业教学相结合，完成院艺术实践项目173场。其中，“上海之春”系列音乐会与上海国际艺术节两场演出的艺术水准与社会反响均获得业内外好评。学院积极打造“新年音乐会”、“未来音乐家”等一系列常态固定的艺术实践专业品牌，不断加强与上海交响乐团、上海歌剧院等主要专业表演院团的合作，着力推出学院优秀的新人新作。

学院重视多层培养，不断加强师资队伍建设。制定《上海音乐学院岗位设置方案》和《上海音乐学院岗位设置实施方案》。组织人事部门积极组织各类申报，其中千人计划1人、上海领军人才1人、东方学者2人、上海市浦江人才计划3人、艺术类人才培养特别项目4人、青年教师培养资助计划8人、青年拔尖人才支持计划2人等。

学院加强对外交流，拓展国际视野。全年共接待来自21个国家和港台地区的300余位音乐家、师生代表团、音乐院校校长、机构负责人以及使领馆专员，举办了6场外事音乐会；共有20批103名师生赴美国、德国、荷兰、法国、西班牙、捷克、克罗地亚、韩国、马来西亚等国家，及港台地区进行各类文化交流访问及演出。学院分别与澳大利亚悉尼大学音乐学院、法国巴黎国立高等音乐学院签署战略合作协议。学校完成国家留学基金委下派2011年度国家公费生招生计划。9月，学院加入欧洲音乐学院联盟，成为中国大陆地区第一所被批准加入该组织的高等专业音乐院校。

(顾　邹)

[市领导到校调研]　1月12日，上海市副市长沈晓明，上海市教委主任薛明扬，上海市发改委副主任叶明忠，上海市教委副主任印杰等到学院调研。沈晓明一行仔细察看了学院食堂、电教楼、新教学楼、淮海中路1111号待建地块、附中等，对教学用地情况进行实地调研。随后，沈晓明听取学院领导的工作汇报，并就学院今后的发展问题作了重要指示。

2月22日，上海市副市长、九三学社中央常委、上海市主委赵雯到学院调研。赵雯在听取许舒亚院长的汇报后对学院人才工作提出要求。

5月5日，上海市政府副秘书长翁铁慧、上海市教委秘书长蒋红，与市教委相关部门负责人一行到院调研。

(顾　邹)

[谭小麟百年诞辰系列学术活动]　4月17—18日，由学院和国家图书馆共同主办、学院图书馆承办的“纪念谭小麟先生诞辰100周年系列学术活动”举行。活动以手稿遗物展、纪念音乐会、学术研讨会等形式全面展现谭小麟的音乐创作、人物生平以及对近现代音乐发展的突出贡献。

(顾　邹)

[举办世界民族乐器特展]　6月8日，由学院与国家大剧院共同主办的“器·乐——东方乐器博物馆藏世界民族乐器特展”在国家大剧院拉开序幕。特展分为非洲之魂、东方雅韵、美洲之歌、欧洲之乐、凤尾竹下、东方奇葩及雪域高原七个部分，展出200余件世界民族乐器。

(顾　邹)

[纪念中国共产党成立90周年]　6月29日，学院纪念中国共产党成立90周年大会在贺绿汀音乐厅举行。纪念大会表彰一批获得市教卫党委系统先进基层党组织、优秀党务工作者、优秀共产党员及学院“两优一先”称号的集体和个人，并为学院离休老同志颁发市委组织部颁发的“纪念中国共产党成立90周年”纪念章。会上还举行新党员宣誓仪式。

(顾　邹)

[市教卫党委领导看望周小燕]　9月9日，市教卫党委书记李宣海、市教育工会主席夏玲英、市教卫党委秘书长谢一龙及学院党委书记桑秀藩等领导在中秋节、教师节来临之际看望周小燕教授向她致以节日的慰问，并祝贺她获“第二届全国教书育人楷模”荣誉称号。

(顾　邹)

［国际大师班开班］　10月1—7日，由学院主办、管弦系与国际弦乐艺术中心承办的“国际小提琴大师班”开班。大师班邀请来自法国、德国、美国、日本等国的，在国际上最具影响力和水准的小提琴大师作为授课专家。本次活动包括72节公开大师课、2场专题讲座、1场大师班及闭幕音乐会。

同时，学院举行第八届国际钢琴大师班。本届大师班以“纪念李斯特诞辰200周年”为主题，邀请来自加拿大、俄罗斯、美国、中国等国的国际著名钢琴家开设200余堂大师班课程、7场大师独奏音乐会，举办了由国内知名音乐学家、作曲家主讲的专题讲座4场。

（顾　邹）

［追思桑桐］　11月23日，学院举行上海音乐学院原院长、著名音乐教育家、作曲家、音乐理论家，已故教授桑桐生平影展和追思会。追思会前，许舒亚院长主持了在教学楼大厅举行的桑桐教授生平影展揭幕仪式。院党委书记桑秀藩和桑桐的夫人为影展揭幕。

（顾　邹）

［纪念丁善德百年诞辰］　为纪念著名作曲家、钢琴家、音乐理论家、教育家、社会活动家丁善德诞辰100周年，11月25—26日由上海音乐学院、中国音乐家协会、民盟上海市委员会、上海音乐家协会、昆山市人民政府、上海交响乐团、上海音乐出版社联合主办的“丁善德百年诞辰纪念活动”，在上海和昆山两地举行。25日，在上海音乐学院新教学楼广场举行“丁善德铜像安放仪式”，在贺绿汀音乐厅举行“纪念大会”，在昆山举行《丁善德全集》首发式；26日，由上海交响乐团在上海音乐厅举行“丁善德百年诞辰纪念音乐会”。

（顾　邹）

［举行2012年新年音乐会］　12月28日，学院在上海大剧院举行“2012年上海音乐学院新年音乐会”。市教委主任薛明扬、市委组织部副部长于明黎、市委宣传部副部长朱英磊、市音协主席陆在易等领导出席。新年音乐会上，上海音乐学院交响乐团、青年合唱团的演奏家、演唱家和在国内外大赛中脱颖而出的优秀学生演奏了近年来涌现出的优秀原创作品。

（顾　邹）

［获“金钟奖”多个奖项］　在12月落幕的第八届中国音乐“金钟奖”比赛评奖中，教授高芝兰获终身成就奖；讲师秦毅的作品《盘歌》、副教授徐坚强的作品《归园田居》分获合唱作品比赛银奖、铜奖；副教授徐坚强的作品《前奏曲·戏乐》获钢琴作品比赛银奖；教授贾达群的《结构分析学导引》获理论评论银奖；民乐系学生应怡婷、陆轶文分获二胡比赛银奖、铜奖；附中学生张金茹、蒋益梁分获小提琴比赛金奖、银奖，管弦系学生唐韵、附中学生张润崄获小提琴比赛铜奖，其余还有多位师生获得各项比赛优秀奖。

（顾　邹）

附：学校负责人及地址

（2011年1—12月）

院党委书记：桑秀藩
副　书　记：蔡桂其（5月到任）

院　　　长：许舒亚
常务副院长：徐孟东
副　院　长：杨燕迪、华天礽、张显平、廖昌永（6月到任）

地址：汾阳路20号
邮编：200031
电话：64312000（总机）

上海戏剧学院

[**2011年概况**] 学校招收本科新生463人，硕士生71人，博士生15人，留学生72人，成人教育328人。全日制在校本科生人数为1890人，硕士生212人，博士生67人，留学生87人，成人教育994人。2011届毕业生本科生501人，硕士生40人，博士生7人，成人教育218人，留学生42人。全校教职工共540人，其中专任教师281人，外聘教师180人。

教学工作。①切实推动结构学分制改革工作，通过上下三轮修订，以专业群分类管理模式为架构，完成2011级全校本科教学计划的修订工作。以选修课改革带动学分制改革，根据结构学分制总体改革路线，以选促改，继续推行选修课改革。②推进工作室体系建设工作，首批启动立项18个教学工作室。将工作室纳入项目教学体系，部分工作室逐步与课程结合。③为整合学校各专业类型各异的毕业展示，推出"毕业作品展示季"，以打造上戏毕业品牌。④推动教学督导工作，启动组织教研室活动，聘任20名教学督导专家，组成教学督导小组深入课堂听课，与授课教师共同切磋授课技巧，探讨教学方法。⑤推荐60个项目获批"上海市大学生创新活动计划"。

师资队伍建设。①岗位设置实施工作全面启动，完成全校在编职工的岗位定级与首次聘任。②年内共聘任22名名誉教授、客座教授。③成功申报5人国家留学基金委艺术类特别资助项目，2名专家入选上海市千人计划，2人成功申报东方学者讲座教授，1人入选上海市领军人才、1人获宝钢优秀教师奖。申报21项上海外国专家局引进外国技术、管理人才项目，完成4名博士后出站、2名博士后进站工作及博士后流动站评估工作。3人成功申报上海市高校教师国外访学项目，3人获得上海市青年骨干教师国内访问学者项目，3人入选上海高校教师培养资助项目，10人入选上海高校产学研践习个人资助计划，2人获上海文化发展基金会资助项目优秀文艺人才奖、2人获奖教金。

学科建设。①《编剧概论》课程获市级精品课程。②《上海戏剧学院工作室教学的探索和实践》、《"四维一体"复合型导演艺术人才培养实践基地》2个项目获批市重大教改项目。③《大学语文》、《国际标准舞摩登舞技法教程》、《戏剧服装设计与手绘效果图表》3本教材获市级优秀教材奖二等奖。④8门课程获批市级重点课程、8门课程获院级重点课程。⑤18种上海戏剧学院规划建设教材正式出版。⑥教育高地三期广播电视编导专业、播音与主持艺术专业结项，教育高地四期戏剧影视文学特色专业启动结项工作。⑦学校教育部属人才培养模式实验区——戏曲人才培养模式创新实验区获市教委额外拨付经费。

科研工作。①市教委级及以上级别科研项目立项19项。其中，教育部新世纪优秀人才支持计划1项，国家社会科学基金艺术学项目2项，文化部项目1项，上海市哲学社会科学研究项目1项，上海市政府决策咨询研究项目1项，上海市教委科研创新项目9项(重点项目3项，一般项目6项)，上海市教育科学研究项目2项。上海市教育系统网络文化发展研究中心课题1项，上海学校德育创新发展课题1项。②市教委级及以上级别的科研项目结项9项。其中，国家社会科学基金艺术学项目1项，上海市哲学社会科学研究项目1项，上海市政府决策咨询研究项目1项，上海市教委科研创新项目5项，上海市教委"晨光计划"项目1项。③表演艺术创新工作室、舞台美术创新工作室和舞蹈艺术创新工作室通过市教委组织的中期检查并下达来年工作室的经费。上海市教委重点学科建设项目之一的学院广播电视学重点学科建设项目通过中期检查。④继续开展"中青年科研项目"，资助的对象扩大至45岁及以下的中青年管理干部，总金额上升至20多万元，共有53个科研项目(54位中青年教师和管理干部)获得资助。

学生工作。开展"榜样——我身边的人和事"系列活动，发挥身边榜样力量。顺利完成上海市高校资助工作评估，不断完善资助工作体系；承办上海市教委"播种希望——上海市高校资助工作巡礼"活动。举办学生创业大赛、开设创业学生沙龙。完成新生心理普测、举办"上戏心理剧小品大赛"。素养教育不断探索和实践，仲彝师生沙龙、《品读》朗读会等一系列活动提升学生人文素养。推出招聘专场、举办"东方卫视"宣讲会。推出12个不同类型的招聘专场，为毕业生提供1100个就业岗位，就业率达97.59%。

演出工作。①教学演出。完成9台毕业、实习剧目的演出，表演系、导演系、舞美系的实习剧目：《骆驼祥子》、《幸福的日子》、《小井胡同》、《安娜在热带》、《王牌游戏》，毕业剧目:《大雪地》、《樱桃园》、《吉屋出租》、《哈姆雷特》。②重点剧目。创作演出市级、校级重点剧目共5台。由中共上海市委宣传部主办、学院承办的大型政论体话剧《开天辟地》作为对建党90周年的献礼作品，7月22日在上海东方艺术中心歌剧厅首演成功。市领导殷一璀、杨振武、钟燕群、吴幼英等观看演出。学院和上海市作家协会联合出品的《黎明1949》，被列为上海市重大文艺创作项目。原创大型舞蹈诗《红》是学院给建党90周年华诞的又一献礼作品。原创新媒体舞蹈诗《极境》探索以多媒体和舞蹈结合的编创手法。原唱朗诵剧《回响回想》以重大事件捕捉历史精彩瞬间，歌颂在共产党领导下的中国正实现历史上最伟大的民族复兴。

外事工作。学校审核审批24个因公出访团组，292人因公出访。有来自10多个国家和地区的13批艺术院校及文化机构来院访问，商谈演出合作、学术交流。举办7次大型国际活动，包括“莎士比亚”中文字典发行仪式、世界戏剧院校联盟舞美展、第六届国际小剧场戏剧节展演、法国戏剧研究研讨会、2011上海创意产业国际论坛等。学校与英国伦敦城市大学、英国BOP文化咨询机构、澳大利亚创意链接顾问公司、日本福冈设计联盟、韩国釜山设计中心等单位签订了合作框架协议。同时，对联合国贸易与发展会议(UNCTAD)《2010创意经济报告》中文简体版和繁体版，以及厉无畏所著《创意改变中国》英文版，“创意产业之父”约翰·霍金斯新作《创意生态思考在这里是真正的职业》中文版等多部创意经济大作进行了首发和推介。不断尝试与外国专家新的合作模式，探索不同文化背景下戏剧教学的创新，20余位外国专家来院授课、举行讲座和工作坊，指导排戏。受上海市教委学生海外学习项目资助，共有20多名同学以交换生身份赴美国纽约电影学院、美国纽约大学、挪威卑尔根大学等艺术类名校交流学习。留学生工作稳步开展，在读外国学历生23名，全年汉语进修生130人次。

比赛演出屡获殊荣。6月31日，附属舞蹈学校芭蕾舞专业学生王名轩获第八届首尔国际舞蹈比赛芭蕾舞少年组金奖。7月3日，京剧《朱丽小姐》参演华沙第六届国际艺术院校戏剧节，并获得戏剧节最高奖——“观众最受欢迎演出荣誉奖”。8月30日，小剧场现代京剧《马蹄声碎》获“第二届全国戏剧文化奖·2011小剧场优秀戏剧展演季”综合类奖的改编剧目大奖、导演金奖、表演金奖、表演银奖、音乐设计金奖、最佳出品人特别奖等10个奖项，学院获最佳组织奖。9月，由中国戏剧文学学会主办的“第二届全国戏剧文化奖·2011小剧场优秀戏剧展演季”评奖揭晓，学院创新计划项目扶持作品《秃头歌女——最熟悉的陌生人》夺得“优秀剧目奖”、“导演金奖”、“演员银奖”、“优秀出品单位奖”等四项七个大奖。9月18日，“新媒体舞台设计《文明·图腾》”之《拓印》片段获2011上海设计展“上海设计奖”铜奖。11月4日，由舞蹈学院选送的剧目《一抹红》与《鸿雁》分别获第八届“荷花奖”民族民间舞大赛作品金奖与表演银奖。12月7日，集体创作短片《农民达芬奇》在2011澳门国际电影节国际大学生短片竞赛单元中获最佳纪录片奖。12月24日，在国家文化部主办的“文华艺术院校奖——第一届全国青少年戏曲邀请赛”上，附属戏曲学校分别获组织奖、金奖及优秀表演奖。

(李　莉)

[合作办学签约] 3月8日学院与青岛开发区合作办学签约仪式在山东青岛举行。院长韩生、副院长刘志钢与青岛保税港区领导等出席了签约仪式。根据青岛产业发展和艺术教育的市场需求，上海戏剧学院与青岛开发区合作开办“青岛上海戏剧学院艺术学校”，该校为中等专业学校，由上海戏剧学院负责教学管理、师资配备等工作，于2012年秋季正式招生。

(李　莉)

[承办国际导演大师班] 5月9日，由上海戏剧学院承办的“2011国际导演大师班(俄罗斯)”在上戏熊佛西楼举行开班典礼。俄罗斯联邦驻上海总领事馆副领事基里尔·斯科沃佐夫，中国教育部国际司副司长于继海，上海市教委副主任张民选、学院领导出席开班典礼。此次大师班由教育部国际司主办，聘请俄罗斯5位顶级国际导演大师授课，并开办导演工作坊，是中国首次系统引进俄罗斯著名导演艺术家及剧评家的文化学术活动。

(李　莉)

[举办暑期研修班] 7月，学院举办首届“上海暑期学校中国戏曲暑期研修班”。来自美国、英国、日本、伊朗、保加利亚、西班牙、韩国、菲律宾、马来西亚、泰国等10个国家的20位留学生齐聚上戏。上

海戏剧学院副院长孙惠柱出席研修班的开学典礼，并给研修班的留学生们做课程指导。

（李　莉）

［主办世界戏剧院校联盟舞台美术研讨活动］ 9月15—17日，世界戏剧院校联盟舞台美术展暨研讨会开幕活动在上戏剧院举行。上海戏剧学院作为世界戏剧院校联盟轮值主席，主办此次活动以及联盟校长会议。世界戏剧院校联盟成员院校包括：保加利亚国立戏剧电影学院、中国上海戏剧学院、德国恩斯特·布什戏剧学院、印度国立戏剧学院、韩国中央大学，作为特邀院校的中国戏曲学院、台北艺术大学、韩国综合艺术大学、美国纽约大学也派代表出席。校领导、专家教授和师生代表近百人出席会议。本次研讨会的主题为“多元文化中的舞台美术”。

（李　莉）

［举办“第六届国际小剧场戏剧节”］ 9月23—30日，第六届国际小剧场戏剧节在学院举办，来自韩国、印尼、美国、法国和中国等6个国家和地区的10台剧目参演。展演开幕式于23日在佛西楼前举行，市教委副主任印杰，院领导和来自美国的导演、各参展剧团的代表出席。

（李　莉）

［剧作家研修班开班］ 10月18日，由中国戏剧家协会、上海戏剧学院主办，《剧本》杂志社、上海戏剧学院培训中心、上海戏剧家协会、上海市剧本创作中心承办的中国剧协全国青年剧作家研修班在学院红楼教室举行开班仪式。仪式后，戏剧理论家季国平作题为《走向世界的中国戏剧》首场演讲。11月1日，中国剧协全国青年剧作家研修班举行结业典礼暨剧本签约仪式。中国文联、中国剧协、上海市委宣传部、上海市文广局、上海市文联的领导向研修生颁发结业证书。30位研修生的30部新创剧本全部被来自全国的专业或民营院团相中，除了已经提前投排的两部剧本以外，28部新作共有37个院团签署合作意向书。为全国青年剧作家研修班授课的13位当代著名文艺家受聘为上海戏剧学院客座教授。

（李　莉）

［师生同庆古尔邦节］ 11月7日，学院各院系回族、维吾尔族、哈萨克族等少数民族学生与教师代表共70余人欢聚一堂，共同庆祝传统节日古尔邦节。院党委书记楼巍、副院长张伟令出席庆祝活动。学生们载歌载舞，用优美的民族舞蹈、民族歌曲、民族乐器演奏等文艺节目表达了对学校的感激之情和欢度节日的喜悦之情。

（李　莉）

［举办“谭京论戏”展演研讨活动］ 11月27—28日，由上海市文学艺术界联合会、上海戏剧学院共同主办的“谭京论戏——谭鑫培和中国京剧艺术”展演研讨系列活动举行。27日，系列活动揭幕仪式在上戏剧院举行。全国政协京昆室、上海市文联、北京京剧院、上海戏剧学院等单位领导，谭元寿、谭孝曾等谭氏后人，以及来自全国各地的戏剧专家出席。28日“谭京论戏——谭鑫培和中国京剧艺术”论坛举行，多位专家学者作主题发言。

（李　莉）

谭鑫培艺术研究室成立

［举办全球创意教育论坛］ 12 月 2—4 日，由学院发起并主办的“全球创意教育论坛(2011)”在沪举办。2 日，论坛开幕，校党委书记楼巍参加开幕式并致欢迎词。全国人大常委会委员吴启迪出席开幕式。本次论坛由联合国贸易与发展会议和上海市教育委员会指导，上海戏剧学院主办，上海戏剧学院创意学院与约翰·霍金斯创意产业研究中心承办，并列入联合国贸易与发展会议 2011 年度活动。来自全球近 20 个国家和地区的 40 位嘉宾，以及 70 多家国内高校及相关机构的嘉宾共 250 余人参加本次论坛。论坛以“创意经济时代的全球挑战与人才培养”为主题，邀请“创意产业之父”约翰·霍金斯、“亚洲剧场导演之翘楚”赖声川等 54 名国内外嘉宾作演讲。

（李　莉）

附：学校负责人及地址

（2011 年 1—12 月）

院党委书记：楼　巍

院　　　长：韩　生

副　院　长：刘志钢(4 月离任)、孙惠柱、黄昌勇、宫宝荣、张伟令(4 月到任)

院本部地址：华山路 630 号
邮编：200040
电话：62481866

莲花路校区：莲花路 211 号
邮编：201102
电话：64800099

虹桥路校区：虹桥路 1674 号
邮编：200336
电话：62757585

上海体育学院

［**2011 年概况**］ 学院设有体育教育、运动训练、社会体育、民族传统体育等 15 个本科专业，拥有体育学一级学科和下属所有 4 个二级学科的博士学位授予权以及 10 个硕士专业。招收全日制本科生 1042 人，硕士研究生 260 名，博士研究生 54 名，非学历教育研究生 100 名。授予硕士学位 291 名，博士学位 56 名。在校全日制本科生 4005 人，各类研究生 1098 人，成人本专科生 1528 人。现有体育教育训练学院、武术学院、体育人文学院、运动科学学院、经济管理学院、体育休闲系、继续教育学院和国际文化交流学院、附属竞技体校 9 个二级系（院）。以“创新驱动、转型发展”为主线，学院编制下发《上海体育学院中长期教育改革和发展规划纲要（2011—2020 年）》、《上海体育学院“十二五”发展规划》和《上海体育学院关于创新驱动、转型发展的建设方案》，并形成 13 个“十二五”发展子规划初稿和中国乒乓球学院“十二五”发展规划。

一、教学质量。获批创办“表演专业（武术演艺方向）”，新专业“休闲体育”和“运动康复与健康”通过上海市教委专家组复审。开展强化术科技能教学和学科实践教学的第 4 轮本科（学分制）教学计划修订工作，完善以专业课程为主体加跨专业课程模块的课程体系。《体育管理学》成为市级精品课程，《体育运动项目赏析》等 8 门课程成为市教委重点建设课程，获 2011 年上海市高等学校优秀教材奖一等奖 1 项、二等奖 3 项。完成汇编年度《本科教学督导信息》、《本科教学调研报告》，启动教学基本状态数据库建设工作，开展各系（院）本科教学状态数据统计工作。1 篇博士论文获全国百篇优秀博士论文奖，2 篇博士学位论文被评为上海市优秀学位论文，3 名博士生获国家留学基金委资助赴国外大学联合培养。

二、学科科研。获批“运动健身科技”省部共建教育部重点实验室和“人类运动能力开发与保障”上海市重点实验室，完成“上海高等教育内涵建设工程”平台建设的申报与年度建设工作。获国家社科重大项目 1 项，外来课题 62 项（其中国家级和省部级 38 项）。出版学术专著 10 部，被 SCI、SSCI、EI 三大检索系统收录论文 14 篇。获上海市科技进步奖一等奖 1 项、三等奖 1 项，国家体育总局“十一五”体育哲学社会科学优秀成果奖 5 项（一等奖 3 项，二等奖 1 项，三等奖 1 项），上海市第十届教育科学研究成果奖 3 项（二等奖 2 项，三等奖 1 项）。获国家新闻出版总署批准创办中国大陆第一本英文版体育学术期刊《运动与健康科学》杂志；承办第一届国际社会神经科学大会、第八届国际体育计算机科学大会、第五届亚太地区体育科学大会、第九届全国体育科学大会。

三、竞技体育。获世界拳击锦标赛和武术散打世界锦标赛第一名，获世界杯冠军 1 人次、亚洲锦标赛冠军 2 人次，获全国锦标赛和冠军赛冠军 17 人次，获青少年锦标赛、全国大学生和体育院校比赛冠军 34 人次。组织参加第九届全国少数民族传统体育运动会，分获技巧类项目一等奖和综合类项目二等奖。参与乒乓球、羽毛球等项目的 2012 年奥运科技攻关服务，获得篮球、乒乓球和古典式摔跤等项目备战第十二届全运会的科技攻关服务课题。与东亚、久事赛事中心合作，承担网球大师赛、斯诺克大师赛和国际马拉松等大型赛事的评估工作，承接中国网球公开赛等赛事的服务工作。

四、管理体制。制定《上海体育学院岗位设置方案》、《上海体育学院岗位设置管理与聘用实施办法（试行）》和《上海体育学院管理岗位、教师岗位、其他专业技术岗位和工勤技能岗位聘用的 4 项实施细则（试行）》，完成首次岗位设置与聘用工作。制定《上海体育学院党务公开实施意见》、《上海体育学院党务公开实施方案》以及相关配套制度，形成党务公开网站和二级网站管理的长效机制。

五、人才队伍建设。新录用教职工 27 人，其中引进高层次人才 2 人，专任教师 13 人，具有博士学位 8 人。获教育部新世纪优秀人才资助项目 1 项、上海市浦江人才项目 2 项、曙光计划 1 项、晨光计划 2 项，2 名外聘教授成为上海市“东方学者”，1 名教师获得教育部国内访问学者计划资助，4 名教师获得上海市国内访问学者计划资助，12 名教师获得上海市高校青年教师培养计划资助；“高水平竞技体育训学研践习基地”成为“上海高校教师产学研践习基地”，7名教师获得上海高校产学研践习计划资助。选派8名教师出国进修1年，2名教师出国进修3个月，9名教师获上海高校教师出国留学（进修）计划资助，2名教师获国家留学基金委全额资助项目。新聘10名博士生导师，12名硕士生导师。

六、学生工作。大学生参演“五月的鲜花——永远跟党走”全国大学生文艺汇演，《忠诚与奉献》DV短片获中宣部、教育部等六部委“伟大历程”网上作品大赛DV类银奖，参加上海国际艺术节南京路“天天演”体院专场演出，花样跳绳队参加“青春放歌——上海教育系统文化志愿者赴新疆喀什交流演出”，举办上海体育学院第22届文化艺术节暨上海音乐学院、上海戏剧学院、上海体育学院三校联谊会。学生科创作品获上海“挑战杯”特等奖、二等奖各1项，三等奖4项；国家“挑战杯”三等奖2项，世园会专项竞赛奖二等奖和三等奖各1项。组织92支队伍、1100余名学生奔赴16个省市开展暑期社会实践活动，获上海市组织奖、5个市级优秀项目奖、4个先进个人、2名优秀指导教师。组织学生参加世游赛、上海田径钻石大奖赛、F1世界锦标赛、上海劳力士网球大师赛等大型赛会活动志愿服务，获第14届国际泳联世界锦标赛“优秀组织奖”，1个“突出贡献奖”，24名“杰出志愿者”。选派8名学生赴西藏、新疆、云南、重庆等地参加西部计划志愿者。获2011年上海市社会慈善公益项目立项。揭牌成立大学生创业孵化中心。组织蕴瑞学苑第一期学员井冈山红色教育及台湾游学活动。2011届学生综合就业率98.67%。13名学生应征入伍，获杨浦区征兵工作先进单位称号。

七、社会服务与对外交流。上海市民体质研究中心承接3408人次体质测试和健康咨询，被评为“国民体质监测工作上海市先进集体”。成功研制基于低成本鞋垫式柔性阵列传感器的运动鞋原理试验系统，服务青少年体质健康。与上海市部分区体育局合作，加强社区居民体质监测，开展高血压、糖尿病等慢性病患者（近400人）的运动干预研究；通过承担课题，全方位开展公务员亚健康人群、社区老年人和肥胖超重人群的运动促进健康研究，服务全民健身。成立校友会，召开校友会成立大会暨第一次会员代表大会，完善“绿瓦校友”网上宣传互动平台的建设，成立“上海体育学院校友企业家联谊会”。留学生1316名，其中长期生454名，学历生388名；成功举办首届上海市“暑期学校”的乒乓球班和武术班，成为上海市“留学生中国文化体验基地”的三个基地之一。在加拿大卡尔加里建立中国武术文化推广基地。选派8名师生参加国家队备战荷兰鹿特丹世界锦标赛的科研攻关工作。科技园新增注册企业44家，园区企业全年接受在校大学生实习1200人次。“国家体育总局科技成果转化综合服务平台——体科网”正式上线，承办第二届科技园区趣味运动会和首届全国阳光体育运动暨学校体育发展会议。

八、平台和网络建设。全面开放“教师研究室”，购置50台电子阅读器，调整订购期刊的品种与数量；新购置外文数据库Elsevier（五个学科领域内容）、万方专利服务系统和环球英语多媒体资源库等，先后推出Emerald管理学外文全文期刊库、银符考试模拟题库等试用数据库，加大自建数据库的更新和维护力度。全面完成信息化建设一期工程软件建设和信息化建设二期工程硬件建设，完成校园网络改造升级，建立健全网络和信息系统安全管理长效机制。完成邮件服务系统二次升级和邮箱、网络存储的扩容，改造学生宿舍区网络，为教职工开通校外访问校内资源的通道和邮箱别名功能，为在校学生开设学校邮箱。制定《上海体育学院纸质档案数字化操作细则（草案）》，启用“南大之星”档案管理软件。

九、后勤保障。完成附属竞技体育学校活动中心、学生活动中心、学生宿舍区自行车棚、学生浴室改造、风雨篮球场等建造项目并如期投入使用，推进解剖楼改扩建工程。加强节能宣传教育，定期更换节能器具，提高节电率和节气率。改善教师休息室环境，安装教学楼电子显示屏和净水器，加强教室电子设施维护和更新。及时更换、添加宿舍、场馆、图书馆、教工宿舍楼等区域的消防设施，开展消防演习、逃生演习和“趣味消防赛”，定期组织保卫干部参加消防、技防、安保、维稳等业务培训，获得上海市文明校园、周边环境整治先进集体等称号。

（朱成磊）

［中国体育科学学会第七次全国代表大会召开］ 2月23日，中国体育科学学会第七次全国会员代表大会在上海体育学院召开。国家体育总局副局长、中国体育科学学会理事长段世杰，上海市副市长赵雯出席，中国科协学会、国家体育总局有关司局、各直属单位、地方体育局、高等院校的领导和学会会员参加。大会选举产生中国体育科学学会第七届理事会和常务理事会。会议通过《第六届理事会工作报告》和《第六届理事会财务报告》，表彰先进集体和个人。同日，召开中国体育科学学会七届一次常务理事会。

（朱成磊）

[举行庆祝建党 90 周年活动] 6 月 22 日，由师生组成的 13 支合唱队参加了主题为“永远跟党走——红色经典”上海体育学院庆祝中国共产党成立 90 周年歌咏大会。学校老领导代表及院领导出席。6 月 29 日，庆祝建党 90 周年暨创先争优活动推进大会召开。院领导、离退休老同志、各民主党派代表、全体中层干部、师生党员代表 500 余人参加。

（朱成磊）

[乒乓球学院综合大楼奠基] 7 月 17 日，中国乒乓球学院综合大楼奠基仪式举行。国家体育总局副局长蔡振华，上海市副市长沈晓明，国家体育运动委员会原副主任、中国乒乓球学院名誉院长徐寅生，上海市政府副秘书长翁铁慧出席，并为中国乒乓球学院综合大楼奠基。仪式结束后，中国乒乓球学院举行了理事会第二次会议。会议听取中国乒乓球学院上半年的工作报告，审议中国乒乓球学院综合大楼与训练馆的设计方案的报告等。

（朱成磊）

中国乒乓球学院综合大楼奠基

[承办阳光体育运动报告会] 8 月 3 日，由教育部全国高等学校体育教学指导委员会主办，上海体育学院、中国高校科技期刊研究会体育期刊专业委员会承办的 2011 年阳光体育运动暨学校体育发展论文报告会在上海体育学院召开。教育部体卫艺司司长杨贵仁、上海教委体卫艺科处处长王从春出席，来自全国各地的 120 多位体育教师参加，共收到论文 190 多篇。

（朱成磊）

[英文期刊《运动与健康科学》创刊] 8 月，学院创办英文版体育学术期刊《运动与健康科学》(英文刊名为：Journal of Sport and Health Science)。10 月 21 日，该刊网站正式开通。11 月 3 日，召开第一届编委会第一次会议；院长、《运动与健康科学》杂志主编章建成出席会议并致欢迎词，杂志外籍主编、国际生物力学学会前主席沃尔特·赫尔佐格教授主持会议的议题讨论议程。来自美国、加拿大、英国、日本、芬兰和中国的编委会成员，以及该院期刊编辑部工作人员参加。此刊是中国大陆创办的第一本英文版体育学术期刊，办刊宗旨为全方位、深层次报道国内外运动与健康科学领域前沿性研究成果，搭建国际学术交流平台，促进学科建设与发展。

（朱成磊）

[赵雯到学院调研] 8 月 25 日，上海市副市长赵雯在市体育局副局长韩秀芳和市府办公厅人员等陪同下到学院调研、指导工作。院党委书记戴健主持调研会，院长章建成介绍学院竞技体育、全民健身和体育产业等方面发展情况。赵雯一行慰问备战第十二届全运会与第七届城运会的田径、重竞技、橄榄球等项目的教练员和运动员。

（朱成磊）

[获国家社科基金重大项目立项] 10 月，戴健教授领衔主持的“我国公共体育服务统计体系与综合评价实证研究”获 2011 年度国家社科基金重大项目(第一批)立项，这是建院以来学院首次获得的国家社科基金重大项目。

（朱成磊）

[承办全国体院艺术类专业建设研讨会] 10月26—28日，2011年全国体育院校艺术类专业建设研讨会暨协会年会召开。会议由国家体育总局科教司、教育部体卫艺司主办，全国体育院校艺术类专业协作会、上海体育学院承办。国家体育总局科教司，以及来自北京体育大学、天津体育学院等14所体育院校及贵州民族学院等6所综合院校体育院系的70余位领导、专家、学者参加研讨会。会议讨论通过《全国体育院校艺术类专业建设发展规划》，讨论研究《全国普通高等学校体育艺术专业课程教学指导方案》，介绍首批体育艺术专业课程教材教育资源、教材使用培训，第二批艺术类教材申报陈述及评定等事项，还通过了专业展示演出方案。

（朱成磊）

[承办第五届亚洲太平洋地区体育科学大会] 11月1—4日，学院承办的第五届亚洲太平洋地区体育科学大会召开。会议由亚洲运动体育科学理事会主办，主题为“积极健康的生活方式和科学运动理念缔造美好生活，构建美好城市”，共有国内外的专家学者300余人参加，其中来自美国、德国、英国、加拿大等国家和地区的学者近200名。大会期间，60余名国内外专家作了大会报告和专题报告；在运动生物力学、运动生理学休闲与健康、体适能与健康等32个领域，分别进行15场口头报告和2场墙报交流。学院副院长陈佩杰教授当选亚洲运动体育科学理事会副主席(ACESS)。

（朱成磊）

[第九届全国体育科学大会召开] 12月5—7日，由中国体育科学学会主办、学院承办的第九届全国体育科学大会召开。大会主题为“发展体育科技、建设体育强国”。5日举行大会开幕式，来自全国各体育科研单位和高等院校及德国、日本等国的体育科技专家、学者近1600人参加。本届大会设立“伦敦奥运会科技支撑与保障”、“优秀运动员后备人才培养”、“我国体育公共服务体系建设”、“国民体质现状与科学健身”等9个热点专题和体育社会科学、运动训练学、运动医学等学科领域的49个重点专题，共收到论文7129篇，其中录用论文3384篇，墙报交流1182篇，共有400余位专家学者在各专题会场作学术报告。

（朱成磊）

[体科网正式上线] 12月5日，“国家体育总局科技成果转化综合服务平台——体科网”正式上线。国家体育总局段世杰副局长及相关领导、全国体育科学学会理事代表、专家代表、企业负责人代表等近百人出席，院长章建成主持。国家体育总局副局长段世杰、国家体育总局科教司司长蒋志学、国家体育总局科研所所长田野、校党委书记戴健共同为“体科网”开通上线。平台以体育领域内的企业、科研机构、科技中介、体育组织、行业专家为主要服务对象，重点推出科技成果推介展示、科研与应用对接、科技成果转化奖励等多项服务。自试运行后，已吸引数百家企业、科研机构入驻，汇集千余项体育科技成果在线展示。

（朱成磊）

附：学校负责人及地址

（2011年1—12月）

院党委书记：戴　健
副　书　记：庄起民、杨培刚、陈晓峰(4月到任)

院　长：章建成
副院长：陈佩杰、平　杰、陈晓峰(兼)(5月到任)、赵光圣(5月到任)

地址：长海路399号
邮编：200438
电话：51253000

华东政法大学

［**2011年概况**］ 以纪念建党90周年为契机，学校开展党史教育、庆祝大会、歌咏比赛、走访慰问、"双结对"、征文、"追寻红色足迹"等系列活动，加强党的建设。在教职工中，评选出校先进基层党组织11个、优秀共产党员22人、优秀党务工作者12人，分别有1人获上海市教卫党委系统"创先争优·师德标兵"、优秀共产党员和优秀党务工作者，1个集体获市教卫党委系统先进基层党组织；在学生中，评选出校优秀党务工作者30人、优秀党员71人、优秀党支部11个。评选出校级优秀典型案例5个，1个案例获市教卫党委系统创先争优主题活动优秀案例，发展党员1502人。组建国际金融法律学院党总支，完成研教院党委、图书馆直属党支部委员增补工作，调整成立党支部69个、改选党支部19个。至年底，学校有基层党委11个、党总支8个、直属党支部2个、党支部224个。5个学院党委具备党员发展审批权，聘任5位老同志担任特邀党建组织员。编印《学生党员发展手册》、《学生党员教育管理手册》。新提拔任用处级干部7人。选派54人参加上级党校培训、50人在线学习、18人挂职锻炼，开展第二期青年干部培训工作。制定规章48个、修订规章8个。

加强人才队伍建设。学校引进人才66人，其中专任教师16人、专职研究人员21人、辅导员7人、管理教辅22人；正高1人、副高5人。新聘东方学者3人，其中2名海外学者受聘为东方学者特聘教授，实现了特聘教授零的突破。新聘正高4人、副高12人，转聘副高1人。获第六届全国十大杰出中青年法学家、全国高等学校教学名师、上海教书育人楷模、上海领军人才、上海高等学校教学名师、上海教育年度新闻人物各1名，1人入选教育部驻外后备干部名单、27人入选上海高校青年教师培养资助计划、37人入选首次"085项目"，有64人、7个集体获校级奖教金，11人获校优秀青年人才资助计划资助。有26名博士后研究人员进站、10人出站。选拔31人参加上海市哲社教学与科研骨干培训班和青年理论骨干学习研讨班，开展新进教师培训、办公室主任及考勤员培训、青年教师英语口语培训等工作。人员编制增加250个。完成岗位设置工作。114人转为事业编制聘用合同制人员。

推进本科教学质量与教学改革工程建设。翻译学本科专业开始招生。继续推进"质量工程"建设，新增市级精品课程4门、市教委重点课程14门。2门课程获上海高校示范性全英语教学课程建设项目立项，19门课程获首批通识教育核心课程建设项目立项，5个项目获上海高校本科重点教学改革项目立项。启动本科国际化课程建设工作。10部教材获上海普通高校优秀教材奖；33部教材获校级优秀教材奖。7人入选马克思主义理论研究和建设工程教育部第三批重点教材编写课题组。获第二届中国法学教育研究成果一、二、三等奖各1项，上海市第十届教育科学研究成果奖教育改革实验类三等奖1项，"市属本科高校校外实习基地重点建设项目"获批立项。开展首届教师教学比赛。100名本科生获推荐免试攻读硕士学位。承办教育部高校法学学科教学指导委员会、中国法学教育研究会第一次会员代表大会暨"十二五"规划与法学教育发展战略论坛。

深化研究生教育管理体制和培养机制改革。开展纪念研究生教育30周年系列活动。继续推进研究生教育二级管理体制改革，制定研究生培养机制改革方案，成为上海市首批5所综合改革试点高校之一。进一步完善产学研联合培养基地。11门课程获校级课程建设立项。2篇研究生学位论文入选上海市研究生优秀成果。新聘研究生导师70人，其中博导12人、硕导58人。公共管理、政治学、应用经济学、马克思主义理论获一级学科硕士学位授予权，自主设置金融学、国际贸易学、中外政治制度、马克思主义基本原理4个目录内二级学科硕士点。

提升科研实力，加强学科建设。科研课题申报保持良好势头，获国家社科基金项目立项22项，其中法学类15项，首次获重大项目立项。获国家自然科学基金项目立项1项。首次获全国教育科学规划国家级课题立项。获教育部人文社科研究项目立项20项。课题立项215项。2项成果获第二届中国法律文化研究成果二等奖、1项获三等奖、4项获青年奖,6个课题获第九届上海市民主法治建设课题研究成果奖。分别有2人入选上海市浦江人才计划、晨光计划、阳光计划,新聘韬奋学者15人。新增校级重点学科5个,确立校级人文社科基地10个,成立科研机构6个。《法学》杂志开展纪念复刊30周年活动和改制工作,《华东政法大学学报》中国人民大学复印资料转载排名取得突破,并第二次在上海市新闻出版局编校质量检查评比中被评为优秀。1人获"全国优秀主编"。

提高国际化办学水平。接待境外来访150余人次,海外合作院校90所。招收留学生253人,派出本科交流生72人、研究生29人。新增本科生交流派出院校7所,与英国利兹大学正式签署"3+1"硕士培养项目,新增赴澳大利亚律师事务所海外实习项目,研究生教育院与美国威斯康星大学麦迪逊分校联合培养高级法律硕士项目获教育部许可。

制定发展规划,实施085内涵建设项目。印发《华东政法大学"十二五"发展规划》。开展申报和实施上海高等教育085内涵建设项目"特色法学学科建设与人才培养工程"的工作。为推进实施"085项目",成立"085项目"办公室,建立"085工程"规范体系,包括《085项目建设管理办法》、《085工程教师国内访问学者资助计划实施细则》等。

招生就业工作有序开展。共招收各类研究生1452名、全日制本科生2952名,继续教育学生977人。广东省和港澳台华侨联合招生录取批次由本科二批提升至一批,新增高水平运动员、台湾地区免试入学招生项目。毕业本科生3209人、研究生1015人、继续教育生2332人。本科生就业率为96.08%,研究生就业率为95.56%。

完善图书资料、档案管理和信息化建设。建设网站群平台系统;完成长宁校区网络改造、无线网络建设、两校区系统联网等校园网络基础设施建设;启动学生网建设。建成长宁校区图书馆智能门禁系统和"两个中心"数据库资料室;增加藏书11万册。归档案卷4350卷,着手筹建长宁校区档案馆分馆。

(马 超)

[举行研究生教育30年庆典大会] 12月28日,学校举行研究生教育30年庆典大会。来自海内外的各届校友、各职能部门负责人、各学院党政负责人、离退休导师代表、全体研究生导师、研究生代表和部分兄弟单位代表欢聚一堂。校党委书记、校友会会长杜志淳,副校长顾功耘、刘晓红、林燕萍出席大会。上海市学位办领导到会祝贺。

(马 超)

[成立律师学院] 11月13日,学校举行律师学院揭牌仪式。校领导以及来自江苏、浙江、江西、上海等省市的司法行政部门和律师协会的领导,业界和学界的专家、学者,及校内部分专家、学者等60余人出席仪式。吉林省高级人民法院院长张文显、司法部司法鉴定管理局局长霍宪丹、北京师范大学法学院院长赵秉志、武汉大学法学院院长肖永平为律师学院揭牌。

(马 超)

华东政法大学律师学院揭牌

[获评精品课程] 根据上海市教育委员会下发的《上海市教育委员会关于公布2011年度上海高校市级精品课程名单并下达奖励建设经费的通知》,学校的金融法学、法医学、毛泽东思想和中国特色社会

主义理论体系概论、知识产权法四门课程获2011年度上海高校市级精品课程称号。

（马　超）

［承办中国法学教育研究会第一次会员代表大会］ 11月12日，学校承办的中国法学教育研究会第一次会员代表大会暨“十二五”规划与法学教育发展战略论坛举行。论坛由教育部高校法学学科教学指导委员会、中国法学教育研究会主办。中国法学会、教育部、司法部领导以及来自全国160多所高校的校长、院长及专家学者300余人参加论坛。论坛围绕“十二五”规划实施与卓越法律人才培养目标、经济社会科学发展与法学教育理念转变、社会主义法律体系的行程与法学教育教学改革、经济社会科学发展对法律人才多样性需求4个主题开展深入研讨。

（马　超）

［李宣海到校调研］ 7月21日，上海市教卫党委书记李宣海、上海市教委副主任袁雯等一行9人到校就学校内涵建设、085项目推进工作开展调研。校党委书记杜志淳作专题汇报，校长何勤华就卓越法律人才培养等问题作补充。李宣海就创新人才培养模式、学科布局、国际化办学等工作提出指导意见，并对学校近年来改革发展所取得的成绩给予肯定，并希望学校抓住机遇、克服困难，在内涵建设上取得更大的突破。

（马　超）

附：学校负责人及地址

（2011年1—12月）

校党委书记：杜志淳
副　书　记：童西荣（11月离任）、张智强、应培礼（11月到任）

校　　长：何勤华
副 校 长：张智强、顾功耘、叶　青（1月离任）、刘晓红（1月到任）、林燕萍（11月上任）

长宁校区地址：万航渡路1575号
邮编：200042
电话：62071666

松江校区地址：龙源路555号
邮编：201620
电话：67790256

上海海洋大学

［**2011年概况**］ 学校有13个学院(部)，1个国家级重点学科，12个省、部级重点学科，15个上海市教育高地和1个上海市高校E-研究院，有2个博士后科研流动站，1个一级学科博士学位授权点，7个二级学科博士学位授权点，2个一级学科硕士学位授权点，23个二级学科硕士学位授权点，2个专业学位8个领域授权点，46个本科专业及方向，10个高职专业。现有1个国家级重点学科，12个省、部级重点学科，5个国家特色专业，3门国家级精品课程，14门上海市精品课程，1个国家级教学团队，2个上海市教学团队。全校普通本专科生12000余人，研究生1800余人。全校在职教职工1036名，其中教学科研人员近800名，具有高级专业技术职务400余名，博士生、硕士生导师300余名；学校拥有双聘院士2名，拥有以国家科技进步奖获得者、国务院学位委员会学科评议组成员、国家百千万人才工程人选者、国家级有突出贡献中青年专家、上海市首批优秀学科带头人、上海领军人才、上海高校东方学者特聘教授、上海市教学名师以及中青年教授为骨干的师资队伍。

实施教育质量工程，注重人才培养质量。本科教学工作：实施大学数学分类教学改革、大英教学分级改革和大学语文教学改革；启动海洋类专业建设和创新人才培养改革；校企合作采取订单式培养模式的远洋渔业学院有了第一批学生；顺利完成9个新专业自评和市教委专家组的评估；《渔具理论与设计学》和《食品化学》二门课程被评为上海市精品课程，《物理海洋学导论》、《国际金融》被评为市级示范性全英语教学课程，4门教材被评为市优秀教材，16门课程入选市重点课程建设；获7项市教学改革重点项目、2项市校外实习基地建设项目、6项地方高校基础实验室建设项目、1项招生改革项目、160项市级大学生创新活动计划项目(第二轮)；顺利通过上海市普通高校语言文字工作评估验收。在人才培养上，学校全年投入资金4917万元，比上年增长232%。学生培养质量不断提升。就业率达到95.06%，首次签约率68.54%，是历史上最好的一年；学校学生共参与全国、上海市和各类行业大赛28项，获得各类奖项73项，是获奖或荣誉最多的一年；以培养精英人才为目标的元鼎学院建设方案和青马工程已启动。研究生专业学位试点改革顺利推进、生物学一级学科博士点的复评工作进行。思政教育成果：易班获得上海市教育改革实验奖一等奖；心理健康教育中心建设和教育与咨询再上新台阶，举办上海高校辅导员大学生情感生活专题培训班，马莹教授获上海高校心理健康教育课程教学大赛一等奖。思政队伍专业化、专家化建设成效明显，1人获全国高校辅导员年度人物入围奖，1人获上海高校辅导员年度人物提名奖，承担教育部思想政治教育、上海市教育科学、上海市高校德育决策咨询等思政课题26项，发表论文35篇。

加大学科建设力度，注重实力水平。“服务于国家海洋战略的高水平海洋科学专业群建设工程”的085工程项目正式启动；19个项目获得国家自然科学基金资助，比上年增长一倍，其中1项国家自然科学基金重大研究计划培育项目，9项青年基金；主持和参与7项国家973、863和国家哲社项目，比上年增加4项。科研经费总量达到9030万元，比上年增长1340多万元。科研成果再创佳绩。全年共发表论文1225篇，比上年增长16%，其中SCI/EI论文247篇，核心期刊论文860篇，CSSCI/SSCI论文61篇，分别比上年增长46%、11%和24%；取得授权专利83项，其中发明专利31项；软件著作权26项，出版专著33部。学校获得1项国家科技进步二等奖、1项上海科技进步一等奖和8项省部级奖。

开展国际交流，注重合作成效。有8所国外和境外大学校长来校访问，来自20多个国家和地区100多个团组427人次的国外教授来学校交流、讲学。与30所国外大学开展交流合作，与11所国外大学签署和续签合作协议。78批出访团组145人次出国(境)，其中出国访问考察12批41人次，参加国际会议36批65人次，进修合作科研18批19人次，其他12批20人次。留学游学规模继续扩大。学校派往国外院校的交换学生91人，选派30多名本科生赴美国、澳大利亚的知名企业实习。爱恩学院有100余名毕业生到10个国家30多所高校攻读。选派师生20人赴台湾参加“Hi-young海洋青春”海峡两岸青年海洋教育文化交流活动。新招留学生19名,学校共有留学生59人,其中长期留学生42人。外国语学院还与韩国祥明大学师生开展了中韩文化交流。

推进师资建设,注重中青年教师培养。学校引进教师56人,其中博士35人,具有1年以上海外留学背景的18人。在首次事业单位专业技术岗位聘用改革中,有6人聘为二级教授,20人聘为三级教授,32人聘为五级副教授,71人聘为六级副教授。在实施海外特聘教授计划和青年教师培养计划的基础上,重点推进海洋学者计划、海鸥计划和海燕计划。第一批有5名教师入选海洋学者计划、12名教师入选海鸥计划、45名教师入选海燕计划。另有76名教师参加教师专业能力提升计划,7人次入选国家和省部级的各类人才计划。

学科、专业、服务平台能力增强,新校区功能优化。国家远洋渔业工程技术中心通过科技部评审,成为上海地方高校第一个国家级工程技术中心;批准建设农业部水产品贮藏保鲜质量安全风险评估实验室、上海市水产品质量控制与风险评估中心、船舶压载水检测试验室;象山教学实验实训基地、洋山港生态观测站建成投入使用;滨海400亩基地启动改造,一批农业部和市农委项目落户该基地。远洋渔业综合考查船的立项工作也取得重要进展。学校投入9500万元,用于研究实验室的建设与改造,完善教学和研究实验室的功能。学校投入2866万元,完善校园美化建设工程,建造室外游泳池,改造校友接待中心和多功能会议室,建设网络视频直播会议室,进行校园网络功能升级,扩大图书馆学生学习空间,完善学生事务中心功能,设立后勤服务百事通,努力打造全面、快捷、高效的一站式后勤服务平台。批准建设学校大学生就业创新示范基地,完善心理健康中心设施,新增空调教室座位4427个,使学生的生活和学习更加方便。

强化意识,积极争取,学校影响不断扩大。①合作平台建设有新进展。顺利实现上海市人民政府和农业部共建,学校成为上海地方高校中唯一由两个部委进行共建的高校,实现与同济大学985项目的对接合作,与中国极地研究中心签订全面战略合作协议,与大丰市政府、广西水产局、海洋研究所、新疆阿苏克地区等签订合作协议。②国家和部委领导多次到校视察。全国人大常委会原副委员长李铁映、全国政协副主席何厚铧、新疆自治区主席努尔·白克力、市人大主任刘云耕、农业部副部长牛盾、全国政协人口资源环境委员会副主任国家海洋局原局长王曙光、国家海洋局副局长陈连增、教育部原副部长胡启迪、市政协副主席周汉民、高美琴等来校视察和调研。一年来,到学校考察调研的司局以上领导113人次,他们对学校的工作充分肯定,对学校的改革和发展给予指导。③学术交流十分活跃。学校积极参与国内各类重大学术会议,特别是在福建举办的2011年全国水产学会学术年会中,学校100多位师生参加,承担多次试点工作。学校承担085工程项目规划编制试点、财务绩效考核试点、专业学位培养改革等7项工作。④服务社会成效显著。学校连续第7年开展暑期科技三下乡活动,组织11个“教授博士科技服务团”,赴全国8个省市,参与教授达110余名;学校连续6年开展食品安全进社区宣传活动,19名教授博士深入社区宣传,获得全国高校校园文化建设优秀成果奖。学校社会实践获得上海市知行杯大学生社会实践大赛特等奖、一、二等奖各1项,上海市大学生暑期社会实践活动最佳项目奖1项。年内有3000余名学生参加46项志愿者活动,获得9项市级优秀志愿者,其中123名学生参与第十一届世界游泳锦标赛的志愿者工作,获得世游赛志愿者工作优秀组织奖,1人获杰出贡献奖。

转变作风,加强服务,学校管理更加规范。学校不断推进民主管理,承担并率先开展党务公开试点,继续推进二级管理改革;进一步加强监督管理,加大督查督办、教学督导、科研督导工作力度,接受校长经济责任审计,进行16项处级部门的经济责任审计和3项专项经费审计;加强财务绩效评估,获得上海地方高校绩效评价第一名和市教委学生资助绩效评估一等奖;加强后勤管理,稳控食堂菜价,推进节约化校园建设,启动学生宿舍节能改造,学校被评为“上海市节约用水示范学校”和“全国高校节能管理先进院校”。

(陈　健)

[召开内涵建设项目通报会]　10月8日,学校召开“085工程”内涵建设项目通报暨项目签约大会。会上,对2010年先行先试项目建设情况进行检查汇报,通报“服务于国家海洋战略的高水平海洋学科专业建设工程”项目规划内容,举行085项目二级项目负责人与三级项目负责人的签约仪式。

(陈　健)

“085 工程”内涵建设项目通报暨签约大会

[获国家级、市级奖项] 学校教授成永旭完成的“中华绒螯蟹育苗和养殖关键技术开发与应用”项目获国家科技进步二等奖。其间共获得国家发明授权7项，发表论文337篇，其中SCI收录45篇。近三年新增产值累计近58.49亿元，新增利润近18.46亿元。严兴洪教授领衔完成的“坛紫菜良种的选育与推广应用”项目获上海市科技进步一等奖。陈新军教授领衔完成的“大洋性重要中上层渔业资源调查及高效捕捞技术”获上海市科技进步三等奖。

（陈　健）

[百年校庆标志揭晓] 9月9日，学校百年校庆标志揭晓暨99周年校庆系列活动启动仪式举行。学校百年校庆标志以“100”、书法“海”字和中国龙为设计元素，象征上海海洋大学走过的沧桑百年，体现上海海洋大学百年的文化积淀和精神文脉，寓意上海海洋大学新百年的愿景和希望。

（陈　健）

[易班工作成绩显著] 《“易班”——网络思想政治教育创新研究与实践》获得上海市教育改革实验奖一等奖，荣获“全国高校百佳网站”和“最佳文明网络社区奖”。学校进一步利用“易班”平台大力拓展高校校园文化建设新阵地，加强网上思想文化阵地建设，提高利用网络开展大学生思想政治教育工作能力和水平的探索，取得了良好的效果。“易班”正逐步成为学生网络思政教育平台、班级事务管理的工作平台、师生交流互动平台、校园文化建设展示平台。

（陈　健）

[全国河蟹大赛] 11月6日，学校主办的蟹文化节在南京路世纪广场开幕，第五届“丰收杯”全国河蟹大赛同时摆下擂台。市食品安全委员会、市教卫党委、市教委、市科委、市食品药品监督管理局等单位领导出席文化节活动。来自上海、重庆、江苏、安徽、浙江、江西、山东的40余家养蟹企业选送的近千只河蟹角逐“蟹王”、“蟹后”头衔和“金蟹奖”、“最佳种质奖”、“最佳口感奖”。来自江西进贤、江苏苏州等地的河蟹获得“最佳口感奖”，江苏太仓、上海等地的河蟹获得“金蟹奖”，由安徽皖宜季牛水产养殖有限公司选送的616.3克雄蟹和江西进贤皖赣特种水产开发公司选送的重达390.3克的雌蟹，获得“蟹王”、“蟹后”称号。

（陈　健）

[中华绒螯蟹养殖科技合作协议签约] 10月15日，台湾地区苗栗县与上海海洋大学在西郊宾馆举行中华绒螯蟹养殖科技合作协议签约仪式，市委常委杨晓渡、市台办主任李文辉、市教委主任薛明扬、市科委副书记陈龙、市农委副主任严胜雄、市台办副主任季平、校党委书记虞丽娟、校长潘迎捷等出席签约仪式。年底，从上海引进的首批2.4万只大闸蟹苗，空运抵台湾地区，随后3批30余万只蟹苗落户台湾地区，学校派出教师赴台湾地区提供技术等方面的指导。

（陈　健）

[承办大型会议] 4月21—23日，承办历史上规模最大的第九届亚洲水产学会年会。来自43个国家的748人参加了第九届亚洲渔业和水产养殖论坛。

6月1—3日，由中国延安精神研究会主办，上海市延安精神研究会承办的“纪念中国共产党成立90周年理论研讨会”召开，学校作为上海市延安精神研究会的主阵地，承担了研讨会的大部分工作。

（陈 健）

［**学校后勤获荣誉称号**］ 6月11日，在“全国高校节能管理先进院校”揭牌仪式上，学校获“全国高校节能管理先进院校”称号。12月8日，在全国高校后勤十年社会化改革总结表彰大会上学校获得“全国高校十年社会化改革先进院校”称号。

（陈 健）

［**人文社会科学研究取得成绩**］ 社科部孟庆梓老师的《东南亚华人社群的建构与演化——以新加坡江兜王氏社群为研究个案》、外国语学院齐珮老师的《上海在日本近现代文学史上的隐喻意义》获2011年度教育部人文社会科学研究一般项目资助，黄晞建教授主持的《“网络环境下思想政治理论课教学方法创新研究》课题获得教育部人文社会科学研究思想政治理论课专项。

（陈 健）

附：学校负责人及地址

（2011年1—12月）

校党委书记：虞丽娟
副 书 记：吴嘉敏、黄晞建

校 长：潘迎捷
副校长：黄晞建（兼）、黄硕琳、封金章、程裕东

临港新城校区地址：沪城环路999号
邮编：201306

军工路校区地址：军工路318号
邮编：200090

民星路校区地址：民星路435号
邮编：200433
电话：61900296

上海电力学院

[2011年概况] 学校新一届行政班子成立，在党委和行政的领导下，以科学发展观为统领，继续狠抓内涵建设，提升教育质量，加强科研和学科建设，拓展社会服务功能，完成“十二五”事业开局起步工作，举行建校60周年庆典大会。

学校招收全日制本科学生2641人，招生专业数28个；高职专业招收42人。招收少数民族预科班学生32人。录取硕士研究生142名，其中应届本科毕业生比例为76%。成人学历教育招生2000人。本科、高职生总体就业率为94.02%。2011届研究生就业率达98.9%，其中电力行业就业率68.5%。

一、“十二五”发展规划及“085工程”工作。《上海电力学院“十二五”发展规划》提交校八届四次教代会审议通过，并获得市教委认可和批复。开展“085工程”规划申报工作。申报“面向智能电网技术的学科专业群”建设项目规划(含总规划和13个子规划)及以智能微电网为基础的产学研合作知识服务中心得到市教委批准通过。

二、教学工作。学校加强专业建设和专业的优化调整，重点建设面向智能电网学科专业群，按照完整对接新电力产业链的要求进行学科专业各层次的优化布局和调整。加强教学研究管理，修订教研管理规定，加强过程管理，保证教研质量。加强各专业课程体系和课程内容的研究和调整，出台《上海电力学院本科专业规范》。资助教研教改项目28项，其中有8项获上海市教委重点教改项目资助。“电气类人才培养实习基地”获批上海市市属本科高校校外实习基地重点建设项目和上海高校示范校外实习基地建设项目，热能与动力工程专业与嘉兴发电有限责任公司共同申报国家级工程实践教育中心“现代发电技术实践教学基地”获得通过。在2011年市教委启动的第二轮上海大学生创新活动计划中，推出大学生创新活动平台，师生共提交课题340余项。获得上海市创新活动基金资助170万元，资助项目167项，涉及指导教师166名，学生600余人。大学生科技创新基金立项75项。学生在各项科技创新比赛中获省市以上级奖项24项。获得市优秀教材奖6项，其中一等奖2项；新增市精品课程3门；学生参与大学生学科竞赛13项，获国家级奖项23项，省部级奖项15项，其中全国特等奖1项。继“电气工程及其自动化”和“热能与动力工程”专业2010年成为教育部首批“卓越工程师培养计划”本科试点专业后，2011年“计算机科学与技术”成为第二批本科试点专业，“电气工程及其自动化”和“热能与动力工程”成为硕士试点专业。加上校内试点专业“信息管理与信息系统”，共有4个本科专业和2个硕士专业正在开展“卓越计划”培养工作。

研究生教育方面，学校进行二级学科自主设置工作。先后在电气工程一级学科下自主设置“电气系统检测与控制”、“电力工程经济与管理”2个目录外二级学科，审核“电机与电器”、“电力系统及其自动化”、“电力电子与电力传动”、“电工理论与新技术”4个目录内二级学科；在动力工程及工程热物理一级学科下自主设置“可再生能源科学与工程”目录外二级学科，审核“工程热物理”、“热能工程”、“动力机械及工程”3个目录内二级学科。启动校内导师聘任增选和上海市研究生联合培养基地导师聘任工作，新增研究生指导教师28人，其中校外导师9人。2010届硕士毕业生有两篇学位论文在2011年上海市研究生优秀成果(学位论文)评选中获奖。

三、科研工作。学校制订新的《上海电力学院科技成果奖励办法(草案)》，全年科研总经费到款额比上年增长16%；入选三大检索高水平论文265篇，增长59%；授权发明专利30项，申请发明专利80项；登记4项科技成果；组织申报上海市科技进步奖6项，其中2项获三等奖；组织申报2011年度中国电力科学技术奖2项。获批国家自然科学基金8项、教育部重点项目1项、“曙光计划”1项、“晨光计划”1项、“联盟计划”6项；在上海市科学技术委员会创新行动计划申报中获批基础研究1项、信息领域合作1项、社会发展领域2项(合作)、研发平台专项1项、“启明星”和“启明星跟踪计划”各1项、“浦江计划”1项、上海市自然科学基金5项、上海市科委地方能力建设项目4项，与企业合作申报的“上海发电环保工程技术研究中心”1个；获批上海市教委科技创新重点项目13项、一般项目15项。申报的4项上海市科委地方能力建设项目均获得科委资助，总资助金额为340万元。人文社科类项目获批国家级项目1项、上海市哲社规划及“长三角”项目1项、教育部人文社科项目5项、上海市阳光计划1项、上海教育科学研究课题2项及体育课题5项。《上海电力学院学报》获得上海市科委组织的“上海市科技期刊审读质量优秀奖”，并被RCCSE评为“中国核心学术期刊”。

四、师资工作。学校加强高层次人才引进力度，申报“上海千人计划”1人、“东方学者”3人，名列上海同类高校之首。全年共柔性引进“光明学者”特聘教授2人，引进具有博士学位教师14人，60多名中青年教师分别深入东海风力发电有限公司、外高桥电厂、华东电力试验研究院、FEROTEC(中国)公司等企业实习实践，组织45名“培英学者”开展多次学术和联谊活动。“培英学者”中获得国家自然科学基金和社会科学基金项目占全校的80%。全年成功申报上海市高校教学名师1人、上海宝钢优秀教师奖1人、上海人才发展基金1人、上海市教委“优青”基金项目12人。

五、学生工作。学风建设持续推进。坚持每学期开展中期检查；加强班级学风建设评估指标体系的推进落实，重点做好2010级班级学风学年评估工作和2011级新生班级学风创建工作，在实践中完善《班级学风评估指标体系》和《学风信息统计分析方法》，完善学生学籍预警的相关工作，切实加强学风建设的机制化和长效化。截至11月30日，发放校内外各类奖助学金共计1333.2万余元；争取各类校外社会资助20万余元，完成FerroTec(中国)、中天科技奖学金、浙能奖学金等各项校外奖学金项目的相关工作。全年累计开展校园节日活动59项，参与学生达13800余人。组织学生社团、励志讲坛、“文学与人生”系列讲座、“高雅艺术进校园”等活动。大学生素质拓展学校共开设第二课堂选修课106门次，内容涉及人文、艺术、女红等。校男、女手球队在全国大学生手球锦标赛上双获亚军，校击剑队在全国大学生击剑锦标赛上获得4金、2银、2铜的好成绩。有3000多名学生参与上海市学生阳光体育竞赛，在多个项目中获得一等奖。

六、交流与合作。学校与美国哈丁大学、加州富乐敦州立大学、加拿大维多利亚大学、南非沃尔特西苏鲁大学、印度管理教育与研究学院签订校际交流合作协议；邀请26名国外高校代表出席60周年校庆，接待访问、讲学专家20人次；有31名教师赴美国、英国、德国、希腊、澳大利亚等国和香港、台湾等地的大学学习、交流；招收来自津巴布韦、越南、白俄罗斯等国家29名留学生，接待安排来自澳大利亚科廷大学、日本茨城县国际交流协会、韩国等国家短期游学及实习留学生61人。

七、实验室、图书馆及数字化校园建设。学校相继完成经管学院实验中心机房、国际文化交流学院语音实验室、计信学院虚拟实验室和信息安全实验室的建设，对39个多媒体教室和4个机房进行改造和设备更新。实验课开出率达到96%，设立实验室教改项目38项。杨浦北校区图文信息中心图书新馆建成并投入使用。新馆建筑面积10290平方米，阅览座位722个，电子阅览室座位124个。中文数据库新增“中国博士学位论文全文数据库”、“中国优秀硕士学位论文全文数据库”、“国研网”和“电力在线动态平台”等，国外数据库增加“PQDT学位论文”等。新购置图书4.07万册，订阅中外文期刊、报纸1363份，馆藏纸质文献累计达到101万余册。

八、产业工作。在中国国际工业博览会上，参展的“燃煤电站锅炉$SO_2/NO_x/Hg$联合脱除的系统与装置”项目获得高校展区优秀展品二等奖，获得高校展区组委会颁发的“优秀组织奖”。上海电力学院国家大学科技园通过国家教育部、科技部组织的国家级大学科技园绩效考评，新增注册企业52家。

九、校园建设。杨浦北校区建设二期工程图文信息中心和中心广场地下车库工程获得市优质结构、“申安杯”市安装优质、上海市“白玉兰”奖等荣誉。杨浦北校区教学综合A、B、C楼竣工并验收合格。完成隆昌路学生宿舍改造、杨浦北校区泛光照明、杨浦南校区综合实验楼门窗更新装饰、河间路沿线围墙、浦东校区大礼堂修缮等工程。

（胡花玉）

[获全国高校教师网络培训工作先进集体称号] 3月，经全国高校教师网络培训各省市分中心推荐，教育部全国高校教师网络培训中心评选，在全国近2000余所高校中，授予其中45所高校“全国高校教师网络培训工作先进集体”称号，学校成为上海市5所获奖高校之一。

（胡花玉）

[获三个硕士学位授权一级学科] 4月，根据国务院学位委员会《关于下达2010年审核增列的博士和硕士学位授权一级学科名单的通知》，学校获得动力工程及工程热物理、电气工程、化学工程与技术3个硕士学位授权一级学科。

（胡花玉）

[智能信息管理系统与技术国际学术会议召开] 8月24—26日,第四届智能信息管理系统与技术国际学术会议在学校召开,会议由 International Society for Scientific Inventions(ISSI), USA 主办,上海市人工智能学会和上海市电子电器技术协会协办。上海电力学院、华北电力大学和同济大学共同承办。会议就智能电网、智能发电、智能信息管理、智能决策、智能控制、计算智能等领域的最新研究成果进行学术分析及交流。

(胡花玉)

[举行建校60周年庆祝大会] 10月15日,学校举行建校60周年庆祝大会。中共上海市委副书记、上海市市长韩正为大会发来贺信。上海市政协主席冯国勤,国家电力监管委员会副主席史玉波,中共中央办公厅人事局副局长李永平,中共上海市教育卫生工作委员会书记李宣海,上海市教育委员会主任薛明扬等领导和嘉宾出席会议,与海内外校友3000余人、广大师生员工同庆上海电力学院60华诞。

(胡花玉)

建校60周年庆典

[能源、环境与可持续发展国际学术会议召开] 10月21—23日,"2011能源、环境与可持续发展国际学术会议"在学校召开。来自浙江大学、厦门大学、日本 Osaka 大学、华北电力大学、复旦大学的10位国内外著名专家在会上作报告,另有200多位专家在分会场作报告。中国、美国、日本、澳大利亚、德国、瑞典等20多个国家和地区的,近600名代表参加会议。

(胡花玉)

附:学校负责人及地址

(2011年1—12月)

院党委书记:周光耀

副 书 记:石奇光、李国荣

院 长:曹家麟(1月离任)、李和兴(1月到任)

副院长:石奇光(兼)、万 峰、姚秀平、张 浩

杨浦校区校址:长阳路2588号

邮编:200090

电话:65430410

浦东校区校址:学海路28号

邮编:201300

电话:68029912

上海大学

[**2011年概况**] 2011年是实施“十二五规划”的第一年，学校继承钱伟长的办学思想和革新精神，推进教育教学改革和创新，被国家教育体制改革领导小组办公室批准进行“试点学院”的改革试点。学校成立社会学院、社会发展研究院、科技发展研究院、国有资产管理处、对外联络与发展处，撤销公共管理系，建立行政部处调研工作管理制度，进一步完善《校长办公会决策程序》。学校获“全国文明单位”称号，并被评为“全国高校后勤十年社会化改革先进院校”。

学校现有27个学院和2个校管系；设有71个本科专业、34个硕士学位一级学科授权点、176个硕士学位二级学科授权点、13种硕士专业学位(其中工程硕士含18个工程领域)、16个博士学位一级学科授权点、82个博士学位二级学科授权点、19个自主设置二级学科博士点、13个博士后科研流动站；拥有4个国家重点学科、9个上海市重点学科；拥有2个科技部与上海市共建的国家重点实验室培育基地，1个国家体育总局体育社会科学重点研究基地，1个教育部重点实验室，1个教育部省部共建重点实验室，1个教育部工程研究中心，3个国家级实验教学示范中心，3个教育部特色专业建设点，2个上海市高等学校人文社会科学重点研究基地，1个上海市社会科学创新研究基地。现有专任教师2700余人，其中教授近500人、副教授930余人，具有博士学位的教师1300余人。现有中国科学院院士、工程院院士9人，博士生导师400余人；入选中组部“千人计划”4人，教育部“长江学者”4人；入选上海市“千人计划”3人，上海市“东方学者”18人；获得国家自然科学基金委员会“杰出青年基金”6人，国家级有突出贡献的中青年科技专家5人；享受政府特殊津贴专家48人。学校按大类招收本科生5939名，其中外省区市生源3829名，涵盖全国27个省区市，自主招生生源88名；招收博士研究生325名，硕士研究生2601名。现有学生37800余人，其中研究生8800余人，本科生近25000人，高职生4000余人，另有成人教育学生11000余人。留学生2800余人，其中学历生500余人。校园占地面积近200万平方米，校舍建筑面积100余万平方米，图书馆建筑面积5.47万平方米，馆藏纸本图书370余万册，中外报刊4450余种。

加强学科建设。“都市社会发展与智慧城市建设”项目入选上海地方本科院校“十二五”内涵建设项目。4个项目获“2011年度中央财政支持地方高校发展专项资金建设项目”资助，经费1800万元。组织申报2012年度上海市市本级学科建设项目18项，15项获准。新增博士学位一级学科授权点15个，新增硕士学位一级学科授权点18个，获批6个教育部卓越工程师教育培养计划研究生学科。获批1门市级全英语示范课程、30门市级重点课程、5门市级精品课程；11个项目被列为上海高校本科重点教学改革项目；6本教材获上海市普通高校优秀教材一等奖，8本教材获二等奖。

推进按大类招生和通识教育培养模式改革，探索多样化人才培养模式。与三一集团、中兴通讯、通用汽车等多家企业签订“卓越工程师教育培养计划”。被市教委评为高校毕业生就业工作创新基地，目前已建立校院两级就业与实习基地340家，其中集团公司和世界五百强企业约占30%。学生在各种竞赛中取得良好成绩，获得2011年美国数模竞赛一等奖1项，第二届全国大学生数学竞赛一等奖1项，2011中国机器人大赛暨RoboCup公开赛冠军、亚军、季军各2项，2011中国服务机器人大赛一等奖3项，全国大学生英语竞赛D类特等奖1项、一等奖2项，全国大学生电子设计竞赛一等奖1项。共有毕业生10445人，截至2011年年底，毕业生签约率85.5%，就业率98.31%。学生体质健康合格率为87.7%。通过各种渠道资助学生71042人次，资助金额6238万元；建立“感动上大”爱心专项基金以帮助困难学生。

国际交流与合作取得新进展。有学分认定的海外交流项目70余项，参与联合培养项目的学生159人，海外实习项目学生193人，海外暑(寒)假项目学生228人，各类海外交流活动项目并计算学分的学生462人次。举办21个国际学术会议，接待国外代表团353批1263人次，国外大学校长和副校长代表团52批335人次。与美国罗格斯大学、俄罗斯国家最高经济大学、爱尔兰科克大学等14所海外院校或机构签署实质性合作协议。纳米中心与芬兰国家技术研究院合作开展的纳米复合高分子材料项目，得到芬兰国家创新局和上海市科委国际合作重点项目支持。与悉尼科技大学续签15年合作协议。爱尔兰科克孔子学院获得“全球先进孔子学院”称号。留学生数量首次突破3000人(学历生521人)，留学生来自115个国家，来自欧洲的学生数量比上年增长35.6%。

加强师资队伍建设。2人入选国家“千人计划”，3人入选上海“千人计划”，6人入选上海“东方学者”，1人入选教育部“新世纪优秀人才支持计划”。王廷云教授领衔的“特种光纤与光接入网”团队首次进入教育部“111引智”计划；1人被评为市优秀学科带头人，3人获得市曙光人才计划资助，3人获得市晨光人才计划资助，5人获得市青年科技启明星计划资助，17人获得市浦江人才计划资助，2人获得市阳光人才资助。聘任兼职教授56人、名誉教授11人、自强教授24人；聘请146名外籍文教专家。43人入选上海高校教师国外访学进修计划，14人入选上海高校教师国内访问学者计划，59人入选上海高校产学研教师践习计划，总经费879.5万元。23人获得国家留学基金项目资助。学校连续五年获得全市高校青年教师培养工作优秀单位。

科研创新水平再上新台阶。获国家自然科学基金项目165项，比上年增长25%，经费7335万元，比上年增长67.6%，居全国高校第34位。张文宏、张海东、叶志明三位教授担任首席专家申报的课题获2011年度国家社科基金重大项目立项；李友梅教授担任首席专家申报的课题获2011年度教育部哲学社会科学研究重大课题攻关项目立项。国家社科基金项目19项，立项数目居全国高校第33位；教育部人文社科项目25项，国家体育总局哲学社会科学研究项目2项，上海市哲学社会科学规划项目14项，上海市政府决策咨询研究课题2项，国家哲学社会科学成果文库出版资助1项；获得第四届全国教育科学研究优秀成果奖三等奖2项，上海市第十届教育科学研究成果奖一等奖1项、二等奖2项、三等奖2项，国家体育总局“十一五”体育哲学社会科学优秀成果奖二等奖1项、三等奖2项；上海市技术发明奖一等奖1项，上海市科技进步奖二等奖3项，三等奖2项，上海市自然科学奖二等奖1项，三等奖2项，中国纺织协会科技进步奖一等奖1项。《社会》杂志获第二届中国出版政府奖期刊奖提名，并进入教育部高校哲学社会科学第三批“名刊工程”，成为“211”高校中唯一上榜的专业学术期刊。SCIE收录文献760篇，论文732篇，居全国高校第35位；EI收录的论文727篇，居全国高校第40位；ISTP收录论文571篇，居全国高校第33位。申请专利710项，授权328项。签订技术合同438项，总经费2.05亿元，承担西部项目14项，项目合同金额1659万元。签订技术转让合同12项，经费766.6万元。

在“挑战杯”全国大学生课外学术科技作品竞赛上首次捧回优胜杯

继续推进基础建设。校本部玄陵网球馆建筑面积2300平方米，总投资550万元，5月正式交付使用。复合材料先进分散技术中心、校本部学生宿舍楼竣工。目前在建项目批准总建筑面积7.8万平方米，总投资3.2亿元；已批复立项项目3项，总建筑面积近6.2万平方米，总投资2.14亿元。

(郭　秀、王　刚)

［成立上海合作组织公共外交研究院］ 3月14日，中华人民共和国外交部复函同意成立上海大学上海合作组织公共外交研究院。研究院将作为国家公共外交战略研究基地、公共外交高级人才培养基地和国际人文与科技交流合作基地。外交部原部长、全国人大常委会外事委员会主任、上海大学名誉教授李肇星和上海大学常务副校长周哲玮任名誉院长，上海大学校长助理李伟任院长。

（郭　秀、王　刚）

［签署校企战略合作协议］ 3月18日，上海大学与中国电信上海公司签署《上海大学与中国电信上海公司战略合作协议》，双方将就人才培养、科研开发、信息化应用等战略合作领域的有关工作进行深入探讨。

（郭　秀、王　刚）

［召开第三届亚太地区蛋白质科学学会学术会议］ 5月6—9日，第三届亚太地区蛋白质科学学会学术会议暨第三届全国跨学科蛋白质研究学术讨论会在学校召开。中国生化学会蛋白质专业委员会主任委员昌增益教授、王志珍院士以及日本、韩国、美国、英国、德国、澳大利亚、印度、法国、中国及中国香港和中国台北等30多个国家和地区的600余位代表参加会议。为期三天的会议安排大会主旨报告6个，专题报告45场，内容涵盖蛋白质科学研究的各个领域。

（郭　秀、王　刚）

［欧盟官员来访］ 6月14日，欧盟委员会教育与文化总司副总司长访问上海大学，副校长吴松会见来宾。双方就中国高校与欧盟高校的发展作了交流和讨论，并以上海大学中欧技术学院为模式，寻求学校办学模式、人才培养等方面的新突破。

（郭　秀、王　刚）

［沈晓明到校调研］ 6月17日，副市长沈晓明率市政府办公厅、市科委、市教委、张江高新区管委会办公室等部门负责人到上海大学高新区开展调研。闸北区区长周平、上海大学常务副校长周哲玮等参加调研。沈晓明先后察看了上海上大吉柴电子信息技术有限公司、上海克尔瑞信息技术有限公司的研发中心、产品演示系统等，随后，沈晓明副市长听取了闸北区、上海大学双方关于推进上海大学高新区建设发展的情况汇报并讲话。

（郭　秀、王　刚）

［纪念钱伟长诞辰99周年］ 10月9日，上海大学隆重举行钱伟长校长诞辰99周年纪念大会暨钱伟长学院揭牌仪式。上海市教卫党委书记李宣海和校党委书记于信汇共同为钱伟长学院揭牌。钱伟长校长因其对教育事业的贡献，2011年获“感动中国2010年度人物”称号和“2010中国教育年度新闻人物特别奖”。钱伟长校长所著的《中国历史上的科学发明》获得“中华优秀出版物奖”提名和国家图书馆文津图书奖。

（郭　秀、王　刚）

［共建中国艺术产业研究院］ 国家文化部、中国文联有关单位与上海大学共同发起成立中国艺术产业研究院，该院承担教学与研究双重任务。10月17日，该院与中国民协、中国艺术科技研究所共同主办“首届中国文化艺术产业上海高峰论坛”。

（郭　秀、王　刚）

［在“挑战杯”大赛中获奖］ 10月19日，在第十二届“挑战杯”全国大学生课外学术科技作品竞赛决赛上，上海大学学生获得3个一等奖、1个二等奖和2个三等奖。

（郭　秀、王　刚）

［赵启正到校作学术报告］ 10月21日，应上海大学上海合作组织公共外交研究院的邀请，全国政协常委、外事委员会主任赵启正到校作题为《公共外交和跨文化交流》的报告。赵启正阐述了公共外交的基本任务，诠释了公共外交的理念，指出公共外交重在实践。

（郭　秀、王　刚）

［殷一璀为海峡大学孔子学院书画展剪彩］ 10月24日，上海市委副书记殷一璀一行，访问上海大学与土耳其海峡大学共建的海峡大学孔子学院，为土耳其海峡大学孔子学院主办、上海大学美术学院协办的“中国书画展”剪彩。殷一璀对海峡大学孔子学院所取得的工作成绩以及对在伊斯坦布尔推广中国文化所发挥的重要作用表示赞许与肯定。

（郭　秀、王　刚）

[举行钱伟长铜像揭幕暨骨灰安放仪式] 12月20日，钱伟长校长铜像揭幕暨骨灰安放仪式在上海滨海古园举行。上海市政协主席冯国勤，上海市委常委、统战部部长杨晓渡，民盟中央副主席、市人大常委会副主任郑惠强，上海市政协秘书长陈海刚，上海大学党委书记于信汇、常务副校长周哲玮等领导，及钱伟长家属、社会各界来宾、上海大学师生代表200余人出席仪式。随后，举行滨海古园钱伟长陈列室剪彩仪式。

（郭　秀、王　刚）

附：学校负责人及地址

（2011年1—12月）

校党委书记：于信汇
副　书　记：周哲玮、李友梅、忻　平、鲁雄刚

常务副校长：周哲玮
副　校　长：李友梅、叶志明、汪　敏、吴　松、唐　豪

学校地址：宝山区上大路99号
邮政编码：200444
电话：96928188

上海中医药大学

［**2011年概况**］ 学校共有全日制学生7674人，其中本专科生4940人，硕士生1190人，博士生450人，长期留学生1094人。成人教育学生2351人。当年全日制学生毕业数1843人，其中本专科生1292人，硕士生330人，博士生131人，长期留学生90人。成人教育毕业学生448人。校部教职工1327人，其中专任教师705人；具有中级专业技术职务的573人，副高级以上专业技术职务324人。

4月，《上海中医药大学、上海市中医药研究院“十二五”发展规划(2011—2015年)》提交校八届二次教代会暨校本部三届二次教代会审议通过。完善并实施校本部“教学、科研工作绩效奖励的实施方案”，制定“上海中医药大学教学绩效奖励实施指导性意见(试行)”，制定“岗位设置实施办法”。完善“上海中医药大学教师教学能力促进管理办法(试行)”，修订“上海中医药大学上海市中医药研究院重点学科建设管理办法”，制定“上海中医药大学上海市中医药研究院重点学科奖励办法(试行)”及《上海中医药大学中医住院医师规范化培训督导条例》。

学校新增卫生部有突出贡献中青年专家1人，教育部新世纪优秀人才支持计划2人，中组部千人计划1人，上海市千人计划1人，上海市领军人才2人，上海市科学技术精英1人，上海市“优秀学科带头人”3人，上海高校特聘教授(东方学者)3人，上海市曙光计划1人，上海市浦江人才计划1人，上海市科技启明星人才计划5人，上海市人文社科阳光计划2人，上海市名中医27人。

《中国医学史》等3门课程被评为上海市精品课程。胡军老师讲授的《作业治疗学》被评为2011年度上海市全英语示范课程，《中医各家学说临床课程》等14门课程入选上海市重点课程。“中医经典课程教学策略优化之研究”等10个项目获上海高校本科重点教学改革立项资助。“高等中医药人才培养质量保障体系研究”等3个项目获上海市第十届教育科学研究成果一、二、三等奖。开展通识类课程建设，第一期30门人文与社会、自然与科技、文化传承与发展、人生与价值观等四个方向试点课程完成招标及初步试点工作。继续进行双语及全英语课程建设，目前全英语示范课程及双语教学课程为22门。启动中医学专业全英语留学生招生计划，并完成相关教师培训课程准备计划。建立上海中医药大学实验教学联席会议制度。进一步扩大临床教学基地，与上海市长宁区光华中西医结合医院、上海市徐汇区康健社区卫生服务中心开展教学合作并签约挂牌。论证通过“中西医结合康复医学硕士、博士授予点”的工作。12个工作室入选2011年全国名老中医传承工作室建设项目。9项专科(专病)通过中管局“十一五”重点专科(专病)验收，12项专科(专病)通过第一批上海临床优势专科(专病)验收。

科研项目1013项，包括973首席科学家项目3项，国家重大新药创制17项，重大传染病专项8项，863课题3项，国家科技支撑计划8项，国家自然科学基金项目179项，国家社科基金4项，各类地方项目799项，总经费35041.43万元。在全校系统内新增各级各类科研项目(课题)439项，合同经费14463.8万元。其中：重大新药创制5项，包括关键技术类1项、候选药物类3项、GCP平台滚动1项(组长单位)；重大传染病4项；“十二五”国家科技支撑计划总负责1项(全国仅2项)、课题3项；国家863信息平台项目1项。获得国家自然科学基金项目77项，资助经费3484万元。

获得各级各类科技奖项48项，其中国家科学技术进步二等奖1项；上海市科技进步奖9项，其中一等奖1项、二等奖2项、三等奖6项；教育部高等学校科学研究优秀成果奖自然科学奖一等奖1项、科技进步奖二等奖3项；中华医学科技奖2项；中华中医药学会科技奖7项；中国中西医结合学会科技奖2项；上海医学科技奖4项；上海中医药科技奖7项，上海中医药科技推广奖1项，上海中医药科技奖著作奖1项，上海中西医结合科技奖7项，明治乳业生命科学奖2项。学校成立中医标准化研究所。

学校共发表论文1986篇，其中在SCI收录论文122篇(第一署名单位)，编写各类专著、教材170部，发表学术会议交流论文496次。申请专利87项，其中发明专利55项，实用新型专利32项；授权专利57项，其中发明专利29项，实用新型专利28

项。加强国家重点学科和国家重点培育学科的内涵建设，有6个国家重点学科和国家重点培育学科获得中央财政支持及上海市地方配套合计4040万元。中医妇科学重点学科通过教委复查，中医内科学E-研究院通过第二阶段评估，各级各类重点学科、研究基地共获地方政府专项经费支持1795万元。

国际交流合作。与东芬兰大学签订合作协议书，与英国诺森比亚大学签订合作备忘录及确认书，与英国伦敦城市大学签订中外合作办学协议（本科学历教育、非学历教育），与英国伦敦城市大学联合举办的中英合作药学专业项目和与英国诺桑比亚大学护理学院联合举办中英合作护理项目，与牛津大学生命科学学院共同成立博士后工作站，与美国匹兹堡大学就康复专业学生3+1+X的国际合作教育模式达成共识。

继续做好上海高校两个文化基地建设工作。发挥上海中医药博物馆全国科普宣传教育基地的功能。校中医药博物馆、曙光医院获全国中医药文化建设先进单位。8种古籍入选第三批上海古籍珍贵名录。

举办庆祝建校55周年系列活动。学校建立校庆专题网站，举办"建校55周年学科与人才建设论坛"和建校55周年成果实物临展。开展校庆系列专题科技讲座11次；举办"mini expo"文艺演出活动。

俄罗斯中小学学生来校参观

围绕"为了每一位学生的终身发展"的教育理念，不断探索符合学校培养人才模式需求的工作机制。建设易班网络平台，制定"上海中医药大学易班建设章程"。推进优秀大学生个性化人才培养模式，出资15.35万元，派选41名优秀大学生赴英国、美国以及香港、台湾地区访学交流。建立民族生家庭经济困难学生数据库和心理健康数据库。

（刘红菊）

[获"全国优秀博士后科研流动站"称号] 4月20日，2010年全国博士后综合评估结果揭晓。上海中医大中药学博士后科研流动站获"全国优秀博士后科研流动站"称号。

（刘红菊）

[成立老教授协会] 6月17日，上海中医药大学老教授协会成立大会在龙华医院召开。大会选举施杞教授担任会长，李其忠等7人为副会长。会长施杞教授用三个"一"概括了近阶段的工作：做好出一套实用保健书籍的准备工作，在10月的敬老月里开展一次义诊或医疗咨询，年底开好一次联谊会。目前，老教授协会吸收会员230名。

（刘红菊）

[举办第十届中药全球化联盟会议] 8月26—28日，由中药全球化联盟主办，中医大和同济大学联合承办的第十届中药全球化联盟会议在上海召开。卫生部副部长、国家中医药管理局局长王国强，中药全球化联盟主席郑永齐教授，上海中药创新研究中心主任、科技部原副部长惠永正等出席开幕式。香港大学、香港理工大学、澳门科技大学、美国国立卫生研究院、美国密歇根大学等众多国内外知名中药领域专家学者参加大会。同济大学校长裴刚院士主持开幕式。中药全球化联盟是一个全球化非营利组织，于2003年成立，旨在联合全球政府、大学、科研机构、制药工业的资源，推动中药的现代化，保护

中药资源，提高中药质量，建立中药信息平台，促进中药临床研究，使传统的中医药能够进入世界的主流医学，推动中药产业。

（刘红菊）

［获 2011 年度国家自然科学基金资助］ 9月16日，2011年度国家自然科学基金项目评审公布，学校获国家自然科学基金委资助项目共计75项，较上年增长41.5%。其中面上项目41项，青年基金项目33项，基础人才培养基金项目1项（资助金额为400万元）。获得资助金额共计3302万元，较上年增长139%。学校获得国家自然基金资助项目总数首次名列全国中医药行业单位之首。

（刘红菊）

［获教学名师称号］ 9月8日，第六届高等学校教学名师奖揭晓，学校严世芸教授获第六届国家级高等学校教学名师荣誉称号，段逸山教授获第六届上海市高等学校教学名师荣誉称号。

（刘红菊）

［完成针刺麻醉下开颅手术］ 9月8日，曙光医院脑外科医生在针刺麻醉的帮助下，为一名16岁孩子成功实施丘脑肿瘤切除术。患者左侧丘脑胶质瘤，位于脑中线深部，手术难度较大，致残率较高。针灸科主任沈卫东、麻醉科主任付国强采用针刺麻醉下开展丘脑肿瘤切除术。整个手术持续两个小时左右，患者始终处于清醒状态，有效协助医生避开脑功能区，实现肿瘤的完整切除。

（刘红菊）

［何厚铧到校考察］ 11月3日，全国政协副主席何厚铧率领澳门特别行政区全国政协委员考察团一行50余人，考察学校张江药谷公共服务平台的中药现代制剂技术教育部工程研究中心。

（刘红菊）

［入选首批上海“千人计划”］ 11月4日，徐宏喜教授受首批上海“千人计划”专家暨“上海特聘专家”颁证。徐宏喜教授1994年获得日本富山医科药科大学药学博士学位，先后在新加坡、加拿大以及香港地区的大学和研究机构从事中药的研究。曾任香港和记黄埔（中国）有限公司副总经理，香港赛马会中药研究院副院长兼中药研究室主任，现任学校中药学院常务副院长。徐宏喜教授至今已在国际专业杂志发表论文200多篇，其中SCI收录论文150余篇，通讯作者90余篇，同时还担任《Chinese Medicine》副主编及国内外10余份中药相关核心期刊的编委等。

（刘红菊）

［中医文献研究所成立 30 周年］ 11月14日，中医文献研究所举行成立30周年纪念会暨中医文献学术交流会。中医文献研究所成立于1981年。30年来，文献所共承担国家级、省部级、市局级、校级等各级科研项目100余项，发表研究论文数百篇。2008年以来，连获国家社会科学基金项目3项，并整理编纂了一批有学术价值及影响力的中医工具书。

（刘红菊）

［获“第十二届上海市科技精英”奖］ 11月23日，学校附属龙华医院王拥军教授荣膺“第十二届上海市科技精英”奖，这也是上海中医药界目前唯一获得“上海市科技精英”称号的科技工作者。王拥军教授是国家“973”计划项目首席科学家、国家杰出青年科学基金获得者、长江学者奖励计划特聘教授。他长期致力于中医药防治“慢性筋骨病”的研究，开发中药新药6项并转让4项在全国推广应用。

（刘红菊）

附：学校负责人及地址

（2011年1—12月）

校党委书记：谢建群
副　书　记：何星海、王　群

校　　　长：陈凯先
常务副校长：谢建群
副　校　长：刘　平、余小明、黄文龙、施建蓉

地址：浦东新区蔡伦路1200号
邮编：201203
电话：51322222

上海师范大学

［**2011年概况**］ 2011年，上海师范大学认真贯彻落实党的十七大和十七届六中全会精神，坚持以科学发展观统领工作全局。

师资队伍。学校教师队伍的职务结构、学历结构、年龄结构、学缘结构、国际化结构等都呈良好发展态势。目前已有国家杰出青年2人，教育部新世纪优秀人才支持计划10人，上海市领军人才1人、优秀学科带头人5人、浦江人才25人、曙光计划人才38人，青年科技启明星计划26人，阳光计划3人。2位教师获得"上海市级教学名师"称号；5门课程获得上海市精品课程，30门课程获得上海市教委重点课程项目，2门课程获得上海高校示范性全英语教学课程，14种教材获得上海普通高校优秀教材奖，7个教改项目获得上海高校本科重点教学改革项目。首次评出一批校级全英语课程建设项目。

科学研究。获得国家社科基金项目35项，国家自然科学基金项目36项，立项数创历年新高；其中国家社科基金立项总数在全国高校中排名第15位，在全国师范高校中位列第三，在上海位列第三。3项成果分别获全国第四届教育科研优秀成果二、三等奖；9项成果分别获上海市第十届教育科学研究优秀成果一、二、三等奖。获2010年度上海市科学技术奖。承担中医名词术语英语翻译国际标准化研究等国家社科基金项目等。《上海师范大学学报(哲社版)》2010年列《人大复印报刊资料》全国高校学报转载量第八位，列师范类院校之首。《上海师范大学学报》获全国高师学报系统"十佳学报"。创办《现代基础教育研究》学术集刊。《高等学校文科学术文摘》被《共和国期刊60年》收入。

学科建设。新增3个一级学科博士点、自设16个二级学科博士点，新增14个一级学科硕士点、自设20个二级学科硕士点。本着"早布局、早规划、早建设"的工作思路，加强学科建设力度，瞄准2013年学位点申报工作，确定学位点建设"3＋1＋X"的重点布局建设方案("3"指心理学、马克思主义中国化和环境科学等3个已有二级学科博士点的学科；"1"指1个建设基础较好的化学学科；"X"指尚需根据要求和通过建设进行选择的若干个学科)。成立"发展规划与内涵建设办公室"，进一步加强学科建设的统筹和规划。成立"085工程"申报工作领导小组，由校党委书记、校长担任组长，把"教师教育学科专业群内涵建设工程"作为第一个申报平台。该平台含五大类九个项目和一个特色项目，建设周期5年，规划总资金为5.411亿元(含特色项目2500万元)，建设资金分五年下拨，截至12月规划项目和专题项目到位经费为1.4591亿元。首批3个项目已启动并进入实施阶段，到12月20日年度专家组检查时多数取得实质性进展和成效。

教师教育。召开教师教育工作大会，在六个方面进一步推进教师教育改革与发展，为中小学教师终身发展服务。这六个方面分别是：加强组织领导，探索改革教师教育的体制机制；落实国家要求，率先推进教师教育课程改革；改革教育实习，提高师范生的教育教学能力；拓展国际交流，大力提升教师教育国际化程度；创新培养机制，全力做好"世承班"教育改革试验；拓宽联系渠道，全方位开展为基础教育界的服务工作。推进成立课程与教学论学科建设委员会，对学科教育教师队伍进行定编定岗定员管理，做好"世承班"教育改革试验等工作。举行"创新教师教育，培育卓越人才"教师教育恳谈会等。邀请全国先进教育工作者、全国模范教师、市教育功臣等回母校演讲、座谈。新增ProQuest期刊数据库、ProQuest心理学全文数据库等教师教育数据资源库，初步构建教师教育资源库平台和视频资源库，新增教师教育视频数据库数字化资源9575集。启动智能化教室。

对外合作与交流。学校通过各种渠道鼓励和吸引更多师生融入教育国际化进程。全年共有28个国家和地区170多批总计近900人次来访；与12个国家和地区的28所高校或国际组织签署或续签合作协议；327名学生分赴18个国家和地区的55个学校或机构进行获得学分的专业学习和社会实习；留学生中学历生人数连续第三年持续增长；密苏里大学孔子学院成立，中共中央政治局委员、国务委员刘延东视察博茨瓦纳孔子学院并给予高度评价。学校教师在博茨瓦纳编写并出版该国历史上首本汉语教材。实施中非高校"20+20"合作项目。第四届国际艺术节有来自英、俄、德等10多个国家和地区的20多个演出团体展示多元文化和艺术,共举办50多场形式多样的展演,吸引观众23000多人次。举办第二届学生海外游学节。"学思湖海外名师讲坛"的辐射力与影响力不断提升。与联合国开发计划署全球风险辨识计划(GRIP)联合发起成立GRIP-上海灾害风险评估与管理研究中心。成立上海市首家"阳光留学教育实验基地"。

市长韩正慰问学校的世界游泳锦标赛志愿者

基础建设。建设本科课程教育辅助影视资料库,新增文献数据库,建设具有自主知识产权的资料库,开设《信息资源检索与利用》课,开发《信息资源检索与利用》课程网站。完成学校公共数据平台软硬件建设与改造,移植现有的数据中心及校园网门户系统,同时增加两校区数据备份服务。在72个原有网站基础上,新增网站19个,全面改版5个。与国外高校签署信息技术人员交流协议。实施奉贤校区核心机房改造。

人事政策。完成岗位聘任工作,构建以岗位津贴为主并配以基本工作量的分配体系。在原每年约4500万元的基础上,2011年起每年增加1500多万元投入,所有员工岗位津贴由学校包下。为在岗在编教职工兑现住房津贴,全年约需经费500万元。为全体在职与离退休人员安排体检,增加体检项目,对大病人员实行1万元+X的补助。对40岁以上在职教工体检项目中增加八项肿瘤标志物检查。对孤老实行特殊补助,开展结对帮扶,邀请90岁以上寿星回校联谊。落实校、院两级信访工作体制。

学生工作。通过建立教学学工联动机制、学业预警制度,加强学风基础建设。学校教学质量月活动已开展九届。启动校院两级"形势与政策"课程化建设。建立"五进"生活园区思政教育模式。组织参与高雅艺术进校园、相约大剧院、走进经典、全国大学生戏剧节、上海国际艺术节演出等。首次落户上海的"第64届世界杯手风琴锦标赛"在校举行。建立"易师、易友、易言、易屋"等易班文化品牌。表彰"师大之星"656位。举行首届十大学生年度新闻人物评选。举办大学生自主创业节、创业梦想节、首届大学生创业夏令营等活动。实施辅导员"关爱计划"。学校教师获全国高校思想政治教育优秀论文一等奖。学生获全国挑战杯二等奖1项,三等奖4项。学生在全国大学生数模竞赛、全国大学生广告艺术大赛、全国大学生物理教学技能大赛、全国本科研究生日语演讲辩论赛、全国大学生武术锦标赛、全国高校工程项目管理沙盘模拟大赛等竞赛中均获一等奖。研究生独立或合作发表高水平的科研论文393篇,12人首获国家留学基金资助,获得全国百篇优秀博士论文提名奖1项。留学生中获得国家奖学金72人,孔子学院奖学金48人,上海市政府奖学金65人。

学校给予专项资金资助在校大学生创业节中产生的创业项目41个。共向8172人次困难学生发放各类奖助学金和困难补助1340万余元。国家助学贷款申请学生数创新高。申请国家助学贷款和生源地助学贷款学生1130人次总额386.36万元。全年学校提供各类勤工助学岗位5000余个。

社会服务。构建"上海中小学教师教育管理平台(学分银行)",培训上海各级各类教师7000人次,承接对口支援地区的校长教师来沪培训800余人。

与新疆喀什师范学院签署对口支援协议。参与上海高校社区课程建设。举行首期希望工程快乐音乐教师培训班。校高等职业教育研究所获“全国优秀高等教育研究机构”称号。成立“上海高校培训联盟”，获批教育部“高等学校继续教育示范基地建设”项目。建立学科基地促进附属学校联动发展，与宝山区教育局共建附属经纬实验学校。与教育部共建国际与比较教育研究中心。加入市农产品深加工技术转移服务联盟。参展工博会项目6个，获优秀展品三等奖1个。以“重拾传统记忆，糅合现代元素”为主旨的女儿节活动已经走向社会成为上海文化新亮点。让中小学生走进校园体验大学文化，扩大师大文化和大学精神对基础教育的影响。连续第三年与奉贤区科技协会联办科普社区行系列讲座，进社区宣传科普知识。邀请社区居民参加学校遗产日活动，开展高校——社区互动日活动。向社会开放博物馆，纳米科普工作站，生物标本馆等。爱心服务队、志愿者深入社区开展义教、帮扶、助老等结对共建活动。组织无偿献血10次共2890人次，77位学生报名捐献造血干细胞。17所农民工小学2000余名农民工子女小学生参与学校主办的农民工子女文艺创作大赛。校志愿者服务总队获“全国优秀志愿服务组织”称号，成为上海市唯一获奖单位并被授予首批联合国上海志愿服务发展合作基地。获“世游赛”优秀组织奖、上海教育新闻人物评选优秀组织奖、高雅艺术进校园活动优秀组织奖、科技馆志愿者“十周年表扬集体”等。

继续教育。继续教育各类学生和考生数3.6万余人。夜大学开设各类专业89个。全校开设非学历教育培训项目36个，举办各类培训班255个，培训学员1.33万人。作为市高校学生辅导员培训七大基地之一，承办市新上岗辅导员岗前培训、上海高校辅导员人文素质提升和生活园区思想政治教育培训。面向全社会开设大量的人文素质讲座，连续四年获得上海市东方讲坛优秀举办点称号，受众近10万人。

（宋莉莉）

［获“全国学校艺术教育先进单位”称号］ 1月5日，上海师范大学被国家教育部艺术教育委员会授予“全国学校艺术教育先进单位”称号。上海师范大学艺术教育初步形成有特色新体系。学校拥有音乐、美术、影视表演、广播电视编导、舞蹈、戏剧影视文学、艺术设计、广告设计等艺术学科，为上海市和全国培养了大批艺术专门人才和艺术教育人才，为上海中小学培养了大批优秀艺术教师。

（宋莉莉）

［杨德广资助千名贫困生］ 上海师范大学退休校长杨德广“卖房捐款300万元，资助千名贫困生”的先进事迹列“2010年度上海市社会主义精神文明好人好事”十佳之首，4月11日，在上海市精神文明建设大会上，市委副书记殷一璀为他颁发荣誉证书。

（宋莉莉）

［获“全国五四红旗团委”称号］ 5月4日，共青团上海师范大学委员会被共青团中央授予“全国五四红旗团委”的荣誉称号。学校团委开拓创新，以组织青年、引领青年、服务青年、凝聚青年为宗旨，坚持“五个始终”：始终走在创新共青团工作理念的前沿；始终走在带领青年服务社会的前沿；始终牢固夯实组织基础；始终不断创新培养机制；始终灵活运用多种媒体。

（宋莉莉）

［毛里求斯共和国总统受聘荣誉教授］ 7月7日，毛里求斯共和国总统阿内罗德·贾格纳特受聘为上海师范大学荣誉教授。上海师范大学党委书记陆建非、校长张民选前往锦江小礼堂贵宾厅为贾格纳特总统颁发聘书。毛里求斯驻华大使钟律芳，中国驻毛里求斯大使边燕花等出席受聘仪式。上海师大坚持以国际化视野办学的基本理念，是“中非高校20+20合作计划”单位之一。

（宋莉莉）

［与英国国家图书馆联合编纂英藏敦煌遗书］ 9月，“十二五”国家重点图书出版规划项目，上海师范大学与英国国家图书馆合编，并由上海师范大学哲学学院方广锠教授与英国图书馆中文部主任吴芳思(Frances Wood)共同主编的大型图录《英国国家图书馆藏敦煌遗书》，第一批10册由广西师范大学出版社出版发行。

（宋莉莉）

［刘延东访问博茨瓦纳大学孔子学院］ 12月2日，中共中央政治局委员、国务委员刘延东访问博茨瓦纳大学孔子学院。该院两年多来培训汉语学员1300多名，受到当地民众的热烈欢迎。为支持博茨瓦纳汉语教学，中国政府赠送孔子学院一套48座语音实验室设备，并邀请100名博茨瓦纳大中学生到

中国参加汉语夏令营。

（宋莉莉）

附:学校负责人及地址

（2011 年 1—12 月）

校党委书记:周鸿刚(5 月离任)、陆建非(5 月到任)
副　书　记:黄刚、王莲华、茅鼎文

校　长:李进(6 月离任)、张民选(6 月到任)
副校长:王莲华、陆建非(6 月离任)、丛玉豪、高建华、柯勤飞(12 月到任)

徐汇校区:桂林路 100 号
邮编:200234
电话:64322881

奉贤校区:海思路 100 号
邮编:201418
电话:57122472

上海师范大学天华学院

［2011 年概况］ 2011 年招生计划数 1840 人，实际招收 2001 人，报到 1898 人，报到率 94.85%。年末在校学生 6755 人，有 194 个行政班级，23 个专业，开课 401 门。全年引进新教师 39 人，其中博士 5 人，讲师 4 人，副教授 2 人。选择毕业生留校 15 人。年末共有专职教职工 467 人（其中行政教辅人员 105 人），兼职教师 142 名。2011 届毕业生 1287 人，就业率 96.27%，其中签约率 65.33%。毕业生国内考研录取 22 人，出国读研 18 人。年末固定资产净值 30905.98 万元。

学科专业建设。新增汉语言文学专业，首批招生 30 人，学院专业增至 23 个。各专业逐一修订培养计划，重点融入学院新制订的“本科生能力和素质培养的 16 条标准”。年末统计，校内科研立项 33 项，校外立项 69 项，其中优青项目 32 项，上海市重点课程建设 10 项，市重点教学改革 2 项，晨光计划 4 项，市德育课题、市阳光计划各 1 项，市高教协会和民办高教协会下达课题 13 项，嘉定职教集团 2 项，校企横向项目 4 项。全年公开刊物发表论文 67 篇，编写教材 16 种，《天华教育研究》发表论文 76 篇。

师资队伍建设。全年 26 人被聘任为讲师，2 人聘任为副教授，1 人聘任为教授。第二批 22 名骨干进入“远航骨干人才”培养计划，享受骨干人才津贴；年初派出第二批赴美实习考察团 5 人，7 月派出第三批赴美实习考察 24 人，参与美国大学的工作和研讨。12 名教师获得“国内访问学者”启动资金。131 名教师参与市教委骨干教师科研项目的资助计划。

实践教学工作成果。学院组织学生参加“第六届全国信息技术应用水平大赛”，2008 级通信工程马伟超获个人“嵌入式开发与应用”项目一等奖，2008 级网络工程 1 班施凯等 3 人获团体“andvoid 应用开发”项目一等奖，王丽婷等 9 人获个人二等奖，沈章章等 6 人获团体二等奖，5 名教师获最佳指导教师奖，学院获特别组织奖。对外汉语系盛清同学参加全国国际职业汉语能力测试，以 836 分获上海考区第 3 名，取得职业汉语高级证书。机械系学生参加科技部“全国三维创新设计大赛”，参赛的 5 个项目全部获奖，其中特等奖 1 项，二等奖 3 项，三等奖 1 项。机械系派出 153 名 2009 级学生参加科技部制造信息中心中级职业技能证书考试，149 人合格，获证率 97%。教育系金超等 2 位同学参加上海市大学生美术比赛获金奖，蔡雨桐、张文婷同学参赛 22 届书画大赛少年组绘画获银奖。艺术系组织 307 人参加国家职业资格“多媒体作品（高级）制作员”证书考试，141 人取得证书，通过率为 46%。英语系参加第 23 届“韩素音青年翻译奖”竞赛，韦晓英教师获汉译英三等奖，名列全国第八位。经管系财务管理专业学生参加“用友杯”全国大学生会计信息化技能大赛，获全国决赛“优秀奖”和上海赛区二等奖。基础部组队参加的全国大学生数学建模竞赛，获上海市三等奖和优秀组织奖，学生长跑队参加上海市大学生比赛获得女子团体一等奖和男子团体二等奖。

校园文明建设。学院被上海市评为文明单位，被中国民办教育协会评为“中国民办高等教育优秀院校”，被上海市评为综合治理先进单位，被市教委评为 2006—2010 年度法制教育先进集体。学院在青年教师和广大学生中开展阅读经典活动，列出书目，制订规划；9 月，全校实行“德育学分制”，用学分制方式来规范管理学生的行为。学院承担援疆对口培训喀什地区普通高校毕业生 219 名，开设学前教育培训 5 个班，社区管理 1 个班。

办学条件持续改善。全年签订合同 860 项，项目总额 840 万元，其中重点专业项目 12 个，480 万元；信息化项目 210 万元，普通设备 110 万元，维修经费 40 万元。全年改建多媒体教室 18 间，新建多媒体教室 9 间。全校多媒体教室总数达到 65 间，共 5865 座。新建各类实验室 5 间，改建老机房 3 间，改造琴房 25 间。全院已有公用机房 13 间 843 座，专业机房 11 间 400 座。全年新增纸质图书 17.1 万册，纸质图书总量 54 万册，电子数量 45 万册。

（谢吕法）

［选拔青年教师赴美攻读博士］ 为加强推进教育国际化，提升青年教师的教学水平，经与美国太平洋大学联系，由美国大学派人在学院选拔符合条件

的青年教师 35 人，赴美国太平洋大学攻读教育学博士，为期 3 年。其间的学费、生活费均由学院承担，3 年共计支出 1000 余万元。学院还计划用 3 年时间，选拔 60 名辅导员赴美攻读学生事务管理和教育学硕士学位。

（谢吕法）

［**举办新疆高校毕业生培训班**］ 依据上海市合作交流办公室和市教委的要求，学院承办首批 219 名新疆喀什地区高校毕业生学前教育专业和社区管理专业的培训任务。学院接受任务后，认真做好培训前的准备，教室、阅览室、活动室、清真餐厅都进行重新装饰，安装空调，挑选优秀教师任课。

（谢吕法）

［**实施德育学分制**］ 年内试行德育学分制，考核指标划分为境界修养、行为自律、素质拓展三部分，涵盖了大学四年学生应遵守的法纪法规、校纪校规和道德修养内容。学院还建立了“德育学分制信息中心”，组织管理考核团队、印刷全校人手一册的宣传本，组织了培训。

（谢吕法）

［**冯国勤到校视察**］ 2011 年 8 月 29 日，上海市政协主席冯国勤率部分市政协委员到学院视察，调研民办高校发展情况。冯国勤一行参观学院的文化长廊、学生实习基地、学生公寓、教育系数码琴房等，并与学院领导进行座谈。冯国勤充分肯定天华学院的办学理念和取得的成绩。陪同视察的还有市政协秘书长陈海刚、嘉定区委书记金建忠等。

（谢吕法）

附：学院负责人及地址

（2011 年 1—12 月）

校党委书记：郭天成
副　书　记：邹荣庚、龚春蕾

院　　　长：石伟平
常务副院长：叶才福
副　院　长：郭伟奇、陈新斌、龚春蕾、史　文

校址：嘉定区胜辛北路 1661 号
邮编：201815
电话：39966266

上海对外贸易学院

［2011 年概况］ 学习和贯彻国家、上海中长期教育改革和发展规划纲要精神，推进上海市高校内涵建设“085 工程”，落实学院 2008—2012 年学科建设规划和学院“十二五”事业发展规划，各项工作取得新进步。

师资队伍建设。召开师资工作会议，进一步明确“补足数量、提升质量、优化结构”的工作目标。经上海市教育委员会批准，学院独立开展高校教师和其他专业技术职务学术技术能力评议工作。学院成立高级专业技术学术技术能力评审专家组，召开高级专业技术职务学术技术能力评议专家组会议，完成专业技术人员岗位设置和聘任工作，聘任 6 名二级教授、19 名三级教授。1 名教师获得第六届上海高等学校教学名师奖，2 名教师获得宝钢优秀教师奖。制订《思源学者岗位计划》，设立各类“思源学者”岗位，2 名教师受聘“思源学者”讲座教授；3 名教授被上海市教育委员会批准为东方学者（讲座教授）。

学科建设。学院获得应用经济学、外国语言文学、工商管理学、法学等 4 个一级学科硕士点和自设二级学科硕士点的资格。学院学位评定委员会会议审议通过《上海对外贸易学院授权一级学科范围内自主设置二级学科暂行办法》，并评审通过财务管理、经济法学、技术经济与管理、会计学、旅游管理、日语语言文学、数量经济学、产业经济学、区域经济学等 9 个二级学科硕士点的培养方案，学院二级学科硕士学位点达到 20 个。基于内涵建设、“085 工程”的实施要求，建立《基于现代服务经济发展需要的国际经贸学科专业群创新平台》，制定《上海对外贸易学院“085 工程”学科群建设科研项目管理实施细则》，促进学科交叉与融合，建立“群聚”协作研究机制。

科研工作。学院获得各级纵向科研项目 80 余项。其中，国家级项目 10 项（国家社科基金项目 4 项，国家自然科学基金项目 6 项）；省部级项目 46 项；横向课题 32 项。学院成立“上海对外贸易学院国际贸易高等研究院”，围绕“新新国际贸易理论研究，异质企业的贸易行为研究”，“GATS 与服务贸易研究”，“对外直接投资与企业国际化战略研究”和“上海国际贸易中心建设”等 4 个研究方向推进人文社科重点研究基地建设。学院 WTO 教席工作取得重要进展，与世界贸易组织（教席）、联合国贸易发展会议虚拟学院（成员）、日内瓦国际贸易与可持续发展中心（中国合作伙伴）和联合国亚太经社理事会亚太贸易研究和培训网络（成员）签署合作协议。同时学院获得在 WTO 法律框架内的非政府组织项下出席各届 WTO 部长级会议的资格。

课程与教学。继续深化本科教学改革，推进“质量工程”。学院教师主编的 9 种教材获 2011 年度上海普通高校优秀教材奖；“跨文化商务沟通”和“财务报表分析”两门课程被评为 2011 年度上海高校市级精品课程；“财务管理”和“国际经济学”两门课程被评为 2011 年度上海市示范性全英语教学课程；14 门课程立项为“2011 年度市教委重点课程”。为推进双语课程建设，组织 61 门次的校内双语教学课程申报认定工作。在实验教学方面，拓展国际商务实验中心内涵，建设物理光电系统下全球生产网络业务流程模拟的展示平台。开展上海高校本科重点教学改革项目的申报工作，《耦合条件下“意会信息”传递实验教学模式研究》等 6 个项目获 2011 年上海高校本科重点教学改革项目立项资助。学院第四期教育高地建设项目通过终期验收，学院的 3 个实习基地获选上海市市属本科高校校外实习基地重点建设项目。

人才培养模式改革。启动全球通用商科人才培养本科专业建设项目的建设工作，明确“全球通用商科人才培养”的教育理念，探索培养学生具备“通用规则、通用管理、通用语言、通用工具”的能力，适应全球通用商科的人才需求。开展国际经济与贸易全英语实验班、金融学全英语实验班、法学、商务英语、统计学、电子商务、会计学特色专业以及全球通用商科人才培养公共（专业群）平台建设，推进学院人才培养模式的改革和创新。学院学生在各类竞赛和实践活动中取得丰硕成果，在全国大学生英语竞赛中获特等奖 2 个、一等奖 12 个；在第九届 Jessup 国际法模拟法庭比赛中获全国一等奖；在第十二届“挑战杯”全国大学生课外学术科技作品竞赛中获全国三等奖；在建行“e 路通”杯首届海峡两岸大学生网络创新应用大赛中获一等奖;在第七届全国大学生创业设计大赛中获上海赛区决赛一等奖。

对外交流合作。学院在商学院国际认证工作取得阶段性成果,成功申请成为国际高等精英商学院协会 AACSB 和欧洲管理发展基金会 EFMD 的会员单位。学院获批上海市教委国际交流重点建设项目——“上海市外国留学生服务中心”,首次承办上海市暑期学校,首批中国政府奖学金留学生 29 名;学院承办由教育部国际交流与合作司组织的,外交部欧洲司、国家留学基金委和国家汉办共同参与的“中东欧教育合作研讨会”;学院继续被评为上海市外国留学生教育研究会评选出的 2011 年度先进集体单位。全年学院各类留学生人数首次超过千人,国别数 72 个,学院出国交换生人数 120 名。学院申报的巴黎商学院等 12 个海外学习和实习项目获得上海市教育委员会资助。

学生工作创新实践。探索新形势下与学院发展相适应的辅导员队伍建设体制,组织实施辅导员海外进修项目,参加教育部骨干辅导员高级研修班。学校 1 名辅导员入选“上海市高校辅导员年度人物”、1 名辅导员的博客被评为上海市十大辅导员博客;2 名辅导员被选派到西藏和云南基层团委、2 名辅导员到上海市基层团委挂职锻炼。注重建设以“思源‘3+3’”为核心的立体资助体系,多角度多层次对学生实施帮扶;2 篇论文分获全国高校学生工作优秀学术成果特等奖和一等奖;学院进一步完善学生职业生涯规划教育体系,学院被评为“上海高校毕业生就业工作创新基地”。

管理与服务效能。学院各类信息化项目成功推进办公自动化系统(OA 系统)正式上线。继续加强和完善预算编制、预算控制、预算经费使用过程监督各个环节,相继出台《招投标管理办法》和《评标专家和专家库管理办法》;进一步推动院务公开、资产管理和审计工作,学院获得上海市教育委员会信息工作先进单位,并再次获得“安全文明校园”称号。

(陈　成)

[获一级学科硕士学位授予权] 3 月 3 日,根据国务院学位委员会的《关于下达 2010 年审核增列的博士和硕士学位授权一级学科名单的通知》,经国务院学位委员会第二十八次会议审议批准,学院应用经济学、法学、外国语言文学、工商管理 4 个学科获批硕士学位一级学科,实现学校一级学科硕士点零的突破。

(陈　成)

[主办二十国集团和 21 世纪全球治理国际学术研讨会] 3 月 10 日,学校主办的“二十国集团和 21 世纪全球治理国际学术研讨会”在松江校区举行。意大利前总理、欧盟委员会前主席罗马诺·普罗迪,法国前总理洛朗·法比尤斯,法国里昂商学院院长,上海市教育委员会副主任张民选,中欧国际工商学院教授高大伟,南开大学经济学院副院长盛斌,学院院长孙海鸣、副院长叶兴国出席研讨会。会议就中国应该在二十国集团中发挥什么作用、全球治理中的中欧合作、高校如何培养具有企业家精神和创业能力的人才等问题作了讨论。罗马诺·普罗迪和洛朗·法比尤斯分别作了主旨演讲。

(陈　成)

[和上海市商务委员会签署双边合作协议] 8 月 17 日,上海市政府副秘书长、上海市商务委员会主任沙海林,上海市商务委员会副主任訾和平和院长孙海鸣分别代表上海市商务委员会和上海对外贸易学院签署“关于推进国际贸易中心建设研究与教育基地合作协议”。根据协议,上海市商务委员会和学校将在建设国家级“上海国际贸易中心研究咨询和人才培养基地”、建设 WTO 研究教育学院和高端人才培养平台、建设国际经贸实践基地、开展国外商务官员培训项目、开展国际贸易特点和对策研究等重点领域加强双方合作。

(陈　成)

[与上海综合保税区合建研究中心] 学院国际经贸研究所作为上海哲学社会科学创新基地、上海发展战略研究所(王新奎工作室)“上海贸易中心建设”(基地和工作室)的核心平台,和上海综合保税区合作设立“上海贸易中心建设基地综合保税区研究中心”。其任务是从保税区的追踪调研中发现政策性问题,提出解决方案,为政府决策提供政策建议。10 月 18 日,上海市委常委、常务副市长杨雄,上海市政协副主席、学院国际经贸研究所首席专家王新奎共同为“上海贸易中心建设基地综合保税区研究中心”揭牌。

(陈　成)

[与商务部联合主办国际研讨会] 10 月 21—22 日,学院与商务部联合主办的“中国的技术崛起:对有关创新、技术转移和知识产权全球讨论的启示”国际研讨会在学校举行。会议主题是讨论有关中国自主创新政策和多边贸易规则、技术转让、知识产

权、环境产品与气候变化谈判等。

（陈　成）

［市国际贸易学会选举新一届理事会］ 10月29日，上海市国际贸易学会第八届会员代表大会审议通过学会第七届理事会的工作报告、修改学会章程的相关提案、选举产生了学会新一届的理事会。学院院长孙海鸣当选新一届上海市国际贸易学会会长。

（陈　成）

［当选商务部知识产权海外维权专家］ 11月17日，国家商务部对外宣布成立"企业知识产权海外维权援助中心"。学院WTO研究教育学院院长、WTO教席主持人张磊和于洋当选企业知识产权海外维权国内专家。其中张磊专业领域为知识产权法和国际经济法，于洋专业领域为美国337条款、国际贸易的知识产权法和WTO研究。

（陈　成）

"中国入世十周年：成就与展望"高层国际研讨会

［主办第十一届WTO年度论坛］ 11月22日，由学院与世界贸易组织共同主办的第十一届WTO年度论坛"中国入世十周年：成就与展望"高层国际研讨会在上海举行，上海市政协副主席王新奎、周汉民，学院院长孙海鸣，商务部世界贸易组织司司长柴小林等出席了会议。会议就入世10年转型、中国对外贸易发展的回顾与前瞻等主题进行了研讨。

（陈　成）

附：学校负责人及地址

（2011年1—12月）

院党委书记：武克敏

副　书　记：夏斯云、陈　洁

院　　长：孙海鸣

副 院 长：陈　洁(兼)、叶兴国、俞光虹、徐小薇

院长助理：聂　清

松江校区地址：文翔路1900号

邮编：201620

电话：67703000

古北校区地址：古北路620号

邮编：200336

电话：62748250

上海工程技术大学

［**2011年概况**］ 学校现有机械工程学院、电子电气工程学院、管理学院、化学化工学院、材料工程学院、汽车工程学院、艺术设计学院、中韩多媒体设计学院、航空运输学院、飞行学院、服装学院、中法埃菲时装设计师学院、城市轨道交通学院、社会科学学院、高等职业技术学院、基础教学学院、体育教学部、继续教育学院、女工程师学院等21个院、部。拥有上海市汽车工程实训中心、工程实训中心、艺术设计展示中心、服装设计展示中心等设备先进的教学实训基地，能源与环境工程研究所、激光工业技术研究所、汽车工程研究所、化工研究所、经济研究所、劳动关系研究中心、纳米技术研究中心、上海市社会保障问题研究中心、上海邮轮经济研究中心、上海飞行仿真技术研究中心10个校级科研机构以及国家大学科技园。现代工业工程训练中心是教育部和上海市实验教学示范中心。学校拥有4个一级学科硕士点，16个二级学科硕士点，77个本、专科专业（含专业方向）。全日制大学生已逾18800名，毕业生就业率98.03％，签约率74.73％。

编制细化"十二五"规划。学校编制完成"十二五"时期大学文化建设、师资队伍建设、学科专业建设、学位点建设、校园建设、国际交流6个"十二五"专项规划，申报"现代交通运输工程与管理学科专业建设"和"现代创意设计学科专业建设"2个上海地方高校内涵建设项目。"现代交通运输工程与管理学科专业建设"获得批准，各项建设任务全面启动。

提高人才队伍整体水平。楼建中教授入选上海"千人计划"成为上海特聘专家。成功申报"上海优秀学术带头人"1名，上海市浦江人才计划1名，"上海市人才基金发展项目"2名，36人次获得市级以上的人才计划。新录用71名教师和管理人员，专任教师队伍的硕博比为86％。新增3个专业的5个方向为教育部"卓越工程师教育培养计划"试点专业。遴选一批企业工程技术人员担任专业教师，初步构建具有鲜明特色的卓越工程教育培养体系。

强化重点学科建设。推进"现代民航工程及管理"、"城市轨道交通运营工程"、"材料精密成型与处理"3个上海市第五期重点学科建设。"现代民航工程及管理"重点学科专业群建设、城市轨道交通运营工程重点学科专业群建设、现代汽车运用工程与管理、国际邮轮经济与管理、现代交通运输工程实践训练公共平台、上海高校知识服务能力提升工程等7项上海高校知识创新工程专项项目获得教委批准立项，投入经费6900万元，项目建设全面启动。6个国家级"工程教育实践中心"获得教育部立项。获得上海市精品课程4门、上海市优秀教材8种、上海市重点教学研究项目7项、上海市重点课程16门。

提升科技创新能力。年内，获得国家自然基金和社科基金项目13项，省部级以上科研项目72项，全年学校科研总经费1.3亿多元。获得上海市科技进步三等奖3项，机械工业联合会颁发的中国机械工业科学技术奖二等奖1项，中国产学研合作促进会颁发的产学研合作创新成果奖1项，全国商务发展研究成果奖三等奖1项；获得第23届上海市优秀发明选拔赛金奖3项、银奖4项、铜奖3项。学校与上海市政府发展研究中心合作建设"政府公共决策支持"市级研究基地，完成近20项政府决策咨询课题。全面推进国家大学科技园建设，科技园新增孵化企业30多家。学校成立"上海市大学生科技创业基金上海工程技术大学分基金"，基金总额1000万元人民币。承办首届"上海市工程训练综合能力竞赛"，学生获上海市二等奖1项；学生团队获得教育部主办的"第二届全国大学生工程训练综合能力竞赛"全国一等奖，数学建模全国一等奖1项，全国二等奖3项，上海市一等奖4项，电子竞赛上海市二等奖2项。

提升研究生培养水平。学校全面启动机械工程、材料科学与工程、纺织科学与工程、工商管理等4个新增一级学科硕士点和16个二级学科硕士点的建设。实施研究生"卓越工程师教育培养计划"，每个二级学科点建设1—2个研究生联合培养基地。在校研究生发表高水平论文20篇，申请发明专利4项，实用新型专利授权11项。承办"社会保障"研究生论坛和"车辆工程"暑期学校。

提升办学国际化水平。学校与海外院校新签署合作协议7个，初步建立与美国密歇根迪尔本分校、美国劳伦斯理工大学等国外高校及企业联合培养工程师的教育体系。进一步拓展与美国、英国、爱尔兰、德国、瑞士、澳大利亚、新西兰等国高等学校的22个学分互认项目，合作开发卓越工程师培养专业的教师暑期短期培训项目。中法埃菲时装设计师学院通过上海市教育评估协会中外合作项目认证。进一步拓宽师生海外学习渠道，出国组团师生492名，其中学生参加学分互认、短期国际产学合作、校际交流、攻读学位人数达361人。招收境外学生(港澳台学生)共229名。

职业教育与成人教育彰显特色。成人高等教育招生录取1538人，自学考试开考6个专业、4项资格证书、理论考课程86门、实践考课程17门。加强“机电一体化”和“模具设计与制造”2个高等职业重点专业建设，重点建设“磨具设计与制造公共实训基地”、“数控技术应用开放实训中心”、“商品储运与配送实训中心”等实训基地。模具设计与制造教学团队被授予“2011年度上海高等学校市级教学团队(高职高专)”称号。

设施和“民生工程”建设。推进多能源汽车能量优化与控制技术研究、民航飞行及机组服务与空管仿真等4个中央财政专项资金资助项目的实验室建设。学校教学设备资产总值4.01亿元，年增长6.2%。提升校园网与互联网的接口带宽，完成校园无线网二期建设。图书馆新增中外文纸质图书39754种，藏书量130万余册。完成慈善爱心屋、教职工宿舍、教职工食堂和教师休息室的配套等“实事工程”。为1794名教职员工进行体检，增加教职工帮困基金的投入。

(张健明、金峥杰)

[主办第三届IEEE检测技术与机电自动化国际会议] 1月6日上午，由美国电气及电子工程师学会(IEEE)及其仪器与测量学会(IMS)发起，中国上海工程技术大学主办的“2011年检测技术与机电自动化国际会议”举行。美国国家标准与技术研究所、IEEE研究员、IEEE仪表与检测学会传感器分会技术委员会主席Kang Lee教授，来自同济大学测量系、上海海事大学商船学院、长沙理工大学交通运输工程学院的专家教授出席。

(金峥杰)

[上海高校人文艺术创新工作室授牌] 1月14日，举行上海高校人文艺术创新工作室推进会及授牌仪式。上海市教委副主任印杰、袁雯分别向上海工程技术大学会展与技术创新中心等8家工作室授牌。该中心和美国劳伦斯理工大学建筑学院联合举办“参数化设计”课程WORKSHOP，旨在开拓会展专业大学生视野，提高大学生的设计水平与动手能力。

(金峥杰)

[多项上海市决策咨询重点课题通过评审] 由上海工程技术大学承担的《加快完善城乡基本社会保障机制研究》、《本市郊区新城建设体制机制研究》、《城市转型时期本市财源长效增长的机制及财政体系研究》等12项决策咨询重点课题通过评审验收。

(金峥杰)

[新增硕士学位授权一级学科] 3月31日，根据国务院学位委员会《关于下达2010年审核增列的博士和硕士学位授权一级学科名单的通知》，学校的机械工程、材料科学与工程、纺织科学与工程、工商管理等4个硕士学位获得授权。

(金峥杰)

[获上海市精神文明十佳好人好事] 4月13日，在2011年上海市教卫党委系统精神文明建设工作会议上。学校服装学院王丰杰同学“半年内的第二次献血，拯救特殊血型重伤者生命”事迹获2010年上海市教卫党委系统精神文明十佳好人好事，受到大会表彰。

(金峥杰)

[获多项上海市科学技术奖] 4月27日，上海市2010年度科技奖励大会在上展中心举行。学校汪泓教授主持的“社会保险基金预警预报系统开发”、程武山教授主持的“低压塑壳断路器智能生产测试系统的研究与开发”和张光钧教授主持的“机械装备关键零部件的激光表面强化的工业应用”3个项目获得上海市科学技术奖三等奖。

(金峥杰)

[签订多项产学研合作联盟协议] 5月13日，学校与上海市交通运输和港口管理局签订战略合作框架协议。9月19日，学校与上海同盛投资(集团)有限公司签订产学研合作协议。9月20日，学校与中国商用飞机有限责任公司签订产学研战略联盟协议。9月22日学校与中国服务外包研究中心、中欧·上海市浦东服务经济研究院在虹桥迎宾馆签订产学研合作框架协议。9月27日，学校与上海市人

力资源和社会保障局举行战略合作签约仪式。

(金峥杰)

[**首个高校“中国包装创意基地”揭牌**] 6月9日,中国包装创意基地在学校松江校区揭牌。世界包装组织副主席、亚洲包装联合会主席、中国包装联合会会长石万鹏为中国包装创意基地(上海)授牌,校党委书记滕建勇、校长汪泓等领导出席。中国包装行业的专家学者、全国包装产业基地、200多名企业代表参加会议。

(金峥杰)

[**签订校际全面合作协议**] 9月13日,学校与上海交通大学在上海交大徐汇校区浩然大厦签署全面合作框架协议。9月20日,学校与同济大学签署共建“轨道交通科技创新与人才培养联合中心”的合作协议,为实施卓越工程师教育培养计划提供实习基地。

(金峥杰)

[**外籍教授获上海市“白玉兰纪念奖”**] 9月9日,由上海市人民政府设立的对外表彰奖项“白玉兰纪念奖”授奖仪式举行。学校中韩多媒体设计学院韩国籍教授金钟琪获上海市“白玉兰纪念奖”。这是该校第三位获白玉兰纪念奖的外籍专家。

(金峥杰)

[**成立政府公共决策支持研究基地**] 9月26日,上海市人民政府发展研究中心—上海工程技术大学“政府公共决策支持”研究基地成立仪式暨上海工程技术大学与上海政府发展研究中心战略合作签约仪式在学校松江校区举行。上海市委宣传部副部长潘世伟、上海市人民政府发展研究中心主任周振华、上海市人民政府发展研究中心副主任朱金海、上海工程技术大学党委书记滕建勇、校长汪泓等领导出席仪式。潘世伟、周振华、朱金海等被聘为学校“特聘教授”。

(金峥杰)

上海市高级技工学校建校60周年庆典

[**上海市高级技工学校建校60周年**] 10月28日,上海市高级技工学校举行庆祝建校60周年庆典暨校企合作签约大会。市人大常委会副主任杨定华,市教育发展基金会理事长谢丽娟,市教委副主任印杰,市人力资源和社会保障局局长周海洋,以及虹口区有关领导出席活动。全国人大常委会副委员长严隽琪等发来贺信。庆典仪式上,上海中外运国际货运代理有限公司等18家企业与学校签订校企合作共同发展协议,并宣布成立“上海市高技能人才培养基地(机电类)”。

(金峥杰)

[**签订对口帮扶协议**] 11月11日,学校与贵州省六盘水师范学院签订对口帮扶协议。12月6日,学校和六盘水师范学院制订对口帮扶细则,明确结对帮扶工作的具体内容。

(金峥杰)

[**举办郎静山国际摄影论坛**] 12月16日,纪念郎静山摄影大师诞辰120周年暨郎静山国际摄影论坛举行。上海市侨联副主席张癸、上海工程技术大学党委副书记褚劲风、中国华侨摄影家协会副主席唐镇安等领导,以及国内外嘉宾出席。

(金峥杰)

附:学校负责人及地址

(2011 年 1—12 月)

校党委书记:滕建勇
副　书　记:田信灿、褚劲风

校　长:汪　泓(10 月离任)
副校长:郝建平(3 月离任)、孙培雷、陈力华、程维明、史健勇(12 月到任)

松江校区地址:龙腾路 333 号
邮编:201620

仙霞路校区地址:仙霞路 350 号
邮编:200336

新村路校区地址:新村路 435 号
邮编:200065

逸仙路校区地址:逸仙路 88 号
邮编:200437

上海应用技术学院

［**2011年概况**］ 学校下设17个二级学院、1个教学部，学科涵盖工、理、文、法、经、管、农7个门类，现有42个本科专业，拥有化学工程与技术、机械工程2个一级学科硕士学位授权点。在校普通本专科生18209人，硕士研究生111人，留学生37人。招收普通本专科新生5372人，招收硕士研究生44人。学校教职工总数1745人，其中专任教师1055人，教授97名，副教授327名，高级职称教师比例为40％，具有博士学位的教师323名，具有硕士以上学位的教师占教师总数的80％。

一、教育教学工作。学校组织申报教育部“卓越工程师教育培养计划”，获批电气工程及其自动化、化学工程与工艺和轻化工程（香料香精与化妆品）3个本科专业和硕士研究生层次的化学工程与工艺学科为“卓越计划”学科专业，并获批为教育部第二批“卓越计划”高校。工程创新学院首次招收“卓越计划”4个专业试点班学生200名。学校制订“卓越计划”实施的相关制度，立项教学改革研究项目17项，校级重点建设课程4门。

强化以产学研合作教育为主体的校外实习基地建设。申报“国家级工程教育中心”和“上海市属本科高校校外实习基地重点建设项目”各2项，获批上海高校示范性校外实习基地建设项目1项。全校实习基地总数200个，其中位于奉贤区及周边地区的实习基地35个。与上海华谊集团、电气集团、塔塔公司、中国石化等27个企业签订校企合作协议，共同制定联合培养方案，突出面向产业办学的应用型人才培养特色。强化实验教学，突出对学生实践能力的培养。学校申报并遴选出2011年度上海地方高校基础实验室专项建设项目2个，投入405万元进行建设；加强实验教学质量保障与监控机制、实验项目的设计与开发等方面的建设，建立与完善有利于培养学生实践能力的实验教学体系。

全年累计获上海市教委竞争性资助经费900万元；获上海市普通高校优秀教材奖5项（一等奖2项，二等奖3项）；获上海市精品课程3门，获上海市重点课程15门；获批上海市教委重点教学改革项目6项；申报通信工程和给水排水两个新专业；通过上海市教委对德语、园艺、数学与应用数学3个新专业的检查；通过制药工程、软件工程和热能与动力工程3个专业学士学位授予权审核。

学校举办校级学科技能竞赛项目14个，比上年增加5个；参加市级及以上竞赛项目63个，比上年增加34个；共有11129人次学生参加市级及以上竞赛活动，参赛人数占全体学生数的36％，比上年增长6％；共获得市级以上学科技能竞赛奖407项，比上年增加106项，其中获全国特等奖2项、一等奖7项、二等奖88项、三等奖140项，优秀奖16项，获国际竞赛奖及入选项目6项。继续鼓励和支持大学生科技创新活动，全年立项大学生科技创新发展基金项目120项，市教委和学校共资助150万元。

学校成立研究生部、研究生工作委员会及两个一级学科硕士点分学位委员会；制定《上海应用技术学院授予硕士学位和培养研究生的二级学科设置方案》、《上海应用技术学院研究生学籍管理规定》、《上海应用技术学院硕士学位授予工作细则》等文件，完成11个二级学科硕士点的设置并启动了培养方案的制订工作；完成两次硕士生导师的遴选工作，新增硕士生导师56名；举办上海市研究生学术论坛——“低碳应用化学技术论坛”；申报“授予博士学位的服务国家特殊需求的人才培养项目——香料香精科学技术与安全”。

高职教育强调“社会效益（需求、质量）＋学生效益（就业、事业）＋学校效益（声誉、经济效益）”，注重全面提升学生的职业能力，学生考出高级技能证书的占总数的87.2％，比上年提高21.82％。继续教育拓宽办学领域，以高端项目、国际教育、技能培训作为突破口。

二、学科建设。学校组织申报上海地方本科院校“十二五”内涵建设（“085工程”）规划项目。申报“现代都市工业学科专业群建设规划”项目，涵盖学校的绿色化学技术与工程、现代制造技术与工程、创意与管理三大主干学科，重点建设8个专业，支撑发展与辐射共享17个专业。8月下旬，启动第一批5个三级项目建设（资金1500万元）；12月，启动第二批项目建设工作（资金2560万元）。申报第二个特色学科项目“城市安全技术与管理工程学科群建设规划”。

完成2011年度中央财政支持地方高校发展专项资金4个项目的预算编制和申报工作，并获批“应用化学重点学科”及“特色艺术设计实践中心”两个项目的建设资金，共计1000万元。

申报“知识服务平台（香料香精工程研究中心）五年建设规划”。获批上海市科委工程中心建设项目两项：上海药物合成工艺过程工程技术研究中心建设项目、冶金工艺和设备检测技术服务平台建设项目。

“视平面”艺术创新工作室通过市教委的中期检查；4个市教委第五期重点学科建设项目通过中期评估；完成校第五期重点学科建设项目的中期检查并在网上公示；完成校第六期重点学科建设项目的遴选工作。

三、科技工作。全年科研经费为1.3亿元。获得国家级科研项目25项，其中国家自然科学基金项目18项，国家社会科学基金项目1项，全国教育科学规划项目1项；获得省部级项目46项，联盟计划项目20项。全年教师发表学术论文近900篇，比上年增加100篇；授权专利80项，其中授权发明专利57项，比上年增加20项。

加强与中小城市政府的交流合作，与中小企业合作项目的对接。全年立项横向项目199项，标的7101万元。在上海市国际工业博览会上，学校参展10个项目，其中1项获二等奖，学校获组织奖。

四、人才引进与师资队伍建设。学校继续加大人才引进力度，引进东方学者2名，教授3名，副教授8名；引进教师80名，其中博士40名。重视对青年教师的培养，获上海市教委项目资助的教师共140名，其中，32名教师获出国进修项目资助，11名教师获国内重点高校进修项目资助，40名教师获产学研践习计划项目资助，57名教师获得“2011年上海市高校选拔培养优秀青年教师科研专项基金”项目资助；资助32位教师参加教育部组织的精品课程培训以及24位辅导员参加心理咨询师职业资格培训；对200多名新进教师进行岗前培训。修订《教职工在职国内进修管理办法（试行）》和《关于进一步加强中青年教师参加工程（社会）实践的实施细则（试行）》等。

学校现有东方学者4名。1名教师获宝钢优秀教师奖、1名教师获上海市人才发展基金资助、1名教师获国务院政府特殊津贴。完成全校在职及退休人员共1900人的岗位首聘和800人的待遇调整等一系列工作。

辅导员队伍建设。修订完善《辅导员工作条例》、《辅导员考核办法》等相关制度，进一步规范辅导员引进、培训、管理、考评等工作。举办首次“辅导员论坛”；评选出辅导员10大“年度人物”。

五、学生工作。推动学生工作进园区，在20栋学生公寓楼建成党团活动室，建立学生党员临时党支部和学生自我管理委员会；利用飞信、微博、人人网、SNS互动社区、“易班”等网络手段，开辟“网络思政”的新领域；推出“才聚语海天天讲”、“艺伴学涯月月演”主题活动；开展精神文明“十佳”好事和“我心目中的好老师”的评选活动；颁发第11届“忠诠一尔纯”思想政治教育奖；继续开展“高雅艺术进校园”活动。坚持按照“校园、花园、乐园”理念，继续推进校园环境建设。

加强学生的身体素质训练，达到《国家学生体质健康标准》的学生为85.3%，比上年提高20%。参加全国和上海市组织的各项比赛获得奖项58个，其中团体奖25个，个人奖33个；获得2011年度上海市“阳光体育大联赛”优秀组织奖和优秀赛区奖。

学校设立“校长奖”（学生奖），并评选出首届“校长奖”获得者；开展第五届“学习标兵”、“学习型寝室”的评选，共评出100个学习标兵和100个学习型寝室；戴婉倩同学获中国大学生“自强之星”提名奖；大学生心理健康教育中心获上海市高校学生心理健康教育与咨询中心达标建设认定及资助单位；成立就业指导服务中心，从“就业指导”向“生涯规划”转变，服务对象从“毕业生”向“全校学生”转变，就业率为97.71%。

全年共奖励资助学生44480人次，发放总金额2072.4万元；进一步完善校院班三级评审和校院两级公示制度，保证评选和发放奖励资助金的公平公开公正；家庭经济困难学生基本生活得到有效保障，确保每一位经济困难新生顺利入学，所有困难生安心学习。

六、校园基本建设。学校确定“十二五”期间基本建设的重点和分批建设目标。正式开工建设体育馆项目，进行奉贤校区一、二期项目的工程结算审价、档案资料编制及一期市重大工程项目资料验收工作；启动科研大楼、三期学生公寓、运动场建设的前期准备工作。材料科学与工程学院、化学与环境工程学院、香料香精技术与工程学院等部门于暑期完成迁往奉贤校区的任务。搬迁至新校区后，学校注重提升管理水平，优化仪器设备管理、房屋资源管理、图书文献管理、节能减排管理、信息化管理，向管理要效益，提高各类资源的利用率。

（李晓晶、程秀岐）

[冯国勤到校调研]　4月26日，上海市政协主席冯国勤到奉贤校区调研。冯国勤希望学校准确把握上海产业结构调整动态和趋势，进一步根据社会需要设置和调整专业，办出特色，形成品牌，推进开放性办学，主动寻求校企科研、就业等合作和联合办学，加强与国外教育机构交流，广泛开展社会培训，让课堂与企业和社会更紧密结合。

（程秀岐、李晓晶）

上海市政协主席冯国勤到校视察

[举行首届"校长奖"评选活动]　6月24日，学校举行首届"校长奖"（学生）颁奖典礼，艺术与设计学院学生吴斐、电气与电子工程学院学生宋奇林获首届"校长奖"（学生）；3名同学获"提名奖"。首届"校长奖"（学生）评选活动于4月启动，旨在表彰自立自强并为学校的发展建设做出突出贡献的学生，今后将每年评选一次。

（程秀岐）

[获批两个一级学科硕士学位授权点]　2月，经国务院学位办公室批准，学校申报的"机械工程"、"化学工程与技术"两个一级学科获硕士学位授予权。学校的二级学科硕士学位点增加到11个。

（李晓晶）

[获国家自然科学基金资助]　8月，国家自然科学基金委发布2011年度国家自然科学基金资助立项项目，学校共获资助项目20项，比上年增加66.7%，其中青年科学基金项目12项，其他项目8项。资助研究经费共578万元，比上年增长95.93%。

（李晓晶）

[与中国医药集团签署战略合作协议]　8月3日，学校与中国医药集团在北京签署战略合作协议。根据合作协议，双方将在工程型高端人才培养、卓越工程师实践教育基地建设、科技创新、共建国家级工程实践教育中心、国药大学及人才公寓等方面开展全面合作。

（程秀岐）

[举办首届"中日高校化工—材料技术与应用论坛"]　11月11—13日，学校与日本关东学院大学共同举办以"绿色化工、新材料以及应用技术人才的培养"为主题的首届"中日高校化工—材料技术与应用论坛"。日本关东学院大学、名古屋大学、神奈川大学、上海交通大学、北京工业大学、华东理工大学、中国科学院上海光学精密机械研究所、中国科学院硅酸盐研究所、上海市计量测试技术研究等高校和研究机构的专家教授及学校化工和材料学院的师生230余人参加论坛。

（程秀岐）

[承办第一届上海·亚洲平面设计双年展]　1月21日，上海应用技术学院承办的第一届"上海·

亚洲平面设计双年展”在上海图书馆开幕。上海市教委副主任袁雯出席开幕式并剪彩。此次双年展征集了来自亚洲各个国家和地区的优秀平面设计作品，共展出作品345幅，其中境外作品130余幅，为平面设计界和设计教育界提供了交流平台。

（李晓晶）

［**获20项专项资助**］ 7月6日，在由上海科技成果转化促进会、上海市教育发展基金会、上海市促进科技成果转化基金会共同组织的2011年“联盟计划—难题招标专项资助”签约颁证大会上，上海应用技术学院获得20项资助项目(此次联盟计划招标专项共资助74个项目)，体现了学校以应用技术为主的科技创新特色。

（李晓晶）

［**在第六届全国信息技术应用水平大赛中获奖**］ 12月，在第六届全国信息技术应用水平大赛决赛中，上海应用技术学院获得个人一等奖2项、二等奖2项、三等奖5项、优秀奖12项，团体一等奖1项、组织奖1项，最佳指导老师4人、优秀指导老师2人。此次比赛共有762个参赛团体、152404个参赛个人。

（李晓晶）

［**连续六次获“上海市文明单位”称号**］ 4月11日，上海应用技术学院被上海市人民政府授予“2009—2010年度(第十五届)上海市文明单位”称号，这是自2000年合校以来，学校连续第六次获此称号。

（李晓晶）

附：学校负责人及地址

（2011年1—12月）

院党委书记：祁学银
副书记：康 年、宋敏娟

院 长：卢冠忠
副院长：康 年(兼)、祝永康(6月离任)、刘宇陆、陈东辉、叶银忠

院本部地址：奉贤区海泉路100号
邮编：201418
电话：60873530

上海金融学院

［**2011年概况**］ 学校年内录取新生2247人。其中，本科1906人、专科341人、“专升本”109人。招生范围覆盖全国25个省市，其中13个省市实行一批次招生。专升本考试试行“大学校长实名推荐制”招生改革试点。在新疆等地启动定向委培工作，招收定向委培生23人。现有教职员工670多人，专任教师420余人。专任教师队伍中，具有高级专业技术职称200余人，具有博士以上学位的教师167人，近三分之一的教师具有国外培训与留学经历，四分之一的教师具有企业、银行等实务工作经历。全日制在校学生规模稳定在8000人左右。2011年学校毕业生1957人，一次性就业率98.67%，其中面向金融行业就业56%。

编制“十二五”事业发展的“1＋3＋X”的规划体系。编制形成学校“十二五”改革和发展总体规划，以及5个分规划（学科专业建设、师资队伍建设、校园建设、国际化办学和信息化建设）。同时指导各二级院系分别制定“十二五”规划。在此基础上，完善细化规划方案、落实责任部门，启动“十二五”建设各项工作。结合教育部本科教学合格评估工作，开展新专业建设、教学管理等专项检查、自查和整改，建立教学质量监控体系和教学管理规范。对照指标要求，加强教学投入，改善办学条件，优化教学设施。举行“战略发展与人才培养咨询”校友座谈会，邀请历届优秀校友代表返校，共同就人才培养和学校未来发展建言献策。

全面启动“085工程”内涵建设。以建设高水平特色学科专业，提高学校发展能力为目标，论证编制学校内涵建设项目规划，成功申报上海市“085工程”内涵建设项目。按照“学校规划、校内竞争、政府立项、绩效评估”原则，启动重点学科专业建设，知识创新与知识服务，领军人才引进与培养，国际化平台建设以及企业公共服务五大平台项目的细化、申报、预算、落实责任制及分期推进等工作。申报中央支持地方高校发展项目。通过教委第五期重点学科中期检查。完成校级重点学科终期验收和校级培育学科中期检查及新一轮校级重点学科申报工作。

继续推进人才培养模式改革。实施“大金融、国际化”的学科专业发展战略，提出卓越金融人才培养的合作教育（co-op）理念，首先在金融保险、金融会计、金融信息技术等专业（方向）进行改革探索，与行业合作培养开办的“卓越金融计划人才班”、“信达投资顾问班”开班。年内，2个本科专业接受上海市教委的新专业检查；2个本科专业获得学士学位授权；新增市级精品课程2门，市教委重点课程10门，上海示范性全英语课程2门，校级重点课程32门；获5项上海市教委本科重点教学改革项目、8项上海市高教学会课题；获评3项上海市级优秀教材。新一轮本科教育高地建设全面启动，第四期本科教育高地建设进展顺利。

创新创业和实践教育取得重要进展。大学生创业园区开园，首批入孵企业已入驻园区运营。举办公益创业计划大赛和第五届大学生创业计划大赛，启动2011届毕业生创业项目资助计划。成为上海市青年创业就业促进会首批成员单位，学生创业项目获得第二届上海觉群大学生创业基金资助。全年资助开展科创活动58项，各类竞赛获市级以上奖励63项。

师资队伍建设进一步加强。加大人才引进力度，全年新进教职工30人，其中专任教师17人。目前教职工总数673人，其中具有副高以上专业技术职称203人，具有博士以上学位的教师159人，占专任教师的37.8%。实施教师分类管理，下发《教师岗位分类管理试行意见》，完善考核激励机制。加强师资团队建设，完成35位专业（方向）负责人遴选工作。实施教师专业发展工程，教师参加国外访学进修计划16人，参加国内访问学者计划8人、产学研践习计划18人。

科研创新有新进展。全年申报纵向课题210项，成功申报35项，获得经费288.5万元，承担或完成横向科研项目17项，项目经费234.9万元。获得全国社科规划项目2项、国家自然基金项目5项、教育部项目5项、上海市政府决策咨询项目2项、上海市教委科研项目17项、上海市浦江人才项目1项、上海市人才发展资金资助项目1项、上海市阳光项目、晨光项目各1项，立项课题和项目范围涵盖所有文理学科。获得上海市第十届教育科学优秀成果奖2项。举办首届上海国际金融中心核心功能建设高层论坛、中日社会保障论坛、智慧金融论坛等学术交流活动。

国际化办学成效明显。年内与8所国(境)外院校签订合作协议,签订专业实习交换生项目1个。与外国大学合作开展国际E课堂教学。海外教学点项目稳步推进,首期越南班32名留学生来校学习,新增境外合作办学项目2个。支持二级院系自主开展国际合作项目,8个院系与国(境)外合作伙伴签约项目。220余名学生参加各类出国项目,比上年增长41%。聘请各类外专(教)35人次,专业外教比例占全部外教总数89%。各类来校留学生总数600余人,比上年增长21%,其中本科生90人,语言进修生81人次,交换生26人,短期交流400余人。留学生在沪专业实习基地和本校学生海外专业实习基地建设正式实施。

校园建设取得阶段成果。综合实验中心及后勤配套项目全部竣工,实验中心大楼和学生活动中心投入使用。联毛厂改建项目和配套设施全部完工。中心广场雕塑和"金融史卷"工程完成建设。与中国联通合作完成校园网无线覆盖。完成校园网设备升级改造,开发启用建党90周年、党务公开专题网站。党群信息系统开发基本完成,手机短信平台试运行情况良好。

文化弘校取得明显成效。培育书法、击剑等特色文化育人项目,击剑中心建成启用,书画馆和融理当代金银币博物馆建设启动。《翰墨瑰宝,育人之道——上海金融学院开展"书法艺术普及与提高、教书育人文化引领"系列活动》获得教育部高校校园文化建设优秀成果一等奖。连续第三次获上海市文明单位称号。

(李威利)

[主办首届上海国际金融中心核心功能建设论坛] 1月8日,学校主办首届上海国际金融中心核心功能建设高层论坛。论坛采用高层闭门自由论坛的形式,邀请来自上海金融工委、财政部会计司、浦东新区、中国保监会上海监管局、上海农商银行、上海国家会计学院、上海证券交易所、上海新世纪资信评估投资服务公司、浦东新区人大常委会和学校的10位经济金融领域专家出席。

(李威利)

[与金融企业签订战略合作协议] 4月28日,学校与中国工商银行上海市分行深化金融产学研合作签约,同时启动上海现代服务业产业地图研究项目。10月11日,学校与中国发展研究院进行战略合作签约,双方将共同筹建上海市金融发展研究会。11月,学校先后与信达证券股份有限公司、紫金财产保险股份有限公司签订战略合作协议,同时启动合作培养金融人才、专家交流、合作科研等项目。12月20日,学校与中国光大银行上海分行签订产学研合作协议。

(李威利)

[获得金融理财管理师(EFP)培训授权] 10月,上海金融学院获得国际金融理财标准委员会中国专家委员会金融理财管理师(EFP)培训授权。金融学院于2006年和2009年先后获得金融理财师(AFP)和国际金融理财师(CFP)培训授权,在金融从业人员资格培训方面形成较为完整的培训体系,培训质量和效果得到政府金融主管机构和各大银行的认可,每年为金融机构培养AFP、CFP人员近万人。

(李威利)

[首个"信达证券投资顾问班"开班] 11月,学校与信达证券有限公司合作组建"信达证券投资顾问班",选拔优秀学生独立组班,进行订单式培养。由学校专业教师和行业实务专家"双导师"授课,学生如期毕业并取得证券从业资格证书后,可直接进入信达证券工作。此举是上海金融学院探索合作教育(co-op)人才培养模式的重要举措。根据相关合作协议,上海金融学院成为信达证券人才培训储备基地,同时信达证券上海5家营业部将成为上海金融学院大学生社会实践基地。12月初,首个"信达证券投资顾问班"开班。

(李威利)

[完成本科教学工作合格评估] 12月中旬,教育部评估中心组织专家组对学校本科教学工作进行合格评估。专家组总结了学校五个方面的突出成效:一是领导班子团结务实,办学定位准确,办学理念先进,注重办学规模、质量、效益的协调发展;二是突出为地方经济发展与行业发展服务,金融类应用型人才培养模式改革初见成效,行业特色鲜明;三是注重深化教学改革,规范教学管理,本科生源与培养质量处于全国新建本科院校前列,学校社会声誉快速提升;四是实施国际化办学战略成效显著,为学校

引进先进教育理念、教育方法、教育资源提供了重要平台；五是学生指导和服务社会方面形成特色，学生科创、第二课堂、志愿服务等工作出色。专家们还就评估中发现的问题作了反馈，并对学校进一步发展提出希望和建议。

（李威利）

［举办2011年智慧金融论坛］ 12月18日，上海金融学院、上海市计算机学会、浦东新区科协共同举办"智慧金融"论坛。来自中国人民银行总行、工行市分行、中行市分行、农行市分行、建行市分行、交行市分行以及复旦大学、同济大学、上海大学等高校信息管理方面的专家，浦东科协及浦东计算机学会专家和软件等金融外包企业高管等80余人出席论坛，会议探索"金融云"的发展应用和未来前景。

（李威利）

［举行"徒步陆家嘴　服务金融城"活动］ 11月12日，上海金融学院和上海农商银行承办"徒步陆家嘴　服务金融城"活动。上海金融学院、复旦大学、上海交通大学、上海财经大学、上海农商银行等单位的在校学生、金融从业人员和社区居民代表等共计300余人参加。同日，上海金融学院参与承办的"2011陆家嘴金融人才培养论坛"举行。

（李威利）

［开展"金融法律知识走进各类企业系列活动"］ 8月，启动"金融法律知识走进各类企业系列活动"。11日，学校与中国邮政储蓄银行浦东分行、浦东新区中小企业推进服务中心、浦东新区外商投资协会、浦东新区企业家联合会、浦东新区楼宇总会举办"服务进楼宇、互助求进步"活动。29日，学校与渣打银行(中国)有限公司、浦东新区中小企业推进服务中心、浦东新区花木商会联合举办"金融法律进企业银企对接活动"。学校金融法专家作题为"企业金融法律风险及其防范"、"重要战略机遇期与私营企业发展"等专题讲座，主办方向活动参与者赠送《企业金融法律案例知识读本》。

（李威利）

附：学校负责人及地址

（2011年1—12月）

院党委书记：郑沈芳
副　书　记：鲁海波

院　长：储敏伟
副院长：吴大器、贺　瑛、陈小冰、王宏舟

地址：浦东新区上川路995号
邮编：201209
电话：50218899(总机)

上海立信会计学院

［**2011年概况**］ 学院内涵建设实现新突破，整体办学水平实现新跨越。学院共有普通本专科在校生10179人，其中本科8400人，专科1779人；成人本专科在校生5280人，其中本科3965人，专科1315人。2011年学院面向全国27个省市招生，共录取本科生2272人，专科生675人。成人本科生1329人，其中专升本1199人。海外留学生28人。截至2011年8月29日，学院2011届毕业生整体签约率为78.23%，就业率为97.42%。学院被市教委评为2011年“上海市高校毕业生就业工作示范性创新基地”。

学科建设。学院制定《“十二五”专业建设规划纲要》，完成5个校级重点专业、5个特色专业和11个教学团队建设项目的年度检查工作。推动各二级学院有计划、有重点地分级、分批建设一批学术水平高、师资力量强、教学条件好、教学质量高以及特色鲜明的专业。学院申报的“服务国家特殊需求人才培养项目——审计硕士专业学位研究生培养”项目获国务院学位委员会批准，成为审计硕士专业学位研究生培养试点单位。学院成功申报“以会计为核心的现代服务业人才培养平台建设”项目。启动建设7个二级项目，制定《项目建设管理办法》。各学科点开展规范化建设。二级学院(部)、研究机构学术委员会在各级学科点中的审议、监督作用进一步得到发挥。学科建设经费的使用进一步得到规范，各项经费开支比例保持协调。各学科点个人科研方向与学科研究方向进一步融合，围绕学科方向建立相应课题指南，学科成员的研究方向进一步得到规范。

教学管理。学院坚持“以评促改，以评促建，以评促管，评建结合，重在建设”的指导思想，接受教育部本科教学合格评估。开展校风建设专项活动，制定学院“加强校风建设，提高育人质量”工作方案，对校风建设提出明确目标要求和工作部署，着力建立校风建设的长效机制。“守诚信、重规范、负责任、讲包容、顾大局、促和谐”的优良校风正在形成。

优化课程体系设置。配合学院人才培养模式改革，按照“通识有平台、学科有基础、专业有特色”的思路，各专业课程设置分为四大平台，包括通识教育平台、专业基础课平台、专业课平台和实践教学平台，在课程平台下设置若干课程模块。2011年，学院共获批立项2门市级全英语课程，10门市级重点课程，1门市级精品课程，完成2009年市重点课程建设项目验收以及2010年市重点课程建设项目的中期检查工作。共建设立项6门校级全英语课程，10门校级精品课程，20门校级重点课程。

学院教师编写出版《会计学原理学习指导书》、《财务管理学学习指导书》、《财务管理案例分析》、《税务实验教学案例库》以及《资产评估模拟实验教程》等特色教材。《企业会计模拟实训教程》(第四版)被评为2011年教育部全国普通高等教育精品教材。《会计学原理》(第三版)获2011年度上海普通高校优秀教材一等奖。

新立项校外实习基地建设项目10个，经费总额逾20万元。目前已建设校级实习基地65个，院级实习基地50个。

人才培养。学院明确“招生—培养—就业”一体化的人才培养基本思路，“分类培养、因材施教、突出特色”的人才培养原则，以及“通识教育为基础、国际化为引领、应用培养为特色”的人才培养目标。制定《本科人才培养模式改革实施方案》，进一步明确大口径招生、大平台培养以及多种形式特色班的人才培养模式改革内容，确定培养方案修订的框架与内容，以及改革各环节的具体实施细则与进程安排。学院与华东师范大学新增金融硕士联合培养专业。新增硕士生导师11名，至此学院硕士生导师51名。2011年，11位联培生毕业，获得硕士学位。

科研工作。2011年，学院各类纵向课题立项共44项，省部级以上课题19项，其中国家社科基金1项，国家自然科学基金项目6项，教育部人文社会科学研究课题6项。各类横向课题立项38项。当年全校教职工发表科研论文317篇，核心期刊级及以上累计发表学术论文224篇，占发表论文总量的70%，CSSCI及以上级别期刊发表论文162篇，占发表论文总量的51%。出版专著和教材39种，其中学术专著14部。

师资队伍建设。创新人才引进机制。2011年录用人员44名,其中教学科研人员34人,其中大部分是来自“211”重点高校或海外取得博士学位的高层次人才。学院与5所海外合作院校达成教师海外研修意向性协议,获得经费支持并落实到相关学院展开合作。5名教师参加海外长期进修工作,5位教师以为短期学生项目提供指导的方式赴海(境)外学习;3批10人次赴海外参加学术研讨会;47位教职员工参加香港中文大学进修活动。16人入选出国访学进修计划,31人入选教师产学研践习计划,1人入选国内访问学者计划。1人获上海市教学名师奖、1人获宝钢优秀教师奖。立信会计产学研践习基地获批上海高校教师产学研践习基地。

国际化办学与对外交流合作取得新的进展。专科会计专业中国、加拿大合作办学项目获市教委批准举办中外合作办学项目。引进国外优质教育资源,与英国伯明翰城市大学开展以ACCA和CIMA为方向的会计学专业的中外合作办学。

继续实施海外交换生项目,2011年交换生12人。学院通过选拔派遣优秀学生21人赴海(境)外合作院校进行为期一学期以上的长期交流。海(境)外院校学生来校进行短期参访交流活动的数量明显增多,共接待来自海(境)外高等院校的师生近180人。留学生实现首次建制招生。当年共招收留学生28人。

外籍专家工作外延拓展。学院共聘请8名外籍教师在学院工作,分别承担日语专业和会计专业AIA等的教学任务。首位长期专业外教驻校授课。实现英孚教育英语合作项目在学院的转型,严格学期评价制度。

学生工作和校园文化建设。纪念建党90周年,开展主题教育实践活动。举办大学生诚信教育论坛、大学生文明礼仪规范教育、感恩专题教育等活动。学院连续第四年被评为“暑期社会实践活动优秀组织奖”。学院建立易班发展中心、易班工作站、学院易班工作部到各个班级的四级建设网络。开展高雅艺术进校园活动,全年举办交响乐、芭蕾舞等高雅艺术演出21场次,开展东方讲坛讲座9场。继续开展“校园十大歌手大奖赛”、“新生杯”辩论赛、班级风采大赛、社团文化节和“立信杯”辩论赛等各项品牌校园文化活动。

资产管理和后勤保障工作。学院完成2010年市属高校财务绩效考核,并获得全市第五名的好成绩。加强图书建设,全年完成采购、编目、加工、验收和入库中文图书107000余册(其中院部2000册),外文50册,多媒体光盘60盘。信息系统建设逐步推进,完成校园主网站的升级改造,做到新老平台的无缝对接。

启动科技会展综合工程项目建设,加强基建修缮的规范化管理。全年完成徐汇校区2号楼等大小维修改造项目25个,松江校区排球场等大小维修改造项目13个,校园环境整治项目10多个。学院获得“全国高校后勤十年社会化改革先进院校”称号。

出版社坚持品牌立社。《我国会计准则的国际趋同效果研究》获国家出版基金资助,实现出版社在该领域零的突破。销售码洋首次突破1亿元人民币,并获首批“上海市新闻出版行业文明单位”荣誉称号。

(王海兵)

[获第十五届上海市文明单位称号] 4月13日,学院获得“上海市文明单位”称号。至此,学院已连续四届获得上海市文明单位称号。

(王　亭)

召开本科教学工作合格评估专家意见反馈会

[立信会计出版社建社 70 周年] 5 月 28 日，立信会计出版社建社 70 周年庆典活动举行。国家新闻出版总署署长柳斌杰发贺信并题词“坚持特色立社，多出版精品力作”。财政部、中国会计学会、中国注册会计师协会、中国大学出版社协会、上海市教委、上海市新闻出版局、上海市财政局等有关方面的领导，全国会计学界专家、学者，京沪两地主要大学出版社领导等 200 余人参加庆典活动。

（王　亭）

[选举“中国会计名人”评选委员会委员] 5 月 28 日，中国会计博物馆常务理事会 2011 年工作会议召开。中国会计博物馆理事会常务副理事长、上海立信会计学院副校长邵瑞庆代表会计博物馆理事会报告了“中国会计名人”评选委员会委员选举结果。“中国会计名人”评选工作即将全面展开。

（王海兵）

[获审计硕士专业学位研究生培养资格] 国务院学位委员会下发《关于下达“服务国家特殊需求人才培养项目”——学士学位授予单位开展培养硕士专业学位研究生试点工作单位名单的通知》，公布学士学位授予单位开展培养硕士专业学位研究生试点单位名单及授权专业学位类别，学院申报的“服务国家特殊需求人才培养项目——审计硕士专业学位研究生培养”项目成功获批。

（王　亭）

[2012 年免试招收香港学生] 教育部制定《2012 年内地部分高校免试招收香港学生办法（试行）》，并发布通知公布我国内地 63 所大学作为试点院校，依据香港地区中学文凭考试成绩择优录取香港学生。学院为上述 63 所高校中的一所。

（王　亭）

附：学院负责人及地址

（2011 年 1—12 月）

院党委书记：董金平
副　书　记：楼军江、朱坚强

院　长：唐海燕
副院长：朱坚强（兼）、邵瑞庆、李延臣

松江校区：文翔路 2800 号
邮编：201620
电话：67705200（总机）

徐汇校区：中山西路 2230 号
邮编：200235
电话：64390390（总机）

上海第二工业大学

［**2011年概况**］ 2011年是学校实施“十二五”规划的开局之年。学校完成并启动“十二五”内涵建设项目——“适应上海先进制造业发展的多层次高技能创新人才培养”方案，取得阶段性突破。学校再获上海市文明单位称号。

一、教学改革。①探索创新人才培养模式。学校在本科教育中借鉴国际先进的CDIO工程教育理念，融合德国FH、BA等工程技术人才培养模式，在3个专业两届学生中开展“KSR—CDIO工程教育”试点；试点实施德国“IHK-ZM数控与机械切削师”的“双元制”人才培养模式；探索职业教育“立交桥”建设，与上海市经济管理学校等中职校合作的中高职贯通教育模式改革项目和计算机类、机电类专业专本一体化贯通教育模式改革项目完成调研设计。②申报上海高校本科重点教学改革项目。“面向卓越工程师培养的‘工程型’课程体系改革与探索”、“机械电子工程专业三维融合实践创新教学改革”、“机器人创新项目在工程教育教学改革中的应用”、“经济管理类专业实验教学模式创新研究与实践”、“应用型本科跨学科通识教育课程的研究与开发”、“电子商务专业教学标准的研究与实施”等6个本科教改项目被批准立项。③启动本科教学合格评估工作。学校成立学校评估工作领导小组和工作小组，系统梳理和深入总结学校升本8年多来本科教育的经验和成果，进一步规范各项教育教学工作。④加强教学基本建设。学校对2010年立项的机械工程及自动化、工业工程、软件工程、网络工程、信用管理、会展经济与管理等6个第二批校级本科重点专业（教学高地）建设项目开展年度检查；对2009年立项的5门上海市重点建设课程进行验收；对2010年度立项的5门上海市重点建设课程进行中期检查；新增“通信工程”1个本科专业；日语、数字媒体艺术、交通运输等3个专业完成学士学位复审工作；新增上海市示范性全英文课程和上海市精品课程各1门；“机械制造技术”等12门课程获2011年度上海市重点建设课程立项；继续进行校内重点建设课程的遴选工作。“人物形象设计专业教学团队”、“计算机基础课程教学团队”、“信息安全专业教学团队”获2011年度上海高校市级教学团队；3种教材获得2011年上海市高等学校优秀教材奖二等奖，上海市高等学校优秀教材10种；举行第四届校级优秀教学奖评选，共评出校级一等奖2人，二等奖8人，三等奖20人。⑤推进实验实训建设。学校教学用实验室41个，两年来完成实验室建设专项32个、“085工程”专项3个、教学专项4个，并对2008年度、2009年度实验室建设共计32个项目进行绩效验收，涉及建设经费2888万元；制定《上海第二工业大学大学生科技创新活动（竞赛）奖励办法》，学校获市教委大学生创新计划资助项目数量和经费逐年提升。学生在第六届全国大学生“飞思卡尔”杯智能汽车竞赛、全国大学生电子竞赛和第四届全国大学生广告设计大赛中分获一等奖。

二、师资队伍建设。学校制定《上海第二工业大学岗位设置管理实施办法（试行）》，1人被聘为二级教授，15人被聘为三级教授。修订完善《上海第二工业大学引进与录用教师管理办法》，制定《上海第二工业大学高层次人才管理办法》等管理文件；新聘2位教师为“金桥教授（学者）”，引进与录用各类人员38人，其中高级职称3人，博士13人，硕士24人；完善《上海第二工业大学教师进修培训管理办法》，鼓励教师参加高层次、高水平进修，提高教学与科研能力，15人获上海市教委资助赴国外访学，11人获上海市教委资助进行国内访学，37人获上海市教委资助产学研践习计划，41位教师参加学历提升、课程进修以及各类岗位培训，共有31人完成访问工程师项目结题；严格实施“上海高校选拔培养优秀青年教师科研专项基金”相关工作，年内10位青年教师获得“上海高校青年教师培养资助计划”；组织新进教师培训，45位新教师参加培训。

三、学科建设。①获批工程硕士专业学位研究生工作单位。学校成立研究生部和工程硕士专业学位评定委员会、工程硕士专业学位教育指导委员会等组织机构，制定一系列管理制度，启动研究生培养工作。②推进学科建设。学校对机械制造及其自动化、测控自动化电子产品与环境工程等3个教委级重点学科，以及机械电子工程、计算机技术与应用、环保设备与材料、物流管理、信用管理、会展管理、职业技术教育学等7个校重点学科进行学科调研，对学科建设中基地建设、科学研究、队伍建设等方面存在的问题进行梳理。③科研工作进一步上水平。学校获批国家自然科学基金项目5项、教育部人文社科青年基金项目1项、“晨光计划”项目1项、上海市自然科学基金项目3项、上海市教育科学研究项目2项，以及上海市教委科研创新项目13项等；全校教师共发表核心期刊以上的论文483篇，其中三大检索论文379篇；获上海市第十届教育科学研究优秀成果奖4项，组织申报2011年度上海市科学技术奖、第四届全国教育研究优秀成果奖、2011年度高等学校科学研究优秀成果奖(科学技术)等；年内完成签订“四技”合同107项，“四技”合同登记率100%，获2010年度“四技”合同管理先进集体；开展国内外学术交流与合作，主办国际学术会议4次，组织国内外著名专家学者来校举行各类学术研讨、学术报告44场。④加强产学研合作及科技成果转化和产业化。机电一体化、测控与信息技术和电子废弃物与环境功能材料等3个知识服务试点团队共签约横向项目36项。

四、学生工作。①通过自主招生录取新生264人，“三校生”招生录取204人，秋季高考录取2861人，“专升本”录取329人，共计3658人，完成招生计划104.45%，实际报到3509人，报到率95.93%。在录取新生中含新疆喀什定向招生12人，新疆内高班6人，录取少数民族预科生35名。②完善学生服务和帮困体系，学校落实国家资助政策。相关奖助学经费使用规范、绩效明显，得到肯定。继续加强“五级”心理危机干预体系构建，创建上海市示范心理咨询中心，多项学生服务和帮困项目获市级奖励。③建立就业工作新机制。制定学校大学生就业基地建设办法，建立“以大型企业为支撑，大中型企业为保证，小型企业为补充”的学生就业基地网络。完善产学研、校企合作单位吸纳毕业生就业的配套政策，扩大政策性就业的学生规模，提高学生就业率和就业质量。在2011年上海市高校就业工作综合评比中名列新升本科院校第一名。④学生思想政治工作有新载体、新机制。以学风建设为中心，开展诚信教育、示范班级评选、学习型寝室评选、学子讲坛等活动；以易班创建、学生工作平台管理、迎新网为突破，实现大学生思想政治工作网上与网下的立体化、全天候和全覆盖，进驻易班的学生人数近12000人；以专业化、职业化、资质化为目标加强政治辅导员队伍建设，提出以理论研究引领、活动创新设计、职业化目标塑造、资质型能力培养、朋辈式疏导方式的工作理念。

五、国内外交流与合作。①国(境)内外校际合作和学术交流日益密切。学校完成中外合作办学项目——昆士兰学院三期合作框架协议的签署，年内10位学校本科生就读于与瑞典布莱津理工大学合作的“3+1”项目；主办或承办“上海会展论坛”、“全国CDIO试点工作组2010年度第二次工作会议”、“第九届国际粉体检测与控制学术会议”、“2011海峡两岸应用性(技术与职业)高等教育学术研讨会”、“2011中德应用型工程教育研讨会”等国际、国内学术会议。②增强与行业、企业的合作。学校提出“以能力本位，与产业对接，向纵深发展”的理念，与商飞公司、上海汇众、中兴通讯、日立电器、欧莱雅(中国)、宝钢集团、盛东国际等企业在高技能人才培养输送、共建实验室和研发中心、教育培训基地建设、专业研究及课程体系架构、教师定岗实习等领域开展合作；技师学院学生受益面扩大，培训学生3420人，75%以上的受训学生获得预备技师证书。

六、学校管理工作。①财务收支管理。2010年度财政拨款收入预算同比递增8.01%；预算外收入同比递增3.89%；其他收入同比递增10.34%。2011年度财政拨款总收入预算同比递增9.48%。②图书馆(网络中心)建设。新增各类图书30万册，图书馆电子图书、纸本图书总量双双突破百万册；调整馆舍功能，完成可容纳55万册图书的密集书库建设工作；建设网站40余个，实现统一身份认证的系统8个；完成外网接入带宽的扩容、办公和学生宿舍网络设备的改造。③校园基本建设。新增6栋学生公寓式宿舍，建筑面积19380平方米，设计床位1816个，并于新学期开学前竣工投入使用。开展节约型校园建设，“合同能源管理项目——学生公寓中央热水供应系统”获教委专项节能补贴40万元。④资产管理规范有序。严格执行资产采购和管理规定，完成2011年度政府采购计划，包括“085工程”内涵建设项目、中央财政资助项目和学校相关配套经费等。

(顾贤凯)

[沈晓明等到校调研、指导工作] ①9月19日，副市长沈晓明，上海市教委主任薛明扬和市发改委等部门有关负责同志到校调研，听取校党委书记阮显忠、校长胡寿根的学校情况汇报，学校全体党政领导及中层正职干部参加了调研汇报会。在校党政领导的陪同下，沈晓明副市长一行参观了学校数字化制

造工程中心、创新实验室等实验实训场所，观看学生实验实训场景并和正在实验实训的师生进行交谈。②11月15日，市教卫党委书记李宣海、市教委副主任袁雯等一行来校调研、指导工作，与校党委书记阮显忠、校长胡寿根等校党政领导以及有关职能部门、学院负责人座谈，听取学校工作汇报，并就本科教学进行指导。李宣海一行还考察了学校城市建设与环境工程学院的实验室、工程训练中心、新建学生公寓及待建的“清洁技术工程中心”等场所。

（顾贤凯）

副市长沈晓明到校调研

[成为工程硕士专业学位研究生工作单位] 根据国务院学位委员会《关于下达“服务国家特殊需求人才培养项目”——学士学位授予单位开展培养硕士专业学位研究生试点工作单位名单的通知》，学校申报工程硕士专业学位研究生试点单位通过国务院学位委员会审批，授权工程领域为环境工程。

（顾贤凯）

[获批成为卓越工程师教育培养计划高校] 教育部下发《教育部关于批准第二批卓越工程师教育培养计划高校的通知》，学校入选教育部第二批卓越工程师教育培养计划。根据上海市产业发展需求和学校的专业优势，学校选择“机械工程及自动化”、“计算机科学与技术（嵌入式技术）”、“自动化”等3个专业，按照“卓越计划”的要求，先行先试开展人才培养的试点与改革，进行“3＋1”（三年学校学习和累计不少于一年的企业学习）的校企合作教育模式，以“企业工程项目实践”为支撑，校企合作，加强实训实践和过程管理，强化学生的工程意识、工程素质和工程能力的学习和培养。其中“机械工程及自动化”、“计算机科学与技术”两个专业入选“卓越计划”。

（顾贤凯）

[首届外国留学生入学] 2011年9月，学校首届14名分别来自哈萨克斯坦、蒙古、土耳其等国家的外国留学生入学，开始专业学习和语言培训。

（顾贤凯）

[签署培养工程硕士高层次专业人才合作联盟协议] 9月13日，学校与上海交通大学、宝钢工程集团签署“培养工程硕士高层次专业人才合作联盟”协议。探索两段式、多导师制研究生的培养模式，实现学校和企业的优势互补。

（顾贤凯）

[与德累斯顿工业大学签署合作协议] 11月17日，在学校召开的“2011中德应用型工程教育研讨会”期间，学校与德累斯顿工业大学分别就《“Hortsch教授工作室”合作协议》和《FH项目合作协议》签约。“Hortsch教授工作室”同时揭牌。

（顾贤凯）

[获中国国际工业博览会3个奖项] 在2011中国国际工业博览会上“上海第二工业大学清洁技术概念屋”以其“绿色、节能、环保、智能”的主题吸引众多专家及专业观众。由城市建设与环境工程学院选送的“用于地暖及太阳能热利用的纳米流体高效传热介质”，获中国国际工业博览会高校展区优秀展品三等奖；学校获高校展区优秀组织奖，科研处曹建

清获先进个人奖。

（顾贤凯）

［获上海市科学技术奖自然科学奖三等奖］ 4月27日，2010年度上海市科学技术奖励大会举行。环境工程学院谢华清教授和中国科学院上海硅酸盐研究所奚同庚、蔡岸等研究人员共同研究的科研成果《纳米流体的优化制备、强化传热性能及能量输运机制》获2010年度上海市科学技术奖自然科学奖三等奖。

（顾贤凯）

［获教育部2011年高校校园文化建设优秀成果一等奖］ 教育部公布2011年高校校园文化建设优秀成果评选结果，学校宣传部报送的《依托人文家园博客 实践网络同辈教育》项目获一等奖。之前，该项目还获评2011年上海教育系统校园文化建设优秀项目。

（顾贤凯）

［成人与继续教育工作有新进展］ 2009—2010学年学校成人教育和继读教育工作有新的进展，成教本科（含专升本）毕业生达1970人，获得学士学位证书445人，占本科（含专升本）毕业生总数22.59%。

（顾贤凯）

附：学校负责人及地址

（2011年1—12月）

校党委书记：徐佩莉（4月离任）、阮显忠（4月到任）
副 书 记：李世平、胡 晟

校 长：胡寿根
副校长：莫惠林、王 刚、瞿志豪、邹龙飞

地址：金海路2360号
邮编：201209
电话：50215021（总机）

上海电机学院

［**2011年概况**］ 2011年是学校实施“十二五”发展规划的开局之年，也是全面改善学校办学条件的重要一年。学校按期完成临港校区一期工程各项单体建筑工程、市政工程及景观绿化工程施工，累计完成建筑面积15万平方米，完成5000余名师生由闵行校区至临港新城校区、3000余名师生由杨浦校区至闵行校区的搬迁任务，各校区运行安全、平稳、有序。推进临港校区建设二期工程的立项和启动筹备工作。

完成新一轮岗位设置与聘任工作，完成学校机构升级后新一轮干部选任工作，做好因岗位等级变动带来的国家工资、校内工资的变动调整工作，做好绩效工资改革工作。

继续加强学科建设，不断提升学科水平，获批国务院“服务国家特殊需求人才培养项目——学士学位授予单位开展培养硕士专业学位研究生试点”。完成教育部“蓝火计划”的项目对接预选、上海市产学研“联盟计划”的难题招标对接和闵行区拔尖人才和学科带头人的选拔申报工作。筹建上海电机学院技术转移中心，完成靖江、临安科技工作站特派员派遣工作，参展2011年中国国际工业博览会，获二等奖和优秀组织奖。《上海电机学院学报》入选“RCCSE中国核心学术期刊”。

继续推进高层次人才引进工程。吸引国内外优秀人才，开展教师在职攻读博士学位的支持计划。开展行政基层干部培训活动。目前学校有专任教师558人，具有博士学位的教师109人，占专任教师的20%。具有副高以上职称的教师195人，占专任教师的35%。

2011年，学校完成招生计划3889名，截至12月2日，录取率104.4%，报到率94.7%；2011届毕业生就业率98.91%，签约率80.64%，就业率连续19年保持在95%以上。开展学生创新活动，搭建大学生素质拓展平台，获批上海市大学生创新计划项目130项，学生创新创业、竞赛、专利申报、论文发表等426.5项。获第十二届“挑战杯”二等奖、三等奖各1项，优秀组织奖1项；大学生创业计划大赛全国三等奖1项、入围奖2项，全国大学生智能汽车大赛华东赛区三等奖2项。4个优秀项目和4篇学术论文入选上海市大学生创新论坛“百佳项目”和“百优论文”，在全市高校中综合排名第三。

国际合作交流。学校分别同美国佛罗里达理工学院、北爱荷华大学、北伊利诺伊大学，德国凯泽斯劳滕应用技术大学、慕尼黑翻译学院，瑞典哈姆斯塔德大学，南非西开普半岛理工大学，日本和歌山工业高等专门学校签署关于合作办学、学分互认、科研项目交流、师生交流互换和派遣境外访问学者等方面的合作协议共13项。推进国际化战略，获市教委海外游学工程资助78万元，选送学生分别赴美、德、法等国合作高校交流学习。学校再次获得上海市政府外国留学生奖学金资助。

社会服务。学校服务上海地方经济发展，开展与企业集团的全方位合作，整合培训资源，强化管理，优化培训队伍，凸显学校社会服务品牌，完成首期“3＋3＋3”技术工人培训毕业设计工作。全年开设80余种培训项目，培训13000余人次。

（郑　翔）

［**建设高端制造业专家人才库**］ 5月13日，就业实习（见习）示范创新基地高端制造业专家人才库聘任仪式暨就业实习（见习）基地签约在学校举行。上海电气集团、上海汽车集团、上海烟草集团、上海建工集团、中国外运集团、上海交运集团等100多家制造业的企业技术人员和人力资源主管代表受聘成为首批专家库成员。

（郑　翔）

［**新增5个学士学位授予专业**］ 根据《上海市学位委员会关于公布2011年上海市普通高校增列学士学位授予专业名单的通知》沪学位〔2011〕5号文件通知，经学校申请、材料审核、专家评议、实地考察（市场营销专业），自动化、测控技术与仪器、软件工程、市场营销、英语5个本科专业增列为学士学位授予专业。

（郑　翔）

[临港新城校区启用] 8月31日，上海电机学院校本部在临港新城校区全面运行。临港新城校区一期项目建设共花了两年时间，2011年秋季入住总人数5000人，其中学生4500人、教职员工500人。

（郑　翔）

[举办地方应用性本科院校改革与发展高层论坛] 10月13日，上海电机学院主办“地方应用型本科院校改革发展高层论坛”。全国50多所高校和教育研究机构以及相关媒体的170多位专家、学者出席。中国高等教育学会会长周远清，上海市教育委员会主任薛明扬，厦门大学教授潘懋元等应邀出席。

（郑　翔）

[首获硕士专业学位研究生培养试点] 10月17日，国务院学位委员会批准授权上海电机学院开展工程硕士（电气工程领域）研究生培养试点工作。

（郑　翔）

附：学校负责人及地址

（2011年1—12月）

院党委书记：郝建平（3月到任）
副　书　记：宦秀芳（8月到任）

院　长：夏建国
副院长：徐余法、黄兴华（8月到任）、焦　斌、杨若凡

临港新城校区（总部）地址：橄榄路1350号
邮编：201306
电话：38223822（总机）

闵行校区地址：江川路690号
邮编：200240
电话：64300980（总机）

闵行校区（西区）地址：文井路88号
邮编：200245
电话：64306661（总机）

杨浦校区地址：军工路1100号
邮编：200093
电话：65480455（总机）

上海商学院

［**2011 年概况**］ 学院明确“以商立校”的办学定位，聚焦“商业”和“特色商务”整合学科和专业，加强内涵建设，全面提高教育质量。学院获得全国商业服务业校企合作与人才培养优秀院校、上海市文明单位、上海市语言文字水平测试工作先进集体、上海市征兵工作先进高校、上海市高校毕业生就业工作创新基地、上海市“三支一扶”工作先进高校、2011 年度造血干细胞捐献志愿者征募工作先进集体及特别支持奖等荣誉称号；获得全国大学英语教学指导委员会全国大学英语大赛优秀组织奖、2011 年“红色经典”上海高校歌咏比赛铜奖、高雅艺术进校园活动优秀组织奖、全国大学生就业模拟大赛优秀组织奖。教师获市级以上奖项 18 项，学生获得国家级奖项 65 项、市级奖项 124 项。

探索合作办学新机制。与复旦大学签署校级全面合作协议；与市商务委员会筹建“上海商业发展研究院”；与东方财富网共建东方财富传媒与管理学院，与洲际酒店集团合作设立英才学院。学院确定 2014 年接受教育部本科合格评估。年初，上报教育部统一部署的 2010 年本科教学工作状态基本数据，暑假启动迎评促建工作，对照评估指标，明确以迎接本科合格评估为抓手，稳妥推进内涵建设的工作思路。

加强师资队伍建设。调整二级学院设置，财会学院和经济学院合并为财经学院，生态旅游学院和食品系合并为旅游与食品学院，法政学院和基础部合并为文法学院，加强学科专业资源共享，师资统筹。4 人入选国外访学进修计划，4 人入选国内访问学者计划，11 人入选产学研践习计划。与百联集团有限公司合作建设上海高校教师产学研践习基地（试点）。7 人入选上海高校青年教师培养资助计划。完成 2008 年优青科研基金结题和总结工作（16 人，其中延期 1 人），2009 年优青科研基金教师培训工作（7 人），2011 年青年教师培养资助计划申报工作（12 人）。完成 2011 年“上海商学院教学名师”评比和“上海市教学名师”推选工作。引进 17 名博士、1 名硕士，开展新教师岗前培训工作，为新进教师配备带教教师。

继续推进教学改革。新增校级本科重点建设课程 12 门，累计 81 门。遴选立项 2011 年度校级教学团队 4 个，累计 10 个。开展 2009—2011 年版上海商学院优秀教材评选工作，评选一等奖 1 项、二等奖 4 项、三等奖 4 项。新增上海市本科精品课程 1 门，上海市本科精品课程累计 5 门。新增上海市级重点课程 10 门，上海市级重点课程累计 31 门。新增上海高校示范性全英语教学课程建设项目 1 个，累计 3 个。新增上海高校本科重点教学改革项目 3 个，累计 3 个。新增上海普通高校优秀教材二等奖 3 种，累计 3 种。新增上海高校示范性校外实习基地建设项目 2 个：上海商学院百联集团实习基地（作为上海高校教师产学研践习试点基地）、上海商学院喜达屋集团实习基地。新增上海市级教学团队 1 个，累计 3 个。

提升重点学科建设和教学科研水平。获得上海市自然科学基金项目立项 1 项，国家社科基金项目立项 2 项，上海市教育委员会科研创新项目 8 项，上海市第十届教育成果奖二等奖 1 项、三等奖 2 项。确定商业企业管理（含连锁经营管理）、电子流通、商业企业信息管理 3 个项目为校级重点学科建设项目；服务经济、食品营养与安全等 2 个项目为校级一般学科建设项目。

创新学生工作。推进学生自我管理制度建设。拓展就业渠道，截至 2011 年 12 月 31 日，毕业生就业率为 95.6%。2010—2011 学年，学生创新课题 96 项获学校科研创新专项经费资助，其中 90 项结题，38 篇优秀论文在《学报》增刊刊出。2011—2012 学年有 87 项学生创新课题获得立项资助。学生获上海市数学建模三等奖 2 人，全国大学英语大赛一等奖 4 人、二等奖 36 人、三等奖 60 人，2011 年（第三届）上海市大学生计算机应用能力大赛决赛二等奖 1 人、三等奖 1 人、优胜奖 6 人，第十二届“挑战杯”全国大学生课外科技竞赛上海赛区二等奖 1 人。

（邵小平）

［**易班建设启动**］ 3 月 22 日，学院易班建设启

动,“易班发展中心”和“易班校园工作站”同时成立,为学生网络新家园构建平台。

(邵小平)

[制定《上海商学院“十二五”时期事业发展规划纲要》] 4月29日,《上海商学院“十二五”时期事业发展规划纲要》在教代会上通过。纲要绘就了学院未来五年的发展蓝图,明确了以商立院的发展思路,重点围绕“商业(商务)”整合现有学科专业,强化“商业(商务)”聚焦力度,以在商业研究、商业知识服务、商务公共服务等方面发挥更加重要作用,提升学校内涵建设质量与水平。

(邵小平)

[所有教室安装空调] 5月末,学院所有教室全部安装了空调。这是学院注重“以学生为本”,努力改善学生学习生活环境的一个举措。

(邵小平)

签约共建“东方财富传媒与管理学院”

[共建“东方财富传媒与管理学院”] 5月10日,学院与东方财富信息股份有限公司签约,共建上海商学院“东方财富传媒与管理学院”,立足培养以服务新媒体发展为主的复合应用型人才。

(邵小平)

[与复旦大学签署合作共建协议] 8月26—27日,学院与复旦大学签署合作共建协议,为内涵建设和办学质量提升搭建平台。根据协议,复旦大学将在学科建设、科研提升、教学促进、师资培养、应用协作等方面与学院开展合作。

(邵小平)

[全面推行学长制] 学院从2011级新生开始全面推行学长制。学长由高年级优秀学生担任,使大学新生从步入校园开始,就有来自学长的关心和帮助,为其尽快融入校园生活提供帮助,为其思想进步、学业成长、生活成功提供朋辈指导。

(邵小平)

[与市商务委员会签约] 11月29日,学院与上海市商务委员会签订合作协议,推进上海商业发展研究与人才培养合作,市政府副秘书长沙海林见证签约并致词。双方将在商业基础人才(应用人才)培养、商业发展研究院建设、政府决策咨询、基础数据库建设、研究团队的组建与培养等方面开展合作。

(邵小平)

附:学校负责人及地址

(2011年1—12月)

院　长:朱国宏
副书记:吴延风
副院长:冯伟国、楼文高

徐汇校区地址:中山西路2271号
邮编:200235
电话:64870020(总机)

奉浦校区地址:奉浦大道123号
邮编:201400
电话:67102976(值班)

上海政法学院

［2011 年概况］ 2011 年是学院“整改建设年”。一是强化实践教学。修订培养方案，增加实务性课程，建立实践教学长效机制，打造示范性实践教学基地，法学综合实践教学基地被确定为上海市属本科高校校外实习基地重点项目，增加经费投入，推进实验室建设，新增实验室 7 个。二是加强复合型应用型专业建设。增设财务管理、社区矫正等新专业(方向)。三是积极开展教学建设与改革研究。学院获全国教育科学“十二五”规划 2011 年度教育部重点课题 1 项，获上海普通高校优秀教材奖 3 项，上海高校本科重点教学改革项目 3 项，有 10 门课程获市级重点课程立项。四是加强国际化人才培养。启动 3 项学生海外学习、实习项目，资助经费共 65 万元。五是在重点学科专业建设、知识服务平台建设、师资队伍建设、教育国际化建设、公共服务平台建设等五个方面确定了内涵建设十大项目，经费总预算近 3 亿元，市教委先期下达专项资金 2000 余万元。六是完成二级学院设置。10 个教学系更名为二级学院。制订了《上海政法学院二级学院管理体制的若干意见(试行)》。根据学科专业的整体布局和发展需要，确定了各二级学院的名称，明晰校院两级管理权限，按照责权利相统一的原则，实行党政联席会议制度。

办学层次实现新跨越，学术科研取得新成就。7 月，国务院学位委员会确认学院法学理论、宪法学与行政法学、刑法学为硕士学位授权学科。2011 年度共组织申报各级各类科研项目 370 余项，共有 107 项课题获准立项，其中省部级以上 20 项；12 项科研成果获奖。“司法社会工作教师产学研践习基地”入选“上海高校教师产学研践习基地”。

加强帮困助学和就业指导。各种形式资助学生 4150 人次，共资助金额 400 余万元。强化和落实就业工作责任，就业工作取得了良好效果。截至 2011 年 8 月 31 日，学院平均就业率为 96.76%，其中，本科平均就业率为 96.78%，高职平均就业率为 96.72%，均高于全市的平均水平。

加大基本建设力度，完成了二期扩建工程和三期扩建工程近 20000 平方米的建设任务。教工活动中心、综合研究中心和“明文苑”的教学楼全部投入使用。三期工程中 66500 多平方米的户外绿化工程基本完工。2 月，学院四期扩建工程获市发改委批复，市财政配套支持建设资金近 1 亿元，整个四期扩建工程包括法学专业教学楼、体育馆、学生礼堂、学生餐厅等项目，建筑总面积 32193 平方米。

(荣道福　张茹蓉)

［举办多种专业研讨会］ 3 月 17 日，刑事司法系、社会学与社会工作系、社区矫正研究中心联合主办“社区矫正专业人才培养及研究协作”研讨会，探讨了当前我国社区矫正实际工作中理论与实际部门开展合作的途径及如何搭建社区矫正领域国内国际交流合作平台等问题；7 月，城市公共安全与社会稳定科研基地和社会学与社会工作系联合举办“城市犯罪与公共治理”年会论坛，来自全国 10 所学校和科研机构的专家学者参加了论坛。9 月 26 日召开“人民调解理论与实践暨专业建设”学术研讨会。

(张茹蓉)

［多批外国学者、官员访问学校］ 1 月 17 日，美国马里兰大学研究生院常务副院长、马里兰大学南京项目办公室主任一行来院访问。3 月 19 日，瑞典西部大学国际合作协调人、计算机系副主任一行来院交流访问。双方就两校师生互访、交流合作，及应用型人才培养模式达成共识。5 月 27 日，印度旁遮普大学地缘政治研究所所长一行来访，两校就资源共享、师生交流等初步达成了合作意向。6 月 7 日，澳大利亚查尔斯特大学警察学院院长等来院访问，就已经达成合作意向的教师 TESOL 培训项目、双方联合培养博士生项目、本科生“2＋1＋1”项目、专科生“2＋1＋1”项目的具体内容进一步交换了意见。6 月 28 日，越南法学家协会代表团来访。9 月 28 日，美国蒙哥马利奥本大学校长及校长特别助理等来访。双方签署了校际合作协议书，并就学生交换项目签订了附属协议书。10 月 11 日，匈牙利国家议会副议长一行来访，双方希望推动两校在学者互访、学生交换以及科研项目等领域的合作。

(张茹蓉)

［**开通“中国知识产权观察网”**］ 4月19日，由学院知识产权研究中心主办“中国知识产权观察网”正式开通。网站本着“观察知识产权动态，历练知识产权学术”的宗旨，聚焦本学科领域的研究动态及前沿讯息，全面反映学院知识产权研究中心的学术动态、学科建设进展和专业建设成就，扩大该校知识产权专业的社会影响力。

（张茹蓉）

［**成为CALIS联合目录正式成员**］ 5月10日起，院图书馆成为CALIS联合目录正式成员。CALIS是“中国高等教育文献保障系统”英文名称China Academic Library & Information System的简称，是经国务院批准的我国高等教育“211工程”、“九五”、“十五”总体规划中三个公共服务体系之一。CALIS联机合作编目中心给院图书馆开设了正式库账号、服务器以及数据库配置。

（张茹蓉）

附：学院负责人及地址

（2011年1—12月）

院党委书记：刘江江
副　书　记：胡　军（6月离任）、谢根华（7月到任）

院　长：金国华
副院长：闫　立、曹文建、关保英、谢根华（7月到任）

地址：外青松公路7989号
邮编：201701
电话：39225000（总机）

上海杉达学院

［**2011 年概况**］ 2011 年，学校获市政府授予的“2009—2010 年度上海市文明单位”称号，获市教委颁发的“2006—2010 年上海市教育系统法制宣传教育先进集体”称号。学校党委获“上海市先进基层党组织”、“上海市教卫党委系统先进基层党组织”称号。年内，学校招收新生 3113 人，其中本科 2620 人，专科 493 人。在校生共 11319 人，其中浦东金海校区 8061 人，嘉善校区 2697 人，沪东工学院 561 人。本科生占 85.65％，专科生占 14.35％。毕业生 2766 人，其中本科生 2171 人，专科生 595 人，2143 人获得学士学位。

完成金海校区 23、24 号楼学生宿舍整体改造、金巷新村教师公寓改造装修、2、3、4 号教学楼 2 楼以上共 118 间教室改造成 E 化教室等工程；6 月，启动教师新办公楼建设工程，新行政办公楼建设等工程；完成护理学院实验室一期、公共计算机房、ERP 实验室等建设。学校固定资产总值 49660.2 万元，专业教学实验室 31 个、语音教室 22 个、多媒体教室 118 个、计算机 3500 台，图书馆新增纸质图书 4.84 万册，共有纸质图书 87.29 万册，电子图书 10030GB。

召开第二届教代会暨工代会第四次会议，通过学校“十二五”发展规划。

教学改革。学校启动硕士点的申报工作；创办国际医学技术学院；新增护理学本科专业，新增艺术设计专业；成立沪东工学院机械制图 CAD 课程教研组；设立上海民办高校思想政治理论课名师工作室。获 4 项市民办高等教育政府扶持资金项目，2 项上海高校本科重点教学改革项目，1 项上海市民办教育高地建设项目；2 种教材获上海普通高校优秀教材二等奖；出版《艺术设计作品集》一书。

师资队伍建设。引进具有副教授以上职称人才 6 人，具有硕士以上学位的海归人才 8 人，专任教师增至 565 人，其中具有副高级以上职称 198 人，硕士以上学历占 50.80％，40 岁以下的中青年教师占 46.19％；完成教师及专业技术职务评聘 58 人，6 人通过五校联合评议，被聘为副教授；16 名新老教师结成 8 个拜师结对对子；新教职工培训 32 人次。1 名青年教师赴云南省昭通市巧家县挂职团县委副书记一年。

科研工作。申报科研项目中标共 24 项：优青项目 13 项、晨光项目 1 项、创新项目 3 项、教育科研 1 项、高教学会 3 项、德育研究项目 3 项；年内出台了《上海杉达学院科研经费管理办法》；学校当选上海民办高校海外联谊会团体理事单位。

对外合作交流。校代表团对美国瑞德大学、宾州州立大学和内华达大学拉斯维加斯校区等三所大学进行了访问；与美国瑞德大学合作项目的第 8 批留学生（含 1 名青年教师和 28 名学生）获得签证。年内，应印度塔塔咨询服务（TCS）公司邀请，作为与塔塔信息技术（中国）公司合作院校之一组团赴印度考察；举行第 25 届上海市大学生日语演讲比赛，日本京都外国语大学理事长森田嘉一受聘担任学校“名誉教授”；11 月，副教授王海燕应邀赴日担任汉语演讲比赛评委。

学生工作。130 名学生被评为“上海市优秀毕业生”，自 2005 年至今，全校共有 650 人获得这一荣誉。另有 294 名学生被评为“上海杉达学院优秀毕业生”；33 名学生光荣入伍，其中女兵 3 名；学校获“浦东新区 2010 年度征兵工作先进单位”称号。全校 953 名学生和 2 名教师参加无偿献血活动。4 人入选 2011 年大学生志愿者服务西部计划。学生中，有 21 人获国家奖学金，25 人获上海市奖学金，284 人获国家励志奖学金，1823 人次获国家助学金，17 人申请助学贷款。学工部开展“文明修身”主题活动。校大学生心理发展协会正式成立，举办《我·爱·我》心理征文大赛，“大学生心理健康及调试”辅导员专题培训 2 场。举办“文明礼仪在我心，和谐世博校园行”主题演讲比赛、第十七届校艺术节暨第十届社团文化节、第七届校体育节、第二届创业计划大赛，第三届市场营销策划大赛，新生汇报演出，校艺术团参与上海市第三届大学生艺术展演比赛；年内，举行首届校辅导员论坛；学校邀请浦东新区开业服务指导中心专家为有创业意向的学生进行指导，与浦东新区开业指导中心联合举办“大学生创业沙龙”活动；组织 2 场校园招聘会。6 名学生到浦东新区、曹路镇、金桥镇等单位进行挂职锻炼。

举办校第七届体育节

学生在各类比赛中获得佳绩。参加第二届“联通杯”上海市大学生市场营销策划大赛，获三等奖，校团委获“最佳组织奖”。参加第四届全国民办学校美术作品大赛，获3项一等奖、4项二等奖、2项三等奖；参加第三届上海市大学生计算机应用能力大赛，获二等奖；参加上海市“中华诵2010经典诵读大赛”，获大学生组三等奖，学校获高校优秀组织奖；参加“2011上海国际英语创业辩论大赛”获三等奖；参加“2011两岸校际国际贸易模拟展览”竞赛，获网页设计第二名、计划书第三名；参加“上海市高等职业院校第三届美华杯国际商务单证职业技能竞赛”，获团体二等奖、优秀组织奖等多个奖项；参加2011上海国际英语创业辩论大赛获三等奖；参加第五届“用友杯”全国大学生会计信息化技能大赛全国总决赛获团体“优秀奖”、上海赛区团体“三等奖”；参加2011年“国信蓝点杯”全国软件专业人才设计与开发大赛，分获全国总决赛C语言程序设计本科组三等奖、上海赛区C语言程序设计本科组一、二、三等奖。学生参加“第四届全国民办学校美术作品大赛”获3项一等奖、4项二等奖、2项三等奖。

（周清芬）

[创办国际医学技术学院] 3月14日，学校与上海医药高等专科学校签订合作创办国际医学技术学院协议书。学院将为满足上海及长三角地区医疗卫生事业发展需要，培养学生成为具有良好的英语交流能力、与国际接轨的高素质应用型医学技术与护理专门人才。学院设有护理系，招收全日制本科和专升本学生。学院的护理实训中心一期已建成(包括内科、外科、儿科、老年护理实训室、新生儿沐浴室、仿真分娩室等)、二期工程在建(包括手术室、急诊室、ICU、健康评估室、数字化显微镜互动实验室、解剖陈列室等)。学院目前已在上海交通大学医学院附属各大医院建立实习基地。

（周清芬）

[签订校企合作意向书] 12月9日，学校与上海鑫灵创意产业园签订校企合作意向书。合作项目有：①实践实习：鑫灵创意园从园区内150多家中小企业中遴选出信誉好、经营状况稳定的企业，供学生实践实习。②创业支持：提供创业环境与硬件保障、创业培训与辅导、创业服务公共平台等，为有创业意向的学生提供支持和帮助，同时培育以大学生为主体的企业。③提供电子商务服务平台：提供办公场地、相关基础设施和稳定的管理团队，与学校教师共同建设“创业＋创意”电子商务服务平台。

（周清芬）

[民办高校思想政治理论课名师工作室设立] 中共上海市民办高校工作委员会在校设立上海民办高校思想政治理论课名师工作室。学校公共教育学院社会科学部游昀之老师担任工作室主持人。

（周清芬）

[聘任第五任院长] 9月1日，学校召开新学期全体教职工会议，宣布李进受聘担任上海杉达学院新一任院长。会上，校董事会向李进颁发聘书。李进是学院创立以来的第五任院长。

（周清芬）

[获市政府扶持资金] 教师队伍建设、学生文化中心建设、经管类、艺术类专业实训基地建设、信息化建设等4个项目获上海市民办高等教育政府扶

持和奖励资金，共计 1210 万元。

（周清芬）

附：学校负责人及地址

（2011 年 1—12 月）

董 事 长：李储文

名誉院长：古胜祥、曹光彪、杨　槱、倪维斗

院党委书记：袁　济

副　书　记：李　进、王馥明

院　长：李　进

副院长：薛兴国、张增泰、贾巧萍

地址：金海路 2727 号

邮编：201209

电话：50210894

上海建桥学院

［**2011年概况**］ 学校招收新生3332名，其中本科生2295名，专科生1037名，在校生11311人。就业工作取得好成绩。截至年底，2011届毕业生就业率98.8%（2010届97.78%），签约率83.7%（2010届58.3%）。在校教职工580人，其中专任教师410人，高级职称教师占45.4%，具有研究生学历的教师占41%。

学校设20个本科专业，17个专科专业，设有商学院、机电学院、新闻传播学院、艺术设计学院、信息技术学院和外国语学院等6个二级学院、直属护理系1个和基础教学部、思想政治理论教学部等2个教学部。学校出台《上海建桥学院两级管理工作指南》和《上海建桥学院两级管理考核指标体系》两个文件，加强二级学院的管理。

深入推进民主管理，依法治校。修改完善《上海建桥学院工会工作实施细则》和《上海建桥学院教职工代表大会实施细则》。教代会审议通过《校长工作报告》、《财政预决算报告》和《工资分配改革方案》。利用易班平台开通《校长在线》，两周一次，全部校领导在网上和学生直接对话，解答问题，听取意见，采纳建议，得到学生积极响应。年内共举办7期校长在线，学生共提问162人次，询问问题56个，提意见76个，提建议30个，其中问题和意见全部得到答复。

通过易班平台开展校长在线接待日活动

加强本科建设规范教学管理。以特色发展引导学科建设，计算机科学与应用、新闻学和工商管理3个学科为学校重点建设项目。学校初步形成国家、市、校三级课程建设体系，2门课程入选市级精品课程；2种教材入选市优秀教材二等奖；2个项目入选上海高校本科重点教学改革项目；12门课程入选市教委重点课程建设项目；2个项目入选市民办教学高地建设项目；18个项目入选校教学改革项目。截至年底，在课程中心上运行的网站数量为262个，总访问数为1115513人次，思政教师杜秀玲的《马克思主义基本原理概论》的最高访问量为48336次。学校在10个本科专业进行“说专业”活动，取得较好效果。

科研方面，学校全年共获纵向立项课题33项，横向课题1项，校级课题11项。全年立项经费共131.1万元，到账经费50多万元。学校对市级及以上项目给予20多万元的配套经费。2011年，学校首次获得上海市哲学社会科学项目。2011年，学校获得137项政府扶持民办高校科研资金项目。

进一步优化人员结构提升队伍素质。在职务晋升方面，通过校内评审高级职务16人，中级职务45人；在优青项目方面，17人获市教委培养资助，136

人申报民办高校骨干教师科研资助项目；在教师进修方面，7 人在读博士，34 人在读硕士，4 人参加海外研修，1 人参加海外研修培训，参加国内访问学者 2 人，参加产学研践习 1 人，55 人次参加校外各类提升培训。试行兼职辅导员制。外国语学院辅导员刘伟山当选上海市辅导员年度人物。开展新一轮人事分配制度改革，规范了定级机制、晋升机制和奖惩机制。投入 300 万元，用于提高教职工工资收入，并向中青年教师倾斜。

丰富第二课堂搭建育人平台。推出《上海建桥学院大学生素质拓展学分实施办法》，由基本学分和奖励学分构成 14 个素质拓展学分系列，把文明修身、学生助管、自主学习、创新实践、职业素养、学科竞赛、文体活动、学术讲座等计入学分。结合这项活动，学校课程中心网站推出 15 门世界著名高校及国内知名学者开设的公开课供学生选读。有 23095 人次参加活动，2103 人完成项目任务，共获得 4031 个学分。上学期共实施 7 项学生派出项目，计有 57 名学生分别赴台湾、美国、日本等地参加交流学习。

平安校园建设进一步加强，完善应急预案，签订安全责任，开设安全讲座，优化技防措施，实施消防演练等，增强了各级人员的安全意识。帮困助学工作继续落实，有 580 人申请助学贷款，同比增长 12.40%，1610 人获国家助学金，同比增长 37.14%。心理健康教育三级网络基本建立，咨询人数同比增长 30%。全校网络平台不断得到提升，校园网、新闻网影响日益提高。

（王加宁、魏　娜）

[杨福家受聘学校名誉校长]　1 月 10 日，学校举行受聘仪式，聘请中科院院士杨福家为学校名誉校长。市人大常委会副主任胡炜，市人大科教文卫委员会主任孙运时、副主任徐明稚，市教委副主任张民选等出席。

（李国强）

[陈进玉来校调研]　国务院参事室主任陈进玉 2 月 28 日来校调研，听取学校领导汇报，并参观了实训中心和图书馆。

（李国强）

[实施大学生素质拓展学分制]　6 月，学校公布《上海建桥学院大学生素质拓展学分实施办法》，列出 14 个学分类别，基本涵盖学生全部课外活动内容，其中基本学分包括文明修身、学生助管、社团活动、志愿者活动、社会实践、学术讲座、院系项目、自主学习、创新实践、职业素养等 10 个类别；奖励学分包括学科竞赛、文体竞赛、学术成果、突出表现等 4 个类别。上述办法，自 9 月 1 日起实施。

（魏　娜）

[学生就业工作超预期]　上海建桥学院以提高签约率为主要目标的就业工作重心转移初见成效，截至 8 月 30 日，2011 届毕业生就业率为 98.8%，签约率为 82.0%，超出年初确定的“9870”就业工作目标。

（魏　娜）

[设立首个二级学院]　深化体制改革，学校二级管理迈出第一步。2 月 23 日，学校设立首个二级学院商学院。至 8 月底，学校成立护理系，院系改革全部完成，形成 6 院 1 系 2 部的格局。

（魏　娜）

附：学校负责人及地址

（2011 年 1—12 月）

董事长：周星增
院　长：江建明
副院长：张家钰、蒋威宜、郑祥展（3 月到任）、朱瑞庭（3 月到任）

院党委书记：蒋威宜
副 书 记：夏　雨

地址：康桥路 1500—1700 号
邮编：201319
电话：58137788

上海海关学院

［2011年概况］ 学院现设有海关管理系、经济与工商管理系、法律系、外语系、基础部（思想政治理论部）等五个教学系（部）；海关管理、法学、税务、物流管理、审计学、国际商务、行政管理和应用英语8个本科专业，设有应用英语专科专业；学院全日制在校生1819人，其中本科生1692人，专科生127人；现有教职工264人，专任教师137人，教授14人，副教授40人，具有高级职务教师占专任教师的比例为39.42%，具有硕士研究生以上学位教师占专任教师的比例为77.37%。

学院以"海关管理"本科专业建设为重点，继续以法学专业和税务专业国家特色专业建设与海关特色班建设为抓手，统筹规划7个本科专业布局，优化人才培养方案，合理调整课程设置，探索建立特色鲜明的学科专业体系。学院通过上海市学位办评审，法学、税务、物流管理三个本科专业增列为学士学位授予专业，并成功申报税务专业硕士点。原产地规则、物流管理、海关专业英语三门课程成功申报2011年度上海市教委重点课程项目；会计学获2011年度上海市级精品课程称号；《国际贸易实务》教材获上海市普通高校优秀教材二等奖。加强学生毕业环节教学工作管理，首届203名本科毕业生顺利毕业，全部获得学士学位。

修订《上海海关学院科研项目配套经费制度》、《上海海关学院科研工作量管理办法》，编印《上海海关学院科学研究服务指南》，实现科学化、规范化的科研管理工作机制。获准校外各级各类科研项目立项共27项，其中，国家级2项，省部级17项，委办级6项，横向课题2项；共计发表论文204篇，其中核心期刊论文47篇，国外学术期刊论文7篇。出版著作29部，其中专著4部，教材10种，科研项目类著作成果2种，教师出版译著2种，参与的其他著作编写11种。学院举办"第二届大学生科研创新论坛"共吸引55个学生项目参加，其中立项38项，共有13项优秀成果受到表彰。举办"区域经济一体化与海关"、"我国海关在应对国际贸易摩擦中的地位及对策研究"、"供应链整合与上海贸易中心建设"等大型研讨会，加强与海关、企业、政府部门的联系。《上海海关学院学报》自2012年2月起，由季刊扩版为双月刊。

学院开展远程教育培训和有针对性的社会培训，培训工作在规模、形式、层次、类型上有新发展。共举办国内外各级各类培训班107期，培训学员6035人次。其中海关系统内培训4674人次，面向社会培训432人次，涉外培训409人次。举办各类外事培训项目20期，共培训外籍学员409人次，覆盖72个国家和地区，培训主题涉及海关管理、海关风险管理、海关改革与现代化、海关缉私、海关调查、现代教学法、能力建设等海关多方面工作。工作语言涉及英语、阿拉伯语、俄语、蒙古语、越南语、西班牙语及葡萄牙语等7种语言。学院制定《关于进一步加强学风建设的实施意见》，开展学生综合素质测评活动和评奖评优活动，营造良好的学习氛围和育人环境。2011年，学院表彰校级"优秀学生"69人，优秀学生干部31人；11人次获"特等奖学金"，34人次获"一等奖学金"，114人次获"二等奖学金"，270人次获"三等奖学金"，10人获国家奖学金，4人获上海市奖学金，46人获国家励志奖学金，242人获国家助学金，金额共计111.8万元。成立职业发展与就业指导服务中心，修订《关于进一步加强辅导员队伍建设的若干意见（修订稿）》，建立专职为主、兼职为辅的新工作机制，提升辅导员工作的效果和满意度。

（关　院）

［与昆明海关、大连海关签署合作备忘录］ 4月6日，上海海关学院与昆明海关在昆明签署"关院"合作备忘录；9月28日，上海海关学院与大连海关在大连签署"关院"合作备忘录。与昆明海关签署的"关院"合作备忘录是学院首次与直属海关签署的关院间合作协议。根据备忘录，双方将本着"合作共赢，促进发展"的原则开展系列合作项目，共同推进学院教学科研的改革创新和昆明海关现代化的建设发展。根据与大连海关签署的"关院"备忘录，双方将本着"合作共赢、共谋发展"的原则开展系列合作项目，共同推进学院在风险管理合作研究、师资建设等方面

的改革创新以及大连海关的人力资源开发建设。

（关　院）

［获批硕士专业学位研究生试点单位］ 10 月 17 日，国务院学位办印发《关于下达“服务国家特殊需求人才培养项目”——学士学位授予单位开展培养硕士专业学位研究生试点工作建设单位名单的通知》，上海海关学院被列为试点工作建设单位。

（关　院）

［在“联合国世界大学生和平大使”全球总决赛中获奖］ 12 月 15 日，在第 24 届联合国世界大学生和平大使全球总决赛上，海关学院学生蒋丰获“联合国世界大学生和平大使奖”，并在韩国江原道华川郡举办的和平论坛进行演讲，被授予“华川郡和平大使”嘉奖。同时，蒋丰还被香港经济传媒集团授予“亚洲和平大使”。

（关　院）

附：学院负责人及地址

（2011 年 1—12 月）

院党委书记：郑建民
副　书　记：肖建国（兼）

院　长：肖建国
副院长：丁海蒙、石良平

地址：华夏西路 5677 号
邮编：201204
电话：28992899

上海医疗器械高等专科学校

［**2011年概况**］ 学校招收全日制专科新生1444名，其中自主招生350名，全年在校生4260人，成人教育招生234人，在校生448人。

推进示范性高职院校建设，对骨干院校建设方案进行修订、完善，通过教育部审核，并做好各项建设任务指标的落实和监察评估绩效考核等工作。对接服务大学系统“专本硕”立交桥体系，继续实施以教学内容、教学方法和教学手段为重点的深层次教学改革。

做好专业建设工作，明确专业办学方向，理清专业发展思路，形成专业人才培养特色。进行专业主任和专业经理的申报、选拔及聘任工作，选聘20位专业主任和20位专业经理；“医疗器械制造与维护”、“食品药品监督管理”2个专业申报全国1000个高等职业教育重点建设专业；“卫生信息管理”、“检测技术及应用（医疗器械检测技术）”、“市场营销（医疗器械营销）”3个专业成为上海市“十二五”期间重点建设扶持专业。参加首届“上海高职高专院校重点专业建设教学比武”大赛，获得一等奖。结合重点专业建设，选派优秀教师到企业挂职锻炼、赴国外进修，培养具备实践能力和国际视野的双师型高职骨干教师。组织教师申报市教委教师产学研践习项目和践习基地，获得资助资金65万元，有1名教师获得出国进修资助。

推进国家级、市级精品课程和市级、校级重点课程的申报和建设。2011年，医疗器械制造与维护专业、药剂设备制造与维护专业、食品药品监督管理专业3个团队获上海市级教学团队；“医学检验仪器应用与维护”、“医疗器械监管法规”、“远程医疗系统及应用”3门课程被列为上海市级精品课程；放射治疗设备、数字电子技术应用、医疗器械营销实务、医用光学仪器应用与维护、医学信息系统集成与维护、人体结构与功能、放射卫生与防护等7门课程被列为上海市级重点课程；张学龙、孙丽萍2名教师获市级教学名师称号。

创新校企合作体制机制，加强产学研深度融合。通过订单式培养、设立企业奖学金、共建培训中心等开展多种形式的合作，丰富校企合作内涵。与12家单位新签订了校企合作协议书，5家合作单位向学校捐赠设备或学校设立奖学金，与企业合作组织新建校企共建实验实训室4个，新增校外实训基地3个，建设上海市公共实训基地项目3个，完成中央财政支持地方实训基地建设1项。

科研工作取得新成绩。签约校外科研项目37项，引入外部资金1233.1万元，其中横向课题31项，签约经费1207.1万元，纵向课题6项，签约经费26.40万元。教师全年在国内刊物上发表论文91篇，其中A类9篇，B类24篇；出版著作（教材）28种；实用新型专利授权12件，发明专利2件，计算机软件著作权1件。

积极拓展中外合作办学与国际交流。实施开展高校学生海外学习、实习项目，获得资助247万元。与日本大阪滋庆学园续签协议；与德国富特旺根应用技术大学、加拿大菲沙河谷大学签订合作办学协议；与美国犹他州迪仕州立大学、中国教育国际交流协会、蒙古国际高等教育研究中心、蒙古科技大学、日本大阪大学、澳大利亚维多利亚大学、新西兰NMIT（南尼尔逊理工学院）、维特利亚理工学院等相关院校进行会谈，拟开展相关合作办学项目。与尼普洛贸易（上海）有限公司、大阪滋庆学园COM教育集团等日本企业进行洽谈，拟开展中日校企合作项目。接受德国富特旺根应用技术大学两名德国留学生来校作为期4个月的毕业设计。

开展各类职业教育与培训。受国家食品药品监督管理局、各省市食品药品监督管理局委托，举办国家医疗器械监管培训2期；与上海市卫生局、上海市医疗器械行业协会等单位合作，举办ISO9001:2000和ISO13485医疗器械国际质量安全管理体系内审员、医疗器械注册师、医用电子仪器修理工以及CAD、solidworks等各类培训班，2295人参加学习。

强化示范院校社会服务能力，做好与中西部地区职业院校的对口支援工作。开展国家人保部、国家食药监局下达的《职业分类大典》修典信息调研工作，完成“医疗器械装配工”、“医疗器械检验工”和“其他医疗器械装配和假肢矫形器制作人员”3个职业的修典信息调研。

2011年学校学生参加全国职业院校技能大赛、全国大学生数学建模竞赛、中国机器人大赛、全国板球锦标赛等全国性大赛，获全国一等奖4项、二等奖6项、三等奖6项；参加“全国电子专业人才设计与技能大赛”、“高职高专英语写作大赛”、“三维数字化创新设计大奖赛”等上海赛区比赛，获特等奖3项、一等奖6项、二等奖10项、三等奖3项。

（龚瑞怡）

［杨晓渡到校调研］ 4月13日，上海市市委常委、统战部部长杨晓渡，上海市发改委副主任王建平一行到校调研。就校区建设、学校发展、职业教育等话题进行充分交流。杨晓渡在校领导陪同下，参观了学校ICU等实验室。

（龚瑞怡）

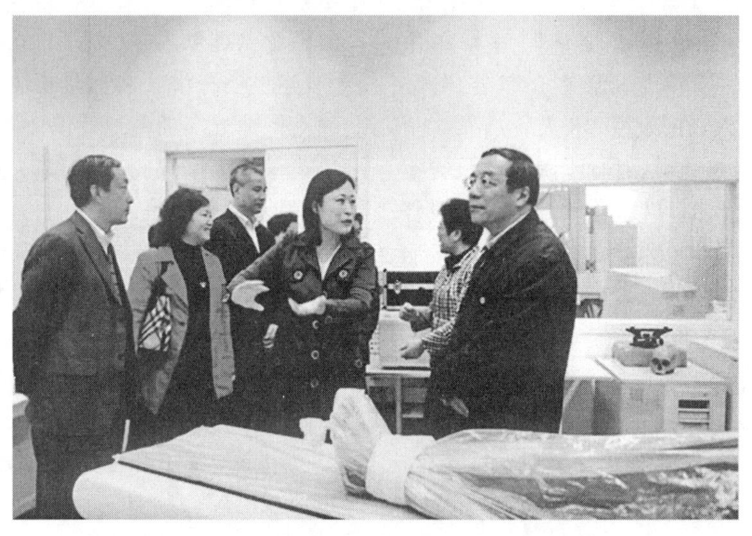

市委常委、统战部长杨晓渡到校调研

［参加2011国际大学生板球锦标赛］ 7月19—24日，学校男子板球队代表上海队参加全国板球锦标赛暨青年板球锦标赛，获得季军。10月1—10日，受国家体育总局委托，学校组团代表中国参加在马来西亚举行的2011国际大学生板球锦标赛。

（龚瑞怡）

［上海医疗器械职业教育集团成立］ 11月22日，由学校牵头组建的上海医疗器械职业教育集团，在上海理工大学举行成立大会。卫生部副部长、国家食品药品监督管理局局长邵明立发来贺信。集团成立了包括医疗器械生产企业、医疗器械经营企业、医院、检测机构、监管部门、中外中高职职业院校和应用型本科学院等48家单位组成的第一届理事会，该集团主立足上海、依托行业、面向全国、走向世界，是一个跨地域的职教集团；二是以产、学、研一体化为途径，实现学校、企业、医院、监管部门、研发机构等“校企医监研”五方共同培养医疗器械类高端技能型人才；三是基于探索建立现代职教体系为职业教育发展目的，构建网络化、一体化、社会化的职教集团。集团开通职教集团网站、成立“上海医疗器械校企合作高技能人才培养基地”，并与部分三甲医院共建实习基地。

（龚瑞怡）

［承办全国高职高专医疗器械类专业教育教学改革经验交流研讨会］ 11月25—27日，由全国高等医药教材建设研究会、人民卫生出版社主办，上海医疗器械高等专科学校承办的“全国高职高专医疗器械类专业教育教学改革经验交流研讨会”在上海举行。来自全国18个省市22所高等职业院校和部分本科医学院校的90余名专家、教师、院校领导和企业代表参加会议。会议围绕我国高职教育医疗器械类专业教育教学改革、发展的现状与趋势，以及医疗器械类专业课程与教材建设、课堂教学改革的做法与经验进行广泛交流。

（龚瑞怡）

附：学校负责人及地址

（2011年1—12月）

校党委书记：江才妹
副　书　记：江孝渔

校　长：郑　刚
副校长：张学龙、丁岳伟

地址：营口路101号
邮编：200093
电话：65483431

上海出版印刷高等专科学校

［**2011年概况**］ 学校正式启动“国家示范性骨干高职院校”，全面实施全员岗位聘任制的工作，共有26名教职工晋升岗位职级，占教职工总数的近8%。继续采取“引进与培养结合、考核与激励并重”的师资队伍建设措施，全年共引进博士1人，硕士13人。继续分批派遣优秀中青年教师出国进修，鼓励中青年教师到行业企业顶岗实践。年内，有3名教师下企业实习，16名教师获双师资格，2名教师分别赴美国南卡罗来纳州立大学、威斯康星大学进修交流。

启动教育部“印刷与数字印刷技术专业教学资源库”建设实施工作。先后举办“资源库建设方案细化研讨会”、“资源库建设组织工作培训会”、“资源库网络课程建设启动会”以及“教学资源库项目建设推进会”。聘请校外专家对各系部领导及项目负责人进行项目资源库建设工作专题辅导，在资源库建设重点、建设标准、建设流程以及具体实施细则等方面达成共识。学校在教育质量工程建设中取得成绩：顾萍老师获选国家级教学名师，郝清霞老师获2011年度“上海市教学名师”。《色彩原理与应用》、《编辑理论与实务》两门课程入选“上海市精品课程”，《印后加工设备》、《排版与输出》、《2D动画脚本语言设计》、《印刷数字工作流程》、《广告策划与创意》、《包装结构设计与CAD应用》、《出版物市场调查与预测实务》等7门课程获“上海市重点课程”。至此，学校共有教育部重点专业5个，上海市重点专业7个；国家级和上海市级教育团队各1个；国家级精品课程3门，部市级精品课程9门，市重点课程23门；国家级教学名师1人，上海市教学名师2人。

全年学校组织的12类科研项目申报中，63项项目获得立项。其中，陈敬良校长领衔的项目团队，承接了“数字版权保护技术研发工程”国家重大科技工程项目——“光全息水印技术应用研究”项目。获教育部人文社会科学研究一般项目立项1项，上海市“晨光计划”项目2项。获“辞海阅读器”校对工作等一大批横向合作项目。全年纵向项目立项合同金额150余万元，横向项目金额70多万元，立项项目数与课题经费与前些年相比均有突破性增长。学校还参与教育部教指委“十一五”期间高等教育教学成果奖申报工作，共获5项教学成果奖，其中一等奖1项，二等奖1项，鼓励奖3项。制订《上海出版印刷高等专科学校科研项目及经费管理办法》、《上海出版印刷高等专科学校重点科研项目奖励办法》、《上海出版印刷高等专科学校横向项目管理暂行办法》。

国际交流与合作工作。全年共接待外国来访团组18批，76人次，新缔结校际交流协议7份，设立“学生国际交流奖学金”，举办“国际合作交流周”活动。学校与英国博尔顿大学、美国罗切斯特理工学院、英国兰开夏中央大学、伦敦艺术设计学院、爱沙尼亚塔尔图大学、爱沙尼亚应用科技大学、瑞典克里斯蒂安斯塔德大学、德国斯图加特传媒学院、俄罗斯莫斯科印刷学院、新加坡南洋理工大学等海外学术和教育机构建立了校际合作关系，进行印刷技术、出版传播、印刷美术、多媒体制作、动漫设计等方面的合作办学和学生跨国(地区)交流。

学生在行业大赛中成绩优秀。在第七届“曼罗兰印刷技术人才奖”评选中获得二等奖和优秀奖；在2011中国包装创意设计大赛中获“设计之星”(学生组)二等奖。在全国商科院校会展专业技能大赛中获得一等奖1个、二等奖3个、三等奖15个。在第四届全国广告艺术大赛中获得二等奖5个、三等奖9个。在第九届中国大学生广告艺术节学院奖中，获得7个“佳作奖”。在第六届全国信息技术应用水平大赛中学校共获得1个入围奖、2个三等奖、15个优秀奖。

承办各类行业比赛，举办技能培训班。受上海印钞有限公司委托，为该公司近30名员工提供符合企业需求的印刷理论及实操技能培训。10月，学校承办第六届全国信息技术应用水平大赛预赛、“东方之星香港永发杯”包装设计大赛；11月，学校联合上海工艺美术职业学院、Wacom中国公司共同主办“上海市第三届Wacom数字艺术交流会”活动。学校当选为中国印刷及设备器材工业协会第六届理事会副理事长单位，中标“第三届全国印刷行业职业技能大赛”《平版制版工》竞赛场地。

(孙丽炜)

学校与香港永发印务有限公司战略合作框架协议签约

[开展校企合作] 3月22日，全国政协委员、香港星光集团董事长林光如受聘学校客座教授暨学校与星光印刷(苏州)有限公司合作共建仪式在学校举行。学校领导向林光如颁发客座教授聘书，并与星光印刷(苏州)有限公司领导共同为星光创意工作室和产学研基地揭牌。

10月18日，学校与香港永发印务有限公司战略合作框架协议签约仪式在学校举行。校企双方今后将建立“产、学、研”合作基地，并将定期合作开展主题包装设计大奖赛，在包装印刷各方面开展全方位的合作。

(孙丽炜)

[承办上海市第三届青年学者论坛] 11月25日，以“青年卓越人才成长之路”为主题的上海市高等教育学会第三届青年学者论坛在学校召开。来自本市复旦大学、上海交通大学、华东师范大学、上海公安高等专科学校等40余所高校共计百余名嘉宾代表参加此次论坛。论坛由上海市高等教育学会主办，学校与上海市教科院高教所、上海市逻辑学会、上海市新四军研究会共同承办。

(孙丽炜)

[推进浦东新校区建设] 5月27日，学校获得上海市发改委对浦东新校区迁建工程的可行性研究报告批复。6月15日，获得上海市教委对发改委可行性研究报告的批转文件。截至12月5日，完成动迁工作的92%。

(孙丽炜)

附:学校负责人及地址

(2011年1—12月)

校党委书记:朱南勤
副　书　记:顾　凯

校　长:陈敬良
副校长:滕跃民、曾　忠

地址:水丰路100号
邮编:200093
电话:55530024

上海旅游高等专科学校

［2011年概况］ 至2011年底，学校在校专科生3177人，本科生1561人，研究生224人（上海师范大学旅游学院），成人学历教育夜大学生501人，非学历培训1150人次，在读学历境外学生13人，其中专科生2人，本科生7人，研究生1人，交换生3人。

推进教学质量工程建设，深化教育教学内涵建设。完成市级、校级精品课程、重点课程等教学质量工程项目的验收评审，获上海市教委重点课程立项课程8门，通过市教委重点课程验收3门，获市级精品课程1门、市教委教学改革项目2个，获市级教学名师1名，获高校优秀教材二等奖1个，完成2010年度大学生创新项目11项，申报2011年度大学生创新项目5项，完成中央支持地方发展5年规划项目编制计划和本年度项目申报工作（立项2个）、上海市085工程5年规划编制和本年度申报工作（立项2个）、中央支持重点专业建设项目申报（立项2个），完成中央财政支持的职业教育实训基地项目申报、本科基础实验室建设项目申报，启动与上海市徐汇职业高级中学烹饪工艺与营养专业中高职贯通人才培养模式。期刊建设再创佳绩，《旅游科学》再度入选中文科学引文索引CSSCI目录，获得“全国百强学报”称号。

学校获国家社科基金项目3项，国家旅游局重点科研项目1项，教育部人文社科青年项目1项，上海市教委创新项目7项，上海市教委晨光计划资助1项。学校教师全年发表论文60篇、著作7部，在研项目114项，其中新增项目43项，含基础研究类项目18项，行业服务项目25项，核定经费397.9万元。

推进学科建设和学位点的工作，完成工商管理、地理科学一级学科硕士点建设方案论证和资源配置，完成环境科学一级学科博士点预申报。开展学校科研平台建设工作，构建上海旅游标准化技术委员会、中日人文地理与观光研究所、中国旅游研究院都市旅游研究基地等一批综合性科研平台，筹建“饭店管理咨询与创新研究中心”。

加强人才队伍建设，合理用好各类人力资源。全年录用正式入编教师5人、人事代理1人，聘任兼职教师5人。开展专业（学科）带头人、优秀青年教师和优秀双师型教师的选拔与培养工作，落实教职工出国进修、行业挂职、社会实践等工作，入选“上海高校教师产学研践习计划”项目教师10人。

启动推广“易班”试点工作，完成市教委“易班”第三批试点工作要求。截至2011年底，学校“易班”注册班级189个，其中本科56个、专科133个；注册人数4618人，其中本科生902人，专科生3716人。

推进国际化办学。学校全年接待境外团46个，涉及16个国家和地区；办理教职员工赴境外访问考察，参加国际会议，以及讲学和进修39人次；聘任境外教师20人，其中自聘长期外教10人，委托英孚公司聘请外教10人；与美国、法国、韩国、加拿大等国际和香港地区的高校与组织，在学生交换、海外实习、教师交流、联合科研等领域建立合作关系，签订合作协议10份；大力推进双学位项目，基本形成专升本、本升硕、双本、双硕的项目系列，推进实施与美国肯特州立大学“3+2”本硕连读项目、与美国塞勒姆州立大学“1+1+1”双硕士项目、与韩国汉阳大学和新加坡东亚管理学院“3+2”专升本项目；继续推进海外实习和就业项目，参加迪士尼半年期实习学生19人、迪士尼一年期文化交流学生7人、美邦国际赴美实习项目学生47人、阿联酋迪拜酒店实习项目学生3人；不断推进交换生项目，赴澳门旅游学院、芬兰Sydvast理工大学、韩国汉阳大学、澳大利亚昆士兰大学等友好学校交换生13人。

拓展提升继续教育影响力。获“世界金钥匙酒店联盟最佳培训机构奖”，完成全国旅游饭店总经理岗位职务和部门经理岗位职务培训班各2期，举办首期旅行社高级管理人员培训班及首期景区管理高级研修班和多期社会餐饮管理的培训，举办“旅游景区管理标准化建设”研修班，开展中式烹调师、中式面点师、餐厅服务员和客房服务员等专业技能项目培训。加强对口支援，设立上海旅专继续教育学院喀什分院和旅游人才培训基地，开展南疆地区旅游行业中高层管理人员培训、职业教育教师培训、旅游职业技能人才培训等。

（刘利艾）

［与韩国汉阳大学签订联合培养协议］ 1月6日，学校与韩国汉阳大学签订“3+2”专升本联合培养协议。该项目于3月份启动，第一批学生于9月份赴韩国就读。学校与韩国汉阳大学一直保持着融洽的合作关

系,交换生项目已进行6年,双方累计互换学生24人。

（刘利艾）

[通过“国家示范性高等职业院校建设项目”验收] 3月24日,上海市教委、市财政局联合组织专家对学校“国家示范性高等职业院校项目”进行验收。9月,学校正式通过教育部、财政部验收,成为“国家示范性高等职业院校”,也是国家示范性高职院校中唯一一所旅游类高职院校。

（刘利艾）

国家示范性高等职业院校建设项目验收

[“中国旅游研究院都市旅游研究基地”揭牌] 4月2日,“中国旅游研究院都市旅游研究基地”揭牌仪式在学校举行。都市旅游研究基地是中国旅游研究院在全国设立的12个国家级旅游科研平台之一,也是在上海设立的唯一研究基地。

（刘利艾）

[成立“上海市旅游标准化技术委员会”] 10月14日,“上海市旅游标准化技术委员会”成立。上海市旅游局、上海市质监局和学校共同签署《关于加强推进上海旅游标准化工作的合作协议》。学校承担“上海市旅游标准化技术委员会”秘书处工作。

（刘利艾）

[“上海旅专继续教育学院喀什地区旅游人才培训基地”揭牌] 10月17日,“上海旅专继续教育学院喀什地区旅游人才培训基地”揭牌仪式在新疆喀什举行。学校与喀什地区社保人事局、培训就业管理局商定,在喀什财贸学校设立上海旅专继续教育学院喀什分院和旅游人才培训基地,在南疆地区旅游行业中高层管理人员培训、职业教育教师培训、旅游职业技能人才培训等方面进行全面合作。

（刘利艾）

[承办“首届全国旅游资源开发学术研讨会”] 10月22日,学校承办“首届全国旅游资源开发学术研讨会”,来自20余所高等院校的知名旅游专家学者参加会议。会上宣布,经民政部注册和正式批准,在中国自然资源学会下设旅游资源研究专业委员会学术团体,挂靠上海师范大学旅游学院。

（刘利艾）

[“网络教育数字化学习资源中心——分中心”立项建设] 2011年,学校获批教育部、财政部“网络教育数字化学习资源中心——分中心”立项建设单位,促进优质教育数字化学习资源共建共享模式,进一步提高职业院校的人才培养质量。

（刘利艾）

附:学校负责人及地址

（2011年1—12月）

校党委书记:张国凤
副　书　记:杨卫武、杨荫稚

校　长:杨卫武
副校长:高　峻、朱承强、张建业、贾铁飞

地址:奉贤区海思路500号
邮编:201418
电话:57126268

上海公安高等专科学校

［**2011年概况**］ 学校以"强化管理、提升质量、服务实战"为主线，加强内涵建设，全面推进"行业高校提升计划"。启动七大专业和警察教育国际交流、境外警察培训等9个"重点专业共享工程"建设。毕业两届第二专科学员1260人，招收第二专科学员747人。配合市公安局职能部门组织开展各类考试76场，16700余人次参加。

培训工作有新发展。年内举办各类培训班176期，累计21500余课时，培训学员11000余人次。其中，各警种专业岗位警衔晋升培训班30期1262人参训，各警种专业岗位"轮训轮值"培训班36期1754人参训，其他各警种专业岗位培训班101期7680余人次。并根据市公安局部署，组织"轮训轮值"学员16000余人次处警106次，完成各类群体性骚乱事件处置、突发安全事故现场秩序维护、大型活动安全保卫等应急处警任务，提高民警信息化应用能力、规范执法能力。建立"培训需求预征询、网络课程先自学、管理手段信息化、回岗实践再反馈"的领导干部培训机制，探索实施了"网络学习、名家讲课、技能实训等"相结合的培训方式，进一步提升领导干部培训的针对性和实效性。

组织全校师生积极投入科研活动，各级科研项目立项62项，其中局级以上20项；各级科研项目结项42项，其中局级以上7项。《职业化的公安教育训练体系研究》科研项目获上海市教育科学研究奖一等奖；《全天候双向仿真模拟影像射击训练系统》等5个项目获得国家实用新型专利。此外，举办29期"上海公安论坛"，全局民警10100余人次参加。

德育工作深入开展。修改完善《警务化管理规范》，优化完善过程管理、专项考核及激励淘汰机制，建立并实行了跨部门联合督察制度，研究制定了《学员自我管理委员会章程》，强化学员自我管理、自我约束、自我督促。团组织和学员团队建设成效显著。年内，1个学员集体获"全国青年文明号"，2个教工集体分获市级和局级"共青团号"；2名学员获团市委"五四"青年奖章。

实施公安远程教育新一轮发展规划。制定全新的上海公安远程教育建设方案，按照"一个门户、三大模块"的主体功能架构，对远程教育门户网站实施全面改建。同时，进一步开发上海公安教育网络学习平台，公安网络课程新增20门，总数2016门。试行1周网络自学和3周集中学习相结合的"1＋3"在职民警培训模式。开发了执法规范化考试辅导等3个学习栏目，全局民警在线学习15万余人次。

校园信息化建设持续深入。建成教学实训管理、视频点播等23个集成类和软件类信息化项目；制定完善高清视频直录播等五大设备建设方案，提升信息化工作水平；开发上海公安科技信息化建设与应用成果网上展览会公专分站。全面更新电子图书库数据、"银符考试系统"等多个镜像资源数据库，安装、调试了多媒体素材等资源库，新增电子图书7.5万余册，总数54万余册，数字资源总量超过26T，数字图书馆浏览应用20万余人次，总量突破368万余人次。

师资队伍建设取得新成效。完善师资队伍建设管理制度，开展12次师资专题培训，组织32名教官出国进修，全面加强师资队伍"三者合一"能力培养。年内，1名教官被评为"市级教学名师"；8名教官教师分获"市公安局优秀教官教师"称号；10名教官教师被授予"三者合一"先进个人。

公民警校办学活动深入开展。完善公民警校办学规章制度，建立健全教学组织、学员管理等各方面的运作机制。举办公安微博粉丝、全市青年记者等8期培训班，培训学员250余人。与上海大学、上海师范大学联合开展"公民警校课程进高校"活动，强化在校大学生安全防范教育。开发建立"上海公民警校"网站，全面推进各区县公民警校办学活动。

（陈海荣、杨国华）

［**公安部领导视察学校**］ 5月21日，公安部党委副书记、常务副部长杨焕宁，国务院副秘书长汪永清，公安部党委委员、政治部主任蔡安季，以及在沪参加全国公安厅局长座谈会的领导，在市局领导的陪同下莅临学校，先后视察模拟指挥中心、模拟派出所等展示项目，对学校改革发展情况予以充分肯定。

（陈海荣、杨国华）

[内涵建设成效显著] 学校被教育部评为“高等学校继续教育示范基地”。《外警培训》等2个案例经教育部评审入选全国高等职业教育服务产业发展成果八大案例。“特警专业教学资源库”通过教育部评审，成为全国政法、公安院校中唯一一个立项建设的国家级教学资源库。“巡逻警务”等2个教学团队被评为上海市级教学团队。《视频巡逻》等2门课程被评为市级精品课程，学校省部级以上精品课程总数19门。

(陈海荣、杨国华)

[圆满完成“世游赛”等安保任务] 年内，组织850余名师生直接参战“世游赛”安保，获各级领导充分肯定。同时，组建“心理健康志愿者服务队”深入实战一线，服务参战民警12000余人次。此外，还组织1460余名第二专科学员圆满完成了春运、国庆安保等各项工作任务。

(陈海荣、杨国华)

[首次举办全国公安院校公安专业骨干师资培训班] 9月和10月，受公安部委托，连续举办2期全国公安院校公安专业骨干师资培训班，培训了来自全国39所公安院校320余名骨干师资，得到了孟建柱部长的批示肯定。

(陈海荣、杨国华)

学校举办“全国公安院校公安专业骨干师资培训班”

[举办全国公安机关专业培训班] 年内，学校分别为甘肃、西藏、新疆等地公安机关、公安院校等举办专业培训班17期，培训业务骨干1100余人，受到全国同行的欢迎和好评。

(陈海荣、杨国华)

[外警培训范围扩大] 受公安部委托，分别为10多个国家(境外)警方举办12期培训班，培训境外警务骨干230余人，外警培训范围在原先3个国家和地区的基础上，拓展到12个国家和地区，得到公安部和境外警方的高度评价。

(陈海荣、杨国华)

附：学校负责人及地址

(2011年1—12月)

校　　长：张学兵

校党委书记：郑万新

副 书 记：于海生

副 校 长：郑万新(常务)、于海生、许　敏、邹向曙、刘　民、范立华(6月上任)

浦东校区地址：凌桥崇景路100号

邮编：200137

电话：28957000(总机)

莘庄校区地址：沁春路179号

邮编：201100

电话：64987070(总机)

上海东海职业技术学院

[2011年概况] 学校在闵行区紫竹高科技园区北侧，占地126589平方米，校内建有12个教学实训中心和69个实训室，图书馆有纸质藏书33.18万册，电子图书644GB。设有四个二级学院，四个教学系，两个教学部，共有33个专业，职工386人，现有专任教师145人，副高以上高级职称48人，其中，高级职称(含"双师型")教师近50%。截至2011年底，在校学生5087人，学生就业率97%，签约率86%。学校与通用汽车等大型企业签订长期合作意向。

年内，学校再次通过教育部(委托上海市教委)人才培养工作水平评估，获上海市"平安单位"、"文明单位"和"中国民办高等教育优秀院校"、"上海市'两新'组织'五好'党组织"、"上海市'两新'组织党建工作示范点"、上海市"征兵工作先进单位"等多项荣誉称号；董事长曹助我教授被评为"中国民办高等教育先进个人"；校长项家祥被选为中国民办教育协会高等教育专业委员会第一届理事会副理事长。

课程专业建设。学校确定6个重点建设专业和10余门重点建设课程。商贸学院获精品课程和2011年市级教学团队的荣誉称号；经管学院课题项目获市高等教育教学成果三等奖，同时《进出口业务实训》成为2011年度市级精品课程；基础部获全国级高职高专英语类课题立项；艺术学院与上海界龙公司签订产学研协议；金融系与中美联泰大都会人寿保险公司的达成校企合作协议；机电系长期坚持工学交替，产学结合的办学方式，于11月份发展成为机电学院。

实训中心和实训室建设。年内，通过新、改、扩建校内实训基地的方式，完成海关、港口、数控、汽车、会计实训中心，扩建金融实训中心；改建老食堂为数控实训中心(共700平方米)，改建地下车库为汽车实训中心(共600平方米)。护理系在闵行区中心医院建立实训基地，与复旦大学附属上海第五人民医院、交通大学附属上海仁济医院(东院)建设资源共享的上海高职护理专业教师"临床专科护理技术"实践基地。同时，学校获得政府"085工程"中高地项目两项，获得财政部专项经费拨款，支持数控、汽车、动画三个专业实训室建设。

教学和师资队伍建设。探索"双师型"教学模式，聘请行业企业的专业人才和能工巧匠到学校担任兼职教师，提高专职教师的科研和教学水平。全年引进(录用)教师11人，其中6人研究生学历(1人博士学位)，目前专职专任教师总数比例比上年提高15%，报产学研7人，国内学者3人、国外学者1人。新增4项优青项目，2项"晨光项目"获得立项。1名教师获2010—2011年度上海市教育系统优秀教职工代表，3名教师"关于加强'双师型'教师队伍建设"的提案获上海市教育系统教代会优秀提案；1名教师获市教育系统2011年"校园新星"提名奖。落实中级职称申报、工资改革、各类教师培训工作，稳定师资队伍。

学生和党团工作。年内，团学工作丰富多彩。学校21名学生入选第14届世界游泳锦标赛志愿者，跳踢队获上海市学生阳光体育大联赛(高校组)跳踢比赛团体二等奖和女子踢毽第七名；学生获"2011年上海市高校红十字现场初级急救比赛"三等奖；"幸福留守，共同成长——赴崇明暑期社会实践"获2011年上海市大学生暑期社会实践活动优秀项目奖；机电工程系获2011年中国教育机器人竞赛多项荣誉。共发展学生党员82人，转正预备党员26人。举办高级党校培训，共有学员100人。

援疆工作。对口招收了新疆喀什地区29位少数民族学生，这是上海首家民办高校招生新疆学生。11月份，又承担了援疆喀什地区114名未就业大学生来沪的培训计划。

(岳宝华)

[建立学校社会实践基地] 12月1日，学校与崇明县港沿镇商谈"幸福留守，共同成长"项目的推进和发展，商定在港沿镇共建"社会实践基地"。双方团委对该基地工作的推进作出了规划。

(岳宝华)

[成立机电学院] 11月22日，在校多功能报告厅举行机电学院成立揭牌仪式。

(岳宝华)

学校机电学院揭牌

[高校教师产学研践习基地挂牌] 12月5日，上海高校教师产学研践习基地"上海东海职业技术学院—护理综合实践基地"在复旦大学附属上海第五人民医院挂牌成立。12月16日，第二个高校教师产学研践习基地——"上海东海职业技术学院—护理综合实践基地"在交通大学附属上海仁济医院(东院)挂牌成立。

(岳宝华)

[就业签约率提高] 截至8月30日，学校应届毕业生就业率为98.44%，签约率85.02%，签约率比上年同期的69.5%提升22.3个百分点。

(岳宝华)

附:学校负责人及地址

(2011年1—12月)

董事长:曹助我

院　长:项家祥
副院长:赵佩琪、程龙根

院党委书记:赵佩琪
副　书　记:项家祥、王　玉

地址:虹梅南路6001号
邮编:200241
电话:64505555
传真:64503319

上海新侨职业技术学院

［2011 年概况］ 学院 21 个专业共招收 1450 人，在校生 4773 人，就业率 98.61%。启动学院与上海工商学院的合并工作。

以申报上海市高等职业教育重点专业建设(085 工程)为契机，加强学科专业建设，优化专业结构。编制了汽车类、机电类、珠宝类优势专业群“十二五”专业基本建设规划。积极争取政府支持，改善教学条件，加大实训基地建设。完成市教委支持的第 4、5 期实习实训高地建设项目。实施第 6 期实训高地建设项目，计划建成机械基础实训室、维修电工高级工实训室、机电一体化技术实训室及数控等 4 个实训室。学院职业发展测评中心列为“上海高校毕业生就业工作创新基地”项目。

师资队伍建设。7 名青年教师入选 2011 年“上海高校青年教师培养资助计划”。获得市职工数控技能竞赛第一名。获得浦东新区职业技能大赛多媒体制作高级证书。

学生德育工作和校园文化建设。举办“我爱祖国语言美”为主题的多种形式的朗诵比赛，举办以“感恩 · 励志 · 成才”为主题的演讲比赛，通过举办校园歌唱、书法比赛、才艺比拼晚会等活动弘扬社会主义核心价值观，丰富学生的业余生活。为贫困学生举行爱心捐赠，解除学生后顾之忧。青年学生志愿者，到徐汇区第二社会福利院开展“关爱老人，传递雷锋精神”的活动。学院学生积极参军，圆满完成征兵工作。

学生献爱心，踊跃无偿献血

校企合作。计算机类专业与智翔公司合办技师学院使 08 级学生中 98%获得市劳动局计算机程序员 3 级(Java)和 IBM 公司的“双证书”。微电子专业与 3 家公司达成“技师学院”式的校企合作意向，共同培养高技能人才。通信专业与三大电信营运商建立起合作关系。汽车应用技术专业与上海市汽车修理有限公司共同申报了技师学院。机电系与许多相关企业建立了良好的合作关系。珠宝与艺术系和上海老凤祥钻石加工中心有限公司等多家企业达成校企合作意向。应用外语与法律系继续深化与上海城市超市集团的合作关系。经管系旅游专业与嘉定学联旅行社建立校企合作关系。成立珠宝营销实训室，丰富学生的实践活动。市人保局对本院近 3 年校企合作项目进行专项评估检查后给予肯定。

学院获奖情况。学生参加首届全国高职高专英语写作大赛(上海赛区)获专业英语组三等奖、公共英语组二等奖；法律和文秘专业 7 名学生获得上海市速录行业岗位资格证书，4 人获国家职业资格 5 级证书；在上海市高等职业院校第二届国际商务单证职业技能竞赛中获一、二、三等奖，团体三等奖,优秀组织奖;在全国软件专业人才设计与开发大赛上海赛区中4人获三等奖,2人获优秀奖;获得第七届全国职业院校"用友杯"沙盘模拟经营大赛全国总决赛二等奖;获得第五届"用友杯"全国大学生会计信息化技能大赛三等奖;获得2011年全国大学生数学建模竞赛上海赛区优秀组织奖,优秀教练员奖,全国二等奖,上海赛区一等奖、二等奖和三等奖,获奖率达到75%;获得全国第二届大学生职业规划大赛上海赛区第一名。在第七届全国语文规范化知识大赛中,获得大学组优胜奖,优秀指导奖,第四届"全国教师语言文字基本功大赛"二等奖,"上海市语言文字水平测试工作先进个人"荣誉称号。

和谐校园建设。"校园一卡通"投入使用,实现了身份识别、借书卡、消费卡的功能。学院组织消防演练,检查消防设施,杜绝楼道安全隐患,开展消防安全知识普及工作,共同创建安全文明校园。推进嘉定校区的文体活动中心、综合培训楼的立项、设计、勘察、工程招标等前期准备工作。做好徐汇校区2012年下半年校舍抗震加固工作的预案。建立学生食堂价格稳定的长效机制,加强食品卫生安全的监控。加大节水、节电、节燃气等勤俭办学的宣传教育。

(杨芳芳)

[两校合并工作] 根据上海市人民政府批复(沪府[2011]94号)和上海市教委(沪教委民[2011]23号)文件精神,上海工商学院并入学院,依法办理各项有关手续,理顺合并后的管理体制和运行机制。

(杨芳芳)

[精品课程建设] 学院《Linux基础及应用》课程被评为2011年度上海市高职高专精品课程。《Linux基础及应用》课程是计算机类专业的一门必修课,该课程把工学结合作为人才培养模式改革的重要切入点,与企业共同开发,重点放在教学过程的实践性、开放性和职业性,探索理论与实践一体化。

(杨芳芳)

[创业大赛和职业规划] 学院荣获上海市首届高职高专院校大学生创业大赛"创业计划团体赛"一等奖,学院选送的参赛项目"臻美珠宝创业方案"名列第一,获得创业大赛个人赛优胜奖。获得全国大学生第二届职业规划大赛上海赛区第一名。

(杨芳芳)

附:学校负责人及地址

(2011年1—12月)

院党委书记、理事长:杨奇庆

院　长:忻建国

徐汇校区:天等路465号
邮编:200237
电话:64773208

嘉定校区:冈峰路68号
邮编:201806
电话:59587329

青浦校区:新凤北路565号
邮编:201708
电话:59794360

上海行健职业学院

[2011 年概况] 2011 年招收新生 1442 人，其中三校生为 307 人，高职在校生总人数为 4733 人。招收成人专科 198 人，成人专科在校生总数为 531 人。学院培训中心培训 568 人，共 23 个培训班，其中中高级培训班 16 个，占 70%。学院易班日均点击率在全市高职中名列前茅。

学院着力解决师资队伍建设问题。根据“085 工程”重点专业建设需要，制定人才引进实施计划。学院引进 2 名博士研究生，4 名硕士研究生。学院推荐 6 名青年教师申报“上海高校青年教师培养资助计划”项目，2 名青年教师申报“晨光计划”项目，另有 3 名教师“优青基金”项目顺利结题。

积极进行课程改革，加强教学过程管理。完善教学培养方案，实施授课计划，实施新的评价标准。23 个专业实行过程性考核模式。申报机电一体化技术(航空电气方向)、网络媒体技术和酒店管理专业新专业 3 个。学生在多个全国性竞赛中获得奖项。在 2011 年全国大学生英语竞赛(NECCS)中，获一等奖 1 名，二等奖 4 名；获全国软件专业人才设计与开发大赛的上海赛区“C 语言”一等奖；第七届全国大学生“用友杯 ERP”沙盘模拟经营大赛上海总决赛，获高职组第一名。

学院加强政治思想教育，推进校园精神文明建设。邀请市、区等领导及多位专家作专题讲座；开展“我们应该如何思维”专题讨论活动，组织并开展第一届教师理论学习班的学习活动。

(王　欢)

[在首届高职高专大学生创业大赛中获奖] “2011 年上海市首届高职高专院校大学生创业大赛”，历时 2 个多月，于 12 月 27 日结束。在 45 支团队比赛中，行健学院“校园服务中心”团队与“SHOW 装”团队经过创业策划书撰写、电子模拟创业、现场答辩等形式，分别获得总分第七名和第十名的好成绩。

(王　欢)

[为企业培训高级工] 10 月，上海商用飞机制造有限公司委托行健培训中心进行高级工培训。培训中心经过一个月的前期准备，在 10 月 26 日准时开班，11 月进入常规培训，并增开培训班。此项目成为学院与上海飞机制造有限公司校企合作的常规新项目。

(王　欢)

[举行首届企业模拟市场活动] 10 月 18—21 日，学院经济管理系举办首届企业模拟市场活动。该活动是《企业模拟实践》课程的重要组成部分。2009 级工商专业的同学分为 9 组在行政楼进行商品销售，学生对活动表现出浓厚兴趣，此项活动有利于提升学生实践操作能力。

(王　欢)

[上海开放大学残疾人教育学院闸北学习中心揭牌] 9 月 15 日，上海开放大学残疾人教育学院闸北区学习中心揭牌仪式暨开学典礼在学院举行。上海市残疾人联合会理事长金放，闸北区区委常委、常务副区长许谋赛以及上海开放大学，闸北区残疾人理事会，闸北区教育局等有关领导出席。首届 56 名学员也参加了揭牌仪式。

(王　欢)

[紫砂套壶获外观设计专利权] 由学院艺术创意中心教师团队共同设计制作的紫砂套壶《紫钵禅缘》、《双赢》经国家知识产权局依照中华人民共和国专利法初审、复审后与 5 月 11 日被授予外观设计专利权，并在专利登记簿上予以登记。

(王　欢)

附：学校负责人及地址

(2011 年 1—12 月)

院党委书记：黄　群
副　书　记：马毅鑫

院　长：袁允伟
副院长：蔡　红

地址：原平路 55 号
邮编：200072
电话：56075555(总机)

上海城市管理职业技术学院

［**2011年概况**］ 2011年，学院招生1293人，其中自主招生446人，招收外省市学生674人。目前在校高职生总数3654人。高职毕业生共计1153人，一次就业率96.7%，学院成人岗位培训开设39种类型140个班次，共培训13980人次。成人学历教育录取2011级专科生260人，专升本195人，电大189人，网络教育713人，中专自学考40人。成人教育的在校学生共计4094人。学院附属中专（市园林学校）录取2011级新生260人，毕业生153人，有160名学生考入各类高等院校，全日制在校生675人。

学院以提高学生的职业能力为目标，继续深化以顶岗实习为突破口的实践性教学改革。依托行业内骨干企业，建立72家校外实践教学基地，制订顶岗实习工作程序，强化实习规范，提高顶岗实习质量。学院建筑与房地产管理、物业与智能化管理、建筑技术等三个市级公共实训基地安排实训学生共73565人次。运用上海建设技师学院平台，继续完善政府购买培训、学校实施教育、企业提供实践的校企合作人才培养新模式，共同培养相关专业学生。有12个专业426名2009级高职学生参加技师学院组织的校企合作实习实训，334名2008级高职学生通过职业技术鉴定，分别取得绿化工（高级）、智能楼宇管理师（高级）、室内装饰设计师（高级）、工程测量师（预备技师）、调酒师（高级）等职业资格证书，学院获得政府68.6万元奖励。3名学生参加全国数学建模大赛（上海赛区）获得上海市一等奖，并同时获得全国二等奖；2名学生获得上海市数学建模二等奖、3名学生获得三等奖。2名学生获得第四届全国高等院校广联达杯软件算量大赛二等奖。1名学生获得上海市第二届高等职业技术院校职场英语大赛三等奖。

师资和教学科研水平不断提高。共有3项市级课题立项，出版著作和教材13部，公开发表论文71篇。17本由学院教师主编的教材入选国家建设部高等教育土建学科专业“十二五”规划教材选题。《建筑结构》课程被评为上海市精品课程，使学院的市级精品课程增加到8门。2名教师获得硕士学位，9名教师获得高级技术职称。张凌云获年度上海市教学名师称号。李进入选2011年上海市普通高等学校青年骨干教师国内访问学者。阙大柯获市高职院校第一届“中诺思杯”经济、管理类专业教师教学技能竞赛一等奖。《工程监理》专业教学团队获得上海市第四届优秀教学团队称号，学院的市级优秀教学团队增加到4个。许劼入选2011年度上海市“晨光学者”，学院获得“晨光学者”称号的教师达到8名。学院设立的第41国家职业技能鉴定所年内完成36年批次共1356人次的绿化、花卉、机泵三个工种初、中、高级工及技师的职业技能考核工作。

成人教育培训拓展渠道。学院有研究生、专科起点本科（业余、函授、网络）、高中起点本科（网络）、专科（业余、电视、网络）、中专自学考等10多种成人学历教育类型，形成26个专业、10个教学点、96个班级、4094名学生的成人学历教育规模。学院开展造价工程师、监理工程师、注册安全工程师、建造师等执业资格的考前培训，开展建筑行业岗位资格培训、技术工程职业技能培训等继续教育。举办上海市建筑建材业执法人员岗位培训班、上海市建设交通委节能办公室“能源审计”和“能效测评”培训班。为新疆喀什地区培训工程项目管理人员。上海市建设行业第五职业技能鉴定站培训238名进城务工人员（建筑类）。

国际合作交流不断深化。年内共招收中外合作学生135名，其中中加建筑工程项目管理专业84名，中美合作城市园林专业51名。29名中加建筑工程项目管理专业2011届毕业生赴加拿大乔治布朗学院深造，形成中外合作办学专本科、境内外学业的贯通之路。

学院努力增加教育教学设施设备。新配置资产设备835台（件）。重点做好“上海市建筑技术公共实训基地”、“上海市建设工程机械运用与维护公共实训基地”、“上海市物业与智能化管理公共实训基地”，以及各二级学院实训基地项目建设的设备配套工作，共配置设备3471台（件）。学院加大基本建设力度，全年完成的改扩建工程量达历年之最，全校师生的工作、学习、生活条件进一步改善。

（张伟民、何　光）

［举行第十二届城市管理世纪论坛］ 5月26日，以“城市公共安全的常态管理与突发应对”为主题的第十二届“城市管理世纪论坛（夏季会议）”在学院举行，会议就如何在城市化加速、城市经济社会全面转型的背景下，多元防范城市公共安全常规事故与灾情；怎样科学应对城市公共安全突发事件，构建系统完善的公共安全常态管理体系和应急联动机制等进行了深入探讨，提出了诸多符合本土实际的应对理论和实践举措。

（张伟民、何　光）

［17种教材入选建设部高教教材选题］ 由学院教师主编的17种教材入选国家建设部高等教育土建学科专业“十二五”规划教材选题。它们分别是，李进的《环境艺术设计基础》，孙耀龙的《城市家具与陈设》，顾英的《园林植物》，钱军的《园林植物栽培与养护管理》，何向玲的《园林制图》，王震国的《城市管理监察执法概论》，邓宝忠的《园林工程（一）》，张弘的《现代木结构工程施工与管理》，张凌云的《工程造价控制（第三版）》，谢卫平的《房地产基本制度》，陈锡宝的《物业管理相关法规》，张凌云的《物业统计》，黄亮的《物业管理实训》，朱江的《房地产经营与估价综合实训》，黄亮的《物业设施设备管理概论》，陈雪飞的《房地产开发企业会计》，杨拥军的《物业设备与智能化管理》。

（张伟民、何　光）

［举办建筑建材业行政执法人员培训班］ 受市建设交通委法规处、市建筑建材业管理办公室以及市建设工程安全质量监督总站的委托，学院连续举办十期“上海市建筑建材业行政执法人员培训班”，来自市、区、县建筑建材业管理系统具有行政执法职能单位的1271名学员参加培训，该培训成为2011年本市建筑市场整治三项重大措施之一。

（张伟民、何　光）

［《城市管理》杂志被21国的4000余家机构使用］ 在年度华东地区和市级期刊评选中，《上海城市管理》杂志获得“上海市宣传世博、服务世博先进期刊”一等奖。《上海城市管理》杂志被全国各城市政府、建设系统、高校、科研机构以及图书馆订阅，并收入“中国核心期刊（遴选）数据库”、“中国中文科技期刊数据库”、“中国期刊全文数据库（CJFD）”，与“人大报刊文摘”、“中国知网”、“清华同方”、“万方数据”、“重庆维普”、“华艺客服”、“博看网”等网络媒体。据“中国知网”不完全统计，2010年，有21个国家的4186家机构和22个国家的个人使用了该杂志。

（张伟民、何　光）

附：学校负责人及地址

（2011年1—12月）

院党委书记、院长：谢卫平
副书记、副院长：喻晓荣
副院长：陈锡宝、李冠东、朱迎迎、丁为民

军工路校区地址：军工路2360号
邮编：200438
电话：65743348（总机）

虹漕南路校区地址：虹漕南路123号
邮编：200233
电话：64367400（总机）

河南北路校区地址：河南北路301号
邮编：200085
电话：63250475（成教学院）

杨树浦路校区地址：杨树浦路2219号
邮编：200090
电话：65433273（附属中专学校）

上海交通职业技术学院

［**2011年概况**］ 学院由原上海交运、海港、民航、轨道交通等四所行业院校共同组建而成，是一所独立设置、集陆、海、空、轨道交通教育为一体的，培养综合交通类专业人才的高等职业技术学院。学院现设四个校区。

学院占地面积约27万平方米，校园建筑面积14.48万平方米。在校生总数4596人，现有专任教师286人。学院设有10个系部、22个专业，其中"汽车运用技术"与"集装箱运输管理"专业为国家级教改示范专业，"报关与国际货运"专业为上海市特色专业。学院还是"上海市高校学生物流管理类职业技能鉴定所"和"国家技能型紧缺人才汽车运用与维修专业培养基地"，设有校内外实训基地110余个。

据统计，学院计划招生22个专业（含专业方向）1791人，录取1773人，实际报到1574人，录取率为99%，报到率为88.8%。其中计划招收本市高中生300人，录取311人，实际报到300人；三校生计划招收520人，录取530人（其中依法自主招生340人，上海市统一招生190人），实际报到527人（其中依法自主招生339人，上海市统一招生188人）；外省市计划在21个省招收970人，录取932人，实际报到747人。目前学院在校生总数4596人，其中外地生源比例达55%。

完成学院《教育事业"十二五"发展规划》配套规划《"十二五"师资队伍建设规划》、《"十二五"数字化校园建设规划》等一系列规划的编制。

优化专业结构体系。制定六大重点专业提升计划及其"085工程路线图"，推进空乘专业五年品牌建设，启动该专业实训考评体系、"空乘客舱服务"精品课程建设，开发"客舱服务"、"离港系统操作"等6门实训课程。完成"城市轨道车辆检修专业2010—2013年教学质量目标"的编制。开设"空中安全保卫"、"飞机制造技术"2个新专业，完成"汽车运用技术"、"报关与国际货运"专业申报，以及"汽车运用技术（新能源汽车方向）"新专业申报。配合专业结构调整，出台《校本教材建设管理办法》，落实校本教材立项与开发工作，现已立项30项。主编国家规划教材。高职专业核心课程《汽车发动机构造与维修》、专业方向课程《事故汽车核损与理赔》、《发动机机械系统检测诊断与修复》、《汽车维修业务管理》，先后由人民交通出版社出版发行。

推进校企合作。与交运日红物流公司签订校企合作协议，建立和完善丰田汽车（中国）职业教育项目、上海市高职汽车类专业师资教学能力提升项目，以及上海市汽车修理有限公司、永达集团等有特色的践习单位（基地）。参与校企合作项目课程和教具开发，利用校企合作项目和汽车实训中心这两大平台，参与上海大众汽车SCEP课程开发和员工技术培训基础课程开发；结合职业资格鉴定标准提升和实训条件改善的要求，设计和实施"汽车试验台架技术改造"项目。实施工学结合"定单式"人才培养模式，将职业资格证书考核内容纳入专业（课程）教学标准体系，尝试把专业竞赛模式运用到学生能力培养上。

优化师资队伍结构，提升教学科研质量。制定《公开招聘人员暂行规定》、《"专业带头人工作室"培育办法》、《教学团队建设实施方案》、《企业兼职教师选拔聘用和管理办法》和《校级教学名师培育方案》等，下发《2011年度教职员工培训计划》。5位教师入选"教师专业发展产学研践习计划"。完成上海市第六届高校"教学名师"申报，1人获批高校青年骨干教师国内访问学者，1人获批上海市高校青年教师资助计划（原高校"优青"项目）。建立5个专业带头人工作室，10名教师入选首批"校级名师"培育。组织开展各级各类课题申报、立项工作，共计申报58项，其中立项的省市级以上课题15项、院级课题22项。各类课题已完成研究报告40项，其中省部级以上及各级学术研究会课题22项，院级课题18项。教师发表各类论文114篇。《"订单培养"推进高等职业教育校企合作的技术探讨》获交通职业教育教学指导委员会、汽车运用与维修专业指导委员会主办的全国交通职业教育汽车类专业实训基地建设与实践教学改革论文评选一等奖。《〈英国利兹城市学院战略规划〉引发的思考》、《职教集团化办学的中高职教育贯通研究》获中国职业技术教育学会职教期刊编辑专业委员会主办的第八次全国优秀职教文章评选一等奖。

开展"奖贷助减"活动。2011年共有上海市优秀毕业生45人,奖金5.4万元;3人获国家奖学金,共计2.4万元;4人获上海市奖学金,共计3.2万元;125人获国家励志奖学金,共计62.5万元;帮困助学方面,1002人次获国家助学金,共计143.7万元;292人获国家助学贷款,计175.2万元;293人获得伙食费补贴,计87900元;设立勤工俭学岗位193个,发放费用189070元;以上四项总计1780人次,3465970元。

切实抓好就业推荐工作。2011年学院毕业生共1459人,涉及18个专业,就业率为94.59%。

切实抓好教育培训服务工作。开展职业技能鉴定与考核,全年共培训鉴定2万余人次。各校区开设业余大专班,学院成人业余大专班在校生265人;2011年招收《汽车技术服务与营销》专业101人、《民航商务》专业33人,两者共计134人。

加大基本建设工作力度,学院投入近千万元,完成20余项工程建设。加快专业实训室标准化建设进程,完成汽车新能源实训室、物流实训中心改造工程,新建"ASEP服务实训室"、"捷豹路虎汽车实训室"等,完成"停车场综合引导系统"、"车队GPS定位系统"建设项目。

(陈一鸣、王晓红)

[举行建院10周年庆典暨素质教育展示活动] 4月22日,学院举行建院10周年庆典暨素质教育展示活动。交通运输部发来贺信。1700多名师生参加了活动。庆典大会表彰了学院"十佳"教师、"十佳"辅导员、"十佳"教育工作者。学生用文艺表演展示学院素质教育的丰硕成果。

(陈一鸣、王晓红)

[在高校思想政治理论课教学比赛中获奖] 2011年4月,思政课青年教师金鑫鑫在上海市教卫党委、上海市教委组织的"第一届上海高校思想政治理论课教学比赛"中脱颖而出,获《毛泽东思想和中国特色社会主义理论体系概论》教学比赛二等奖。

(陈一鸣、王晓红)

[启动易班建设专题培训] 2011年5月20日,学院举行易班建设启动仪式。于2010年11月获批为上海市易班建设第三批试点院校,也是上海市第一个启动易班建设的高职高专院校。目前易班工作已在学院四个校区全面展开,共有86个班级入驻,注册人数3283人。

(陈一鸣、王晓红)

[京津沪交通职教集团缔结建设同盟] 2011年10月,由上海交通职业技术学院、上海交通物流职教集团发起的首届京津沪全国交通职业教育集团化办学联席会议章程签约仪式在北京举行。北京、天津、上海的交通职业院校、交通职教集团自发缔结集团化办学建设同盟。联席会议属北京、天津、上海等三个直辖市交通职业教育集团自愿组成、共创共进、合作发展的非营利、非社会团体法人的合作同盟。其基本任务是:按照"平等协商、优势互补、突出创新、共同发展"的原则,保持沟通和协商,力求形成合力,实现全国交通职业教育集团化办学又好又快发展。

(陈一鸣、王晓红)

[高职高专汽车类专业职业技能决赛举行] 由上海市教育委员会、上海市人力资源和社会保障局主办,上海市职业教育协会、上海交通职业技术学院承办,上海景格汽车科技有限公司协办的2011年上海市高职高专汽车类专业职业技能竞赛决赛于2011年12月24日下午在学院举行。本次竞赛为上海市技能大赛二类竞赛,竞赛历时半年,来自上海交通职业技术学院等全市15所高职高专院校汽车类专业1379名学生参加了初赛,其中767名学生通过考核,获得国家汽车维修职业资格四级(中级)证书,获证率为54%,最终15所院校共90名选手参加了汽车运用技术理论笔试和计算机仿真模拟排故比赛和汽车维修技能实操项目比赛。

(陈一鸣、王晓红)

附:学校负责人及地址

(2011年1—12月)

院党委副书记:俞景平(主持工作)、鲍贤俊

院　长:鲍贤俊
副院长:于　再、张佳敏、汤定国、张伟国、武　勇

校　址:呼兰路883号
邮　编:200431
电　话:56993234

上海海事职业技术学院

[**2011年概况**] 2011年，学院开设专业23个，在校生4330名，其中航海类专业在校生1171名。成人教育开设专业5个，在校生358名，其中航海类专业在校生260名。2011届毕业生1362人，就业率达91.5%。共开办各类培训班411期，培训总人数12702人次。

推进航海类专业教学改革，特别是航海类专业英语教学改革，制定《航海类专业英语教学考核奖励办法(试行)》，修改完善了《船员适任证书考试奖励办法(试行)》。加强航海类专业实操技能培训，加强实践实习环节的管理，特别是安全管理，提高学生的综合职业素质。做好"专业群"建设工作。根据《学院定位和专业布局优化调整方案》，推进三大专业群中新专业的开发。启动"十二五"重点专业建设，开展专业人才培养模式的创新试点工作。"085工程"重点专业建设项目有五项获批。

加强实习基地的建设，逐步形成各专业实践教学体系。利用校内五大实训中心资源，加强学生(学员)实训、实习项目的落实。各个专业着手建立校外实习基地，探索开发工学交替、顶岗实习的实践教学项目，不断提高实践课程教学质量。

落实学院《教学团队建设管理办法》和师资建设规划，制定《专业领军人才和教学骨干教师引进计划》，以全力推进师资队伍建设。落实航海类专业教师船岸互动机制，安排2名航海类专业教师到集团大型船舶上见习。加强师资培训工作，全年安排教师培训、参加各类学术会议达百余人次。组织近10名航海类教师参加《STCW公约马尼拉修正案》履约解析培训和海船船员培训合格证考试大纲研讨会；安排11名航海类专业教师参加适任证书换证知识更新培训、10人次参加艇伐、液货等专项师资培训；4人参加航海轮机英语骨干教师研修；有4名教师已经通过了海事局磁罗经校正师理论考试。

举办"红五月"歌会

确立18个教学科研课题项目，并制定了《教育科研项目管理办法》。五名教师2008年优青课题已经顺利结题；组织申报2011年交通运输职业教育科研项目三项，其中有两项被获准为全国交通职业教育2011年A类重点课题；5篇参加第八次"全国优秀职教文章"评选的论文均获奖，其中，一等奖一篇，三等奖两篇，优秀奖两篇；5项科研成果获得"中国交通教育研究会职业教育分会2009—2011优秀教育科研成果奖"；2名青年教师入选上海市"晨光计划"项目。

推进培训项目开发，提高船员培训质量。开设中海油运三管轮岗前英语强化培训、中海货轮水手机工技能培训、中海集运后备干部培训班、上海市人力资源和社会保障局船舶高级工培训、船舶电机员业务技能培训、机舱资源管理师资培训等培训项目，完成了船舶高级消防师资培训班的办班任务。2011年，学院还被上海市职业技能鉴定中心授予国家职业技能鉴定所(站)。全年，船员培训共开设培训班379期，培训总人数11283人次，党校干部培训班16期，培训967人次。

完成普通高校专科招生，"三校生"高考招生。普通高校高职专科招生录取覆盖全国26个省市，13个专业，录取新生报到1462人。落实《毕业生就业推荐工作管理办法》，2011届高职毕业生1362人，就业率达91.5%。

加快实训中心建设，优化教育培训环境。轮机智能化仿真实训中心建设通过一期、二期总体验收；特殊船舶公共实训中心、船员安全培训实训中心和国际航运实训中心二期项目的建设按计划推进；通过了市教委评估院对海员公共开放实训中心运行的绩效评估；完成了船员培训机构资质核验整改工作中各项设施设备的完善和添置工作；开展教学设施设备的更新和改造工作。

(王　月)

[亚丁湾索马里水域护航船长事迹报告团来院宣讲]　3月29日，交通运输部亚丁湾索马里水域护航船长事迹报告团到学院，为师生们作报告。6名报告团成员分别作了题为"受命出征亚丁湾"、"我伴海军斗海盗"、"当好护航一线的白衣天使"、"我给海军当顾问"、"我教商船抗海盗"、"直挂云帆沧海"的报告。他们从不同的视角讲述了亚丁湾、索马里海域护航的幕后故事。

(王　月)

[举办杨怀远报告会]　在"五一国际劳动节"即将到来之际，学院特别邀请以"小扁担精神"闻名的全国劳动模范杨怀远为近千名师生做专题报告。引起所有航海类专业学生的极大共鸣，更加坚定了这些未来海员们为祖国航海事业奋斗的信心和决心。

(王　月)

[开展就业指导周活动]　学院就业中心专门组织开展了形式多样、内容丰富的"就业指导周活动"。特别进行了有针对性地就业指导，重点是对就业困难的毕业生的帮扶；学院还邀请了中国海运(集团)总公司、交通部救助局、中海洋山国际集装箱储运有限公司、招商局物流集团上海有限公司等60余家用人单位举行两场2012届毕业生双选会，共有1400余名毕业生参加。其中，2012届航海类专业毕业生80%以上与用人单位签订了就业协议书，有500多名非航海类专业毕业生与用人单位达成意向。

(王　月)

[举行航海类专业学生半军事管理成果展示]　12月9日，学院举行航海类专业学生半军事管理成果展示。学院领导们参观了航海类专业学生宿舍内务，观摩了机电工程系轮机专业学生的军事队列和叠被表演、航海技术系学生的插钢丝、打绳结、撇缆表演。

(王　月)

附：学院负责人及地址

(2011年1—12月)

院党委书记：孙欣欣
副　书　记：李根新、沈志华

院　　长：李　勇
常务副院长：姚张平
副　院　长：孙　琦、张卫亮

地址：浦东新区源深路158号
邮编：200120
总机：58312059

上海电子信息职业技术学院

［**2011 年概况**］ 学院总部位于上海市奉贤区，建有完备的教学中心、实训中心、图文信息中心、室内外运动场和生活园区等，另有长宁校区和徐汇校区。设有 7 个教学系、部和 3 个二级学院，共设 27 个专业，其中国家级重点专业 4 个，国家级教改试点专业 1 个，上海市教改试点专业 2 个，现有全日制在校生 6800 余人，毕业生就业率始终保持在 97%以上。

2011 年，学院启动“国家示范性高等职业院校建设计划”骨干高职院校建设，并以此为抓手，带动上海市“085 工程”建设、行业院校提升计划建设、中央财政和上海市财政支持的专项及重点专业建设等重点项目。创新人才培养模式，形成多种形式的“植根行业、校企联手、工学融合”的人才培养模式。通过“需、特、强”专业建设，提升办学水平。健全完善管理制度，编印《上海电子信息职业技术学院规章制度汇编(二)》。进一步推进了二级网站建设和网站群系统的使用，学院三期建设“人防”工程竣工并获验收。

通过高等职业院校人才培养工作评估

学生在全国各类职业技能大赛中获佳绩。在全国职业院校职业技能大赛上，学院代表取得了一等奖 1 项、二等奖 1 项、三等奖 1 项、优胜奖 2 项，其中计算机应用系获“神州数码”杯信息安全技术应用赛项团体一等奖。在 2011 年全国通信行业的“企业融合通信业务”和“网真视讯业务”赛项比赛中，分获团体一等奖 1 项、二等奖 1 项和三等奖 2 项。在 2011 年全国信息技术应用水平大赛移动互联网站设计竞赛中获一等奖。在 2011 年全国软件专业人才设计与开发大赛竞赛中获二等奖。学院在全国第三届大学生艺术展演中共获 18 个奖项，其中二等奖 7 项，三等奖 11 项。

全面提升双师素质。根据不同的教师类型制定相应的培训内容、培训途径和培训效果的评价体系，进一步完善专业双带头人、“双师素质”教师和企业兼职教师的培养和管理机制。教师科研创新能力和教育教学能力显著提高。年内，1 名教师评为上海高等学校市级教学名师、计算机网络技术专业教学团队获 2011 年度上海高等学校市级教学团队；《光传输与系统运行与维护》、《自动线安装与调试》、《会展现场管理》3 门课程被评为上海高等学校市级精品课程。《通信技术》专业在上海市高职重点专业教学设计比武中荣获三等奖。获上海市第十届教育科研优秀成果二等奖 1 项，承担国家教育体制改革项目 1 项，获批国家教育体制改革子项目 1 项、教育部人文社科项目、市教科研项目和市科研创新项目等各类课题和科研项目 40 项，教师共发表论文 139 篇，其中核心期刊论文 26 篇，出版教材 21 种。教师在上海市高等职业院校第一届“中诺思杯”经济、管理类专业教师教学技能竞赛说课比赛和上海市第二届(外教社杯)高职高专英语教师教学大赛中获一等奖和二等奖。

加强校企深度合作。年内,学院相继与上海通用汽车有限公司、三一重机股份有限公司签订校企合作协议书;完成30名高职特聘兼职教师的统筹协调、资格审查及汇总申报等工作;为集团内的企业和学校提供员工岗位培训、职业技能培训和鉴定、专业技能培训共1000人次以上;拓展定向培训或订单式教育班。

全面做好学生工作。进行大学生理想信念教育,开展大学生职业生涯、社交礼仪、行为规范、职业技能等系列主题教育活动;组织暑期社会实践服务队赴云南省大理州永平县盘龙村的"三下乡"活动,获得"上海市大学生社会实践优秀项目奖";开展了第三届校园文化艺术节。完成申报国家奖学金5人、上海市奖学金6人、国家励志奖学金232人、国家助学金911人;27名学生获得上海市慈善基金会助学基金资助,累积资助款共计67000元;拓展勤工助学岗位,投入资金191081元,学生参与校外勤工助学1200余人次;做好学费减免工作,对50名特别困难学生进行学费减免的审核与认定。顺利完成2011届毕业生就业工作,毕业人数2230人,就业率达97.85%。

加强社会服务能力建设。年内,为上海市人力资源与社会保障局开发了"无线电调试工"(四级、三级)的培训与鉴定工种、申请了"人力资源管理师"培训中心的资质,完成了各级各类职业技能培训1880人次,其中进城务工人员岗位技能提升培训"电子设备装接工(上岗)"12个班共计705人次;仪电企业员工初级、中级共计3个班105人次,中层干部技能提升培训40人次;联合系、部和二级学院组织在校生职业技能考证培训933人次;兄弟院校职业技能考证培训及其他企业人员技能提升培训97人次。继续做好云南、贵州等中西部院校对口帮扶工作,顺利完成8期共242人的西部职教培训工作。组织2011年骨干院校校长赴德考察团。与贵州电子信息职业技术学院、安顺职业技术学院等院校签订对口帮扶协议。

(李　旺)

[与"三一重工"签约]　4月19日,学院与三一重机股份有限公司校企合作签约仪式在奉贤校区举行。市教委、奉贤区等相关领导出席了签约仪式。学院党委书记、院长杨秀英、三一重机股份有限公司人力资源总监邓荆辉代表合作双方签署《校企合作协议书》。双方表示要积极探索校企合作新模式,实现校企双赢,让政府、让家长、让学生放心。

(李　旺)

[上海电子信息职业教育集团召开常务理事会]　4月19日,上海电子信息职业教育集团在上海仪电控股(集团)公司召开一届四次常务理事会。集团副理事长杨秀英所作《上海电子信息职业教育集团一届四次常务理事会工作报告》。会议审议并决定由上海仪电控股(集团)公司董事长、党委书记蒋耀任上海电子信息职业教育集团第一届理事会理事长。

(李　旺)

[教育部国际合作与交流司领导视察学院]　12月28日,教育部国际合作与交流司领导到学院视察中德合作的实训基地。学院领导、德国汉斯·赛德尔基金会项目负责人陪同视察。教育部国际合作与交流司领导希望学院充分发挥中德职教合作项目的优势,积极参加教育部牵头的中德职业教育标准的制定、师资培训、接受境外实习生等项目推进工作。

(李　旺)

附:学校负责人及地址

(2011年1—12月)

院党委书记:杨秀英
副　书　记:顾剑锋

院　长:杨秀英
副院长:顾剑锋、靖素忠、徐松鹤、严晓华、吴依本

学院本部(奉贤校区)
地址:瓦洪公路3098号
邮编:201411
总机:57131333、57132333

徐汇校区
地址:中山南二路620号
邮编:200032
电话:64172394(总机)

长宁校区
地址:玉屏南路560弄18号
邮编:200051
电话:64598344(总机)

上海济光职业技术学院

[2011年概况] 学院有建筑系、建工系、经管系、机电系、外语系、护理系、基础部、思政教学部等8个系部,招生专业23个。教职工230人,其中行政管理及后勤人员109人,教师、辅导员和教学辅助人员121人。计划招生总数为1955人,上海地区招生计划880人,外省市招生计划1075人。录取1683人,录取率为86.09%。到校报到注册1541人,报到率为78.82%,录取报到率为91.56%。其中依法自主招生报到率为100%。经上海市教委批准,学院从2011年起获成人高等专科学历教育资质。学院继续做好学生就业工作,2011年学院的初次就业率是98.3%、签约率是78.05%,达到了学院有史以来最好的水平。学院获得中央和地方财政拨付的专项资金1271.9万元。其中,上海市民办高等教育政府扶持资金580万元,奖助学金等403.9万元,访问学者产学研专项基金49.5万元,高地建设200万元,其他经费38.5万元。

教育教学成果。至2011年学院已有4门课程被评为市级精品课程,其中建工系应惠清老师的"建筑施工技术"被评为市级精品课程。建筑系马怡红老师领衔的建筑设计技术专业教学团队获得上海市级教学团队。首次启动院级教学成果奖申报、评审工作,评出校级教学成果奖4个。有2门课程成为校级精品课程建设项目。新增5个校外实训基地。目前学院6系1部已与上海三益建筑设计有限公司、上海交大附属瑞金医院、宝山烈士陵园与淞沪抗战纪念馆等66家校外实训基地分别签订了协议书或举行挂牌仪式,建立了相对稳定的实习基地。

建党90周年师生歌咏大赛

师资队伍建设。重新聘任了系(部)主任、专业主任。各系部有计划地安排一批青年教师到企业或行业进行培训;配套资助各年度"上海高校选拔培养优秀青年教师科研专项基金"的青年教师;组织青年教师继续申报"晨光计划"和"优青项目"。建立和完善兼课教师的信息和各种要求。实施了《上海济光职业技术学院青年行政管理人员增资方案》。

人才培养工作。学生在各类比赛中获得佳绩。在"交大社思源杯"日语演讲比赛中分别获得一等奖、三等奖。在上海市第四届高职高专实用英语(听力)竞赛中获专业组一等奖。在全国日语技能大赛中获个人项目特等奖和团体二等奖。学生中有4人获国家奖学金,149人获国家励志奖学金,4人获上海市奖学金。颁布《就业工作(奖励)考核标准》;建立"就业信息网上平台";举办年度校园招聘会。举办以"健全人格、完善自我、愉悦生活"为主题的心理活动周和做好新生的心理测试工作，创办了《心空间》杂志。经市教卫党委评定，学院获2009—2010年度上海市教卫党委系统委级文明单位称号。

对外合作交流。学院接待了4批15人次的国外校级来访。与英国百德学院商榷合作办学；首次组织教师赴英国博尔顿大学访问交流；组团出访日本4所高职院校，开展了校际交流。

后勤保障工作。2011年图书馆电子阅览室更新了90台电脑。馆藏资源建设达标，纸质图书递增20420册，建馆8年来第一次超越“工科类”高职高专院校图书生均册数合格指标要求。实现了两校区校园网贯通。筹建面积约6500平方米的学生活动中心项目，已完成了审图、申请规划许可证和进入招投标程序。武东校区学生宿舍安装了空调。顺利完成了对固定资产的清查。

（王凤丽）

［部署落实“十二五”规划的开局工作］ 学院“十二五”规划经学院董事会审议批准，于上半年开始执行。学院通过各种途径进行部署落实，围绕重点专业、实训基地、骨干教师队伍、全方位育人、校园文化等建设进行组织实施。学院通过召开主题为“强化责任制，持续、稳步推进内涵建设”的全体中层以上干部会议，与“六系一部”的系、部主任签订“2011年度目标责任制”，把各项工作任务与系、部主任以签约的形式予以落实，并充分发挥专业主任和骨干教师的积极性。

（王凤丽）

［推进校企合作］ 学校与同济大学建筑设计研究院（集团）有限公司商业分院、上海东江建筑勘察设计工程有限公司、上海东江建筑装饰工程有限公司、中原（中国）房地产代理有限公司、上海畅联国际物流有限公司、用友集团畅捷通信息技术股份有限公司、上海协通（集团）有限公司、上海汽车工业销售有限公司二手车销售平台等8家单位签订校企合作培养人才协议书，建立了相对稳定的校企合作关系。学校已与11个企业签署合作协议。

（王凤丽）

附：学校负责人及地址

（2011年1—12月）

董事长：夏克强

院党委书记：潘洪祺
副　书　记：陈成澍　姚健敏

院　长：陈成澍
副院长：潘洪祺、姚健敏、谢陪俐

学院本部：水产路2859号
邮编：201901
电话：66761065

武东校区：武东路51号
邮编：200433
电话：65108907

上海工商外国语职业学院

［2011 年概况］ 学院全年招收全日制高职学生 2282 人，其中春季招生 32 人，自主招生 724 人，三校生招生 135 人，秋季招生 1391 人，在校生总数 6336 人。2011 级新生中上海生源 1247 人，外省市生源 1034 人，总体报到率 93.2%。毕业学生 2161 人，初次就业率 99.44%，就业签约率 93.05%。

加强师资队伍建设。全年新进教职工 40 人，专任教师中晋升正教授职称 2 人，讲师职称 18 人，1 人获上海市教学名师奖，1 人获“晨光计划”资助项目，6 人入选“上海高校青年教师培养资助计划”，79 人次参加了境内外各类培训进修活动。启动应用英语、国际商务、应用韩语、数控技术和大学英语课程等 5 个教学团队建设，建立了中青年特殊津贴制度，23 名教师首批入选。

加强专业、课程建设。恢复旅游管理专业招生，调整电脑艺术设计（产品造型方向）为视觉传达艺术专业并列入招生计划，申请备案会计专业筹备建设。完成了应用英语、应用德语、应用日语、国际商务、文秘等 5 个上海市高职高专院校“085 工程”重点专业建设路线图。推进公共外语教学改革，构建“基础外语＋通用职场外语＋专业职场外语”的教学框架。强化职业能力培养，在课程体系中增加职场礼仪、职业汉语和职业生涯规划的教育内容。批准立项 28 个课程建设和教改项目，申报获批立项校外研究课题 11 项；《国际贸易理论与实务》获评上海市级精品课程。

完善实践教学条件。学院报废陈旧老化电脑 842 台，改建机房 1 个、语音室 4 个，新建多媒体教室 20 个；获批上海市教委教学高地建设项目资助经费 200 万元，学院配套投入 120 万元，建成现代文秘综合实训基地；5 个校企合作技师学院项目获批，学院具有高级工培训考证资格的专业增加到 12 个；经申报、答辩，机电系浦东新区数控高技能人才培养基地通过评审。

扩展交流合作。全年聘请外籍教师、专家 11 人，接待各类国外人员 17 批共 170 人次，新签署国际交流合作协议 3 个，组织 11 名干部教师出访韩国、德国、法国 8 所院校，开展了澳大利亚游学、德国 F＋U 培训、美国带薪实习、新加坡留学实习项目。校企合作委员会新增 7 家企业单位，与中国移动上海公司、电讯盈科公司等建立了“订单”培养班；院、系两级校企合作单位接收毕业生顶岗实习 451 人次，录用毕业生 175 人，企业兼职任课教师 21 人。

提升社会服务能力。先后承办国家商务部“发展中国家后经济危机时期金融政策支持研修班”、“埃及财政部税务官员研修班”和“发展中国家公共财政与政府预算管理研修班”三个援外培训项目。建立 12 个校外大学生志愿者服务实践基地，开展 24 项志愿服务活动，参与志愿服务 2000 余人次。

推进精细化管理。2011 年，制订、修订制度性文件 9 个，汇总、编印了《学院管理制度汇编》、《部门职责与工作流程汇编》，坚持党政联席会议制度、教学例会制度、学生工作例会制度、后保工作例会制度，实行董事会、党政联席会议制度和中层干部会议制度，建立了“督导信息”制度。

2011 年，学院举办方全部完成法人财产权资产过户工作，学院被评为全国民办高等教育优秀院校、2009—2010 年度上海市教卫党委系统文明单位。师生在各类市级以上教学比武、职业技能竞赛活动中共获得 36 个奖项，其中团体奖 3 项，个人奖 33 项。

（周春林、葛春晖）

［召开校企合作委员会工作会议］ 1 月 7 日，学院召开校企合作委员会工作会议，27 家校企合作单位出席。会议通过了《上海工商外国语职业学院校企合作委员会宣言》。

（周春林、葛春晖）

［举办首届“交大社思源杯”日语口语大赛］ 6 月 3 日，学院承办上海市高职高专院校首届“交大社思源杯”日语口语大赛，比赛分为命题演讲和看图说话两部分，共 22 名选手参加比赛。日语系学生张呈赟获一等奖，唐震宇获二等奖，日语系教师仇宝华等

获优秀指导一等奖。

（周春林、葛春晖）

[**举行建校10周年庆典**] 10月22日，学院举行建校10周年庆典大会，全国政协副主席厉无畏为校庆题词，中共上海市委副书记殷一璀发来贺信，上海市教卫党委书记李宣海、市教委主任薛明扬出席会议。会后，李宣海、薛明扬为学院上海市教学高地建设项目“现代文秘综合实训基地”落成揭牌。

（周春林、葛春晖）

附：学校负责人及地址

（2011年1—12月）

董事长：钱　莹

院党委书记：王一鸣

院　长：朱懿心

副院长：董大奎、黄　平、陈　昊

地址：浦东新区惠南镇观海路505号

邮编：201300

电话：68020621（院办）

上海科学技术职业学院

［2011 年概况］ 学院现有通信与电子信息系、机电工程系、经营管理系、商务流通系、人文与社会科学系和基础教学部 6 个系(部),开设安全防范技术、应用电子技术、通信技术、机电一体化技术(数控机床维修)、数控技术、应用英语、社会工作、电子商务、人力资源管理等 24 个专业。全日制高职在校生 4251 人,当年招生 1454 人,报到率为 92.6%;2011 届毕业生 1376 人,就业率达到 98.8%。

学院以重点专业建设为契机,以就业为导向,按“适需、显特”的原则,确定安全防范技术、机电一体化技术、电子商务、社会工作、创业服务与管理 5 个重点建设专业在实训基地建设、师资队伍建设、人才培养模式改革、技术服务与社会服务等方面取得突破性进展,通过专业群效应,带动了专业建设的整体质量和水平。

安全防范技术专业以上海安防协会为面,以骨干企业为点,推进校企合作。与公安部第三研究所国家反计算机入侵与防病毒研究中心签订合作协议,与上海爱谱华顿电子工业有限公司签订协议,共建校外实训基地,创办爱谱华顿合作培养班,举办第二期和第三期上海高校安全防范系统技术人员培训班,105 名高校保卫干部接受培训。

学院与国家反计算机入侵和防病毒中心签订合作协议

根据“十二五”师资队伍规划,结合专业和课程建设的需要,加强重点专业教师的引进和培养。为提升教师的技术服务和实践能力,根据学院《教师产学研践习工作实施意见》,10 名教师进入企业挂职锻炼,1 名教师作为国内访问学者赴上海交大进行访学。教师参加各类竞赛和评选屡屡获奖:张晖老师获全国高职高专英语教学课件大赛一等奖;“大学生创业基础”项目获上海市第十届教育科研成果三等奖;毛毓申老师获首届全国高校就业指导课程教学大赛上海赛区二等奖。人事制度建设方面,完善“树立典型、有效激励、优胜劣汰”的激励机制。

探索德育规律,强调重在“育人”,营造和谐向上的校园文化环境。加强校情教育和校园规范教育;开设校园系列讲座,邀请学者专家来校,分别以“走进图书馆”、“修炼情商、享受大学生活”等为专题,让学生感受校园特有的精神生活方式;结合 2011 级形势政策课,以“在历史中沉思,在历史中奋起——辛亥革命启示录”为题,引导学生认识历史、明确责任,增强学生的校园归属感,营造和谐向上的校园文化环境。

数字化校园平台进入常态化运行的状态。计算中心完善了OA系统的后台管理、数据存储维护、服务器运行等技术支持,数字化校园平台运行初现成效,各项管理工作效能得以提升,同时也带动教职员工科学管理的理念革新。培训中心被嘉定区人力资源和社会保障局评为2011年高技能人才培训金奖。全年完成等级工培训2778人,进城务工人员培训3272人,外语、计算机、统计类及其他培训2230人,职业技能鉴定10939人。取得汽车维修电工(初级)和计算机程序设计员(中级)培训资质。

(曹 哲)

[举办"创业讲师培训班"] 上海市高等教育学会高职高专创业教育专业委员会委托学院承办首期"创业讲师培训班"。上海12所院校的25名教师参加培训。首期培训班由学院董事长朱建新(上海市高教学会高职高专创业教育专委会主任、YBC全国导师委员会副主席、国际劳工组织KAB创业教育讲师)、创业管理专业主任李肖鸣(上海市高教学会高职高专创业教育专委会秘书长、清华大学创业导师)、人力资源管理专业主任袁圣东(国际劳工组织KAB创业教育讲师)三位教师授课。

(曹 哲)

[学生参赛获奖] 在2011年大学生数学建模大赛上,学院学生获上海市二等奖2项、上海市三等奖1项;在2011年大学生电子设计竞赛中,学院学生获得本科组全国二等奖1项、上海市一等奖1项,通信与电子信息系学生获"国信蓝点杯全国软件专业人才设计与开发大赛总决赛JAVA软件开发"高职高专组一等奖。人文系教师和学生在2011年中国首届"设计再造"创意大赛中获三等奖1项,入围奖5项。商务精英社学生在2011年全国高校市场营销大赛上海赛区决赛中获一等奖1项、二等奖2项、三等奖1项,在2011年第四届全国高校市场营销大赛总决赛中获二等奖1项。在首届上海市大学生创业竞赛中,学院获"创业计划团体奖"三等奖;4名学生获"创业能力个人优胜奖"。

(曹 哲)

[建立"上海科嘉社会服务发展中心"] 经嘉定区民政局批准,学院建立"上海科嘉社会服务发展中心"并设立了"创新社会服务孵化基地"。"中心"的工作主要以创新服务项目孵化为主,并承担民政及相关部门委托的研究支持和项目督导任务,于10月中旬开展首个进城务工人员职业能力提升项目,有20余名进城务工人员参加了培训。

(曹 哲)

[与企业联合创办"有为教育图像处理中心"] 为拓展高职学生知识和技能,学院结合市场需求与在校生情况,与上海齐家网信息科技股份有限公司、上海有为教育信息咨询有限公司联合创办了"有为教育图像处理中心",作为对本校学生进行校内培训、实习的基地,培训的主要内容涉及摄影、美工和图描等一系列当今电子商务行业需要掌握的重要技能。

(曹 哲)

附:学校负责人及地址

(2011年1—12月)

董事长:朱建新

院党委书记、院长:庄顺根
副　书　记:周财宝

常务副院长:马德垺
副　院　长:王云飞、俞　伟

地址:嘉定区金沙路280号
邮编:201800
电话:69990010

上海农林职业技术学院

［**2011年概况**］ 学院设有园艺园林系、动物科学技术系、商务旅游管理系等五系一部和12个教学单位22个专业，在校学生3588人，专任教师198人，其中具有高级职称的教师51人，占26.4%。毕业生1366人，其中1359人已就业，就业率为99%，签约率91%。校园占地面积384481平方米，总建筑面积121970平方米。

加强内涵建设，教学改革进一步深化。启动“085工程”项目建设，获得了园艺技术、园林技术、动物医学和生物技术及应用4个重点专业建设项目建设资金660万元。进一步优化专业结构，完成“农业经济管理”等4个涉农新专业和“农机化应用技术与管理”等9个涉农新专业方向的开发和部分招生工作。实施涉农专业学生学费减免政策，共涉及“种子生产与经营”等18个涉农专业，3个年级共1075名学生受益。

深化校企合作，改革培养模式。依托上海现代农业职教集团，与光明食品集团上海五四有限公司联合举办了校企“双主体”人才培养试点班——“五四班”，同农机行业和农机企业合作开设“农机班”，“动物医学”专业中高职教育贯通培养完成招生工作。

优化师资队伍建设，提升内部管理水平。2011年共安排20名教师到农委系统企事业单位顶岗实践。同时按照市教委要求完成“上海高校教师产学研践习计划2011—2012年申报”工作，2011—2012年产学研教师践习申报共32人，其中2011年参加践习的教师20人。年底开展中层领导干部换届工作，切实把德才兼备、实绩突出、群众公认的优秀人才选拔到中层领导岗位上来，其中“80后”年轻干部7人。

加强校园文化建设。借鉴世博会志愿者活动经验，积极丰富内涵、外延更广的志愿服务活动。学院延续并完善校园平安志愿者队运行，动科系城市轨道交通志愿者队、园艺园林系与信息与计算机系的“百姓义工”、应外系幼儿园双建等各类志愿活动获得社区与市民的好评。各志愿者队结合“学雷锋”，使志愿者精神延续青春的活力。学院获“上海市文明单位”、“上海市花园单位”、“上海市平安单位”称号。

加强实训基地和实训条件建设。五库实训基地项目获得市发改委可研批复。同时继续拓展实训基地建设，在五库基地新租用70亩土地、在奉贤五四农场租用620亩土地作为教学实训场所，为探索“校中场、场中校”的工学结合、校企合作教学实训模式改革进一步创造基础条件。

积极服务三农。学院参与市农委组织的“千村万户”调查，全面了解农民的生产和生活现状，详细了解农民的需求，为上海市政府和农业行业主管部门决策提供了第一手资料，按照市农委的要求，聘请上海涉农高校和行业内的专家教授编写全国基层农技人员培训教材；协助市农委完成农民培训工作；完成三峡移民农村干部培训工作。向崇明县陈家镇晨光村农民科技书屋赠送600多本农业科技图书、200多套农业实用技术光盘和一套多媒体播放器。聘请水稻种植、水产养殖、畜牧养殖、植保机械化等方面的农业技术专家接受农民咨询，为农民解决农业生产技术等问题，并为农民免费发放500多本农业科技图书。

增进国际交流与合作。全年共派出各类出访团组3批27名师生赴韩国济州、法国圣·日耳曼农业学校以及瑞士出访交流。接待法国圣·日耳曼农业学校、丹麦农经学院、澳大利亚阳光海岸TAFE学院等9批40人次国外师生来访。

（蒋　洁）

［**召开第一届党代会**］ 2011年10月21日，中共农林职业技术学院第一次代表大会开幕。大会回顾总结过去五年的主要成绩和经验，分析学校面临的机遇和挑战，明确未来5—10年学院的奋斗目标和主要任务。

（蒋　洁）

［**上海现代农业职业教育集团第一届理事会举行**］ 11月25日，上海现代农业职业教育集团第一届理事大会举行。在自愿、互利、友好、协商的基础上，上海现代农业职教集团通过校企合作、校校合作、校协合作、校培合作等模式，邀请和吸纳了国家

级和市级农业龙头企业、开设涉农专业的中高职学校、农业行业协会、农民培训机构等53家单位加入。集团以服务现代农业为宗旨，为上海新农村的建设和发展，培养一批又一批“下得去、用得上、留得住、干得好、能发展”的新一代农业从业者。

（蒋　洁）

［在全国职业院校农业技能大赛上获奖］　在2011年全国职业院校职业技能大赛农业技能大赛上，学院学生在中高职组比赛中获得一等奖3项、二等奖4项、三等奖1项。

（蒋　洁）

附：学校负责人及地址

（2011年1—12月）

院党委书记：吴乃山
副　书　记：卓丽环（7月离任）、魏华（7月到任）、俞锦禄

院　长：卓丽环（7月离任）、魏　华（7月到任）
副院长：俞锦禄、仲肇森、谢锦平

地址：松江区中山二路658号
邮编：201600
电话：57822666

上海建峰职业技术学院

［**2011 年概况**］ 学院全面贯彻落实国家和上海中长期教育改革与发展规划纲要对职业教育所提出的目标任务，围绕建设土木工程为主，涵盖建筑工程技术、建筑工程经济、建筑工程管理等专业群，具有鲜明行业特色的全国知名高职院校的发展目标，坚持“稳定规模，优化结构，提高质量，办出特色”的办学理念，在学科专业、人才队伍、校企合作及和谐校园建设等方面取得了新的成效。

学院执行国家事业单位人事制度改革要求，根据自身特点和发展实际，完成学院岗位设置方案的制定工作；调整原有机构设置及机构名称，原土木工程系调整为土木工程系和工程管理系，原管理系与外经外贸系合并，成立新的外经外贸系，电子工程系、医学护理系分别更名为机电工程系和医检与护理系；增设了图文信息中心和实训中心两个部门。

学院结合市教委“085 工程”建设要求，围绕建筑工程技术、建筑工程经济、建筑工程管理专业群构建目标，确定建筑工程技术、建筑工程项目管理、建筑经济管理、供热通风与空调工程技术专业等四个专业作为学院“十二五”期间的重点建设专业。经过专家论证和审批，建筑工程技术和建筑经济管理专业获批成为首批上海市重点专业。学院充分运用集团资源，加大了土木相关专业的建设力度，深化与企业的合作层次，与企业共同设定人才培养目标、共同商讨教学内容教学方式，聘请企业技术专家给学生授课，引进企业最新的施工技术和现场管理方法，实施订单式人才培养。土木工程系与集团海外部进行第二轮合作，设立了为海外部定向培养人才的市政工程班，与基础公司合作开设了“项目安全工程师班”。

学院不断完善师资培养、管理、考核机制，持续改善教师队伍结构，提升师资队伍整体素质。共有 13 名教师入选市教委“教师专业发展工程”计划项目。其中 1 人入选“国内访问学者计划”，12 人入选“产学研践习计划”。学院与企业合作成立的“上海高职高专土木工程施工与管理教师产学研践习基地”入选 2011 年上海高校教师产学研践习基地，以武佩牛教授领衔的地下空间施工技术教学团队获“2011 年度上海高等学校市级教学团队”称号。

学院突出职业教育特点，开展各专业职业技能竞赛活动，选派优秀学生和教师参加各类各级技能大赛，“以赛促学，以赛促教”，提高学生职业能力和教师的实践教学水平。

学院加强对上海市各类别生源及外省市生源市场的分析研究，结合学院实际科学设置各时段各类别招生计划，顺利完成了各个阶段招生任务，在全国 25 个省市共录取高职学生 1190 人，其中上海学生 623 人，外地学生 567 人，成人专科录取学生 67 人。

学院高度重视毕业生就业工作，加强学生就业指导力度，重视与企业的沟通交流，拓宽学生实习就业的渠道，扩展校外实习就业企业范围。2011 届学生一次就业率达到 97.3%，2012 届学生全部落实实习岗位。学院被批准为 2011 年上海市高校毕业生工作创新基地孵化建设学校。

学院在精神文明建设、校园文化建设等方面也取得显著成绩，学院通过开展纪念建党 90 周年系列活动，“劳模进校园”系列活动，主题升旗仪式、志愿者服务日活动、暑期社会实践等活动培养学生正确的价值理念，提高学生的综合素质。通过组织青年学生开展大学生创业实践活动、社团巡礼活动、大学生辩论赛、歌手大赛、主持人大赛、话剧专场等活动，繁荣学生社团文化，培养学生的实践能力。通过组织开展早锻炼、篮球赛等体育活动，丰富学生的体育锻炼方式。学院共有 399 名同学参加了无偿献血，6 名学生的创业计划书被评为上海市创业基金优秀商业计划书，学院社团被授予上海建工集团特色团建项目荣誉称号，“关爱农民工子女”暑期社会实践项目报告被评为 2011 年上海市大学生暑期社会实践活动优秀项目，学生参加上海市学生阳光体育大联赛荣获冬季长跑比赛高职高专组男子、女子团体一等奖。学院荣获 2009—2010 年度上海市文明单位、2006—2010 年上海教育系统法制宣传教育先进单位等荣誉称号。

2011 年，学院不断增加社会交流活动，加强与中国建设教育协会、与全国建设类高职院校的沟通和交流，提高社会知名度。武佩牛教授被推选为中国建设教育协会专家委员会副主任，徐辉增选为中国建设教育协会高职与成人教育专业委员会常务委员，朱玉龄被推选为该专业委员会下设党建工作协作委员会副主任，窦争妍担任了该专业委员会师资队伍建设协作委员会委员。

（刘一林）

［举办"劳模进校园"系列活动］ 在建工（集团）总公司工会支持下，学院邀请了全国劳模黄立雄，基础公司电工班长、全国劳模陆凯忠，国际招标公司董事长、上海市劳模童静，安装公司一分公司工会副主席、上海市劳模张雄伟到校园讲学并聘请他们担任德育导师。

（刘一林）

［在职业技能比赛中获奖］ 机电工程系学生参加上海市高校首届大学生工程能力竞赛获铸造和快速成型两个赛项的季军；外经外贸系组织学生参加上海市第二届高职院校国际商务单证技能竞赛获 6 个三等奖，2 名教师获"优秀指导教师"称号；公共基础部组织学生参加全国大学生数学建模竞赛获三等奖，1 名教师参加上海市第二届高职高专英语教师教学大赛获三等奖。

（刘一林）

［建成建筑工艺实训中心］ 学院建成的建筑工艺实训中心已获批为上海市第二职业工种培训鉴定站的鉴定场所之一，从六月开始进行工种培训鉴定，为学院职后培训更好地做好社会服务和土木工程系学生实施工种实训提供了条件；学院与安装公司合作自主开发、体现高技术含量的建筑安装实训基地项目已基本完成，即将投入使用；学院建筑工程技术实验实训检测中心项目成功申报为 2011 年中央财政支持的职业教育实训基地。

（刘一林）

附：学校负责人及地址

（2011 年 1—12 月）

院党委书记：朱玉龄
副　书　记：徐　辉、杨光辉

院　长：徐　辉
副院长：朱玉龄、崔　进

地址：宝山区溟河路 800 号
电话：56601258
传真：56698213

上海邦德职业技术学院

[2011年概况] 学院在办专业21个，在校生3347人，成人教育学生120人；教职工244人，其中专任教师136人中，具有研究生学历的57人，具有副高级及以上职称教师33人。

7月1日，学院变更举办者，由苏州广大投资集团有限公司接管办学。修订了新的董事会和学院章程，完成了法人代表变更，完成了办学许可证等各类办学证件的登记更新，并抓紧办理学院房地产转移过户手续，调整校园整体发展规划，启动了二期工程建设计划，新征土地已批准立项。

学院设有经济管理与旅游分院、国际交流与外国语分院、数码与艺术分院、汽车分院和继续教育分院，拥有一支适应高职教育的“双师型”专兼职教师队伍和来自美、澳、日、西等国多语种外教队伍；设有健全的教学工作委员会和专业指导委员会。学院以“知礼立德”为校训，坚持“职业型、开放式、国际化”办学目标；坚持“校企合作，工学交替”，不断拓展“订单式”、提供多通道“专升本”、“出国直通车”等形式多样的人才培养模式。坚持以能力培养为本，在校内建立7个上海市高职教学高地，每个专业均有2个以上稳定的校外企业实训基地；推行正式学历与职业资格“双证书”制度，引进上海市教育委员会、上海市人力资源和社会保障局等五个部门联合推出的校企合作高级职业技能考证项目。

学院力抓内涵建设。“应用艺术”专业、“物流管理”专业、“酒店管理”专业和“汽车技术服务与营销”专业等四个专业作为上海市高职高专重点专业。“产品包装设计”课程成为学院的第二门市级精品课程。

坚持以教学为中心，强化教学质量管理。坚持开展质量月活动和期中教学质量检查活动，加强教师听课管理，被听课的教师占总数的91%，形成了“六个一加柔性模块及学生评教”的常态化质量保障体系。

强化能力培养，创新人才培养模式。体现高职特色，改革毕业设计、论文为顶岗实习报告，促进“双课堂”教学。实施校企合作，推动多证书育人，与上海国际邮轮旅游人才培训基地共建“上海国际邮轮旅游人才培训基地”，技师学院考证项目强化了学生的能力培养。

强化招生、就业工作。招生录取后报到910人，毕业生的就业去向趋于多元化。年内签约率达68.2%，就业率达98.3%。

实施人才优化工程，强化培训工作。60余名教师、辅导员、管理人员参加了各类相关培训。学院的师生比例由1∶21上升为1∶18，教师积极参加教育教学科研活动，参编教材、发表学术论文、参加社会各类竞赛并获奖。

加强学生管理工作。认真开展“三风”建设月活动，促进了校风建设。组织学生志愿者服务活动，开展校园文化艺术节活动，促进校园文化建设。组织团员、学生开展志愿服务活动和暑期社会实践活动。加强后勤保障工作，落实市教委对高校食堂伙食补贴的文件精神，做好学生医疗保健和食品卫生监管工作。按时完成各类奖助学金申报与评审。

成人教育工作有新进展。完成2011级成人招生工作，以全国计算机等级考试和上海计算机等级考试为重点，开办多批非学历短期培训班，组织各类计算机等级考试2700余人次。

高度重视安全稳定工作，落实安保责任制，建立了“一级抓一级”、“横向到边、纵向到底”的三级维稳工作责任制和四级维稳通讯网络。学院加强对校园网平台和网上信息的管理，定期对分院、处室的网页进行安全检测，确保网络安全运行。严格执行“三级审批制度”，加强校园网巡查，确保校园网信息内容的真实和及时更新。

（忻　效）

[学院变更举办者] 5月12日，学院和苏州广大投资集团（以下简称广大集团）签订《合作意向书》，广大集团增资入股，作为战略合作伙伴，加盟学院。7月，学院举办者正式变更为广大集团，成立新的董事会。新一届行政领导班子同时产生。

（忻　效）

[列入“晨光计划”] 学院会展与商务英语专业

张小红老师申报的《高职应用英语专业"顶岗实习实践教学模式"探讨》项目列入上海市教育发展基金会"晨光计划",实现了学院在该项目上零的突破。

(忻　效)

[参加"中国包装创意设计大赛"获奖] 学院数码与艺术分院师生在参加历时8个月的"中国包装创意设计大赛"中,教师徐军"贝贝纸业"的商业广告插画作品获专业组一等奖、"皖粮窖酒"礼盒设计作品获专业组三等奖、"海蓝之星香水品牌"商业插画作品获专业组优秀奖;教师赵震的宣传海报"敢爱"设计作品获专业组二等奖。分院学生王敏彦的迪斯尼卡通糖果包装设计作品、陆维逸的秋月颂月饼礼盒设计作品、边成龙的锦绣秋韵礼盒设计作品、任瑜的时尚购物袋设计作品获学生组二等奖;陈艳的OLA儿童玩具VI设计作品、费亚的渔米之家VI设计作品获学生组三等奖。

(忻　效)

["产品包装设计"课程被评为市级精品课程] 经学校申报、专家评审和网上公示,上海市教育委员会授予罗兵老师领衔的"产品包装设计"课程为"2011年度上海高等学校市级精品课程(高职高专)"。

(忻　效)

[获"上海市第二届高职高专英语教师教学大赛"特等奖] 在上海市第二届高职高专英语教师教学大赛上,学校国际交流和外国语分院派出三位老师参赛。陈文杰老师以9.119分的总成绩名列大赛榜首,获特等奖;张小红、戚眹达两位老师获优胜奖。

(忻　效)

附:学校负责人及地址

(2011年1—12月)

董事长:朱昌宁

院　长:任淑淳
副院长:刘　彬、倪祥保(7月到任)

地址:宝山区锦秋路299号
邮编:200444
电话:56680657

上海兴韦信息技术职业学院

［**2011 年概况**］ 经上海市教育委员会批准，原“托普信息技术职业学院”更名为“兴韦信息技术职业学院”。学院更名后，调整办学理念，以强化学院国际化为抓手，加强内涵建设，引进优质资源，拓展国际合作领域，创建高水平，有特色的民办高职院校，努力把兴韦学院办成一所“改变学生一生的大学”。学院调整办学规模，减少专业设置，保留了信息安全、商务管理、动漫设计与制作等 10 个专业，涉及计算机应用技术、艺术设计、管理等三大类别。当年招生 748 人，毕业生 1357 人，在校生达 2062 人。学院毕业生一次性就业率达 94%。现有教学仪器设备总值 2106 万元，信息化建设投入达 135 万元。

强化师资队伍建设，推行国际交流合作。学院提高教师福利待遇，改善师生生活条件。当年引进 12 名外籍教师，进一步与国际接轨。在学院“十二五”规划总框架下，制定了专业建设的“085 工程”建设规划，明确了以信息安全为扶强专业、动漫设计与制作为扶持专业、商务管理为扶需专业的专业建设规划。课程内涵建设取得一定成果，其中“网络防护与实训”课程，2011 年 10 月获上海市精品课程。

加强学生思想政治工作，积极开展群众性的学生活动。学生处、团委围绕当代大学生的需求和爱好安排活动，保证学生月月有大型活动，周周有各类讲座，天天有主题讨论，扩大学生知识面。积极组织学生参加各类比赛，获得了较好成绩。学院被上海市大学生棒垒球协会授予“突出贡献奖”；数字媒体分院学生杨冰清获全球十大时尚超模；在“第二届全国高职高专英语写作大赛上海市区复赛”及“上海市第四届高职高专实用英语（听力）竞赛”中，龚玉婷同学获专业组三等奖，秦云云同学获公共组三等奖。

（郭　莉）

［**Pearson VUE 考试中心正式启用**］ 3 月 11 日，学院 Pearson VUE 考试中心正式落成，并迎来 2009 级网络专业的部分考生参加 Cisco（思科）认证考试。有 13 名考生顺利通过首次考试。

（郭　莉）

［**参加“红色经典”高校学生歌咏赛获奖**］ 4 月 26 日，在共青团上海市委员会主办的纪念建党 90 周年“红色经典”高校学生歌咏比赛中，学院合唱队参赛的《在灿烂阳光下》节目获铜奖。

（郭　莉）

［**举行红色建筑“一座建筑，一个故事”照片展**］ 5 月 31 日，院党总支主办、网络商务分院商务会展专业承办建党 90 周年红色建筑“一座建筑，一个故事”照片展。通过大量的图片、实物和学生的精彩讲解，图文并茂地介绍了上海 20 多处红色革命建筑以及建筑背后的故事，展示了革命先辈的丰功伟绩和革命精神。

（郭　莉）

［**与上海海洋大学联合培养外国留学生**］ 学校与上海海洋大学联合培养外国留学生事宜达成共识。6 月 20 日，上海海洋大学校长、副校长等领导，就“上海海洋大学—上海兴韦学院合作培养留学生项目”来校签约。

（郭　莉）

［**第六届“兴韦杯”技能创新竞赛圆满结束**］ 11 月 1 日，学院第六届“兴韦杯”技能创新竞赛活动圆满结束。同时，获奖作品在行政楼报告厅正式开展，各分院的 100 多名学生参加了展示会。展示会上获奖学生代表向大家一一展示了包括“防水墙”系统、平面设计作品、网络购物平台等 8 个作品。

（郭　莉）

［**多项社会实践活动获表彰**］ 在 2011 年上海市大学生暑期社会实践活动总结及表彰大会上，学院有 6 个项目受到了表彰。①院团委节日社的“牵手爱心行——明光金都小学支教活动”获 2011

年上海市大学生暑期社会实践活动优秀项目奖。②信息安全分院与数字媒体分院的“追寻红色足迹——参观一大会址爱国主义活动”获2011年上海市大学生暑期社会实践活动优秀项目奖。③院团委节日社的“牵手成长”民办明光金都小学结对活动获“牵手成长　成长计划”优秀项目奖。④王清明老师获2011年上海市大学生暑期社会实践活动优秀指导教师。⑤学生张陈杰和顾昊分获2011年市大学生暑期社会实践活动先进个人称号。

（郭　莉）

附:学院负责人及地址

（2011年1—12月）

董事长:陈公白

院党总支书记:杨　桦
副　书　记:陈晓群

副院长:杨　桦

地址:浦东新区惠南镇勤奋路1号
邮编:201300
电话:68020823

上海中侨职业技术学院

［**2011年概况**］ 学院产生新一届董事会和院领导班子，成立教授委员会、校务委员会；各系成立专业理事会、社会服务委员会和教育教学指导委员会。明确“建设一所专业特色鲜明、办学风格新型的职业教育大学”的发展定位，确立“做人　做事　做学”的校训，形成学院特有的精（凤凰涅槃、浴火重生）、气（崇文通理、成就人生）、神（教育兴邦、产业报国）；初步形成由学校、企业、社会其他机构共同参与的多元化新型办学机制。调整系部建制，形成八系两部两院。八系包括外语系、应用艺术系、金融贸易系（原经济系）、工商管理系（原管理系）、信息技术系（原应用技术系计算机专业）、机电工程系（原应用技术系机电一体化和汽车专业）、化工系（新增）和食品系（新增）；两部包括人文社科部和基础教学部（恢复建制）；两院包括继续教育学院和HSE研究院（新成立）。

招收全日制高职学生1401人，成人教育学生117人，全日制在册4676人，其中女生2244人，占48%。毕业学生1785人，比上年增加181人。截至年底，就业率达97.29%，比上年上升0.16个百分点。

深化教育教学改革。新增1门上海市级精品课程：计算机应用基础。证券与期货专业获得上海市民办教育高地资助150万元。首次设立“教学改革与建设”立项建设制度，首次开展“教学质量月”活动；成立现代教育技术管理中心，各系领导兼任实验室中心主任，配备实验员，明确岗位职责。加大教学设备软、硬件的投入，投入85万元购置176台PC，改造3个公共计算机房。与上海金茂盛融游艇俱乐部有限公司、上海真博电器有限公司、上海置地广场等单位签订合作协议。目前，学院校外实习实训基地18个，校内实习实训基地59个。上年开始试行学年学分制改革，年内首次开展重修工作。

壮大师资队伍，引进人员44人，现有专任教师188人，具有硕士学位占39.36%，比上年增加近3个百分点。学院拥有25名教授和58名副教授。加强师资培养，组织职称英语和计算机培训26人、心理咨询专业技术培训5人、骨干辅导员高级研修1人、国外短期培训1人、国内访问学者1人、海外研修培训1人。

加强科研工作。2011年，通过1项晨光计划结题工作、1项晨光计划申报工作。4人获上海市教委青年资助项目，共获14万元资助经费；8人市教委优青项目结题，1人获“双优”，2人获“双良”。召开“优青项目交流会”。邀请专家进行培训。

加强学生管理工作。推进大学生思想政治教育，开展“我爱我校园——大一新生校园卫生清洁集中大行动”；组织校园文明礼仪专题讲座，成立“校内讲师团”，开展知识、人文、生活专题讲座。建立“我与院长面对面”院领导与学生舆情互通机制；丰富社团文化。开展特色主题教育，举办第一期青年马克思主义者培养班；开设街舞社、羽毛球社、摄影社、动漫社等兴趣社团和口才社等专业特色社团，共计32个，1200多名学生参加社团活动。

促进国际交流与合作。新缔结校际交流协议4份，截至年底，校际交流协议12份。年内，英国、西班牙、日本、新加坡、加拿大等国11所院校来校进行研讨、座谈、学生见面会等活动。日本交流生项目启动，获“上海市高校学生赴海外学习、实习项目”专项资金16万元，16人参加日本别府大学、西日本“短大”、明日香文化学园交流生项目。另有48人参加暑期赴美带薪实习项目，6人参加英国诺桑比亚大学、新加坡亚奥管理学院专升本项目，4人参加西班牙巴塞罗那自治大学、阿尔卡拉大学专升硕项目。

推进继续教育。短期职业技能培训班300余人。国际贸易单证员培训项目通过率在90%以上。

（俞春英）

［**获“上海市教学名师”称号**］ 学校教师景浩华获上海高等院校市级教学名师称号，成为学院建院以来第一位市级名师奖的获得者。他创建“企业项目引入教学”、“模拟公司教学方法”、“以‘钱’换‘分’联合评价机制”等人才培养创新模式，主持的“现代广告设计”于2010年被评为上海市级精品课程。

（俞春英）

[签署"上海启光职业教育联盟"协议] 11月21日，学院与上海石化工业学校、上海食品科技学校、上海徐汇职业高级中学、上海信息管理学校签署"上海启光职业教育联盟"协议。上海启光职业教育联盟目标是，探索形成联盟资源共享和集聚机制，建立"河网式"实训校区，实现教育资源共享，形成队伍、专业、学校衔接。

（俞春英）

[组建校企合作联盟] 11月21日，学院与昌硕科技（上海）有限公司、联想等公司签署校企合作协议，成立校企合作联盟。双方将以"昌硕"、"联想"等企业的需求为导向，单独组建"昌硕班"、"联想班"。学院提供教学管理平台，企业提供实习平台。

（俞春英）

[聘任系主任、客座教授] 9月28日，学院举行系主任、客座教授聘任仪式。学院聘任12名知名专家教授担任各系领导，何锡涛教授为首位客座教授。

（俞春英）

[成立首届家长委员会] 12月29日，学院举行首届家长委员会成立仪式。20余名学生家长、学院全体领导、各系主任与书记出席。与会领导为家长颁发家长委员聘书，推举家长委员会主任。家长委员对学院的教学、管理等方面提出宝贵的意见和建议。

（俞春英）

[参加各类比赛屡次获奖] 第六届全国信息技术应用水平大赛获1个一等奖和1个最佳指导教师奖；高职高专英语教师教学大赛获1个一等奖和1个优胜奖；第四届高职高专实用英语（听力）比赛非英语专业组获1个一等奖和1个三等奖；第四届高职高专实用英语（听力）比赛英语专业组获1个三等奖；第二届全国高职高专英语写作大赛上海赛区获1个三等奖；上海市高职院校第三届"美华杯"国际商务单证职业技能赛获2个二等奖和1个三等奖；上海市高等职业院校第一届"中诺思杯"经管类专业教师教学技能赛获1个一等奖和1个三等奖；第七届全国大学生"用友杯"沙盘模拟经营大赛上海市总决赛获二等奖，并晋级全国总决赛；第三届全国大学生创业大赛华东地区赛获一等奖。

（俞春英）

附：学校负责人及地址

（2011年1—12月）

董事长：严红娟

院党委书记：张玉峰
副　书　记：黄赓麟

院　　长：潘日芳（8月离任）、蒋志明（9月到任）
副院长：陈鹤琴（9月离任）、何仁龙（9月到任）、何根祥、张玉峰（9月兼任）

地址：浦东新区川周路2788号
邮编：201319
电话：58132788

上海工艺美术职业学院

［**2011年概况**］ 学院突破现有办学模式与体制，以创意产业实践园区和校企合作项目为平台，以“学院＋N”的形式，尝试创建名校名企联合办学新模式，引进行业先进的专业教育理念、培训体系，打造国内领先的艺术职业教育品牌，探索学校主体、政府主导、行业指导、企业参与的办学体制和人才共育、过程共管、成果共享、责任共担的合作机制。

学院在上海市“085工程”重点专业建设项目中，选择八个专业并成功申报“085工程”专项，完成了专业建设路线图并获得了市财政资金的支持。确立八个重点专业后，公开选聘专业带头人，由专业带头人提出专业建设路线和建设愿景，组织工作室教学团队实施教育教学。多个专业聘请、引进大师和有企业经验的教师加入工作室团队，增强教学力量。同时选派各二级学院的优秀教师深入企业，学习一线的行业理念与经验，同时带来企业的合作项目和学生的实习机会。

学院以创建专业团队建设为主要突破口，寻求学院办学模式体制机制的创新，制定了《人事分配制度改革方案》，对编制在册的在岗人员定岗、定责、定薪、定员，理顺了各部门的岗位职责。学院高度重视财务预算决算，编制了《2012年度预算编制工作方案》。

年内，学院结合市场需求调整专业及招生计划，增加外省市招生名额。招收高职新生1336人，总报到率85.1％。毕业生1334人，就业人数1315人，就业率为98.57％，与上年持平。自由职业和自主创业人数增加。

学院师生在教学、科研与作品创作上屡有佳绩，取得多项成果。在全国高校高职高专艺指委举办的第二届青年教师讲课竞赛上，6名参赛教师全部获“金教鞭”奖；在2011(第五届)全国商科院校技能大赛会展专业竞赛中，共获得奖项10个(特等奖1个，一等奖3个，二等奖4个，三等奖2个)，获奖数目居首位；学生毕业设计作品动画《天净沙秋思》获得德国动画节大奖，作品《鳄鱼》等获得AUTODESK 2011年度国际创意大赛铜奖。教师赵丕成获全国工艺美术百花奖，翁纪军获全国艺术高校现代手工艺学院奖。学院沈成旸教授领衔的《首饰蜡模雕刻工艺》、尤羚浩教授领衔的《产品创意设计表现》和徐侃教授领衔的《展示空间设计》三门课程被评为市级精品课程，学院教师出版多本专著。

校企合作签约

学院承担全国高职高专的师资培训任务，举办两期“工作室化教学法”师资研修班，共有120名教师参加并获得了教育部人事司和职成教司颁发的培训证书；学院向社会各层次提供的各项培训，举办了“植物纤维编织艺术高级研修班”和“第二期古典红木家具高级研修班”，近80名学员参加培训并获得中国工艺美术协会颁发的培训证书，高水准的师资和教学水平使学员满意率达到100%。

(石 群)

[建立WPP学院和水晶石数字艺术学院] 年内，学院分别与WPP集团及水晶石公司合作建立WPP学院和水晶石数字艺术学院，并招收第一届学生260人，培养营销和传播领域及数字创意产业领域的专业人才。这两个学院的建立，使院内两种不同的办学模式并存，形成了新的办学格局。

(石 群)

[成立工艺美术学校(学院中职部)] 经市教委批准，上海工艺美术学校成立，同时该校作为学院中职部招收了第一批五年一贯制的学生。学院和美校深入对接，由二级学院和美校教学团队根据各专业不同的人才要求与专业标准共同制定“3+2”的培养方案，确定了今后“3+2”模式的招生方向与培养模式。同时对美校其他学生也制定了“3+3”的培养计划，把美校与美院的教学体系全面打通，构建中高职教育立交桥。

(石 群)

[设立学院国际交流处] 年内，学院设立了国际交流处并开展已经申报的项目，取得了一系列成果。赴瑞典参加斯德哥尔摩家具展，展出学生作品7项，获得了良好的口碑；与德国柏林艺术大学团队合作“设计风暴”课程和讲座，培养工业设计专业60名学生的理论知识和动手操作能力；首届中德合作班4名教师和8名学生赴柏林一个月学习展示平面设计、灯光新媒体和展台设计与搭建，服装专业师生到德国莱特学院学习一个月；学院还与苏格兰格拉斯哥城市学院、马格赋事务所等国内外机构洽谈合作。

(石 群)

[成立手工艺艺术研究院] 为抢救、挖掘、保护、开发、创新民族民间传统工艺美术，努力探索新时期工艺美术人才的培养模式，学院与中国工艺美术协会、上海工艺美术行业协会达成合作意向，联合建立手工艺艺术研究院，作为“工艺美术高端职业人才培养基地”，陈义时、周百均、吴德升、陈水琴四位国家级工艺美术大师担任导师。

(石 群)

[获国际数字艺术创意大赛奖项] 11月22日，在北京“AUTODESK 2011大中华区数字艺术创意大赛颁奖会”上，上海工艺美院数码艺术学院学生获得一个铜奖和两个优秀奖。“AUTODESK中华区创意大赛”一直被业界定义为最高等级的数字艺术赛事之一。上海工艺美术学院本次参赛的作品全部是学生的毕业设计作业，铜奖获得者是三维高模静帧作品《鳄鱼》，作者为动画专业的周婷婷和何婕，指导教师为吴慧剑；优秀奖获得者是三维产品设计演示动画《汽车》和三维演示方案《大飞机》，前者由电脑艺术设计专业的范中贤同学设计与制作，向进武老师指导；后者由陈洁滋老师和王明政老师指导的保罗工作室学生设计与制作。

(石 群)

附：学校负责人及地址

(2011年1—12月)

院党委书记：姜 鸣
副 书 记：郭 琴、张天启

院 长：姜 鸣
副院长：潘家俊、张天启、王 敏

地址：嘉定区嘉行公路851号
邮编：201808
电话：69977807 69977814

上海震旦职业技术学院

[2011年概况] 学院按照“适应市场、动态调整、突出特色、协调发展”的原则，培养学生成为适应工作变化的知识型、发展型、创造型和技能型人才，毕业生1396人，毕业就业率达98.04%，签约率达到76.4%。11月15日举办校园招聘会，毕业生与招聘就业岗位数达1∶4。

2011级开始实行“2+1”教育模式，完成2011级教学计划和大纲制订工作，注重综合职业能力，围绕岗位(群)需要设置课程。各专业确定5—7门核心课程，理论教学以“够用”为度，突出实践性、专业性、规范性，把考证纳入教学计划，以强化学生的技能学习和职业优势。

学院全面执行“关于实行‘学分银行’制度的规定”。“学分银行”制度规定学生获得的职业资格证书、从业证书、德育教育培训、比赛获奖等方面都可以折合成学分存入“学分银行”，并可充抵必修课以外课程的学分。实行以“能”代课，以“证”加分，调动学生学习积极性。

加强学院内涵建设，成立创建示范性高职院校领导小组，制订学校创建国家示范性高等职业院校的建设方案。学院重点建设营养与食品卫生、新闻与传播、数控技术、国际商务、影视广告制作等五个专业，绘制完成了重点建设专业(“085工程”)路线图。开展第四届“教学质量月”活动，组织中青年专任教师开展“PPT”课件比赛。计算机信息系成功申办校企合作项目的技师学院。“电子商务实训教程”评为上海市精品课程。中央财政400万元资助“数控技术实训中心”项目竣工。商贸系获得上海市教委“高地建设”项目资金140万元、医卫系护理专业获得“高地建设”项目资金150万元资助。学院支持教师编写各类教材，参与编写出版的教材有:《传统道德修养十二讲》、《新航标职业英语》、《高职高专商务韩国语》等。新增校外实训基地:上海吴淞口国际邮轮港发展有限公司、中冶集团金惠康复医院、罗城汽车维修有限公司、上海世贸汽车，海通证券股份有限公司。

录用教师、干部34人，其中，教师、辅导员24人，管理干部8人，系主任2人。目前共有教师242人，其中专任教师142人。学院评选优秀园丁8人、师德标兵3人，召开表彰会予以表彰。

重视教师培训和科研。3名教师参加市教委组织的国内访问学者培训，1名教师批准英国访学一年，两项获市教委经费23.5万元。1名教师参加高职教育协会组织的瑞典丹麦培训。8名教师申报教育教学课题，获市教委资助经费29万元。强化双师素质培训和职业资格考证培训，5名教师获得高级证书。

推进国际交流合作，与美国费也特菲大学、南犹他州立大学，日本东京商贸学院、爱媛女子短期大学，韩国清州大学，新西兰太平洋大学建立合作交流。接纳日本爱媛女子短期大学2名留学生学习交流，选派2名护理专业的学生(获市教委设立学生海外项目专项资金5万元)赴美参加专业实习，40多名学生积极报名参加海外带薪实习。5名院领导赴美、日、德等国学习考察。

参加上海市第二届“卡西欧”高等职业技术院校职场英语大赛，1名学生获三等奖。参加第六届全国信息技术应用水平大赛，107名学生分别参加平面设计、动画设计、网页设计三项目比赛，36名学生获教育部教育管理信息中心颁发的“全国信息技术应用培训教育工程职业技能证书”，3名学生获得全国三等奖，19名学生获得全国优秀奖，20名学生获单科成绩合格证书。

评出获国家奖学金3人，上海市奖学金4人，国家励志奖学金134人，国家(特困)助学金725人，国家助学金610人，学院奖学金330人，星星奖学金100人，上海高校巧帛勤助奖学金2人。25人申请国家助学贷款，共计15万元，生源地贷款38人，共计22.8万元。

依法完成宝山区人民代表换届选举工作，董事长张惠莉当选为上海市宝山区第七届人民代表大会代表。

(曹士勋)

[举办第一届校科技节] 3月至5月，举办以“崇尚科学、鼓励创新、展示技能”为主题的第一届学校科技节活动。科技节共分成果展示、系列报告会、技能比赛三大部分，其中技能比赛包括六项全院性

大赛和24项系内比赛。学校名誉校长、“2010年度国家最高科学技术奖”获得者王振义院士参观了科技节展示馆。

（曹士勋）

［加强图书馆建设］ 学院图书馆建筑面积2295平方米，拥有阅览座位670余个，馆藏纸质图书达30万余册，电子图书6.2万册。建立计算机信息管理系统，开展图书馆资源网上服务。利用暑期对电子阅览室进行改造，采用全新的玻璃电脑台，新增了25台电脑。根据教学高地建设需要、建立营养与食品卫生、新闻与传播、国际商务、机电一体化等专业阅览室，为教学、实训、上网等提供方便，发挥积极作用。

（曹士勋）

附：学校负责人及地址

（2011年1—12月）

董事长：张惠莉

院党委书记：郭伯农
副　书　记：杜飞龙、夏　臻

院　　　长：杨德广（10月离任）、杜飞龙（10月到任）
常务副院长：杜飞龙（10月离任）
副　院　长：来碧云、许中杰

地址：宝山区罗店镇市一路88号
邮编：201908
电话：66866920

上海民远职业技术学院

［**2011年概况**］ 2011年，学校自主招生和秋季招生录取比率比上年提高了2.74个百分点；外省市的录取报到率比上年提高了10.7个百分点。当年毕业生1068人，就业率达到96.53%。

学校全年开设高职课程744门次，初步形成适应国际航运物流和现代服务业、应用技术的专业结构体系，实现了学校"十一五"规划制定的专业发展定位目标。增设应用韩语专业，调整艺术设计专业为室内软装饰设计和广告视觉传达两个方向。建设旅游管理、数控技术为校内重点专业，集装箱多式联运、集装箱码头业务管理、国际物流通关实务、模拟导游、商务英语精读等课程为校内精品课程。在汽车检测与维修、汽车发动机拆装与维修两门课程开展理实一体化教学改革，教学从课堂走到了实训室。改革高职外语教学模式，全校公共英语教学设置为基础英语＋专业英语＋职场英语三大教学模块，开设了基础英语65门次，专业英语24门次、职场英语35门次。

全年共有上海选拔培养优秀青年教师科研专项基金项目课题15个，《高职高专新〈商务英语〉专业精读课程设计》、《论高职校企合作中的课程建设与改革》、《高职院校学生成绩考核方式改革的研究》三个课题，完成了专家评审；8名青年教师分别获得上海市教委、市高等教育学会、市残联、市民办高校的高职教学科研课题的立项，8位教师参与数控机床、实用英语、报关实务、集装箱多式联运实务与法规等11种教材的编写并正式出版，10位教师在公开刊物上发表了论文13篇，其中有3篇发表在国家级核心刊物上。

学校进一步调整教师队伍结构，引进1名学校重点专业教授，17名青年教师和辅导员，副教授以上职称的占教师队伍29%，硕士研究生占58%，辅导员中青年教师的比例比上一年提升20%。全年共有29名教师参加市内外各项培训39次，先后组织8名青年教师到企业挂职锻炼，这些教师经考核大部分取得教育部颁发的双师资格证书。学校积极组织教师参加各项教学技能大赛，在上海市高职高专经济类专业教学指导委员会主办的上海高职高专院校第一届"中诺斯"杯教师教学技能竞赛大赛中，有2名教师分别获得三等奖和优胜奖。完成教师及专业技术职务评聘13人，其中讲师5人。

学校加大学风建设力度，修订规范学生各项行为的《学生手册》，建立《学生综合测评办法》，量化德智体各项指标，培养提高学生综合素质。在上海市第一届"上图杯"上海大学生先进成图技术大赛中，5名学生获得高职高专院校计算机三维造型团体赛一等奖，5名学生获得二维图形绘制团体三等奖；在上海高职高专院校第三届"美华杯"国际商务单证职业技能竞赛中，3名学生获得二等奖，8名学生获得三等奖，2名教师获得优秀指导教师奖；在上海市第四届高职高专实用英语（听力）竞赛中，三名学生分别在专业组和公共组获得三等奖。做好评优扶困工作，评出国家奖学金2名，上海市奖学金3名，国家励志奖学金84名，评出国家助学金425名，学院各类奖学金112名，帮困送温暖286名，提供了72个勤工助学岗位。

开展校园信息化建设。革新校园网，设置了一二三级信息平台，充实了内容，并随时更新。建立了教学、招生信息查询系统，考级考证网上报名系统，实现了网络进学生公寓及带宽升级，全校视屏监控系统工程完成并投入使用。易班建设工作开始，建立了领导小组，制定了工作计划，开展了前期调研及软硬件准备工作。

（张胜利）

［**组建国航物流特色班**］ 经教师推荐和自愿报名，组建国际航运物流特色班，第一届有25名学生。这个班融合国际航运业务管理专业的核心课程与物流管理专业的核心课程，培养从事国际航运、物流、港口等企业的业务工作或管理工作的高技能人才。

（张胜利）

［**与韩国大元大学互访**］ 1月起，韩国大元大学国际交流院院长和国际教育中心中心长等多名教授，先后4次来访，探讨双方在课程交流、教育资源共享、人才培养等方面合作事宜。6月13日，陈彭校长率团访问韩国大元大学。双方就学科专业建设、人才培养，校际合作交换了意见。

（张胜利）

[获国家资深翻译家称号] 外语系主任韩忠华教授荣获中国翻译协会授予的“中国资深翻译家”称号。这是上海市民办高校唯一获此殊荣者。在40余年的职业生涯中，他先后有约400万字、十余部译著。

（张胜利）

附：学校负责人及地址

（2011年1—12月）

董 事 长：陈　彭
副董事长：陈立东

院党总支书记：丁训言
　　　副书记：蒋兴康

名誉院长：邓旭初
院　　长：陈　彭
副 院 长：陶　敏、丁训言

地址：浦东新区唐陆路3892—3928号
邮编：201210
电话：58960052

上海欧华职业技术学院

［2011年概况］ 继续推进办学条件的改善。三年总投资4亿多元，新建103700平方米建筑，使教学、实训用房达54082.3平方米。学院设有卫生与健康系、艺术与设计系、应用技术系、管理系、外语与教育系和基础教学部，开设13个专业。专任教师103人，其中，硕士生学历47人，占教师数46%；青年教师55人，占教师数53%。副教授以上职称29人，占教师数28%；中级23人，占教师数22%；双师素质39人，占教师数38%。招生录取510人，实际报到460人，报到率90.2%。毕业生428人，就业率97.20%。

注重质量创新培养特色。①加强专业建设与课程改革。重新整合教学资源，修订培养计划、制定创新专业建设方案，建立6门校内精品课程。社区管理与服务作为校重点专业参与市教委组织的重点专业比武活动。②强化实践育人环节，增强学生动手能力与创新精神。护理专业学生在参加全国护理执业资格考试中连续三年保持优异成绩，在民办学院中排名首位。学生参与各项技能赛多次获奖，获第三届“莫华杯”单证竞赛团体优胜奖，获“2011年首届高职高专院校大学生创业大赛”个人赛优胜奖，在参加“第一届亚洲平面设计双年展”活动中《WeNeed Bleed》作品获得学生组入围奖。③推进深层次校企合作，先后与全国性的大型企业大唐移动通讯设备有限公司以及亚晨集团、“寓乐文化传播有限公司”、“上海通用汽车公司”、“瑞金医院”等多家企业、医院合作。④坚持学评教与教评学制度，测评结果好和比较好的分别占95.3%、88.7%。加强毕业实训过程督查，坚持双周“教学实践例会”制度，制定指导方案，严格把握每个环节，使毕业综合报告水平明显提高。

完善师资引进和培养制度。为满足新一轮教学改革和学院搬迁到奉贤新校区的师资队伍需要，重新确定了选人、育人、用人、留人制度。引进教师29人，其中研究生19人。9月实施新工资方案，改变了原来教师不稳定状况，离职人数由政策出台前29人减至4人。出台“关于青年教师参加践习的实施办法”，鼓励教师申报项目、参加培训与进修。年内获9项教师专业发展工程项目，1名国外访问学者，3名国内访问学者，5名参加市内产学研践习，2名到医院见习与临床进修，1名去钢琴公司学习。2名赴北欧“以项目为导向的教学方法”培训；36名新教师参加岗前培训；52人次参加校外各类培训；6名获得“青年教师培养资助项目”。9名参与“十二五”规划教材主编与参编工作（目前7种规划教材已相继出版）。大胆使用青年教师，年内有3名青年教师走上系（部）处负责人岗位，8名担任专业主任，15名作为专业骨干承担大部分的专业课程。青年教师成长较快，1名完成国内访学任务，2名获上海民办高校护理教师双语教学技能大赛优胜奖，2名获“美华杯”高等职业院校国际商务单证职业技能竞赛优胜奖，2名获第三届“美华杯”单证竞赛优胜指导教师奖，2名获国际赛事“第一届亚洲平面设计双年展”专业组入围奖，另有作品“海纳百川”获国家级赛事2011“中国元素·智创未来”上海设计展入选奖，1名获上海市第七届辅导员论坛三等奖。1名获2010—2011年度上海市教育系统优秀职工代表称号。还有5名教师晋升为讲师，1名就读博士研究生，3名就读硕士研究生，2名就读工程硕士，4名加入中国共产党组织。

注重教育提升学生素质。以丰富校园文化创新教育为载体，在建党90周年召开“党的光辉照我心”红歌演唱会，开展“五个一”工程（读一本红书、写一篇心得、颂一章经典、绘一幅梦想、献一片爱心），让学生在活动中展示自己的个性特长与理想追求。组织学生参与校外活动屡屡获奖。有15名学生获得“上海市优秀毕业生”称号，1名被评为上海市“优秀团员”。25名加入中国共产党组织，3名考入其他本科院校学习。172名参加无偿献血活动。

落实学生各项资助政策和就业工作。全年奖励资助学生4226人次，发放总金额123.1万元。340名困难学生受到资助，19名学生获得异地贷款，9名新生获上海贷款，18位新生通过“绿色通道”入学。学院十分重视学生就业工作，坚持以学生为本，举全校之力创新择业与就业服务渠道。护理、康复治疗技术、应用英语专业就业率分别达到99%、

100%、100%。

加强辅导员队伍建设,依托高校辅导员培训基地参加各项培训,提高辅导员综合素质和业务水平。

规范办学行为。完成全员聘任工作,形成合理的岗位设置。建立相关财务管理制度,细化会计科目设置和核算办法,规范收费行为,完善资金资产管理和使用,确保政府下拨资金管理规范,使用科学合理,资金流向公开透明。

(严佩斐)

[**推进校企深度合作**] 在与全国性的大型企业大唐移动通讯设备有限公司以及亚晨集团、“寓乐文化传播有限公司”、“上海通用汽车公司”、“瑞金医院”等多家企业、医院合作中,除了为学生提供毕业综合实训场地和就业岗位外,还开发其他合作项目。主要是,企业直接参与招生,共同制定培养计划、确定课程体系,共同投资建立校内实训基地;公司技术人员直接参与对学生的教学、专业资格论证的培训与考核,同时还为学院的教师提供专业业务培训,学校教师参与公司的研发项目,共同承担为社会培养专业人才服务等,既为培养学生的实际动手能力打下良好基础,也为培养“双师素质”教师创造了条件。

(严佩斐)

附:学校负责人及地址

(2011年1—12月)

董事长:金扣干

院党总支部书记:朱国强

院　长:金扣干

副院长:潘日芳、朱国强、沈晋源、范　兴

徐汇校区地址:田林路418号

邮编:200233

电话:54902167(传真)

奉贤校区地址:五四公路3451号

邮编:201422

上海思博职业技术学院

[**2011年概况**] 学校全日制在校生5431人，计划内成人教育大专生354人。教职工297人，其中专任教师192人。专任教师中58人具有高级职称，研究生以上学历的有64人。学校招生计划数2145人，实际报到数1722人，毕业生1610人，就业率98.77%，签约率88.73%。新增会计和旅游管理专业，并招收新生131人。

学校启动申报并建设上海市示范性高职院校和迎接第二轮人才培养工作水平评估工作；完成2011版人才培养方案的编制工作，修订2011版专业(学科)教学计划，启动课程改革与建设工作，要求全校每位教师完成一个以项目化教学为驱动的课程整体设计或单元设计方案，并在课程中心网站平台上开发一个课程网站。物流管理教学团队被评为上海高等学校市级教学团队，《国际货运代理实务》被评为上海高等学校市级精品课程。

完成建筑工程实训基地建设。实训基地占地8000多平方米，总投资600余万元，由学校与盛高置地(控股)有限公司合作兴建，由市内综合实训场所和室外建筑关键工程操作实训场地两部分组成。完成美术学院艺术设计实训基地(第三期)建设并投入使用。

校建筑工程实训基地启用

学校建筑工程学院与中国建筑第八工程局有限公司、上海地产集团、上海建工集团第四建筑公司、江苏省建筑集团、苏中建设集团、上海宝钢工程建设有限公司、南汇建筑总公司、浦东南汇建筑业协会、江苏扬建集团有限公司等9家单位签订了校企合作协议；护理学院与浦东新区卫生发展研究院合作，成立卫生信息化方向班订单班；国商学院各专业与企业对接，成立欣海报关冠名班、嘉里大通冠名班、裕景冠名班、全家FamilyMart冠名班。

学校获"全国高职高专英语类专业教学改革"课题1项，市教育科学研究项目1项，市学会立项4项；"上海高校选拔培养优秀青年教师科研专项基金"立项3项，"晨光计划"立项1项。教师在校外发表期刊论文52篇，其中核心期刊论文23篇，主编参编教材22种。学校获全国高职高专院校科研工作先进单位称号，被吸纳为全国高职院校文化素质教育协会理事单位。

(邱　晴)

[**制订相关管理文件**] 年内，学校制订《教师工作量计算办法(审议稿)》、《关于教学事故认定与处理的规定(审议稿)》、《上海思博学院十二五教育改革和发展规划纲要(讨论稿)》和《薪酬体系改革试点

办法(审议稿)》,并在教代会暨工代会上通过。

(邱　晴)

[王佐书到校视察]　3月16日,全国人大常委会委员、人大教科文卫委员会副主任、国家教育咨询委员会委员、民进中央副主席王佐书教授到校视察,并作《提高高等教育质量的若干思考》的专题报告。

(邱　晴)

[成立教学督导室和高职研究室]　4月26日,学校召开教学督导室、高职研究室成立大会。会议听取了副校长潘立本作的《加强教学督导　提升教学质量》报告,教学督导室、高职研究室主任顾浩教授对两室筹备工作的汇报以及《关于大力推进院系两级教学质量监控系统基础工作的实施意见》、《教学质量监控体系及其运行办法》、《教学督导工作条例》的说明。

(邱　晴)

[开办德育培训班]　首届德育培训班在11月15日开班,培训班针对本学期行为规范有偏差的学生,通过三个阶段四个模块的设计,帮助学生规范日常行为规范,纠正行为偏差,强化自制力,树立信心。

(邱　晴)

[在全国信息技术应用水平大赛中获奖]　在由教育部教育管理信息中心主办的第六届全国信息技术英语水平大赛上,参赛学生获得Photoshop平面设计项目特等奖1个、一等奖1个、三等奖3个,二维CAD建筑设计项目一等奖2个、二等奖3个、三等奖2个。

(邱　晴)

[成立校企合作理事会]　12月29日,举行工程技术学院校企合作理事会成立大会。校企合作工作将在共同探索人才培养模式、共同开发课程体系、共同编制教学大纲、共同培养双师型教师等方面步入更深层次的融合,最终实现专业与产业对接、课程内容与职业标准对接,培育符合区域经济、企业需求的高素质技能型人才。

(邱　晴)

附:学校负责人及地址

(2011年1—12月)

校党委书记:张建中

校　长:皋玉蒂
副校长:潘立本、姚大伟、沈小平

地址:浦东新区惠南镇城南路1408号
邮编:201399
电话:68029005

上海立达职业技术学院

［2011年概况］ 学校设艺术设计学院、护理与健康学院、航运物流系、旅游会展系、机电工程系、商贸系、现代传媒与计算机系、基础教学部和思政教研室2院5系1部1室，共有23个专业。毕业学生1633人，就业率为96.39%；招收新生1473人，在校学生人数4543人；新增藏书近2万册，藏书总量达27万余册，电子图书1385 GB。

董事会支持学校顺利完成法人财产权转移，完成法人治理结构调整，修改学校章程，并审定学校“十二五”发展规划纲要和2010—2020年发展定位规划。学校新制订了《财务监督制度》、《学费及政府扶持资金管理暂行规定》、《政府扶持专项资金使用管理办法》等10余个规章制度，并按照民办高校会计制度要求，规范教育收费，严格执行收支两条线管理和收费公示制度。

学校深入推进德育工作。修订完善《学生综合素质测评办法》、《学生奖励办法》、《学生考勤管理办法》等制度；积极开展思想政治理论课的教学改革，开展主题演讲比赛，组织学生进行社会实践考察。继续保持学校志愿者服务特色，全年共有1755人次参加10个日常服务项目。组织推荐“西部计划”志愿者1人，赴重庆綦江服务一年。“同一片天空，同一份关爱”——关爱叶榭学校分校农民工子女项目、临安天目山红色寻访项目获2011年上海市大学生暑期社会实践活动优秀项目奖项。

加大内涵建设力度，推动专业、课程建设。学校确定护理、应用艺术设计、机电一体化技术、国际航运业务管理、酒店管理五个专业为重点建设专业并带动五个专业群建设，并于5月制定完成建设路线图。当年投入资金225万元用于护理与健康学院和艺术设计学院的专业群建设。年内，学校获批设立“连锁经营与管理”新专业；确定“公共空间设计实训”、“酒店服务技能”、“内科护理”、“网络新闻编辑与传播实务”、“仓储与配送管理”等10门课程为校级精品建设课程；完成5期民办高校教学高地建设项目的验收，进一步促进课程、实训基地建设；“机电一体化技术专业建设”、“国际商务与会计专业模拟实训室”、“多媒体融合与传媒中心实训室”三个项目列入政府扶持资金支持建设项目。年内，护理与健康学院的《基础护理》被授予“2011年度上海高等学校市级精品课程(高职高专)”；商贸系童宏祥老师获“2011年度上海高等学校市级教学名师(高职高专)”称号。编辑《高职教育信息》、《立达教学与研究》等学校刊物，反映学校办学成果、展示教师科研水平。

加强师资队伍建设。认真组织市“优青”项目、“晨光计划”项目、高校青年教师培养资助计划项目和校内教科研项目的申报、选拔、评审，1名教师获“晨光计划”，3名获青年教师培养资助计划项目支持，35个项目申报民办高校骨干教师科研项目；制定了教师国内外访学、双师型践习工作的协议与补贴办法。1位国外访学、4位国内访学、3位双师型践习老师申请获批，教委下拨经费48.5万元。完成6项市优青项目结题工作。积极支持教师在职进修和提高学历。

成立校企合作办公室，加强与企业的合作与协调。校外实习基地从2010年的48家，发展到2011年的61家；改革毕业实践环节，组织学生到企业顶岗实习并与就业挂钩；组织学生积极参与行业企业组织的职业技能竞赛，使学生在技能、职业适应心理等方面都得到锻炼提高；重视学生获取技能证书的能力，推行“课证合一”，并将所需的课程纳入到培养计划中。申报毕业生就业创新基地建设项目“毕业生就业服务综合信息网建设”获得上海高校毕业生就业工作创新基地孵化建设项目资助。

推进学校开放性、国际化办学。组织2名教师和6名学生前往台北醒吾技术学院进行为期4个半月的交流学习。6月，与日本国滋庆教育集团滋庆学园就推进艺术类教育领域的合作，签订了合作意向书。

获得授权成为国际贸易业务员、国际贸易跟单员、国际商务秘书、国际商务英语、国际商务日语等5个科目的松江考点；提供培训服务2532人次，平均合格通过率达到80%。

(郑贺春)

［两岸三校签合作协议］ 11月，学校与台北醒吾技术学院、江苏明达职业技术学院签订校际合作

协议，就两岸三校的合作框架、原则、实施操作的具体安排达成共识，开启三校资源共享、优势互补的合作序幕。16家在沪的台商企业20余名董事长、总经理、总监、经理出席了三校联合组织的校企合作座谈会暨签约仪式。部分台资企业与学校签约，搭建校企合作的平台。

（郑贺春）

[与日本学校签订教育合作意向书] 6月27日，学院与日本国滋庆学园COM集团就有关艺术类领域的合作签订教育合作意向书。校领导与日本国滋庆学园代表在意向书上签字。双方将通过“企业合作计划”使学生参与实际项目设计，以跟企业一起合作的方式培养学生。

（郑贺春）

[获上海高校教学名师称号] 10月20日，上海市教育委员会授予学校商贸系主任童宏祥为“2011年度上海高等学校市级教学名师（高职高专）”。童宏祥老师多年来一直从事国际商务专业领域的教学和研究，主讲课程有国际贸易、外贸单证、外贸跟踪、进出口模拟实训等。

（郑贺春）

[被授予市级精品课程] 10月20日，上海市教育委员会授予护理与健康学院张美娟老师领衔的课程“基础护理”为“2011年度上海高等学校市级精品课程（高职高专）”。

（郑贺春）

[举办“李斌艺术展”] 2011年12月31日，学校与江西景德镇市文联、江西省工艺美术学会、景德镇陶瓷学院设计艺术学院联合主办学校艺术设计学院院长李斌教授20年创作成就“李斌艺术展”。艺术展为期3天，吸引了社会各界众多人士观展。

（郑贺春）

附：学校负责人及地址

（2011年1—12月）

董事长：山兆辉

院党委书记：何建中
副　书　记：郦鸣阳

院　长：郦鸣阳
副院长：何建中（3月到任）、杨新志

地址：松江区车亭公路1788号
邮编：201609
电话：57805678

上海电影艺术职业学院

［**2011年概况**］ 学院引进18名教师，其中硕士13人，改善了师资队伍结构。学院坚持以教学为中心加强内涵建设，“Flash网站制作”课程被评为上海市级精品课程；5名教师入选上海高校青年教师培养资助计划；1名教师入选上海高校教师出国访学(进修)计划；1名教师入选上海高校青年骨干教师国内访问学者计划；1名教师入选上海高校教师产学研践习计划；1名教师获得了“晨光计划”项目；2名教师荣获上海文艺人才基金优秀教师奖；10名教师获得了助理研究员和讲师资格；编写出版了6套系列高校动漫专业教材。

全院师生投入庆祝中国共产党建立90周年的各项活动，多个专业参加大型长篇电视连续剧《红军东征》的拍摄，承担了大型情景诗剧《先驱》巡演，浦东新区的“辉煌与跨越”大型红歌会歌咏展演、上海市“红色故事”巡演以及多个单位庆祝建党90周年的大型文艺晚会的策划和编、导、演以及录像、电视转播工作。

学院认真抓好招生就业工作。完成25个省市的招生计划，录取自主招生、三校生、高招生三个批次的784名新生，共有827名学生毕业。来自上海、北京等海内外近200家用人单位参加了学院举办“供需见面会”，提供就业岗位3000多个，平均每位毕业生有3个岗位可供选择。2011年毕业生就业率达到97.4%。

学院工会和团委、学生会抓好教工和学生社团建设。成立了教工“形象设计”社团、教工心理沙龙，周周有活动。组织多个专业师生开展“送文化进社区百场公益演出活动”。组织团员青年参加由团市委举办的“i创意、i生活——2011年上海青年创意活动”；开展“情系未来，托起明天的太阳”——上影学子暑期公益实践活动和“牵手来沪青少年，用艺术绘写世界”支教活动，荣获上海市“牵手行动·成长计划”项目的优秀项目奖；学院被评为“明星志愿者服务队”组织奖，学院“艺术之光”文化志愿服务队被评为“明星志愿服务队”优秀奖；江帆副院长被评为上海市教育系统“三八红旗手”，学院教务处被授予“上海市教育先锋号”荣誉称号。

学院建立心理健康教育长效机制，建立学生心理健康档案，构建了心理健康教育课、心理健康咨询、危机干预三级心理保健网络为支撑的心理健康教育工作体系。开设系列课程、讲座、沙龙，进行小组训练，专业心理测试、面谈、电话咨询、网上咨询和团体辅导等，为学生在学习、交友、情感、择业等方面排忧解难，及时解决学生心理困惑。

学院获上海市高职高专院校教学设计比武大赛三等奖

学院完善安全稳定责任制，各个行政职能部门、各个专业签订《安全责任承诺书》，分工明确、相互配合、上下联动。进一步增加投入，加强和改造了防盗设施，并进一步抓好消防器材和设施的配备及维修。开展了消防安全教育，组织了2次消防、逃生演练，全年无公共安全事件发生。在第一届张江物业集团优秀寝室评选中荣获一等奖1名、三等奖12名，得奖率达86%。

（董有福、杨怿瑢）

[入围“最佳动漫教育机构”] 12月27日，作为国家级动漫奖项，同时也是中国动漫界的最高奖——中国文化艺术政府奖首届动漫奖颁奖典礼在天津举行。凭借鲜明的国际化办学特色、显著的动漫教育成果、良好的社会行业评价，学院荣获了“最佳动漫教育机构入围奖”。获最佳动漫教育机构入围奖的有中国传媒大学和北京电影学院等10所院校。展示了学院在推进动画教育模式改革、培养理念突破、产学结合创新上取得的成果。

（董有福、杨怿瑢）

[在多种竞赛中获奖] 1月6日，首届上海市高职高专院校重点专业教学设计比武大赛决赛在上海交通大学医学院举行，学院选派的影视动画（3D动画）专业经过层层比拼获三等奖。

在全国第三届大学生艺术节展演活动中，荣获教育部颁发的6个奖项、获上海市颁发的18个奖项，学院获教育部颁发的优秀组织奖。在2011年上海市小剧（节）目评选展演中，学院选送的小品《伞兵们，我们等你回来》和小品《我要上学》分别获最高奖优秀作品奖和作品奖，学院获优秀组织奖。在“第六届全国校园艺术节”上海赛区的比赛中，2名教师获优秀指导教师奖、4名学生获二等奖、3名学生获三等奖、1名学生获优秀奖、1名学生获特殊贡献奖。13名学生入选第34届2011国际超级小姐世界大赛中国（华东赛区）总决赛，其中1名学生获华东赛区总决赛冠军；影视表演专业学生赵婉婷代表华东赛区参加全国第34届2011国际超级小姐世界总决赛获亚军，学院获支持荣誉奖。

（董有福、杨怿瑢）

[设立学院奖] 为鼓励学生勤奋学习，德智体全面发展，学院设立学院奖，首次有150名学生获奖。

（董有福、杨怿瑢）

附：学校负责人及地址

（2011年1—12月）

院党总支书记：梁大立

院　长：江　泊

南校区地址：达尔文路188号

北校区地址：松涛路、景明路口

邮编：201203

电话：50271101

上海中华职业技术学院

[2011 年概况] 学院探索"创新驱动、转型发展",加强内涵建设,提高教学质量,开拓就业渠道。重点对学院教学管理和学生管理规定进行了订立和增补。全年完成教学管理 5 项制度、学生工作 3 项制度、人事 2 项制度的制定与修订,进一步规范了学院的管理工作。

各系部修订了各专业教学计划,优化系部管理。加强实习实训,加强校企合作。多名教师获得了双师型教师证书。每个教学系部都开展了"走出去,引进来"的教学交流活动。全年共安排 19 人次辅导员参加外训、10 次校内培训。按照《辅导员工作条例》及《辅导员量化考核办法》进行管理。建立和健全教师聘任、考核等制度,完善激励机制和考核体系。完成了年度学院初级职称评审工作及 18 名中级职称上报评定工作。

年内,在各类竞赛及评比中获多项佳绩。3 月,上海市奉贤区食品药品安全协会授予学院"奉贤区年度食品药品安全工作先进单位";3 月,参加"黄炎培职业教育思想百句格言评选活动",在"校园格言风云榜 50 强"中列第三名,获最佳组织奖。在第一届"上图杯"上海大学生先进成图技术大赛中,机电工程系王俊、陈梅、张希驸、张斐、关乐平 5 位同学组成的团队,获三维造型组团体三等奖。

(傅艺艺)

学院学生社团活动

[团干部到云南省挂职] 2011 年 1 月—2012 年 1 月,团干部方欣参加"全国首批高校团干部到县级团委挂职"活动,担任云南省昭通市威信县团县委副书记。

(傅艺艺)

[教学督导进课堂] "教学督导进课堂"是学院教学检查系列工作中的重要手段。院级领导、中层干部及行政工作人员约 30 人对全校 21 名青年教师的 25 门课程进行了听课和点评。填写"教学督导课堂听课测评表",分别从教学态度、教学基本功、教学内容和教学方法、教学特色和课堂管理五个方面进行测评。

(傅艺艺)

[评选"中华之星"] 3 月,在学生中开展第五届"中华之星"评选活动。"中华之星"的特点是:抓住典型事例,激发闪光点;搭建成功舞台,启发潜能,鼓励参与,推动和谐校园建设。奖项设定的原则是:突出道德素质,体现单项先进,鼓励积极进取,提倡勤奋努力,使学生对荣誉可望也可及,人人都有成功机会。"中华之星"的评选活动曾获得市科教党委系统

的精神文明创建十佳项目提名奖。“中华之星”的评选包括8个项目:中华奉献之星、中华学习之星、中华爱校之星、中华进步之星、中华5S之星、中华才艺之星、中华志愿者之星、中华学风先进之星。

(傅艺艺)

[毕业生就业率有所提高] 应届毕业生共1457人,截至8月30日,初次就业率96.05%,毕业生的薪资待遇较以往有较高提升。形成了一批稳固的用人单位资源。与上海电气集团、上海电机厂、上海冠东国际集装箱码头有限公司签订合作协议,对口培养毕业生。上海电气电站设备有限公司、上海发电机厂、铁路客运段、虹桥枢纽、高铁、中国移动、中国邮政、诺基亚西门子、上海通用汽车、天地华宇物流、延锋百利得、贝尔股份等众多知名企业接纳了学院近20%的毕业生。

(傅艺艺)

附:学校负责人及地址

(2011年1—12月)

院党支部书记:吴宗华

地址:奉贤区大叶公路5225号
邮编:201404
电话:57480000(总机)

上海医药高等专科学校

[2011 年概况] 学校共招录全日制学生 1241 人、三校生 113 人和自主招生 399 人,其中 30 人为新设临床医学(学校卫生保健)专业委托培养生。增加对新疆、宁夏、陕西、湖南、湖北 5 个省的招生,外省市生源数占全部招收数的 49%。全日制在校生数达 4594 人;夜大学在校生数 754 人;接受中、短期国际合作交流留学生 96 人,有来自美国、韩国、印尼共 7 名长学制留学生在校攻读护理专业学历。毕业生数总计 1342 人,就业率为 99.11%。

学校以"庆九十华诞,忆光辉历程;建和谐校园,促科学发展"为主题,开展创先争优活动。学校心理健康教育中心通过上海市高校心理健康教育中心达标建设。7 名同学参军入伍。全年共计发放各类奖助学金超过 200 万元。颁布学校《学生海外学习实习项目实施细则》,共有 166 名学生报名参加选拔考试。

落实学校"十二五"规划纲要,统筹推进重点项目。高职"后示范"阶段的上海高等教育内涵建设工程(简称"085 工程")项目建设启动。涉外护理专业获中央财政"支持高等职业教育提升专业服务产业发展能力"建设立项。临床医学专业获得中央财政支持的职业教育实训基地建设立项。继续开展中高职教育贯通培养模式试点工作。基本建成国家高等教育共享型护理专业教学资源库项目。

加强教育教学内涵建设。"探索和创新医药职业教育体系研究"获得教育部全国教育科学"十二五"规划重点课题资助。"高职《成人护理学》教学中 PBL 法的应用与创新"项目获上海市第十届教育科学研究成果改革实验奖。"隐形纳米给药系统多功能抗肿瘤血管生成作用及其机制研究"为学校首次获得自然科学类重点项目立项。"药物制剂技术"、"生化技术"获批为市级精品课程。护理系获上海市"巾帼文明岗"称号;护理系和国际教育部获上海市教育先锋号;徐志毅老师获上海高等学校市级教学名师称号。全国护士执业资格考试通过率达 99.5%,眼视光技术专业学生眼镜行业高级验光师、高级配镜师执业证获证率达 100%,并在上海市眼镜行业豪雅光学杯验光配镜技能大赛中获团体一等奖。口腔技术系师生在"日进杯"全国口腔工艺技术展上获团体亚军。

扩展教学基地,建立校企合作共育机制。学校附属闵行区中心医院和嘉定区中心医院通过市教委、市卫生局专家组对临床教学基地质量验收评估。附属嘉定区中心医院在学校三年制临床医学专业(乡村医学方向)中实施导师制带教模式,毕业技能考实施客观结构化临床考试。经市教委批准,上海口腔病防治院成为学校教学医院,聘任 11 名临床师资进入专业课程教学。与瑞金医院签署合作办学协议。

提升师资队伍素质,分类指导培养培训。学校完成了事业单位岗位设置方案制定工作。成立教师专业发展工程领导小组,颁布《开展专任教师行业实践与行业见习工作暂行规定》。举办教师教学能力培训、相关专业临床人员教学能力培训、辅导员岗前培训、形势与政策课教师专题培训等,校内培训总数达 477 人次。设立师资出国培养人才资源库,开展教师海外进修项目。

拓展聚合优质资源,树立学校品牌形象。2011 年,学校任全国卫生类高职高专教材编写委员会主任委员单位,全国高职高专医药类专业教学资源建设专家委员会主任委员单位。承担国家级教学团队、国家级教学名师和国家级精品教材等质量工程的专项评审;教育部高职高专相关医学类教指委全国相关医学类 18 个专业基本教学要求的审定工作;学校接受西藏日喀则、广西、山西、河南等地学校 20 余名教师对口培训工作。参与香港中文大学彭智培教授的科研项目,着力建设检验系分子生物学实验室、视光系眼科检测实验室和医学基础部动物实验室,筹建香港中文大学与学校的"联合研究中心"。继续承担全国医护英语水平考试的考务工作。

(张毅婷)

[合作组建护理专业班] 6 月 1 日,学校与上海交通大学医学院附属瑞金医院签署合作协议。采取自愿报名和面试考核,从护理专业和中美合作双

语护理专业二年级即将进入临床实习的学生中,选拔出30名组建第一届“瑞金班”。在教学、见习、实习等各环节实现学校与医院的充分对接,实行全程一对一带教,让学生接受从基本技能训练到专科技能训练的临床实习。

(张毅婷)

[**培训民办小学卫生保健技师**] 受上海市教育委员会体卫艺科处委托,上海市人口福利基金会出资,聘请来自复旦大学公共卫生学院、上海市疾病控制中心的专家、教授授课,从解读卫生工作条例、学校环境卫生监测评估、常见传染病控制及计划免疫、卫生保健资料的登记与统计、学校意外伤害事故预防、院前急救及儿童心理卫生及健康的指导等九个方面,采用理论与实训相结合的方式,于6月21—29日分两期对全市10个区、162所民办小学的卫生保健教师进行专业培训。

(张毅婷)

[**2011国际护理英语技能大赛**] 11月12日,由上海现代护理职业教育集团主办,学校承办的2011国际护理技能大赛的决赛暨颁奖典礼在上海世博园区举行。大赛有集团下属的16个医院、8个学校和芬兰、挪威、荷兰、美国4个国家的院校组队参赛。比赛分护士组、护生组和国际组进行,采用世界职业技能比赛模式,在国际医院环境中,在实际操作中,考察参赛者评估、交流、操作、团队合作、应变等临床综合护理能力。学校代表队获护生组第一名。

(张毅婷)

[**成立临床护理专家工作室**] 12月28日,上海现代护理职业教育集团专家工作室正式揭牌,16名来自中华护理学会上海分会的专家,三级甲等医院和著名专科医院的护理部主任受聘成为“每日特聘驻校专家”。驻校专家通过实训中心中央总控室了解护理专业即时教学情况,与青年教师一对一辅导教学科研工作,根据临床一线需求调整教学内容,建立“学校—医院”共组团队、共管教学、共育护理人才长效运行机制。

(张毅婷)

附:学校负责人及地址

(2011年1—12月)

校党委书记:贾万樑
副书记:巫向前(兼)、胡　敏、郑忆文

校　长:巫向前
副校长:胡　敏(兼)、沈岳奋、施晓谋、唐红梅

地址:浦东新区周祝公路279号
邮编:201318
电话:33759000(总机)

上海工会管理职业学院

［**2011 年概况**］ 学院以加强内涵建设、深化人才培养模式改革为主线，朝着“建设工会一流的教育培训基地”的目标迈出坚实一步。学院现有教职工 288 人。专任教师中具有高级职称的教师比例达到 22%，硕士研究生以上学历的教师占 58%，双师素质教师超过了 64%，一批相关专业领域的专家、学者和业界精英受聘于学院。

深化人才培养模式改革。学院围绕上海市经济发展方式转变、产业结构升级和工会行业的需求，调整和优化专业结构。形成与上海经济社会发展联系紧密、具有行业特色的专业体系架构。以工会社会工作专业为龙头的公共事业类专业群，以安全技术管理专业为龙头的安全健康类专业群，以文物鉴定与修复专业为龙头的文化术品保护类专业群，以物流管理专业为重点的商贸流通类专业群，不断完善、日臻成熟，专业结构更加合理，办学特色更加清晰。学院成功申报上海市“085 工程”重点建设专业 7 个，2 个专业被纳入中央财政支持高等职业学校专业建设发展项目，1 个实训基地获中央财政支持，2 门课程被评为上海市精品课程。

推进教师能力提升计划。学院加大师资队伍建设和教师产学研践习推进力度。修订并完善相关制度，加大教师践习资助经费投入力度，鼓励专业教师到生产、科研和管理第一线践习。学院《传统文化保护与创新产学研践习基地》被列入上海市高校教师产学研践习基地。全年共安排 13 名教师脱产到企业顶岗实践；9 人获得市教委产学研践习计划“教师专业发展工程”项目资助；3 名教师入选“上海高校青年教师培养资助计划”教师名单，1 人获得上海市教育基金会“晨光计划”项目。

完善校园文化建设。进一步加强学生思想政治教育和主题特色教育，完善以培养职业素养为核心的劳模导师制，开展丰富多彩的文体活动，推动学生自主管理，完善校园文化建设。成功举办以“我运动、我快乐、我健康”为主题的学院第六届运动会和“十项”学生系列体育活动，以及各系迎新生文化活动。积极组织参加全国第三届大学生艺术节上海展演，参加上海市大学生阳光体育系列大赛，获上海市“感恩成长，励志成才”主题征文活动优秀组织奖。

学院“学劳模大学生志愿者服务队”成立

提升工会培训质量。学院结合重点专业建设，努力构建学历教育和工会干部培训融合的课程平台，开设“职工代表大会制度条例解读”、“现代安全生产管理与班组建设”、“社会管理创新与工会工作”等一系列契合工会干部实际需求的课程。学院已形成工会干部培训方面“专业知识”、

“拓展知识”等8个系列百余门课程。全年举办各类工会干部培训班76期,6296人参加培训。其中,上海市内班52期,共计4264人;外省市培训班24期,共计2032人。

加强工会理论研究。学报《工会理论研究》围绕2011年工会工作热点策划主题,全年就“十二五规划与工会工作”、“劳务派遣工权益维护”、“加强与创新社会管理”、“党工共建”、“民生新法——《社会保险法》的贯彻与实施”、“《上海市职工代表大会条例》实施中的疑点和难点”等专题组织文章。继续开展“劳动关系和谐指数”课题的研究,承接上海市总工会、上海市浦东新区总工会以及上海市医务工会的委托课题。上海市总工会委托课题——“职工舆情的特点及工会的干预机制研究”获得优秀成果奖。

(卢 锟)

[国内第一家企业社工师事务所成立] 4月28日,杨浦区社会团体管理局举行上海市第10000家社会组织颁证仪式,国内第一家企业社工师事务所——上海星惠社工师事务所成立。杨浦区区委副书记魏伟明、学院党委书记谢幼书为星惠社工师事务所揭牌。市社会团体管理局副局长单杰向星惠社工师事务所总干事刘茂香颁发证书。该事务所由学院与上海浦东星火开发区联合发展有限公司合作成立,为企业和职工开展专业服务。

(卢 锟)

[建校60周年庆典] 5月28日,学院举行建校60周年庆祝大会。市领导俞正声、韩正、刘云耕、冯国勤,全国总工会发来贺信。市人大常委会副主任、市总工会主席钟燕群,市总工会党组副书记、副主席肖堃涛,市总工会副主席汪兰洁等出席庆祝大会。会上,市总工会首次授予包起帆、杨怀远等十位劳模“优秀劳模导师”荣誉称号并颁发荣誉证书。

(卢 锟)

[设立社会体育指导员(职工)培训点] 6月16日,经市总工会与市体育局协商、签约,在学院合作设立社会体育指导员(职工)培训点。社会体育指导员(职工)培训点将根据体育服务与管理专业人才培养的需要,开展工会干部培训。

(卢 锟)

[共建实习实训基地] 1月21日,学院与奉贤区总工会签订合作协议,共建社会工作专业学生实习实训基地——“奉贤区工会培训中心”。双方将在加强工会干部和职工群众的教育培训,建设职业化社会化的工会人才队伍,充分发挥工会在职工素质建设工程和构建和谐劳动关系中的重要作用等方面开展合作。

(卢 锟)

[合作培养社会化工会工作者] 7月6日,学院与闵行区总工会举行的社会化工会专修班开班。36名学生将赴闵行区的14个街道(镇)基层工会,进行为期350个课时的工会知识学习和工会岗位实习。闵行区总工会委任各街道工会干部为带教教师,通过实习考核的学生将获得工会岗位上岗证。

(卢 锟)

[承办新疆喀什地区工会干部培训班] 10月13日,由学院承办的新疆喀什地区工会干部培训班开班。培训班为期15天,来自新疆喀什地区的工会干部共50人参加。市总工会和喀什地区工会领导出席开班仪式。

(卢 锟)

[合作共建人才培养基地] 1月11日,学院与金山博物馆、金山农民画院举行实习、实训基地合作框架协议签约仪式。根据协议,学院与金山博物馆、金山农民画院将共同建立人才培养基地,开展文物拓印、文物修复、文物绘图与文物摄影以及传统民间艺术等方面的合作。

(卢 锟)

附:学校负责人及地址

(2011年1—12月)

院党委书记:谢幼书(11月离任)
　　副书记:陈必华

院　长:傅小龙
副院长:陈必华、赵　伟(4月离任)、张　炜

地　址:奉贤区南亭公路2080号
邮　编:201415
电　话:57460188

上海体育职业学院

［**2011年概况**］ 2011年取得自主招生资格，并顺利完成首次自主招生工作。招收了80名高职学生。目前，普教在校生429人，成人教育在校生140余人，专升本招生数300余人。学院首届高职学生毕业，至11月底，首届毕业生初次就业率达87％。

教育工作。学院总结三年多来的办学经验，在“能力”培养和基础课程的“必须”、“实用”等方面进行尝试和探索。对2011级的教学计划进行修改，更多纳入和企业合作的内容，使教学计划反映企业的需求。年内与复兴集团、上海跆拳道协会跆拳道班和亚历山大集团进行合作，把企业核心课程和文化引进学校。在2008级、2009级按摩班学生的实习上引入了进运动队实习的尝试。全年邀请了8家上海著名的体育企业领导来校讲课，使学生和教师同时都对社会的体育市场有了更深的认识。

学科建设。在原有社会体育专业、体育服务与管理专业、运动休闲与管理专业的基础上，经过开拓和整合，形成了社会体育专业、体育服务与管理专业、体育休闲服务与管理专业(包含运动休闲方向和体能训练方向)，以及竞技体育4个专业5个方向。其中，体能训练经申报，获批为重点专业。

师资和教练员队伍建设。学院大专部专职教师30人，参加上海市委干部培训中心组织的各种专家讲座，累计达30人次。组织教师参加体育企业的讲座。鼓励教师自我提高，1人博士毕业，1人硕士毕业，2人在职硕士学习，2人按摩高级技师培训，1人获得了市教委资助的国内的东方访问学者资格。学院以事业单位岗位聘任为契机，在院内全面推行了聘用合同制工作。通过定编、定员、定岗，和职工上岗双向选择、竞聘上岗的形式，提高了职工的工作积极性和责任感。学院还调整续聘了138名一线运动队的教练员，包括聘请外籍教练。

科研工作。制定了《上海体育职业学院“十二五”科研人才队伍建设推进计划》、《上海体育职业学院2011年科研人才队伍建设计划》以及《上海体育职业学院科研工作管理办法》、《上海体育职业学院科研经费管理办法》、《上海体育职业学院科研项目管理实施细则》和《上海体育职业学院科研项目申报流程》。年内完成了12个科研课题的立项工作，其中3个课题为体育总局课题。1名教师的课件获得了第十一届全国多媒体大赛的三等奖，12篇论文发表在包括核心期刊的不同刊物上和进入中国体育科学大会。完成研发体育场所管理(中级、高级)和健美操(初级、中级、高级)2项职业资格证书。

信息化建设。制定《上海体育职业学院2011—2015年度信息系统建设设想》，与中国电信争取合作，学院网络宽带从20兆免费升速至50兆，并完成了学院无线wifi网络覆盖工作。根据国家公安部对高校网络安全的要求，完成了院本部实名制上网和对学院网络IP地址段的细分和应用工作，并对网络机房的设备进行了重新布局、数据迁移和调试。图书馆完成了约14000册的新书采购任务，新增电子图书50000余册。

竞技体育取得新突破。年内，学院所属七个中心的各项目运动员在全国最高级比赛上获得26枚金牌、84.5枚奖牌、总分1488.5分，金牌、奖牌、总分均已经超越上年21金、69.5奖、1436分的成绩，实现三超，以达到53％的金牌贡献率，为上海年度最高级比赛保持全国前三强，并超越历史最好成绩做出了重要贡献。自行车项目也有重大突破，获得了3枚最高级比赛的金牌。在世界比赛中，学院所属7个训练中心的运动员在世界三大赛上共取得了4项冠军，16枚奖牌的好成绩。202名运动员获第七届城市运动会参赛资格，占城运会上海两个代表团参赛总人数的40.4％，获得了7枚金牌、27枚奖牌，总分6365分。

推进运动员职业发展规划。年内，学院开始在全院的各个运动队全面推广实施“优秀运动员职业发展规划”。学院组织各层面和有关职能部门进行动员与协调，积极地为运动员职业发展规划出谋划策，使运动员能够终身受益。

(王春鸟)

[调整项目布局] 学院根据市体育局对运动项目的布局和十二运规程的新变化，新成立女子水球队、组建篮球，排球和足球三大球全运青年队、恢复铁人三项队和重组女子曲棍球队。

（王春鸟）

[男排“八连冠”] 在2010—2011赛季全国男排联赛上，学院上海唐朝男子排球队第九次捧起冠军奖杯，创下了联赛“八连冠、九冠王”的优异成绩。5月12日，上海市体育局召开总结表彰大会，表彰上海男排创佳绩。

（王春鸟）

[在游泳世锦赛上卫冕] 7月，在上海举行的第十四届世界游泳锦标赛男子10米跳台双人决赛中，学院跳水运动员火亮与队友邱波合作，以480.03分夺取金牌，中国队实现世锦赛男子10米台双人的三连冠，火亮也完成了该项目的个人世锦赛三连冠。

（王春鸟）

[在游泳世锦赛上获单人项目金牌] 7月，在上海举行的第十四届世界游泳锦标赛上，学院跳水运动员吴敏霞历经12年6届世锦赛，首次获得女子3米跳板冠军。同时，她还与队友何姿配对获得了世锦赛女子3米板双人冠军。

（王春鸟）

[获羽毛球世锦赛冠军] 8月，在英国举行的第十九届世界羽毛球锦标赛上，学院羽毛球运动员王仪涵以21比15、21比10的比分战胜对手夺得了羽毛球女单冠军。在其第三次羽毛球世锦赛征途上，帮助中国队实现了羽毛球世锦赛女单项目的八连冠。

（王春鸟）

附：学校负责人及地址

（2011年1—12月）

院党委书记：黄卫方（11月离任）
副书记：金罗刚（2月离任）、马玉生（11月离任）、
苏清明（11月到任）

院　长：沈富麟
常务副院长：黄卫方（11月离任）
副院长：金罗刚（兼，2月离任）苏清明（兼，11月到任）、
陆嘉璞、顾承锷、王益民、朱学雷、姜　军

地址：百色路1333号
邮编：200237
电话：64770058

上海健康职业技术学院

[2011年概况] 2011年，学院梅陇校区和崇明校区融合工作平稳推进。崇明校区有238名学生毕业，就业率为98%。47名教职工有40名进入了徐汇校区工作。有19人参加硕士学历就读，15人通过高校教师资格考学科考试，2名教师参加岗位培训。崇明校区改扩建工程得到崇明县政府和市发改委、市教委、市规土局等委办局的支持。

学院调整部系结构。目前，设有文理教学部、医学基础部、护理系、医疗系、公共卫生系、生物医药系。完成医学影像技术(扶强)、护理(扶特)、生物技术及运用(扶特)、康复治疗技术(扶需)等4个专业的“085工程”路线图的修改并被批准立项。助产和康复治疗技术2个专业成功申报了中央财政支持的专业能力服务提升计划。

学院首次面向外省市招生，共招收全日制高职778人(三校生151人，秋季高考626人)，总报到率90.5%，招收成人大专605人。高职毕业192人，平均就业率为97.92%。年内，全国护士执业资格考试，高职生参考人数163人，通过率继续保持100%。

校企合作进一步深化。与普陀区人民医院建立非直属附属医院关系得到推进，医学影像专业39名学生到设在该医院的教学班学习。护理专业与上海市第七人民医院校企合作办学，40名学生入读。与上海肿瘤医院合作举办的医学检验技术专业、与上海第一妇婴保健院合作举办的助产专业正式开始招生。

新聘3名专职辅导员和10名兼职辅导员。制定《上海健康职业技术学院辅导员工作实施细则》等相关制度。制定《上海健康职业技术学院学生困难补助办法》、《上海健康职业技术学院国家助学金评审细则》以及各类奖学金规定等，学生的“奖、贷、勤、助、补”体系得到进一步的完善。

专业(学科)梯队人才培养工作继续推进。出台《关于专业(学科)人才梯队培养对象导师选配的若干意见》、《专业(学科)人才梯队培养经费开支办法(试行)》等2项配套措施。有计划地安排专业(学科)带头人和重点骨干对象参加出国培训、外出学习、实践进修、学术交流等活动，在经费上对培养对象予以重点保证。13名培养对象首次实施了阶段性考核，继续为新进的6名年轻教师一对一配备导师，并制定针对性的带教培养计划。全年有120余人次参加各类进修培训，其中，3人赴德国和日本参加进修培训，2人参加了国家级护理专业骨干教师培训。有4人获得高校青年骨干教师国内国外访问学者资助，2人获得高校教师产学研践习计划资助，2人入选高校青年教师培养资助计划。4人获上海市卫生系统“杏林园丁奖”。周进祝教授获2011年度上海高等学校市级教学名师(高职高专)荣誉称号。

编制《岗位设置与聘任管理实施方案(试行)》，岗位设置管理工作顺利完成，在职共有274人顺利完成聘任。组织开展了学生教室和宿舍楼突发事件疏散演练，“11.9”消防宣传月活动、治安教育片、灭火器使用操作培训等，校园安全得到有效保证。积极推进后勤社会化改革，学生食堂成功实现社会化管理。学校充分发挥伙管会(以教师、学生、教工为主体)的作用，对整个食堂实施全方面监管和监督，确保饮食服务安全，饮食服务质量到位。学院第六次被评为上海市文明单位。

(刘宏正、王　成、石月红)

[签署新一轮校企合作协议] 3月21日，学院与上海生物制品研究所签署为期5年的校企合作新协议，决定设立“生物技术及应用高职班”。健康学院承担全部教学管理，学籍管理，制订教学计划和编制教学大纲；上海生物制品研究所挂牌“上海健康职业技术学院国药上海所实践教学基地”，承诺优先录用在该所实习的合格毕业生。

(石月红)

[在“国际护理技能大赛”上获奖] 11月12日，在由上海现代护理职业教育集团举办的“2011国际护理技能大赛”上，学院选手朱旻奂、武蒙在指导老师王宗忠和张玉梅的带领下，凭借优异的英语水准和护理技能获护生组比赛三等奖。

(石月红)

[爱心捐书到青海] 11月,学院响应上海爱的教育研究会发出的“爱心捐书到青海”倡议,对口支援青海省乐都县的中小学中一部分的藏族牧民的孩子。校团委共收集、整理和挑选出两箱近300本图书和百余件文具。

(石月红)

[举办新疆喀什地区卫生系统管理干部培训班] 4月11日举办“2011年新疆喀什地区卫生系统管理干部培训班”。来自新疆喀什地区及下属巴楚、叶城、莎车、泽普四个县的卫生局、医院、疾控中心、卫生监督所等卫生系统50名管理干部参加了本期培训。4月21日举行结业仪式,颁发结业证书。

(石月红)

附:学院负责人及地址

(2011年1—12月)

院党委书记:曹蓉蓉
副 书 记:贺 勇

院 长:张 钢
副院长:季伟苹、徐一新、詹昌明

徐汇校区地址:梅陇路21号
邮编:200237
电话:64773528

崇明校区地址:长江公路258号
邮编:202178
电话:59666661

上海电视大学

[2011年概况] 年内,电大开放教育全年招生45918人。电大注册生规模达到110656人,其中本科30725人,专科79931人;年内有35635名学生毕业,其中本科8860人,专科26775人;有5278人获得学士学位;开放教育学院年内招生2168人,注册在籍人数5947人;电视中专中等学历教育招生2478人,在校生人数4537人;学校非学历教育板块在竞争中求发展,开拓美国托福和GRE英语网考、"七校(华约)联考"和"AP(美国大学先修课程)"考试与培训等新项目,精心维护初级工商管理(EBA)等品牌项目。

学校教学综合改革成果转化为教学基本建设常态。年内开设农业经济管理(农业技术与管理)、初等教育、摄影摄像技术等12个专科新专业(方向),学前教育(学前教师教育)、护理学等四个本科专业,完成17个专业(方向)的改造和调整;开展"第二届学生自主学习基本功大赛";提升学生自主学习到位率,制定《上海电视大学学生自主学习到位率底线要求(试行)》,量化规范;加强网上教学平台课程资源改造与建设;加强课程建设,46门优质课程中的27门优质课程已投入使用,立项的40门课程学习包中28门已投入使用;《论语习读》等九门课程被评为广播电视大学精品课程,《信息检索与使用》等19门课程获上海市教委重点课程立项;建成多专业共享的校内"社会工作实验室",在上海创业者公共实训基地成立"上海电视大学动漫艺术实践基地"。

学校加强师资队伍建设,"青年骨干教师国内访问学者计划"、"教师产学研见习计划"、"教育部教师网上培训"、"中央电大境外出访计划"、"重点学科专业岗位锻炼"等项目分别实施,业务培训量达到200多人次。

电大系统建设扎实推进。制定《上海开放大学基层学院设置标准及实施细则》;建立分校系统联络员制度,加强与分校沟通与联系;开展新校长培训,举行两轮分校新任校长(书记)高级研修班,共有20所分校(教学点)的26名新任校长、书记参加了培训;召开分校系统学习点建设与管理工作现场会,规范和推进分校下属学习点的建设和发展。

学校完成16类191人次课题申报工作,获得立项7类52项,其中部级重点课题1项,部级子课题1项,市级课题15项。《开放教育研究》杂志作为北大、CSSCI、RCCSE三大核心期刊,全年收稿940篇,发稿93篇,采稿率9.89%。

学校在第十一届全国多媒体课件大赛、第十五届全国多媒体教育软件大赛中获得一批奖项。

(王月艳)

[首届新生代进城务工人员初级工商管理(EBA)培训结业] 3月15日,首届新生代进城务工人员初级工商管理(EBA)培训结业典礼在浦东新区张港集电港会展中心举行,全市800余名进城务工人员学员获得EBA培训资格证书。参加培训的首届进城务工人员学员共1096人,来自全市16个区县、产业的企业,大多是具有高中及以上文化程度、年龄35岁以下的一线班组长和优秀进城务工人员骨干。参加考试的学员近900名,合格者802人,其中有203人接读上海电大工商管理大专。

(王月艳)

[国家教育咨询委员会专家组到校指导工作] 4月20日,国家教育咨询委员会终身教育体制机制建设咨询专家组在组长、中国教育战略学会会长郝克明的带领下莅临上海电大指导工作。专家组成员包括:浙江省政协副主席、民盟中央副主席徐辉,中共中央发展研究中心副主任、中组部原秘书长高世琦,北京教科院原院长季明明,国家教育发展研究中心研究员杨银付,国家教育发展研究中心研究员马凯,北京教科院苑大勇。

(王月艳)

[评选第二届百佳学习型家庭] 4月24日,"我们是同学——上海电视大学第二届百佳学习型家庭表彰活动"在上海教育电视台举行。250余人参加了表彰会。本次评选表彰的100个学习型家庭是从上海电大系统42家分校(教学点)的1338个学

习型家庭中选出。

（王月艳）

[英联邦学习共同体主席应邀作学术报告] 6月29日，英联邦学习共同体主席和联合国教科文组织高等教育处负责人应邀到上海电大作题为“开放性——开放大学的维度”的学术报告。报告基于全球高等教育的视野，介绍了高等教育开放的最新发展趋势，并分析了英国开放大学等世界知名开放大学在探索高等教育开放性方面的实践尝试以及成功经验。与会者还和主讲者就相关问题进行互动。

（王月艳）

[新疆喀什地区少数民族第二批普通高校毕业生来沪] 10—11月，新疆喀什地区第二批普通高校毕业生来沪培养学员共118人到上海电大开始为期两年的学习培养。学校成立领导小组及下属管理办公室组织领导和统筹协调全面工作。按照培养方案，新疆来沪培养学员前三个学期以学习国家通用语言文字、专业理论和专业技能为主，第四学期由杨浦区安排相应岗位顶岗实习。第一学期中，学校安排了大学汉语听说、大学汉语读写、大学汉语精读和普通话训练等四门语言课程，开设了中国特色社会主义理论概论、电脑操作实务、文体训练课程，还通过专题讲座，外出学习参观、学习小组讨论与交流等形式使学员尽快适应并熟悉环境。

（王月艳）

[开展电大“达人秀”活动] 10月15日，由上海电大和上海教育电视台联合举办的“电大达人秀”总决赛活动落下帷幕。电大“达人秀”活动是电大历史上参与面最广、持续时间最长、影响最大的一次学生活动，先后有43家分校543个节目910名学子登台表演，上万人共同参与，网上投票达1983万多人次。

（王月艳）

[参加联合国教科文组织—中国—非洲大学校长研讨会] 10月24—25日，中国教育部与联合国教科文组织（UNESCO）共同举办的UNESCO—中国—非洲大学校长研讨会在法国巴黎举办。上海电大党委书记张德明应邀参加了会议。会议期间，张德明专门向出席会议的教育部长袁贵仁汇报了上海开放大学的建设和进展情况。袁贵仁肯定了上海开放大学成立以来所做出的努力和取得的成绩，并且明确表示，教育部将进一步支持上海开放大学的建设与发展。

（王月艳）

[开展第四届奖助学金评选和颁奖活动] 12月17日，以“光荣的学习者”为主题的上海电大第四届奖助学金颁奖典礼在上海教育电视台举行。上海电大本年度共有4829名品学兼优或家境困难的学生获得奖助学金，其中奖学金获得者3664人、助学金获得者600人、阳光慈善助学金获得者565人。

（王月艳）

[上海电大远程教学平台建设取得新进展] 2011年，适应上海开放大学建设要求，学校加强教学平台建设，完成了开放课程及残疾人学习支持功能扩展、分校版网上课题功能升级与扩展、决策分析系统和教学互动功能拓展。完善后的教学平台，对不同类型的用户提供个性化的教学支持服务，实现了将上海电大网上资源向非学历生和其他社会学习者开放的目标，上海电大各个教学团队在网上的组建、活动开展、活动展示和活动统计，拓展了小组学习、教师团队、课程评价、教师博客等服务功能，创建了上海电大学习信息多维数据集，并从多个维度对数据进行统计汇总。

（王月艳）

附：学校负责人及地址

（2011年1—12月）

校党委书记：张德明
副　书　记：李惠康

校　长：张德明（9月离任）、蒋　红（9月到任）
副校长：王　民（12月离任）、陈　信、徐　皓、王连华
王　宏（12月到任）

地　址：阜新路25号
邮　编：200092
电　话：65834279

教育科研与
考试、评估机构

上海市教育科学研究院

［2011 年概况］ 完成各类科研项目近 200 项，承接党政领导机关委托研究项目 100 余项。申报并获准立项的国家社会科学基金年度重点课题、国家社会科学基金教育学青年课题及其他规划科研项目 20 项，其中获准立项的省部级及以上的科研项目 10 项。获准立项的科研项目获资助经费近百万元；申报并获准立项的全国教育规划项目 6 项，其中国家青年课题 1 项、教育部重点课题 3 项，教育部青年专项课题 2 项。2011 年度全国教科规划项目的平均申报立项率为 9.3%。市教科院的申报(14 项)立项率为 43.8%；申报并获准立项的上海教科规划项目 7 项，其中市级一般项目 5 项，决策咨询研究项目 2 项；承接的 10 项教育规划项目基本完成，已经顺利结题或正在结题中。提交全国教科规划办鉴定结题 6 项，其中 2 项鉴定评价为优秀，1 项为良好。

形成了上百万字的科研成果。著、编、译(或参与)专业书籍 20 余种，其中《迈向现代化的上海教育：上海教育蓝皮书 2011》、《区域职业教育均衡发展》等已出版。在全国第四届教育科学优秀成果奖评审中，5 项科研成果获成果奖，其中二等奖 3 项，三等奖 2 项。在上海市第十届教育科学优秀成果奖评审中，13 项科研成果获成果奖，其中一等奖 2 项，二等奖 4 项。编辑出版期刊 4 本，分别是《教育发展研究》、《思想理论教育》、《上海教育科研》、《中国高等教育评估》。3 月 27 日，中国人民大学人文社会科学学术成果评价研究中心联合人大书报资料中心研制发布“2011 年度‘复印报刊资料’转载学术论文指数排名”，在“教育学”学科期刊转载学术论文转载量(率)排名中，《教育发展研究》以 51 篇的转载篇数排名转载量第二，以 13.82%的转载率排名转载率第八(发文 369 篇)，综合指数排名第二。在“马克思主义理论”学科期刊转载学术论文指数转载量(率)排名中，《思想理论教育》以 16 篇的转载篇数排名转载量第六，以 3.09%的转载率排名全文转载率第十九名(发文 518 篇)，综合指数排名第八名。

2011 年是“十二五”教育规划起始年，受市教委委托，参与上海“十二五”教育规划的研制工作，完成高等教育、基础教育、职业教育、教育人才、老年教育等方面的规划建议方案及相关研究。

受教育部委托，完成《“十二五”时期学龄人口数量与流动人口子女的地区分布研究》、《各地区“十二五”教育发展目标评析》等科研项目。

承担编撰《2011 年上海教育发展报告——迈向现代化的上海教育》的工作，主题是教育的公共服务。承担市教卫党委、市教委委托的数十项科研项目，如高等学校财政专项投入绩效评价及其指标体系研究、上海高校改革与发展案例研究、国际学生评估项目(PISA)测试、进城务工人员随迁子女构成及教育问题研究等。

2011 年，国家教育督导办发布国家教育督导报告《关注中等职业教育》。市教科院完成相关的调研和该报告初稿的起草工作。市教科院受教育部及有关司局的委托，完成一批专题科研项目，如建设现代职业教育体系的基本路径和政策安排的研究，我国学前教育资助制度研究，研制义务教育均衡发展督导考核评估制度、地方政府履行教育职责评价办法等，完成教育事业和教育经费的年度统计分析。

申报的国家社会科学基金年度重点课题“国家‘十二五’教育发展规划实施情况跟踪研究”及 2 项市教委 2012 年度决策咨询研究课题获准立项，使决策咨询研究与规划科研项目申报、实施形成有机的结合。

《上海市学前教育·特殊教育志》、《上海市职业教育志》、《上海普通教育志》、《上海高等教育志》与《上海成人教育志》五部教育专业志经过第二轮修订已经全部完成。

(朱　涛、印成君)

［上海教育决策咨询委员会 2011 年度全会召开］ 6 月 18 日，由中共上海市教育卫生工作委员会和上海市教育委员会主办，上海市教科院承办的上海市教育决策咨询委员会 2011 年度全体会议召开，院长陈国良在会上发布《2011 年上海教育发展报告》。

(朱桃福)

2011 年度上海市教育决策咨询委员会全体会议召开

[完成专项调研“建设现代职业教育体系的基本路径和政策安排”] 教育部职业教育改革发展重大战略问题专项调研“建设现代职业教育体系的基本路径和政策安排”，在教育部下达的 17 个专项调研中列在首位，受到高度评价。

(顾晓波)

[编制《上海市“十二五”师资队伍建设行动计划》] 受市教委委托，完成《上海市“十二五”师资队伍建设行动计划》并于 11 月正式发布。行动计划包括师德建设、教师专业发展培训、教师教育资源联盟与建设、优秀人才培养、校长职级制度改革、培训者队伍建设、教师管理制度改革、促进教师队伍均衡发展 8 项。

(张文周)

[编制《“十一五”期间上海教育事业发展简明分析》] 受市教委委托，编制完成《“十一五”期间上海教育事业发展简明分析》。该资料全面、及时、准确地反映“十一五”期间上海各级各类教育发展的新特点及新变化，为判断上海在全国、在世界坐标系中的位置提供依据，为上海教育发展的科学决策、宏观管理和有关研究提供参考。

(付　炜)

[召开“第九届上海民进教育论坛”] 第九届“上海民进教育论坛”于 11 月 5 日在浦东干部学院会议中心召开。全国人大常委会副委员长、民进中央主席严隽琪出席论坛并讲话。本届论坛的主题为“同在蓝天下：关注进城务工人员随迁子女教育”。

(金　兵)

[完成《上海市贯彻实施〈国家中长期教育改革和发展规划纲要〉一周年评估报告》] 受中国教科院委托，承担了该项研究。完成的评估报告对上海有关政府部门总结经验、完善下一步落实规划的机制有借鉴意义，为国家教育体制改革领导小组办公室和教育部全面掌握实施上海规划的进展和成就提供了依据。

(付　炜)

[完成“上海市关于职业教育公益性及其实现形式的调研分析”] 受教育部职成司委托，开展本课题研究。研究报告提出要建立一个能够与职业教育培养成本相匹配的经费投入保障机制，建议国家教育主管部门一方面择机推进职业教育教师教学工资改革，并继续推进中央财政重点支持的实训基地建设等项目，同时设计实施新的专项建设项目；另一方面抓紧指导各地研究制定生均公用经费基本定额标准，并督促各地把生均公用经费基本定额标准作为地方财政安排职业教育经费预算的重要参考，形成稳定的增长机制。

(顾晓波)

[开展上海市义务教育学校实施定编定岗和绩效工资情况调查] 11 月 16—18 日，上海市教育信息调查队对全市小学和初中实施定编定岗和绩效工资情况进行了调查。调查内容包括：教育行政部门人员、校长、教师对实施定编定岗和绩效工资制度意义的认识；教师对义务教育学校实施岗位设置聘用与绩效工资方案的认同情况；义务教育学校实施岗位设置聘用与绩效工资制度的过程及其公开公平公正情况；义务教育学校实施岗位设置聘用与绩效工

资制度的效果，包括教师在职业认同、工作责任感和进取心、收入满意度方面的情况；实施绩效工资后学校人事管理与实现有效激励方面面临的挑战与应对等等。本次调查对黄浦、虹口、长宁、闵行、嘉定、浦东、松江、青浦、崇明9个区县所属54所小学和初中的1497名教师进行抽样调查。

（张文周）

［完成《高等学校财政专项投入绩效评价及其指标体系》的研究］ 受市教委委托进行本课题研究。研究制定的《上海市高等教育财政专项绩效评价管理办法》将直接应用于管理，对促进科学管理，建立常态化、科学化的绩效评价制度有积极意义。

（付　炜）

［完成“上海市职业教育‘十二五’发展规划”］ 规划提出了未来五年上海职业教育发展的指导思想和发展目标，以及6项主要任务和3个保障条件。该项目对师资队伍建设、区域集团化办学、统筹中高职教育发展、加快职业教育信息化建设和推进职业教育国际化发展等5个专题进行了研究。

（顾晓波）

［完成《共建“长三角教育综合改革试验区”研究》］ 受市教委委托进行本课题研究。研究成果得到了教育部有关司局、上海市教育委员会、江苏省教育厅、浙江省教育厅的认可，并在“第三届长三角教育联动发展研讨会”发布。研究成果中提出的主要改革任务和部分改革试验项目，已为三省市教育行政部门和长三角教育联动发展协调领导小组办公室采纳。

（付　炜）

［完成上海PISA2012试测］ 4月15日，上海实施PISA2012试测。试测包括数学和财经素养2个纸笔测试领域，以及问题解决、阅读和数学三个计算机辅助测试领域。样本学校共68所，其中30所学校既参加纸笔测试，又参加计算机辅助测试；38所学校只参加计算机辅助测试。样本学生共2700多人，其中1900多名学生参加了计算机辅助测试。评卷工作在4月25日—5月19日进行。

（张文周）

［研究“关于大陆学生赴台湾地区就读管理政策的建议”］ 开展该研究的背景是，台湾地区有限制地开放大陆学生赴台湾地区大专院校就读，以及承认大陆41所高校学历，对两岸教育交流的发展迈出了关键性的一步。这不仅将带动两岸教育交流的全面深化，并为两岸关系可持续性发展奠定基础。

课题组组织了专题座谈；为使赴台湾地区就读的大陆学生求学之旅有一个良好的开端，邀请了即将赴台湾地区就读的本科生、研究生及其家长，分别举办了两场与此相关的咨询会，就有关政策进行了专题研究。该项研究从增进两岸教育交流、文化认同，促进两岸关系和平发展的战略大局出发，以推进“大陆学生赴台湾地区就读”的可持续、常态化发展，以及赴台湾地区就读的大陆学生的现实需求为依据，针对相关管理工作的特殊性和复杂性，提出了具体的运作方式及政策建议。

（晏开利）

［开展上海市第十次中小学生学习生活情况调查］ 4月12—29日，上海市教育信息调查队对全市小学和初中学生学习生活进行第十次抽样调查。调查内容包括学生的客观课业负担、主观课业负担以及区县教育行政部门、学校执行有关“减负”政策的情况。共调查学生1485人、学生家长1486人、教师920人，学生、学生家长和教师样本覆盖全市各区（县）的1年级至9年级各年级段。

（张文周）

［开展“全国高校毕业生就业服务体系建设方案研究”］ 受教育部全国就业指导中心委托，3月至9月，承担“全国高校大学生就业服务体系建设方案研究”。方案包括一个主报告及三个附件（全文近3万字）。主报告为代拟教育部向国务院办公厅的公文——《教育部关于建立和完善高校大学生就业服务体系的建议报告》（代拟稿）。三个附件分别是：①高校毕业生就业服务体系建设推进计划（征求意见稿）；②高校毕业生就业网络云服务平台建设方案（征求意见稿）；③高校毕业生云就业信息服务系统研究报告（讨论稿）。

（金　兵）

［完成《民族地区教师队伍状况分析》研究］ 该项研究由教育部师范司委托。该项研究的报告基于宏观教育统计数据对民族地区各级教育教师队伍所做的专题分析，在全国是首次。它为教育部领导提供了客观的决策参考。

（付　炜）

[完成"非本市户籍常住人口子女就学制度研究"] 课题组对非本市户籍常住人口状况及趋势进行分析。研究报告提出"逐步简化入学条件"的基本措施,确立合理确定非本市户籍常住人口子女入学条件,适度控制义务教育阶段非本市户籍常住人口子女增速的目标。研究报告提供了三个口径的解决方案,并解释了不同方案的优缺点,以及相关的配套政策。同时,受市教委委托,对进城务工人员随迁子女的教育问题开展研究。研究揭示了教育资源配置结构性短缺、学校教育质量、区镇体制壁垒等问题,提出在城郊结合地区街镇新建教育资源,整体规划和解决随迁子女教育问题,加大市、区两级统筹的力度,规范民办进城务工人员随迁子女小学管理,做好义务教育阶段后中职教育进一步开放的工作,引导进城务工人员随迁子女进入上海中职教育,加强义务教育后失学的进城务工人员随迁子女的教育培训等政策建议。

(金　兵)

[完成2011年体制改革重大项目研究] 受国家教育督导办委托,承担两项国家教育体制改革领导小组办公室设立的2011年体制改革重大项目《研究制定义务教育均衡发展督导考核评估制度》、《地方政府履行教育职责评价办法》。这两个项目的研究的报告所提出的制度构想和操作要求,已形成系列政策文件代拟稿,由国家教育督导办上报教育部党组。

(付　炜)

[完成2010年教育事业发展统计] 受教育部发展规划司委托,完成2010全国教育事业发展简明统计分析、《全国教育概览》、《分省教育概览》、2010年全国教育事业发展情况等统计资料的编印工作、UIS世界教育指标中国年度数据填报和教育统计调查工作。

(付　炜)

[完成《义务教育经费投入的省际差异分析》研究] 受教育部财务司委托承担该项研究。研究报告对决策部门了解各地义务教育经费的差异情况,制定科学政策以促进地区、城乡义务教育均衡发展具有重要的参考和借鉴意义。

(付　炜)

[完成《民办学校法人分类管理问题研究》报告] 受中国民办教育研究院委托,完成报告撰写。该报告指出,当前民办教育遭遇制度供给不足,民办学校的一切法律问题最终汇集在民办学校法人属性的选择上;提供了关于民办学校分类管理的实证调查分析,认为当前分类管理要立足于"促进",重在保护各方办学的积极性,着力解决制约民办教育发展的瓶颈问题。报告提出,将民办学校法人分类划为营利性、非营利性且不要求合理回报、非营利性但要求合理回报三种。

(金　兵)

[完成《教育现代化评价指标体系研究及实测分析报告》] 该研究受教育部规划司委托。研究提出的评价指标体系为国家教育现代化推进战略的顺利实施提供支撑,为国家评价各地教育现代化水平奠定了研究基础,为国家和各地有关教育工作决策提供了有价值的研究结论。基于系统数据对全国31个省、自治区、直辖市和15个副省级城市的教育现代化发展水平评价报告初稿,在首届城市教育现代化(成都)论坛上作为大会主报告之一发布。

(付　炜)

附:院负责人及地址

(2011年1—12月)

院党委书记:江彦桥
副　书　记:陈国良、陆　勤

院　　　长:陈国良
常务副院长:江彦桥
副　院　长:张　珏、马树超、胡　卫

地址:茶陵北路21号
邮编:200032
总机:64167677

上海市教育考试院

［2011年概况］ 2011年承办各项考试共45次（不包括英语口语、各项专业考试及普通高等学校联合招收华侨、港澳地区及台湾省学生上海考点考试），参加考试的考生180万余人次（科次）（含秋季集中录取、非集中录取、春季招生、应届“三校毕业生”高考），其中报考硕士研究生101294人，报考成人高校71174人，参加普通高中学业水平考试111977人，参加初中毕业生统一学业文化考试84992人。高等教育自学考试、中英合作开考专业考试及学历与职业资格证书相结合考试共开考453914科次，报考各类社会考试857210人（科）次。

共录取考生近25.57万人。普通高校录取新生73176人，完成招生计划的102.80%，总录取率为90.84%；录取硕士生34495人，比上年增招2056人，增幅为6.3%；成人高校录取新生60345人，完成招生计划的88.5%；高中阶段各类学校录取新生82779人（其中含直升录取等不参加考试的学生1804人），升学录取率达95.37%。

严格公示制度，规范特殊类型招生，对高校上报教育部并在教育部“阳光高考”平台上公示的名单进行认真审核，严格按照教育部时间节点要求在“上海招考热线”和《东方教育时报·高招周刊》上及时公示，公示项目齐全，公示总人数达12520人。

复旦大学、上海交通大学继续实行“深化高等学校自主选拔录取改革试验”；复旦大学、上海交通大学、同济大学、华东师范大学、华东理工大学、上海外国语大学、上海财经大学、东华大学8所部属高校继续参加“高等学校自主选拔录取改革试点”；上海大学继续在沪实施“高等学校自主选拔录取改革试点”；高职（专科）层次的“依法自主招生改革试点”招生院校扩大为26所。

高中阶段学校招生进一步完善推荐和选拔相结合的中招录取制度，以学业考试成绩为基础、参照综合素质评价，推荐和选拔相结合。

顺利完成春、秋季高考，应届“三校生”高考，初中学业水平考试、高中学业水平考试及其他考试命题工作；进一步提高试题的信度和效度，为题库建设及多元评价等做好理论和实践准备；秋季普通高校招生考试的语文、数学、英语（主观题部分）、历史、政治科目和初中毕业生统一学业文化考试的语文、数学、外语、理化科目实行网上评卷，客观把握评卷质量，保证招生录取工作公平、公正。

（阮　培）

［普通高校招生］ 全年报考普通高校生源数共80558人（含秋季高考、非集中录取、春季高考、“三校生”高考），招生总计划71184人，共计录取考生73176人，完成招生计划的102.80%。其中录取本科生43014人，占录取总数的58.78%，录取高职（专科）生30162人，占录取总数的41.22%。

2011年全市普通高校实行春季招生的有上海大学、上海师范大学、上海工程技术大学、上海商学院、上海师范大学天华学院、上海工商外国语职业学院、上海农林职业技术学院、上海思博职业技术学院。计划招生550人，实际报到346人，占招生计划的62.91%。其中，本科5所高校，计划招生320人，录取报到292人，占计划的91.25%；高职（专科）3所高校，计划招生230人，录取报到54人，占计划的23.48%。参加春季招生考试报名的考生有3170人，比上年春季减少1372人。

2011年共有710所普通高校在沪招生（含2所香港地区高校和19所军事、武警部队高校），其中上海院校66所，外省市高校644所，首次在沪招生的外省市院校46所。除西藏、台湾地区、澳门地区外，全国其他省市均有高校在上海安排普通高校招生计划。参加全市秋季统一高考人数为61200人（含复旦、上海交大两校自主招生选拔试验预录取的1230人和内地新疆班、西藏班考生675人），报考人数比上年减少约6000余人。招生计划总数52903人（含艺术类专业招生计划，但不含未编制分省招生计划的艺术类高校招生计划数）。共录取新生54542人，完成招生计划的103.10%。集中录取阶段前录取新生：复旦大学和上海交通大学“深化自主选拔录取改革试验”录取 1230 人;26 所高校高职(专科)层次实行依法自主招生改革试点录取 10273 人;保送生 257 人;运动训练、民族传统体育新生 137 人。

2011 年上海市招收应届“三校生”的普通高校共 28 所,计划招生 5176 人(不含上海应用技术学院 20 个听力残障单独招生计划),其中本科招生计划 266 人,专科计划 4910 人。非艺术类专业计划招生 4343 人(文科 2521 人,理科 1822 人),艺术类专业计划招生 833 人(文科 689 人,理科 144 人),报考人数 8464 人。共录取新生 5496 人,其中非艺术类专业录取 4350 人(文科 2691 人,理科 1659 人),艺术类专业录取 1146 人(文科 1045 人,理科 101 人)。

(黄　琦)

[普通高校招生有关数据统计]

一、报考普通高校生源数 80558 人(含秋季高考、非集中录取、春季高考、应届“三校生”高考)。

按招生类别分:1. 参加春季统一高考考生人数为 3016 人;2. 参加秋季统一高考考生人数为 59254 人(不含复旦、上海交大两校“深化自主选拔录取改革试验”录取考生,内地新疆班西藏班考生和体育单招录取考生);3. 其他类别人数为 18288 人,其中复旦大学和上海交通大学“深化自主选拔录取改革试验”录取 1230 人,普通高校招收应届“三校生”录取 5496 人,保送生 257 人,双学位 27 人,上海公安高等专科学校招收第二专科 802 人,运动训练 137 人,26 所高校高职(专科)层次的“依法自主招生改革试点”10273 人,上海应用技术学院、北京联合大学等录取聋哑生 25 人,体育单招 41 人。

按文、理科分:文科考生 33136 人(占 41.14%),理科考生 44406 人(占 55.12%),春季招生不分文理考生 3016 人(占 3.74%)。参加秋季统一高考考生中文科考生 21515 人,理科考生 37739 人。

按性别分:男生 39419 人(占 48.93%),女生 41139 人(占 51.07%)。参加秋季高考的男生 28466 人(占 48.04%),女生 30788 人(占 51.96%)。参加普通高校招收应届“三校生”考试被录取的考生中,男生 2072 人(占 37.70%),女生 3424 人(占 62.30%)。

按生源分:1. 应届高中毕业生 58856 人(占 73.06%),其中集中阶段录取 53201 人,复旦大学和上海交通大学“深化自主选拔录取改革试验”录取 1230 人,保送生 257 人,26 所高校高职自主招收高中毕业生 4168 人。2. 往届毕业的高中生和三校生(含在职人员)10083 人(占 12.52%)。3. 应届“三校生”11619 人(占 14.42%),其中参加普通高校招收应届“三校生”考试被录取考生 5496 人,参加秋季统一高考 780 人,26 所高校专科层次依法自主招生录取 5277 人,体育单招 41 人,聋哑生 25 人。

二、普通高校在沪招生计划数 71184 人(不含艺术类不作分省计划的院校招生数)

(一) 按招生类别分:除秋季集中录取阶段外,招生计划 18281 人。其中保送生 257 人(按实际录取数);春季入学招生 550 人[本科 320 人、高职(专科)230 人];应届“三校生”计划招收 5176 人[文科 3210 人、理科 1966 人,本科 266 人、高职(专科)4910 人];双学位 27 人(按实际录取数);上海公安高等专科学校招收第二专科 802 人(按实际录取数);运动训练 137 人(按实际录取数);复旦大学、上海交通大学“深化自主选拔录取改革试验”计划 1000 人;26 所高校专科层次依法自主招生计划 10266 人;上海应用技术学院、北京联合大学等录取聋哑生 25 人(按实际录取数);体育单招 41 人(按实际录取数)。

集中录取阶段招生计划(公布)52903 人。其中艺术类专业计划 4561 人(不含全国统招数),体育类专业计划 274 人,其余普通专业计划 48068 人。

(二) 按文、理科分:文科计划 28358 人,理科计划 42276 人,不分文理的春季入学招生计划 550 人。集中录取阶段(含艺体类)文科计划 18407 人,理科计划 34496 人。招收应届“三校生”文科计划 3210 人,理科计划 1966 人。

(三) 按本、专科分:本科计划 40434 人(含招收应届“三校生”本科计划 266 人),高职(专科)计划 30750 人[含招收应届“三校生”高职(专科)计划 4910 人]。其中集中录取阶段(含艺体类)本科计划 38366 人,高职(专科)计划 14537 人。

(四) 按本市、外省市高校分:本市高校计划:58648 人,外省市高校计划 12536 人。其中集中录取阶段(含艺体类)本市高校计划 40507 人,外省市高校计划 12396 人。

三、实际录取考生人数 73176 人,总录取率 90.84%。

(一) 按招生类别分:除秋季集中录取阶段外共录取 18634 人,占录取总数的 25.46%。其中保送生 257 人,占录取总数的 0.35%(本市高校 142 人,外省市高校 115 人);春季入学招生 346 人,占录取总数的 0.47%[本科 292 人,高职(专科)54 人];招收应届“三校生”5496 人，占录取总数的 7.51%，[本科 297 人，高职(专科)5199 人]；双学位 27 人，占录取总数的 0.04%；上海公安高等专科学校招收第二专科 802 人，占录取总数的 1.10%；运动训练 137 人，占录取总数的 0.19%；复旦大学、上海交通大学“深化自主选拔录取改革试验”录取 1230 人，占录取总数的 1.68%；26 所高校专科层次依法自主招生录取 10273 人，占录取总数的 14.04%；上海应用技术学院、北京联合大学等录取聋哑生 25 人，占录取总数的 0.03%；体育单招 41 人，占录取总数的 0.05%。

秋季集中录取阶段录取 54542 人，占录取总数的 74.54%。其中艺术类专业录取 4880 人，占录取总数的 6.67%[本科 3900 人，高职(专科)980 人]；体育类专业录取 298 人，占录取总数的 0.41%[本科 263 人，高职(专科)35 人]。

(二) 按文、理科分：文科录取 31247 人，占录取总数的 42.70%；理科录取 41583 人，占录取总数的 56.83%；春季入学招生(不分文理)录取 346 人，占录取总数的 0.47%。集中录取阶段文科录取 19626 人，理科录取 34916 人。

(三) 按本、专科分：本科录取 43014 人，占录取总数的 58.78%；高职(专科)录取 30162，占录取总数的 41.22%。其中集中录取阶段本科录取 40713 人，高职(专科)录取 13829 人。

(四) 按本市、外省市高校分：本市高校录取 62908 人，占录取总数的 85.97%；外省市高校录取 10268 人，占录取总数的 14.03%。其中集中录取阶段本市高校录取 44414 人，外省市高校录取 10128 人。

(五) 按性别分：男生录取 34836 人，占录取总数的 47.61%；女生录取 38340 人，占录取总数的 52.39%。其中集中录取阶段男生录取 25614 人，女生录取 28928 人。

四、完成计划情况：实际录取数与计划数相比增招了 1992 人，完成招生计划数 102.80%。集中录取阶段增招了 1639 人，完成招生计划数 103.10%。

五、录取率：总录取率为 90.84%；应届高中毕业的录取率为 94.97%；集中录取阶段录取率为 92.05%；春季入学招生录取率为 11.47%；应届“三校生”高考录取率为 64.93%。

六、1995 年至 2011 年集中录取阶段外省市院校在沪招生完成计划情况表：

年份	招生计划人数	实际录取人数	减招人数	完成比例
1995	2385	1907	478	79.96%
1996	2585	2075	510	80.27%
1997	3342	2993	349	89.56%
1998	3558	3360	198	94.44%
1999	4006	3786	220	94.51%
2000	5586	4528	1058	81.06%
2001	6934	5981	953	86.26%
2002	7443	6661	782	89.49%
2003	8177	7131	1046	87.21%
2004	8955	8046	909	89.85%
2005	9351	8095	1256	86.57%
2006	9689	8875	814	91.60%
2007	9954	9246	708	92.89%
2008	10938	9365	1573	85.62%
2009	11584	9337	2247	80.60%
2010	11974	10122	1852	84.53%
2011	12396	10128	2268	81.70%

七、2011 年集中录取阶段外省市高校共录取 10128 人。其中：提前批 507 人，第一批本科录取 2357 人，第二批本科录取 5686 人，高职(专科)录取 822 人，艺术类专业录取 700 人，体育类专业录取 56 人。集中录取阶段前，被外省市高校录取的保送生 115 人，运动训练 13 人，聋哑生 6 人，体育单招 6 人。

八、应届“三校生”情况

报考数 14588 人，其中报名参加秋季高考 780 人、报名参加应届三校生高考 8465 人、报名参加 26 所高校专科层次依法自主招生录取 5277 人(按实际录取数)、体育单招 41 人(按实际录取数)、聋哑生 25 人(按实际录取数)。

11398 人被普通高校录取，占“三校生”报考人数的 78.13%。其中本科录取 640 人，占被录取“三校生”人数的 5.62%；高职(专科)录取 10758 人，占被录取“三校生”人数的 94.38%。被录取的 11398 人中，参加普通高校招收应届“三校生”考试录取 5496 人[本科 297 人、高职(专科)5199 人]，26 所高校专科层次“依法自主招生改革试点”录取 5277 人[全部为高职(专科)]，体育单招录取 41 人(全部为本科)，聋哑生录取 25 人[本科 20 人、高职(专科)5 人]，集中录取阶段录取 559 人[本科 282 人、高职(专科)277 人]。

九、报考外省市高校，经济补贴优惠政策执行结果：

属于一次性经济补贴发放范围的外省市高校共有246所，录取考生2088人，其中一、二、三批平行志愿首轮投档录取1710人，征求志愿投档录取378人，应发放一次性补贴共计189.90万元。实际报到考生1965人，实际发放一次性补贴180.05万元。

（兰海涛）

［研究生招生］

一、硕士研究生招生

2011年上海市硕士研究生招生总规模为34645人，比上年增加1609人，增幅为4.9%。共有101294人报考本市各硕士生研究生招生单位，比上年减少了4612人，减幅为4.4%。

按考生来源统计，普通高校应届本科生61457人，占60.7%；科技人员、高校教师、中学教师1837人，占1.8%；成人高校应届本科生165人，占0.2%；其他人员37835人，占37.3%。按考生已有学历统计：研究生毕业420人，占0.4%；本科毕业97715人，占96.5%；本科结业307人，占0.3%；高职专科毕业2852人，占2.8%。

按考试方式统计，参加全国统考的有77972人；推荐免试生7360人；参加单独考试的有937人；参加管理类联考的有12033人；参加法律硕士联考的有2965人；参加强军计划、农村师资培养专项计划考试的有27人。

按研究方向统计，选择学术型研究方向的考生有75364人，占报考人数的74.4%；选择应用型专业研究方向的考生有25930人，占报考人数的25.6%。

参加本市硕士研究生招生的高校和科研院所共54个单位，实际录取硕士生34495人，比上年增招2056人，增幅为6.3%，报名人数和录取人数之比约为2.9∶1。录取的硕士生中，统考考生21054人，单考考生539人，管理类联考考生5018人，法律硕士648人，推荐免试生7222人，强军计划12人，农村师资计划2人。

二、博士研究生招生

2011年上海市博士研究生招生总规模为5761人，比上年增加266人，增幅为4.8%。报名人数16914人，比上年减少330人，减幅为1.9%。

按考生来源统计，应届硕士毕业生4534人，占26.8%；硕博连读考生1585人，占9.4%；本科毕业生直接攻读博士学位考生486人，占2.9%；未就业人员631人，占3.7%；科研人员661人，占3.9%；其他专业技术人员1523人，占9.0%；高等教育教师4310人，占25.5%；商业、服务业人员159人，占0.9%；其他教学人员、行政办公人员、在职人员3025人，占17.9%。

参加本市博士生招生的高校和科研院所共有23个单位，实际录取5753人，比上年增加199人，增幅为3.6%。

普通招考录取3994人，占录取人数的69.4%；硕博连读录取1268人，占22.1%；直接攻博录取491人，占8.5%。

非定向录取4054人，占70.5%；定向录取757人，占13.1%；委培录取889人，占15.5%；自筹经费录取53人，占0.9%。

（张亚萍）

［成人高等学校招生］ 2011年在本市招生的成人高校共77所，其中本市成人高校67所，外省市成人高校10所。录取60345人，完成招生计划的88.5%。由于实际参加考试的人数少于计划数，包括专科起点升本科（以下简称“专升本”）、高中起点升本科（以下简称高起本）在内的成人高等学校招生计划都没有完成。

报考人数及招生情况如下：

招生类型	公布计划人数	比2010年		报考人数	比2010年		录取人数	比2010年	
		人数	比例		人数	比例		人数	比例
专科起点升本科	38196	－663	－1.7%	43448	663	1.5%	35850	1673	4.9%
高中起点升本科	6637	－165	－2.4%	7379	－407	－5.2%	5788	17	0.3%
高中起点升专科	23313	－606	－2.5%	20347	－685	－3.2%	18696	－611	－3.2%
合　计	68146	－1434	－2.1%	71174	－429	－0.6%	60334	1079	1.8%

注：计划栏内为公布计划数，不含体育单招计划和高校在招生过程中的调整计划。

2011年成人高校招生统一考试于10月15日、16日进行。全市共设19个考区，102个考点，2955个考场。应考71100人，免考6人，缺考5714人，实考65386人，缺考率8.04%。

普通高职(专科)毕业生服义务兵役退役和下基层服务期满免试接受成人本科教育招生工作继续在沪进行,共录取考生176名(退役义务兵171人、下基层5人),比2010年增加81人。

(汤　军)

[中等学校高中阶段招生]　2011年上海市初中毕业统一学业考试实际考试人数为84992人,82779人升入高中阶段各类学校(其中含直升录取等不参加考试的学生1804人),招生录取率达95.37%。普通高中与中职校录取人数比例大体相当,基本实现年初预定的目标。

2011年上海市高中阶段各类学校计划和录取对比情况表

学校类别	招生计划人数	实际录取人数	计划完成率
普通高中	52029	51452	98.89%
综合高中	833	863	103.60%
中高职贯通	1000	1003	100.30%
中专	24103	20674	85.77%
职校	9972	7256	72.76%
技校	2210	1531	69.28%
全市总计	90147	82779	91.83%

严格报名审核机制,进一步完善对报名特殊情况集体讨论处理的审核机制。实行高中阶段学校招生报名全覆盖,实现了高中学籍数据库与中招报名和录取数据库的衔接。进一步严格中考加分的审核工作,规范操作流程,加强公示力度。2011年中考加分人数1940人,经公示,有24人被取消加分资格。促进基础教育均衡发展,市实验性示范性高中"名额分配"招生计划由2010年的15%增加为18%。

继续整合中职提前招生批次,进行全市统一网上填报志愿、网上投档录取,扩大在沪进城务工人员随迁子女招生计划。

上海交通大学医学院附属卫生学校等10所中职学校和上海医药高等专科学校等7所高职(专科)学校试行中高职贯通试点。

(章　波)

[高等教育自学考试]

一、第58、59次高等教育自学考试

4月和10月分别举行了第58、59次高等教育自学考试。两次考试均有18所主考学校开考96个专业,其中专科专业47个,本科专业49个。

第58次高教自考开考课程353门(不包括学历与职业资格证书相结合的证书考试),报考人数为77642人,其中报考本科专业考生51533人,报考专科专业考生29958人(部分考分同时报考专科专业和本科专业),报考科次数达到190301科次(不包括学历与职业资格证书相结合的证书考试)。全市实际参加考试135351科次,实考率71.12%,平均合格率48.37%,有65469人取得了单科合格证书。

第59次高教自考开考课程358门(不包括学历与职业资格证书相结合的证书考试),报考人数为70033人,其中报考本科专业考生47677人,报考专科专业考生25257人(部分考分同时报考专科专业和本科专业),报考科次数达到172157科次(不包括学历与职业资格证书相结合的证书考试)。全市实际参加考试116137科次,实考率67.46%,平均合格率46.88%,有54445人取得了单科合格证书。

经毕业审核统计,2010年10月第57次高等教育自学考试后,2949人取得专科毕业证书,2229人取得本科毕业证书;2011年4月第58次高等教育自学考试后,2575人取得专科毕业证书,2383人取得本科毕业证书。截至2011年12月,全市累计参加高等教育自学考试的人次达561.6多万,有14.96余万人获得专科毕业证书,4.24余万人获得本科毕业证书。

二、中英合作开考商务管理和金融管理两个专业

1月、7月中英合作开考商务管理和金融管理两个专业,1月参加考试人数7054人,报考科次17145科次,共有7383人次获得单科合格证书;7月参加考试人数7388人,报考科次20435科次,共有11222人次获得单科合格证书;总计全年考试人次数14442人次,报考科次37580科次,共有18605人次获得单科合格证书。

三、职业资格证书考试

5月和11月开考两次,共有4所主考院校,13个考试项目。72门课程,报考人次数为23732人次,共53876科次。

1. 由上海财经大学主考的"中英合作采购与供应管理资格证书考试"5月报考人数为8148人,共报考19174科次,11月报考人数为6321人,共报考13771科次;"调查分析师资格证书考试"5月报考人数52人,共报考118科次,11月报考人数52人,共报考98科次。

2. 由上海工程技术大学主考的“中国物流职业经理资格证书考试”5月报考人数为2032人，共报考3858科次，11月报考人数为1245人，共报考2381科次；“劳动和社会保障资格证书考试”5月报考人数为795人，共报考1370科次，11月报考人数为753人，共报考1890科次；“中国销售管理专业水平证书考试”5月报考人数为72人，共报考162科次，11月报考人数为973人，共报考2904科次；“民航服务与管理证书考试”为实践操作类考试，不计入统计范围。

3. 由华东政法大学和华东理工大学联合主考的“中英合作商务与金融专业管理段证书考试”11月开始首次考试，报考人数达到3289人，共报考8150科次。

（汪成辉）

[各类非学历证书考试情况]

2011年上海市教育考试院承办的各类非学历证书考试共9项：

一、在职攻读硕士学位全国联考。由国务院学位委员会办公室和教育部学位中心主办，要求报考对象获得学士学位3—5年以上、具有一定的工作经验且必须经本单位人事部门或有关主管部门推荐。2011年共设有14个硕士学位类别，报考人数为13801人。

二、同等学力人员申请硕士学位全国统一考试。由国务院学位委员会办公室和教育部学位中心主办，要求报考对象获得学士学位后工作满三年以上，且已通过学位授予单位培养方案规定课程的考试。2011年上海同等学力申请硕士学位外国语水平考试报考人数为4413人，学科综合水平考试报考人数为4765人。

三、全国计算机等级考试。由教育部考试中心主办，考生不受年龄、职业和学历限制，测试考生计算机应用知识与能力的等级水平考试，设一级、二级、三级、四级4个等级，考生一次限报一个等级，每年开考两次。2011年报考人数为42700人。

四、上海市高等学校计算机等级考试。由市教委和市高等学校计算机等级考委会组织，报考对象为本市普通高等院校本科、专科、研究生在校生，共设有一级、二级、三级3个等级9个科目的考试。2011年报考人数为105319人。

五、全国中小学教师教育技术水平中级考试。由教育部考试中心主办，以全面提高教师教育技术应用能力，促进技术在教学中的有效运用为目的，对象为已完成中小学教师教育技术水平中级培训并获得合格证书或已完成英特尔未来教育项目7.0及以上版本培训并获得合格证书的教师，每年组织两次考试。2011年报考人数为20583人。

六、全国大学英语四、六级考试。由教育部考试中心主办，报考对象为全日制普通高等院校本科、专科、研究生在校生；各类全日制成人高等院校本科、专科在校生。大学英语四、六级考试每年考两次，上半年四级开考英语、日语、德语、俄语和法语，六级开考英语、日语、德语，下半年四、六级都仅开考英语。2011年报考人数为631137人。

七、全国英语等级考试。由教育部考试中心主办，报考者不受年龄、职业、学历和地域限制，一次限报一个等级，测试考生听、说、读、写能力的英语等级水平，每年两次考试，设一级、二级、三级和四级4个等级。2011年报考人数为25218人。

八、剑桥少儿英语考试。由教育部考试中心中英中心和剑桥大学考试委员会（UCELS）主办，该项目适合6—12岁少年儿童学习，开考预备级、一级、二级和三级，每年两次考试，考试合格者由教育部考试中心和剑桥大学考试委员会（UCELS）联合签发写实性证书。2011年报考人数为8753人。

九、剑桥英语五级证书考试。由教育部考试中心和剑桥大学考试委员会（UCELS）主办，报考者不受年龄、职业和学历限制。上海目前共开设KET（英语入门）、PET（初级英语）、FCE（第一英语）三个级别证书考试，每年两次考试。2011年报考人数为521人。

（戴芳芳）

[考生家长、行风政风监督员参观评卷现场] 6月15日下午，在确保安全保密的前提下，来自闵行、徐汇、长宁和虹口4个区的8位考生家长代表参观了设在华东师范大学的高考语文评卷现场。同时首次邀请政风、行风监督员一起来参观评卷现场。语文学科评卷中心有关负责人介绍了评卷队伍的培训情况和评卷的流程、规则等并回答了考生的问题。考生家长代表和政风、行风监督员表示，所见所闻打消了心中疑虑，感到评卷工作客观公正，对评卷工作放心满意。

（阮　培）

[邀请高考考生参观录取现场] 7月12日下午，普陀、黄浦、宝山、奉贤4个区的8名高考考生代表参观了设在市教育考试院7楼的高招录取现场。考生代表参观了计划投档组、录取检查组、体检与体育组等各组工作，有关工作人员向考生代表进行了现

场演示和详细介绍，并细致解答考生代表的提问。考生代表表示，切实感受到了录取现场的分工明确、规范有序、细致周到以及现代科技在招考工作中的运用，亲自验证了上海的高校招生确实做到了公正透明。

（阮　培）

高考考生代表参观高招录取现场

［人大代表视察录取现场］　7月18日下午，上海市人大常委会副主任钟燕群率部分教科文卫委员会委员及人大代表视察了设在市教育考试院7楼的高招录取现场。人大委员、代表在交流发言中认为教育考试在上海所有考试中，无论从命题、阅卷还是录取都是最规范的，而且信息透明度高，对于维护社会稳定、提高政府公信力做出了很好的示范。钟燕群对工作提出三点建议：①进一步加强透明公开，维护考生利益；②认真做好高考加分清理、规范工作；③积极发挥高考对基础教育的引导作用。

（阮　培）

［纪念高等教育自学考试制度建立30周年］　11月18日，召开上海市纪念高等教育自学考试制度建立30周年的大会。市政府副秘书长翁铁慧，教育部考试中心党委书记刘军谊，市教委主任薛明扬、副主任袁雯等出席了纪念大会，来自主考院校、助学单位、区县考办、行业协会等近500人参加了会议。薛明扬代表市自考委作工作报告，刘军谊在会上对上海市自学考试工作所取得的成绩给予很高的评价。大会对本市高教自考先进集体、先进工作者和优秀自考生进行了表彰。

（汪成辉）

［推进考务指挥平台建设］　在普陀、金山和徐汇等7个考区2010年成功开通网上巡查系统的基础上，2011年本市实现了所有考区与市级指挥中心的联通，视频覆盖了各考区的试卷保管室，在市级指挥部可实时查看全市各考区的试卷保管室和部分考场。

（黄　琦）

［继续推进普通高校自主招生改革］　本科和专科层次的自主招生改革继续推进。复旦大学、上海交通大学“深化自主选拔录取改革试验”计划在沪招生1200人，比上年增加200人；实际录取1230人，比上年增加222人。参加专科层次“依法自主招生改革试点”招生院校2005年为3所，2006年为6所，2007年为11所，2008年为16所，2009年为21所，2010年为24所，2011年扩大为26所。招生计划10266人，比上年减少534人；实际录取10273人，比上年减少387人。

（阮　培）

［承办的主要考试项目数据统计］　据不完全统计，2011年承办各项考试共45次，参加考试的考生180万余人次（科次）（不包括英语口语、各项专业考试及普通高等学校联合招收华侨、港澳台地区学生上海考点考试等考生数），录取考生25万多人。主要考试项目的考试和录取人数如下：

考　试　内　容	报考(人次、科次)	录取(人)
全国普通高校招生统一文化考试(秋季)	61200(人)	54542
上海市普通高校招生统一文化考试(春季)	3170(人)	346
本市应届"三校"毕业生报考普通高校统一文化考试	8464(人)	5496
保送生、自主招生等		11897
硕士学位研究生入学全国统一考试	101294(人)	34495
博士研究生招生	16914(人)	5753
成人高校招生全国统一考试	71174(人)	60334
本市初中毕业生统一学业文化考试	84992(人)	82779
普通高中学业水平考试	111977(人)	
国际学生评估项目测试(PISA)	2700 人	
上海市中小学生学业质量分析测试(绿色指标测试)	65033 人	
高等教育自学考试(4 月和 10 月)	362458(科次)	
高等教育自学考试中英合作商务管理和金融管理	37580(科次)	
学历与职业资格证书相结合考试(物流、餐饮等 7 项)	53876(科次)	
上海市高等学校计算机等级考试	105319(科次)	
在职攻读硕士学位全国联考	13801(人)	
同等学力人员申请硕士学位全国统一考试	9178(科次)	
全国大学英语四、六级考试(含小语种)	631137(人次)	
剑桥少儿英语学习系统全国统一考试	8753(人次)	
全国中小学教师教育技术水平中级考试	20583 人	
全国英语等级考试(PETS)	25218(人次)	
全国计算机等级考试(NCRE)	42700(人次)	
剑桥英语五级考试	521(人次)	
合计	1838042	255642

(阮　培)

附:院负责人及地址

(2011 年 1—12 月)

院党委书记、院长:马宪国

副　　书　　记:刘玉祥(常务)、姚梅乐

副　　院　　长:刘玉祥、沈本良、雷新勇

地址:钦州南路 500 号

由编:200235

电话:64511200(总机)

上海市教育评估院

[2011 年概况] 上海市教育评估院坚持“重实务、求质量、显能力、抓科研、上水平、树品牌”的办院方针，提出“八个一”项目作为内涵建设目标。其中“一套教育评估文库”项目已有 11 种书籍出版，获上海市第十届教育科学研究优秀成果“理论创新一等奖”；“一本教育评估专刊”项目在年底获国家新闻出版总署批准创刊；“一套科学的管理制度”项目在评估实务与评估科研分类考核创新上有所突破；“一座典雅的小楼”项目力求还原历史建筑的原来风貌，内部功能不断调整优化；其他四个项目工程包括国际组织(APQN)的作用发挥、专家库系统建设、评估队伍素质提升、网络功能的开发完善。

完成两委各处室委托的评估项目 80 余项，比上年增加 12.5%。其中，新委托的重点评估项目近 10 项，如“上海地方高校内涵建设项目评审”、“上海高校分类绩效评估”、“E-研究院第二节点考核”等。同时，还接受江苏省研究生论文抽检和优秀论文评审、浙江省“钱江学者”评审，以及上海工博会高校展区优秀展项评选等。

启动前沿性研究工作。针对国家教育规划纲要中“制定教育质量标准”要求，启动基础教育阶段的学校教育评估标准和高等学校教育分类办学评估标准的研究。针对上海教育规划纲要中提出的“改革教育拨款制度，设立高等教育拨款评估咨询委员会，将财政投入与高等学校绩效考核衔接起来”的精神，2010 年起承担“上海高校分类评价和对策研究”和“上海高校内涵建设投入产出绩效评估指标体系研究”的课题，至 2011 年底，两项课题成果均已进入实践应用阶段。上海市民办高校落实法人财产权的研究成果获当年政府决策咨询二等奖。

密切与教育部、兄弟省市评估机构的联系，促进评估合作和资源共享。3 月参加了教育部在云南召开的全国教育评估组织协作会议；发挥 APQN 秘书处所在单位和 INQAAHE 理事单位的优势，出席了在西班牙召开的 INQAAHE 年会，并应邀访问了西班牙质量评估认证局。此外，还派员赴澳大利亚交换学习交流；和台湾地区财团法人高等教育评鉴中心基金会签订了合作协议备忘录，协商双方互派观察员的新机制。

(刘苹苹)

[APQN 秘书处在上海注册] 6 月 10 日，“亚太地区教育质量保障组织(APQN)上海总部”在上海成功注册。这是总部落户上海的第一家教育类国际组织。2011 年 APQN 新增会员 22 家，会员总数达到 98 家，涉及 34 个国家和地区，有关工作得到了 APQN 理事会、世界银行和联合国教科文组织等单位的认可和好评。市教育评估院将通过该组织的平台向世界展示中国教育改革与发展成果；市教育评估院还将实施资产监管，确保资金使用的合理、规范。

(方　乐)

[对上海地方本科高校办学绩效进行试评估] 受市教卫党委、市教委的委托，市教育评估院于 2011 年分别设计了“985”高校、“211”高校、老本科、新建本科、高职高专等五类高等院校的绩效评估指标体系，并对地方本科高校按照老本科、新建本科、文科类、非文科类等四种分类方法进行了试评估。“上海高校分类绩效评估研究”在探索高等教育内涵建设、管理体系建设以及分类绩效评估的指标体系设计理念、系统框架和实施操作等方面取得了重要进展。

(冯　晖)

[评选上海市示范性中外合作办学机构(项目)] 6 月至 12 月，受市教委委托，市教育评估院开展上海市首批示范性中外合作办学机构(项目)评选工作，共有 22 个申报单位(其中高校 17 个、中职校 3 个、社会力量办学 2 个)，涉及 39 个机构(项目)。经预审，共有 33 个机构(项目)符合申报条件(其中 24 个项目，9 个机构)。本次评选安排了自评、材料评、实地评、综合评、会审及复审、复查、复评二个阶段八大环节。

(汪建华)

[评审 2010 年度上海市学校体育科研立项课题] 市教委于 2010 年底确立了 278 项 2010 年度

上海市学校体育科研立项课题，其中上海市学生健康促进工程重大委托课题16项，重点课题22项，一般课题94项，青年课题146项。为确保立项课题的研究价值和质量，受市教委委托，市教育评估院于4月12日对上海市学生健康促进工程重大委托课题举行了开题论证评审；4月13日对重点课题开展了中期检查评审；11月28日和12月6日分别对一般课题和青年课题组织结题评审工作。

（杨　琼）

［开展“上海地方本科院校‘十二五’内涵建设”建设规划及项目评审］ 根据市教委《关于开展“上海地方本科院校‘十二五’内涵建设”项目建设规划编制及项目申报工作的通知》的要求，市教育评估院于5—6月，开展“上海地方本科院校‘十二五’内涵建设”建设规划及项目评审。通过教委初审、专家会评、学校答辩三个环节，对21所地方本科院校的定位与发展目标、重点学科专业建设、知识服务平台建设、教师专业能力建设、国际化平台建设、公共服务平台建设等开展评审。共完成了对21所上海地方本科院校制定的21个内涵建设规划、180个重点建设项目的评审。该项目促进了上海高等教育学科、专业布局的优化调整，进一步增强上海高校的自主创新能力，加强分类指导，引导上海各高校合理定位，形成“校校有支持，校校有特色，校校有发展”的高等教育新局面。

（胡　莹）

“上海地方本科院校‘十二五’内涵建设”工程项目建设规划立项答辩会

［上海高校E-研究院建设首次进行第三方专业评估］ 为落实《上海高校E-研究院建设计划实施意见》，受市教委委托，上海市教育评估院于9—10月组织开展上海高校E-研究院建设第二节点考核评估工作。本次考核组织专家63人次，对上海大学的社会学、上海音乐学院的音乐人类学、上海交通大学医学院的内分泌代谢病和模式生物、上海中医药大学的中医内科学、上海海洋大学的水产养殖学、上海师范大学的计算科学、都市文化和比较语言学等9个E-研究院进行考核。

（杨　雪）

［开展高校学生资助工作绩效评估］ 受市教委委托，市教育评估院首次开展2009年和2010年度高校学生资助工作绩效评估，首批对本市22所211高校（含“985”高校）和市属老本科院校的开展评估，采取学校自查和组织专家评议的方式，历时4个多月。本次评估根据《上海市教育委员会关于开展2009、2010年度高校资助工作绩效评估的通知》（沪教委学〔2011〕19号）精神，对学校提供的自查表、数据表、附加实证材料，从制度建设、程序规范、发放状况、取得成效及存在问题等仔细审阅，重点审核机构建设、专职人员配备、建章立制、资助学生认定程序及资金发放状况和问题、资助工作创新与特色等指标，并按照学校类型分组评估。最终评定复旦大学、上海理工大学等7所高校为高校学生资助工作“优秀”单位，其余15所高校为“合格”单位。

（孟　洁）

［完成“2011年中国国际工业博览会中国高校优秀展品奖”评选］ 受中国国际工业博览会中国高校展区组委会办公室的委托，市教育评估院于年

9—11月，开展了“2011年中国国际工业博览会中国高校展区优秀展品奖”的同行专家通讯评议工作。此次共收到涉及北京、上海、辽宁、江苏等12个省(直辖市)，包括清华大学、北京大学、复旦大学、上海交通大学等46所高校(其中985高校16所、211高校14所、地方高校16所)的102个参评项目。

(胡　莹)

[开展2010年度高校财务管理绩效评价]　根据《上海市教育委员会关于做好2010年财务管理绩效评价的通知》(沪教委财〔2011〕61号)的精神，受市教委委托，市教育评估院于9月至11月，组织专家开展了市教委所属高校财务管理绩效评价工作。此次评审共涉及市教委所属的23所高校(2所211高校、12所老本科院校、4所新升本高校、4所高职高专院校及上海电视大学)。以预、决算等财务管理指标为主要评价内容，依据“综合评价与分类考核相结合、定量评价与定性评价相结合、自评自查与他评他查相结合、考虑财务审计”的原则，采用高校自查、专家组集中评议相结合的方法，从高校的预算编制、预算指标管理、预算执行、年度决算、专项经费管理及综合管理等六个方面，对不同类型指标所涉及的有关高校的财务管理绩效进行全面评价。

(胡　莹)

[开展第二轮农村学校委托管理绩效评估]　受市教委委托，市教育评估院于5月至10月，对第二轮委托管理项目开展绩效评估工作。评估分两个阶段：一是支援学校(机构)自评，突出各校托管工作的个性特征；二是专家评估。组织31位专家，分成6组进入受援学校现场，通过听取汇报，查阅资料，管理人员、师生访谈和座谈，师生和家长调查问卷等评估环节，检验托管工作的绩效，并对自评工作进行认定。本次绩效评估的结果分为“优秀”、“合格”和“不合格”三类。43所受援学校中，达到“优秀”的学校共有22个，占总数的51%；“合格”的学校共有21个，占总数的49%。

(黄丹凤)

[开展市中等职业学校教学质量和德育工作专项评估]　为了落实《教育部关于进一步深化中等职业教育教学改革的若干意见》(教职成〔2008〕8号)精神，推进实施《上海市教育委员会关于印发〈上海市中等职业教育全面提高教学质量行动计划(2009—2013年)〉的通知》(沪教委职〔2009〕30号)，促进中职校教学质量和德育工作的全面提高，市教委委托市教育评估院组织开展上海市中等职业学校教学质量和德育工作专项评估工作。

该项目的组织实施过程自2009年底至2014年底，贯穿“十二五”期间。截至2011年，已经完成学校教学质量和德育工作专项三年目标制定、2011年度学校网上互评和专家网上评估等重要工作。

(胡　兰)

[开展中学教师高级专业技术职务任职资格评审]　10月21日，市教育评估院启动了体育、幼教等15门学科“上海市中学教师高级专业技术职务任职资格评审工作”。1月25日，市教育评估院15个学科组对申报教师进行了听课和面试，其中体育等7个学科组进行了实地听课，地理等5个学科组采取借班上课的形式，幼教等3个学科组采用听课评课的方法。

(钱　莹)

[开展高校语言文字工作评估]　2011年受市语言文字工作委员会、市教委委托，市教育评估院分别于4月21—22日和12月13—14日组织专家对上海建桥学院和上海海洋大学的语言文字规范化工作进行了评估。至此，市教育评估院已累计完成了对21所高校的语言文字工作评估。

(陈滔宏)

附：院负责人及地址

(2011年1—12月)

院　长：王　奇
院党总支书记、常务副院长：陈效民
副院长：李耀刚、冯　晖

院址：陕西南路202号
邮编：200031
电话：54041332

教育电视、报刊与教育集团

上海教育电视台

[2011 年概况] 2011 年，在中国共产党成立 90 周年之际，教育电视台精心策划、编排节目，选播《解放》等红色电视剧，组织力量创作一系列特色鲜明、富有内涵的剧目，打造绿叶荧屏火红年代。上海教育电视台获市教卫党委"先进基层党组织"荣誉称号。

2011 年，上海教育电视台加强栏目《帮女郎》的创作力量，并推出服务于都市离异白领女性的《帮女郎》周末档节目"再牵手"。十大系列社区教育项目《市民大学堂》已经形成制作规模和带状化播出。"817 创研工坊"推动节目创新机制，推出全新教育评论类节目《放眼看教育》，得到专家和观众的好评。在连续三年制作"光荣的学习者""电大有我一个家""我们是同学"等主题活动的基础上，2011 年推出《电大达人秀》，在拥有十几万学子的电大系统中掀起热潮。

2011 年上海教育电视台的一批优秀节目频频获奖。《特别传真》获中国广电协会全国法制十佳栏目提名奖。《我们是同学》、《世博一课》、《帮女郎》（理念篇）、《名医大家》等节目获第十六届中国教育电视奖一等奖。《我想上一次蓝天》等获上海广播电视奖二、三等奖、《谷超豪：从教六十载，院士弟子有九个》获上海市新闻奖三等奖等。这一年，技术中心还获上海市广电技术评比二等奖。

"教育因你而美丽——上海教育年度新闻人物"颁奖典礼

上海教育电视台对舞台、灯光、彩幕、调音台系统进行改造，全台综合业务信息管理平台、蓝光媒体资源库建设初见成效，UPS 供电系统完成改造，非编系统再次升级，进一步向全台媒资时代成功迈进。

（范冬虹）

[制作师德医德标兵新闻专题片] 6 月，市教卫党委评选出 20 位师德标兵和医德标兵。上海教育台集中力量精心采制，深入访谈创作文本、制作播出了 10 位师德标兵和 10 位医德标兵的人物 20 部新闻专题片，从不同角度、不同侧面展示了教育卫生系统优秀共产党员的光辉形象。

（范冬虹）

["817 创研工场"研发新栏目] "817 创研工场"一年研发多个栏目，其中两项成功上线。教育评论类栏目《放眼看教育》，网罗教育信息、评论教育事件。节目串联起零散的事件，请来各方教育专家，解读教育事件背后令人思考之处。节目信息量大、思辨力强是发布教育台权威声音的深度评述节目。《帮女郎》为上海一批离异女性打造一个"再牵手"的平台，在众多相亲、情感节目中独树一帜。在 2011 年推出的新栏目还有《平安都市》、《育儿有招》、《招考就业周刊》。

（范冬虹）

[市民辩论赛进社区] 上海教育电视台与上海市推进学习型社会建设指导委员会办公室合作举办

的"终身学习·快乐家"第二届上海市民辩论赛12月25—31日播出。辩论赛形式多元、紧扣"市民"特色,18支社区辩论队人员年龄跨度大、职业种类多,辩题关注食品安全,贴近生活,启发思考,如"剩男剩女是不是社会文明的表现"、"保健品是不是日常饮食的必要补充"、"当代社会应不应该提倡裸婚"、"食品安全问题频发主要是由于道德缺失还是法律缺失"等辩题都得到参赛者和观众的喜爱。

(范冬虹)

[开展"走转改"活动] 响应中宣部和市委宣传部号召,上海教育台积极开展"走基层、转作风、改文风"活动。各部门、栏目积极行动,结合原有栏目自身特点推出新的板块如"帮小弟走基层"、"教视记者走基层"等,在"走转改"活动中提升记者素养、节目质量。同时上海教育电视台也积极开展和观众的交流,如"市民大学堂"系列坚持从社区中来、为社区服务。上海教育电视台还赴云南香格里拉报道沪滇两地学校结对交流情况,又与沪上高校文化志愿者一道,为新疆喀什人民送去3场文化演出。

(范冬虹)

[《百集说戏》入选国家重点项目] 上海教育电视台与高教电子音像出版社合作推出的120集大型电视讲演节目《说戏》邀请国内戏剧研究名家、文化学者畅谈中国传统戏剧,已制作完成40集。该节目两次送评全国优秀教育电视节目评选均获一等奖,先后入选国家"十一五"与"十二五"重点出版物,入选国家出版基金项目,并获得100万元国家基金资助。

(范冬虹)

[《中国之最》列入国家项目] 由上海教育电视台与上海教育音像出版社共同打造的高清版大型人文系列纪录片《中国之最》,2011年被列入国家新闻出版总署"十二五"电子音像制品重点骨干工程项目。到2011年底,《中国之最》已完成15集。

(范冬虹)

[成熟的品牌节目有新突破] 上海教育电视台品牌节目"高考咨询大直播"锐意创新,首次实现两地现场连线直播,丰富内容、升级技术;"两会报道"树立优质品牌,访谈内容更加贴近教育实际;"教育年度新闻人物评选"再创新意,首次按高教、普教、终身教育分类评选,使代表人物更具代表性、典型性,进一步成为了教育传媒品牌。上海教育电视台还成功承办了全国青年奥林匹克知识大赛上海分会场的活动。

(范冬虹)

[老年教学网拓展新空间] 上海教育电视台教学部与上海远程老年大学、上海老年人学习网通过电视及网络平台服务于全市老年学习者。全市共有上海远程老年大学学习收视点4550个,覆盖全市居村委81%,学员超过31万人。为纪念建党90周年,开展优秀诗歌、散文评选等网络活动,有2166名学员投稿参选,浏览数达1600多万次,投票数超1400万。网上"专家咨询"活动回答字数超26万字。

(范冬虹)

[蓝光媒体资源库建设初见成效] 为抢救5万余盘珍贵电视资料,上海教育电视台于2010年启动蓝光媒体资源库建设工程,至2011年底已抢救片库资料2000余盘,并完成配套编目,索引、查询等系统,开始投入使用。为适应未来发展,该系统在年内又开发了高清素材的保存功能、建立监控大屏,实现非编系统时间线直接调用素材。同时,投入资金,建设全台综合业务信息管理平台,包括串联单编排、节目管理、楼宇信息、外借设备管理、机房运行管理等,进一步向全台媒资时代成功迈进。

(范冬虹)

附:台负责人及地址

(2011年1—12月)

台　　长:张德明
党总支书记:张道玲
副 台 长:邵蓓萍、张伯安、陆　生

地址:大连路1541号
邮编:200086
电话:65834001(总机)

上海教育报刊总社

［**2011 年概况**］ 顺应教育事业和新闻传媒业发展新要求，遵循专业化、品牌化、数字化理念，深化内涵建设，转变发展方式，增强教育宣传与教育服务能力，着重抓好对“落实规划纲要”和“建党 90 周年”的主题宣传报道，取得了很好的教育效果。《上海教育》杂志、《东方教育时报》和上海教育新闻网联合推出近 15000 字的长篇纪实通讯《“柳营”的世界——一所城市公办学校的农民工子女教育之探索》，引发全国范围内关于中小学教师幸福感状况的大讨论。上海教育新闻网全力推出“红色旗帜、时代风采”、“红色寻根”等迎接建党 90 周年宣传教育活动专题网页，访问量累计超过 40 万人次。

总社承担上海市基础教育学校发展报告、上海市中职学生发展状况研究报告、上海市中小学生发展状况研究报告、青少年网络素养培养等一大批课题。深入开展“走基层、转作风、改文风”活动，先后建立了 70 余个基层联系点，遍布 17 个区县的大、中、小学、幼儿园，一批编辑记者获聘担任基层联络员和校外辅导员，推出了一批反映读者呼声、回应读者关切、传递基层校园新气象的优秀作品。

总社在 30 余个媒体品种中全面开展定位研究工作，理清发展方向和发展思路，根据市场需求新增、调整部分平面媒体。同时，进一步加强新媒体建设，上线试运行教育微博平台，注册用户数超过 1600 个，并召开上海教育新闻网建设与管理工作推进会，在形成本市教育系统内共建共享机制方面取得初步突破。

上海教育报业大楼《建设用地批准书》获批，施工、施工监理等单位的招标、评标工作顺利完成，按期进入施工前期准备阶段。报业大楼建设用地面积 3590 平方米，总建筑面积为1.8万平方米，项目总投资概算 1 亿元，目标是建成功能超前、设施齐全、管理精细、双效明显的新媒体综合楼宇。

上海教育报业大楼奠基

总社在舆论导向、编审流程、出版法规、财务纪律、劳动纪律、生产安全等方面加大规范管理力度，探索建立纪检监察审计和人事财务经管办联席会议制度，进一步加强反腐倡廉教育，试点开展中层干部年度重大事项申报工作，先后落实开展“违规收受礼金礼券购物卡”、“公务用车问题”、“庆典、论坛、研讨会过多过滥”和“小金库”等专项治理工作，有力推进反腐倡廉建设。同时，总社以学习型单位示范创建工作为主线，以创先争优活动为载体，开展“亮诺践诺”活动，成立总社党校，新建和调整部分党的基层组织，稳步推进党务公开工作，进一步推进凝聚力工程建设，主动融入社区、服务社区、依托社区，形成与社区党组织的资源互补、团结互助的共建机制。

（龚　晨）

［承办全球华人中学生阅读征文大赛］　1月，由市政府新闻办、市作家协会、总社以及中国小作家协会联合主办，少年报分社联合多家报社、公司承办的第12届“沪、港、澳与新加坡、马来西亚”五地中学生暨2011全球华人中学生阅读征文大赛活动正式启动。全球近300万华人中学生积极参加，仅上海赛区每年就能收到征文作品近20万篇，促进中华文化走进了华人学生的日常生活中。

（陆海珠）

［举办第八届上海教育博览会］　4月，“第八届上海教育博览会——职业教育与培训专题展暨中等职业学校招生咨询会”在上海市东亚展览馆举行，上海电子信息职教集团、上海交通物流职教集团、上海建筑职教集团、上海化工职教集团、上海旅游职教集团、上海嘉定职教集团、上海现代农业职教集团、上海商贸职教集团近百所重点中职学校参展，观众超过一万人次。本届教博会主题是“打开职业之门”，即把职业教育与培训作为专题内容，集职业教育成果宣传与招生咨询于一体。

（山子俊）

［举办“走向2020”首届创新征文活动］　6月，总社与市中小学幼儿教师奖励基金会共同主办的“走向2020”首届创新征文活动正式启动。以“走向2020”为主题，分别就《上海市中长期教育改革和发展规划纲要（2010—2020年）》与未来学校发展、与有效教育教学、与教师专业成长等问题，发动广大校长和教师共同探讨教育未来走向。

（黄　璐）

［开展“走近读者·圆梦”系列行动］　3月，总社启动“走近读者·圆梦”行动，征集读者愿望，帮助读者如愿。中学生报分社帮助不少中学生走进录音棚实现了配音梦、到必胜客当一天实习店长的梦等；家庭教育报刊分社发动广大读者为顾宵雨同学圆梦，辗转千里到广西百色为贫困学生捐书捐药；教育新闻分社联合社会知名企业为10所凉山乡村小学免费建图书角；成才与就业分社千方百计帮助大学生完成职业见习，为他们顺利进入职场赢得先机；学前教育分社帮助家长分享育儿心得，促成年轻的家长们跨地域交流；少年报分社帮助许多进城务工人员随迁子女圆了以前只能埋在心底的小梦想，得到孩子及其父母的高度认同。

（石达平）

［上海教育新闻网被评为上海市优秀网站］　8月，上海教育新闻网在上海市第五届优秀网站评选活动中获得“上海市优秀网站”荣誉称号，由上海教育新闻网维护的上海教卫党建网同时获得“提名网站”荣誉称号。

（黄　璐）

［举办第六届上海青年创业夏令营］　7月，总社与市慈善教育培训中心共同主办第六届上海青年创业夏令营。50多所中职校、高职院校的120名营员通过参加形式多样、内容丰富的活动，在学习、交流、实践中体验了创业的苦与乐，培养了创新思维，树立了自信，提高了综合能力。据统计，参加过之前五届创业夏令营的营员中有近30人已经或正在从事创业活动，多名营员获得年度全国创业精神大赛第一名及荣获全球创业精神大奖，并分别于2007年和2010年获公益资助赴国外参加交流和领奖。

（山子俊）

［成立教育宣传通联站］　11月，总社与浦东新区教育局在浦东教育发展研究院举行合作共建教育宣传通联站成立仪式。教育宣传通联站的工作是，双方共同组织专题活动，共同推进重点项目，共同加强教育宣传阵地建设。

（陈　杰）

［举办第七届亲子嘉年华］　11月，由总社联手沪上多家学前教育机构共同承办的“2011亲子嘉年华”在上海东亚展览馆开幕。本届亲子嘉年华主题是唤起人们对“游戏”价值的关注，提出了“快乐游戏、享受童年”的口号，向全社会宣传并强化游戏的重要功能和价值。

（周　妤）

［举办首届上海市中小学生公共安全知识竞赛］　11月，总社主办首届上海市中小学生公共安全知识竞赛复赛在上海市商业学校举行，旨在贯彻落实教育部《中小学公共安全教育指导纲要》和市教委“两纲”教育相关文件精神，宣传普及公共安全知识，引导中小学生珍惜生命、尊重生命、热爱生命，增强自我保

护和维护公共安全的意识，促进自救和互救的能力，正确处理个体生命与自我、他人、社会和自然之间的关系。全市23万余名中小学生参加了初赛。

（张振华）

［举办第三届头脑奥林匹克创新学习活动亲子擂台赛］ 6月至11月，总社联合多家单位共同主办上海市第三届头脑奥林匹克创新学习活动亲子擂台赛。该项活动是头脑奥林匹克创新活动的拓展，要求家长与孩子组队共同参赛。本届擂台赛赛题共有8道，“纸张叠高”、“吸管飞行器”、“纸绳拖重”、“节日盛装秀”、“我爱我家创意大比拼”、“投球装置打靶”、“纸车快递”和“跋山涉水”。这些赛题取材方便，制作简单，但创意无限，受到了众多家庭的欢迎和好评。

（陆海珠）

［召开大学生素质教育研讨会］ 12月，总社召开大学生素质教育研讨会，来自上海交通大学、同济大学、东华大学等30多所高校的学生工作部门负责人参加会议。会上，各所高校均表示今后将继续深化与总社的合作，通过举办论坛、沙龙或开展联合调查、趋势研判等形式，为共建学生素质教育平台和促进学生就业指导工作提供更多信息。

（山子俊）

［承办2011“童康杯”超级童声幼儿合唱大赛］ 12月，由总社承办的2011“童康杯”超级童声幼儿合唱大赛举行，静安、徐汇、普陀、闵行、奉贤等14个区的37家幼儿园的幼儿参加了比赛，12家幼儿园获得了优胜奖。

（周　好）

附：总社负责人及地址

（2011年1—12月）

社　　长：曹荣瑞（11月离任）
社党委书记、副社长：仲立新（11月起主持工作）

副 书 记：张一群、唐洪平
副 社 长：金志明、施清平、徐　勇

地址：长宁路491弄36号
邮编：200050
电话：62525555（总机）

上海远程教育集团

［2011年概况］ 上海远程教育集团加强内涵建设，参与上海学习型城市建设和终身教育体系构建。电大开放教育全年招生45918人，注册生规模达到110656人，年内有35635名学生毕业，有5278人获得学士学位；电视中专中等学历教育招生2478人，在校生人数4537人。非学历教育开拓新项目，推动全市各区县社区教育系统建设，为学习型社会建设服务。启动上海市第三轮社区教育实验街镇建设指导工作，重新编制上海社区教育实验街镇建设指南，社区教育实验街镇数达到132个，占全市街镇总数的61.1%；组织2011年上海社区网上读书活动，全市网上读书感言征文达6000篇；举办上海社区教育系统喜迎建党90周年摄影大赛，收到3000余名参赛者的近6000幅参赛作品。

教育电视台继续坚持正确的舆论导向和社会定位，加强节目品牌建设，不断开发新栏目，提高收视率。

扎实推进教育信息化工作。以上海终身学习网百万市民学习资源系统为基础，建设上海开放大学信息化平台；建设上海终身教育学分银行网站；上海终身学习云服务公共服务平台项目已纳入上海市高新技术产业化重点项目计划；首次承接国家教育部重大资源建设项目教育部农远工程初中自主学习系统项目；上海终身学习网项目构建基于web2.0的百万资源平台，提供360度全方位学习支持，年内平台注册人数超过116万人，总点击超过6000万人次；深入推进上海市400所农村信息化实验校项目；运营维护上海教育资源库；完成特殊教育资源中心网站建设；上海党员干部远程教育平台上传资源2319条，时长1395.2小时，容量1.35T。

积极推进上海开放大学建设。召开上海开放大学校务委员会第一次全体会议，开展“怎样建设好一流的开放大学”办学思想大讨论；向全社会公布1500门学历教育课程、职业技能培训和文化休闲非学历课程等开放教育资源；《上海开放大学章程》和《上海开放大学建设方案》获教职工代表大会审议通过。

做好学分银行试运行的准备工作，制定学分银行学历教育学分认定标准。完成商务英语、计算机应用技术、工商管理、行政管理、物流管理、会计六个试点专业规则、165门课程学分、139个非学历证书学历教育学分认定标准制定等工作。

承办新疆班。按照市政府关于新疆喀什地区少数民族普通高校毕业生第二批来沪学员的培养工作要求，与杨浦区政府合作举办为期两年的新疆班，培养新疆学员118人。

（王月艳）

［成立社区教育课程联合教研室］ 2月24日，上海首批社区教育课程联合教研室授牌成立。该教研室是由市学习型社会建设服务指导中心办公室组建的市级层面的业务工作合作机构。通过市区合作、区区合作，推进社区教育课程与资源建设，培育社区教育师资骨干队伍。首批推出理财有道、艺术鉴赏、实用电脑、摄影达人、法律普及、乐学书画、社区英语、巧手纸艺、科学生活、市民礼仪共10个专题社区教育课程，聘请153名教研员和3名督导员共同参与。

（王一凡）

［上海开放大学公布1500门开放学习资源］ 3月14日起，上海开放大学分批公布开放学习资源。第一批资源内容包括学历教育课程、职业技能培训和文化休闲非学历课程，侧重于名师名课；第二批资源内容包括职业技能、家庭生活、文化常识和法律咨询等微型课程；第三批资源主要在内容和形式上有所创新。资源公布后，网上点击率超过207万人次。

（王月艳）

［上海终身学习网新版本正式运行］ 上海终身学习网经过近两年的运行，构建了基于web2.0的上海终身学习网百万资源平台，新版上海终身学习网于3月14日正式上线运行。功能支持方面，通过学习目标导向、学习过程引导、学习全局管理、学习活动参与以及学习成果激励等多个环节，为学习者提供体系化学习支持服务；通过“活动—学习圈—讲座”立体化的学习互动体系，以主题学习为引导，凝聚市民的学习热情；通过“积分—证书—头衔”一体化的学习激励体系，为学习者学习成果评定提供支

持，并通过个人护照陈列，展示其学习成果。资源建设方面，平台资源整合新增加1000门，总量近3000门，同时提供移动资源、主题资源等微型学习资源为非正式学习需求提供支持。截至2011年底，上海终身学习网的注册人数已超过119万人，总点击数超过6500万人次。

（肖　君、朱晓晓）

［上海开放大学成立残疾人教育学院］ 3月18日，上海开放大学残疾人教育学院挂牌成立，首批592名残疾学习者通过面授和网络等方式，接受由上海开放大学组织的学历教育。学院推出了“社区服务与管理”、“文化事业管理”、“家政与社区服务”等学历教育项目，以及“社会工作者”、“英语中级口译”等非学历教育培训项目。

（王月艳）

［上海开放大学成立老年教育学院］ 4月18日，上海开放大学老年教育学院挂牌成立。上海开放大学在全国首创开办老年人学历教育，第一批开设钢琴演奏、声乐演唱、体育保健和摄影摄像技术四个专业，有近200名老年学员选报。根据教学计划，报读学历教育的老年人学员可通过2年半以上的专业学习后考试合格获得大专文凭。

（王月艳）

［上海开放大学成立新农村建设学院］ 5月18日，上海开放大学新农村建设学院挂牌成立，推出公共事务管理（城镇管理方向）、农村经济管理（农业技术推广方向）等一批适应当代农村建设的专业，努力培养一批具备农业技术推广实践能力，会管理、能动手的复合型、应用型农村实用人才。新农村建设学院由上海开放大学和市农委共同管理，并成立由市委组织部、市农委、市教委、市民政局、市人力资源社会保障局等相关部门负责人组成的院务委员会。

（王月艳）

［上海开放大学召开校务委员会第一次全体会议］ 6月27日，上海开放大学首届校务委员会第一次全体会议在上海市人民政府市长会议室召开。上海开放大学首届校务委员会成员是：副市长沈晓明任上海开放大学校务委员会主任，市教委主任薛明扬、市委组织部副部长王瑜、市委宣传部副部长马春雷、市教委副主任袁雯、上海开放大学副校长王民任校务委员会副主任，执行副主任为上海开放大学校长张德明；市级机关工委、市发改委、市科委、市经信委、市国资委、市建交委、市商务委、市农委、市财政局、市人保局、市文广局、市民政局、市卫生局、市环保局、市总工会、团市委、市妇联、市残联等上海18家委办局的领导担任校务委员会委员。

（王月艳）

上海开放大学城市公共安全管理学院成立

［上海开放大学成立城市公共安全管理学院］ 7月23日，上海开放大学城市公共安全管理学院挂牌成立。市教委主任薛明扬、副主任袁雯，国务院参事、国务院应急管理专家组组长、国家减灾委专家委员会副主任闪淳昌教授级高工，中共上海市委研究室副主任、中国行政管理学会副理事长李琪教授，上海市食品委员会办公室副主任、市食品药品监督管理局副局长谢敏强，上海市食品安全委员会办公室副主任、市工商行政管理局副局长彭文皓，国家食品安全风险评估专家委员会委员、上海海洋大学校长潘迎捷教授，国务院应急管理专家组专家、中国安全生产科学研究院学术委员会主任刘铁民研究员，中国政治学会副会长、上海政治学会会长桑玉成教授，日本东京大学城市防灾规划研究室主任、日本都市防灾研究所理事长小出治教授，上海市应急办副主任张海涛，以及上海开放大学党政班子全体成员出

席大会。参加大会的还有上海18个社区学院代表和上海开放大学全体教职员工近400人。上海开放大学城市公共安全管理学院将以普及安全知识，培养专业人才为己任，力争把学院建设成为一所国内有影响的特色专业学院。

（王月艳）

［“食品安全知识进社区”市民宣传教育活动正式启动］ 为贯彻国家《食品安全宣传教育工作纲要(2011—2015年)》，市食安办、市食品药品监督局、上海市学习型社会建设服务指导中心和上海开放大学等依托本市17个区县的社区学院及200多个街道、乡镇的社区学校，将市民食品安全知识宣传教育活动覆盖到5000多个居民和村民委员会，以多种形式向市民普及食品鉴别、卫生、储藏、食用及食品添加剂等知识。这项活动计划到2013年，使市民对食品安全基本知识的知晓率达80%以上。

（杨　平）

［“基于国产基础软件的教学资源平台一体化解决方案”成功验收］ 12月22日，上海远程教育集团承担的2009年度上海市软件和集成电路产业发展专项资金支持项目“基于国产基础软件的教学资源平台一体化解决方案”经过两年多的研究与应用推广实施，圆满完成专家验收。项目对关键技术进行攻关，系统提供了丰富的应用软件、配套资源和教育应用模式案例，形成了一个完整的国产软件教育信息化解决方案。

技术平台方面，项目遵循国家教学资源建设技术标准，通过多系统耦合平台实现各平台之间的互联互通，将教育软件包及相关资源整合形成教育资源定制桌面系统，形成一套采用简洁人机交互界面的定制化应用环境，为学校教学使用提供了一个基于国产系统的全新教学多媒体互动体验环境。同时，项目顺利通过上海市软件评测中心第三方的测试认可，取得2项软件著作权，获得高新技术成果转化认定。资源制作方面，整合建设一批符合国内教学实际需要，特别是国内中小学需要的体系化优秀教学资源包，针对各学科、各年级，配套相关的教学设计、教学素材等，格式多样，内容广泛。除学科资源外，还涉及大量拓展性教育、德育教育、研究型教育资源。所有学习资源能通过本项目平台软件在各类不同的国产终端上流畅播放，资源包容量达到200G。教师普遍反映资源为教师备课提供了较好的素材。项目已推广至浦东新区、杨浦区的50所中小学学校。各个学校开展基于国产Linux的资源平台系统在教学活动中的全方位应用，为推进国产教育软件应用工作提供了典型示范。

（肖　君、王腊梅）

［上海市第二届市民辩论赛决赛举行］ 12月27日，以“食品安全”为主题，聚焦百姓日常生活和社会热点话题的“终身学习·快乐家——上海市第二届市民辩论赛”决赛在上海教育电视台举行。作为上海市第七届全民终身学习活动周赛事之一，辩论赛历时4个月，吸引了来自上海17个区县市民的广泛参与。虹口区代表队获得本届市民辩论赛冠军，宝山区代表队戴筱燕获得最佳辩手奖。

（姚爱芳）

［建设上海开放大学信息化平台］ 至2011年底，上海开放大学信息化平台建设规划各子系统的主体开发基本完成。其中作为开放大学开放学习资源重要展示平台的开放学习资源平台于3月14日正式上线运行。平台提供1500门课程，包括开放专题1110门，开放课程390门，并通过课件学习、在线交流、在线测试等提供网上教学支持，满足学习者文字阅读、视频浏览、音频听讲、三分屏课件、微型学习等多样学习模式的学习需求；终身教育学分银行已构建形成用户信息库、用户学习成果库、学分认证记录库等技术功能，支持学习者在学历教育、文化休闲教育和职业培训等终身学习过程中的学习成果记录累计及学分转换，同时完成六所试点普通高校及其继续教育学院、电大和自考等学习者数据采集，为“以学分银行为桥梁实现各级各类教育纵向衔接”的目标打下技术基础；开大门户已完成主体框架设计，并将推出3D版本的全新门户。在支持服务方面，以专业化的服务团队、高效的服务响应、优化的服务流程、人性化的服务理念，保障开放大学支持服务工作的顺利开展。

（肖　君、朱晓晓）

附：集团负责人及地址

（2011年1—12月）

集团党委书记：张德明
副　书　记：李惠康

集团主任：张德明（9月离任）、蒋　红（9月任命）
副 主 任：王　民（12月离任）、陈　信、徐　皓、王连华、王　宏（12月任命）

地址：大连路1541号
邮编：200086
电话：65834279

大 事 记

2011 年 1—12 月上海教育大事记

1 月

4 日 市教委召开上海教育工作通报座谈会。会议通报了 2010 年上海教育改革发展情况和 2011 年上海教育工作思路。市人大代表、市政协委员分别就学生体质健康、素质教育实施、农民工子女教育、心理健康教育、基础教育教学改革、师资队伍建设、民办教育管理、教育国际化等问题提出了意见和建议。

7 日 市人大常委会主任刘云耕视察上海海洋大学。刘云耕一行参观了该校校史馆、海洋遥感实验室，了解了该校总体规划布局等，并举行了市人大常委会教育“十二五”规划专题调研。市教委主任薛明扬陪同调研。

12 日 副市长沈晓明到上海音乐学院调研教学用地情况。市教委主任薛明扬、副主任印杰，市发展改革委副主任叶明忠陪同调研。

15 日 上海交通大学庆祝王振义院士荣获 2010 年度国家最高科技奖。中共中央政治局委员、上海市委书记俞正声，卫生部部长陈竺，中国工程院院长周济，上海市市长韩正，教育部，上海市教卫党委，市教委，市科委，市卫生局等发来贺信。卫生部部长陈竺、上海市委副书记殷一璀出席大会并讲话。副市长沈晓明、中国工程院秘书长白玉良、市委副秘书长姚海同、市政府副秘书长翁铁慧、市教委主任薛明扬、市科委主任寿子琪、市卫生局局长徐建光参加会议。上海交通大学转化医学研究院同时揭牌成立。

27 日 上海市中小学校舍安全工程 2011 年工作会议召开。副市长沈晓明对 2011 年工作提出要求。

上海市学前教育联席会议扩大会议召开。会议总结 2010 年学前教育工作，部署 2011 年主要工作。副市长沈晓明出席会议。

2 月

10 日 副市长沈晓明到市教委调研教育工作，市政府副秘书长翁铁慧陪同。沈晓明强调，2011 年上海教育工作要在落实教育事业“十二五”规划上下功夫，在落实中长期教育改革和发展规划纲要上下功夫。

18—19 日 市教卫党委、市教委召开上海高校党政负责干部会议。会议要求深入学习贯彻《中国共产党普通高等学校基层组织工作条例》，加强高校领导班子和党的建设，争科学发展之先、创和谐校园之优，为贯彻落实国家和上海中长期教育规划纲要提供强有力的政治保证。市委副书记殷一璀、副市长沈晓明出席会议并讲话。

22 日 副市长赵雯到上海音乐学院调研人才培养工作。

3 月

2 日 市政协教科文卫体委和提案委率部分政协委员前往虹口区调研上海校园安全工作，并召开学校安全情况通报暨相关提案归并办理会。

4 日 上海召开 2011 年未成年人保护工作会议。会议总结了 2010 年上海未成年人保护工作，部署了 2011 年未成年人保护工作。副市长、市青保委主任沈晓明出席会议并讲话。

9 日 教育部与上海市政府签署《教育部、上海市人民政府关于推进义务教育均衡发展备忘录》。中共中央政治局委员、国务委员刘延东专门作出指示，强调要把义务教育工作作为造福人民群众的重大民生工程，确保适龄少年儿童接受良好义务教育。

14 日 市委、市政府在中国浦东干部学院召开上海市基础教育工作会议。会议总结了过去五年来基础教育取得的成就，分析了当前基础教育所处的历史方位，研究目前基础教育需要解决的主要问题，分析基础教育改革和发展的思路与举措等。市委副书记殷一璀出席会议并讲话，副市长沈晓明作上海基础教育工作报告。

15 日 市人大常委会副主任钟燕群赴市教委调研。

19 日—4 月 15 日 上海市“星光计划”第四届中等职业学校职业技能大赛决赛举行。市政协副主席蔡威、市政府副秘书长翁铁慧出席开幕式。市委副书记殷一璀出席闭幕式。

24 日 中国语言资源有声数据库建设上海建库工作启动。教育部副部长、国家语委主任李卫红，上海市副市长、市语委主任沈晓明出席启动仪式，并为上海建库工作揭幕。

28 日 上海纽约大学奠基仪式在浦东新区陆家嘴金融贸易区举行。市委副书记、市长韩正，教育部副部长郝平，市委副书记殷一璀，市委常委、浦东新区区委书记徐麟，副市长沈晓明，市政协副主席、浦东新区区长姜樑等出席仪式。

教育部首个国际青少年交流中心在上海揭牌。教育部副部长郝平、上海市副市长沈晓明出席仪式。

29 日 中共中央政治局委员、国务委员刘延东在沪会见美国纽约大学校长一行。教育部部长袁贵仁、副部长郝平，国务院研究室副主任江小涓，上海市委副书记殷一璀，市政府副秘书长翁铁慧，以及市教委、浦东新区政府、华东师范大学的领导参加会见。

4 月

6—7 日 第三届长三角地区职业教育联动发展推进会召开。江苏省教育厅副厅长杨湘宁、浙江省教育厅副厅长鲍学军、上海市教育委员会副主任印杰出席会议。

8—9 日 以“全面落实规划纲要，加强区域教育合作”为主题的第三届长三角教育联动发展研讨会召开。市政府副秘书长翁铁慧，教育部政策法规司司长孙霄兵、发展规划司副司长陈锋出席会议。

9 日 上海交通大学隆重庆祝 115 周年华诞。卫生部部长陈竺，英国剑桥大学校长及其夫人，美国密歇根州议会常务副议长兼州教育委员会、交通运输委员会主席，闵行区区长莫负春等出席庆祝大会。

12 日 市委副书记、市长韩正到上海交通大学调研产学研结合工作和上海紫竹新兴产业技术研究院的发展情况。

21 日 第四届上海高校思想政治理论课教学论坛在复旦大学举行。教育部副部长李卫红、上海市委副书记殷一璀出席会议并讲话。

26 日 市政协主席冯国勤到上海应用技术学院奉贤校区调研应用型创新人才培养情况和学科专业适应上海市产业结构调整发展情况。

5 月

5 日 中共中央政治局委员、上海市委书记俞正声到青浦区调研进城务工人员随迁子女教育情况。

9 日 全国人大常委会副委员长、民进中央主席严隽琪一行到上海交通大学调研，并就“高校科技投入体制”进行座谈交流。民进中央副主席、市人大常委会副主任蔡达峰，民进市委副主委赵丽宏等参加座谈会。

11 日 中共中央政治局委员、国务委员刘延东视察上海交通大学医学院附属瑞金医院、上海交通大学钱学森图书馆。教育部部长袁贵仁，科技部党组副书记、副部长王志刚，国务院研究室党组副书记、副主任江小涓等随行视察。上海市委副书记、市长韩正，市委副书记殷一璀等陪同视察。

11—15 日 第十二届世界俄语大会在上海外国语大学召开。国务委员刘延东出席开幕式并致辞。俄罗斯总理普京给大会发来贺信。中国教育部部长袁贵仁、上海市委副书记、市长韩正等出席了开幕式。出席开幕式的，还有世界俄语学会会长维尔比茨卡娅。

12 日 教育部副部长刘利民到东方绿舟调研。

17 日 市人大常委会副主任钟燕群调研奉贤区学前教育工作。

6 月

2 日 上海松江大学园区合作办学 10 周年研讨会举行。全国人大常委会委员龚学平，上海市副市长沈晓明，市政府副秘书长翁铁慧，市教卫党委、市教委领导李宣海、薛明扬、高德毅等出席。薛明扬在会上回顾了松江大学园区 10 年来的工作。

2—3 日 全国人大常委会原副委员长李铁映到上海海洋大学视察。

5 日 中共中央政治局委员、上海市委书记俞正声给上海交通大学本科毕业生党支部亲切回信，高度肯定交通大学毕业生党员发起的“无论何时何地，亮出党员身份”的倡议，勉励交通大学学生毕业后要保持党员的纯洁性和思想的坚定性，并对青年党员未来所应肩负的使命提出了殷切期望。

14 日 2011 年上海市未成年人暑期工作会议举行。市教卫党委书记李宣海，市委宣传部副部长、市精神文明办主任马春雷出席会议并讲话。市教卫党委副书记、市教委副主任高德毅主持会议。

15 日 2011 年上海高校毕业生就业工作推进会举行。副市长沈晓明、姜平出席会议并讲话。

16 日 由市委宣传部、市教卫党委和新华社上海分社共同主办的“开天辟地 90 年”大型图片展高校巡展在复旦大学启动。复旦大学党委书记秦绍德，市委宣传部副部长、市精神文明办主任马春雷和新华社上海分社社长慎海雄共同启动高校巡展活动。市教卫党委副书记、市教委副主任高德毅，光大证券总裁徐浩明，新华社上海分社副社长姜微在启动仪式上向上海高校代表赠送了图片展巡展资料。

20日 中共中央政治局委员、上海市委书记俞正声给上海交通大学学生党员上党课。

21日 上海市书法家协会教育委员会在华东师大揭牌。副市长沈晓明，市文广影视局党委书记陈燮君，市文联巡视员、专职副主席迟志刚，市政府参事、市政协常委毛时安，市教委副主任李骏修、尹后庆、印杰等出席。

22日 2011年上海市教育政风行风建设大会召开。副市长沈晓明出席会议并讲话。会议由市教卫党委书记李宣海主持。市教委主任薛明扬总结了2010年度上海教育政风行风建设情况，并对2011年度的工作进行全面部署。

23日 市教卫党委、市教委召开老干部纪念中国共产党成立90周年座谈会。市教卫党委书记李宣海，市教委主任薛明扬，市教卫党委副书记杜慧芳，市卫生局党委副书记黄红等出席会议。

24日 全国政协副主席董建华访问复旦大学。

7月

4日 市委、市政府召开上海市学生健康促进大会。市委副书记殷一璀、市人大常委会副主任郑惠强、副市长沈晓明、市政协副主席蔡威、教育部体卫艺司司长杨贵仁、市委副秘书长姚海同、市政府副秘书长翁铁慧出席会议。殷一璀、沈晓明、杨贵仁等分别在会上讲话。

6日 市教卫党委书记李宣海到上海对外贸易学院和上海海事大学调研。

8日 市教卫党委书记李宣海、市教委副主任袁雯到上海理工大学调研内涵建设和“085工程”工作。

9月

6日 中共中央政治局委员、上海市委书记俞正声到华东师范大学闵行校区视察，与师生代表座谈，对大学培养学生品德的重要意义以及培养一流的优秀教师提出了要求。市委副书记殷一璀，市委副秘书长姚海同、李强等陪同。

7日 中共中央政治局委员、上海市委书记俞正声，市委副书记、市长韩正，市政协主席冯国勤，市委副书记殷一璀，市人大常委会副主任郑惠强等会见上海市教书育人楷模、师德标兵和特级教师以及先进集体代表，并观看“为了每一个学生的终身发展”2011年上海市庆祝教师节主题晚会。

13日 中组部任命朱之文为复旦大学党委书记。教育部党组书记、部长袁贵仁，上海市委副书记殷一璀出席会议并讲话。

15日 第11届全国中学生运动会上海代表团总结表彰会召开。副市长沈晓明、市政府副秘书长翁铁慧会前接见了上海代表团成员。

19日 副市长沈晓明，市教委主任薛明扬及市发展改革委有关人员到上海第二工业大学调研。

10月

10日 市政协副主席钱景林率市政协副秘书长张喆人、李定国及部分市政协常委、政协委员专项视察上海校园安全工作。

15日 上海电力学院举行建校60周年庆祝大会。市委副书记、市长韩正、市委副书记殷一璀发来贺信。市政协主席冯国勤、国家电力监管委员会副主席史玉波出席大会并讲话。

16日 华东师范大学举行庆祝建校60周年大会。给大会发来贺信的有：中共中央政治局常委、全国人大常委会委员长吴邦国，中共中央政治局委员、国务委员刘延东，中共中央政治局委员、上海市委书记俞正声，教育部，上海市委副书记、市长韩正，上海市委副书记殷一璀。

上海市人大常委会主任刘云耕，市政协主席冯国勤，以及市人大常委会副主任王培生、杨定华、吴汉民，市政协副主席王新奎等出席大会。

20—21日 教育部在上海交通大学召开本科教学改革推进会。教育部部长助理林蕙青出席。

22日 全国人大常委会原副委员长许嘉璐到华东师范大学视察、指导国际汉语教师研修等相关工作。

28日 东华大学庆祝建校60周年。中共中央政治局委员、国务委员刘延东，中共中央政治局委员、上海市委书记俞正声，全国人大常委会副委员长陈至立、蒋树声、严隽琪，全国政协副主席、科技部部长万钢，全国政协副主席厉无畏发来贺信。上海市人大常委会主任刘云耕，市长韩正，市政协主席冯国勤，全国人大常委会委员金炳华、龚学平、吴启迪，市委副书记殷一璀，副市长沈晓明等发来贺信、贺电、贺词。

11月

3日 中共中央政治局委员、上海市委书记俞正声在市委副秘书长李逸平陪同下，到上海交通大学闵行校区调研战略性新兴产业。

同日 全国政协副主席何厚铧率澳门特别行政区全国政协委员考察上海海洋大学。上海市政协副主席、浦东新区区长姜樑陪同考察。

4日 中小学生学业质量绿色指标启动大会召开。教育部副部长刘利民、上海市委副书记殷一璀、市政协副主席蔡威出席并讲话。会议由市政府副秘书长翁铁慧主持。

6日 上海市第七届全民终身学习活动周开幕式举行。中国成人教育协会会长朱新均，上海市人大教科文卫委主任委员孙运时，市教委主任薛明扬，市委宣传部副部长焦扬，普陀区委、区政府领导以及全市社区教育专家学者等出席开幕式。

16日 市委副书记、市长韩正视察钱学森图书馆建设情况。

18日 国务院原副总理李岚清在北京接见了上海交通大学党委书记马德秀，副校长、钱学森图书馆建设指挥部总指挥吴旦一行，并向建设中的钱学森图书馆赠送题词和《音乐—艺术—人生》一书。

21日 2012年全国普通高校毕业生就业工作网络视频会议召开。教育部部长袁贵仁出席会议并讲话。教育部党组副书记、副部长杜玉波主持会议，教育部党组成员、部长助理林蕙青出席会议。在上海分会场，市教委主任薛明扬出席并作总结讲话。市教委副主任李瑞阳在主会场作了题为《完善就业服务体系　积极促进高校毕业生就业》的交流发言。

24日 国务院召开部署实施全国农村义务教育学生营养改善计划电视电话会议。中共中央政治局委员、国务委员刘延东出席并讲话。电视电话会议后，副市长沈晓明就上海贯彻落实“国务院实施农村义务教育学生营养改善计划”提出了工作要求。

28日 上海教育科研工作会议召开。会议全面总结了“十一五”期间上海的教育科研工作，并对今后几年的工作进行了部署。上海市第十届教育科学优秀成果奖同时揭晓。副市长沈晓明、市政府副秘书长翁铁慧出席会议。

12月

1日 中组部到同济大学宣布任命周祖翼为同济大学党委书记(副部长级)的决定。教育部党组成员、纪检组组长王立英，上海市委常委、组织部部长李希出席大会并讲话。同济大学校长裴钢主持会议。教育部人事司司长管培俊、上海市教卫党委副书记杜慧芳出席大会。

4日 中共中央政治局委员、上海市委书记俞正声，市委副书记殷一璀，市委常委、宣传部部长杨振武，市委常委、市委秘书长丁薛祥，副市长沈晓明等视察了钱学森图书馆建设布展、钱学森塑像雕塑以及开馆筹备的各项工作。

同日 纪念钱学森诞辰100周年座谈会在上海交通大学举行。交通大学党委书记马德秀，市委宣传部副部长焦扬、《光明日报》副总编方正辉、市教卫党委副书记高德毅出席会议并讲话。

6日 市委副书记、市长韩正到东华大学调研。市政府秘书长洪浩、副秘书长翁铁慧，市经济信息化委主任王坚，市科委主任寿子琪，市教卫党委副书记、市教委副主任高德毅，长宁区委书记卞百平、区长李耀新，市教委副主任袁雯等陪同调研。

11日 上海交通大学钱学森图书馆开馆。中共中央总书记、国家主席、中央军委主席胡锦涛对钱学森图书馆建成开馆作出重要批示。中共中央政治局常委李长春专程到上海出席钱学森图书馆开馆仪式，并为钱学森塑像揭幕。中共中央政治局委员、国务委员刘延东出席开馆仪式并讲话。中共中央政治局委员、上海市委书记俞正声出席开馆仪式。开馆仪式由教育部部长袁贵仁主持。解放军总装备部政委王洪尧、上海市委副书记殷一璀、上海交通大学党委书记马德秀，及钱学森之子钱永刚在仪式上先后发言。中宣部副部长申维辰，国务院副秘书长江小涓，解放军总政治部副主任杜金才，中国科协书记处书记王春法，上海市人大常委会主任刘云耕，上海市政协主席冯国勤，解放军第二炮兵部队副政委邓天生，以及党政军相关部门和上海市领导出席开馆仪式。

14日 市教卫系统举行学习贯彻九届市委十六次全会精神主题宣讲会。市教卫党委书记李宣海在会上对教卫系统文化建设工作提出要求。市教卫党委副书记、市教委副主任高德毅主持会议。

同日 市教育体制改革领导小组召开第十七次、十八次专题会议。市委副书记殷一璀、副市长沈晓明、市委副秘书长姚海同、市政府副秘书长翁铁慧出席会议。

18日 市教委等三部门共同举办2011年上海市学生阳光体育节。副市长沈晓明出席开幕式并宣布体育节开幕。市政府副秘书长翁铁慧出席开幕式。

20日 副市长沈晓明、市政府副秘书长翁铁慧到市教委听取2012年工作思路及2011年工作情况汇报。市教委主任薛明扬作了汇报，市教卫有关副主任作了补充。

23 日　刘廷析先进事迹报告会在上海交通大学医学院举行。报告会前,市委副书记殷一璀、副市长沈晓明接见了刘廷析的家属及先进事迹报告团成员。市教卫党委书记李宣海在会上讲话。

28 日　上海音乐学院在上海大剧院举行"2012年上海音乐学院新年音乐会",市委副书记、市长韩正出席音乐会。市政府副秘书长翁铁慧,市教委主任薛明扬,市委组织部副部长于明黎,市委宣传部副部长朱英磊,市音协主席陆在易等出席音乐会。

市委副书记殷一璀、副市长沈晓明召开市教育体制改革领导小组第十九次专题会议,研究推进上海民办教育改革和发展重点工作相关问题。市委副秘书长姚海同、市政府副秘书长翁铁慧,以及市委研究室、市教卫党委、市教委、市发展改革委(市物价局)、市财政局、市人力资源社会保障局、市规划国土资源局、市工商局、市住房保障房屋管理局、市编办、市社团局等部门和单位的负责人参加了会议。

教 育 统 计

上海市各级普通学校基本情况

单位:万人

指标	学校数（所）	毕业生数	招生数	在校学生数	教职工数	#专任教师
总计	**3118**	**62.97**	**72.14**	**255.20**	**25.99**	**17.63**
研究生	**53**	**3.09**	**4.01**	**11.91**		
高等学校	22	2.95	3.80	11.29		
科研机构	31	0.14	0.21	0.62		
普通高等学校	**66**	**13.90**	**14.11**	**51.13**	**7.41**	**3.96**
普通高校(本、专科)	40	10.44	10.91	41.28	6.62	3.51
职业技术学院	26	3.46	3.20	9.85	0.79	0.45
普通中等学校	**869**	**20.25**	**21.32**	**74.14**	**9.02**	**6.00**
中等专业学校	64	3.14	2.78	10.22	0.89	0.50
技工学校	10	0.32	0.38	1.05	0.13	0.06
普通中学	754	15.48	16.84	59.17	7.53	5.11
高中		5.85	5.22	16.11		1.66
初中		9.63	11.62	43.06		3.45
职业中学	28	1.24	1.24	3.52	0.42	0.29
高中	28	1.23	1.23	3.51	0.42	0.29
初中		0.01	0.01	0.01		
工读学校	13	0.07	0.08	0.18	0.05	0.04
小学	**764**	**13.09**	**16.94**	**73.11**	**4.82**	**4.63**
特殊教育	**29**	**0.09**	**0.07**	**0.49**	**0.16**	**0.12**
幼儿园	**1337**	**12.55**	**15.69**	**44.42**	**4.58**	**2.92**

注:1. 表中幼儿园招生数指当年入园幼儿数。
2. 普通高校66所校数中包含独立学院4所。

上海市各级成人学校基本情况

单位:万人

指标	学校数（所）	毕业生数	招生数	在校学生数	教职工数	#专任教师
总计	**898**	**193.08**	**12.01**	**210.34**	**1.87**	**0.86**
成人高等学校	**17**	**6.06**	**5.79**	**18.86**	**0.19**	**0.10**
独立设置成人高校	17	0.58	0.44	1.21	0.19	0.10
广播电视大学	1				0.03	0.02
职工高等学校	12	0.47	0.40	1.02	0.13	0.07
管理干部学院	4	0.11	0.04	0.19	0.03	0.01
普通高校举办	(70)	5.48	5.35	17.64		
函授部	10	0.42	0.30	1.10		
业余	49	4.90	5.05	16.45		
成人脱产班	11	0.16		0.09		
成人网络本、专科		**5.98**	**5.42**	**14.57**		
成人中、初等学校	**38**	**0.96**	**0.80**	**2.34**	**0.07**	**0.04**
成人中等专业学校	25	0.77	0.80	1.67	0.06	0.03
全日制		0.55	0.47	1.16		
非全日制		0.22	0.33	0.51		
成人中学	13	0.19		0.67	0.01	0.01
成人小学						
职业技术培训机构	**843**	**180.08**		**174.57**	**1.61**	**0.72**

注:1. 表中成人中学、职业技术培训机构在校学生指累计注册数,毕业生数指累计结业数。
2. 普通高校举办的函授、业余、脱产班学校数是指举办这类教育的学校点数,括号内是点数之和。

研究生基本情况

单位:人

指　　标	合　计	中央部委所属	教育部所属	其他部委所属	地方所属	教育部门	其他部门
毕业生数	**30816**	**21652**	**20527**	**1125**	**9164**	**8904**	**260**
攻读博士学位	4776	4099	3458	641	677	638	39
攻读硕士学位	26040	17553	17069	484	8487	8266	221
招生数	**40080**	**28774**	**26926**	**1848**	**11306**	**11045**	**261**
攻读博士学位	6345	5437	4721	716	908	868	40
攻读硕士学位	33735	23337	22205	1132	10398	10177	221
在校学生数	**119017**	**87602**	**82290**	**5312**	**31415**	**30612**	**803**
攻读博士学位	25807	22323	19885	2438	3484	3337	147
攻读硕士学位	93210	65279	62405	2874	27931	27275	656
预计毕业生数	**44906**	**33605**	**31984**	**1621**	**11301**	**11012**	**289**
攻读博士学位	13079	11394	10327	1067	1685	1618	67
攻读硕士学位	31827	22211	21657	554	9616	9394	222

分学科研究生数

单位:人

指　　标	毕业生数	招生数	在校学生数	预计毕业生数
总　计	**30816**	**40080**	**119017**	**44906**
女　生	14114	18761	54201	19736
学术型学位	**24957**	**27525**	**89236**	**35324**
专业学位	**5859**	**12555**	**29781**	**9582**
哲　学	261	323	993	389
经济学	1857	2252	6023	2308
法　学	3049	3275	9583	3693
教育学	1477	1456	4303	1866
文　学	2512	3582	10314	3758
历史学	339	386	1312	540
理　学	3159	4542	14012	5017
工　学	10727	13198	41382	16094
农　学	278	398	1133	372
医　学	2786	3775	10473	3226
军事学	2	1	4	2
管理学	4369	6892	19485	7641

普通高等学校专科分学科学生数

单位:人

指　　标	毕业生数	招生数	在校学生数	预计毕业生数
总　计	**54853**	**50497**	**154065**	**52383**
农林牧渔大类	532	634	1798	589
交通运输大类	5624	4557	15203	5171
生化与药品大类	278	437	1070	261
资源开发与测绘大类	0	49	117	29

（续上表）

指　　标	毕业生数	招生数	在校学生数	预计毕业生数
材料与能源大类	85	83	260	91
土建大类	2448	2626	7617	2325
水利大类	0	0	0	0
制造大类	6694	5613	17944	6243
电子信息大类	4472	3707	11487	3921
环保、气象与安全大类	224	166	558	242
轻纺食品大类	1525	1340	4450	1571
财经大类	10653	10134	29943	9961
医药卫生大类	3788	4998	14029	4263
旅游大类	3402	2858	8883	3065
公共事业大类	1231	843	2894	1012
文化教育大类	6827	5283	17089	6291
艺术设计传媒大类	5526	5915	17088	5405
公安大类	1064	800	2269	1469
法律大类	480	454	1366	474

普通高等学校本科分学科学生数

单位：人

指　　标	毕业生数	招生数	在校学生数	预计毕业生数
总　计	**84174**	**90639**	**357218**	**90926**
哲　学	175	122	521	127
经济学	8210	8147	33009	8824
法　学	5812	5466	22304	6206
教育学	1679	2325	8194	1805
文　学	14364	15712	61230	15219
历史学	224	190	876	262
理　学	6485	7235	28348	6939
工　学	27286	31019	121086	30665
农　学	510	639	2159	550
医　学	2197	2288	9888	2200
管理学	17232	17496	69603	18129

普通高等学校基本情况

单位：人

指　　标	学校数（所）	本专科学生数								教职工数	
		毕业生数	#本科	招生数	#本科	在校生	#本科	预计毕业生	#本科		#专任教师
总　计	**66**	**139027**	**84174**	**141136**	**90639**	**511283**	**357218**	**143309**	**90926**	**74065**	**39626**
部　属	9	28364	27399	26742	26089	112715	110353	29249	28335	33177	15383
市　属	57	110663	56775	114394	64550	398568	246865	114060	62591	40888	24243
民　办	20	29354	7590	27133	9290	90418	33518	27753	7751	6550	3922
综合大学	3	15837	13766	13841	12471	58030	54083	16232	14936	19812	8289
理工院校	25	57989	34583	60053	38808	215571	149513	59242	37180	27323	15051
农业院校	2	4719	3169	4693	3179	16770	12161	4646	3119	1527	1068
林业院校											

（续上表）

指标	学校数（所）	本专科学生数								教职工数	#专任教师
		毕业生数	#本科	招生数	#本科	在校生	#本科	预计毕业生	#本科		
医药院校	3	2589	776	3495	893	10256	3641	2685	825	2004	1195
师范院校	2	8868	8194	9396	8781	38023	36227	9817	9190	6814	3630
语文院校	3	5534	1585	5533	1523	17940	6039	5535	1532	1921	1200
财经院校	18	31644	14161	32596	17167	113004	64600	32611	15830	9114	5910
政法院校	3	6866	5228	6397	4996	23929	19940	7561	5535	2405	1608
体育院校	2	1125	1001	1201	1011	4436	4005	1092	968	1262	626
艺术院校	5	3856	1711	3931	1810	13324	7009	3888	1811	1883	1049
民族院校											

普通高等学校专任教师学历情况

单位：人

指标	专任教师数	正高级	副高级	中级	初级	未定职称
总计	**39626**	**6461**	**12113**	**16422**	**3410**	**1220**
研究生毕业	28772	5478	8441	11973	2020	860
博士	15550	4464	5821	4826	93	346
硕士	13222	1014	2620	7147	1927	514
高等学校本科毕业	10143	915	3462	4181	1295	290
高等学校本科毕业及以下	711	68	210	268	95	70

普通高等学校专任教师年龄结构情况

单位：人

指标	专任教师数	正高级	副高级	中级	初级	未定职称
总计	**39626**	**6461**	**12113**	**16422**	**3410**	**1220**
30岁及以下	5539	5	70	2456	2197	811
31～35岁	8318	63	1228	6070	725	232
36～40岁	6995	390	2741	3531	243	90
41～45岁	5367	1013	2545	1697	76	36
46～50岁	5982	1953	2556	1387	72	14
51～55岁	3196	1122	1339	665	50	20
56～60岁	2739	1072	1138	476	41	12
61～65岁	951	548	292	101	6	4
66岁及以上	539	295	204	39		1

普通高等学校分科专任教师

单位：人

指标	专任教师数	正高级	副高级	中级	初级	未定职称
总计	**39626**	**6461**	**12113**	**16422**	**3410**	**1220**
哲学	965	155	288	401	85	36
经济学	2567	408	911	1011	154	83
法学	2494	347	641	1068	294	144
教育学	3495	246	742	1654	625	228
文学	8746	960	2229	4204	1030	323

（续上表）

指　　标	专任教师数	正高级	副高级	中　级	初　级	未定职称
历史学	444	149	116	154	15	10
理　学	4003	1005	1369	1457	111	61
工　学	11343	2337	4200	4143	525	138
农　学	357	71	128	132	24	2
医　学	2348	377	581	1021	311	58
管理学	2864	406	908	1177	236	137

普通中等专业学校基本情况

单位：人

指　　标	学校数(所)	毕业生数	招生数	在校学生数	预　计 毕业生	教职工数	#专任教师
总　计	**64**	**31371**	**27767**	**102230**	**28802**	**8906**	**4974**
中央部委属	2	1180	1083	3317	1038	521	428
市　　属	59	29769	26230	97426	27296	8233	4465
民　　办	3	422	454	1487	468	152	81
农林牧渔类		393	424	1293	256		
资源环境类		421	622	2493	629		
能源与新能源类		339	276	1096	369		
土木水利类		1948	1851	6080	1552		
加工制造类		5159	4348	16632	4897		
石油化工类		1171	691	3399	988		
轻纺食品类		387	340	1138	344		
交通运输类		3394	2590	8749	2717		
信息技术类		3143	3917	11753	3046		
医药卫生类		3732	2764	12164	3165		
休闲保健类		126	91	353	162		
财经商贸类		8236	7047	27464	8076		
旅游服务类		563	627	1855	627		
文化艺术类		1260	1479	4902	1056		
体育与健身		263	282	733	211		
教育类		24	64	184	53		
司法服务类		136		346	85		
公共管理与服务类		651	333	1522	544		
其他		25	21	74	25		

普通中等专业学校分学科专任教师数

单位：人

指　　标	合　计	正高级	副高级	中　级	初　级	无职称
总　计	**4974**	**22**	**1145**	**2513**	**1137**	**157**
文化基础课	1921	3	437	979	445	57
专业课	2849	19	690	1467	602	71
农林牧渔类	39		13	22	4	
资源环境类	18		3	6	9	

（续上表）

指　　标	合　计	正高级	副高级	中　级	初　级	无职称
能源与新能源类	35		12	15	4	4
土木水利类	132		38	66	16	12
加工制造类	285		99	115	65	6
石油化工类	82		32	29	18	3
轻纺食品类	43		11	21	10	1
交通运输类	268		47	152	59	10
信息技术类	365	1	64	222	72	6
医药卫生类	304	2	98	161	42	1
休闲保健类	7		1	4	2	
财经商贸类	350		90	179	74	7
旅游服务类	38		7	20	10	1
文化艺术类	349	13	76	182	66	12
体育与健身	219	3	45	115	52	4
教育类	164		27	83	52	2
司法服务类	8		2	5	1	
公共管理与服务类	22		5	10	7	
其他	121		20	60	39	2
实习指导课	204		18	67	90	29

普通中等专业学校专任教师学历情况

单位：人

指　　标	合　计	正高级	副高级	中　级	初　级	无职称
专任教师数	**4974**	**22**	**1145**	**2513**	**1137**	**157**
博　士	21		10	8	2	1
硕　士	752	4	128	351	220	49
本　科	3875	10	969	2022	798	76
专　科	281	6	31	124	102	18
高中阶段及以下	45	2	7	8	15	13

普通中等专业学校专任教师年龄情况

单位：人

指　　标	合　计	正高级	副高级	中　级	初　级	无职称
专任教师数	**4974**	**22**	**1145**	**2513**	**1137**	**157**
30岁及以下	1029			204	708	117
31～35岁	725		19	509	187	10
36～40岁	770	1	143	532	88	6
41～45岁	791	1	300	425	57	8
46～50岁	872	3	356	429	76	8
51～55岁	501	7	211	267	12	4
56～60岁	279	7	116	144	8	4
61岁及以上	7	3		3	1	

中等职业学校机构数

单位:所

指　　标	合　计	中央部委属	地方所属	教育部门	非教育部门	民　办
总　　计	**127**	**3**	**118**	**47**	**71**	**6**
普通中专	64	2	59	11	48	3
职业高中	28		26	25	1	2
技工学校	10		10	1	9	
成人中专	25	1	23	10	13	1

中等职业学校重点建设验收评估合格单位情况

单位:人

指　　标	单位数(所)	毕业生数	招生数	在校生数	预计毕业生数
总　　计	**139**	**43764**	**41454**	**138770**	**40065**
普通中专	68	28693	25796	94803	26470
职业高中	65	12134	12080	34437	10867
技工学校	6	2937	3578	9530	2728

中学校数、班数

指　　标	全　市	市　区	县　镇	农　村	另有:后方基地
学校数(所)	**754**	**604**	**122**	**28**	**8**
完全中学	94	87	5	2	1
高级中学	134	113	20	1	2
初级中学	358	285	59	14	3
九年一贯制学校	149	101	37	11	2
十二年一贯制学校	19	18	1		
班数(班)	**16778**	**13952**	**2422**	**404**	**145**
初　　中	12181	9975	1858	348	96
高　　中	4597	3977	564	56	49

中学分年级学生数

单位:人

指　　标	全　市	市　区	县　镇	农　村	另有:后方基地
总　　计	**591641**	**490080**	**87538**	**14023**	**5920**
初中小计	**430585**	**353325**	**65398**	**11862**	**3663**
初　　一	116477	95756	17344	3377	1113
初　　二	111369	90120	18094	3155	1013
初　　三	105388	86362	16201	2825	982
初　　四	97351	81087	13759	2505	555
高中小计	**161056**	**136755**	**22140**	**2161**	**2257**
高　　一	52529	45140	6717	672	712
高　　二	53738	45656	7357	725	800
高　　三	54789	45959	8066	764	745

教育系统所属中学校数、班数、学生数

指　标	全　市	市　区	县　镇	农　村
学校数(所)	**646**	**504**	**116**	**26**
完全中学	69	64	3	2
高级中学	118	98	19	1
初级中学	321	251	57	13
九年一贯制学校	133	86	37	10
十二年一贯制学校	5	5		
班数(班)	**14679**	**11929**	**2354**	**396**
初　中	10532	8374	1818	340
高　中	4147	3555	536	56
学生数(人)	**512986**	**414290**	**84913**	**13783**
初　中	367337	291682	64033	11622
高　中	145649	122608	20880	2161

民办中学教学机构数、班数、学生数

指　标	全　市	市　区	县　镇	农　村
机构数(个)	**106**	**98**	**6**	**2**
完全中学	23	21	2	
高级中学	16	15	1	
初级中学	37	34	2	1
九年一贯制学校	16	15		1
十二年一贯制学校	14	13	1	
班数(班)	**2048**	**1972**	**68**	**8**
初　中	1621	1573	40	8
高　中	427	399	28	
学生数(人)	**76591**	**73726**	**2625**	**240**
初　中	62098	60493	1365	240
高　中	14493	13233	1260	

2011年中学招生、毕业生数

单位:人

指　标	全　市	城　区	镇　区	乡　村	另有:后方基地
2011年招生数	**168434**	**140492**	**23910**	**4032**	**1825**
初　中	116210	95557	17282	3371	1113
高　中	52224	44935	6628	661	712
2011年毕业生数	**154767**	**128476**	**22820**	**3471**	**1836**
初　中	96244	79556	14044	2644	986
高　中	58523	48920	8776	827	850

中学教职工、教师分部门人数

单位:人

指　标	全　市	城　区	镇　区	乡　村
教职工数	**75230**	**60898**	**12236**	**2096**
教育部门办	67144	53204	11899	2041
其他部门办	252	252		
民　办	7834	7442	337	55
其中:专任教师数	**51102**	**41999**	**7824**	**1279**
教育部门办	46266	37389	7623	1254
其他部门办	211	211		
民　办	4625	4399	201	25

中学专任教师学历情况

指　标	专　任 教师数	研究生 毕业	大学本 科毕业	大学专 科毕业	高中阶 段毕业	高中阶段 毕业以下
初中(人)	**34506**	**1271**	**31702**	**1505**	**25**	**3**
所占比重(%)	100.00	3.68	91.87	4.36	0.07	0.01
高中(人)	**16596**	**1516**	**15035**	**44**		**1**
所占比重(%)	100.00	9.13	90.59	0.27		0.01

中学专任教师职称情况

指　标	专任教师数 (人)	中学高级	中学一级	中学二级	中学三级	未评职称
初中(人)	**34506**	**3971**	**18476**	**10590**	**67**	**1402**
所占比重(%)	100.00	11.51	53.54	30.69	0.19	4.06
高中(人)	**16596**	**5308**	**7670**	**3233**	**6**	**379**
所占比重(%)	100.00	31.98	46.22	19.48	0.04	2.28

中学专任教师年龄情况

指　标	专任教师数 (人)	30岁及以下	31～40岁	41～50岁	51～60岁	61岁及以上
初中(人)	**34506**	**9103**	**13817**	**8981**	**2477**	**128**
所占比重(%)	100.00	26.38	40.04	26.03	7.18	0.37
高中(人)	**16596**	**3508**	**6871**	**4880**	**1179**	**158**
所占比重(%)	100.00	21.14	41.40	29.40	7.10	0.95

中学占地和校舍建筑面积数

单位:万平方米

指　标	全　市	市　区	县　镇	农　村
学校占地面积	2068.79	1532.26	448.18	88.34
#体育运动场(馆)面积	582.13	426.84	130.81	24.48
校舍建筑面积	1197.47	985.87	180.82	30.79

分区县高中分年级在校生情况

单位：人

指　　标	毕业生数	招生数	高中在校生	一年级	二年级	三年级
全市合计	**58523**	**52224**	**161056**	**52529**	**53738**	**54789**
市区小计	**55227**	**50051**	**153418**	**50340**	**51300**	**51778**
黄浦区	2390	2370	7106	2380	2506	2220
卢湾区	788	863	2641	864	908	869
徐汇区	4021	3974	11860	3991	3979	3890
长宁区	2044	1921	5522	1925	1766	1831
静安区	1444	1372	4057	1372	1404	1281
普陀区	3144	2657	8223	2683	2713	2827
闸北区	2885	2309	7336	2309	2387	2640
虹口区	3352	2605	8435	2623	2873	2939
杨浦区	4268	3790	11561	3799	3800	3962
闵行区	3798	3538	10647	3538	3471	3638
宝山区	3343	3085	9511	3109	3171	3231
嘉定区	2028	1905	5857	1914	2003	1940
浦东新区	12040	11476	34546	11531	11510	11505
金山区	2697	1951	6675	2007	2306	2362
松江区	2460	2245	7009	2283	2330	2396
青浦区	2330	2047	6197	2056	2026	2115
奉贤区	2195	1943	6235	1956	2147	2132
郊县小计	**3296**	**2173**	**7638**	**2189**	**2438**	**3011**
崇明县	3296	2173	7638	2189	2438	3011

分区县初中分年级在校生情况

单位：人

指　　标	毕业生数	招生数	初中在校生	一年级	二年级	三年级	四年级
全市合计	**96244**	**116210**	**430585**	**116477**	**111369**	**105388**	**97351**
市区小计	**92053**	**112820**	**415752**	**113071**	**107758**	**101505**	**93418**
黄浦区	2770	2640	10657	2644	2655	2638	2720
卢湾区	1204	1375	5116	1375	1265	1279	1197
徐汇区	5978	6723	25635	6747	6263	6485	6140
长宁区	3365	3683	13876	3718	3344	3481	3333
静安区	2041	2138	8354	2138	2094	2114	2008
普陀区	4394	5271	20413	5299	5183	5108	4823
闸北区	4354	4519	17497	4519	4171	4621	4186
虹口区	4275	4362	17111	4372	4123	4352	4264
杨浦区	5541	5714	23022	5725	5778	5893	5626
闵行区	6493	10073	32713	10073	8557	7296	6787
宝山区	6355	8571	30582	8629	8060	7331	6562
嘉定区	3845	5575	18439	5586	4953	4192	3708
浦东新区	22804	30050	107839	30072	28270	25941	23556
金山区	4356	4563	17061	4563	4140	4177	4181
松江区	5381	5952	24598	5983	6859	6187	5569
青浦区	4172	4360	18719	4370	5621	4732	3996
奉贤区	4725	7251	24120	7258	6422	5678	4762
郊县小计	**4191**	**3390**	**14833**	**3406**	**3611**	**3883**	**3933**
崇明县	4191	3390	14833	3406	3611	3883	3933

分区县中学基本情况

单位：人

指标	学校数（所）	完全中学	高级中学	初级中学	九年一贯制学校	十二年一贯制学校	初高中学生数	教职工数	#专任教师	初中	高中
全市合计	**754**	**94**	**134**	**358**	**149**	**19**	**591641**	**75230**	**51102**	**34506**	**16596**
市区小计	**716**	**91**	**129**	**331**	**146**	**19**	**569170**	**71791**	**48802**	**32925**	**15877**
黄浦区	22	5	6	9	2		17763	2487	1631	912	719
卢湾区	14	1	3	8	2		7757	1158	819	495	324
徐汇区	38	9	8	19	1	1	37495	4378	3299	1985	1314
长宁区	27	4	4	15	2	2	19398	2834	1808	1222	586
静安区	15	4	3	6	2		12411	1744	1123	684	439
普陀区	46	10	5	15	15	1	28636	4309	2465	1664	801
闸北区	36	8	6	18	4		24833	3300	2230	1443	787
虹口区	41	4	12	19	6		25546	3291	2467	1462	1005
杨浦区	53	7	11	27	8		34583	4518	3260	2001	1259
闵行区	61	7	10	27	16	1	43360	6431	4207	3003	1204
宝山区	56	5	8	27	15	1	40093	4831	3356	2407	949
嘉定区	34	2	7	15	8	2	24296	3076	2060	1481	579
浦东新区	149	18	26	75	21	9	142385	15113	11125	7709	3416
金山区	30	1	7	19	3		23736	2905	2102	1412	690
松江区	32	5	3	8	15	1	31607	4345	2441	1792	649
青浦区	24	1	4	13	6		24916	3011	2087	1528	559
奉贤区	38		6	11	20	1	30355	4060	2322	1725	597
郊县小计	**38**	**3**	**5**	**27**	**3**		**22471**	**3439**	**2300**	**1581**	**719**
崇明县	38	3	5	27	3		22471	3439	2300	1581	719

实验性示范性中学（含重点及现代寄宿制）基本情况

单位：人

指标	总计	市实验性示范性	市区	郊县	区县重点	市区	郊县
学校数（所）	**130**	**54**	**53**	**1**	**76**	**72**	**4**
班数（个）	**4037**	**1738**	**1692**	**46**	**2299**	**2178**	**121**
初中	722	92	90	2	630	630	
高中	3315	1646	1602	44	1669	1548	121
毕业生数	**48394**	**21391**	**20672**	**719**	**27003**	**25119**	**1884**
初中	7158	1223	1140	83	5935	5935	
高中	41236	20168	19532	636	21068	19184	1884
招生数	**45651**	**20122**	**19539**	**583**	**25529**	**24173**	**1356**
初中	6869	715	715		6154	6154	
高中	38782	19407	18824	583	19375	18019	1356
在校学生数	**145225**	**62285**	**60363**	**1922**	**82940**	**78034**	**4906**
初中	27321	3334	3254	80	23987	23987	
高中	117904	58951	57109	1842	58953	54047	4906

（续上表）

指　　标	总　计	市实验性示范性	市区	郊县	区县重点	市区	郊县
2011年预计毕业生数	**47211**	**20990**	**20233**	**757**	**26221**	**24225**	**1996**
初　中	7364	1371	1291	80	5993	5993	
高　中	39847	19619	18942	677	20228	18232	1996
教职工数	**18959**	**8812**	**8580**	**232**	**10147**	**9474**	**673**
其中：专任教师	14381	6604	6445	159	7777	7279	498
初　中	2001	231	231		1770	1770	
高　中	12380	6373	6214	159	6007	5509	498
学校占地面积(万平方米)	**632.42**	**370.51**	**355.42**	**15.09**	**261.91**	**239.19**	**22.72**
学校建筑面积(万平方米)	**393.66**	**224.85**	**217.75**	**7.10**	**168.81**	**158.80**	**10.01**

职业高中学校专任教师学历情况

单位：人

指　　标	合　计	研究生	大学本科	大学专科	高中阶段及以下
专任教师(人)	**2874**	**133**	**2677**	**59**	**5**
正高级	2		2		
副高级	446	23	419	4	
中　级	1620	60	1536	24	
初　级	718	44	652	22	
无职称	88	6	68	9	5

职业高中学校专任教师年龄职称情况

单位：人

指　　标	专任教师	30岁及以下	31～40岁	41～50岁	51～60岁	61岁及以上
总　计	**2874**	**481**	**1193**	**839**	**359**	**2**
正高级	2			1		1
副高级	446		97	242	106	1
中　级	1620	66	789	527	238	
初　级	718	356	295	60	7	
无职称	88	59	12	9	8	

职业高中(班)基本情况

单位：人

指　　标	学校数(所)	毕业生数	招生数	在校生数	预　计毕业生	教职工数	#专任教师
总　计	**28**	**12324**	**12344**	**35099**	**11017**	**4201**	**2874**
中央部门办							
地方教育部门	25	11859	11911	33921	10712	4144	2836
地方非教育部门	1	25				18	15
民　办	2	440	433	1178	305	39	23
农林牧渔类		153	182	369	102		
资源环境类							

（续上表）

指　　标	学校数（所）	毕业生数	招生数	在校生数	预　计毕业生	教职工数	#专任教师
能源与新能源类			60	60			
土木水利类							
加工制造类		1658	1357	3222	1086		
石油化工类							
轻纺食品类							
交通运输类		2393	2190	7094	2472		
信息技术类		1489	1295	3749	1011		
医药卫生类		40	80	143	40		
休闲保健类		39	132	310	81		
财经商贸类		2663	2799	7849	2395		
旅游服务类		1831	2104	5879	1738		
文化艺术类		1007	981	3003	952		
体育与健身		40	93	160	26		
教育类		481	529	1590	549		
司法服务类							
公共管理与服务类		386	482	1464	470		
其他		144	60	207	95		

分区县职业高中学校(班)基本情况

单位:人

指　　标	学校数（所）	毕业生数	招生数	在校学生数	预　计毕业生	教职工数	#专任教师
全市合计	**28**	**12324**	**12344**	**35099**	**11017**	**4201**	**2874**
市区小计	**27**	**11006**	**11187**	**32860**	**10406**	**3904**	**2673**
黄浦区	2	679	263	1226	494	417	227
卢湾区	2	481	673	1859	527	169	120
徐汇区	2	850	730	2127	696	286	192
长宁区	2	509	701	1829	472	222	144
静安区	1	464	341	1234	442	236	160
普陀区	1	305	235	845	270	187	105
闸北区	1	320	269	988	329	153	100
虹口区	3	1766	1130	3735	1376	368	250
杨浦区	1	493	547	1562	502	172	120
闵行区	1	477	560	1683	542	185	141
宝山区	2	849	861	2565	768	241	129
嘉定区	1					77	48
浦东新区	5	3179	4412	11879	3511	786	642
金山区							
松江区	2	435	377	952	302	335	256
青浦区	1	123	88	288	103	70	39
奉贤区		76		88	72		
郊县小计	**1**	**1318**	**1157**	**2239**	**611**	**297**	**201**
崇明县	1	1318	1157	2239	611	297	201

小学校数、班数、学生数、教职工数

指　标	全　市	教育部门	其他部门	民办	另有:后方基地
学校数(所)	**764**	**582**	**1**	**181**	**10**
班数(班)	**19406**	**15613**	**17**	**3776**	**144**
学生数(人)	**731131**	**563846**	**573**	**166712**	**4437**
一年级	169640	132109	139	37392	860
二年级	148224	115165	120	32939	884
三年级	138522	107616	105	30801	847
四年级	136969	106917	111	29941	813
五年级	130617	102039	98	28480	781
六年级	7159			7159	252
教职工数(人)	**48151**	**39711**	**49**	**8391**	**477**
#专任教师数	46254	38843	43	7368	428

小学专任教师学历情况

指　标	合计(人)	大学本科毕业及以上	大学专科毕　业	高中阶段毕　业	高中阶段毕业以下
专任教师(人)	46254	29083	14873	2228	70
所占比重(%)	100.00	62.88	32.15	4.82	0.15

小学专任教师年龄职称情况

单位:人

指　标	专任教师	30岁及以下	31～40岁	41～50岁	51～60岁	61岁及以上
总　计	**46254**	**12593**	**19330**	**11393**	**2610**	**328**
中学高级教师	884		310	440	115	19
小学高级教师	24293	296	12337	9343	2073	244
小学一级教师	14756	7710	5692	1051	274	29
小学二级教师	360	194	79	60	23	4
小学三级教师	33	23	3	6	1	
未评职称	5928	4370	909	493	124	32

小学占地和校舍建筑面积数

单位:万平方米

指　标	学校占地面积	运动场(馆)面积	校舍建筑面积
全　市	**891.67**	**288.76**	**485.97**
市　区	649.77	210.03	392.50
县　镇	167.78	54.79	67.78
农　村	74.12	23.94	25.69

分区县小学基本情况

单位:人

指标	学校数（所）	毕业生数	招生数	在校学生数	一年级	二年级	三年级	四年级	五年级	六年级	教职工数	#专任教师
全市合计	**764**	**130857**	**169430**	**731131**	**169640**	**148224**	**138522**	**136969**	**130617**	**7159**	**48151**	**46254**
市区小计	**728**	**127110**	**165047**	**711830**	**165247**	**144381**	**134869**	**133511**	**127009**	**6813**	**45768**	**44341**
黄浦区	18	2264	2466	10924	2468	2131	2020	2090	2215		1307	1032
卢湾区	12	1426	1550	6810	1550	1304	1251	1369	1336		786	609
徐汇区	43	6273	7045	30623	7046	6010	5606	5896	6065		2636	2242
长宁区	24	3732	4289	18162	4295	3561	3297	3461	3548		1674	1491
静安区	12	1799	2050	9003	2050	1742	1696	1692	1823		988	706
普陀区	27	5801	6619	28232	6620	5518	5034	5448	5612		1604	1705
闸北区	34	4129	4985	21073	4985	4163	3833	4002	4090		1936	1519
虹口区	34	4301	4755	20897	4758	4102	4035	4006	3996		1811	1747
杨浦区	44	5673	6057	26769	6061	5075	4875	5378	5380		2452	2348
闵行区	62	13687	18504	76383	18504	15888	14587	14373	12924	107	4376	4541
宝山区	72	11471	14360	61740	14374	12570	11855	11432	11083	426	3840	3886
嘉定区	38	6628	10076	45955	10083	9254	8900	8349	7586	1783	2509	2339
浦东新区	165	30839	42031	176328	42035	36339	33517	33242	31195		10243	10314
金山区	31	5040	6142	27797	6142	5694	5409	5530	5022		2098	1733
松江区	33	8405	12657	57170	12710	11581	10702	10264	9409	2504	2584	2889
青浦区	45	6545	10348	45271	10381	9340	8469	7923	7165	1993	2861	2600
奉贤区	34	9097	11113	48693	11185	10109	9783	9056	8560		2063	2640
郊县小计	**36**	**3747**	**4383**	**19301**	**4393**	**3843**	**3653**	**3458**	**3608**	**346**	**2383**	**1913**
崇明县	36	3747	4383	19301	4393	3843	3653	3458	3608	346	2383	1913

幼儿园基本情况

指标	全市	教育部门	集体办	其他部门	民办	另有:基地
独立幼儿园(所)	1337	809	39	30	459	2
班数(班)	14780	9966	311	299	4204	41
幼儿数(人)	444177	305655	10365	7687	120470	1330
教职工数(人)	45794	27178	891	1152	16573	163
#专任教师数	29221	20089	471	588	8073	88

幼儿园园长、教师学历情况

指标	合计	大学本科毕业及以上	大学专科毕业	高中阶段毕业	高中阶段毕业以下	合计中:幼教专业毕业
园长(人)	1790	1298	435	57		1559
所占比重(%)	100.00	72.52	24.30	3.18		87.09
专任教师(人)	29221	14849	12634	1652	86	22186
所占比重(%)	100.00	50.82	43.24	5.65	0.29	75.92

幼儿园园长、教师职称情况

指　　标	中学高级	小学高级	小学一级	小学二级	小学三级	未评职称
园长(人)	325	1154	149	16	4	142
所占比重(%)	18.16	64.47	8.33	0.89	0.22	7.93
专任教师(人)	165	7986	10190	2320	232	8328
所占比重(%)	0.56	27.33	34.88	7.94	0.79	28.50

分区县幼儿园基本情况

单位:人

指　　标	园数(所)	实际办园点数	入　园幼儿数	离　园幼儿数	在　园幼儿数	教职工数	#专任教师	占地面积万平方米	校舍面积万平方米
全市合计	**1337**	**1784**	**156915**	**125499**	**444177**	**45794**	**29221**	**696.23**	**456.69**
市区小计	**1298**	**1731**	**152482**	**121848**	**432960**	**44742**	**28458**	**674.49**	**444.23**
黄浦区	31	42	2235	2104	7068	889	538	4.10	5.34
卢湾区	15	20	1484	937	3688	453	265	2.88	2.96
徐汇区	86	112	5648	5924	21102	2652	1504	29.05	18.42
长宁区	41	78	3830	3563	12413	1352	913	31.66	13.89
静安区	21	26	1680	1481	5115	752	381	4.87	4.52
普陀区	77	114	7869	6548	25446	2379	1551	30.02	22.64
闸北区	54	74	5333	4298	14513	1566	991	17.65	14.09
虹口区	53	64	4084	3920	13065	1325	925	16.16	12.54
杨浦区	84	107	8162	6022	21431	2001	1471	27.49	21.16
闵行区	145	198	19814	14458	53529	7663	3937	90.54	57.21
宝山区	139	153	14082	12105	42981	4083	2622	63.38	42.55
嘉定区	57	80	7689	6877	23685	2141	1525	45.10	27.79
浦东新区	246	365	33693	26014	94727	8646	6003	164.98	109.45
金山区	32	52	5932	4783	14635	1381	925	33.15	17.29
松江区	84	84	13977	8660	30785	2707	1697	40.94	27.40
青浦区	62	75	8831	6435	22498	2067	1562	33.60	21.67
奉贤区	71	87	8139	7719	26279	2685	1648	38.92	25.31
郊县小计	**39**	**53**	**4433**	**3651**	**11217**	**1052**	**763**	**21.74**	**12.46**
崇明县	39	53	4433	3651	11217	1052	763	21.74	12.46

分区县托儿所基本情况

指　　标	独立设置托儿所(所)	班数(个)	托儿数(人)	教职工数(人)	#教养员
全市合计	**56**	**323**	**7412**	**1209**	**753**
市区小计	**56**	**323**	**7412**	**1209**	**753**
黄浦区	6	16	361	37	35
卢湾区		6	183	37	28
徐汇区	2	8	198	33	16
长宁区	16	40	915	180	125
静安区	1	8	162	26	12
普陀区	2	11	299	45	20

（续上表）

指　　标	独立设置托儿所(所)	班数（个）	托儿数（人）	教职工数（人）	#教养员
闸北区	1	11	250	19	14
虹口区	7	53	1202	148	114
杨浦区	3	29	785	158	91
闵行区					
宝山区					
嘉定区	1	9	221	41	19
浦东新区	12	108	2380	403	231
金山区	1	8	179	29	18
松江区	4	16	277	53	30
青浦区					
奉贤区					
郊县小计					
崇明县					

特殊教育学校基本情况

单位：人

指　　标	学校数(所)	班数(个)	学生数	教职工数	#专任教师
总　计	**29**	**462**	**8260**	**1577**	**1158**
视力残疾	—	34	238	—	—
听力残疾	—	50	812	—	—
智力残疾	—	363	6917	—	—
其他残疾	—	15	293	—	—
盲　校	1	34	189	—	—
聋哑学校	4	50	648	—	—
弱智学校	22	340	3799	—	—
其他学校	2	15	110	—	—
小学附设特教班	—	15	105	—	—
中学附设特教班	—	8	76	—	—
小学随班就读	—	—	1361	—	—
中学随班就读	—	—	1972	—	—

注：1. 其他学校指对两类以上残疾人进行教育的学校。
2. 随班就读学生是普通中、小学学生的其中数，不计入独立的特教校班数据中。

工读学校基本情况

单位：人

指　　标	学校数（所）	班数（个）	学生数	教职工数	#专任教师
全市合计	**13**	**104**	**1804**	**519**	**389**
市区小计	**12**	**91**	**1539**	**454**	**334**
黄浦区					
卢湾区	1	6	35	33	22
徐汇区	1	4	80	31	22

（续上表）

指　　标	学校数（所）	班数（个）	学生数	教职工数	#专任教师
长宁区	1	4	44	24	15
静安区	1	7	41	39	31
普陀区	1	5	33	37	27
闸北区	1	11	221	44	32
虹口区	1	13	304	25	17
杨浦区	1	6	83	28	18
闵行区	1	6	45	38	30
宝山区	1	12	177	38	28
嘉定区	1	2	50	31	21
浦东新区	1	15	426	86	71
金山区					
松江区					
青浦区					
奉贤区					
郊县小计	**1**	**13**	**265**	**65**	**55**
崇明县	1	13	265	65	55

成人本、专科分形式学生数

单位：人

指　标	毕业生数	#本科	招生数	#本科	在校生数	#本科	预计毕业生数	#本科
总　计	**60590**	**37526**	**57920**	**39893**	**188601**	**131659**	**62478**	**41050**
函　授	4286	2652	3175	2353	11288	8665	4193	3080
业　余	54614	33314	54706	37540	176218	122092	57246	37068
脱　产	1690	1560	39		1095	902	1039	902

注：含普通高校举办的成人本专科及独立设置的成人高校学生。

网络本、专科学生数

单位：人

指　标	毕业生数	#本科	招生数	#本科	在校生数	#本科
总　计	**59841**	**17336**	**54217**	**11973**	**145656**	**35531**
成人生	59841	17336	54217	11973	145656	35531

独立设置成人高等学校专任教师学历情况

单位：人

指　　标	总　计	正高级	副高级	中　级	初　级	未定职称
专任教师数	**1035**	**28**	**220**	**597**	**172**	**18**
博士生毕业	26	6	11	6	1	2
硕士生毕业	302	7	69	159	57	10
大学本科毕业	686	14	140	419	107	6
大学专科毕业及以下	21	1		13	7	

职业技术培训机构基本情况

单位:万人次

指　　标	学校数(所)	教学班(点)(个)	结业生数	注　册学生数	教职工数(人)	#专任教师	聘请校外教师(人)
总　计	**843**	**39221**	**1800816**	**1745724**	**16134**	**7243**	**14961**
职工技术培训学校	**22**	**1563**	**99853**	**101694**	**1617**	**1158**	**544**
教育部门办和集体办	12	1197	59735	60132	1302	1060	124
其他部门办	6	290	27113	27893	72	18	259
民办	4	76	13005	13669	243	80	161
农村技术培训学校	**124**	**6404**	**631222**	**448782**	**999**	**636**	**2061**
教育部门办和集体办	122	6365	628954	446465	988	627	2043
县办	50	1955	134629	119900	463	378	580
乡办	65	4317	481408	321763	510	244	1435
村办	7	93	12917	4802	15	5	28
其他部门办	2	39	2268	2317	11	9	18
民办							
其他培训机构	**697**	**31254**	**1069741**	**1195248**	**13518**	**5449**	**12356**
教育部门办和集体办	26	1802	161411	162775	1580	1181	1023
其他部门办	31	2651	87316	99224	378	152	788
民办	640	26801	821014	933249	11560	4116	10545

说明:表中结业生数、注册学生数均指一学年内的累计数。

校外教育单位和教职工数

单位:人

指　标	少　年　宫		少年科技站		少　年　之　家	
	单位数(所)	教职工数	单位数(所)	教职工数	单位数(所)	教职工数
全市合计	**14**	**930**	**4**	**220**	**3**	**77**
市区小计	**13**	**875**	**4**	**220**	**2**	**63**
黄浦区				74		
卢湾区						
徐汇区	1	92				
长宁区	1	48	1	31		
静安区						
普陀区	1	94				
闸北区	1	15	1	35	1	33
虹口区	1	63				
杨浦区	1	41	1	42		
闵行区						
宝山区	1	51	1	38		
嘉定区	1	58			1	30
浦东新区	1	173				
金山区	1	81				
松江区	1	53				
青浦区	1	52				
奉贤区	1	54				
郊县小计	**1**	**55**			**1**	**14**
崇明县	1	55			1	14

共建高校名单

（以国家教育部为主管理的）

学校名称	主管部门	共　建　部　门	共建签约日期
复旦大学	教育部	上海市	1994.5.6
上海交通大学	教育部	上海市	1994.5.6
上海外国语大学	教育部	上海市（为主）	1994.5.6
同济大学	教育部	上海市	1995.10.10
上海财经大学	教育部	上海市	1995.12.27
华东师范大学	教育部	上海市（为主）	1997.4.10
华东理工大学	教育部	上海市	1997.10.27
东华大学	教育部	上海市（重大事项以中央为主，日常管理以地方为主）	1997.10.31

近年划转地方管理的高校名单

学　校　名　称	原主管部门	划转部门
上海海洋大学	农业部	上海市
上海电力学院	电力公司	上海市
上海海事大学	交通部	上海市
华东政法学院	司法部	上海市
上海音乐学院	文化部	上海市
上海戏剧学院	文化部	上海市
上海体育学院	体育总局	上海市
上海旅游高等专科学校	旅游局	上海市
上海医疗器械高等专科学校	药品监管局	上海市
上海出版印刷高等专科学校	新闻出版署	上海市
上海金融学院	人民银行	上海市

普通高等学校基本情况一览表（一）

单位：人

指　标	专业（个）	在校研究生	普通本专科								
			#专业学位	毕业生	#本科	招生	#本科	在校生	#本科	预计毕业生	#本科
总　计	**2144**	**112902**	**29539**	**139027**	**84174**	**141136**	**90639**	**511283**	**357218**	**143309**	**90926**
部委属高校	**518**	**82290**	**23952**	**28364**	**27399**	**26742**	**26089**	**112715**	**110353**	**29249**	**28335**
复旦大学	71	14903	4103	3379	3175	3155	2919	13003	12293	3375	3140
上海交通大学	68	17563	5018	4551	4551	3700	3700	16802	16802	4650	4650
同济大学	84	16464	5401	4721	4624	4520	4421	19469	19175	4975	4878
华东理工大学	81	8389	1853	4367	4367	3999	3999	17265	17265	4589	4589
东华大学	53	6289	1749	3629	3629	3751	3751	14886	14886	3617	3617
华东师范大学	71	11224	2744	3522	3321	3491	3392	14727	14324	3776	3573
上海外国语大学	41	2553	551	1822	1585	1742	1523	6867	6039	1845	1532
上海财经大学	40	4905	2533	1944	1944	1944	1944	7867	7867	2029	2029

（续上表）

指标	专业（个）	在校研究生	#专业学位	普通本专科							
				毕业生	#本科	招生	#本科	在校生	#本科	预计毕业生	#本科
上海海关学院	9			429	203	440	440	1829	1702	393	327
市属院校	**1626**	**30612**	**5587**	**110663**	**56775**	**114394**	**64550**	**398568**	**246865**	**114060**	**62591**
本科院校	**956**	**30612**	**5587**	**70133**	**56775**	**75982**	**64550**	**281476**	**246865**	**74174**	**62591**
上海理工大学	64	4600	662	4343	4124	4610	4610	17577	17145	4580	4363
上海大学	106	8642	1401	7907	6040	6986	5852	28225	24988	8207	7146
上海工程技术大学	52	315	315	4361	3560	4853	4032	17896	15284	4531	3694
上海中医药大学	14	2054	1050	1248	776	1153	893	4578	3641	1249	825
上海师范大学	90	4255		5346	4873	5905	5389	23296	21903	6041	5617
上海对外贸易学院	30	962	163	2266	2148	2594	2440	9773	9328	2504	2359
上海应用技术学院	58	111	15	3443	2694	5200	4313	18209	15828	4681	3983
上海海事大学	55	2641	498	4148	3263	5130	4262	18772	16248	4830	3978
上海电力学院	29	365		2533	2475	2582	2540	10502	10336	2710	2640
上海海洋大学	48	1825	123	3336	3169	3473	3179	12964	12161	3371	3119
华东政法大学	23	3441	1066	3391	3391	2965	2965	12263	12263	3219	3219
上海体育学院	17	686	130	1001	1001	1011	1011	4005	4005	968	968
上海戏剧学院	12	279	73	501	501	463	463	1890	1890	514	514
上海音乐学院	7	436	91	281	281	388	388	1421	1421	296	296
上海杉达学院	31			2766	2171	3113	2620	11319	9695	3011	2395
上海立信会计学院	27			2670	2098	2822	2211	10189	8410	2749	2165
上海电机学院	46			3306	1599	3683	2585	11593	7958	2907	1666
上海金融学院	32			1959	1674	2207	1913	8094	7201	2111	1808
上海政法学院	23			2411	1837	2632	2031	9397	7677	2873	2316
上海第二工业大学	59			3030	2018	3504	2397	11854	8594	3279	2221
上海商学院	40			3110	1663	3001	1786	10856	7066	3189	1943
上海建桥学院	37			2567	1210	3450	2413	11311	8331	2713	1715
复旦大学上海视觉艺术学院	14			929	929	959	959	3698	3698	1001	1001
上海外国语大学贤达经济人文学院	19			1050	1050	1400	1400	5000	5000	1089	1089
上海师范大学天华学院	23			1467	1467	1898	1898	6794	6794	1551	1551
同济大学同科学院				763	763						
专科院校	**72**			**5909**		**6398**		**18642**		**6662**	
上海医疗器械高等专科学校	20			1287		1444		4260		1334	

（续上表）

指标	专业（个）	在校研究生	普通本专科							
			#专业学位	毕业生	#本科	招生	#本科	在校生	#本科	预计毕业生	#本科
上海出版印刷高等专科学校	19			1347		1453		4307		1412	
上海旅游高等专科学校	12			870		1134		3209		1011	
上海公安高等专科学校	5			1064		800		2269		1469	
上海医药高等专科学校	16			1341		1567		4597		1436	
高职学院	**598**			**34621**		**32014**		**98450**		**33224**	
上海行健职业学院	24			1721		1442		4733		1658	
上海城市管理职业技术学院	23			1139		1291		3667		1155	
上海交通职业技术学院	22			1461		1576		4596		1397	
上海海事职业技术学院	15			1373		1462		4391		1432	
上海电子信息职业技术学院	27			2213		2255		6834		2288	
上海科学技术职业学院	24			1376		1454		4278		1339	
上海农林职业技术学院	33			1383		1220		3806		1275	
上海工艺美术职业学院	25			1334		1337		4068		1374	
上海建峰职业技术学院	33			1126		1190		3532		1161	
上海工会管理职业学院	28			1559		1509		4737		1633	
上海体育职业学院	4			124		190		431		124	
上海健康职业技术学院	10					775		1081			
上海东海职业技术学院	33			1499		1632		4805		1568	
上海新侨职业技术学院	21			1735		1450		4773		1687	
上海震旦职业学院	29			1402		1185		3726		1342	
上海民远职业技术学院	21			1060		732		2500		932	
上海欧华职业技术学院	13			428		460		1688		631	
上海思博职业技术学院	24			1610		1719		5431		1838	
上海立达职业技术学院	23			1633		1472		4543		1562	
上海济光职业技术学院	35			1647		1540		4668		1520	
上海工商外国语职业学院	25			2153		2282		6336		2057	
上海邦德职业技术学院	22			1303		908		3333		1260	
上海兴韦信息技术职业学院	14			1357		748		2062		667	
上海中侨职业技术学院	31			1785		1401		4486		1652	
上海电影艺术职业学院	15			811		784		2247		703	
上海中华职业技术学院	24			1389				1698		969	

普通高等学校基本情况一览表(二)

单位:人

指标	成人本专科在校生	#本科	教职工数	专任教师数	正副高	研究生学历	占地面积（万平方米）		校舍面积（万平方米）	
							学校产权	非产权独用	学校产权	非产权独用
总计	**176472**	**131659**	**74065**	**39626**	**18574**	**28772**	**3439.43**	**468.91**	**1742.21**	**372.09**
部委属高校	**79018**	**67524**	**33177**	**15383**	**9395**	**13168**	**1285.24**	**185.65**	**758.93**	**105.95**
复旦大学	12082	11092	6165	2419	1540	2193	112.23	130.89	104.92	41.88
上海交通大学	14910	13738	7359	2979	2006	2636	322.58		174.20	0.93
同济大学	12380	10674	6374	3268	1955	2666	257.09		157.53	14.74
华东理工大学	11464	8756	3579	1674	1033	1447	176.87		85.25	
东华大学	4740	3664	2690	1247	750	1003	121.88		60.68	15.94
华东师范大学	10595	8456	3896	1917	1189	1604	209.58		109.97	3.31
上海外国语大学	5188	4442	1256	688	323	609	14.12	54.63	16.68	24.24
上海财经大学	7659	6702	1594	1055	544	911	48.47	0.13	40.49	4.91
上海海关学院			264	136	55	99	22.42		9.21	
市属院校	**97454**	**64135**	**40888**	**24243**	**9179**	**15604**	**2154.19**	**283.26**	**983.28**	**266.14**
本科院校	**87335**	**64135**	**31227**	**18635**	**7690**	**13632**	**1649.68**	**123.68**	**770.13**	**142.86**
上海理工大学	4812	2977	2170	1403	552	1083	60.25	12.81	51.85	8.25
上海大学	11863	9210	6288	2891	1351	2353	199.17	12.46	101.98	11.68
上海工程技术大学	5387	3920	1550	1040	363	791	94.55	18.68	40.05	18.68
上海中医药大学	2402	1850	1281	705	281	530	27.67	8.53	20.18	0.90
上海师范大学	13707	10519	2918	1713	793	1239	162.08		77.29	0.64
上海对外贸易学院	809	809	832	599	274	481	60.63	9.54	15.82	12.80
上海应用技术学院	3931	2320	1745	1027	399	691	109.86		51.36	0.87
上海海事大学	4522	2878	1916	1026	445	858	159.98	5.19	73.26	7.14
上海电力学院	6674	5557	1030	711	296	540	38.32	10.00	28.96	9.37
上海海洋大学	5821	6170	1246	871	389	714	137.36		39.52	
华东政法大学	6418	3452	1389	1003	341	783	85.34		33.67	
上海体育学院	1528	1208	736	402	197	261	39.54		25.46	
上海戏剧学院	994	770	540	281	102	132	12.20		10.21	0.55
上海音乐学院	295	295	545	269	117	150	4.80		9.30	1.28
上海杉达学院			811	565	284	325	49.28	4.53	26.87	1.30
上海立信会计学院	5298	3884	795	539	194	327	35.20	1.36	16.52	9.50
上海电机学院	2274	1156	944	572	194	452	67.69		38.89	
上海金融学院	3774	2844	589	411	188	287	36.21	8.93	14.93	10.29
上海政法学院	1341	917	579	385	135	326	69.92		19.24	
上海第二工业大学	3163	2171	1053	627	241	375	40.90	5.54	21.44	6.50
上海商学院	2069	1133	575	460	168	226	65.48	5.04	20.87	4.62

（续上表）

指标	成人本专科在校生	#本科	教职工数	专任教师数	正副高	研究生学历	占地面积（万平方米）		校舍面积（万平方米）	
							学校产权	非产权独用	学校产权	非产权独用
上海建桥学院	253	95	580	410	186	168	19.20	13.27	9.00	16.78
复旦大学上海视觉艺术学院			300	171	58	124	49.21		9.60	4.18
上海外国语大学贤达经济人文学院			329	216	40	176	8.66	1.93	7.53	7.27
上海师范大学天华学院			486	338	102	240	16.18	5.87	6.33	10.26
同济大学同科学院										
专科院校	**1680**		**1789**	**1087**	**249**	**381**	**131.94**	**15.39**	**40.94**	**21.89**
上海医疗器械高等专科学校	347		304	184	48	116	18.44		4.05	2.17
上海出版印刷高等专科学校	282		325	191	53	101	20.71	4.40	5.88	7.09
上海旅游高等专科学校	289		250	146	42	75	22.51		7.49	
上海公安高等专科学校			437	220	34	21	47.52		11.98	0.55
上海医药高等专科学校	762		473	346	72	68	22.76	10.99	11.54	12.08
高职学院	**8439**		**7872**	**4521**	**1240**	**1591**	**372.57**	**144.19**	**172.21**	**101.39**
上海行健职业学院	531		248	175	40	74	7.08	4.24	9.11	2.14
上海城市管理职业技术学院	1201		392	184	61	47	21.21		10.68	
上海交通职业技术学院	315		431	286	72	65	27.00		14.48	
上海海事职业技术学院	358		304	168	35	48	12.48	5.40	7.32	5.34
上海电子信息职业技术学院	327		346	215	50	70	30.83		16.38	
上海科学技术职业学院			238	139	45	66	21.40		11.86	
上海农林职业技术学院			281	197	54	89	38.45		10.37	
上海工艺美术职业学院	179		301	195	59	38	19.22	4.04	7.35	4.04
上海建峰职业技术学院	251		242	161	55	51	13.21		9.54	
上海工会管理职业学院	651		269	211	43	87	28.60		10.82	
上海体育职业学院	534		526	224	85	22	9.36		4.72	
上海健康职业技术学院	2542		250	144	62	64	11.90		6.21	
上海东海职业技术学院	282		386	145	48	53	12.66		9.47	
上海新侨职业技术学院			319	134	33	47	8.06	12.86	3.77	4.73
上海震旦职业学院	391		425	216	75	99	11.30			8.80
上海民远职业技术学院			241	119	35	69		10.67		6.23
上海欧华职业技术学院			197	107	30	54		11.84		12.39
上海思博职业技术学院	354		297	192	58	59	33.19		3.62	7.45
上海立达职业技术学院			294	177	23	70	20.96		10.36	1.47
上海济光职业技术学院			291	140	57	57	11.25	3.33	5.86	4.09
上海工商外国语职业学院	175		396	301	60	144	19.88	0.69	15.64	4.27
上海邦德职业技术学院	158		306	161	34	54		14.93		7.27
上海兴韦信息技术职业学院			154	91	19	17	14.53	8.57	4.65	5.75
上海中侨职业技术学院	190		298	188	69	66		15.49		11.84
上海电影艺术职业学院			197	133	30	46		26.68		6.93
上海中华职业技术学院			243	118	8	35		25.45		8.65

成人高校基本情况一览表

指标	学生情况				教职工数	#专任教师			占地面积（平方米）		校舍面积（平方米）	
	毕业生	招生	在校生	预计毕业生			正高	副高	学校产权	非产权独用	学校产权	非产权独用
总计	**5826**	**4364**	**12129**	**5760**	**1949**	**1035**	**28**	**220**	**80.84**	**1.48**	**63.03**	**5.75**
中央所属学校												
海关管理干部学院												
地方所属学校	**5826**	**4364**	**12129**	**5760**	**1949**	**1035**	**28**	**220**	**80.84**	**1.48**	**63.03**	**5.75**
上海科技管理干部学院	183	39	258	158	102	34	3	5	1.66		1.86	
上海市黄浦区业余大学	533	477	939	462	109	67	1	10	2.40		2.98	0.70
上海市卢湾区业余大学	309	302	545	243	73	36		7	2.30		1.64	
上海市徐汇区业余大学	467	399	908	188	92	61	1	12	4.03		2.26	
上海市长宁区业余大学	406	427	955	528	81	52		9	2.36		3.57	
上海市静安区业余大学	447	288	745	454	93	74		7	4.86		5.98	0.08
上海市普陀区业余大学	638	546	1125	561	105	62	2	13	4.03		3.11	
上海市虹口区业余大学	315	190	755	285	89	45		4	2.17	0.01	3.01	0.37
上海市杨浦区业余大学	309	258	540	282	120	68	1	19	7.69		4.68	
上海市宝山区业余大学	594	568	1498	877	114	58		9	2.97		3.09	
上海纺织工业职工大学	121	141	307	121	124	46		8	2.91		3.81	
上海医药职工大学	356	225	1227	438	147	106		25	19.38		6.47	2.12
上海电视大学					349	154	14	40	5.59		7.29	
上海工商学院	273	181	646	261	116	63		21	5.81	1.47	2.91	2.48
上海市经济管理干部学院	485	127	936	540	143	40	2	18	2.43		4.56	
上海青年管理干部学院	390	196	745	362	92	69	4	13	10.25		5.81	

实验性示范性中学名单

单位：所

地区	市实验性示范性中学		区重点中学	
	校数	校名	校数	校名
全市合计	**54**		**76**	
市区小计	**53**		**72**	
黄浦区	5	格致中学 光明中学 大同中学 大境中学 敬业中学	1	市八中学
卢湾区	2	卢湾中学 向明中学	1	五爱中学

（续上表）

地　　区	市实验性示范性中学		区重点中学	
	校　数	校　　名	校　数	校　　名
徐汇区	6	市二中学 南洋中学 南洋模范中学 上海中学 上师大附中 位育中学	5	徐汇中学 第四中学 中国中学 五十四中学 西南位育
长宁区	2	市三女中 延安中学	5	复旦中学 天山中学 建青实验学校 华东政法附中 仙霞中学
静安区	3	华东模范中学 市西中学 育才中学	3	市一中学 七一中学 民立中学
普陀区	3	宜川中学 曹杨二中 晋元中学	5	同济二附中 甘泉外国语 曹杨中学 长征中学 桐柏中学
闸北区	4	市北中学 市六十中学 新中中学 回民中学	4	风华中学 彭浦中学 久隆模范中学 田家炳中学
虹口区	4	北郊中学 上外附中 华师大一附中 复兴中学	4	北虹中学 澄衷中学 继光中学 虹口中学
杨浦区	5	杨浦中学 控江中学 复旦附中 同济一附中 交大附中	8	市东中学 上理工附中 中原中学 财大附中 少云中学 同济中学 复旦实验中学 民星中学
闵行区	2	闵行中学 七宝中学	5	莘庄中学 闵行二中 文来中学 莘格中学 田园中学
宝山区	3	吴淞中学 行知中学 上大附中	2	罗店中学 宝山中学
嘉定区	2	嘉定一中 交大附中嘉定分校	3	上外嘉定外国语 嘉定二中 安亭中学

（续上表）

地　区	市实验性示范性中学		区重点中学	
	校数	校名	校数	校名
浦东新区	6	洋泾中学 实验学校 进才中学 建平中学 华师大二附中 南汇中学	18	东昌中学 上南中学 川沙中学 高桥中学 杨思中学 三林中学 周浦中学 新场中学 大团中学 浦东中学 陆行中学 香山中学 建平世纪中学 新川中学 北蔡中学 高行中学 上外附属浦东外国语 南汇一中
金山区	2	华师大三附中 金山中学	4	上师大二附中 张堰中学 枫泾中学 亭林中学
松江区	1	松江二中	1	松江一中
青浦区	2	青浦中学 朱家角中学	1	青浦一中
奉贤区	1	奉贤中学	2	致远中学 曙光中学
郊县小计	**1**		**4**	
崇明县	1	崇明中学	4	扬子中学 民本中学 城桥中学 堡镇中学

民办中学名单

单位:所

地　区	民办中学	
	校数	校名
全市合计	**106**	
黄浦区	2	明珠中学 立达中学
卢湾区	2	震旦外国语中学 卢湾区永昌学校(九)
徐汇区	6	西南高级中学 邦德第四高级中学 西南模范中学 华育中学 西南位育中学 世界外国语中学

（续上表）

地　区	民　办　中　学	
	校　数	校　名
长 宁 区	3	包玉刚实验学校（九） 新世纪中学 新虹桥中学
静 安 区	1	上外静安外国语中学
普 陀 区	8	兰田中学 培佳双语学校（十二） 新黄浦实验学校（九） 侨华中学 玉华中学 进华中学 桐柏中学 震旦中学
闸 北 区	6	青中初级中学 风范中学 精文中学 田家炳中学 扬波中学 新和中学
虹 口 区	8	汇民高级中学 迅行中学 新北郊初级中学 上外第一实验学校 瑞虹高级中学 新华初级中学 新复兴初级中学 新江湾高级中学
杨 浦 区	11	沪东外国语高级中学 控江中学附属学校 存志中学 上外沪东外国语学校（九） 杨浦凯慧初级中学 上外附属双语学校（九） 东光明中学 杨浦实验学校 兰生复旦中学 同济大学实验学校（九） 交大飞达初级中学
闵 行 区	11	文绮中学 上师初级中学 燎原实验学校（十二） 教科实验中学 协和双语尚音学校（九） 信宏中学 上宝中学 文来中学 复旦万科实验学校（九） 协和双语高级中学 协和双语学校（九）
宝 山 区	8	和衷中学 行知二中 建峰职业技术学院附属高中 日日学校（九） 锦秋学校（九） 交华中学 行中中学 同洲模范学校（十二）

（续上表）

地区	民办中学	
	校数	校名
嘉定区	7	远东学校(十二) 嘉一联合中学 桃李园实验学校(九) 怀少学校(九) 上外实验学校(十二) 育英高级中学 新成初级中学
浦东新区	20	新竹园中学 华洋外国语学校 民远高级中学 浦东交中初级中学 兴知中学 育辛高级中学 常青中学 东方阶梯双语学校(九) 前进高级中学 丰华高级中学 外高桥中学 牧阳人学校(十二) 东方世纪学校(十二) 金苹果学校(十二) 张江集团学校 中芯学校(十二) 平和学校(十二) 上师大附属第二外国语学校(十二) 工商外国语职业学院附属中学 尚德实验学校(十二)
金山区	4	金盟学校(九) 师大实验中学 金中中学 交大南洋中学
松江区	4	西外外国语学校(十二) 九峰实验学校 茸一中学 上大附属外国语中学
青浦区	1	瑞大学校(九)
奉贤区	1	奉浦学校(十二)
崇明县	3	中华中学 民一中学 大通学校

民办小学名单

地区	民办小学	
	校数	校名
全市合计	**181**	
黄浦区		
卢湾区		
徐汇区	4	徐汇区爱菊小学 徐汇区逸夫小学 世界外国语小学 盛大花园小学

（续上表）

地区	民办小学	
	校数	校名
长宁区	2	新世纪小学 东展小学
静安区	1	上外静安外国语小学
普陀区	1	金洲小学
闸北区	4	扬波外国语小学 童园(实验)小学 彭浦实验小学 童的梦实验小学
虹口区	3	丽英小学 宏星小学 上外附属民办外国语小学
杨浦区	2	打一外国语小学 阳浦小学
闵行区	17	双江小学 七宝外国语小学 振兴小学 华星小学 银星学校 华博利星行小学 华虹小学 弘梅小学 弘梅第二小学 咏梅小学 育苗小学 塘湾小学 马桥小学 文汇小学 文博小学 文河小学 浦江文馨学校
宝山区	16	罗希小学 申华小学 沈家桥小学 山海小学 洛河桥小学 杨东小学 杨行小学 惠民小学 沈巷小学 肖径小学 沈宅小学 海兰小学 蓝天小学 立志学校 顾教小学 益钢小学

（续上表）

地　区	民办小学	
	校　数	校　名
嘉定区	14	行知小学 六里小学 天宇小学 桃苑小学 中村小学 杨林小学 包桥小学 仓场小学 育红小学 娄塘小学 少农小学 华武小学 沪宁小学 庆宁小学
浦东新区	45	金童小学 上外附属浦东外国语小学 金家小学 英才小学 海川小学 知见小学 竹林小学 利民小学 新苗小学 育苗小学 育才小学 南浦小学 昌林小学 金德小学 联营小学 云翔小学 徐庙小学 梅林小学 新星小学 永辉小学 航头小学 博爱小学 宣桥小学 福山正达外国语小学 振华小学 皖蓼小学 豫息小学 新农小学 鲁冰花小学 福德小学 普光小学 唐四小学 精忠小学 大别山小学 阳光小学 寿春小学 博世凯外国语小学 博奥利星行小学 紫罗兰小学 明光金都小学 淮安小学 康桥工友小学 智源小学 航海小学 明辉小学

（续上表）

地区	民办小学	
	校数	校名
金山区	10	金龙小学 东升小学 金安小学 新联小学 金工小学 红扬小学 查山小学 水库小学 金山嘴小学 九阳小学
松江区	19	薛家小学 张施小学 张朴村小学 北干山小学 刘家小学 联庄小学 打铁桥小学 南门村小学 陈春小学 众兴小学 马汤村小学 潘家浜村小学 永悦小学 花桥村小学 善荣小学 向阳小学 世泽小学 昆港小学 新叶小学
青浦区	24	育才小学 隐贤小学 青安小学 蓝天小学 双佳小学 新希望小学 宋庆龄学校 行知小学 叙中小学 小康小学 联合小学 晨旭小学 秀龙小学 华夏小学 华益小学 曙光小学 旧青浦小学 立新小学 明天小学 阳光爱心小学 胜利小学 东方红小学 培英小学 民主小学

（续上表）

地区	民办小学	
	校数	校名
奉贤区	16	宏翔小学 民友小学 星光小学 童梦小学 敬贤小学 曙光小学 致和小学 超群小学 福祉小学 志华小学 远航小学 厚才小学 青溪小学 蒲公英小学 福星小学 育才小学
崇明县	3	新桥小学 徐卫小学 光辉小学

上海市外籍人员子女学校名单

学校名称	地址
上海美国学校	闵行区金丰路 258 号
上海日本人学校	闵行区虹梅路 3185 号
上海耀中国际学校	长宁区水城路 11 号
上海德国学校	青浦区高光路 350 号
上海法国学校	青浦区高光路 350 号
上海英国学校	沪南公路 2729 弄 600 号(康桥半岛)
上海协和国际学校	浦东新区金桥明月路 999 号
上海长宁国际学校	虹桥路 1161 号
上海新加坡国际学校	闵行区朱建路 301 号
上海虹桥国际学校	长宁区虹桥路 2381 号
上海韩国学校	闵行区华漕镇联友路 355 号
上海美丘第一幼儿园	闵行区虹许路 788 号(名都城)
奥伊斯嘉上海日本语幼儿园	长宁区茅台路 715 弄 20 号
东进上海日本人幼儿园	长宁区虹梅路 3081 号虹桥别墅内
上海恩吉尔幼儿园	闵行区虹中路 375 号
上海泰宁国际幼儿园	徐汇区复兴西路 43 号
上海瑞金国际学校	闵行区东闸路 189 号
上海李文斯顿美国学校	长宁区甘溪路 580 号
上海德威英国国际学校	浦东新区金桥蓝桉路 266 号
上海西华国际学校	青浦区联民路 555 号

（续上表）

学校名称	地址
宋庆龄幼儿园国际部	长宁区虹梅北路3908号
上海一麦日本人补习中心	虹梅北路3201弄26号101室
上海骏台日本人补习中心	延安西路2633号美丽华商务中心B308室
东进上海日本人补习中心	浦东新区花木路1883弄御翠园230号
上海飞翔日本人补习中心	长宁区荣华东道96号维多利亚商务楼504—505室
上海日本人教育补习中心	长宁区水城南路55号六月汇广场5F501室
上海新大一韩国人补习中心	长宁区荣华东道96号C座3楼
青海韩国人补习中心	长宁区水城南路37号万科广场北楼705室
上海中学国际部	徐汇区上中路400号
华东师范大学二附中国际部	浦东新区晨晖路555号
上海外国语大学附中国际部	中山北一路295号
进才中学国际部	浦东新区峨山路26号

上海市老年教育机构情况

	机构数（个）	教职工数（人）	#专任教师	班级数（个）	学员数（人）
总　计	**277**	**20919**	**793**	**18153**	**559301**
市级老年大学	5	483	4	849	29042
市级老年大学分校、系统校、区县老年大学	58	1620	40	2310	68636
街道、镇老年大学	214	18816	749	14994	461623
另有：远程老年大学	1	9	1	4550	310190

说明：1. 2011年老年大学（学校）60周岁及以上老年学员人数404122，占老年人总数（331.02万）的12.2%。

2. 2011年上海远程老年大学集体收视140716人，有组织分散收视169474人，合计310190人。其中60周岁及以上学员人数254434人，占老年人总数7.7%。

历年研究生基本情况

单位：人

年份	合计			普通高等学校			科研单位		
	招生数	在读生数	毕业生数	招生数	在读生数	毕业生数	招生数	在读生数	毕业生数
1992	3668	9855	2526	3323	8858	2262	345	997	264
1993	4282	11045	2884	3919	10037	2569	363	1008	315
1994	5130	13090	2859	4665	11905	2608	465	1185	251
1995	5301	14713	3355	4776	13378	3038	525	1335	317
1996	6507	16835	3860	5915	15307	3537	592	1528	323
1997	6725	18460	4475	6163	16841	4117	562	1619	358
1998	7874	21162	4642	7281	19499	4253	593	1663	389
1999	9413	24420	5611	8758	22656	5196	655	1764	415
2000	12652	30614	5868	11796	28582	5435	856	2032	433

（续上表）

年份	合计			普通高等学校			科研单位		
	招生数	在读生数	毕业生数	招生数	在读生数	毕业生数	招生数	在读生数	毕业生数
2001	15826	39043	6817	14751	36528	6380	1075	2515	437
2002	19211	48896	7926	17848	45713	7481	1363	3183	445
2003	22524	59090	10079	20767	55092	9501	1757	3998	578
2004	25334	69437	13469	23545	64747	12788	1789	4690	681
2005	27692	78728	16741	25845	73557	15857	1847	5171	884
2006	30099	86906	19931	28250	81487	18833	1849	5419	1098
2007	30610	91763	23926	28748	86177	22691	1862	5586	1235
2008	32142	95498	25753	30195	89778	24431	1947	5720	1322
2009	37425	103492	28291	35418	97639	26949	2007	5853	1342
2010	38643	111717	28207	36619	105711	26843	2024	6006	1364
2011	40080	119017	30816	37971	112902	29431	2109	6115	1385

历年普通高等学校基本情况

单位：万人

年份	学校(所)	毕业生数	招生数	在校学生	教职工数	#专任教师
1992	50	3.32	3.75	11.95	6.95	2.39
1993	49	3.16	4.36	13.10	6.83	2.28
1994	46	3.18	4.18	14.04	6.75	2.19
1995	45	3.96	4.43	14.41	6.58	2.15
1996	41	3.90	4.38	14.79	6.40	2.10
1997	39	3.90	4.51	15.38	6.26	2.01
1998	40	3.62	4.88	16.51	6.21	2.01
1999	41	4.03	6.32	18.63	6.03	2.01
2000	37	4.09	8.13	22.68	6.08	2.05
2001	45	4.28	9.86	28.00	6.17	2.17
2002	50	5.52	10.92	33.16	6.18	2.29
2003	57	7.12	12.03	37.85	6.31	2.44
2004	59	8.86	13.06	41.57	6.83	2.87
2005	60	10.34	13.18	44.26	7.09	3.18
2006	60	11.05	14.04	46.63	7.17	3.39
2007	60	11.85	14.46	48.49	7.18	3.55
2008	61	12.21	14.58	50.29	7.31	3.69
2009	66	12.69	14.35	51.28	7.45	3.81
2010	66	13.37	14.46	51.57	7.42	3.92
2011	66	13.90	14.11	51.13	7.41	3.96

历年成人高等学校基本情况

单位:万人

年 份	学校(所)	毕业生数	招生数	在校学生	教职工数	#专任教师
1995	66	1.66	2.43	7.55	1.19	0.52
1996	65	1.84	2.70	8.07	1.17	0.48
1997	64	2.32	2.78	8.16	1.15	0.46
1998	40	2.28	2.91	8.69	0.74	0.28
1999	39	2.27	3.67	9.82	0.77	0.33
2000	37	3.10	4.23	11.49	0.66	0.30
2001	31	2.77	5.38	13.83	0.53	0.24
2002	30	3.08	6.73	17.09	0.49	0.22
2003	27	4.24	7.22	19.80	0.45	0.21
2004	22	6.08	11.64	26.67	0.36	0.18
2005	21	7.68	9.32	22.45	0.32	0.15
2006	21	1.50	6.78	19.46	0.31	0.16
2007	21	5.20	7.26	20.68	0.30	0.15
2008	18	5.69	7.25	21.38	0.24	0.13
2009	18	5.97	6.94	21.33	0.23	0.13
2010	17	6.88	6.54	19.86	0.20	0.11
2011	17	6.06	5.79	18.86	0.19	0.10

历年中等技术学校基本情况

单位:万人

年 份	学校(所)	毕业生数	招生数	在校学生	教职工数	#专任教师
1992	92	1.57	2.16	5.45	1.32	0.54
1993	90	1.73	3.07	7.58	1.50	0.64
1994	89	1.45	3.44	8.32	1.32	0.56
1995	89	1.98	3.84	9.96	1.43	0.56
1996	88	1.82	3.11	9.32	1.39	0.54
1997	88	2.10	3.62	10.65	1.35	0.53
1998	85	2.51	4.20	12.15	1.31	0.52
1999	85	2.54	3.48	12.83	1.27	0.52
2000	83	3.80	2.98	11.77	1.25	0.51
2001	81	2.91	3.48	12.06	1.22	0.50
2002	81	2.94	3.93	12.65	1.18	0.50
2003	83	3.39	4.34	13.69	1.19	0.53
2004	82	3.08	3.87	14.05	1.12	0.53
2005	81	3.39	3.33	13.67	1.09	0.53
2006	81	3.52	3.47	13.70	1.06	0.52
2007	76	3.86	3.23	12.81	1.00	0.51
2008	73	3.71	3.24	12.08	0.97	0.51
2009	70	3.39	2.98	11.50	0.94	0.49
2010	65	3.34	2.99	10.91	0.91	0.50
2011	64	3.14	2.78	10.22	0.89	0.50

历年中等师范学校基本情况

单位:万人

年　份	学校(所)	毕业生数	招生数	在校学生	教职工数	#专任教师
1975	4	0.05	0.09	0.27	0.04	0.03
1978	4		0.26	0.26	0.06	0.03
1979	4		0.12	0.52	0.06	0.03
1980	4	0.40	0.13	0.25	0.06	0.04
1985	13	0.28	0.66	1.44	0.16	0.09
1988	11	0.76	0.42	1.60	0.20	0.12
1989	11	0.55	0.28	1.32	0.17	0.09
1990	11	0.53	0.28	1.06	0.17	0.09
1991	11	0.41	0.30	0.94	0.17	0.09
1992	11	0.29	0.29	0.97	0.17	0.09
1993	11	0.30	0.30	0.97	0.16	0.09
1994	11	0.28	0.24	0.91	0.16	0.08
1995	11	0.28	0.28	0.89	0.16	0.08
1996	11	0.35	0.10	0.62	0.14	0.07
1997	10	0.19	0.05	0.44	0.13	0.07
1998	2	0.22	0.09	0.23	0.05	0.04
1999	2	0.05	0.05	0.23	0.02	0.01
2000	1	0.06	0.02	0.12	0.02	0.01
2001	1	0.03		0.06	0.01	0.01
2002	1			0.01		

历年普通中学基本情况

单位:万人

年　份	学校(所)	毕业生数	招生数	在校学生	教职工数	#专任教师
1992	711	14.69	19.53	54.77	6.77	4.18
1993	729	15.53	19.87	57.69	6.84	4.24
1994	741	16.65	25.53	65.56	7.00	4.43
1995	756	18.38	25.94	72.40	7.22	4.65
1996	784	19.14	23.98	76.23	7.38	4.81
1997	812	24.46	23.69	74.43	7.49	4.87
1998	846	25.05	25.67	73.85	7.58	4.93
1999	855	23.28	27.24	76.68	7.67	5.03
2000	861	22.92	26.46	79.54	7.66	5.01
2001	865	24.91	26.42	80.23	7.65	5.04

（续上表）

年　份	学校（所）	毕业生数	招生数	在校学生	教职工数	#专任教师
2002	857	26.40	26.02	78.97	7.63	5.07
2003	844	25.77	23.04	75.47	7.60	5.08
2004	822	25.68	21.81	82.78	7.54	5.13
2005	807	25.39	20.90	77.02	7.46	5.12
2006	794	22.24	17.84	71.17	7.33	5.14
2007	786	21.23	16.72	65.60	7.11	5.13
2008	774	20.09	16.63	61.77	6.89	5.03
2009	762	17.03	16.50	60.37	6.76	5.05
2010	755	16.13	16.33	59.44	6.73	5.07
2011	754	15.48	16.84	59.17	7.53	5.11

历年小学基本情况

单位：万人

年　份	学校（所）	毕业生数	招生数	在校学生	教职工数	#专任教师
1992	2279	15.77	17.84	113.37	7.48	5.26
1993	2122	15.91	19.37	116.70	7.38	5.64
1994	1962	21.33	18.46	113.98	7.29	5.50
1995	1807	21.02	17.09	109.78	7.16	5.45
1996	1671	18.83	15.66	106.46	7.07	5.33
1997	1533	16.48	12.46	102.44	6.92	5.24
1998	1382	17.66	11.39	96.14	6.67	4.96
1999	1208	19.19	10.49	87.16	6.40	4.68
2000	1021	18.73	10.28	78.86	6.13	4.43
2001	852	17.43	10.27	72.28	5.87	4.23
2002	751	15.76	10.11	67.24	5.62	4.06
2003	686	12.87	10.05	64.83	5.34	3.88
2004	648	10.97	10.55	53.74	5.07	3.75
2005	640	10.93	10.36	53.50	4.94	3.74
2006	626	10.85	10.87	53.37	4.86	3.75
2007	615	10.55	11.00	53.33	4.84	3.85
2008	672	10.44	12.39	59.06	5.10	4.10
2009	751	11.36	13.86	67.12	5.48	4.43
2010	766	12.44	15.05	70.16	5.58	4.52
2011	764	13.09	16.94	73.11	4.82	4.63

历年幼儿园基本情况

单位:万人

年　份	独立幼儿园(所)	幼儿数	教职工数	#专任教师
1992	1038	43.38	3.82	2.59
1993	1069	39.31	3.97	2.54
1994	1070	34.61	3.42	2.18
1995	1041	30.77	3.08	1.98
1996	970	26.82	2.95	1.83
1997	937	25.72	2.79	1.73
1998	944	24.91	2.60	1.60
1999	937	24.22	2.53	1.55
2000	958	24.12	2.52	1.50
2001	1003	23.40	2.42	1.44
2002	1001	24.21	2.42	1.46
2003	1014	25.22	2.47	1.49
2004	1017	26.58	2.56	1.55
2005	1035	28.70	2.79	1.70
2006	1057	29.98	3.04	1.88
2007	1058	31.32	3.19	2.02
2008	1058	32.88	3.36	2.17
2009	1111	35.38	3.60	2.36
2010	1252	40.03	4.09	2.67
2011	1337	44.42	4.58	2.92

历年特殊教育学校基本情况

单位:人

年　份	学校(所)	毕业生数	招生数	在校学生	教职工数	#专任教师
1992	33	306	854	3820	1240	720
1993	36	302	864	4365	1267	729
1994	36	355	1476	5161	1347	770
1995	39	363	1140	5728	1434	841
1996	39	620	910	6164	1512	929
1997	38	749	793	6313	1512	914
1998	36	656	722	5168	1580	953
1999	35	760	902	5269	1604	973
2000	34	844	1139	5407	1584	943
2001	32	615	731	5463	1599	946

（续上表）

年份	学校(所)	毕业生数	招生数	在校学生	教职工数	# 专任教师
2002	32	639	641	5529	1653	987
2003	31	767	692	5463	1629	985
2004	29	809	650	5358	1597	978
2005	28	853	692	5238	1598	1002
2006	28	869	675	5043	1614	1047
2007	28	886	741	5043	1603	1092
2008	29	828	752	5131	1612	1115
2009	29	901	758	5044	1594	1121
2010	29	918	776	5036	1596	1143
2011	29	907	732	4927	1577	1158

分区县人口及街道、乡、镇数

区、县名	户籍人口数(万人)	常住人口数(万人)	街道办事处(个)	镇(个)	乡(个)
全市合计	**1412.32**	**2302.66**	**99**	**109**	**2**
黄浦区	60.19	42.97	6		
卢湾区	30.44	24.87	4		
徐汇区	91.09	108.52	12	1	
长宁区	61.62	69.06	9	1	
静安区	30.51	24.67	5		
普陀区	87.89	128.88	6	3	
闸北区	69.21	83.04	8	1	
虹口区	79.06	85.23	8		
杨浦区	109.16	131.30	11	1	
闵行区	96.75	243.12	3	9	
宝山区	88.29	190.56	3	9	
嘉定区	55.75	147.20	3	7	
浦东新区	275.80	504.73	13	25	
金山区	51.66	73.25	1	9	
松江区	57.60	158.34	4	11	
青浦区	46.19	108.19	3	8	
奉贤区	52.18	108.41		8	
崇明县	68.95	70.34		16	2

注：户籍人口和常住人口数为本市2010年末数；摘自《上海统计年鉴》。

2011年度教育系统校舍基本建设完成情况

	总计	全市高校				全市普教					
		小计	部委高校	委属	其他	小计	市属学校	区县学校	配套学校	市属其他	区县其他
完成投资（万元）	725687	184378	87867	96511	0	541309	0	339898	196644	0	4767
施工面积（平方米）	2762083	825005	356413	468592	0	1937078	0	850147	1066487	0	20444
竣工面积（平方米）	1232967	453939	179049	274890	0	779028	0	233553	530742	0	14733

小学基础信息统计表

单位名称	小学学校总数(所)	在校生总数(人)	班数	多媒体进普通教室的班数
上海市	**585**	**535970**	**14907**	**14854**
黄浦区	32	16739	630	576
徐汇区	40	27846	816	862
长宁区	22	16590	544	544
静安区	13	8966	304	284
普陀区	27	25907	779	795
闸北区	30	17761	566	566
虹口区	33	18234	583	512
杨浦区	41	22570	825	835
闵行区	44	50280	1333	1333
宝山区	55	46629	1293	1288
嘉定区	24	30048	762	748
浦东新区	117	117726	3135	3167
金山区	21	24500	600	600
松江区	14	33890	746	757
青浦区	24	25658	628	628
奉贤区	18	35653	825	825
崇明县	30	16973	538	534

小学理科教学仪器达标校统计表

单位名称	理科教学仪器达标校合计(所)	达标(所)	不达标(所)
上海市	**585**	**573**	**12**
黄浦区	32	29	3
徐汇区	40	40	0

（续上表）

单位名称	理科教学仪器达标校合计(所)	达标(所)	不达标(所)
长宁区	22	22	0
静安区	13	12	1
普陀区	27	27	0
闸北区	30	30	0
虹口区	33	33	0
杨浦区	41	41	0
闵行区	44	44	0
宝山区	55	55	0
嘉定区	24	22	2
浦东新区	117	112	5
金山区	21	21	0
松江区	14	14	0
青浦区	24	24	0
奉贤区	18	18	0
崇明县	30	29	1

小学实验教学人员状况统计表

单位名称	合计(人)	专职(人)	兼职(人)	高级职称(人)	中级职称(人)	初级职称(人)	其他(人)
上海市	**1540**	**656**	**884**	**67**	**890**	**495**	**88**
黄浦区	99	50	49	3	62	34	0
徐汇区	42	28	14	3	25	11	3
长宁区	57	12	45	3	29	24	1
静安区	49	23	26	3	25	17	4
普陀区	46	21	25	1	31	14	0
闸北区	60	21	39	1	41	18	0
虹口区	80	36	44	18	45	12	5
杨浦区	135	69	66	3	69	60	3
闵行区	111	48	63	3	65	35	8
宝山区	172	76	96	8	103	35	26
嘉定区	91	28	63	1	40	36	14
浦东新区	276	109	167	9	140	117	10
金山区	63	34	29	8	38	14	3
松江区	35	22	13	1	28	4	2
青浦区	83	31	52	0	54	29	0
奉贤区	102	28	74	1	71	25	5
崇明县	39	20	19	1	24	10	4

小学实验及功能教室数量统计表

单位名称	合计(间)	科学(间)	劳技(间)	体艺(间)	计算机(间)	语言(间)	多媒体(间)	其他(间)	装备用房使用面积合计(万平方米)	实验室使用面积(万平方米)
上海市	**6407**	**801**	**485**	**2358**	**950**	**176**	**845**	**792**	**62**	**7**
黄浦区	296	44	19	93	43	8	60	29	1.73	0.31
徐汇区	501	52	25	188	71	0	27	138	4.09	0.34
长宁区	244	27	16	70	29	19	36	47	2.30	0.24
静安区	191	21	14	64	28	4	34	26	1.27	0.26
普陀区	291	39	20	103	43	6	22	58	2.61	0.30
闸北区	233	27	21	72	48	0	23	42	2.01	0.25
虹口区	360	35	18	107	43	12	113	32	2.53	0.26
杨浦区	425	63	25	189	74	1	49	24	3.48	0.44
闵行区	453	68	49	186	70	5	40	35	5.99	0.79
宝山区	629	67	32	233	103	8	91	95	5.53	0.62
嘉定区	258	36	23	115	36	6	15	27	3.10	0.31
浦东新区	1358	145	119	475	176	104	223	116	15.04	1.67
金山区	251	32	21	102	36	1	26	33	2.46	0.25
松江区	165	39	15	74	24	0	11	2	1.65	0.36
青浦区	226	34	21	88	42	1	19	21	2.26	0.39
奉贤区	246	38	21	92	37	1	24	33	3.02	0.41
崇明县	280	34	26	107	47	0	32	34	2.58	0.25

小学实验及功能教室装备状况统计表(一)

单位名称	总合计(万元)	仪器合计(万元)	科学仪器(万元)	数学仪器(万元)	科学室设备(万元)
上海市	**87691**	**5215**	**3994**	**1221**	**4619**
黄浦区	3882	251	213	37	255
徐汇区	8392	427	231	195	246
长宁区	4313	147	134	13	156
静安区	2042	129	104	25	194
普陀区	3875	119	92	26	197
闸北区	4216	209	127	82	23
虹口区	3414	264	210	53	77
杨浦区	3573	201	151	50	186
闵行区	5808	551	394	157	291
宝山区	9308	312	255	57	176
嘉定区	4939	213	157	55	277
浦东新区	19962	923	766	158	1465
金山区	4153	367	301	66	249
松江区	1407	255	209	46	179
青浦区	1812	266	202	64	231
奉贤区	2632	277	225	52	223
崇明县	3962	305	222	83	194

小学实验及功能教室装备状况统计表(二)

单位名称	功能教室器材设备合计(万元)	综合实践设备(万元)	体艺室设备(万元)	计算机室设备(万元)	语言室设备(万元)	其他(万元)
上海市	**77857**	**3293**	**18251**	**28132**	**2703**	**25478**
黄浦区	3376	101	1034	1614	49	578
徐汇区	7720	76	1926	2138	1	3580
长宁区	4010	523	676	1116	370	1326
静安区	1719	69	563	586	40	461
普陀区	3559	98	589	1371	82	1419
闸北区	3984	31	343	2348	8	1253
虹口区	3073	436	681	1255	231	471
杨浦区	3187	191	882	1608	18	489
闵行区	4967	287	1845	1921	56	858
宝山区	8819	52	1936	2552	44	4235
嘉定区	4450	106	997	792	71	2483
浦东新区	17573	805	3521	6120	1700	5427
金山区	3537	84	849	1375	22	1206
松江区	973	77	288	515	0	93
青浦区	1314	132	461	484	0	238
奉贤区	2132	130	528	1045	5	423
崇明县	3463	95	1131	1293	5	938

中学计算机、校园网装备状况统计表

单位名称	拥有计算机室的学校数(所)	拥有校园网的学校数(所)	计算机总金额(万元)	网络及外设总金额(万元)	多媒体设备总金额(万元)
上海市	**578**	**578**	**59242**	**21616**	**47148**
黄浦区	30	32	4138	700	2251
徐汇区	40	40	4027	1425	2882
长宁区	22	22	2981	1058	1565
静安区	12	13	1886	1089	1228
普陀区	27	27	3260	980	1827
闸北区	30	30	2600	741	1669
虹口区	32	33	2834	650	1542
杨浦区	41	41	3432	1361	3100
闵行区	44	44	5255	1857	3143
宝山区	54	49	4037	2260	2817
嘉定区	24	24	3015	877	4076
浦东新区	117	116	11474	5109	13392
金山区	21	21	2274	606	1617
松江区	14	14	1501	329	1314
青浦区	22	24	2229	599	1182
奉贤区	18	18	1828	714	1468
崇明县	30	30	2470	1262	2076

中学当年购置教育技术装备经费情况

单位名称	当年总计(万元)	财政拨款(万元)	自筹及其他(万元)
上海市	**23368**	**20979**	**2389**
黄浦区	501	492	9
徐汇区	900	833	67
长宁区	1132	831	301
静安区	1067	1067	0
普陀区	1349	1349	0
闸北区	548	548	0
虹口区	1491	1479	12
杨浦区	1405	1388	17
闵行区	1859	1493	366
宝山区	2124	1916	208
嘉定区	1537	1408	129
浦东新区	5501	4786	715
金山区	1059	880	179
松江区	1017	825	191
青浦区	395	224	171
奉贤区	840	829	12
崇明县	642	631	12

小学实验及功能教室使用状况统计表

单位名称	自然实验演示开出率	自然实验分组开出率	计算机室完成率	语言室完成率
上海市	**1**	**1**	**1**	**1**
黄浦区	101.23%	101.16%	96.64%	94.34%
徐汇区	95.24%	99.68%	99.79%	0.00%
长宁区	100.00%	99.53%	99.86%	96.62%
静安区	111.38%	121.85%	115.95%	100.00%
普陀区	98.46%	97.97%	100.16%	180.68%
闸北区	99.40%	96.83%	96.55%	0.00%
虹口区	100.00%	99.81%	99.17%	72.82%
杨浦区	100.00%	100.00%	99.88%	0.00%
闵行区	100.00%	99.74%	100.00%	100.00%
宝山区	94.34%	93.66%	83.75%	43.68%
嘉定区	96.49%	99.35%	99.23%	96.51%
浦东新区	93.33%	85.93%	99.58%	92.85%
金山区	100.00%	100.00%	100.00%	0.00%
松江区	100.00%	99.69%	100.00%	0.00%
青浦区	101.49%	98.98%	99.21%	0.00%
奉贤区	100.00%	99.52%	100.25%	0.00%
崇明县	93.75%	91.24%	99.38%	0.00%

小学图书室(馆)管理人员状况统计表

单位名称	合计(人)	专职(人)	兼职(人)	高级职称(人)	中级职称(人)	初级职称(人)	其他(人)
上海市	**825**	**465**	**360**	**15**	**318**	**307**	**185**
黄浦区	38	17	21	0	13	22	3
徐汇区	47	33	14	1	10	21	15
长宁区	27	4	23	1	13	10	3
静安区	14	10	4	0	5	8	1
普陀区	30	16	14	0	17	7	6
闸北区	32	12	20	1	12	16	3
虹口区	43	20	23	8	19	12	4
杨浦区	50	28	22	0	12	36	2
闵行区	60	34	26	1	25	20	14
宝山区	72	43	29	0	34	20	18
嘉定区	37	31	6	1	1	17	18
浦东新区	182	104	78	1	55	69	57
金山区	34	18	16	1	20	9	4
松江区	30	20	10	0	11	11	8
青浦区	44	23	21	0	25	8	11
奉贤区	42	20	22	0	22	10	10
崇明县	43	32	11	0	24	11	8

小学图书室(馆)设施状况统计表

单位名称	建有图书室学校数	阅览室数量(间)	电子阅览室数量(间)	藏书室数量(间)	资料室等数量(间)	阅览室使用面积(平方米)	电子阅览室使用面积(平方米)	藏书室使用面积(平方米)	资料室等使用面积(平方米)
上海市	**581**	**880**	**302**	**624**	**411**	**72846**	**18181**	**36845**	**16523**
黄浦区	30	33	19	22	17	3369.6	951.5	1370	488.6
徐汇区	40	78	10	36	19	5242.1	452.2	1529.7	476.3
长宁区	22	28	16	22	22	2443	975	1109.8	735
静安区	12	19	10	8	8	1988.8	577.5	300	246.5
普陀区	26	35	10	26	20	3035	578.7	1848	627.1
闸北区	30	37	23	21	17	2986	1019	1306	492
虹口区	33	37	11	31	16	2876.3	614	1654.2	435
杨浦区	41	57	11	37	33	4611	653	1808	1036
闵行区	44	71	34	60	28	5927.1	1746.3	3555	3865.9
宝山区	55	80	40	69	35	5898.8	2235.2	3305.2	1210.6
嘉定区	24	41	21	26	20	3865.9	1320	1328.6	834.4
浦东新区	117	177	42	150	103	14890.3	2964.7	8372.8	3503.9
金山区	21	33	12	24	15	2683	473	1764	363
松江区	14	28	5	18	15	2488	1331	1383	853
青浦区	24	50	22	28	16	4716	1445	2332	568
奉贤区	18	34	8	28	14	2881.5	395	2010.3	413.5
崇明县	30	42	8	36	13	2944	450	1868	374

小学图书室(馆)藏书状况统计表

单位名称	图书数量合计（万册）	图书(万册)	电子图书（万册）	图书金额合计（万元）	图书(万元)	电子图书（万元）
上海市	**1782**	**1733**	**49**	**39539**	**37936**	**1603**
黄浦区	79.91	77.56	2.35	2420	2223	197
徐汇区	158.63	157.51	1.13	2362	2271	90
长宁区	67.01	66.26	0.75	1232	1186	46
静安区	77.69	76.93	0.76	1574	1465	109
普陀区	77.43	76.94	0.49	2477	2397	80
闸北区	88.65	87.80	0.85	3044	2921	123
虹口区	86.39	85.89	0.50	1299	1285	14
杨浦区	79.83	79.68	0.15	1898	1876	21
闵行区	143.88	139.42	4.45	3590	3412	178
宝山区	123.21	120.33	2.88	1945	1849	96
嘉定区	75.57	68.16	7.41	1360	1300	60
浦东新区	353.70	337.60	16.09	7910	7645	265
金山区	86.11	82.59	3.52	1539	1492	47
松江区	48.66	46.83	1.83	1646	1580	66
青浦区	80.75	79.93	0.81	809	788	22
奉贤区	80.22	77.32	2.90	1760	1641	119
崇明县	74.13	71.86	2.27	2676	2605	71

小学图书室(馆)当年购置情况及尚需量统计表

单位名称	图书购置经费合计(万元)	财政拨款(万元)	自筹及其他(万元)	图书尚需册数(万册)
上海市	**2305**	**1749**	**557**	**36**
黄浦区	64.60	60.74	3.86	1.55
徐汇区	202.31	196.17	6.14	3.15
长宁区	27.47	15.45	12.02	4.23
静安区	81.69	81.69	0.00	1.54
普陀区	78.92	78.92	0.00	1.54
闸北区	85.81	85.81	0.00	3.00
虹口区	30.09	24.76	5.32	1.70
杨浦区	120.11	118.30	1.81	1.59
闵行区	245.53	188.71	56.82	0.00
宝山区	210.22	162.64	47.59	2.40
嘉定区	132.85	98.36	34.49	1.51
浦东新区	468.68	244.40	224.29	6.75
金山区	140.25	124.04	16.21	1.60
松江区	71.18	40.07	31.11	0.93
青浦区	90.35	52.22	38.13	1.60
奉贤区	139.58	138.70	0.88	1.50
崇明县	115.88	37.69	78.19	1.74

中学基础信息统计表

单位名称	学校总数(所)	在校生总数(人)	班　数	多媒体进普通教室的班数
上海市	**625**	**503311**	**14494**	**15043**
黄浦区	31	22613	764	796
徐汇区	29	26885	778	910
长宁区	23	18240	607	607
静安区	17	12303	401	418
普陀区	39	24109	734	822
闸北区	30	20858	627	627
虹口区	31	17042	548	445
杨浦区	39	24402	833	928
闵行区	48	34156	1031	1014
宝山区	47	36443	956	1031
嘉定区	25	21044	616	702
浦东新区	119	128331	3419	3487
金山区	25	21982	605	605
松江区	28	23313	625	649
青浦区	20	20239	575	586
奉贤区	38	29785	746	746
崇明县	36	21566	629	670

中学理科教学仪器达标学校统计表

单位名称	开展理科实验操作考核学校数(所)	达　标	不达标
上海市	**518**	**609**	**16**
黄浦区	31	31	0
徐汇区	28	29	0
长宁区	20	23	0
静安区	15	16	1
普陀区	39	39	0
闸北区	11	30	0
虹口区	6	30	1
杨浦区	39	39	0
闵行区	48	48	0
宝山区	39	47	0
嘉定区	21	23	2
浦东新区	101	113	6
金山区	0	25	0
松江区	28	28	0
青浦区	20	20	0
奉贤区	38	37	1
崇明县	34	31	5

中学实验教学人员状况统计表

单位名称	合计(人)	专职(人)	兼职(人)	高级职称(人)	中级职称(人)	初级职称(人)	其他(人)
上海市	**3030**	**1703**	**1327**	**379**	**1443**	**926**	**282**
黄浦区	185	131	54	43	75	53	14
徐汇区	81	49	32	4	36	28	13
长宁区	87	66	21	2	44	33	8
静安区	112	77	35	14	54	41	3
普陀区	102	52	50	5	73	18	6
闸北区	299	272	27	73	145	66	15
虹口区	103	44	59	10	58	23	12
杨浦区	260	176	84	41	126	78	15
闵行区	148	67	81	8	71	54	15
宝山区	245	144	101	36	129	58	22
嘉定区	111	70	41	11	48	34	18
浦东新区	684	305	379	68	292	222	102
金山区	87	43	44	10	37	33	7
松江区	87	41	46	4	55	22	6
青浦区	107	32	75	3	36	63	5
奉贤区	219	84	135	29	109	68	13
崇明县	113	50	63	18	55	32	8

中学实验及功能教室数量统计表(一)

单位名称	合计(间)	物理(间)	化学(间)	生物(间)	劳技(间)	体艺(间)
上海市	**10129**	**1092**	**999**	**850**	**710**	**2329**
黄浦区	523	58	55	48	37	126
徐汇区	609	55	46	45	33	171
长宁区	464	49	38	35	24	91
静安区	348	29	26	24	11	66
普陀区	689	64	61	47	56	152
闸北区	438	58	49	35	28	101
虹口区	489	48	43	36	26	88
杨浦区	554	61	57	52	37	120
闵行区	662	72	66	64	65	191
宝山区	738	78	71	62	44	153
嘉定区	430	42	43	31	30	132
浦东新区	2138	229	209	172	164	433
金山区	383	45	44	37	26	94
松江区	421	54	50	39	28	126
青浦区	261	40	36	29	20	47
奉贤区	448	55	53	50	36	97
崇明县	534	55	52	44	45	141

中学实验及功能教室数量统计表(二)

单位名称	计算机（间）	语言（间）	多媒体（间）	其他（间）	装备用房使用面积合计（万平方米）	实验室使用面积（万平方米）
上海市	**1266**	**384**	**1511**	**988**	**135**	**33**
黄浦区	64	25	70	40	5.95	1.77
徐汇区	69	2	33	155	7.77	1.41
长宁区	50	32	101	44	5.19	1.22
静安区	39	4	131	18	3.57	1.00
普陀区	89	37	94	89	6.84	1.77
闸北区	74	16	45	32	16.57	1.53
虹口区	52	25	121	50	4.89	1.24
杨浦区	75	20	96	36	6.18	1.78
闵行区	95	28	53	28	9.99	2.24
宝山区	87	7	147	89	9.59	2.09
嘉定区	53	13	30	56	4.50	1.12
浦东新区	237	129	411	154	28.92	8.20
金山区	53	17	29	38	4.80	1.32
松江区	62	11	17	34	4.54	1.60
青浦区	40	6	25	18	3.33	1.72
奉贤区	61	7	42	47	6.50	2.04
崇明县	66	5	66	60	6.08	1.40

中学实验及功能教室装备状况统计表(一)

单位名称	仪器设备原价合计（万元）	实验室仪器合计（万元）	物理仪器（万元）	化学仪器（万元）	生物仪器（万元）	数学地理仪器（万元）
上海市	**174772**	**25546**	**10947**	**3713**	**8478**	**2408**
黄浦区	11268	1394	525	277	375	218
徐汇区	14297	1996	746	370	761	119
长宁区	8809	1381	631	174	398	178
静安区	5296	1091	467	105	440	80
普陀区	10948	855	494	124	209	28
闸北区	12848	625	338	95	156	36
虹口区	6485	1572	875	144	486	67
杨浦区	7382	1207	629	157	354	67
闵行区	10629	2313	876	285	1047	105
宝山区	14353	1327	643	227	354	102
嘉定区	8526	1262	334	117	277	534
浦东新区	37219	6600	2767	857	2458	518
金山区	6117	884	397	201	224	62
松江区	4849	797	282	171	263	81
青浦区	2612	441	179	93	131	38
奉贤区	5433	940	423	163	279	76
崇明县	7702	861	341	152	267	101

中学实验及功能教室装备状况统计表(二)

单位名称	实验室设备合计(万元)	物理室(万元)	化学室(万元)	生物室(万元)
上海市	**19839**	**7291**	**6642**	**5907**
黄浦区	1127	409	447	271
徐汇区	1289	387	470	432
长宁区	760	286	249	225
静安区	865	275	208	381
普陀区	1149	461	368	320
闸北区	842	341	272	229
虹口区	595	259	174	163
杨浦区	757	259	282	217
闵行区	1442	474	420	548
宝山区	1210	444	433	333
嘉定区	711	258	253	200
浦东新区	4829	1792	1616	1421
金山区	909	421	262	226
松江区	926	356	297	274
青浦区	567	199	211	157
奉贤区	974	324	363	286
崇明县	887	346	316	225

中学实验及功能教室装备状况统计表(三)

单位名称	功能教室器材合计(万元)	通用技术室或综合实践室(万元)	体艺室(万元)	计算机室(万元)	语言室(万元)	其他(万元)
上海市	**129387**	**6387**	**27305**	**46807**	**7497**	**41391**
黄浦区	8746	453	2246	3977	677	1394
徐汇区	11012	157	1682	1551	40	7581
长宁区	6667	407	1289	1770	783	2418
静安区	3340	391	771	1734	88	357
普陀区	8944	354	1462	3312	729	3087
闸北区	11382	506	1394	6719	503	2260
虹口区	4318	280	787	1533	390	1327
杨浦区	5418	337	1425	2587	261	808
闵行区	6875	600	2032	3103	489	650
宝山区	11817	275	3560	3132	227	4622
嘉定区	6553	194	1689	1297	218	3155
浦东新区	25790	1581	4475	8578	2584	8572
金山区	4323	175	712	1460	93	1883
松江区	3126	148	1254	1162	155	408
青浦区	1604	106	319	986	43	151
奉贤区	3519	196	933	1467	137	786
崇明县	5954	228	1275	2437	81	1932

中学计算机、校园网装备状况统计表

单位名称	拥有计算机室的学校数(所)	拥有校园网的学校数(所)	计算机原价总金额(万元)	网络及外部设备原价总金额(万元)	多媒体设备总金额(万元)
上海市	**614**	**624**	**104912**	**44013**	**60683**
黄浦区	30	31	8462	2141	3027
徐汇区	29	29	5380	2294	5872
长宁区	23	23	6071	2449	2932
静安区	16	17	3928	2150	1890
普陀区	39	39	8655	2772	5118
闸北区	30	30	5002	1469	1629
虹口区	30	31	4784	1722	1661
杨浦区	39	39	5773	1833	2206
闵行区	48	48	8115	2633	4392
宝山区	44	47	4733	3815	2994
嘉定区	24	25	4701	1663	3202
浦东新区	118	118	20229	11362	15643
金山区	25	25	3690	1909	1924
松江区	28	28	4160	1055	2619
青浦区	18	20	2831	937	1161
奉贤区	37	38	4046	1624	2062
崇明县	36	36	4351	2185	2352

中学当年购置教育技术装备经费情况

单位名称	当年经费总计(万元)	当年财政拨款(万元)	当年自筹及其他(万元)
上海市	**36215**	**31836**	**4379**
黄浦区	1138	1123	15
徐汇区	1228	1228	0
长宁区	1984	1224	760
静安区	1996	1996	0
普陀区	3900	3900	0
闸北区	794	679	115
虹口区	1608	1504	104
杨浦区	2310	2310	0
闵行区	2200	1969	231
宝山区	2179	2035	144
嘉定区	1195	1180	16
浦东新区	10386	8138	2248
金山区	1045	816	229
松江区	1537	1230	306
青浦区	395	339	56
奉贤区	1519	1470	49
崇明县	803	697	106

中学实验及功能教室使用状况统计表(一)

单位:项

单位名称	物理应做演示实验	物理实做演示实验	物理应做分组实验	物理实做分组实验	化学应做演示实验	化学实做演示实验	化学应做分组实验	化学实做分组实验
上海市	**62**	**63**	**43**	**43.4**	**78.7**	**79.3**	**45.3**	**44.8**
黄浦区	78	82	48	51.9	85.4	86.6	36.2	34.4
徐汇区	22	22	15	15.4	30.8	33.6	16.1	18
长宁区	87	90	59	61.3	83	83.7	46	47.9
静安区	101	103	69	74.9	102.1	103.7	60.9	57.3
普陀区	53	53	37	37	77.4	77.5	47.2	47.2
闸北区	69	70	44	44.7	98	98.8	46.2	47.8
虹口区	42	42	33	33	63.8	64.3	38.2	37.5
杨浦区	59	56	42	38.4	81.3	80.2	51.4	46.4
闵行区	59	59	42	42	81.3	81.3	51.3	51.3
宝山区	54	51	38	34.4	73.3	69	46.4	42.5
嘉定区	61	63	40	42.1	77.2	83.1	43.7	46.6
浦东新区	76	74	44	43	87.9	90.1	47.7	47
金山区	45	45	32	31.7	61	61	38.3	38.3
松江区	59	59	42	42	81.3	81.3	51.3	51.3
青浦区	61	66	46	53	75.6	68.5	37.2	41
奉贤区	59	59	42	41.9	81	80.8	50.8	50.6
崇明县	59	67	42	41.8	81.3	88	51.3	47.2

中学实验及功能教室使用状况统计表(二)

单位:项

单位名称	生物应做演示实验	生物实做演示实验	生物应做分组实验	生物实做分组实验	计算机室生均计划	计算机室生均完成	语言室生均计划	语言室生均完成
上海市	**10.3**	**11**	**26**	**25.6**	**103.7**	**101.9**	**22.3**	**17.7**
黄浦区	22.3	25.1	46.9	47.9	147.3	147.2	45.3	43.6
徐汇区	18.4	18.5	24.1	24.3	71.6	71.9	0	0
长宁区	21.7	22.5	27.8	28.4	104.4	103.4	47.1	50.5
静安区	31.2	34.8	37.8	40.2	123.8	107.3	7.7	7.4
普陀区	5.4	5.4	22.3	22.3	85.9	85.4	30.1	29.7
闸北区	7.7	8	27.8	29.2	186	170.1	22.4	21.7
虹口区	10.5	11.1	19.5	19.3	157.3	156.4	55.4	55.3
杨浦区	4.7	4	24	21.2	79.1	79.1	1.2	1.2
闵行区	4.7	4.7	24	24	102.5	102.5	13.8	13.8
宝山区	4.2	3.8	21.6	19	95.5	79	26.5	19.7
嘉定区	8.4	9.1	22.6	23.2	113.8	131.6	11.9	15.1
浦东新区	13.2	14	25.5	26.8	100.5	101.8	32.6	29.1
金山区	3.7	3.7	18	18	76	76	0	0
松江区	4.7	4.7	24	24	80	80	16.4	16.4
青浦区	5.3	7.3	22	16.3	70.5	70.5	0	0
奉贤区	4.8	5	23.7	23.7	106.7	106.7	0	4.9
崇明县	4.7	5	24.1	22.5	80	81.8	80	6.2

中学图书室(馆)管理人员状况统计表

单位名称	图书室管理人员总计(人)	专职(人)	兼职(人)	高级职称(人)	中级职称(人)	初级职称(人)	其他(人)
上海市	**1327**	**1018**	**309**	**34**	**512**	**483**	**298**
黄浦区	69	59	10	2	27	31	9
徐汇区	61	56	5	2	15	29	15
长宁区	46	43	3	0	18	17	11
静安区	40	38	2	1	20	14	5
普陀区	66	50	16	4	41	17	4
闸北区	73	63	10	0	27	32	14
虹口区	57	40	17	2	23	23	9
杨浦区	76	63	13	2	26	42	6
闵行区	88	73	15	3	34	27	24
宝山区	99	81	18	2	42	15	40
嘉定区	54	44	10	0	9	25	20
浦东新区	254	174	80	8	83	90	73
金山区	59	43	16	3	20	19	17
松江区	82	61	21	0	31	36	15
青浦区	45	27	18	0	15	17	13
奉贤区	79	47	32	1	40	28	10
崇明县	79	56	23	4	41	21	13

中学图书室(馆)设施状况统计表

单位名称	阅览室数量(间)	阅览室使用面积(平方米)	电子阅览室数量(间)	电子阅览室使用面积(平方米)	藏书室数量(间)	藏书室使用面积(平方米)	资料室等数量(间)	资料室等使用面积(平方米)
上海市	**1118**	**154195**	**447**	**39426**	**832**	**79993**	**552**	**34506**
黄浦区	48	9421	21	2229	35	3156	25	2133
徐汇区	75	7520	17	1034	41	3159	19	1140
长宁区	32	5500	26	2605	30	2210	20	1565
静安区	36	6126	12	712	21	843	15	647
普陀区	92	10325	33	2101	52	4775	39	2786
闸北区	48	7442	20	2158	36	3859	24	1852
虹口区	49	5717	20	1217	43	3517	25	1282
杨浦区	59	10939	34	3047	40	3026	28	2106
闵行区	77	10985	32	2324	61	6039	34	2193
宝山区	69	8767	33	2916	55	5524	38	3081
嘉定区	56	6519	27	2134	38	3739	23	1719
浦东新区	211	31527	79	8926	175	19985	137	6203
金山区	38	5470	21	1579	32	4393	19	1214
松江区	51	6136	16	1756	40	3275	24	1193
青浦区	38	6919	14	1409	32	2268	13	2266
奉贤区	72	8612	20	1564	47	4859	42	1930
崇明县	67	6270	22	1715	54	5366	27	1196

中学图书室(馆)藏书状况统计表

单位名称	图书室藏书数量合计(万册)	图书数量(万册)	电子图书数量(万册)	图书室藏书金额合计(万元)	图书金额(万元)	电子图书金额(万元)
上海市	**2892**	**2715**	**177**	**39539**	**37936**	**1603**
黄浦区	185.52	175.95	9.58	2420	2223	197
徐汇区	167.21	165.56	1.65	2362	2271	90
长宁区	94.01	91.25	2.76	1232	1186	46
静安区	96.69	90.72	5.97	1574	1465	109
普陀区	200.21	169.72	3.49	2477	2397	80
闸北区	163.83	159.51	4.32	3044	2921	123
虹口区	143.49	143.28	0.21	1299	1285	14
杨浦区	157.06	146.14	10.92	1898	1876	21
闵行区	221.57	209.17	12.40	3590	3412	178
宝山区	140.78	125.79	14.99	1945	1849	96
嘉定区	132.78	104.59	28.19	1360	1300	60
浦东新区	556.40	525.64	30.76	7910	7645	265
金山区	112.46	110.23	2.23	1539	1492	47
松江区	124.63	123.09	1.55	1646	1580	66
青浦区	63.89	63.15	0.74	809	788	22
奉贤区	172.08	132.64	39.43	1760	1641	119
崇明县	159.31	151.98	7.33	2676	2605	71

中学图书室(馆)当年购置情况及尚需量统计表

单位名称	当年图书购置经费合计(万元)	财政拨款(万元)	自筹金额(万元)	图书尚需册数(万册)
上海市	**3473**	**2610**	**863**	**86**
黄浦区	166.32	154.32	12.00	6.20
徐汇区	455.67	455.67	0.00	5.66
长宁区	100.75	78.55	22.21	3.90
静安区	126.80	126.80	0.00	2.99
普陀区	136.44	136.44	0.00	6.41
闸北区	127.76	121.25	6.50	4.00
虹口区	35.75	20.90	14.85	4.64
杨浦区	133.18	130.55	2.63	0.45
闵行区	283.50	248.72	34.78	6.75
宝山区	212.65	171.19	41.46	4.10
嘉定区	130.78	114.53	16.25	4.48
浦东新区	745.83	245.86	499.98	19.70
金山区	188.05	158.47	29.59	3.63
松江区	160.22	110.64	49.58	3.91
青浦区	83.19	40.53	42.66	1.99
奉贤区	213.50	203.61	9.88	1.32
崇明县	172.77	92.23	80.53	6.19

教育经费总投入情况表

金额单位:万元

	教育经费投入合计	教育经费拨款				其他经费拨款	教育费附加	教育事业费附加	地方社会事业建设费	事业收入	其中:学杂费收入	校办产业缴款	捐赠收入	其他	除财政拨款外各项投入占合计数%
		小计	一般预算	土地出让金	八项收入										
黄浦区	159871.69	150340.67	150340.67	0.00	0.00	0.00	0.00	0.00	0.00	6533.83	5710.84	0.00	0.00	2997.19	5.96
卢湾区	112908.27	108855.00	108855.00	0.00	0.00	0.00	0.00	0.00	0.00	3046.83	2373.03	0.00	2.00	1004.44	3.59
徐汇区	196374.24	151978.85	149618.85	0.00	2360.00	5700.00	20100.00	125.21	0.00	13563.70	12036.17	0.00	0.00	4906.48	19.70
长宁区	155540.66	133479.65	130205.22	0.00	3274.43	915.42	14100.00	0.00	0.00	5331.13	4982.99	0.00	85.80	1628.66	13.59
静安区	144938.93	140500.00	140500.00	0.00	0.00	0.00	0.00	0.00	0.00	4438.93	4288.98	0.00	0.00	0.00	3.06
普陀区	197933.93	140895.79	140534.92	0.00	360.86	0.00	42900.00	0.00	0.00	11163.60	9634.24	0.00	30.63	2943.91	28.82
闸北区	188096.76	139107.00	139107.00	0.00	0.00	0.00	31600.00	0.00	0.00	11234.18	9760.54	275.00	122.74	5757.84	26.04
虹口区	159665.18	116492.56	115361.00	1131.56	0.00	0.00	28600.00	0.00	0.00	8533.54	7084.53	698.67	15.26	5325.15	27.04
杨浦区	231924.39	166560.00	166560.00	0.00	0.00	8108.82	42400.00	0.00	0.00	7327.80	6788.45	388.34	5.86	7133.57	24.69
市区小计	1547254.05	1248209.51	1241082.67	1131.56	5995.29	14724.24	179700.00	125.21	0.00	71173.54	62659.77	1362.01	262.29	31697.24	18.38
闵行区	304636.10	240754.71	240754.71	0.00	0.00	79.29	41000.00	408.50	0.00	11066.76	10618.79	0.00	142.14	11184.70	20.94
宝山区	295651.32	230446.16	203322.62	27123.54	0.00	0.00	50200.00	3.72	0.00	11378.48	9196.80	116.20	1093.74	2413.02	22.05
嘉定区	168996.57	146957.61	145035.44	0.00	1922.17	0.00	13298.11	0.00	0.00	7881.85	5579.19	0.00	0.00	859.00	13.04
浦东新区	687254.37	573500.33	573500.33	0.00	0.00	12623.10	53000.00	0.00	0.00	40871.21	33010.52	0.00	654.10	6605.63	14.72
金山区	141644.97	96180.39	95792.40	0.00	387.99	0.00	36953.57	0.00	0.00	7685.59	6185.23	0.00	54.14	771.28	32.10
松江区	191261.08	146526.35	146526.35	0.00	0.00	0.00	32500.00	2391.45	0.00	9715.05	9086.31	14.19	0.00	114.04	23.39
青浦区	143647.57	111018.00	110980.00	0.00	38.00	0.00	23500.00	2397.39	0.00	5868.13	5598.08	0.00	0.00	864.05	22.72
奉贤区	198044.61	134804.33	134804.33	0.00	0.00	0.00	49600.00	1549.88	0.00	8885.91	6720.14	0.00	200.45	3004.04	31.93
崇明县	130269.16	108520.76	108520.76	0.00	0.00	7378.82	9717.14	0.00	0.00	4174.99	3985.91	0.00	250.49	226.96	11.03
郊区小计	2261405.75	1788708.65	1759236.94	27123.54	2348.17	20081.21	309768.82	6750.94	0.00	107527.97	89980.97	130.39	2395.06	26042.72	20.01
区县合计	3808659.80	3036918.16	3000319.61	28255.10	8343.45	34805.45	489468.82	6876.15	0.00	178701.51	152640.74	1492.40	2657.35	57739.96	19.35
委属单位	2108934.74	1267727.33	1206899.48	60000.00	827.85	62909.44	418700.00	0.00	0.00	267794.39	203480.93	0.00	43.07	91760.52	36.90
全市总计	5917594.54	4304645.49	4207219.09	88255.10	9171.30	97714.89	908168.82	6876.15	0.00	446495.90	356121.67	1492.40	2700.42	149500.48	25.61

职校生均经费分析

金额单位:元

	财政拨款生均				实际生均					其中:生均公用经费					2011年生均公用占%
	2011年	2010年	增减金额	增减%	2011年	位次	2010年	增减金额	增减%	2011年	位次	2010年	增减金额	增减%	
黄浦区	28867.86	24474.01	4393.85	17.95	33985.25	4	30744.70	3240.54	10.54	11970.38	2	8167.77	3802.62	46.56	35.22
卢湾区	35980.13	28539.40	7440.73	26.07	38730.88	2	31188.42	7542.46	24.18	18411.36	1	12173.31	6238.04	51.24	47.54
徐汇区	21103.39	18118.03	2985.36	16.48	25798.06	9	23913.02	1885.04	7.88	6295.89	5	5792.64	503.26	8.69	24.40
长宁区	30360.55	25464.94	4895.61	19.22	30189.55	5	29374.03	815.52	2.78	5603.86	7	4820.29	783.56	16.26	18.56
静安区	36837.01	29300.50	7536.50	25.72	36461.40	3	31983.51	4477.89	14.00	6450.17	4	8762.00	−2311.83	−26.38	17.69
普陀区	18998.11	14036.51	4961.60	35.35	21673.50	10	17155.92	4517.57	26.33	4075.55	13	3850.18	225.37	5.85	18.80
闸北区	20236.35	19553.06	683.29	3.49	26509.23	8	24221.41	2287.82	9.45	5559.62	8	5367.89	191.73	3.57	20.97
虹口区	13910.99	10383.25	3527.74	33.98	16302.36	12	13070.91	3231.45	24.72	2902.47	16	2371.40	531.07	22.39	17.80
杨浦区	19534.75	14113.60	5421.16	38.41	29316.88	7	22865.03	6451.85	28.22	5907.43	6	4418.91	1488.52	33.69	20.15
闵行区	11106.48	13433.02	−2326.54	−17.32	11995.29	17	14942.37	−2947.08	−19.72	4889.74	10	5156.75	−267.01	−5.18	40.76
宝山区	10566.25	16520.18	−5953.93	−36.04	14862.62	14	20982.98	−6120.36	−29.17	2638.04	17	8971.89	−6333.85	−70.60	17.75
嘉定区	440625.00	431024.52	9600.48	2.23	442910.96	1	433443.72	9467.24	2.18	3929.04	14	14144.20	−10215.16	−72.22	0.89
浦东新区	11126.03	8747.47	2378.55	27.19	13334.00	16	12350.20	983.80	7.97	4180.18	12	4107.41	72.77	1.77	31.35
金山区	0.00	0.00	0.00		0.00	18	0.00	0.00		0.00	18	0.00	0.00		0.00
松江区	14900.40	12237.51	2662.89	21.76	18764.77	11	17231.45	1533.32	8.90	5063.99	9	4998.54	65.45	1.31	26.99
青浦区	13848.03	12931.94	916.09	7.08	14888.47	13	13628.07	1260.40	9.25	2929.08	15	2686.28	242.81	9.04	19.67
奉贤区	25612.34	21938.32	3674.02	16.75	29417.84	6	27831.38	1586.46	5.70	7344.26	3	6900.28	443.99	6.43	24.97
崇明县	13276.85	11357.41	1919.44	16.90	14710.48	15	14169.34	541.14	3.82	4248.82	11	4710.46	−461.65	−9.80	28.88
郊区小计	12492.87	11227.25	1265.62	11.27	14851.52		14761.09	90.43	0.61	4266.43		4788.68	−522.24	−10.91	28.73
市区小计	23266.28	18585.46	4680.83	25.19	26884.47		22974.04	3910.42	17.02	6948.86		5538.68	1410.19	25.46	25.85
区县合计	16718.72	14227.63	2491.10	17.51	19571.43		18110.00	1461.43	8.07	5318.61		5094.49	224.12	4.40	27.18

中专、技校、职校生均经费分析

金额单位:元

	财政拨款生均				实际生均					其中:生均公用经费					2011年生均公用占%
	2011年	2010年	增减金额	增减%	2011年	位次	2010年	增减金额	增减%	2011年	位次	2010年	增减金额	增减%	
黄浦区	28867.86	24474.01	4393.85	17.95	33985.25	3	30744.70	3240.54	10.54	11970.38	2	8167.77	3802.62	46.56	35.22
卢湾区	35980.13	28539.40	7440.73	26.07	38730.88	1	31188.42	7542.46	24.18	18411.36	1	12173.31	6238.04	51.24	47.54
徐汇区	21103.39	18118.03	2985.36	16.48	25798.06	7	23913.02	1885.04	7.88	6295.89	4	5792.64	503.26	8.69	24.40
长宁区	30360.55	25464.94	4395.61	19.22	30189.55	4	29374.03	815.52	2.78	5603.86	6	4820.29	783.56	16.26	18.56
静安区	36837.01	29300.50	7536.50	25.72	36461.40	2	31983.51	4477.89	14.00	6450.17	3	8762.00	−2311.83	−26.38	17.69
普陀区	18998.11	14036.51	4961.60	35.35	21673.50	8	17155.92	4517.57	26.33	4075.55	13	3850.18	225.37	5.85	18.80
闸北区	20236.35	19553.06	683.29	3.49	26509.23	6	24221.41	2287.82	9.45	5559.62	7	5367.89	191.73	3.57	20.97
虹口区	13910.99	10383.25	3527.74	33.98	16302.36	12	13070.91	3231.45	24.72	2902.47	15	2371.40	531.07	22.39	17.80
杨浦区	19534.75	14113.60	5421.16	38.41	29316.88	5	22865.03	6451.85	28.22	5907.43	5	4418.91	1488.52	33.69	20.15
闵行区	11223.81	8667.61	2556.20	29.49	12047.76	15	10410.59	1637.17	15.73	4801.59	9	4266.70	534.89	12.54	39.85
宝山区	11405.98	15742.05	−4336.07	−27.54	16321.88	11	20155.95	−3834.08	−19.02	2716.12	17	8347.17	−5631.05	−67.46	16.64
嘉定区	7944.80	6325.86	1618.94	25.59	10275.49	18	9617.37	658.11	6.84	1946.34	18	1914.84	31.49	1.64	18.94
浦东新区	11986.04	9267.36	2718.68	29.34	14267.66	14	12892.97	1374.69	10.66	4762.43	10	4273.23	489.19	11.45	33.38
金山区	8935.99	5785.67	3150.32	54.45	11349.24	17	8065.90	3283.34	40.71	3520.62	14	1577.36	1943.26	123.20	31.02
松江区	14900.40	12237.51	2662.89	21.76	18764.77	9	17231.45	1533.32	8.90	5063.99	8	4998.54	65.45	1.31	26.99
青浦区	10453.02	10081.63	371.39	3.68	11908.23	16	12346.37	−438.14	−3.55	2760.12	16	2725.74	34.38	1.26	23.18
奉贤区	14133.47	11552.29	2581.17	22.34	18596.41	10	16124.36	2472.05	15.33	4253.60	11	3479.40	774.20	22.25	22.87
崇明县	13276.85	11357.41	1919.44	16.90	14710.48	13	14169.34	541.14	3.82	4248.82	12	4710.46	−461.65	−9.80	28.88
郊区小计	11296.54	9261.71	2034.83	21.97	13655.42		12429.49	1225.93	9.86	3991.57		3779.42	212.15	5.61	29.23
市区小计	23266.28	18585.46	4630.83	25.19	26884.47		22974.04	3910.42	17.02	6948.86		5538.68	1410.19	25.46	25.85
区县合计	14460.55	11761.82	2698.73	22.94	17152.30		15256.95	1895.35	12.42	4773.28		4251.16	522.12	12.28	27.83
委属单位	25287.16	22908.53	2378.63	10.38	39802.01		33788.50	6013.51	17.80	16439.51		12981.03	3458.48	26.64	41.30
全市总计	15438.79	12793.37	2645.42	20.68	19198.82		16971.92	2226.90	13.12	5827.39		5059.05	768.34	15.19	30.35

高中生均经费分析

金额单位:元

	财政拨款生均				实际生均					其中:生均公用经费					2011年生均公用占%
	2011年	2010年	增减金额	增减%	2011年	位次	2010年	增减金额	增减%	2011年	位次	2010年	增减金额	增减%	
黄浦区	33994.49	28933.51	5060.98	17.49	35822.11	3	31886.90	3935.21	12.34	12924.43	4	9983.84	2940.58	29.45	36.08
卢湾区	49731.18	46568.90	3162.27	6.79	54088.18	2	49995.18	4093.00	8.19	26094.19	2	24780.51	1313.68	5.30	48.24
徐汇区	26552.97	22331.44	4221.52	18.90	32775.61	4	28141.12	4634.49	16.47	9784.52	6	7461.87	2322.65	31.13	29.85
长宁区	28573.26	24748.17	3825.10	15.46	32096.41	6	28983.38	3113.04	10.74	8426.62	8	6649.42	1777.20	26.73	26.25
静安区	58406.35	48199.65	10206.71	21.18	55745.97	1	61101.06	−5355.09	−8.76	27179.35	1	36062.62	−8883.27	−24.63	48.76
普陀区	25279.59	20383.33	4896.26	24.02	28670.97	11	24229.24	4441.73	18.33	7893.63	9	5868.45	2025.19	34.51	27.53
闸北区	26945.47	18296.08	8649.39	47.27	29876.36	9	25380.76	4495.60	17.71	5961.50	13	5004.59	956.92	19.12	19.95
虹口区	22473.96	19246.10	3227.86	16.77	30381.85	7	28059.18	2322.67	8.28	6567.22	11	6345.73	221.50	3.49	21.62
杨浦区	28108.87	20986.76	7122.11	33.94	30251.84	8	27326.82	2925.02	10.70	5006.36	14	4277.93	728.43	17.03	16.55
闵行区	26911.77	24458.58	2453.19	10.03	28015.26	12	25383.72	2631.54	10.37	6546.91	12	5088.31	1458.60	28.67	23.37
宝山区	25284.42	20177.86	5106.56	25.31	29436.11	10	25208.29	4227.82	16.77	11707.57	5	9044.62	2662.95	29.44	39.77
嘉定区	20203.68	16856.71	3346.97	19.86	32293.46	5	21551.31	10742.15	49.84	14972.45	3	5404.98	9567.47	177.01	46.36
浦东新区	20796.69	17019.37	3777.32	22.19	23869.10	14	21508.94	2360.16	10.97	7658.27	10	6449.93	1208.35	18.73	32.08
金山区	13820.19	10072.54	3747.65	37.21	17031.62	18	13541.13	3490.49	25.78	2605.24	18	2373.49	231.75	9.76	15.30
松江区	24680.51	22275.47	2405.04	10.80	27195.97	13	25316.24	1879.73	7.43	8636.03	7	8627.62	8.40	0.10	31.75
青浦区	14836.99	12484.99	2352.00	18.84	17940.53	17	14997.72	2942.80	19.62	3802.18	16	2506.03	1296.14	51.72	21.19
奉贤区	15194.18	15184.02	10.17	0.07	20120.08	16	19792.01	328.07	1.66	4720.05	15	5507.79	−787.73	−14.30	23.46
崇明县	20241.47	13444.12	6797.34	50.56	20917.02	15	17726.74	3190.28	18.00	3770.39	17	2832.78	937.61	33.10	18.03
郊区小计	20664.08	17016.58	3647.50	21.43	24091.60		20856.39	3235.21	15.51	7212.32		5549.42	1662.90	29.97	29.94
市区小计	30719.76	25135.16	5584.60	22.22	34239.84		31117.52	3122.32	10.03	10336.31		9457.17	879.14	9.30	30.19
区县合计	24644.29	20212.83	4431.46	21.92	28154.57		24919.71	3234.86	12.98	8535.55		7130.73	1404.83	19.70	30.32
委属单位	21501.39	19652.71	1848.68	9.41	38016.57		37296.74	719.83	1.93	12651.77		13132.05	−480.28	−3.66	33.28
全市总计	24525.07	20184.43	4340.64	21.50	28529.09		25426.37	3102.72	12.20	8691.81		7375.08	1316.73	17.85	30.47

初中生均经费分析

金额单位:元

	财政拨款生均				实际生均					其中:生均公用经费					2011年生均公用占%
	2011年	2010年	增减金额	增减%	2011年	位次	2010年	增减金额	增减%	2011年	位次	2010年	增减金额	增减%	
黄浦区	40705.61	33858.52	6847.09	20.22	39865.65	2	34441.51	5424.14	15.75	19155.29	2	13002.18	6153.11	47.32	48.05
卢湾区	50144.17	44070.97	6073.20	13.78	46642.89	1	43355.58	3287.32	7.58	20715.28	1	19191.23	1524.05	7.94	44.41
徐汇区	26385.78	23374.59	3011.19	12.88	27692.10	7	24817.42	2874.68	11.58	9301.87	5	7690.35	1611.52	20.96	33.59
长宁区	29298.73	24599.81	4698.91	19.10	27398.36	8	24611.91	2786.45	11.32	7790.92	8	5801.90	1989.02	34.28	28.44
静安区	52726.96	43071.26	9655.70	22.42	31265.96	4	33438.81	−2172.85	−6.50	10067.17	4	14440.06	−4372.89	−30.28	32.20
普陀区	24544.72	22803.69	1741.04	7.63	25290.35	10	22729.15	2561.20	11.27	8190.54	6	5992.30	2198.23	36.68	32.39
闸北区	32560.39	24964.93	7595.46	30.42	32651.62	3	26781.48	5870.14	21.92	11835.32	3	6326.80	5508.52	87.07	36.25
虹口区	29558.30	25909.43	3648.88	14.08	30026.45	5	27381.99	2644.46	9.66	6210.54	13	5298.56	911.98	17.21	20.68
杨浦区	29424.80	23533.82	5890.98	25.03	29484.26	6	23716.41	5767.85	24.32	5255.22	16	3824.67	1430.55	37.40	17.82
闵行区	22368.71	26083.71	−3715.00	−14.24	23208.94	12	23460.41	−251.47	−1.07	7371.93	9	6160.37	1211.56	19.67	31.76
宝山区	19755.49	17669.62	2085.87	11.80	20042.98	14	17930.12	2112.86	11.78	7287.45	10	5679.73	1607.72	28.31	36.36
嘉定区	28841.15	24863.10	3978.05	16.00	23507.04	11	19642.23	3864.81	19.68	8139.63	7	4520.92	3618.71	80.04	34.63
浦东新区	18260.21	16392.70	1867.52	11.39	18414.00	17	16743.63	1670.37	9.98	6609.05	12	5148.20	1460.85	28.38	35.89
金山区	18374.66	17370.27	1004.40	5.78	18486.12	16	17542.15	943.96	5.38	3002.34	18	2621.78	380.57	14.52	16.24
松江区	20029.46	20022.13	7.33	0.04	20443.90	13	18820.29	1623.62	8.63	6143.96	14	4878.74	1265.22	25.93	30.05
青浦区	15329.79	14758.50	571.29	3.87	15217.93	18	14572.70	645.23	4.43	3182.58	17	2506.21	676.37	26.99	20.91
奉贤区	20925.65	18078.87	2846.79	15.75	19201.19	15	17468.71	1732.48	9.92	5315.56	15	5147.52	168.05	3.26	27.68
崇明县	25063.26	21717.13	3346.14	15.41	25514.89	9	22251.73	3263.16	14.66	6630.27	11	5688.05	942.23	16.57	25.99
郊区小计	20034.10	18609.57	1424.53	7.65	19798.61		18146.91	1651.70	9.10	6255.92		4991.08	1264.83	25.34	31.60
市区小计	31859.95	26985.85	4874.09	18.06	30317.23		26904.17	3413.06	12.69	9645.91		7564.35	2081.56	27.52	31.82
区县合计	23680.57	21301.99	2378.58	11.17	23028.90		20960.17	2068.73	9.87	7271.67		5806.71	1464.96	25.23	31.58
委属单位	19344.56	13778.88	5565.68	40.39	25471.27		16232.82	9238.45	56.91	9552.77		2436.66	7116.11	292.04	37.50
全市总计	23666.64	21296.17	2370.47	11.13	23036.76		20956.85	2079.91	9.92	7279.00		5804.51	1474.49	25.40	31.60

小学生均经费分析

金额单位:元

	财政拨款生均				实际生均					其中:生均公用经费					2011年生均公用占%
	2011年	2010年	增减金额	增减%	2011年	位次	2010年	增减金额	增减%	2011年	位次	2010年	增减金额	增减%	
黄浦区	36400.34	31103.81	5296.53	17.03	35715.99	2	31427.09	4288.91	13.65	14589.82	2	9284.39	5305.43	57.14	40.85
卢湾区	43316.96	40836.95	2480.01	6.07	43008.59	1	39581.57	3427.02	8.66	20910.43	1	18495.47	2414.96	13.06	48.62
徐汇区	18508.55	16656.68	1851.87	11.12	19473.78	9	17483.78	1990.01	11.38	6222.00	7	5163.35	1058.65	20.50	31.95
长宁区	21463.60	19683.13	1780.48	9.05	20863.56	8	19869.82	993.74	5.00	5982.82	8	4836.93	1145.89	23.69	28.68
静安区	35189.15	32347.54	2841.61	8.78	30407.30	3	30656.53	−249.23	−0.81	9058.91	3	9837.22	−778.30	−7.91	29.79
普陀区	17278.20	15201.10	2077.10	13.66	17863.43	10	14982.54	2880.89	19.23	5320.48	10	3205.21	2115.27	65.99	29.78
闸北区	27392.11	20190.93	7201.18	35.67	25510.43	4	21243.46	4266.98	20.09	8630.52	4	4766.62	3863.90	81.06	33.83
虹口区	22633.85	19762.93	2870.92	14.53	22687.25	7	20428.35	2258.90	11.06	6593.65	5	4714.25	1879.40	39.87	29.06
杨浦区	24663.48	20437.86	4225.63	20.68	24774.54	5	20353.08	4421.46	21.72	4652.52	12	3275.18	1377.33	42.05	18.78
闵行区	15385.30	14780.93	604.37	4.09	15611.72	13	14958.73	652.99	4.37	4652.46	13	3842.77	809.69	21.07	29.80
宝山区	17247.95	16053.39	1194.56	7.44	17299.40	11	16143.53	1155.87	7.16	6440.07	6	5508.54	931.53	16.91	37.23
嘉定区	14355.96	13213.84	1142.12	8.64	15879.20	12	13513.55	2365.65	17.51	4948.29	11	3069.82	1878.47	61.19	31.16
浦东新区	15402.59	13877.49	1525.11	10.99	15355.60	14	13164.46	2191.14	16.64	5782.73	9	3875.99	1906.74	49.19	37.66
金山区	14152.85	14121.28	31.57	0.22	14133.51	15	14103.06	30.45	0.22	2319.39	18	1952.04	367.35	18.82	16.41
松江区	13183.75	12611.27	572.48	4.54	12496.08	17	11811.55	684.53	5.80	3389.43	15	2994.17	395.26	13.20	27.12
青浦区	13567.04	13616.47	−49.43	−0.36	13591.48	16	13513.66	77.82	0.58	2995.63	16	2938.08	57.55	1.96	22.04
奉贤区	13730.01	12539.37	1190.64	9.50	12059.98	18	11935.76	124.22	1.04	2704.48	17	2690.50	13.98	0.52	22.43
崇明县	23219.38	21010.30	2209.07	10.51	23071.92	6	21224.60	1847.32	8.70	4381.18	14	3803.49	577.69	15.19	18.99
郊区小计	15333.31	14271.47	1061.84	7.44	15251.56		13954.78	1296.78	9.29	4726.97		3619.92	1107.05	30.58	30.99
市区小计	24353.86	20937.93	3415.93	16.31	24035.66		21134.21	2901.44	13.73	7520.57		5521.71	1998.85	36.20	31.29
区县合计	17879.85	16187.72	1692.13	10.45	17730.09		16018.49	1711.60	10.69	5511.77		4166.59	1345.18	32.28	31.09

幼儿园生均经费分析

金额单位:元

	财政拨款生均				实际生均					其中:生均公用经费					2011年生均公用占%
	2011年	2010年	增减金额	增减%	2011年	位次	2010年	增减金额	增减%	2011年	位次	2010年	增减金额	增减%	
黄浦区	25008.03	22127.92	2880.11	13.02	28303.12	3	25510.66	2792.46	10.95	8687.99	2	6433.84	2254.15	35.04	30.70
卢湾区	28574.25	24783.43	3790.82	15.30	30733.83	2	27298.80	3435.04	12.58	10087.53	1	8651.78	1435.75	16.59	32.82
徐汇区	11846.19	11953.09	−106.90	−0.89	19185.72	6	17756.49	1429.23	8.05	5936.56	7	4811.57	1124.98	23.38	30.94
长宁区	20742.40	17589.75	3152.65	17.92	22183.72	4	21182.92	1000.80	4.72	7173.01	4	5256.68	1916.33	36.46	32.33
静安区	28858.02	25903.18	2954.84	11.41	32126.19	1	31153.07	973.12	3.12	7885.76	3	8771.94	−886.18	−10.10	24.55
普陀区	13054.63	9755.28	3299.35	33.82	17425.71	7	14179.79	3245.91	22.89	6776.76	5	4431.70	2345.06	52.92	38.89
闸北区	12854.95	10631.70	2223.25	20.91	16755.35	10	15235.77	1519.58	9.97	5668.44	8	4432.52	1235.92	27.88	33.83
虹口区	13391.68	12108.40	1283.28	10.60	17257.85	8	16233.10	1024.75	6.31	3739.00	14	3515.26	223.74	6.36	21.67
杨浦区	16925.98	14945.78	1980.20	13.25	19600.76	5	18482.87	1117.90	6.05	5343.71	11	4990.55	353.16	7.08	27.26
闵行区	14165.68	12666.75	1498.93	11.83	15800.60	11	14496.69	1303.91	8.99	6427.36	6	4793.16	1634.20	34.09	40.68
宝山区	13385.53	12062.15	1323.38	10.97	15507.83	12	14152.55	1355.28	9.58	5533.13	10	4998.54	534.60	10.70	35.68
嘉定区	14646.09	12480.53	2165.56	17.35	17174.57	9	14604.60	2569.96	17.60	5088.71	12	3550.04	1538.67	43.34	29.63
浦东新区	12431.80	9161.61	3270.20	35.69	14622.65	13	12256.92	2365.74	19.30	5540.75	9	3756.84	1783.91	47.48	37.89
金山区	9927.08	7308.72	2618.35	35.83	11532.78	18	9416.44	2116.34	22.47	2001.22	18	1522.89	478.32	31.41	17.35
松江区	8649.66	8620.87	28.79	0.33	11560.46	17	10011.72	1548.74	15.47	3794.59	13	2317.71	1476.88	63.72	32.82
青浦区	11300.07	8414.59	2885.48	34.29	12791.62	16	10193.10	2598.52	25.49	3622.84	15	2885.67	737.16	25.55	28.32
奉贤区	12368.84	10582.86	1785.98	16.88	13828.95	14	12155.39	1673.56	13.77	3053.36	17	2494.39	558.97	22.41	22.08
崇明县	12339.24	8931.93	3407.31	38.15	13006.74	15	10721.74	2285.01	21.31	3224.11	16	2174.16	1049.95	48.29	24.79
郊区小计	12340.72	10071.57	2269.15	22.53	14328.68		12322.56	2006.12	16.28	4808.48		3506.64	1301.84	37.13	33.56
市区小计	16176.65	14033.31	2143.34	15.27	20126.60		18333.22	1793.38	9.78	6257.19		4997.65	1259.54	25.20	31.09
区县合计	13402.28	11174.48	2227.80	19.94	15933.20		13995.87	1937.33	13.84	5209.40		3921.72	1287.67	32.83	32.70

特殊学校学生生均经费分析

金额单位:元

	财政拨款生均				实际生均					其中:生均公用经费					2011年生均公用占%
	2011年	2010年	增减金额	增减%	2011年	位次	2010年	增减金额	增减%	2011年	位次	2010年	增减金额	增减%	
黄浦区	112359.55	104204.55	8155.01	7.83	112469.72	3	104321.92	8147.80	7.81	27909.02	3	14622.52	13286.50	90.86	24.81
卢湾区	119458.01	114408.39	5049.62	4.41	117415.65	2	109320.13	8095.52	7.41	58492.49	2	56809.55	1682.94	2.96	49.82
徐汇区	62950.79	56938.29	6012.49	10.56	67215.48	6	59335.10	7880.39	13.28	15008.56	9	13348.79	1659.77	12.43	22.33
长宁区	89734.14	72044.54	17689.60	24.55	89610.22	4	80280.26	9329.96	11.62	23732.02	4	14462.98	9269.04	64.09	26.48
静安区	245714.29	250487.15	−4772.87	−1.91	235341.39	1	287360.85	−52019.46	−18.10	71329.04	1	131337.18	−60008.14	−45.69	30.31
普陀区	50462.39	48919.65	1542.73	3.15	49546.51	12	46271.81	3274.70	7.08	8636.11	13	5684.19	2951.92	51.93	17.43
闸北区	56702.90	35625.14	21077.76	59.17	53503.89	9	40954.40	12549.48	30.64	22448.99	5	10940.75	11508.24	105.19	41.96
虹口区	34586.06	31158.61	3427.45	11.00	37887.80	16	34221.39	3666.41	10.71	11876.02	11	11310.50	565.52	5.00	31.35
杨浦区	42022.60	33165.33	8857.26	26.71	40684.80	15	32319.20	8365.60	25.88	9424.50	12	6491.24	2933.26	45.19	23.16
闵行区	63151.82	57820.00	5331.81	9.22	65395.62	7	59933.91	5461.71	9.11	16663.34	8	13889.11	2774.23	19.97	25.48
宝山区	61467.69	50490.11	10977.58	21.74	61589.30	8	50707.95	10881.35	21.46	20221.96	6	11286.89	8935.07	79.16	32.83
嘉定区	79052.37	67947.40	11104.96	16.34	78949.90	5	73343.81	5606.09	7.64	12149.97	10	11986.93	163.04	1.36	15.39
浦东新区	53178.51	51187.13	1991.38	3.89	52456.84	10	52253.03	203.81	0.39	16919.00	7	16286.23	632.77	3.89	32.25
金山区	50122.88	40518.76	9604.12	23.70	50135.34	11	40604.13	9531.21	23.47	5962.92	17	5046.09	916.82	18.17	11.89
松江区	42783.46	57695.79	−14912.33	−25.85	42783.46	14	55546.49	−12763.03	−22.98	7069.63	16	10766.45	−3696.82	−34.34	16.52
青浦区	37462.09	30668.05	6794.04	22.15	37444.98	17	30497.64	6947.34	22.78	7548.58	15	5472.63	2075.95	37.93	20.16
奉贤区	34637.73	33751.76	885.97	2.62	34929.56	18	33947.46	982.09	2.89	3324.07	18	3123.33	200.74	6.43	9.52
崇明县	42976.06	40598.90	2377.15	5.86	45375.20	13	43953.97	1421.22	3.23	8381.42	14	7959.29	422.13	5.30	18.47
郊区小计	51635.75	47780.13	3855.62	8.07	52108.99		49106.61	3002.38	6.11	12831.82		11266.76	1565.06	13.89	24.62
市区小计	67148.87	57121.45	10027.42	17.55	66341.18		59201.71	7139.47	12.06	22099.07		18149.65	3949.42	21.76	33.31
区县合计	59557.95	52642.74	6915.22	13.14	59377.05		54361.59	5015.46	9.23	17564.40		14849.64	2714.76	18.28	29.58
委属单位	102591.27	104407.97	−1816.70	−1.74	91833.94		95907.80	−4073.86	−4.25	22215.40		27894.26	−5678.86	−20.36	24.19
全市总计	61884.42	55416.67	6467.75	11.67	61131.73		56587.92	4543.81	8.03	17815.84		15548.66	2267.18	14.58	29.14

索　　引

索 引

说明：①本索引主体采用主题分析索引方法，按主题词首字的汉语拼音字母顺序排列。②索引名称后的数字表示内容所在的页码，数字后面的a、b表示内容所在版面的左、右区域。③表格标题和表格中的内容页码后另注有“表”字。④在上海的教育单位和在上海发生的事件名称前的“上海”两字一般均予省略；括号内高校名称一般用简称。

A

B

C

D

E

F

G

H

J

K

L

M

N

O

P

Q

R

S

T

Y

Z

图书在版编目（CIP）数据

2012 上海教育年鉴/上海市教育委员会编. —上海：上海人民出版社，2012

ISBN 978-7-208-11098-4

Ⅰ. ①2… Ⅱ. ①上… Ⅲ. ①教育工作—上海市—2012—年鉴 Ⅳ. ①G527.51-54

中国版本图书馆 CIP 数据核字(2012)第 259859 号

2012 上海教育年鉴

上海市教育委员会 编

世纪出版集团

上海人民出版社出版

（200001 上海福建中路 193 号 www.ewen.cc）

世纪出版集团发行中心发行

浙江新华数码印务有限公司印刷

开本 890×1240 1/16 印张 38.75 插页 13 字数 1,137,000

2012 年 11 月第 1 版 2012 年 11 月第 1 次印刷

ISBN 978-7-208-11098-4/G·1569

定价 170.00 元